Peter Meyer Reiseführer
ARGENTINIEN & URUGUAY

ÜBER DIE AUTOREN:

ULRICH BRAND, MARLIS GENSLER und STEFAN THIMMEL verbindet nicht nur die Liebe zum Reisen und zu den beiden »europäischsten« südamerikanischen Ländern. Was die drei vor allem interessiert, ist wie die Menschen in Argentinien und Uruguay leben, ihre Geschichte und Kultur, wie sie heute mit dem Erbe der Diktaturen umgehen und wie sich ihre Lebensfreude ausdrückt. So erfahren die Leser dieses Reisehandbuches zwar auch, wie sie von Ort zu Ort reisen können, was die schönsten Touren und Sehenswürdigkeiten sind oder welches Restaurant empfehlenswert ist, aber auch viel über Geschichte und Politik. Da die drei Autoren der Meinung sind, daß Einheimische immer am besten wissen, was Sache ist, haben sie diese zu allen möglichen Themen interviewt und lassen rund 30 Journalisten, Wissenschaftler und Kulturschaffende selbst zu Wort kommen. Ihre Vitae finden Sie auf Seite 486.

PETER MEYER REISEFÜHRER

werden während monatelanger Aufenthalte der Autorinnen und Autoren vor Ort recherchiert – wenn sie nicht sowieso dort leben. So ist es nicht verwunderlich, daß sich diese Reihe den Ruf erwerben konnte, zuverlässig und informativ zu sein. Sowohl was den Hintergrund wie Natur, Geschichte, Wirtschaft und Kultur angeht, als auch die unverzichtbaren reisepraktischen Informationen: Unterkünfte, Verkehr, Essen und Trinken, Ausgehen, Aktivitäten, Besichtigungen und Ausflüge – immer mit konkreten Preisen und hilfreichen Tips. *Für tolerantes Reisen in einer Welt.*

ULRICH BRAND
MARLIS GENSLER
STEFAN THIMMEL

ARGENTINIEN & URUGUAY

*Länderkunde und Reisehandbuch
für Kultur- und Naturreisende*

PETER MEYER REISEFÜHRER
*2. aktualisierte und neubearbeitete Auflage
Frankfurt am Main 1999*

INHALT

▶ NATUR & UMWELT
Zwischen Bergen und Pampa 12
Geographie 12
Klima 15
Landschaften und ihre Flora & Fauna 16
Umweltprobleme Argentiniens 20
Soja versus Umwelt: Die Wasserstraße Paraná–Paraguay 21
Umweltprobleme in Uruguay 24
Ökologiebewegung in Uruguay 25
Auf einen Blick: Die Nationalparks von Argentinien 26

▶ GESCHICHTE BIS HEUTE
Die Entwicklung des Cono Sur 30
Überblick von den Anfängen bis zum 19. Jahrhundert 30
Argentinien seit der Unabhängigkeit 35
Revolutionswirren bis 1829 36
Die Diktatur Rosas' 39
Der Nationalstaat 40
Demokratisierung 41
Ein neuer Weg 45
Aufstieg und Fall des Peronismus 45
Die Diktatur von 1976 bis '83 49
1983 bis heute 50
Vergangenheit, die nicht vergeht 52
Nach der Diktatur 54

Uruguays Kampf um die Unabhängigkeit 56
Das 19. Jahrhundert 56
Die Zeit der Modernisierung unter José Batlle 58
Populismus und Konservatismus 62
Der Aufstieg des Militärs 63
Die Diktatur und ihr Erbe 64
Rückkehr zur Demokratie 65
Mercosur: Der gemeinsame Markt des Cono Sur 67

▶ POLITIK, SOZIALES, KULTUR
Argentinien heute 70
Regierung und Parlament 70
Der Staat ist pleite 72
Bevölkerung und soziale Bewegungen 74
Die Einwanderer 75
Keine Chance für Indígenas 76
Die Arbeiterbewegung 81
Frauenbewegung 84
¡Viva Evita! 86
Die Mütter von der Plaza de Mayo 89
Kirche ohne Opposition? 92
Schwulen- und Lesbenbewegung 94
Kulturelle Schlaglichter 96
Rock Nacional 96
Tango 98
Medien und Macht 100
Statussymbol der Upper Class und Droge fürs Volk: Polo und Fußball 101
Der argentinische Film 106

Literatur am Río de la Plata 108
Autoren des 19. Jahrhunderts 110
Autoren des 20. Jahrhunderts 111
Literaturtips zum Weiterlesen 115

Uruguay heute 123
Regierung und Parlament 123
Bevölkerung 123
Völkervielfalt durch Einwanderung 124
*Oft vergessen: Die Schwarzen und
ihr Wirken in Montevideo* 126
Wirtschaft & Soziales 128
Arbeiterbewegung und
Gewerkschaften 129
Frauenbewegung 131
Kulturelle Schlaglichter 132
Medien in Uruguay 132
Musik 135
Architektur & Wohnungsbau 136
*Die Architektur von
Eladio Dieste* 138
Malerei 142
Theater: Ein Fest 142
Kino- & Videoproduktion 143

▶ **REISE-INFORMATIONEN**
Reiseplanung & Anreise 146
Reisedauer und Reiserouten 146
Infos im Internet 147
Reisezeit & Reisekosten 148
Geld & Zahlungsmittel 148
Einreisebestimmungen 149
Diplomatische Vertretungen 150
Gesundheitsvorsorge 151
Infos für Behinderte 153
Was mitnehmen?
Checkliste 155

Anreise individuell & pauschal 156
Mit dem Flugzeug 156
Mit dem Schiff anreisen 160

Im Land zurechtkommen 162
Zeitverschiebung, Öffnungszeiten 162
Feiertage 163
Geld wechseln 164
Post & Telefon 164
Vorwahlnummern 165
Sprache & Verständigung 166
Tourismusbüros 168
Sicherheit 169
Botschaften in Argentinien/Uruguay 170
Verhalten als Gast 170
Schöne Souvenirs 172
Arten von Unterkünften 173
*Wohnen wie die Gauchos:
Estancias de Turismo* 175
Essen & Trinken 177
*Der Mate, eine Lebens-
philosophie* 179
Hinweise für den Aktivurlaub 180
Verkehrsmittel vor Ort 183
Inlandsflüge 183
Weiterreise in Südamerika 184
Mit Zug und Bus reisen 186
Per Anhalter 187
Mietwagen 187
Von Buenos Aires nach Montevideo 188
Pauschalreisen vor Ort buchen 190

▶ **BUENOS AIRES**
Metropole und Pampa 192
Die Hauptstadt 192
Kurze Stadtgeschichte 192
*Wie aus einem Nest eine Metropole
wurde* 193
Sehenswertes in den Stadtteilen
Das Stadtzentrum 197
Erkundungen in den Barrios 203
San Telmo: Keimzelle der Stadt 204

La Boca: das alte Hafenviertel 205
Recoleta, das Viertel der Reichen 207
Palermo Chico & Palermo 209
Museums-Tips 210
Praktische Infos & nützliche Adressen 211
An- und Weiterreise 211
Fortbewegen in Buenos Aires 213
Unterkunft 217
Essen & Trinken 218
Einkaufen 220
Zum Markt der Gauchos 221
Kultur & Ausgehen 222
Wichtige & nützliche Adressen 227

Die Provinz Buenos Aires 230
Mit dem Boot durch Tigre 230
Luján, Stadt der Hl. Jungfrau 234
Die Provinzhauptstadt La Plata 235
Die Atlantikküste 236
San Clemente de Tuyu 236
Pinamar, das vornehme Seebad 237
Villa Gesell 238
Mar del Plata 239
Miramar, Stadt der Kinder 244
Necochea 245
Bahía Blanca 246
Gauchos & Einwanderer 248
Gauchos, eine ausgestorbene Art 248
Die Kolonien bei Coronel Suarez 250
In den Sierras de Tandil
Stadt der Gauchos: San Antonio de Areco 252

▶ **NORDOSTEN & IGUAZU**
Der Nordosten: Zwischen den Flüssen 254
Provinz Entre Ríos 254
Gualeguaychú 255
Colón 256
Nationalpark El Palmar 258
Concordia 258
Paraná 259
Provinz Santa Fe 262
Rosario, die Vielfältige 262
Die Provinzhauptstadt Santa Fe 267
Provinz & Stadt Corrientes 269
Durch die Sümpfe von Iberá 173
Auf Bootstour in Paso de la Patria 274
Provinz Chaco 275
Resistencia 275
Nationalpark Chaco 277
Provinz Misiones 278
Posadas 278
San Ignacio und die Ruinen der Jesuitenstädte 280
Der Staat im Staat: Die Jesuitenreduktionen des 17. Jahrhunderts 281
Puerto Iguazú 283
Die Wasserfälle von Iguazú 287
Ausflug nach Brasilien 288
Ausflug nach Paraguay 292

▶ **WÜSTEN & WEINBERGE**
Der Nordwesten: Hohes Land der Wüsten 294
Provinz Jujuy 296
San Salvador de Jujuy 297
Durch die Quebrada de Humahuaca 300
Tiere auf der Hochebene 302
La Quiaca 303
Zwei Nationalparks zum Schutz des Waldes 303

Provinz Salta 304
Salta, die Schöne 304
Wolkendörfer und Prähistorisches 310
Cachi und der Kakteenwald 310
Trip zu den Wolken:
  Tren a las Nubes 311
Nördliches Valle de Calchaquíes 312
Cafayate 313
Provinz Tucumán 315
Von Cafayate zu den Ruinen
  von Quilmes 316
Das Fest der Mutter Erde 316
Die Menhire bei Tafi de Valle 317
San Miguel de Tucumán 318

Córdoba & der Cuyo 322
Provinz Córdoba 322
Córdoba, die Intellektuelle 322
Valle de Calamuchita, das Tal der
  Deutschen 329
Durchs schöne Valle de Punilla 333
Die Traslasierras 335
Provinz Mendoza 335
Der argentinische Weinbau 336
Mendoza-Stadt 338
Reisen in Richtung Chile 345
Trekking am Aconcagua 348
San Rafael 350
Zum Skifahren nach Las Leñas 352
Provinz San Juan 352
San Juan de la Frontera 353
Der Himmel über Barreal 357
Zum Tal des Mondes 357

▶ **PATAGONIEN & FEUERLAND**
Ins Land der Großfüßigen 360
Provinz Neuquén 362
Neuquén 363
Zapala 364
Nationalpark Lanín 365
San Martín de los Andes 365

Provinz Río Negro 367
Bariloche, Zentrum des Nationalparks
  Nahuel Huapi 368
El Bolsón, das Hippie-Dorf 372
An der Küste: Viedma 374
Provinz Chubut 376
Esquel und der Nationalpark
  Los Alerces 376
Eine 75-cm-Legende:
  Der Patagonien-Expreß 377
Puerto Madryn 379
Insel der Tiere: Península Valdés 381
Stadt der Dinos: Trelew 383
Die Pinguine von Punta Tombo 385
Comodoro Rivadavia,
  die Öl-Metropole 386
Provinz Santa Cruz 388
Perito Moreno und die Cuevas de
  las Manos 388
Nationalpark Perito Moreno 389
San Julián 390
Río Gallegos 390
El Calafate, Ausgangspunkt für
  Gletschertouren 392
Nationalpark Los Glaciares 395

Feuerland 398/400
Río Grande 401
Ushuaia 402
Reiseziele in der Nähe 406
Nationalpark Feuerland 408

▶ URUGUAY: MONTEVIDEO

Montevideo, die Charmante 410
Stadtgeschichte 410
Stadtrundgänge 413
Die Ciudad Vieja 416
Das moderne Zentrum 418
Andere bemerkenswerte Viertel
 & schöne Parks 421
Cerro, der Hausberg 423
Ramblas und Strände 424
**Praktische Infos &
 nützliche Adressen** 426
An- & Weiterreise 426
Fortbewegen in Montevideo 426
Unterkunft & Camping 428
Essen & Trinken 429
Einkaufen 431
Museen 432
Kultur & Ausgehen 433
Wichtige & nützliche Adressen 436

▶ ROUTEN DURCH URUGUAY

Vier Routen durchs Land 438
**1: Den Río Uruguay entlang
 nach Artigas** 438
Die »Neue Schweiz« 438
Colonia del Sacramento 439
Carmelo 444
Mercedes, Herrin der Flüsse 446
Fray Bentos 447
Der Frigorífico Anglo 449
Paysandú, die Biermetropole 452
Salto, zweitgrößte Stadt des Landes 455
Artigas, die Grenzstadt 457

2: Durchs Interior nach Rivera 458
Florida 458
Durazno, die Folkloristische 459
Trinidad und die Gruta del Palacio 460
Zum Stausee Rincón del Bonete 461
Tacuarembó 461
An der Grenze: Rivera 463

3: Pampa & mehr: Nach Melo 466
Minas, ein Wallfahrtsort 466
Treinta y Tres 467
Melo & die Laguna Merín 468

**4: Die Riviera: Seebäder
 & Naturparks** 470
Atlántida 470
Piriápolis, Montevideos
 Badestube 472
Punta del Este, Strandbad
 par excellence 474
Rocha 479
La Paloma, die Jugendliche 479
Fischerdörfer & Strandleben 480
Die Teufelsspitze und der Nationalpark
 der Hl. Teresa 483
La Coronilla & Chuy 484

▶ ZU GUTER LETZT

Impressum 485
Autorinnen und Autoren 486
Fotos 488
Sprachhilfe Deutsch – Castellano 490
Feste in Argentinien & Uruguay 494
Schlagwort- und Personenregister 496
Entfernungstabelle Argentinien 500
Entfernungstabelle Uruguay 502
Register der Orte &
 Sehenswürdigkeiten 504
Kartenverzeichnis & Legende 511

Vorwort

Dieses Reisebuch zu Argentinien und Uruguay hat zwei Hauptanliegen, um Ihre Reise durch die beiden Länder interessanter zu gestalten:

Zum einen bietet es die notwendigen Informationen, um sich schnell zu orientieren: Was sollte vor der Reise beachtet werden? Wie bewege ich mich als Reisender, vielleicht ohne oder mit nur geringen Sprachkenntnissen, in einem fremden Land? Wie plane ich meine nächste Reiseroute? Wo gibt es welche Informationen? Darüber informiert für beide Länder die Griffmarke mit den allgemeinen »Reiseinformationen«, darüber hinaus finden Sie bei den Beschreibungen der Orte und Routen konkrete Adressen zu Unterkunft, Essen und Trinken, Kultur, Verbindungen, Bank, Post und anderen Nützlichkeiten.

Zum anderen möchte dieses Reisehandbuch einen Eindruck vermitteln von der komplexen Geschichte sowie der aktuellen Situation der Länder – aus verschiedenen Perspektiven. Hierfür kommen Argentinier und Uruguayer zu Wort, die in unterschiedlichen Bereichen tätig sind: in sozialen Basiseinrichtungen oder Gewerkschaften, an der Universität, bei Zeitungen oder beim Radio. Sie haben ihre Beiträge bewußt für Reisende geschrieben, die noch nicht mit den Ländern vertraut sind. Zudem enthält das Buch einige Beiträge von Fachkundigen aus Europa.

Beim Reisen durch fremde Länder bildet sich ein Wissens-Mosaik, das ein mehr oder weniger umfassendes Bild liefert. Im Fall von Argentinien und Uruguay setzt es sich zusammen aus der so beeindruckenden Natur, aus den Besonderheiten relativ junger Einwanderungskulturen, aber auch aus dem für viele harten Alltag und dem Widerspruch zwischen natürlichem Reichtum und der Armut vieler Menschen.

Dieses etwas ungewöhnliche Reisebuch soll interessante Erfahrungen und Kontakte ermöglichen, es soll beim Einordnen von Erlebnissen helfen – das ist unser Anspruch.

Die erste Auflage erschien 1995 im Barbara Rausch Verlag, Wetzlar, und wurde von Ulrich Brand herausgegeben. Für die vorliegende zweite Auflage wurde nach Konzept und Qualitätsmaßstab der Peter Meyer Reiseführer das Buch komplett überarbeitet und aktualisiert. Marlis Gensler und Ulrich Brand sind dabei verantwortlich für den Teil zu Argentinien – Marlis Gensler bearbeitete insbesondere die reisepraktischen Fakten sowie die Karten – und Stefan Thimmel überarbeitete und ergänzte den Uruguay-Teil.

Ohne die Unterstützung von vielen anderen wäre dieses Buch nicht entstanden. Ihnen, die in verschiedenster Weise geholfen haben, gilt unser herzlicher Dank. Das sind für diese 2. Auflage – neben den Autoren, vielen Helfern in den Touristeninformationen, den Reisenden mit der ersten Auflage, die uns Briefe schrieben, und den Mitarbeiterinnen bei Peter Meyer Reiseführer – ELISA CALLE, ELSA GARCÍA SPINELLI, GEORG GWILDIS, ULF GWILDIS, ALEJANDRA GUARDIA CLAUSI, FLORENCIA KLEIMANN, FLORENCIA LANCE, XIMENA SANTOS, SALVADOR SCHAVELZON, JAVIER TANKS und EL MECÁNICO VINCENT. Muchas gracias.

Unseren alten, treugebliebenen Lesern und Leserinnen sowie allen neuen wünschen wir eine außergewöhnliche Reise in die faszinierenden Länder Argentinien und Uruguay.

MARLIS GENSLER,
STEFAN THIMMEL,
ULRICH BRAND
im Januar 1999

Ergänzungen und Korrekturen:
Es wurde versucht, alle Angaben in diesem Buch so aktuell und korrekt wie möglich darzustellen. Für die Richtigkeit der Angaben können wir natürlich keine Gewähr leisten. Daher die Bitte an Sie, uns alle Korrekturen, Veränderungen und Anregungen mitzuteilen. Auch für die Zusendung aktueller Unterlagen wie Prospekte oder Karten sind wir dankbar. Bitte geben Sie Art und Zeitraum Ihrer Reise an, Ihren Absender schreiben Sie bitte auf dem Brief in Druckbuchstaben. Verwertbare Zuschriften belohnt der Verlag mit einem Produkt aus seinem Programm.

Peter Meyer Reiseführer
– Argentinien/Uruguay 1999 –
Schopenhauerstraße 11
D-60316 Frankfurt a.M.

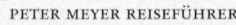

PETER MEYER REISEFÜHRER
sind nach ökologischen Grundsätzen hergestellte Reisebegleiter, gedruckt auf umweltfreundlichem, chlorfrei gebleichtem 100%-Recyclingpapier und ohne Farbfotos: *Für umweltbewußten Urlaub von Anfang an.*

NATUR & UMWELT

NATUR & UMWELT

GESCHICHTE BIS HEUTE

POLITIK, SOZIALES, KULTUR

REISE-INFORMATIONEN

BUENOS AIRES & PROVINZ

NORDOSTEN & IGUAZU

WÜSTEN & WEINBERGE

PATAGONIEN & FEUERLAND

URUGUAY: MONTEVIDEO

ROUTEN DURCH URUGUAY

ZWISCHEN BERGEN UND PAMPA

Argentinien und Uruguay weisen eine überaus vielfältige Natur auf, die aufgrund der geographischen Ausdehnung durch verschiede Klima- und Vegetationszonen zustande kommt: Vom feuchten Regenwald voller Wasserfälle und bunt schillernde Vögel über die weite Pampa mit den bekannten Rinderherden bis zu Wüsten voll seltsamer Kakteen sowie arktischen Gebieten mit exotischen Tieren wie Seelöwen und Pinguinen reicht das Spektrum. Daß beide Länder auch mit Umweltproblemen zu kämpfen haben, beleuchtet unter anderem der Themenkasten von Maike Rademaker.

Geographie

Argentinien: Argentinien ist mit über 3,7 Millionen km² das siebtgrößte Land der Erde und nach Brasilien das zweitgrößte auf dem südamerikanischen Kontinent. Es liegt zwischen 22° und 55° südlicher Breite und 53° und 73° westlicher Länge. Fast 1 Million km² gehören zur Antarktis. Dazu kommen noch einige kleine Inseln im Südatlantik. Von La Quiaca im Norden an der Grenze zu Bolivien bis nach Feuerland erstreckt sich Argentinien über 3800 km, an der breitesten Stelle mißt es gut 1400 km. Die Küstenlinie am Atlantik ist über 4000 km lang.

Vier geographische Großzonen können ausgemacht werden: die **Anden** im Westen, das nördliche **Tiefland des Chaco** und **Mesopotamien**, die feuchte und trockene **Pampa** vom Atlantik und *La Plata*-Fluß bis an die Anden sowie **Patagonien** südlich des *Río Colorado*. Zu diesen vier Gebieten kommen noch *Feuerland* und die *Antarktis* dazu.

In Argentinien erheben sich 35 Berge auf über 6000 m Höhe, viele davon sind Vulkane. Zu den Gebirgsriesen, die vor allem in Nordargentinien liegen, zählen der *Cachi* (6380 m), der *Juncal* (6208 m), der *Tupungato* (6710 m) und der *Aconcagua*, der mit seinen 6959 m der höchste Berg außerhalb Asiens ist. Weiter im Süden erreichen die Anden eine Höhe von 2500 m, bevor sie nach Feuerland hin auslaufen.

Argentinien besitzt Grenzen mit Uruguay (495 km), Brasilien (1132 km), Paraguay (1699 km), Bolivien (742 km) und Chile (5308 km).

Der Name des »Silberlandes«, in dem zwar bedeutende Silbervorkommen erhofft, aber nie entdeckt wurden, stammt vom lateinischen *argentum*, Silber, ab.

Uruguay: Die *República Oriental del Uruguay (R.O.U.)*, so der offizielle Name des mit etwas über 176.000 km² zweitkleinsten Landes Südamerikas (zum Vergleich Deutschland: 356.000 km²), liegt zwischen 30° und 35° südlicher Breite und 53° und 58° westlicher Länge. Uruguay bedeutet in der Sprache der Tupi-Guaraní vom Río de la Plata, »Fluß der singenden Vögel«.

Im Norden und im Nordosten grenzt das Land an den brasilianischen Bundesstaat Río Grande Do Sul, im Westen bildet der *Río Uruguay* die natürliche Grenze zur argentinischen Provinz Entre Ríos und im Süden und Südosten erstrecken sich der *Río de la Plata* und der *Atlantik*.

Uruguay bildet geographisch den Übergang vom brasilianischen Hochland in das südamerikanische Tiefland und ist sehr flach: Nur wenige Höhenrücken, *Cuchillas* genannt, ziehen sich von Norden nach Süden. Die *Cuchilla Grande*, die auch die Hauptwasserscheide des Landes ist, verläuft von *Melo* im Norden bis *Piriápolis* an der Mündung des Río de la Plata.

Der höchste Berg Uruguays ist der *Cerro Catedral* mit 513 m, der *Cerro Pan de Azúcar* bei Piriápolis erreicht 389 m und in Montevideo ist der *Cerro* mit 142 m die höchste Erhebung.

Die Landschaft gleicht im Westen und Süden der argentinischen feuchten Pampa, im Norden allerdings ist sie eine Fortsetzung des brasilianischen Berglandes. Uruguay wird von sehr vielen Wasserläufen durchzogen. Der größte, der *Río Negro*, entspringt an der brasilianischen Grenze und durchzieht das Land in Ost-West-Richtung, bis er bei Mercedes in den Río Uruguay mündet. Der *Río Uruguay*, aus Brasilien kommend und über 1600 km lang (davon mehr als 1200 km schiffbar), mündet nördlich von Colonia in den *Río de la Plata*. Der Mündungstrichter der Flüsse *Paraná* und Uruguay ist etwa 300 km lang und beim Übergang in den Atlantik bei Punta del Este 200 km breit.

Durch Vulkanabdeckung vor 150 Mio. Jahren versteinerte Araucarie (Nadelbaumart)

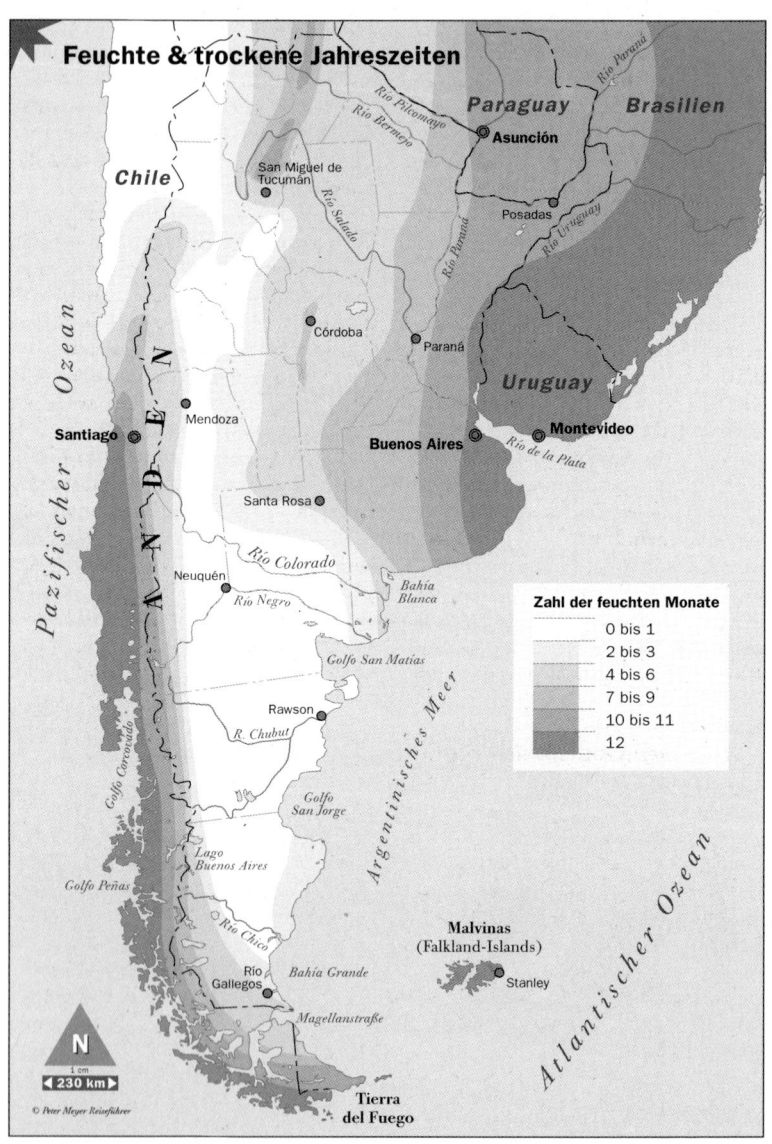

Klima

Argentinien: Durch die gewaltige Ausdehnung gibt es mehrere Klima- und Vegetationszonen: vom subtropischen Norden über das gemäßigte Klima in Zentralargentinien bis in den Süden, in welchem die Nähe zur Antarktis spürbar ist. Die Hälfte des Landes ist relativ trocken, das Hauptniederschlagsgebiet liegt im Nordosten. Nach Westen und Süden hin wird es immer trockener.

Ein Geograph verglich die Zonen einmal mit Europa, indem er Argentinien am Äquator spiegelte. Der südlichste Punkt wäre ungefähr auf Sylt, der nördlichste auf der Höhe Mekkas.

Reisende werden immer wieder mit den Winden des Landes Bekanntschaft machen. Innerhalb weniger Minuten ziehen Stürme auf, die plötzliche Temperatursprünge und heftige Regenfälle mit sich bringen. Da es im Land kein Gebirge gibt, das von Ost nach West verläuft, ziehen die *pamperos,* die eisigen Südwinde, ungehindert nach Norden.

Uruguay: In Uruguay sind die Winter mild, das Thermometer fällt kaum unter 7° Celsius, und die Sommer nicht übermäßig heiß. In Montevideo liegt die Durchschnittstemperatur im Hochsommer bei 28° Celsius. Das ganze Jahr über gibt es ausreichend Regen. Die regenreichsten Monate sind März und April mit etwa 100 mm Niederschlag pro Monat. Das Land wird den Subtropen zugeordnet, da es vor allem im Sommer unter dem Einfluß der heißen und feuchten Winde aus Brasilien steht. Im Winter hingegen bewirken die *pamperos,* jene kalten Südwinde, die auch durch Argentinien fegen, neben orkanartigen Stürmen drastische Temperaturunterschiede und starken Regen. Frost ist äußerst selten. Die Jahresmitteltemperatur liegt in Montevideo bei knapp über 16° Celsius.

Klimatabelle Argentinien & Uruguay
(durchschnittliche Mittagstemperaturen)

Stadt	J	F	M	A	M	J	J	A	S	O	N	D
Buenos Aires	30	29	26	22	18	15	15	16	18	21	25	29
Montevideo	29	28	26	22	18	15	14	15	18	20	23	27
Bariloche	21	21	18	14	10	6	5	8	10	11	16	18
Calafate	19	18	17	12	7	4	3	5	9	11	16	17
Córdoba	32	31	26	24	21	18	18	20	23	25	28	31
Iguazú	32	31	28	25	24	20	23	24	26	27	29	31
Mendoza	30	30	27	23	18	12	14	16	20	22	27	30
Mar del Plata	27	26	24	20	17	13	11	12	15	17	22	25
Punta del Este	29	28	27	23	19	17	16	17	19	22	25	27
Salta	31	31	29	25	22	18	16	17	20	24	25	30
Ushuaia	15	14	13	9	5	3	2	3	7	10	12	14

Landschaften und ihre Flora & Fauna

Argentinien: Der Gegensatz von küstennahen Bereichen und kontinentalem Landesinneren, das Nebeneinander von großen Tiefländern und Höhen über 6000 m, schließlich die Klimaschranke der Anden: Das sind die räumlichen Gegebenheiten, in deren Vielfalt verschiedene Nutzpflanzen angebaut werden: Tee, Kaffee, Weizen, Reis, Kartoffeln, Bananen, Obst und sogar Wein.

In **Mesopotamien,** das die Provinzen *Entre Ríos, Corrientes* und *Misiones* umfaßt und vom *Río Uruguay* im Osten und vom *Río Paraná* im Westen begrenzt wird, zeigen die immergrünen Regenwälder den größten Artenreichtum. Sie werden von Yerba Mate, gewaltigen Araukarien, Lianen und Epiphyten geprägt. Im subtropischen Misiones wird vor allem Mate-Tee angebaut, teilweise auch Tabak und Zitrusfrüchte. Im *Nationalpark Iguazú* trifft man auf Gürteltiere, Nager, verschiedene Affen- und Katzenarten, Tukane, Geier und Papageien. Über 400 Vogel- und 2000 Pflanzenarten leben dort. Leider werden große Teile des Waldes in Misiones rücksichtslos abgeholzt. Im südlich davon gelegenen Corrientes sind die schlangenreichen *Sümpfe von Iberá* bemerkenswert, in Entre Ríos dominieren neben ausgedehnten Wäldern landwirtschaftlich genutzte Flächen.

Westlich davon liegt der südliche Teil des **Gran Chaco** mit riesigen Busch-, Wald- und Sumpflandschaften, deren Trockengebiete nach Norden hin in die subtropische und tropische Klimazone übergehen. Dort gibt es Schlangen, Affen, Wasserschweine und Ameisenbären. Im Westen wird der Chaco-Trockenwald von Algarrobo-, Quebracho- und Palo-Santo-Arten beherrscht, der feuchtere Osten von Palmen.

Noch weiter westlich, in den Provinzen *Catamarca, Tucumán, Salta* und *Jujuy* sind verschiedene klimatische Zonen anzutreffen. Von Bolivien zieht sich die **Puna**, eine trockene Gebirgswüste und Savanne, bis in den Norden Argentiniens. Die Bodentemperatur kann zwischen warmen Tagen und kalten Nächten um 50° Celsius schwanken und es ist sehr trocken. Hier gibt es unter anderem *Guanakos,* eine Kamelart, deren zahme Form das Lama ist. Auch *Vicuñas*, ebenfalls Verwandte des Lama, und Ziegen leben zwischen Zwergsträuchern, Polstergewächsen und Kakteen sowie der beeindruckende *Kondor,* dessen Flügelspannweite über drei Meter betragen kann. In Salta geht die Puna in eine feuchte und überaus fruchtbare Region über, die sich bis in das subtropische Tucumán zieht.

Von dort bis zur Atlantikküste im Osten und nach Patagonien im Süden erstreckt sich das endlos scheinende Grasland der **Pampa**, in Teilen der Provinzen *Córdoba, San Luis, La Pampa, Santa Fe* und der gesamten Provinz *Buenos Aires*. Das Wort Pampa bedeutet in der Quetchua-Sprache »flaches Land ohne Bäume« und unterteilt sich in die feuchte Pampa, *pampa húmeda,* im Osten und die trockene Pampa, *pampa seca,* im Westen zu den Anden hin. Durch Vieh-

Blick über die westpatagonische Steppe auf die schneebedeckten Anden

haltung und intensiven Ackerbau in der feuchten Pampa ist der früher weitverbreitete *Nandu,* der Pampa-Strauß, nur noch an wenigen Stellen anzutreffen, der ehemals zahlreiche Pampa-Hirsch fast ausgestorben. Die in der Pampa wachsenden Gräser sind der Viehproduktion angepaßt, sie sind nicht mehr ursprünglich. Fährt man durch die Pampa, ist es kaum zu glauben, daß trotz der riesigen fruchtbaren Flächen ein Drittel der Bevölkerung unterernährt ist.

Das Mittelgebirge in Zentralargentinien, die **Sierras de Córdoba,** erstreckt sich von der Provinz San Luis an nordwärts. Westlich davon befindet sich ein Teil der **Anden** in den Provinzen *Mendoza* und dem westlichen Teil von *La Rioja* und *San Juan.* Die relativ trockene Gegend ist eines der größten Weinbaugebiete der Welt. Außer Weinreben gibt es Wälder und Kakteen. Wer Glück hat, sieht Kondore, ansonsten sind hier vor allem Nager zu Hause.

Den *Río Colorado* überquerend kommt man nach **Patagonien,** das im Westen von den hier nicht mehr so hohen Anden begrenzt wird. Die Strauch- und Grassteppe ist baumlos. Büschelgrasfluren und Flächen mit Polstergewächsen wechseln einander ab, stellenweise durch Gebüschgruppen, meist Berberitzarten, unterbrochen. Relativ artenarm sind die Regenwälder der Südkordillere, die von Südbuchenarten, Lianen und Bambus beherrscht werden. In der nächst höheren Waldstufe werden sie von Alercen, darüber von Araukarien (beides Nadelbaumarten) abgelöst. Im Norden des flachen Teils der Region wird vor allem Obst angebaut, weiter südlich in der kargen Steppenlandschaft weiden zwischen Stipa-

und Festuca-Gräsern Millionen von Schafen. Die Überweidung durch die großen Herden führt zu starker Erosion. Die natürliche Fauna Patagoniens ist sehr vielfältig: von Füchsen, Guanakos, Kaninchen, Straußen und anderen Landtieren bis zu Walen, Pinguinen und Seelöwen, die vor allem auf und in der Nähe der *Halbinsel Valdés* zu finden sind.

Auf **Feuerland** stehen ausgedehnte Laubwälder mit vom starken Wind teilweise bizarr verformten *Südbuchen* und große rötliche Moore. Oberhalb der Baumgrenze von etwa 500 m bildet alpine Vegetation den Übergang zum ewigen Eis.

Uruguay: Spärlich bewaldetes Grasland, als Weidefläche genutzt, prägt heute Uruguays Landschaftsbild. Zudem gibt es Savannen und Sumpfgebiete. Früher war die inzwischen weitgehend abgeholzte *Yatay*-Palme weit verbreitet. Größere Waldflächen gibt es noch im Tal des Río Uruguay, wo der Baumwollbaum *Ceibo*, dessen Blüte die Nationalpflanze ist, und verschiedene Palmenarten wachsen. Die alles dominierenden Tiere sind die 20 Millionen Schafe und und die 10 Millionen Rinder. Wilde Tiere leben in dem landwirtschaftlich geprägten Land kaum mehr. Am häufigsten sind Wildschweine, Füchse, Gürteltiere und Rotwild.

Vogelliebhabern bietet das Land eine große Artenvielfalt, am spektakulärsten ist sicher der Pampa-Strauß *Nandú*. Oft zu hören ist der farblich unscheinbare Vogel *Bienteveo*, dessen Name von seinem nach »Bien te veo« – Ich sehe dich gut – klingenden Ruf herrührt. Naturschutzorganisationen bieten Führungen zur Vogelkunde an.

Am **Oberlauf des Río Uruguay** leben noch vereinzelt Alligatoren und in den Sumpfgebieten der Provinz *Rocha* liegen Naturreservate, in denen die größten Nagetiere der Welt leben, die *Carpinchos,* die über einen halben Meter groß werden können.

An der **Süd- bzw. Ostküste** bei *Punta del Este* und am *Cabo Polonio* sind manchmal Seelöwen, Robben und andere maritime Tiere zu beobachten. Seit einige ökologisch sensible Regionen zu Naturschutzgebieten deklariert wurden, ist der Zugang nicht mehr auf eigene Faust möglich, dafür werden organisierte Touren angeboten (siehe Ortsbeschreibung S. 474).

Das ökologisch noch am meisten intakte und interessanteste Gebiet ist das **Department Rocha** im Osten. Die küstennahen *banados,* Feucht- und Sumpfgebiete, wie die *Laguna Negra* und die riesige *Laguna Merín*, durch deren Mitte die Grenze mit Brasilien verläuft und der Küstenstreifen sind hier am sehenswertesten. *Punta del Diablo* und *Cabo Polonio* mit ihren *Reservas de lobos,* Reservate für Seelöwen, Seerobben und andere Arten, sind interessante Gebiete, aber auch extrem gefährdet in ihrem ökologischen Gleichgewicht.

Auch andere grenznahe Regionen, wie die Gegend um die Stadt *Salto* mit ihren heißen Thermalquellen im Nordwesten des Landes, sind einen Besuch wert.

Zum Wandern eignet sich das Hügelland zwischen *Minas* und *Piriá-*

polis im **Department Maldonado** östlich der Hauptstadt.

Umweltprobleme Argentiniens

Ein großes Problem für das ländliche Argentinien ist die Bodenerosion, die etwa 46 Millionen Hektar Fläche schädigt. Fast die Hälfte davon ist verwüstet: das nichtandine Patagonien, die Puna-Hochebene, das trockene *Montegebiet* (Buschland) in Zentralargentinien sowie die trockensten Teile des Chaco, wo die Wiederaufforstung am schwierigsten und teuersten ist. Die Böden werden immer unfruchtbarer: Wenn nicht eingegriffen wird, werden die Erträge der Anbauflächen wegen der fehlenden Stickstoffe bis Mitte des 21. Jahrhunderts um 60 bis 70 % sinken.

Die Abholzung der Wälder ist ein weiteres Problem. Von 106 Millionen Hektar Wald, die es 1914 in Argentinien gab, ist nur noch ein Drittel, etwa 35 Millionen Hektar, übrig. Am stärksten wurden die Wälder im Großen Chaco, in Misiones, bei Orán, in der Monteregion und im Süden abgeholzt.

Besonders dramatisch ist der Verlust der Artenvielfalt. Was die Flora betrifft, so sind heute vor allem die *Prosopis*-Wälder (Blattsträucher und -Bäume) im Chaco und in der Monteregion sowie die *Nothofagus*-Wälder (teilweise immergrüne Blattsträucher und -Bäume mit weichem Holz) im Süden trotz ihres wirtschaftlichen Nutzens als Rinderfutter oder Nutzholz gefährdet. Bei den Tierarten ist die Situation noch viel kritischer; über ein Viertel der Säugetierarten, darunter Affen, Wildkatzen, Wale, Delphine und Seehunde, 17 % der Vögel (Papageien, Aras und Raubvögel) sowie 11 % der Reptilien, besonders Landschildkröten, Leguane und Kaimane, sind bedroht.

Neben der Naturzerstörung im ländlichen Raum führt auch die Urbanisierung zu großen Problemen –

Ist die fruchtbare Erde erst einmal abgetragen, gibt's kein Halten mehr: Von der Erosion kahlgefegte Berge

Lesen Sie bitte weiter auf Seite 22 ▶

Alle 90 Minuten schieben sich Konvois hochbeladener Lastkähne den Río Paraná hinunter zur argentinisch-uruguayischen Küste. Bis zu 16 Kähne sind miteinander verbunden, geladen haben sie Soja. Von den neuen argentinischen Häfen entlang des Río Paraná starten Schiffe mit Importwaren nach Paraguay, Brasilien und Bolivien. Der rege Handel läßt die Bau-, Industrie- und Transportbranche boomen, schafft Arbeitsplätze und Wohlstand.

So müssen die offiziellen argentinischen Träume zum Ausbau der Flüsse *Paraguay* und *Paraná* zu einer Wasserstraße aussehen. Die Horrorvision einer gigantischen Flutwelle, die aus Brasilien heranrollend, die ufernahen Häuser, Menschen, Vieh und Ackerland mit sich reißt, Deiche zerstört und giftigen Schlamm zurückläßt, gibt es in diesen Träumen nicht. Das sind die Alpträume der Umweltschützer.

Seit den 80er Jahren basteln die Regierungen an den Plänen für diese Wasserstraße, die ganzjährig und rund um die Uhr befahrbar sein soll. Der Ausbau der beiden Flüsse über 3442 Kilometer durch die fünf Anrainerstaaten Argentinien, Uruguay, Paraguay, Brasilien und Bolivien soll die Region an den Weltmarkt anschließen und das Rückgrat des südamerikanischen Wirtschaftsbündnisses *Mercosur* (siehe Seite 67) bilden. Ausgangspunkt ist das brasilianische *Cáceres,* an das Bolivien mit dem *Tamengokanal* angeschlossen ist, Zielhafen das uruguayische *Nueva Palmira*. Ab Corrientes, insgesamt zu einem guten Drittel, wäre die Wasserstraße argentinisch: eine höchstwillkommene Chance für den Handel und eine politisch-strategische Position von unschätzbarem Wert. Verkürzt sich, wie geschätzt, die 45tägige Schiffsfahrt von Cáceres nach Nueva Palmira um die Hälfte, würden die Exportgüter günstiger und die Region für Investitionen lukrativer. Mercosur wäre auf dem Weltmarkt neben den anderen großen Handelsregionen wettbewerbsfähiger.

Soja versus Umwelt: Die Wasserstraße Paraná — Paraguay

Río Paraguay und Río Paraná müssen dafür überall mindestens 50 Meter breit und 3,30 Meter tief sein. Um diese Maße zu erreichen, muß an über 200 Stellen gebaggert und über 20 Millionen Kubikmeter Schlamm und Dreck entfernt werden. Scharfe Kurven sollen begradigt, seichte Flußarme trockengelegt, störende Felsformationen gesprengt und etliche Navigationshilfen aufgerichtet werden. Aus dem Inneren des Subkontinentes sollen nach Abschluß der Arbeiten – geplant für den Beginn des nächsten Jahrtausends – Sojabohnen, Eisenerz, Gold, Holz und Mineralien rasch und in großen Mengen nach Europa und Nordamerika exportiert werden. Die Kosten schätzten Experten 1989 auf 1,3 Milliarden US-Dollar. Die Finanzierung ist ungeklärt; gerechnet wird mit Geldern der Weltbank, aber auch einzelner Länder wie Deutschland, entweder durch Entwicklungshilfe oder staatliche Bürgschaften für Investitionen. Auch von der EU als zukünftigem Handelspartner ist Hilfe zu erwarten.

Das Projekt betrifft ein Areal von 1,75 Millionen km², ungefähr die vierfache Fläche Deutschlands. Auf diesem Gebiet leben 17 Millionen Menschen, viele von ihnen an und von den Flüssen. Schätzungsweise 150.000 Indígenas aus rund 100 Kommunen bilden eine besondere Gruppe.

Ökologisch äußerst wertvoll und empfindlich ist vor allem das *Pantanal,* das größte Feuchtgebiet der Erde mit Tausenden von Tier- und Pflanzenarten. Für das Pantanal und die Menschen, die von den Flüssen abhängig sind, drohen nach Ansicht verschiedener Organisationen katastrophale ökologische und soziale Folgen. Deswegen machten sie die internationale Öffentlichkeit auf das Megaprojekt aufmerksam.

Durch die Arbeiten werde es an den Flüssen Veränderungen bei den Strömungsverhältnissen und dem Wasserspiegel geben, warnen Experten. Uferregionen werden erodieren, Böden versalzen und vertrocknen. Fischer und Kleintransporteure werden ihre Arbeit verlieren, weil sie der Konkurrenz nicht standhalten und mit ihren kleinen Booten nicht zwischen den Konvois arbeiten können. Die geplanten Änderungen im Pantanal können dieses einzigartige Gebiet für immer zerstören. Eine Sprengung der Felsformationen, die den Ablauf des Wassers aus dem Feuchtgebiet verhindern, würde vor allem im Unterlauf zur Katastrophe führen. Zur Zeit wirkt das Pantanal wie ein Schwamm, es gibt das Regenwasser nur langsam ab. Nach den Sprengungen wird das Wasser als Flutwelle gen Küste rasen, das Pantanal in der Folge austrocknen. Sojakonzerne, Bergbauunternehmen und Holzfirmen werden mit Plantagen, Minen und Zufahrtsstraßen bis an die Ufer rücken. Das Hinterland wird Hunderte von Kilometer weit erschlossen, abgeholzt und in Plantagen umgewandelt, ständig bedroht von der Erosion. Boden-, Luft- und Wasserverschmutzung, werden schlimmer. Die vielen Flußanrainer mit ungesicherten Landrechten werden vertrieben. Profitieren wird nicht die lokale Bevölkerung, sondern Baufirmen, Schiffsunternehmen und das Agrobusiness.

Bereits heute hat die Landspekulation begonnen, bauen Firmen ihre Lager und Transportkapazitäten aus. Dabei ist das Projekt noch nicht einmal von allen Parlamenten diskutiert worden, die Bevölkerung wurde noch nicht ausreichend informiert und die Folgen noch nicht bewertet. Trotzdem treiben die meisten Regierungen das Projekt voran. Auch ungeachtet dessen, daß von Experten aus Lateinamerika, den USA und Europa den bisher erstellten Umweltverträglichkeitsprüfungen mehrfach Schlamperei und falsche Methoden nachgewiesen wurde.

Gegen das Projekt haben sich in Lateinamerika über 300 sogenannte *Non Governmental Organisations* (NGO) zu einer Koalition namens *Ríos Vivos,* Lebende Flüsse, zusammengeschlossen. Diese protestiert in vielfältiger Form gegen die geplante Wasserstraße. Da beide Flüsse schon immer als Wasserstraßen dienten, richtet sich ihre Kritik nicht gegen die grundsätzliche Nutzung. Die Diskussion um eine nachhaltige, mit der Bevölkerung offen debattierte Entwicklung ist ihr Ziel. Durch Ríos Vivos ist das Projekt in Lateinamerika zum öffentlichen und politischen Thema geworden.

Unter dem Druck der NGO, die sich besonders auf das Pantanal konzentrierten, versprach die brasilianische Regierung im März 1998 mehrfach, wegen der ökologischen Auswirkungen keine Arbeiten im Pantanal zu erlauben. Dieses Versprechen gibt es allerdings nicht schriftlich, und im Mai 1998 beantragte das Transportministerium Baulizenzen am Paraguay-Fluß, gerade im sensibelsten Bereich des Pantanals. Auch alle anderen Länder halten unbeirrt an dem Projekt fest, Argentinien drohte schon im vergangenen Jahr, Arbeiten öffentlich auszuschreiben. Nur die Strategie wurde anscheinend geändert. Arbeiten am Ufer, Ausbaggerungen und Hafenbau werden einfach als notwendige Instandhaltungsmaßnahmen deklariert. Mit dieser Stück-für-Stück-Strategie, fürchten die NGO, werden die Länder das Projekt realisieren, ohne auf größeren lokalen Protest zu stoßen. So wird zum Beispiel weiterhin – Stand Juli 1998 – der Verbindungskanal, *Canal Tamengo,* zwischen der geplanten Wasserstraße und einem bolivianischen Hafen ausgebaggert. Der Hafen ist zukünftiger Umschlagplatz für Sojabohnen unter US-Kontrolle, der Kanal liegt oberhalb des Pantanal. Seine Ausbaggerung könnte zur Fehlinvestition werden, wenn nicht auch die Wasserstraße verwirklicht wird, daher sind Zweifel an dem brasilianischen Zögern angebracht. Argentinien ist mit einigen Firmen an diesen Ausbaggerungen direkt beteiligt.

Die NGO wollen nun schriftlich die Positionen der einzelnen Regierungen zu dem Projekt einholen, um auf verbindliche Aussagen zurückgreifen zu können. Sie arbeiten eng mit europäischen Gruppen zusammen, die auch recherchieren und öffentlich auf das Projekt hinweisen. Noch ist also ungewiß, ob hier dasselbe geschehen wird, wie mit den meisten deutschen Flüssen: Die Degradierung lebendiger Flüsse zu reinen Transportwegen auf Kosten von Umwelt und der Bevölkerung.

MAIKE RADEMAKER

Informationen in Deutschland gibt es bei *Urgewald,* © 02583/1031, urgewald@koeln.netsurf.de

vor allem natürlich in Buenos Aires. Verkehr, Lärm und Luftverschmutzung, die Wasserversorgung und die Entsorgung von Haus- und Industriemüll bereiten immense Schwierigkeiten. Für die Menschen in den Armenvierteln sind die Folgen am schlimmsten, da dort Infrastruktur und öffentliche Leistungen fehlen.

Um diese Mißstände zu beseitigen, müßte sich politisch vieles ändern. Wie die letzte Militärdiktatur bewies, wird ohne demokratische Mitsprache die Natur noch rücksichtsloser ausgebeutet und die Lebensbedingungen der Menschen verschlechtern sich. Zwar zeigen sich Ansätze einer Umweltbewegung, die in manchen Fragen sogar international agiert (siehe Themenkasten und Kontaktadressen). Doch haben die politischen Parteien das Thema Umweltzerstörung noch nicht entdeckt.

SERGIO A. MAZZUCCHELLI

Kontaktadressen in Buenos Aires
▶ *Red Emergencia Ambiental,* Tucumán 1711, 3»D«, zentraler Zusammenschluß von Umweltgruppen.
▶ *Movimiento Argentino Ecológico,* Av. Callao 741, dort gibt es auch ein vegetarisches Restaurant.
▶ *Greenpeace Argentinien,* B. Mitre 226 im 4. Stock.
▶ *Instituto Internacional de Medio Ambiente y Desarrollo, IIED – Internationales Institut für Umwelt und Entwicklung,* Av. Corrientes 2835, 6. Stock »B« im Hausblock A.

Umweltprobleme in Uruguay

Nicht zuletzt durch die engen Verbindungen mit Europa wurde auch in Uruguay das Bewußtsein für Umweltfragen in den letzten Jahren geschärft. Das ist vor allem ein Erfolg der vielen Organisationen und Initiativen, die sich mit Umweltfragen beschäftigen. Ein Rückschlag für die uruguayische Ökologiebewegung ist allerdings, daß die ambitionierte und weit über die Landesgrenzen hinaus anerkannte Monatszeitschrift *tierra amiga* aus finanziellen Gründen ihr Erscheinen einstellen mußte. Eine Lücke, die bisher nicht gefüllt werden konnte.

Die drängendsten Umweltprobleme in Uruguay sind:
• die **Erosion** auf rund 30 % des nationalen Territoriums und 80 % der Anbauflächen. Ursachen sind wenig nachhaltige Anbaumethoden, die Art der angebauten Kulturen sowie die heftigen Regenfälle, deren Wassermassen ohne Halt den fruchtbaren Boden weiter abtragen können.

• die **Ausdehnung der Anbaugebiete,** besonders für Reis, bedroht die Feuchtgebiete im Nordosten des Landes, hauptsächlich die *Laguna Mérin.* Die Sümpfe trocknen aus, vielen Tier- und Pflanzenarten wird der Lebensraum entzogen.
• weil es weder Bauvorschriften noch eine **Raum- und Regionalplanung** gibt, sind an der Atlantikküste in den letzten Jahren Tausende illegal gebauter Ferienhäuser für den in- und ausländischen Tourismus entstanden. Die letzten Küstenbiotope sind dadurch bedroht. Die betroffenen Provinzregierungen versuchen zwar seit 1996

Der bizarre Ombú-Baum (Phytolacca dioica) wächst in Uruguay vor allem in der Reserva de la Biosfera de Bañados del Este in der Provinz Rocha

In Uruguay haben sich mittlerweile über 50 Umweltschutzorganisationen zu einem *Red*, Netzwerk, zusammengeschlossen, um Aktionen zu ko-

Ökologiebewegung in Uruguay

ordinieren, wie z.B. gegen den Ausbau der Wasserstraße Hidrovía Paraguay y Paraná (siehe vorigen Themenkasten). Es gibt außerdem eine Vielzahl interessanter Projekte von kleineren Umweltgruppen, unter anderem zur Verbesserung der Kommunikation von Umweltorganisationen weltweit. Etwa über das Datennetz *Chasque,* das an das weltweite Alternativ-Netzwerk *APC* angeschlossen ist. Ein Zusammenschluß von Umweltgruppen ist *REDES-AT,* ✆ 3056265, Fax 3081640, Avenida Millán 4113, 12900 Montevideo. Besonders im lokalen Bereich gewinnt das Thema Umwelt schnell an Bedeutung, da hier Probleme wie Müllentsorgung oder durch Umweltschäden bedingte chronische Krankheiten am spürbarsten zutage treten.

Den Kampf gegen den Bau der längsten Brücke der Welt (52 km) zwischen Colonia und Buenos Aires haben die Umweltschützer allerdings 1996 verloren – mit der Fertigstellung der Brücke wird im Jahr 2000 gerechnet. Nun befürchten die Bewohner der Region um Colonia ein starkes Anwachsen des Autoverkehrs und den Ausbau des Städtchens zu einem Vorort von Buenos Aires.

dem entgegenzuwirken – so wurden am *Cabo Polonio* mit Hilfe des Militärs mehrmals Hütten und Häuser abgerissen – doch die meisten Bewohner dieser Gebiete stehen dem eher kritisch gegenüber, weil der Tourismus zu ihrer Haupteinnahmequelle geworden ist. Die zuständigen Behörden haben es bisher versäumt, die Hintergründe besser zu vermitteln, die Bevölkerung einzubeziehen und für andere Einnahmequellen zu sorgen.

• die einheimische **Tier- und Pflanzenwelt** wird nicht ausreichend geschützt. Obwohl einige Naturschutzreservate, hauptsächlich im Osten des Landes, eingerichtet wurden, sind viele seltene Tierarten stark gefährdet. Auch die Abholzung einheimischer Baumarten und die Aufforstung mit Monokulturen, unter anderem durch den schnell wachsenden Eukalyptus, der den Boden stark auslaugt, gefährden das ökologische Gleichgewicht.

• die **Wasserverschmutzung** ist vor allem in Montevideo und den umliegenden Provinzen ein großes Problem. Das Abwasser der in der Hauptstadt angesiedelten staatlichen Raffinerie und der lederverarbeitenden Betriebe fließt ungeklärt in den *Río de la Plata.* Die Stadtregierung diskutiert zwar zur Zeit den städtebaulichen Plan Montevideo 1998 bis 2005, der die Auslagerung der fast im Stadtzentrum gelegenen Erdölraffinerie ANCAP vorsieht, eine wesentliche Verbesserung des Umweltschutzes ist aber auch an einem neuen Standort so schnell nicht zu erwarten.

WOLFRAM KLEIN, STEFAN THIMMEL

Auf einen Blick:
Die Nationalparks von Argentinien

Stichwortartig werden im folgenden die über 20 argentinischen Nationalparks vorgestellt, von denen *Iguazú* im Nordosten, *Nahuel Huapi* bei Bariloche am Fuß der Anden, die *Halbinsel Valdés* und der Gletscher *Perito Moreno* im Süden zu den touristischen Hauptattraktionen gehören. In den Beschreibungen der Landesteile werden sie noch ausführlicher beschrieben.

Die Idee der Nationalparks geht auf den Naturschützer *Perito Moreno* zurück, der im Jahr 1903 mit 7500 ha einen Teil des heutigen Nationalparks Nahuel Huapi stiftete. Die Zentralverwaltung der argentinischen Nationalparks befindet sich in Buenos Aires in der Avenida Santa Fe 690.

Im **Nationalpark Iguazú**, in der Provinz Misiones, an der Grenze zu Brasilien und Paraguay, gibt es die berühmten gleichnamigen Wasserfälle. Iguazú ist touristisch einer der bekanntesten Orte Argentiniens und die UNESCO hat ihn als »Erbe der Menschheit« früh anerkannt. Dort wurde übrigens 1986 der britische Film »Mission« mit Robert de Niro und Jeremy Irons gedreht.

Buenos Aires am nächsten liegt der 8500 ha große **Nationalpark El Palmar** am Uruguay-Fluß in der Provinz Entre Ríos. Geschützt wird hier besonders die *Yatay*-Palme. Außerdem ist der Park ein Vogelreservat.

In der nördlichen Provinz **Chaco** gibt es den gleichnamigen Nationalpark, 15.000 ha subtropische Wälder, Sümpfe, Palmen und Vögel werden hier geschützt. In der Provinz Formosa befindet sich der **Nationalpark Pilcomayo,** eine 60.000 ha große Sumpf- und Palmenlandschaft an den Ufern des gleichnamigen Flusses.

Im Nordwesten existieren fünf Nationalparks in den Provinzen Jujuy und Salta relativ dicht beieinander. Die **Laguna de los Pozuelos** ist ein See an dem viele Vögel, vor allem mehrere Flamingo-Arten, leben. In **Baritú** an der Grenze zu Bolivien sind über 70.000 ha fast unberührter subtropischer Bergwald geschützt, südlich davon bietet der Nationalpark **Calilegua** abwechslungsreiche subtropische und subalpine Wälder auf fast 80.000 ha. Im Westen Saltas bewahrt in einer Bergwüste der **Los Cardones-Nationalpark** Kakteen davor, abgeholzt zu werden. Außerdem gedeihen im Zentrum der gleichen Provinz in höheren Lagen über 40.000 ha subtropische und Nadelwälder im **Nationalpark El Rey.**

Mitten in der monotonen Landschaft der Pampa ist der **Lihué Calel-Nationalpark** angesiedelt, in dessen sanften Gebirgen und Tälern verschiedene Kakteenarten und Pumas oder Guanakos zu sehen sind. Die historischen Urbewohner, die *Araukaner,* hinterließen an einigen Stellen im Park Schriftzeichen.

Auf Feuerland ist der gleichnamige **Nationalpark Tierra del Fuego** bekannt für seine Vielfalt an Meerestieren und Baumbeständen. Das über 60.000 ha große Gebiet liegt am *Beagle*-Kanal.

Alle anderen Nationalparks sind in Patagonien gelegen, darunter einige landschaftliche Hauptattraktionen des Landes. Beginnen wir im Norden Patagoniens in der Provinz Neuquén, wo die **Laguna Blanca** sehenswert ist. Im 11.000 ha großen geschützten Naturreservat liegt der gleichnamige See in einer ehemaligen Vulkanlandschaft, die vor allem für ihren Vogelreichtum berühmt ist. Der **Lanín-Nationalpark** mit fast 380.000 ha ist bekannt für seine ausgedehnten Baumbestände und gute Angelmöglichkeiten.

Die Stadt *Bariloche* am gleichnamigen See ist Zentrum des **Nationalparks Nahuel Huapi**. Mit fast 760.000 ha ist der Park der größte des Landes, touristisch sehr gut erschlossen und landschaftlich eindrucksvoll. Mittendrin befindet sich noch der **Nationalpark Los Arrayanes**, wo auf einer Halbinsel der seltene *Arrayan*-Baum geschützt wird.

Die Provinz Chubut bietet vier Nationalparks. Die beiden westlichen an der Grenze zu Chile sind der **Lago Puelo,** ein mitten in den Anden gelegener See, und der 260.000 ha große Nationalpark **Los Alerces,** in dem neben dem *Alerce*-Baum verschiedenste Wälder beeindrucken.

Am Atlantik gibt es zwei Reservate in der Provinz Chubut, die juristisch mit einem Nationalpark gleiohzusetzen sind. Touristisch gehören sie zu den wichtigsten Anziehungspunkten des Landes. Auf und vor der **Halbinsel Valdés** ist das einzigartige Leben von Walen und anderen Meerestieren während einiger Monate des Jahres zu beobachten. Südlich davon auf der Landzunge **Punta Tombo** leben ungefähr 5 Millionen der kleinen Magellan-Pinguine.

Die südlichste Festland-Provinz, Santa Cruz, bietet mit dem Gletscher *Perito Moreno,* der in dem **Nationalpark Los Glaciares** liegt, einen der Höhepunkte einer Argentinienreise. In Sichtweite des Berges *Fitz Roy* liegt einer der wenigen noch wachsenden Gletscher der Welt. Nördlich dieses 600.000 ha großen Parks ist der **Nationalpark Perito Moreno** (nicht zu verwechseln mit dem Gletscher) zu besuchen, der touristisch wenig erschlossen ist. Schließlich gibt es im Nordosten der Provinz das **Naturmonument Bosques Petrificados.** Hier sind durch Vulkanabdeckung versteinerte Bäume zu sehen. Die urzeitlichen Bäume ragten hier bereits in den Himmel, als sich die Anden erst bildeten.

Buchtip

Von Iguazú bis Feuerland. Zur Vegetation argentinischer Nationalparks, 1989 herausgegeben vom Palmengarten, Siesmayerstraße 61, 60323 Frankfurt a.M., 5 DM. Neben einem kurzen Überblick über die Flora und Fauna Argentiniens werden vier Nationalparks ausführlich vorgestellt. Exzellente Fotos!

GESCHICHTE BIS HEUTE

NATUR & UMWELT

GESCHICHTE BIS HEUTE

POLITIK, SOZIALES, KULTUR

REISE-INFORMATIONEN

BUENOS AIRES & PROVINZ

NORDOSTEN & IGUAZU

WÜSTEN & WEINBERGE

PATAGONIEN & FEUERLAND

URUGUAY: MONTEVIDEO

ROUTEN DURCH URUGUAY

DIE ENTWICKLUNG DES CONO SUR

*Der »südliche Kegel« des amerikanischen Kontinents, wie
Chile, Argentinien, Paraguay und Uruguay zusammenfassend genannt
werden, hatte in seinen historischen Anfängen eine weitgehend
gemeinsame Entwicklung. Sie setzt, anders als bei den großen Inka- und
Aztekenreichen, für die Geschichtsschreiber praktisch erst mit der
Eroberung durch die Europäer ein.*

Überblick von den Anfängen bis zum 19. Jahrhundert

Vor der Ankunft der Spanier gehörte die nordwestliche Region Argentiniens und ein Großteil Chiles zum Inkareich. Innerhalb dieses lebten in Nordwestargentinien die *Diaguita*, die Landwirtschaft (u.a. Mais) auf der Grundlage eines fortschrittlichen Bewässerungssystems betrieben. Von den außerhalb dieser Region lebenden Indígenas führten die meisten ein Nomadenleben, ihre wirtschaftliche Grundlage waren einfache Praktiken der Jagd, Fischfang und das Sammeln wilder Früchte. In manchen Fällen, wie bei den *Guaraní* im Grenzgebiet zum heutigen Paraguay, kam Landwirtschaft auf wechselnden Anbauflächen dazu. Für die hochgewachse-

Die Urbewohner des Cono Sur lebten von der Jagd und dem Sammeln wilder Früchte

nen *Tehuelche* in Patagonien, die heute ausgestorbenen *Ona*, die auch *Selk'Nam* heißen, in Feuerland, die *Mataco* im nördlichen Chaco oder die *Charrúa* in Uruguay und auch die *Araucano* oder *Mapuche* im südlichen Chile und den angrenzenden Regionen des heutigen Argentinien gilt Ähnliches (siehe auch Seite 76).

Zwar weiß man, daß das Land schon vor rund 12.000 Jahre besiedelt gewesen ist, doch sind selbst von den genannten Völkern nur wenig Spuren übriggeblieben, die *Conquista*, d.h. Eroberung des Kontinentes durch die Spanier ab 1492, löschte diese meist samt den Völkern aus.

Die Conquista

Die Region des Cono Sur hat während dreier Jahrhunderte spanischer Kolonialisierung eine unbedeutende Rolle gespielt und gehörte zu den ärmsten Gegenden des riesigen Kolonialreichs. Lange Zeit waren die beiden Vizekönigreiche *Neu-Spanien* (Mexiko) und *Perú* die alles beherrschenden administrativen Zentren; Peru war für ganz Spanisch-Südamerika zuständig. Von hier aus wurden die riesigen Gold- und Silberschätze nach Europa geschafft. Im entfernten Süden hingegen fand man keine Edelmetalle und das weite, menschenleere Land schien unfruchtbar und abstoßend. Hinzu kam die enorme Entfernung zum »Mutterland« und den nördlichen Kolonien in Zeiten ohne Eisenbahn und Dampfschiff.

Die Gründungsdaten der Hauptstädte dieser Region zeigen die untergeordnete Bedeutung: Buenos Aires 1536 bzw. 1580, Asunción 1537, Santiago 1541 und Montevideo 1726. Die Hauptstadt Argentiniens, seit Ende des 19. Jahrhunderts eine der größten Städte der Welt, wurde bald nach ihrer Gründung sogar wieder aufgegeben. Ihre von Indianerüberfällen und Hunger gequälten Bewohner zogen sich nach Asunción, der heutigen Hauptstadt Paraguays, über tausend Kilometer nördlich ins Landesinnere zurück. Erst die zweite Gründung machte Buenos Aires dauerhaft zu einem lokalen Zentrum der Spanier, blieb jedoch bis weit ins 18. Jahrhundert recht unbedeutend, während andere Städte im Landesinneren wichtiger wurden.

Das heutige Chile wurde wenige Jahre nach der Eroberung Perus dem spanischen Reich einverleibt, allerdings nur bis zum mittleren Süden des engen und langgestreckten Territoriums. Es blieb dann jahrhundertelang das »Land am Ende der Welt«. Wie die drei *La-Plata-Staaten* Uruguay, Paraguay und Argentinien war es ohne größere ökonomische Bedeutung und zudem von Europa nur sehr schwer über das gefährliche Kap Horn im Süden oder über die Landenge von Panama erreichbar.

Das heutige Uruguay schließlich war die sogenannte *Banda Oriental*, der östliche Streifen, eine kleine und menschenleere Region östlich des Flusses Uruguay. Bis ins 19. Jahrhundert stritten sich Spanien und Portugal um die Kontrolle dieses strategisch bedeutenden Flußsystems, denn der Río Uruguay bildete zusammen mit dem Río Paraná die mächtige Río de la Plata genannte Deltamündung. So gab es im »östlichen Streifen« erst 1680 die erste dauerhafte europäische Siedlung, *Colonia* an der Plata-Mündung. Rund ein halbes Jahrhundert später entstand dann weiter östlich die Hauptstadt der künftigen *República Oriental del Uruguay*, »östlich des Uruguay«, wie das Land bis heute offiziell heißt.

Die Kolonialisierung und das Entstehen neuer Länder

Das spätere Argentinien lag, ebenso wie seine unmittelbaren Nachbarn, weit entfernt von den Strömen der entstehenden Weltwirtschaft, die in Spanisch-Amerika lange Zeit nur um Edelmetalle und in Brasilien auch um die Zuckerproduktion kreiste. Es handelte sich um ein extrem spärlich und unregelmäßig besiedeltes Territorium, das politisch vom regionalen Zentrum *Lima*, dem Sitz des Vizekönigs, und wirtschaftlich von *Potosí* abhing. Bei dieser Stadt im Süden des damaligen Ober-Peru und heutigen Bolivien fand man Mitte des 16. Jahrhunderts riesige Silbervorkommen. Potosí, 4000 Meter über dem Meer gelegen, wurde zur bedeutendsten Stadt Amerikas und zu einer der größten der Welt mit zeitweise über 150.000 Einwohnern. Mit dem hier gewonnenen Silber, so hieß es damals, könne man eine Brücke bis nach Spanien bauen; und selbst die Hufeisen der Pferde seien aus Silber gewesen. Für die Gewinnung war neben den unter elenden Bedingungen arbeitenden Indígenas auch die Versorgung mit Lebensmitteln, Textilien und Zugtieren nötig, die zum großen Teil aus dem Nordwesten des heutigen Argentinien und auch vom *Litoral*, der Region entlang der großen Flüsse, herangeschafft wurden.

In dieser Epoche lebten in Argentinien nur wenige Menschen in vereinzelten Siedlungen, zumeist unter rückständigen Verhältnissen. Am bedeutendsten war der Nordwesten mit den regionalen Zentren Salta und Tucumán, wo rund 40 % der Gesamtbevölkerung ansässig war. Dann kam die Cuyo-Region, die heutigen Provinzen Mendoza, San Juan und San Luis, die von Chile aus besiedelt wurden und eng von Santiago abhingen, sowie die zentrale Region um Córdoba. Der Hafen von Buenos Aires lag weit weg und war ohne ein unmittelbares Hinterland und ohne nennenswerten Schiffsverkehr, den die spanische Krone nicht erlaubte, unbedeutend.

Entscheidend für die Entwicklung Argentiniens wurde der Umstand, daß zwischen Buenos Aires und Potosí 1750 Kilometer überwiegend flaches Land lagen, zwischen der Silberstadt und Lima aber 2500 Kilometer extrem bergiges Gelände. Die Kosten des Transports, der von Potosí nach Buenos Aires rund zwei Monate, von Potosí nach Lima aber doppelt so lang dauerte, waren der Grund, die Hafenstadt Buenos Aires nach und nach aufzuwerten und 1776 schließlich das neue Vizekönigreich *Río de la Plata* zu schaffen.

Den Entschluß dazu fällte die reformerische Bourbonen-Dynastie, die seit Beginn des 18. Jahrhunderts in Spanien herrschte. Portugal und England waren zunehmend auf dem südamerikanischen Kontinent präsent, und angesichts der bis dahin unklaren Grenzen machten sie den Spaniern Gebiete streitig. So wurde Buenos Aires in dieser Zeit wichtig als spanischer Stützpunkt, zuvor waren die karibischen Hafenstädte bevorzugt worden.

Buenos Aires wurde zudem für die Ausfuhr von Rinderhäuten, Pökelfleisch, Leder und Talg wichtig, als Hafen, aber auch als Umschlagplatz für Schmuggelware und schließlich als Hauptstadt des neugegründeten Vizekönigreiches. Aber noch um 1780 zählte die Bevölkerung der Stadt keine 35.000 Einwohner, davon etwa drei Viertel Spanier und Kreolen und fast ein Viertel Schwarze und Mulatten. Die Einwohnerzahl des heutigen Argentinien betrug damals noch keine halbe Million, die Chiles etwas mehr und die Uruguays weniger als 100.000.

Das spätere Chile hatte ebenfalls kaum Edelmetalle zu bieten und zog daher nur wenige spanische Abenteurer an. Mit der Zeit spezialisierte es sich auf Agrarprodukte wie Weizen, Wein und Fleisch, die auch auf den Märkten von Peru verkauft werden konnten. Im Süden war die große Insel *Chiloé* seit langem spärlich besiedelt. Auf dem gegenüberliegenden kontinentalen Gebiet leisteten die kämpferischen Araukaner noch bis ins 19. Jahrhundert hinein hartnäckig Widerstand und es gab nur wenige spanische Stützpunkte wie *Valdivia* und *Puerto Montt*. Auch in den wüstenhaften weiten Gebieten im Norden lebten nur wenige Menschen.

Chile war eine Art langgestreckte Insel zwischen Pazifik und Andenkordillere, den Wüsten im Norden und dem unwirtlichen »Ende der Welt« im Süden, auf der sich Spanier und Ureinwohner drei Jahrhunderte lang bekämpften. Dennoch entstand

Der Vertrag von Tordesillas aus dem Jahre 1494 teilte nach päpstlichen Schiedsspruch die Welt in spanischen und portugiesischen Besitz

im Laufe der Zeit eine ethnisch recht homogene Mestizenbevölkerung, die den schwierigen Lebensbedingungen im bergigen, ressourcenarmen, von Europa isolierten und von ständigen Erdbeben heimgesuchten Land trotzte. So ist die Lebensart der Chilenen bis heute geprägt von der traditionellen Armut des Landes sowie einer Mischung aus klassenkämpferischen und autoritären Aspekten. Zusammen mit einem starken Patriotismus machen sie den »typisch« chilenischen Volkscharakter aus.

Im heutigen Uruguay gründeten 1680 die Portugiesen den Stützpunkt Colonia, 50 km von Buenos Aires entfernt auf der anderen Seite des Río de la Plata. Das Städtchen wurde mehrmals zwischen Spaniern und Portugiesen hin- und hergerissen. In den umliegenden fruchtbaren niedrigen Hügeln, die eine Fortsetzung der sonst meist völlig flachen Pampa sind, vermehrte sich wie in den Nachbarprovinzen das von den ersten Spaniern freigelassene Vieh. Doch die Millionen wild umherziehender Rinder wurden erst viel später, gegen Ende der Kolonialepoche, zu einem bedeutenden wirtschaftlichen Faktor.

Das Ende des spanischen Kolonialreiches

Seit langem war das spanische Reich, auch durch die Folgen der Ausbeutung der Edelmetallschätze und wegen seiner oft absurden administrativen Regelungen, zu einem Koloß auf tönernen Füßen geworden. Nach den Erbfolgekriegen 1700 – 1713 regierte die mit Frankreich verbündete Bourbonen-Dynastie, doch deren Reformen kamen zu spät und konnten den Niedergang nicht verhindern.

Die Unzufriedenheit der kreolischen Bevölkerung mit der absolut dominierenden Rolle der Spanier war gewachsen. Dies betraf vor allem die aufstrebenden Randgebiete. Nicht zufällig wurden gerade Caracas, Zentrum einer durch Kakaoexporte reich gewordenen Region, und Buenos Aires, Hafen des La-Plata-Gebietes, zusammen mit Mexiko die Epizentren der langen und blutigen Kämpfe für die Unabhängigkeit.

Die Revolutionen in Nordamerika und Frankreich, die Wirren nach 1789 und die schwankende Position Spaniens zwischen den europäischen Großmächten erschütterten seine Kontrolle über das Kolonialreich. Die Napoleonischen Kriege und schließlich die französische Besetzung Spaniens 1808 schwächten seinen Einfluß noch mehr. Das industriell aufstrebende Großbritannien, das sowohl mit legalem Handel als auch mit Schmuggel immer stärker in Spanisch-Amerika eindrang, versuchte zweimal, 1806 und 1807, in Buenos Aires Fuß zu fassen.

Die Rivalität mit Portugal und dessen Nachfolgestaat auf dem amerikanischen Kontinent, Brasilien, führte zur Abspaltung Uruguays als Pufferstaat zwischen den beiden großen Ländern Südamerikas. Paraguay und Ober-Peru (Bolivien) verließen das kurzlebige Vizekönigreich Río de la Plata. In Chile bildete sich deutlich getrennt vom La-Plata-Raum eine andersartige Gesellschaft heraus. Sie wurde rasch zu einer der stabilsten und fortschrittlichsten Republiken Amerikas. In den »Vereinigten Provinzen von Río de la Plata« und späteren Argentinien sollte jedoch der schwere Konflikt zwischen Hauptstadt und Landesinnerem, zwischen »Zivilisation und Barbarei«, noch lange andauern. Er gehört bis heute zur Grundproblematik dieses ausgedehnten Landes.

VIKTOR SUKUP

ARGENTINIEN SEIT DER UNABHÄNGIGKEIT

Angesichts seines natürlichen Reichtums stellt sich die Frage, warum Argentinien nicht einen mit Europa, Nordamerika oder Australien vergleichbaren gesellschaftlichen Reichtum erlangte. Die »goldenen Jahre« zwischen 1880 und 1930 boten die Chance zu einer dauerhaften und eigenständigen Entwicklung. Daß dies nicht geschah, hat mehrere Gründe.

Nachdem die spanische Monarchie die Kontrolle über »ihren« Teil Südamerikas verloren hatte, gab es in Argentinien jahrzehntelange Machtkämpfe zwischen dem reichen Buenos Aires und den übrigen Provinzen. Dadurch blieb das Land politisch gespalten und wurde ökonomisch immer wieder zurückgeworfen. In dieser Zeit, Mitte des 19. Jahrhunderts, begann auch die Einbindung in die sich herausbildende neokoloniale Weltordnung unter der Führung Großbritanniens.

Im 20. Jahrhundert schließlich entwickelten sich die internationalen Machtverhältnisse deutlich zugunsten der Länder, die sich am frühsten industrialisieren konnten. Die Industrialisierungsbemühungen Argentiniens seit den 30er Jahren waren aber nur kurze Zeit erfolgreich. Sie reichten nicht aus, um das Land wohlhabend und politisch stabil zu machen und einen großen Teil der Bevölkerung am gesellschaftlichen Reichtum teilhaben zu lassen.

Im folgenden Überblick über die Geschichte Argentiniens geht es um die Hauptlinien und Brüche, von der politischen Unabhängigkeit bis heute. Dabei werden viele Namen von politisch einflußreichen Leuten genannt. Das geschieht nicht weil wir meinen, daß von ihnen Geschichte »gemacht« wurde unter Ausschluß der Bevölkerung. Aber man trifft heute in der offiziellen Geschichtsschreibung Argentiniens und im Land selbst dauernd auf diese Namen, und Reisende wollen vielleicht wissen, um wen es sich handelt.

Revolutionswirren bis 1829

Spanien war zwischen 1793 und 1802 in die französischen Revolutionskriege verwickelt und dadurch geschwächt. In den südamerikanischen Kolonien wollte es gleichzeitig sein Handelsmonopol erhalten, obwohl dieses schon längst aufgeweicht war. Die Unfähigkeit, den Überseehandel der Vizekönigreiche zu garantieren, zeigte sich deutlich in der militärischen Niederlage der spanischen »Armada« gegen die Briten in der Seeschlacht bei Trafalgar 1804.

Dem militärischen ging der wirtschaftliche Untergang voran: Bis Ende des 18. Jahrhunderts waren die Gelder an Buenos Aires, die die spanische Krone aus den Gewinnen der Silberminen von Potosí abzweigte, um damit die Handelswege im Vizekönigreich zu sichern, von großer Bedeutung für die Stadt. Kamen vor der Jahrhundertwende 80 Prozent der Einkünfte von Buenos Aires aus diesen Transfers, so waren es nach dem Frieden von Amiens im Jahr 1802 und nach dem Ende der Kriege in Europa nur noch sechs Prozent.

Zusätzliches Selbstbewußtsein bekamen die Bewohner der Hafenmetropole 1807, als es ihnen gelang, die Briten nach einjähriger Besatzung aus der Stadt zu verjagen. Dabei wurde eine schlagkräftige Volksmiliz aufgebaut, die einige Jahre später dafür sorgen sollte, daß sich die politischen Revolutionen nicht zur sozialen Umwälzung ausweiteten.

Entscheidend für den Beginn des Kampfes um die politische Unabhängigkeit von Spanien war die Besetzung der Iberischen Halbinsel durch Napoleon 1808 und die Einnahme Se-

General Belgrano, nach einer Zeichnung von 1887

villas zwei Jahre später. Spanien war so schwach wie noch nie seit der Eroberung der »Neuen Welt«.

Die ideologischen Voraussetzungen für die Unabhängigkeit schufen Intellektuelle in Buenos Aires, die immer vehementer und mit wachsender

Resonanz liberale Konzepte vertraten. Ihre prominentesten Vertreter waren *Manuel Belgrano, Mariano Moreno, Juan José Castelli* und *Manuel José Lavardén*. Letzterer forderte in einer berühmt gewordenen Schrift das Ende aller Handelsbeschränkungen, die Verteilung des Landes, das bis dahin der spanischen Krone gehörte, sowie politische Freiheit. Unterstützt wurden diese Ideen vom städtischen Bürgertum und der Handelsbourgeoisie.

Solchen Forderungen widersetzten sich die mächtigen Großgrundbesitzer und lokalen Führer, *Caudillos,* der übrigen Provinzen, die ihre Macht nicht an Buenos Aires abgeben wollten. Sie traten für eine Konföderation relativ autonomer Provinzen nach US-amerikanischem Vorbild ein. Damit ist eine Auseinandersetzung umrissen, die das gesamte 19. Jahrhundert hindurch anhielt: *Unitaristen* versus *Föderalisten,* also für oder gegen ein starkes Zentrum Buenos Aires.

Eine wichtige Rolle spielte in dieser Zeit in den meisten Ländern der offene *Cabildo,* eine Art Notablenversammlung der Oberschicht. Er wurde in dringenden Fällen einberufen und von den kreolischen Eliten, den Nachfahren der europäischen Eroberer, beherrscht. Der Cabildo von Buenos Aires setzte am 25. Mai 1810 – bis heute ein wichtiger Nationalfeiertag – eine provisorische Regierung unter *Cornelio de Saavedra* ein, deren Hauptaufgabe es war, die politische Autorität über das gesamte Vizekönigreich zu etablieren.

Daraufhin bildeten sich im sogenannten *Befreiungskrieg* Ober-Peru (ab 1825 Bolivien), Paraguay und Uruguay zu eigenen Nationalstaaten heraus. Vor allem der Kampf um Ober-Peru und um die Silberminen von Potosí, der bis 1815 andauerte, brachte das Land an den Rand eines ökonomischen Kollapses.

Der Erfolg des Krieges war Ansporn genug, daß die nach politischer Unabhängigkeit strebenden Kräfte sich bald auf eine weitere Aufgabe konzentrierten: Die Vertreibung der Spanier aus Südamerika bzw. dem Cono Sur.

General Belgrano besiegte sie schon 1812/13 auf argentinischem Territorium, und der frühere spanische Offizier und heutige Nationalheld *José de San Martín* vertrieb die spanischen Truppen nach einer gewagten Andenüberquerung 1818 aus Chile, obwohl die Spanier zahlenmäßig überlegen waren. San Martín, der heute *El Libertador,* der Befreier, genannt wird, vereinigte seine Armee vier Jahre später in Guayaquil – im heutigen Ecuador – mit den Truppen *Simón Bolívars,* der die Spanier aus dem Norden vertrieben hatte. Warum San Martín das Gebiet Bolívar überließ und sich wieder weit nach Süden zurückzog, ist bis heute in der historischen Forschung nicht geklärt. Lorbeeren gab es für den »Befreier« ohnehin keine, er mußte nach seiner Rückkehr wegen politischer Anfeindungen nach Frankreich emigrieren, wo er 1850 starb. Erst 1880 wurden seine Gebeine mit großem Pomp nach Argentinien zurücküberführt.

Statue des San Martín in Buenos Aires nach einer Zeichnung von 1862

In den folgenden Jahren nahmen die Spannungen zwischen den bürgerlichen Revolutionären zu. Der Gruppe um den radikaleren Moreno stand eine konservativere um Belgrano und *Comodore Rivadavia* gegenüber, die zeitweise sogar eine portugiesische Monarchie einsetzen wollte, um die Revolution nicht zu weit gehen zu lassen.

Die Differenzen sollten auf zwei Kongressen in Tucumán 1815/16, die von den Unitariern dominiert wurden – also von jenen, die eine starke Zentralregierung in Buenos Aires favorisierten –, beigelegt werden. Nach schwachen Regierungen wurde dort *Juan Martín Pueyrredón* zum Präsidenten gewählt und am 9. Juli 1816 an gleicher Stelle die Unabhängigkeit der *Vereinigten Provinzen von Süd-Amerika* von der spanischen Kolonialmacht verkündet. Der übertriebene Name wurde später geändert. Es war zu dieser Zeit längst klar, daß in Südamerika keine Vereinigten Staaten nach Vorbild der USA, sondern eine Vielzahl formal eigenständiger Nationalstaaten entstanden war. Die Verfassung von 1819 gab Buenos Aires weitgehende Eingriffsrechte in die Autonomie der Provinzen und ließ sogar offen, ob wieder eine Monarchie eingeführt würde.

Die scharfen Interessensgegensätze führten dazu, daß Pueyrredón 1819 zurücktreten mußte und die Provinzen eigene Regierungen einsetzten, von denen einige von bis heute bekannten Caudillos angeführt wurden: *Estanislao López* in Santa Fe, *Bernabé Aráoz* in Tucumán und *Martín Güemes* in Salta sind bis heute bekannt. Die Provinz Entre Ríos erklärte gar ihre Unabhängigkeit und wurde daraufhin besetzt.

Der Sieg der Caudillos war nur von kurzer Dauer, denn die Unitarier kamen unter der Führung von Bernardino Rivadavia in Buenos Aires an die Macht. Eine seiner ersten Amtshandlungen war die Blockade des Río Paraná, woraufhin andere Häfen im Landesinneren nicht mehr zugänglich waren und Buenos Aires den Außenhandel während der kommenden 40 Jahre monopolisierte. Die übrigen Provinzen wünschten zwar mehr Freiheiten gegenüber der Hauptstadt, aber ihre Exportorientierung erforderte gleichzeitig, daß sie sich an die Hafenstadt banden. Die wichtigsten Ausfuhrgüter der damaligen Zeit waren Rinderhäute und Pökelfleisch.

Grundlegende Merkmale der Regierung Rivadavias waren eine stärkere Anlehnung an die aufstrebende

Weltmacht Großbritannien, ein Krieg gegen Brasilien und die Einführung einer weniger zentralistischen Verfassung (1826), die dennoch von den Provinzcaudillos abgelehnt wurde.

Die Diktatur Rosas'

Rivadavia trat kurz nach seiner Wiederwahl von 1826 wegen einer Wirtschaftskrise und innerer Unruhen zurück. Nach zweijährigem Bürgerkrieg, der mit der Niederlage von Buenos Aires endete, gelangte der Föderalist und Caudillo *Juan Manuel de Rosas* 1829 auf den Gouverneursstuhl der Provinz Buenos Aires und blieb 23 Jahre lang der wichtigste Politiker in Argentinien. 1832 trat er zwar zurück, da ihm die Erweiterung seiner Vollmachten nicht gestattet wurde. Doch nur drei Jahre später war er wieder Gouverneur und etablierte ein Angst- und Terrorregime. Unter ihm entstand die Geheimpolizei *Mazorka*, die politische Gegner auf barbarische Weise ermordete. Pressezensur und kultureller Nationalismus beherrschten in diesen Jahren das öffentliche Leben. Trotzdem wird Rosas bis heute oft als Nationalheld dargestellt.

Zu Beginn seiner Amtszeit war er ein föderaler und gleichzeitig autoritär-konservativer Caudillo, Repräsentant der Großgrundbesitzer und der Pökelfleischfabrikanten. Eines seiner wichtigsten politischen Instrumente war die Zollpolitik: Sie brachte dem Agrarsektor Vorteile, indem der Import von landwirtschaftlichen Produkten verteuert wurde. Ausgenommen waren Manufakturgüter – vor allem britische Textilerzeugnisse – die weiterhin billig eingeführt werden konnten.

Nutznießer waren die exportierenden Großgrundbesitzer, die gegen ausländische Währung verkauften, aber zu einheimischer produzierten und auf diese Weise hohe Gewinne machten. Zum anderen profitierten die Engländer, die ihren Außenhandel mit Argentinien kräftig ausbauten und sich so auch politischen Einfluß sicherten.

Ab 1840 entwickelte Rosas' sich immer mehr zum Militärdiktator, dem es vor allem darum ging, seinen gigantischen Militärapparat zu finanzieren. Ursprünglich ein erbitterter Widersacher der Unitarier, zentralisierte er die politische Macht so stark, daß sich immer größerer Widerstand gegen ihn formierte.

Angeführt wurde dieser von der »Generation von 1837«, einer Gruppe wirtschaftsliberaler, aber politisch autoritärer Intellektueller, die meist im Ausland lebten. Ihre prominentesten Vertreter waren *Esteban Echeverría*, *Juan Bautista Alberdi* und *Domingo F. Sarmiento*. Letzterer beschrieb in seinem berühmten Roman ›Facundo‹ das Leben unter der Rosas-Diktatur.

Die militärische Niederlage des Diktators organisierte *Justo José de Urquiza*, ein Provinzführer aus Entre Ríos, der es dort innerhalb weniger Jahre zum größten Landbesitzer und Pökelfleischfabrikanten gebracht hatte. Rosas floh 1852 nach fast einjährigem Krieg nach England, wo er 1877 starb.

Die 40 Jahre von der politischen Unabhängigkeit bis zum Ende der

Rosas-Diktatur hatten einige grundlegende Veränderungen für Argentinien gebracht. Der Einfluß Englands war gewachsen, die spanische Bürokratie und Handelsoligarchie war durch Kreolen ersetzt worden. Dennoch blieb das starre soziale Gefüge intakt, eine kleine Elite regierte weiter. Außerdem war der Graben zwischen Buenos Aires und den anderen Provinzen tiefer geworden.

Der Nationalstaat

Die bis vor kurzem gültige föderalistische Verfassung von 1853 sollte die Einsicht widerspiegeln, daß eine nationale Einigung notwendig war. Dennoch weigerte sich die Provinz Buenos Aires, diese anzuerkennen und erklärte 1854 ihre Unabhängigkeit, die sie bis 1860 aufrecht erhielt. Die Verfassung sicherte nämlich die Öffnung der Flüsse ins Landesinnere, was die Monopolstellung der reichen Hafenstadt Buenos Aires beendet hätte. Außerdem sollten die Zolleinnahmen dem ganzen Land und nicht länger nur der Hafenmetropole zugute kommen. Die übrigen Provinzen gründeten daraufhin die *Argentinische Konföderation* mit der Hauptstadt Santa Fe, mußten aber bald einsehen, daß sie ohne das Tor zur Welt in große wirtschaftliche Schwierigkeiten kamen.

Urquiza, der unumstrittene Kopf der Föderalisten im Kampf gegen Buenos Aires, wurde 1854 zum ersten Präsidenten im Rahmen der neuen Verfassung gewählt. Er wollte die Spaltung des Landes überwinden. Mehrmals versuchte er, Buenos Aires militärisch zu bezwingen, was jedoch nicht gelang. Die Unitarier bekamen langsam wieder die Oberhand.

Bartolomé Mitre, Präsident von 1862–68, war ein Vertreter der Interessen von Buenos Aires, seine Präsidentschaft Ausdruck des vorübergehenden Sieges der Stadt. Die Auseinandersetzung zwischen Unitariern und Föderalisten, die bis heute andauert, fand ihren vorläufigen Schlußpunkt darin, daß Buenos Aires 1880 Hauptstadt der Republik wurde; ganz so, wie es die Verfassung von 1853 vorsah. Allerdings verlor das Zentrum zumindest dem Gesetz nach sein Außenhandelsmonopol.

Der erbitterte Kampf um die Vormachtstellung im Argentinien war begleitet von einer weltweiten ökonomischen Expansion. Durch die besseren Transportmöglichkeiten per Eisenbahn und Dampfschiff entstand und festigte sich ein Weltmarkt. Für Argentinien bedeutete das eine erhöhte Nachfrage nach Agrargütern, vor allem Weizen und Rindfleisch, aus dem sich industrialisierenden Europa. Dazu wurden vor allem von Großbritannien Kredite vergeben, um in Transport und verarbeitende Industrie zu investieren.

Argentinien wurde in den internationalen Markt als Agrarexporteur und als Importeur industrieller Konsumgüter eingegliedert. Dies geschah im Rahmen der neokolonialen Weltordnung zunächst unter der Führung Großbritanniens, später der USA. Nicht mehr der direkte Zwang einer Kolonialmacht, sondern ökonomische Abhängigkeit waren das Herz dieser Ordnung. Neben dem Handel bildete sich in dieser Zeit ein zweites Instrument weltweiter wirtschaftlicher Verflechtungen heraus: die Kreditvergabe von den Weltzentren an süd- und mittelamerikanische Länder.

Die dynamische Entwicklung in Buenos Aires und in einigen anderen Regionen stellte zunehmend das traditionelle soziale und politische Gefüge in Frage. Als Agraroligarchie und Handelsbourgeoisie ihre traditionelle Macht gefährdet sahen, adaptierten sie einen Teil der progressiven Ideen der neuen politischen Gruppen, vor allem die Idee des wirtschaftlichen Liberalismus. Der Grundgedanke bestand darin, durch steigenden Wohlstand das autoritäre politische System erträglicher zu machen und somit grundlegende soziale Veränderungen zu verhindern.

Entscheidend hierfür war der Freihandel, der von den politischen und wirtschaftlichen Eliten und von den ausländischen Investoren befürwortet wurde. Vor allem die wachsende städtische Bevölkerung unterstützte den Freihandel, da sie am billigen Import von Konsumgütern interessiert war.

Ausdruck dieser ideologischen Kehrtwendung war *Domingo F. Sarmientos* Wahl zum Präsidenten 1868, der politisch zwar autoritär, aber wirtschaftlich liberal war. Insgesamt sicherten sich in dieser Zeit die traditionell starken Gruppen ihren Einfluß, und die große Konzentration an Landbesitz wurde genausowenig in Frage gestellt wie das undemokratische politische System. Zudem blieb das Wirtschaftswachstum hauptsächlich auf den Agrarsektor und den damit verbundenen Handel beschränkt.

In die Zeit der Präsidentschaft Sarmientos (bis 1874), der heute von der offiziellen Geschichtsschreibung als Begründer des modernen Argentinien und des Bildungssystems präsentiert wird, fällt einer der blutigsten Kriege in der südamerikanischen Geschichte (1865–70). Die *Triple Alianza*, eine »Dreierallianz« aus Argentinien, Brasilien und Uruguay griff Mitte der 60er Jahre Paraguay an. Dort hatte der autoritäre, aber moderne Präsident *Carlos Antonio López* in den vorangegangenen Jahrzehnten eine relativ erfolgreiche wirtschaftliche Entwicklung geleitet und breite Teile der Bevölkerung an dem geschaffenen Wohlstand teilhaben lassen. Der Erfolg Paraguays wurde auch in den Nachbarländern bekannt und gefährdete damit die regionale Vorherrschaft der Nachbarstaaten und deren innere Ordnung. Der fünf Jahre dauernde blutige und teure Krieg warf Paraguay in den Zustand eines schwachen Agrarstaates zurück.

Demokratisierung

Seit der Ermordung Urquizas im Jahr 1870 wurde neben Bartolomé Mitre nach und nach *Julio A. Roca* der politisch stärkste Mann des Landes. Seine erste Präsidentschaft, 1880–86, kennzeichnete eine expansive Form der Nationalstaatsbildung durch eine stete Verschiebung der Grenzen.

Argentinien war bis dahin relativ klein. Patagonien sowie Teile des Nordens wurden nicht von der Regierung kontrolliert und von indigenen

Völkern bewohnt. Schon seit den 20er Jahren wurde immer wieder versucht, die Grenzen der jungen Nation auszudehnen. Aber durch die verbesserten Transportwege sowie die rasch wachsende Nachfrage nach Agrarprodukten wie Wolle und Getreide, wurden die riesigen Flächen erst in dieser Zeit wertvoll. Roca verschob aggressiv die Grenze im Rahmen der sogenannten *Campaña del Desierto* (Wüstenfeldzug) oder *Conquista del Desierto* (Wüsteneroberung), wobei viele indigene Völker ausgelöscht wurden.

In den 80er Jahren veränderte sich das Land stärker als je zuvor. Dafür war der Zustrom von ausländischem Kapital, vor allem aus Großbritannien, und die zunehmende Einwanderung, überwiegend aus Italien, verantwortlich (siehe auch Seite 78). Die Verfassung von 1853 schrieb fest, daß die Einwanderung gefördert werden solle. Die neuen Arbeitskräfte bildeten ein modernes städtisches Proletariat und eine Mittelschicht. Argentinien bot so viel Arbeit, daß viele europäische Arbeiter regelmäßig zur Ernte vom europäischen Winter in den argentinischen Sommer kamen, um dann wieder nach Europa zurückzukehren. In den 70er Jahren blieben durchschnittlich 30.000, zwischen 1885 und 1889 sogar über 120.000 Personen in Argentinien. 1910 wurden 345.000 Immigranten, aber auch 135.000 Emigranten registriert.

Buenos Aires war zu dieser Zeit die größte und modernste Stadt in ganz Südamerika; die Einwohnerzahl stieg zwischen 1898 und 1918 um das Dreifache auf 1,6 Millionen Menschen.

Es gab auch mehr politische Parteien. Die Konservativen, zusammengeschlossen im Wählerverein *Partido Autonomista Nacional* (Autonomistische Nationalpartei, P.A.N.) stellten in dieser Zeit die Präsidenten. Gegen Ende des Jahrhunderts wurde mit der 1890 gegründeten *Unión Cívica Radical* (Radikale Bürgerunion, UCR) eine Partei stärker, die sich auf die wachsende städtische Mittelschicht sowie Teile der städtischen und ländlichen Arbeiterschaft stützte. Sozialistische Parteien, anarchistische Organisationen und auch die Gewerkschaften wurden bedeutender. In den letzten Jahrzehnten des 19. Jahrhunderts wurde der Außenhandel immer stärker von ausländischen Gruppen kontrolliert. War dies im Finanz- und Transportwesen ohnehin schon der Fall – der größte Teil der Eisenbahnen war in britischem Besitz –, so weitete sich ihr Einfluß jetzt auch auf andere Bereiche aus. Der argentinischen Oligarchie blieb die Kontrolle über die immer wertvolleren Böden, mit denen kräftig spekuliert wurde. Doch die frühere Allianz zwischen einheimischen Eliten und ausländischen Investoren hatte sich in eine Dominanz der letzteren verwandelt.

Am Vorabend des Ersten Weltkrieges war Argentinien mit seinen acht Millionen Einwohnern eines der reichsten Länder der Welt. Besser gesagt: ein Teil Argentiniens. Denn während Buenos Aires und die Pampa, dieses ungemein fruchtbare Gebiet von der Größe Frankreichs, immer mehr Wohlstand erzeugten, blieb das übrige Land rückständig.

Im Jahr 1913 wurde mehr als die Hälfte aller süd- und mittelamerikanischen Exporterlöse in der Pampa und Buenos Aires erwirtschaftet, das Land war per Eisenbahn gut erschlossen, neben der Milchverarbeitung wurden erste Gefrierfleischfabriken eröffnet und der Export von Rindfleisch nahm stark zu. Die Industriebetriebe befanden sich, wie so vieles andere, überwiegend in ausländischem Besitz.

Die »goldenen Jahre« gründeten nicht zuletzt darauf, daß Argentinien in den vorangegangenen 45 Jahren jährlich ein durchschnittliches Wirtschaftswachstum von 6,5 Prozent erreichte. Doch mit dem Beginn des Ersten Weltkrieges brach die europäische Nachfrage nach Agrargütern zusammen und stürzte Argentinien für einige Jahre in eine tiefe Krise.

Neben den wirtschaftlichen Erfolgen zeigte auch der Kampf um eine Demokratisierung erste Fortschritte. 1912 wurde mit dem *Sáenz Peña*-Gesetz, benannt nach dem damaligen Präsidenten, das Wahlrecht auf fast die gesamte männliche Bevölkerung mit argentinischer Staatsangehörigkeit ausgedehnt.

Im Jahr 1916 gewann mit *Hipólito Yrigoyen* erstmals ein Kandidat der UCR die Präsidentschaftswahlen. Seine Politik war neokonservativ und er bevorzugte autoritäre Lösungen in einer Zeit weltpolitischer Instabilität (Argentinien blieb im Ersten Weltkrieg neutral) und zunehmender sozialer Kämpfe im Inneren. Ein gemäßigter Nationalismus führte unter anderem zur Gründung der staatlichen Erdölgesellschaft *YPF*. Yrigoyen mußte die Interessen seiner konservativen Widersacher befriedigen und zugleich auf die Bedürfnisse der Mittelschicht eingehen. Ausdruck von letzterem war eine umfassende Universitätsreform, die 1918 von Córdoba ausging und große Teile des Kontinents erfaßte.

Weit weniger fruchtbar war das Verhältnis der UCR zur Arbeiterbewegung, deren Macht seit Beginn des Jahrhunderts stetig zunahm, wenngleich sie überwiegend auf die Städte beschränkt blieb. Brennpunkt der Auseinandersetzung war Buenos Aires, wo die UCR mit den Sozialisten um die Vorherrschaft kämpfte. Letztere gewannen bei den Präsidentschaftswahlen 1916 und 1922 jeweils knapp 9 Prozent und waren in einigen Städten erfolgreich.

So kurz nach der Russischen und der Mexikanischen Revolution hatten die Mächtigen Angst vor sozialen Umwälzungen. So kam es zur blutigen Niederschlagung der Streiks in Buenos Aires während der *Semana Trágica* 1919 und in Patagonien 1921 und 1922. Arbeiterbewegung und Sozialistische Partei wurden mit polizeilicher und militärischer Gewalt in ihre Schranken verwiesen. (Zur Arbeiterbewegung siehe auch Seite 81.)

Während im Nachbarland Uruguay durch den sogenannten *Batllismo* (siehe Seite 58) ein moderner Sozialstaat aufgebaut wurde, hatten solche Projekte in Argentinien keine Chance. Die Jahre der UCR-Regierungen gehörten zwar zu den wirtschaftlich erfolgreichsten, aber eine gerechtere

Patagonien in den 20er Jahren: Die Familie hat sich für das Foto um das Stickband der rechts außen sitzenden Frau versammelt. Die ärmlichen Verhältnisse, in denen diese indigene Familie lebt, sind offensichtlich

Verteilung des Reichtums wurde nicht erreicht. Die alte Ordnung wurde im Kern nicht angetastet; auch nicht durch Yrigoyens liberaleren, aber politisch schwachen Nachfolger *Marcelo T. de Alvear* (1922–28). Eine weitergehende Industrialisierung scheiterte daran, daß die Freihandelsinteressen der Agraroligarchie und des Auslandes stärker waren als die Interessen derjenigen, die Schutzzölle für den Aufbau einer eigenen Industrie forderten.

Die USA wurden in dieser Zeit zum wichtigsten Wirtschaftspartner neben Großbritannien. Zwar gingen die meisten Exporte weiterhin auf die Insel, die meisten Importe kamen inzwischen jedoch aus Nordamerika.

Obwohl Argentinien 1928 einen historischen Höchststand der Exporte erreichte, zeichnete sich schon nach dem Ersten Weltkrieg ab, daß die Agrarstaaten sich gegenüber den Industrieländern in einer schwächeren Position befanden und stärker den Schwankungen des Weltmarktes unterlagen. Zudem war das Wachstum weniger dynamisch als vor dem Weltkrieg.

So brach 1929 das Wirtschaftsmodell, das auf Agrarexporten basierte, zusammen. Die Weltwirtschaftskrise ließ die Nachfrage aus Europa mit einem Schlag auf ein Minimum zurückgehen. Die Industrialisierung und der eigene Binnenmarkt waren zu schwach, um diesen Schock auffangen zu können. Argentinien lieferte vor 1930 zwei Drittel der Weltexporte an Rindfleisch und Mais und 20 % an Weizen. Die Abhängigkeit von den ausländischen Märkten erwies sich ein weiteres Mal nach dem Ersten Weltkrieg als fatal.

Ein neuer Weg

In den nächsten Jahrzehnten prägte das Land ein aggressiver politischer und wirtschaftlicher Nationalismus.

Das Militär war in der Geschichte des Landes immer mächtig, aber nur selten war es, wie etwa bei der Niederschlagung der Streiks um 1920, in den Vordergrund getreten. Das änderte sich mit der sogenannten *Década Infama,* dem »infamen Jahrzehnt« der 30er Jahre des 20. Jahrhunderts. Wahlfälschungen waren an der Tagesordnung und die UCR wurde bei der Wahl Ende 1931 verboten. Die linken Parteien fanden wenig Unterstützung und daher wurde mit *Agustín Justo* ein Mann Präsident, der die Interessen der Agrar- und Handelsoligarchie vertrat, die bereits vor 1916 das Land beherrscht hatten.

Allerdings kündigten sich schon Veränderungen an, die das Land in den nächsten Jahrzehnten grundlegend umstrukturieren sollten. Mitte der 30er Jahre wurde die argentinische Zentralbank gegründet, um mehr finanzpolitische Autonomie gegenüber den international dominierenden Kräften zu erhalten. Als neue wirtschaftspolitische Orientierung setzte sich nach und nach die »importsubstituierende Industrialisierung« durch. Kern dieser Strategie war, über den Aufbau einer eigenen Industrie und durch eine aktive finanz- und wirtschaftspolitische Rolle des Staates die Abhängigkeit von ausländischer Nachfrage zu verringern. Das Schlagwort von der *Soberanía Económica,* der wirtschaftlichen Souveränität – später unter Perón zentral – wurde damals geprägt.

Gegen diese Pläne widersetzten sich, in den 30er Jahren noch erfolgreich, die alten politischen Kräfte. Schließlich machte jedoch der Zweite Weltkrieg mit dem damit verbundenen dramatischen Nachfragerückgang und den teureren Industrie-Importen allen Plänen einen Strich durch die Rechnung. Im Juni 1943 kam es zu einem Militärputsch, den angesichts der nahenden Wirtschaftskrise selbst die UCR begrüßte.

Außenpolitisch war diese Zeit durch Spannungen zwischen Argentinien und den USA gekennzeichnet, da Argentinien strikt an einer neutralen Position im Zweiten Weltkrieg festhielt und teilweise sogar mit Deutschland sympathisierte. Erst im März 1945 erklärte Argentinien Deutschland den Krieg.

ULRICH BRAND

Aufstieg und Fall des Peronismus

Der Peronismus gehört zweifellos zu den widersprüchlichsten und kompliziertesten Phänomenen Argentiniens. Seit jeher mit konservativen und sogar rechtsextremen Elementen behaftet, wurde die Bewegung sehr bald zur »Partei des Volkes« und wirkte weit in das linke politische Spektrum hinein. Ursprünglich gemäßigt nationalistisch und sozialreformerisch, ist der Peronismus heute als »Menemismus« zu einem neokonservativ-ultraliberalen Wählerverein verkommen und paradoxerweise dennoch populär. Jedoch bekommt er heute in den untersten und obersten Schichten die meisten Stimmen. Autoritarismus, Hang zu unklarer Politik und opportunistischen Kehrtwendungen, Persönlichkeitskult und Korruption kennzeichnen ihn. (Zu *Carlos Menem* siehe weiter unten, Seite 51.)

Ausgangspunkt war der Staatsstreich vom 4. Juni 1943 und der folgende Aufstieg zur Macht eines seiner Rädelsführer, *Oberst Juan Domingo Perón,* der 1946 zum Präsidenten gewählt wurde. Er blieb fast zehn Jahre an der Macht. Diese Phase war geprägt von einem starken Staat, der die nationale Industrie förderte, und von einer progressiven Einkommensverteilung zugunsten der Arbeiter.

Diese Politik ist nur vor dem Hintergrund der komplizierten Lage Argentiniens in der Weltwirtschaft zu verstehen. Denn die politische Entwicklung zwischen 1943 und 1946, in der Endphase des Zweiten Weltkrieges und vor Beginn des Kalten Krieges, war vor allem eine nationalistische Antwort auf die Krise jener Art von Neokolonialismus, der Argentinien seit dem 19. Jahrhundert an Großbritannien gebunden hatte.

Unter den Anhängern des Peronismus befanden sich sowohl Vertreter einer konservativ-klerikalen Weltsicht als auch sozialistische und kommunistische Kräfte. Teilweise wurde sogar mit dem Nationalsozialismus kokettiert. Das Geschick Peróns bestand darin, alle Elemente zu einer großen, ideologisch diffusen Volksbewegung zu vereinen. Ein relativ gemäßigter Autoritarismus wurde in den Dienst einer klar sozialreformerischen Wirtschaftspolitik gestellt, zugunsten der Industriellen und auf Kosten der Agrarexporteure.

Diese Mischung von sehr unterschiedlichen Inspirationen – vom Faschismus italienischer und spanischer Ausprägung über die englische Labour Party bis zu Roosevelts New Deal und den päpstlichen Sozialenzykliken (Hirtenbriefen) – wurde auf den anspruchsvollen Namen »Justizialismus« getauft, von *justicia,* Gerechtigkeit. Es sollte ein »Dritter Weg« zwischen Kapitalismus und Kommunismus sein. Aber trotz Annäherung an die Sowjetunion und rhetorischen Ausschweifungen wurde die Distanz zu den USA nie so groß, daß diese in Perón jemals eine Bedrohung ihrer Vormachtstellung auf dem Kontinent sehen konnten.

Wie aber ist nun die Metamorphose Peróns vom obskuren Offizier zum vergötterten Volksliebling zu erklären? Es waren nicht nur Demagogie und die feurigen Propagandareden der legendären Evita Perón, sondern vor allem die zahlreichen konkreten Maßnahmen, die die Lage der arbeitenden Massen verbesserten, die den Staatssekretär für Soziales und bald auch Vizepräsidenten der Militärregierung in einen Mythos verwandelten. Die proletarischen Schichten wurden zu den treuesten Gefolgsleuten des »Ersten Arbeiters«. Sie forderten am historischen 17. Oktober 1945 in einer einzigartigen Massendemonstration lautstark und mit Erfolg die

»Mit Schläue und Demagogie rief Perón eine Bewegung ins Leben, der sich mehr als die Hälfte der Bevölkerung des Landes anschloß. Er brachte Juden und Antisemiten, Nationalisten der Rechten und Nationalisten der Linken, Exsozialisten und Exfaschisten unter einen Hut und bewog sie, sich auf den Schlachtruf »Soziale Gerechtigkeit, politische Souveränität und wirtschaftliche Unabhängigkeit« zu einigen. Unterstützt wurde er dabei von einer auch in ihren Haßausbrüchen ungewöhnlichen Frau, die energisch und charismatisch war, mutiger als Perón und von einem unvergleichlichen Durchsetzungsvermögen: Evita, die außerordentlichste Frau der argentinischen Geschichte.

Aber man kann und darf Perón nicht mit dem Peronismus verwechseln.

Perón ermangelte jede Größe, er war ein sinistrer Demagoge, umgab sich mit servilen und korrupten Kreaturen und verfolgte alle, die nicht dachten wie er, mit Gefängnis, Folter und Mord. Aber der Mann aus dem Volk schloß sich diesem Menschen nicht nur wegen des ungeheuerlichen »Brot und Spiele«-Zirkus' an, den seine Politik bedeutete. Denn zum ersten Male in seinem ausgebeuteten Leben wurde ihm seine Würde als menschliche Person bestätigt: Die großen Prinzipien, über die Perón zynisch faselte, wurden von seinem Volk mit religiöser Inbrunst geglaubt. Das führte dazu, daß der Demagoge schließlich manches von dem verwirklichen mußte, was er unverbindlich gepredigt hatte, bis hin zur Schaffung eines der fortschrittlichsten Arbeitsgesetze der Welt.«

Ernesto Sábato, 1978,
zitiert nach GeoMagazin 6/78

Rückkehr Peróns, den seine konservativen Waffenbrüder abgesetzt und ins Gefängnis geworfen hatten.

Während Peróns Regierungszeit schritt die Industrialisierung voran. Zwischen 1926, dem Höhepunkt des Agrarexport-Modells, und 1950 hatte sich die argentinische Agrarproduktion mehr als verdreißigfacht. Nach dem gewaltsamen Sturz Peróns 1955 durch konservativ-liberale Kräfte begann eine Zeit oft brutaler Repression (so durfte man Perón nur als »geflohenen Tyrann« bezeichnen) und eine Politik des sozialen Revanchismus. Die früheren Eliten, zeitweise durch den Peronismus geschwächt, kamen wieder an die Macht, allerdings nicht ohne den Widerstand der inzwischen gut organisierten Arbeiterbewegung.

Bereits in den letzten Regierungsjahren Peróns hatten sich wirtschaftliche Probleme abgezeichnet. Nun wurde Argentinien von Brasilien hinsichtlich der Industrieproduktion und von dem erdölfördernden Venezuela in Bezug auf das Pro-Kopf-Einkommen überflügelt. Die Inflation stieg. Chronische politische Instabilität mit einem guten Dutzend Wirtschaftsministern von 1958 bis 1970 und sechs verschiedenen Staatschefs kennzeichneten die Zeit nach Perón. Das Kapital konzentrierte sich zugunsten der multinationalen Unternehmen (von weniger als 10 % des Industriekapitals 1955 auf etwa 40 % 1973), die Agrarproduktion wurde wieder bevorzugt, ein Teil der Mittelschicht wurde radikaler. All das stärkte den von 1955 bis 1972 verbotenen Peronismus, und in seinen Reihen gab es immer mehr radikal linke, oft zu Gewalt neigende Jugendliche. Dies war auch eine Folge der erfolgreichen kubanischen Revolution, die mögliche gesellschaftliche Alternativen zeigte und Auswirkungen auf den gesamten Kontinent hatte.

Anfang und Mitte der 6oer Jahre erwarteten viele, daß der Peronismus wieder legalisiert würde. Bei einigen regionalen Wahlen wurden seine Kandidaten zugelassen – und sie gewannen. Doch angesichts der politischen und wirtschaftlichen Probleme putschte sich im Juni 1966 das Militär um *Juan Carlos Onganía* an die Macht mit Unterstützung der Peronisten und nationalistischen Parolen. Aber sein Wirtschaftsminister *Adalbert Krieger Vasena* forcierte sogar noch eine liberale Wirtschaftspolitik, die die Gewerkschaften schwächte und die multinationalen Konzerne begünstigte. Der zunehmende Widerstand der Bevölkerung seit Ende der 6oer Jahre gipfelte schließlich in einem von Polizei und Militär niedergeschlagenen Aufstand von Arbeitern und Arbeiterinnen sowie Studenten und Studentinnen in Córdoba Ende Mai 1969, dem *Cordobazo*. Das leitete die Demokratisierung und die Rückkehr Peróns ein. Das kurze Intermezzo des Stellvertreters Peróns, *Héctor Cámpora,* als Präsident im Mai und Juni 1973, bedeutete für viele eine echte Perspektive der nationalen Befreiung, ja des »Sozialismus«. Aber auch die triumphale Wiederwahl des 78jährigen Perón mit 60 % der Stimmen im September 1973 und seiner dritten Frau Isabel als Kandidatin für die Vizepräsidentschaft, konnte die

Gewerkschaftsdemonstration 1973 in Buenos Aires

enormen Widersprüche in der Bewegung kaum verdecken. Sinnbild ist das Massaker am Flughafen von *Ezeiza* bei Peróns Rückkehr aus Spanien Mitte 1973: Die linken Basisgruppen wollten »den Alten« empfangen und wurden von Polizei und Militär auf Anweisung der reaktionären Teile des Peronismus niedergeschossen. Perón selbst, der auf einem anderen Flughafen landete, ging nie auf dieses Massaker ein.

Nach seinem Tod am 1. Juli 1974 verlor seine Witwe und Nachfolgerin Isabel Perón die Kontrolle.

Die Diktatur von 1976 bis '83

In den 70er und 80er Jahren nahm die Gewalt gegen links und rechts zu. Kleine Guerilla-Gruppen wie die peronistischen *Montoneros,* die *Fuerzas Armadas Peronistas* (Peronistische Armee, FAP) oder der sich in der Tradition Che Guevaras verstehende *Ejército Revolucionario del Pueblo* (Revolutionäres Volksheer, ERP) gaben im März 1976 schließlich den willkommenen Vorwand für eine neue Militärdiktatur. Diese pompös »Prozeß der nationalen Reorganisation« genannte Diktatur sollte zur schwärzesten Periode der Geschichte werden.

Die Militärdiktatur unter den Generälen *Videla* (1976–81), *Viola, Galtieri* und *Bignone* gehört unwidersprochen zu den brutalsten der lateinamerikanischen Geschichte. Ein terroristischer Unterdrückungsapparat kontrollierte die Gesellschaft. Die Zensur war schärfer als je zuvor, Tausende wurden in Gefängnissen und Konzentrationslagern gefoltert, schätzungsweise 30.000 Menschen verschwanden. Spätere Nachforschungen ergaben, daß viele Verfolgte aus Hubschraubern heraus in den Río de la Plata geworfen wurden. Neugeborene »verschwundener« junger Paare wurden von kinderlosen Militärs hohen Ranges einfach behalten. Der Dachverband der Gewerkschaften und die politischen Parteien wurden verboten, ebenso wie alle vom Staat unabhängigen politischen Aktivitäten. Hunderttausende mußten emigrieren. Die Auswirkungen des Staatsterrors sind bis heute zu spüren: Viele Menschen haben Angst vor einem neuerlichen Putsch, und eine ganze Generation politisch aktiver oder intellektueller Frauen und Männer ist psychisch oder gar physisch zerstört.

Dennoch hatten die Militärs 1976 ursprünglich mehr Unterstützung als die Putschisten in den Jahrzehnten zuvor, da von ihnen politische Stabilität und wirtschaftliche Erneuerung erwartet wurden. Begleitet wurde das Terrorregime von einer neoliberalen Wirtschaftspolitik, die rücksichtslos durchgesetzt wurde und zu einer immensen Bereicherung einer kleinen Bevölkerungsschicht führte. Es war unter Wirtschaftsminister *Martínez de Hoz* die Epoche des *Plata dulce*, des »süßen Geldes«, in der sich einige wenige eine goldene Nase verdienten. Doch auch in diesen Jahren wurde die Wirtschaftskrise nicht überwunden.

Nach dem Waffenembargo der USA gegen Argentinien 1977 wurde Westdeutschland zum wichtigsten Waffenlieferant für die argentinischen Militärs. Bundesdeutsche Firmen – allen voran Siemens – machten glänzende Geschäfte mit den Diktatoren.

Zu Beginn des Jahres 1982 versuchten diese, mit einem Krieg gegen Großbritannien um die *Malwinen-Inseln* im Südatlantik ihr Ansehen im eigenen Land zu verbessern (brit. *Falkland Islands*). Das gelang ihnen auch für kurze Zeit, bis die verheerende Niederlage eingestanden werden mußte.

Als dann im November 1982 das erste Massengrab gefunden wurde (die Diktatoren leugneten bis dahin, politische Gegner ermordet zu haben), nahm der Widerstand in der Bevölkerung zu. Im Dezember riefen die Gewerkschaften zum ersten Generalstreik seit 1975 auf und im selben Monat demonstrierten über 100.000 Menschen gegen die Militärs. Die *Madres de Plaza de Mayo* (siehe Seite 89) und Gruppen um *Adolfo Pérez Esquivel,* Friedensnobelpreisträger von 1980, begannen den Kampf gegen die Selbstamnestie der Militärs.

1983 bis heute

Unter diesem wachsenden Druck gestatteten die Militärs 1982 freie Wahlen. *Raúl Alfonsín* gewann als Kandidat der Bürgerunion UCR gegen den Peronisten *Italo Luder*. Dies war die erste Niederlage eines peronistischen Präsidentschaftskandidaten überhaupt, denn außer 1973 waren sie ja seit 1955 bei Wahlen verboten. Nicht wenige kreideten den Peronisten an, daß viele ihrer Vertreter, vor allem aus den Gewerkschaften, sich nicht klar gegen die Diktatur ausgesprochen und teilweise mit ihr kooperiert hatten. Die Linke war in diesen Jahren schwach und zersplittert.

Alfonsín fand vor diesem Hintergrund anfangs viel Unterstützung für seine Politik. Zentrale Punkte waren die immense Auslandsverschuldung, eine bescheidene Einkommensumverteilung zugunsten der unteren Schichten und der Prozeß gegen die Hauptverantwortlichen der Diktatur, erstmals in der Geschichte des Kontinents vor einem zivilen Gericht. Die unzähligen Verbrechen der Militärs wurden von der *Comisión Nacional sobre la Desaparición de Personas* (Nationale Kommission über das Verschwinden von Personen, CONADEP) detailliert aufgearbeitet und in dem einzigartigen Buch ›Nunca más!‹ zusammengefaßt. Im Jahr 1985 wurden dann tatsächlich Hunderte der verantwortlichen Militärs von zivilen Gerichten verurteilt, viele kamen ins Gefängnis.

Aber die politische und soziale Deformation des Landes durch die Militärdiktatur erwies sich auch in der Demokratie als sehr problematisch. Die Wirtschaft stürzte von einer Krise in die nächste, steigender Inflationsdruck machte alle Versuche einer gerechteren Einkommensverteilung zunichte. Die Militärs unternahmen außerdem mehrere Umsturzversuche und erzwangen Zugeständnisse der Regierung.

Nach einem Putschversuch an Ostern 1986 wurde in Geheimverhandlungen zwischen Militärs und Regierung eine Amnestie verabredet, die wenig später in zwei Gesetze mündete: Das *Obedencia Debida*-Gesetz (des ausführenden Gehorsams) amnestierte die unteren und mittleren Ränge der Militärs, die angeblich nur Befehle befolgt hätten. Das *Punto Final*-Gesetz setzte eine zeitliche Frist, nach der bis auf wenige Tatbestände keine Gerichtsprozesse mehr wegen Menschenrechtsverletzungen eingeleitet werden konnten.

Die verantwortungslos angehäufte Auslandsverschuldung mußte letztlich akzeptiert werden. Zudem versuchten die weiterhin peronistischen Gewerkschaften, die Regierung zu schwächen und legten mit unzähligen Streiks die Wirtschaft lahm. Der Mitte-Links-Präsident von der Radikalen Bürgerunion mußte schließlich einige Monate vor Ablauf seines Mandats abtreten. *Carlos Menem* von der peronistischen Gerechtigkeitspartei trat am 8. Juli 1989 an seine Stelle.

Die darauffolgende Überraschung war für die Peronisten schmerzhaft, für ihre historischen Feinde, Konservative und Liberale, um so erfreulicher. Kaum im Amt, vergaß Menem seine populistisch-reformerischen Versprechen und schwenkte auf eine ultraneoliberale Politik um. In vielfacher Hinsicht stellt sie das Gegenteil des historischen Peronismus dar: radikaler Abbau des Staatsapparates und der sozialen Errungenschaften, Privatisierung der öffentlichen Unternehmen um jeden Preis und eine enge Allianz mit den konservativen Kräften, Vernachlässigung der Provinzen und der Industrie, eine unterwürfige Außenpolitik gegenüber den USA (Argentinien entsandte als einziges südamerikanisches Land Truppen in den Golfkrieg von 1991) und Verzicht auf jede Aufmüpfigkeit gegenüber dem Internationalen Währungsfonds in Fragen der Auslandsverschuldung. Die Konsequenzen sind in vielerlei Hinsicht negativ: Die Korruption hat zugenommen, die Tarife der privatisierten Unternehmen wie der Flug- und Telefongesellschaft gehören zu den höchsten der Welt. Große Bevölkerungsteile sind verarmt und das öffentliche Schul- und Gesundheitssystem geht zugrunde.

Wirtschaft auf Talfahrt

Den Kern der Wirtschaftspolitik bildet der sogenannte *Plan de Estabilidad* (Stabilitätsplan), der seit 1991 den argentinischen Peso im Verhältnis eins zu eins an den US-Dollar bindet. Da-

Die unermüdliche Arbeit der Menschenrechtsorganisationen hat sich gelohnt: Ende der 90er Jahre sind nur noch ein knappes Fünftel der argentinischen Bevölkerung dafür, die letzte Militärdiktatur zu vergessen. Das sah vor zehn Jahren noch anders aus.

Vergangenheit, die nicht vergeht

Im Jahr 1995 erregte ein Interview mit dem ehemaligen Fregattenkapitän *Adolfo Scilingo* weltweit Aufsehen. Zum ersten Mal gestand ein verantwortlicher Militär, daß auf wöchentlichen Todesflügen während der Diktatur betäubte, aber lebende Menschen aus Flugzeugen über dem Río de la Plata abgeworfen wurden. Die Zahl der Opfer, die auf diese Weise ermordet wurden, bezifferte der unter die Amnestiegesetze fallende Scilingo auf mindestens 4400.

Im Januar 1998 erließ Präsident Menem ein Dekret, in dem er den Abriß der ESMA, der Mechanikerschule der Kriegsmarine, und an der gleichen Stelle den Bau eines »Monumentes der nationalen Versöhnung« anordnete, um einen Schlußstrich unter die Vergangenheit zu ziehen. Die ESMA ist Sinnbild der insgesamt etwa 340 Folterzentren, die es während der letzten Militärdiktatur in Argentinien gab. Gegen diesen Plan liefen vor allem Menschenrechtsgruppen Sturm.

Im März 1998 wurden nach heftigen Debatten das »Schlußpunktgesetz« und das »Straffreiheitgesetz« im argentinischen Kongreß und Senat aufgehoben, die Mitte der 80er Jahre über 1000 verurteilte Folterer amnestierten. Allerdings hat diese Aufhebung keine juristischen Konsequenzen, dafür hätten die beiden Gesetze annuliert werden müssen.

Im April des Jahres entschied ein Gericht in der Provinz Buenos Aires, daß Angehörige von Opfern der Staatsverbrechen über die Umstände des »Verschwindens« und den Verbleib der Opfer Aufklärung verlangen dürfen. Damit könnten einige Delikte aufgeklärt werden, die nicht unter die Amnestie-Gesetze fallen, wie Entführung Minderjähriger, Vergewaltigung und Vermögensraub. Zudem wäre es möglich, die Namen der Unterdrücker zu erfahren, was bisher immer verhindert wurde.

Bereits einen Monat später erging ein Gerichtsurteil gegen eine Frau, die sich mit ihrem verstorbenen Mann, einem Mitglied des Marinegeheimdienstes,

mit wurde zwar die Inflation eingedämmt, aber um den Preis einer sozialen und wirtschaftlichen Dauerkrise. Im Dezember 1993 platzte in einer der ärmsten Provinzen des Landes, in Santiago del Estero, den Beschäftigten des öffentlichen Dienstes der Kragen. Nach neuerlichen Ankündigungen von Entlassungen und angesichts drei Monate ausstehender Gehälter setzten sie in der Provinzhauptstadt im Anschluß an eine Protestkundgebung

im Dezember 1977 ein Kind angeeignet hatte, das in einem Lager für politische Häftlinge geboren wurde.

Eine dramatische Wendung gab es im Juni 1998. Der oberste Diktator von 1976–81, General *Jorge Rafael Videla*, 1985 zu lebenslanger Haft verurteilt und 1990 von Menem im Rahmen der Amnestie begnadigt, wurde wegen Kindesentführung angeklagt und festgenommen.

Aufgearbeitet wird die Vergangenheit auch von Spanien aus. 1996 wurde auf Initiative von Menschenrechtsgruppen und des Staatsanwaltes *Baltasar Garzón* begonnen, das Schicksal von 600 spanischen Staatsangehörigen und ihrer Familienmitglieder zu erforschen, die während der Diktaturen in Argentinien und Uruguay »verschwanden« und wahrscheinlich ermordet wurden. Die Ermittlungen richteten sich gegen die früheren Präsidenten Videla und Galtieri sowie rund 100 Offiziere und Ärzte. Als der couragierte Garzón in seiner Funktion als Untersuchungsrichter Zeugen aus Argentinien vor Gericht nach Madrid lud, wurde er vor allem von Präsident Menem behindert, der dies als Einmischung in innere Staatsangelegenheit bezeichnete. Dennoch wurde im März 1997 gegen den Chef der Militärjunta zu Beginn der 80er Jahre, *Leopoldo Galtieri*, ein internationaler Haftbefehl erlassen, im Oktober 1997 gegen zehn weitere Offiziere.

Ähnliche Prozesse laufen in Frankreich und Italien – und in Deutschland. Im März 1998 erstattete die deutsche »Koalition gegen Straffreiheit« Anzeige gegen 41 argentinische Militärs, weil während der Diktatur siebzig Menschen deutscher Abstammung »verschwanden«. Dabei geht es auch darum, in Deutschland das Verhalten der damaligen sozialliberalen Regierung nicht zu vergessen: die schaute nämlich konsequent weg. Die auf Initiative des argentinischen Friedensnobelpreisträgers *Adolfo Pérez Esquivel* tätig gewordene deutsche Koalition ist mit den demokratischen Kräften in Argentinien einig, daß die Straflosigkeit und die Verdrängung der Vergangenheit ein Ende haben müssen, wenn die Demokratie dauerhaft gesichert werden soll. Allerdings zeigt die deutsche Regierung, im Gegensatz zur spanischen und italienischen, kein Interesse daran, die Menschenrechtsverletzungen gegen deutsche Staatsbürger in Argentinien aufzuklären. Dennoch ist es möglich, daß auch von bundesdeutschen Gerichten in den kommenden Jahren ein internationaler Haftbefehl gegen argentinische Militärs ausgesprochen wird.

den Regierungssitz, das Parlamentsgebäude und das Oberste Gericht in Brand. Die Regierung antwortete mit einem Armee-Einsatz.

Bereits seit 1989 wird versucht, das alte Modell der Agrarexporte wieder einzuführen und die Orientierung auf den Binnenmarkt und eine eigene Industrie aufzugeben. Die argentinische Wirtschaft spezialisiert sich wieder auf die Produktion von wenig arbeitsintensiven Gütern aus dem Agrar-

und Rohstoffbereich. Dies wirkt sich vor allem negativ auf Beschäftigung, Lohnniveau und Wirtschaftswachstum aus. Außerdem entfernt sich das Land immer weiter von der Entwicklung in den wirtschaftlichen Zentren der Welt und der technologischen Entwicklung. Obwohl die Exportmengen jedes Jahr steigen, sinken wegen des Verfalls der Weltmarktpreise für Agrarprodukte die Exporterlöse.

Diese Umstrukturierung führte zu einer Deindustrialisierung (1984 erwirtschaftete die Industrie 51 % des Sozialprodukts, 1994 nur noch 45 %), damit verbunden zu steigender Arbeitslosigkeit und zu weniger Investitionen – in den Jahrzehnten vor 1980 wurden zwischen 20 und 22 Prozent des Sozialproduktes investiert, heute sind es noch 9 Prozent, was zum Veralten der Produktionsanlagen führt.

Die Einkommensverteilung verschlechterte sich in den letzten Jahren dramatisch: Bekamen Mitte der 70er Jahre die Lohnabhängigen noch 47 Prozent des gesamten Volkseinkommens, so sind es heute nur noch 20 Prozent. Ende der 90er Jahre erhalten 40 Prozent am unteren Ende der Einkommenspyramide knapp 10 Prozent des Volkseinkommens, das ärmste Zehntel gar nur 1,6 Prozent, während das reichste Zehntel der Bevölkerung 40 Prozent bekommt. Zwischen 1994 und 1997 ist der Durchschnittslohn um 17 Prozent gefallen. 70 Prozent derer, die Arbeit haben, verdienen weniger als 600 $ im Monat.

Der Staat wurde in den letzten beiden Jahrzehnten immer stärker aus seiner Rolle, Einkommen von oben nach unten umzuverteilen, gedrängt. Zudem ist er zu schwach, um kleinere und mittlere Unternehmen gegenüber den großen Konzernen zu schützen. Außerdem hat der Staat, beherrscht von den Eliten und unter ausländischem Druck, die Verantwortung der Schuldenrückzahlung übernommen, ohne vorher von den Krediten profitiert zu haben.

Die heutige Wirtschaftspolitik kann als »passive Integration in den Weltmarkt« bezeichnet werden, wobei das Land die Kontrolle über die eigene Geld-, Finanz- und Handelspolitik verliert. Die Unfähigkeit zu einer eigenen Wirtschaftspolitik, die wirtschaftliche und politische Deregulierung und die wachsende Unternehmermacht werden die gesellschaftlichen Spaltungen weiter vertiefen. Dieser Ausblick gerät noch düsterer, wenn man bedenkt, daß sich der Staat auch in Bereichen wie Gesundheit, Bildung oder Wohnungsbau aus der Verantwortung zieht.

Nach der Diktatur

Was den Umgang mit der jüngsten Vergangenheit betrifft, so ging Menem noch weiter als sein Vorgänger, er begnadigte 1990 die fünf Jahre zuvor verurteilten Militärs.

Besonders drastisch ist aber die zunehmende Einschränkung demokratischer Freiheiten, die seit 1987 zu beobachten ist. Der Rechtsstaat funktionierte immer schlechter und die Macht der Exekutive und insbesondere die des Präsidenten wurde entsprechend stärker. Das begann schon in den letzten beiden Jahren der Alfonsín-Regierung und nahm unter Menem neue Formen an. Bekam dieser ein Gesetz im Parlament nicht durch, erließ er ein Dekret. Menem erließ 350 Gesetze auf diese Art, mehr als jeder andere Präsident zuvor. Eingeschränkte Demokratie, *Democracia Restringida,* wird dieser Sachverhalt genannt.

Der machthungrige Populist trieb seit seiner Wahl systematisch eine Verfassungsänderung voran, die dann in einem Geheimabkommen, dem »Pakt von Olivos«, zwischen Menem und UCR-Chef Alfonsín 1993 verabredet und von einem Verfassungskonvent 1994 ausgearbeitet wurde. Damit kann der Präsident sich einmalig zur Wiederwahl stellen. Auch die bis dahin gültige Bestimmung, daß der Präsident sich zum römisch-katholischen Glauben bekennen muß, fiel weg.

Eine wichtige Neuerung war bei der Wahl zum Verfassungskonvent das erfolgreiche Abschneiden des breiten linken Bündnisses *Frente Grande* (Große Front), das erstmals bei Wahlen antrat. Als einzige ernstzunehmende Opposition gegen die Verfassungsänderung gewann es in der Provinz Buenos Aires fast 17 Prozent der Stimmen, in Neuquén nahezu 30 und in der Bundeshauptstadt sogar 37,5 Prozent.

Ende 1994 wurde mit Blick auf die Wahlen 1995 der *Frente del País Solidario* (Front für ein solidarisches Land, *Frepaso*) gegründet, dem das Linksbündnis Frente Grande, Christdemokraten und einige PJ- und UCR-Dissidenten angehören. Die politischen Köpfe sind der Linksperonist *Carlos (Chacho) Álvarez* und die Menschenrechtlerin *Graciela Fernández Mejide.* Präsidentschaftskandidat wurde 1995 jedoch *José Octavio Bordón,* der erst kurz vorher die Partei Menems verlassen hatte. Bereits zu Beginn des Jahres 1996 verließ er das Bündnis im Streit. Dennoch hält diese breite linke Allianz bis heute und ist eingebettet in soziale Bewegungen. Viele hegen berechtigte Hoffnungen, daß sich eine ernstzunehmende progressive Kraft in Argentinien formieren könnte.

Trotzdem gewann Menem die Wahlen am 14. Mai 1995 mit fast 50 Prozent und seine peronistische Partei verfügt im Parlament über eine deutliche Mehrheit. Allerdings kam auf den zweiten Platz nicht der Kandidat der UCR *Horacio Massaccesi* (17 Prozent der Stimmen), sondern der Frepaso-Kandidat Bordón mit fast 30 Prozent. Carlos Menem strebte sofort eine weitere Wiederwahl für 1999 an, die nicht verfassungskonform wäre und im August 1998 gerichtlich untersagt wurde. Die von ihm vorangetriebene Verfassungsänderung erlaubt ja nur eine Wiederwahl.

Im Hinblick auf die Wahlen im Oktober 1999 schlossen sich Frepaso und die UCR 1997 zu einem Bündnis zusammen, zur *Alianza* für Arbeit, Bildung und Gerechtigkeit. Ihr Ziel ist, daß kein Kandidat der peronistischen Partei nach 1999 Präsident sein wird. Die Kandidatur wird sich voraussichtlich zwischen Alfonsín von der UCR und Fernández Mejide von Frepaso entscheiden.

ULRICH BRAND, VIKTOR SUKUP

URUGUAYS KAMPF UM DIE UNABHÄNGIGKEIT

Die politische Unabhängigkeit wurde mit dem Zerfall des spanischen Kolonialreichs möglich und durch eine Serie diplomatischer und militärischer Eingriffe Großbritanniens aktiv betrieben. Ziel war, das spanische Handelsmonopol mit den spanischen Provinzen des Vizekönigreichs am Río de la Plata endlich zu brechen.

Nach mehreren vergeblichen Versuchen, Buenos Aires und Montevideo militärisch zu besetzen, schickten sich die Briten an, neue Absatzmärkte zu erobern. Sie lösten damit langfristig wirksame Prozesse aus, vor allem durch die Durchsetzung des Freihandelsprinzips, den dadurch verstärkten Import britischer Industrieerzeugnisse (insbesondere Textilien) und den Export von Agrarprodukten.

Nachdem die Spanier aus den Provinzen des späteren Argentinien vertrieben waren, sammelten sich 1811 in Montevideo die Royalisten, die auf die Unterstützung der spanischen und portugiesischen Truppen zählen konnten. Dagegen formierte sich im Landesinneren unter *José Gervasio Artigas* (1764 – 1850) eine Widerstandsbewegung. Gemeinsam mit argentinischen Truppen wurde Montevideo belagert, doch Artigas stimmte mit den argentinischen Plänen nicht überein, die *Banda Oriental* zu einer weiteren Provinz Argentiniens zu machen. 1815 übernahmen die Männer um Artigas die Geschicke des Landes und begannen eine weitreichende Agrarreform, das Land der spanischen Großgrundbesitzer wurde verteilt. Dies wiederum brachte im folgenden Jahr Portugal dazu, Truppen zu entsenden und das Land zu besetzen. Die Banda Oriental wurde zur brasilianischen Provinz *Cisplatina*.

Am 19. April 1825 überquerten die *Treinta y Tres Orientales* (die 33 Orientalen) den Río Uruguay, um die Besatzer zu vertreiben, was sie mit Hilfe der Bevölkerung sowie Großbritanniens drei Jahre später schafften. Am 18. Juli 1830 wurde die erste Verfassung verabschiedet.

Besonders die britische Diplomatie wünschte sich einen eigenständigen Pufferstaat am Río de la Plata gegen das wirtschaftliche und politische Gewicht der beiden großen Nachbarn Brasilien und Argentinien. Die Entwicklung der *República Oriental del Uruguay* (Republik östlich des Uruguay-Flusses, wie das Land offiziell auch heute immer noch heißt) blieb seit ihrer staatlichen Unabhängigkeit 1828 dennoch unter dem Einfluß Argentiniens und Brasiliens.

Das 19. Jahrhundert

Ein Konflikt kam bereits 1834 zu seinem Ende: Die Auseinandersetzung mit den Ureinwohnern. Er endete mit der vollständigen Vernichtung der indigenen Bevölkerung. Die letzten vier Überlebenden der *Charrúa* wurden von der Regierung des jungen Staates der Akademie der Naturwissenschaften in Paris »vermacht«, wo sie besichtigt werden konnten und bald starben. Acht Jahre später wurde zumindest formell die Sklaverei abgeschafft, wovon die zunehmende Anzahl der aus Brasilien geflüchteten Schwarzen profitierte.

Bis 1851 verwüstete eine Serie bewaffneter Auseinandersetzungen unter der Führung lokaler Grundbesitzer, die sich zu *Caudillos,* politischen und militärischen Führern, erklärten, das Land. Deutlich wurden dabei schon die Konflikte zwischen Stadt und Land. So wollte das Handelsbürgertum von Montevideo die Zentralgewalt der Stadt auf das ganze Land ausdehnen, während die Großgrundbesitzer auf eine Beteiligung an der Macht drängten. Die verschiedenen Parteien knüpften dabei jeweils Allianzen, auch über das Staatsgebiet der jungen Republik hinaus: Es ging auch um die Frage der militärischen Vorherrschaft zwischen Montevideo und Buenos Aires.

Diese Konflikte erreichten ihren Höhepunkt im »Großen Krieg« von 1839–51, in dessen Verlauf sich die beiden Lager der bis zum heutigen Tag herrschenden Traditionsparteien *Colorados,* Rote, und *Blancos,* Weiße, herausbildeten. Dieser Krieg endete mit dem Sieg eines Bündnisses zwischen der in Montevideo dominierenden Coloradopartei, den Truppen des Caudillos *Urquiza* aus der angrenzenden argentinischen Provinz Entre Ríos und denen des brasilianischen Reichs. Unterlegen war das Bündnis der Blancopartei mit dem Gouverneur von Buenos Aires, *Juan Manuel de Rosas,* das fast neun Jahre Montevideo belagerte, 1851 aber auch deshalb aufgeben mußte, weil sich die britische und französische Regierung gegen Rosas stellte und unter anderem argentinische Häfen blockieren ließ.

Am Ende des internationalisierten Krieges hatte das Land rund ein Drittel seiner Bevölkerung verloren, und sein einziger Reichtum, die Viehbestände, war dezimiert. Das Ergebnis der Auseinandersetzung war die Festigung der politisch dominierenden Stellung Montevideos über die Provinzen, was jedoch keineswegs zu Ruhe im Land führte, sondern in periodischen Aufständen durch die Blancos in Frage gestellt wurde. Während sich in diesen Kämpfen die aus landlosen, oft vagabundierenden Gauchos gebildeten Verbände beider Parteien aufrieben, stellte die ab 1851 einsetzende Phase der Landverteilung und Landsicherung den Lebensstil der Gauchos endgültig in Frage. Sie wurden als Hilfspersonal auf den Estancias angestellt oder in armselige Siedlungen neben den großen Landgütern abgedrängt. Diese Ansiedlungen erhielten den bezeichnenden Namen *Pueblos de Ratas,* Rattendörfer.

Der Prozeß der rechtlichen und faktischen Durchsetzung des Privateigentums an Grund und Boden erreichte zwischen den Jahren 1871 und 1879 seinen Höhepunkt.

Im Unterschied zur Entwicklung Argentiniens wurde in Uruguay die wirtschaftlich dominierende Stellung der exportorientierten Fleisch-, Leder- und Wollproduktion durch die in Montevideo zentralisierte Regierung durchgesetzt. Dieser Sektor wurde zur Grundlage des gesamten späteren Industrialisierungsprozesses bis zur zweiten Hälfte des 20. Jahrhunderts.

Unter der Führung des Militärdiktators *Lorenzo Latorre* (1876–80) wurden Grundelemente eines modernen, zentralisierten Staates eingeführt: allgemeine und obligatorische staatliche Grundschulen, das allgemeine Landrecht des *Código Rural,* das den Grundbesitz festschrieb (jeweils 1876) und eine Polizei, die der herrschenden Unsicherheit im Land ein Ende bereitete.

Auch gab es die ersten staatlichen Maßnahmen zum Schutz der einheimischen Industrie, die sich noch im Anfangsstadium befand. Dieser Schutz wurde von einer Interessenvertretung, der *Liga Industrial,* seit 1879 propagiert und von der Regierung bereits seit 1875 ansatzweise angewandt. Dies geschah in einer Zeit, da der Staat wegen einer akuten Finanzkrise dringend auf die Ausschöpfung der Zolleinnahmen des Hafens als wichtigste Einnahmequelle angewiesen war. Die Politik fand mit dem Zollgesetz von 1888 ihre Fortsetzung.

Schließlich trug der verstärkte Zustrom britischen Kapitals vor allem ab 1870 entscheidend zur Integration eines auf den europäischen und insbesondere britischen Markt orientierten Wirtschaftsraumes am Río de la Plata bei. Die Darlehen und Investitionen flossen vor allem in die Telegraphen- und Bahnlinien sowie die Wasser-, Strom- und Gasversorgung in Montevideo.

Da der wachsende Viehbestand auf dem Land die Basis des extensiven Wachstums bildete, und da das nutzbare Territorium bereits verteilt war, wurde der Zustrom von Kapital und Arbeitskräften in die Hauptstadt kanalisiert. Dort konzentrierte sich der ausländische, vor allem aber britische Kapitalzustrom.

1904 war das Jahr der Niederwerfung des letzten bewaffneten Aufstands der Blancopartei durch die Truppen der von der Coloradopartei gestellten Regierung in Montevideo.

Die Zeit der Modernisierung unter José Batlle

Zu Beginn des 20. Jahrhunderts hatte sich Montevideo zum unangefochtenen Zentrum Uruguays entwickelt.

In der Geschichtsschreibung dieser Zeit hat wohl niemand ein ähnliches Interesse gefunden wie *José Batlle y Ordóñez,* der von Beginn seiner ersten Amtszeit (1903–07) bis zu seinem Tod das politische Leben dominierte und im Mittelpunkt der Phase der »Radikaldemokratisierung« stand. Seine zweite Präsidentschaft hatte er von 1911 bis 1915 inne.

Kam im 19. Jahrhundert dem Unabhängigkeitshelden *José Gervasio Artigas* die Rolle einer alle Uruguayer einigenden Persönlichkeit zu, so wurden José Batlle y Ordóñez von der Coloradopartei und sein Gegenspieler *Luis Alberto Herrera* zu entscheidenden Bezugspersonen im 20. Jahrhundert. Batlle feiert man bis heute als den Urheber des am städtischen Bür-

Nach der Schafschur: Die Schafzucht ist der wichtigste Wirtschaftsfaktor um 1910

gertum und der Arbeiterschaft orientierten uruguayischen Wohlfahrtsstaates. Von der Mehrheit der Blanco-Opposition wurde er aus diesem Grund als verantwortungsloser »Modernisierer« und »Unruhestifter« angegriffen. Herrera dagegen genoß jahrzehntelang als wichtigster Vertreter der Interessen der Grundbesitzer wie auch als Verantwortlicher der Neuorientierung der Blancopartei nach langen Kriegsjahren Respekt. Seine Glaubwürdigkeit wurde beeinträchtigt, als er den Putsch von 1933 unterstützte und die strikte Neutralitätspolitik Uruguays im Zweiten Weltkrieg verteidigte.

Die Ausgangsbedingungen der Politik dieser Zeit waren, wie der in seinem Land bekannte Historiker *Luis Benvenuto* ausführt, folgende:

– die endgültige Befriedung des Landes ab 1904, die daraus folgende Wertsteigerung des Großgrundbesitzes und die hiermit einhergehende Investitionsbereitschaft;
– eine durchlässige Sozialstruktur, die eine schnelle und beinahe perfekte Integration des Immigrantenzustroms ermöglichte;
– die allgemeine staatliche Grundschulerziehung bis zum sechsten Schuljahr (vor allem auf dem Land von Bedeutung);
– keine sozialen, rassischen oder religiöse Konflikte oder Spannungen;
– der Einfluß positivistischen Gedankenguts, der von der Universität und von den Immigranten ausgehend zur Bildung eines für Uruguay neuen Typs wissenschaftlich gebildeter und praxisorientierter Politiker beitrug. Ein bedeutendes philosophisch-

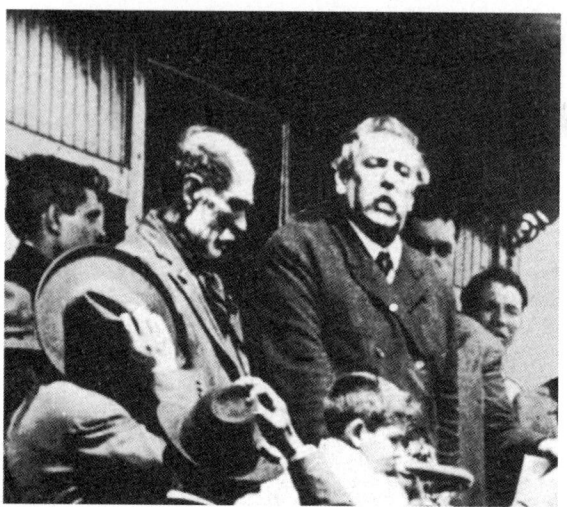
Wahlkampf per Eisenbahn: José Battle y Ordóñez

Der ganzheitliche, alle Bereiche des gesellschaftlichen Lebens umfassende Charakter der Reformen fällt auf. Vor allem in der zweiten Amtszeit Batlles wurde die rigorose Neugestaltung des Landes verfolgt. Aufschlußreich ist ein Brief Batlles, den dieser während seines vierjährigen Europaaufenthaltes vor 1911 verfaßte und

künstlerisches Schaffen, in dessen Folge eine Vielzahl von Legenden und Geschichten die vergleichsweise späte Herausbildung eines Nationalbewußtseins förderten.

Vor diesem Hintergrund begann eine Phase tiefgreifender politischer und sozialer Reformen, die mit Unterbrechungen bis zu Beginn der 30er Jahre andauerte. Es gab eine Flut von gesetzlichen Maßnahmen. Bedeutende Staatsbetriebe wurden gegründet, die Rechtsstellung von Arbeitern und Frauen verbessert, die zerrütteten Staatsfinanzen saniert, die Anbau- und Arbeitsbedingungen auf dem Land verbessert. Das Bildungswesen wurde ausgebaut und es kam zu einer im sogenannten Lateinamerika atypischen radikalen Trennung von Staat und Kirche.

an zwei Mitarbeiter der von ihm geleiteten Tageszeitung *El Día* richtete: »Ich denke hier darüber nach, wie wir ein kleines Musterland aufbauen könnten, in dem Bildung eine Selbstverständlichkeit ist, in dem die Künste und Wissenschaften in Ehren gehalten werden, in dem gepflegte, feine Sitten vorherrschen. Ich erfreue mich an dem Gedanken, daß wir in allen Provinzen Universitäten schaffen könnten, sowie bedeutende wissenschaftliche und künstlerische Institute in Montevideo, daß wir Theater und Literatur entwickeln und die Olympischen Spiele ausrichten könnten; daß wir den einheimischen Reichtum entdecken, um zu verhindern, daß ausländische Elemente ihn an sich reißen, und daß wir für das Wohlergehen der unteren Klassen sorgen.«

Eine Übersicht über die folgenreichsten Maßnahmen verdeutlicht die politische und juristische Umsetzung dieses sehr reformistischen, evolutionistischen Ideals, das Gewalt und Revolutionen ausschloß, die den Klassenkampf verneinte und eine nicht nur philosophische, sondern auch gesellschaftlich-praktische Verbindung von individueller Freiheit und sozialer Gerechtigkeit anstrebte.

Zwischen 1903 und 1915 wurde das Eisenbahnnetz erweitert, die Straßenbahnen Montevideos elektrifiziert, die mit britischen Interessen konkurrierende *Banco de Seguros del Estado* (staatliche Versicherungsbank) geschaffen, die 1896 gegründeten *Banco de la República* sowie die Bausparkasse verstaatlicht und mit mehr Kapital ausgestattet, ein staatliches Monopol der Energieversorgung im ganzen Land eingerichtet und staatseigene Forschungsinstitute für Fischerei, Geologie und industrielle Chemie gegründet.

Auch die Verbesserung der ländlichen Infrastruktur, die Schaffung der veterinärmedizinischen und agrarwissenschaftlichen Fakultäten der Universität und günstige Darlehen an Kleinproduzenten stützten die Modernisierung. Auf drei landwirtschaftlichen Mustergütern wurden intensive Herstellungstechniken erprobt und gefördert.

Den Geist des batllistischen Modernisierungsimpulses vermitteln jedoch am eindrucksvollsten die sozialen Reformen. Hierzu gehört der 8-Stunden-Tag, die kostenlose Gymnasialschulbildung und eine allgemeine Alters- und Invalidenversicherung. Zum Teil heftigen Widerstand provozierten bis heute gültige Gesetze über das Verbot religiöser Symbole in staatlichen Krankenhäusern und die Abschaffung des Lehrfachs Religion an den staatlichen Schulen, die Abschaffung der Todesstrafe, die rechtliche Gleichstellung unehelicher Kinder und das Gesetz zur Ehescheidung.

Der Staat setzte soziale Reformen durch, bevor eine organisierte Arbeiterbewegung diese zu ihrem Thema machen konnte, so auch eine Arbeitslosenunterstützung, den arbeitsfreien Sonntag und eine Versicherung bei Arbeitsunfällen.

In der Verfassung von 1919 wurden politische Reformen verankert, insbesondere das Kollegialsystem nach Schweizer Vorbild. Die starke Stellung des Präsidenten wurde durch den *Consejo Nacional de Administración,* einen aus neun Mitgliedern bestehenden Verwaltungsrat, der direkt vom Volk gewählt wurde, eingeschränkt. Zudem wurde das allgemeine Wahlrecht eingeführt.

Ende der 20er Jahre, unter politisch veränderten Bedingungen, in denen der Batllismus seine politisch und ideologisch dominierende Stellung eingebüßt hatte, wurde der Staat durch die Gründung der staatlichen Gefrierfleischfabrik *Frigorífico Nacional* gestärkt (zuvor fand die gesamte Fleischverarbeitung in britischen und US-amerikanischen Fabriken statt; siehe auch Seite 449) sowie durch das bis heute bestehende Monopol der Zement-, Benzin- und Alkoholherstellung.

Diese vom Staat ausgehende Modernisierung war von einer günstigen Außenwirtschaftskonjunktur, der beherrschenden Rolle der Coloradopartei, der Furcht vor bewaffneten Aufständen auf dem Land und vom persönlichen Geschick des Politikers Batlle abhängig. Ermöglicht wurden die Reformen durch die boomenden Exporterlöse aus der Fleisch- und Lederproduktion. Nach der Weltwirtschaftskrise 1929 wurde die Abhängigkeit des Landes vom Weltmarkt deutlich. Der Widerstand der Großgrundbesitzer nahm zu und es gelang ihnen, jeden Ansatz einer Landreform zu vereiteln. Batlle hatte eine solche sowieso nie ernsthaft versucht, er setzte die Einhaltung seiner Reformen auf dem Land auch nie durch.

Populismus und Konservatismus (1933–67)

Am 31. März 1933 kam es zu einem zivilen Staatsstreich durch den Präsidenten *Gabriel Terra* von den Colorados, dessen wichtigste Stütze die kasernierten Feuerwehrleute bildeten. Folge war eine Präsidialverfassung, die die Sitze der politisch entscheidenden zweiten Kammer des Parlaments zu gleichen Teilen zwischen der Colorado- und Blancopartei vergab. Damit ließ sie der Opposition nur den Weg eines außerparlamentarischen Widerstandes offen.

Dieser äußerte sich in einigen Streiks, einem gescheiterten Versuch, 1935 mit einem bewaffneten Aufstand die Diktatur zu beseitigen, sowie vor allem in einer regen Solidaritätsbewegung mit der Spanischen Republik, deren öffentliche Kundgebungen häufig von Demonstrationen gegen das Regime begleitet wurden.

Alfredo Baldomir übernahm ab 1938 als ziviler Präsident die Regierungsgeschäfte. Innenpolitisch begann damit ein relativ problemloses Zusammenspiel von Colorados und Blancos bis 1971, dessen Hauptmerkmal ein hochentwickelter *Clientelismo* (Verfilzung) auf Kosten des Staates war. Außenpolitisch entsprach der dominierende wirtschaftliche und politische Einfluß der USA ab Mitte der 50er Jahre dem Großbritanniens vor dem Ersten Weltkrieg. Der während der 30er Jahre wichtige Handel mit Deutschland verlor ab 1940 seine Bedeutung. 1942 wurden die diplomatischen Beziehungen mit Nazideutschland abgebrochen, nicht zuletzt als Reaktion auf die von der NS-Auslandsabteilung geförderten faschistischen Aktivitäten im Land. Uruguay trat auf der Seite der Alliierten in den Zweiten Weltkrieg ein. Nach 1947 setzte der *Neo-Batllismus* in einer für Uruguay günstigen weltwirtschaftlichen Lage das sozialdemokratische Programm Batlles fort. Durch eine Verfassungsänderung 1952 wurde der Nationalrat bestimmende Exekutivgewalt. *Luis Batlle Berres,* Präsident von 1947 bis '51 und 1954 bis '58, stand für diese Entwicklung. Auf einer Europareise prägte er den berühmten Satz, die Schweiz sei das Uruguay Europas.

Der Aufstieg des Militärs

Unabhängig von der wirtschaftlichen Strukturschwäche, deren Kern die fehlende Produktivität der auf Großgrundbesitz basierenden extensiven Viehzucht war, hatte sich die populistisch orientierte Führungsschicht auf den Ausbau des Wohlfahrtsstaats konzentriert und vor allem die Rentenversicherung gefördert. In dem Maße, in dem sich die Kluft zwischen sinkenden Exporterlösen und steigenden Staatsausgaben weiter öffnete, rückten die seit den 60er Jahren bis heute chronischen Probleme aller südamerikanischen Staaten ins Zentrum des politischen Interesses: Haushaltsdefizit und Inlandsverschuldung, Inflation, Kapitalflucht, Auslandsverschuldung und finanzielle Abhängigkeit von internationalen Geldgebern, schließlich der Verfall der Reallöhne und soziale Unruhen.

Die aufs engste mit dem Staatsapparat verflochtene Führungsschicht der beiden Traditionsparteien erwies sich als unfähig, die Schwäche der Wirtschaft zu beseitigen. Sie konzentrierte sich auf die Suche nach Absatzmärkten für die uruguayische Fleisch- und Wollproduktion und auf Devisenspekulation. 1968 griff das Militär auf Gesuch der Zivilregierung unter Präsident *Jorge Pacheco Areco* vom rechten Flügel der Coloradopartei zunächst allmählich, schließlich immer offener in die Geschicke des Landes ein: Damit fügte sich Uruguay wieder in jene südamerikanische Tradition, aus der es sich nach 1904 gelöst zu haben schien. Der Ausnahmezustand wurde verhängt, die Löhne wurden um die Hälfte gesenkt, Grundrechte wurden aufgehoben und erstmals traten Todesschwadrone auf, die Anschläge auf Gewerkschafter und Linke verübten.

Die sozialen Gegensätze entluden sich in Streiks und einer Serie spektakulärer Aktionen vor allem durch die von *Raúl Sendic* gegründete Stadtguerillabewegung *Movimiento de la Liberación Nacional – Tupamaros* (MLN-T, Nationale Befreiungsbewegung). Diese bildete sich zu Beginn der 60er Jahre in der Protestbewegung organisierter Zuckerrohrarbeiter in der nordwestlichen Provinz Artigas. Der Film ›Der unsichtbare Aufstand‹ des französischen Regisseurs *Costa-Gavras* von 1973 handelt von den Tupamaros, die mit ihrem Namen dem letzten Inka-Führer *Tupac Amaru*, 1781 ermordet, gedachten.

Unter dem Einfluß der erfolgreichen kubanischen Revolution entwickelten sich die Forderungen nach verbesserten Lohn- und Arbeitsbedingungen zu einem Angriff auf das durch Korruption und Clientelismo diskreditierte Zwei-Parteien-System der Colorados und Blancos.

Zu Beginn der 70er Jahre gelang es den verschiedenen Kräften der Linken, sich zu einem politisch wirksamen Volksfrontbündnis, dem *Frente Amplio,* zusammenzuschließen. An den Wahlen beteiligte sich diese Koalition 1971 zum ersten Mal und erhielt auf Anhieb mit dem Präsidentschaftskandidaten *Liber Seregni* 18 Prozent der Stimmen. Doch sie konnte die seit der Regierung Areco (1968) andauernden Verletzungen der Menschenrechte und die zunehmenden Eingriffe der Streitkräfte in das politische Leben nicht verhindern, die der mit nur 22 Prozent der Stimmen gewählte Colorado-Präsident *Juan María Bordaberry* ausdrücklich wünschte. Mit diesen Wahlen war das traditionelle Zwei-Parteien-System zerbrochen, erstmals trat mit dem Frente Amplio eine dritte Kraft auf.

Die Diktatur und ihr Erbe

Der Putsch der Streitkräfte von 1973 vollzog sich in Etappen. Im Februar wurde mit dem *Consejo de Seguridad Nacional* (COSENA, Nationaler Sicherheitsrat) die zentrale Machtinstanz eingesetzt, die Institutionen aber formell noch intakt gelassen. Die Auflösung des Parlaments am 27. Juni 1973 war der Beginn einer fast zwölf Jahre dauernden Diktatur. Während der zwei auf den Staatsstreich folgenden Wochen wurden die Menschen- und demokratischen Grundrechte auf der Straße, in den Fabriken, den Schulen und der Universität verteidigt. Ein von den Gewerkschaften organisierter Generalstreik ließ die Hoffnung aufkommen, man könne die Streitkräfte doch noch zum Einlenken zwingen. Aber die gewaltsame Auflösung der letzten großen Demonstration am 9. Juli machte jeden weiteren Widerstand unmöglich. Die Gewerkschaften wurden sofort, die politischen Parteien drei Jahre später verboten. Die Universitäten wurden im Oktober 1973 geschlossen, die Pressefreiheit abgeschafft.

Jede politische und soziale Betätigung wurde einer strengen Zensur unterworfen oder verboten. Offener Terror regierte: Massenverhaftungen, Folter, Vergewaltigungen, das »Verschwinden« von über 160 Menschen vor allem in argentinischen Konzentrationslagern, die Zwangsadoption der Kinder vieler »Verschwundener«. Argentinische, brasilianische, paraguayische und uruguayische Sicherheitskräfte arbeiteten seit Mitte der 70er Jahre im Rahmen der *Operación Condor* eng zusammen. Mehr als 60.000 Menschen wurden festgenommen, fast 3000 blieben über mehrere Jahre inhaftiert, jeder achtzigste Bewohner des Landes wurde gefoltert.

Im selben Zeitraum sanken Bruttoinlandsprodukt und Realeinkommen der Bevölkerung auf Werte von vor 1965, die In- und Auslandsverschuldung stieg auf über sechs Milliarden Dollar und entwickelte sich zum beherrschenden Problem des Landes. Neben den Menschenrechtsverletzungen stellten Schulden und Kapitalflucht die entscheidenden Hypotheken für die ab 1985 zurückgewonnene Demokratie dar.

In der Zeit des Militärregimes emigrierten Hunderttausende, vermutlich ein Fünftel der Bevölkerung. Bis heute lebt fast ein Zehntel der Gesamtbevölkerung außerhalb Uruguays, insgesamt zwischen 250.000 und 300.000 Menschen, vor allem in Argentinien. Wichtige Fluchtziele waren auch Brasilien, Mexiko, Kuba, Australien, Schweden, die Niederlande und Frankreich.

Die Diktatur traf die große Mehrheit unvorbereitet, trotz zunehmender wirtschaftlicher Probleme und der sich zuspitzenden sozialen und politischen Gegensätze. Das in den 50er Jahren geprägte Bild von der

»Schweiz Amerikas«, vom »glücklichen Uruguay«, im Verlauf jahrzehntelanger politischer Stabilität und wirtschaftlichen Wohlstands entstanden, wich nur allmählich der ernüchternden Einsicht, daß man sich hinsichtlich der uruguayischen Demokratie getäuscht hatte.

Nachdem 1975 der Generalstab nur mit rechtsradikalen Generälen besetzt worden war, und 1976 der Marionetten-Präsident Bordaberry abgesetzt wurde, übernahm der General *Aparicio Méndez* offen die Macht. Ende der 70er Jahre fühlten sich die Militärs so sicher, daß sie mit einer Volksabstimmung ihre Herrschaft legitimieren wollten. Der Nationale Sicherheitsrat COSENA sollte auf Dauer zur bestimmenden Exekutivgewalt werden. Doch im Oktober 1980 stimmten 57 Prozent der Bevölkerung gegen den Verfassungsentwurf der Militärdiktatur, was den Übergang zur parlamentarischen Demokratie einleitete.

Rückkehr zur Demokratie

Nach diesem politischen Debakel und der immer schlechteren Wirtschaftslage wuchs der Widerstand gegen die Diktatoren. Anfang 1984 wurde ein Generalstreik trotz Verbots erfolgreich durchgeführt, das ganze Jahr über drückte sich der Unmut der Bevölkerung aus. Ende November 1984 wurden Wahlen abgehalten: Die Colorados erreichten 40,9 Prozent, die Blancos 34,8 und das Parteienbündnis Frente Amplio, dem neben christdemokratischen auch sozialistische und kommunistische Gruppen angehörten, 21,6 Prozent. Der gewählte Präsident *Julio María Sanguinetti* trat vier Monate später sein Amt an.

Die ab März 1985 zurückgewonnene parlamentarische Demokratie und der mit ihr wieder wirksam gewordene Rechtsstaat stellten allerdings keinen Bruch mit dem vorangegangenen Regime dar. In entscheidenden Fragen überwog die Kontinuität: wirtschaftspolitisch durch die seit 1974 ununterbrochene Anwendung neoliberaler Grundsätze, politisch durch den Ausschluß zweier Spitzenpolitiker von den Wahlen 1984 und legal durch die Verabschiedung eines Amnestiegesetzes. Letzteres nimmt die Angehörigen der Streitkräfte und der Polizei, die vor dem 1. März 1985 an Menschenrechtsverletzungen beteiligt waren, von der juristischen Verfolgung aus. Dieses Gesetz wurde unter militärischem Druck verabschiedet und im April 1989 durch Volksentscheid mit einer Mehrheit von rund 55 Prozent (bei 41 Prozent Gegenstimmen) bestätigt.

Die Wahlen von 1989 brachten den Kandidaten der Blancopartei, *Luis Alberto Lacalle,* mit 37 Prozent der Stimmen auf den Präsidentenstuhl, die Colorados erzielten knapp 30 Prozent, der Frente Amplio, der auch die MLN-T, die Partei der ehemaligen Tupamaros, aufgenommen hatte, erreichte 21 Prozent. *Nuevo Espacio* (Neuer Raum), eine sozialdemokratische Abspaltung des Frente Amplio, konnte 8,5 Prozent der Stimmen für sich verbuchen. Mit dem Kinderarzt *Tabaré Vázquez* stellte der Frente Amplio bei den gleichzeitig stattfindenden Kommunalwahlen den Bürgermeister Montevideos. Gerade auf kommunaler Ebene kam es in der Hauptstadt zu wichtigen Veränderungen: die Reform der Verwaltung, stärkerer Einfluß von Basisgruppen, mehr Beteiligung der Bevölkerung.

Zu den politisch herausragenden Ereignissen gehörte in jüngster Zeit die Kampagne gegen die Privatisierungspläne der Regierung, insbesondere der sehr rentablen Telekommunikationsgesellschaft ANTEL. Nach dem sich 1992 ein Viertel der Wahlberechtigten für eine Volksabstimmung gegen die Privatisierung entschieden hatten, kam es am Ende des Jahres zum Plebiszit: Zum ersten Mal in der Geschichte Südamerikas konnte sich die Bevölkerung zum Thema Privatisierung äußern. Die Wochen davor waren ein Musterbeispiel für den Zusammenhang von Macht und Medien, letztere ließen die Gegner der Privatisierung kaum zu Wort kommen. Dafür war deren Kampagne auf der Straße und an der Basis um so stärker. Fast 70 % der Bevölkerung sprach sich gegen die Pläne der neoliberalen Regierung und ihrer Gefolgschaft aus.

Jeder weiß, daß die staatlichen Betriebe nicht optimal arbeiten, aber das Beispiel Argentiniens zeigte vielen Uruguayern, daß eine Privatisierungspolitik nicht viel bringt. Vielmehr wäre eine tiefgreifende Reform des Staates nötig, der alles andere als das Interesse der Allgemeinheit vertritt. Der einheimische Schriftsteller *Eduardo Galeano* meinte angesichts der Cliquenwirtschaft, es gehe darum, »den Staat zu entprivatisieren«.

Bei den Wahlen im November 1994 formierte sich der Frente Amplio mit den Christdemokraten und einigen Dissidenten der Blancopartei zum *Encuentro Progresista* (Progressives Bündnis). Die Spannung war vor den Wahlen sehr groß, denn die drei großen Gruppierungen lagen gleichauf, eine Revolution im traditionellen Zwei-Parteien Staat Uruguay. Schließlich gewann der Colorado-Kandidat Julio María Sanguinetti, der damit zum zweiten Mal nach 1984 zum Präsidenten gewählt wurde. Eindeutig honorierte jedoch die Bevölkerung Montevideos die Politik des Frente Amplio, denn dieser gewann mit seinem Kandidaten, dem Architekten *Mariano Arana* vom gemäßigten Flügel des Bündnisses, überlegen die Bürgermeisterwahl. Progressive Politik im Sinne der Bevölkerungsmehrheit läuft nicht nur über Parlaments- und Präsidentschaftswahlen, sondern vor allem über starke soziale Basisbewegungen. Genau hier ist der Frente Amplio am stärksten verankert.

In Uruguay vollziehen sich interessante Entwicklungen, die weit über das Land hinaus verfolgt werden. Denn hier scheint am ehesten eine innenpolitische Konstellation gegeben, die in Zukunft Alternativen zum neoliberalen Modell ermöglichen könnte. Ein Knebel bleibt aber die hohe Auslandsverschuldung und der Druck der internationalen Organisationen.

DIETER SCHONEBOHM

Mercosur: Der gemeinsame Markt des Cono Sur

Argentinien, Brasilien, Paraguay und Uruguay schlossen sich 1991 zum *Mercado Común del Sur, Mercosur,* »Gemeinsamer Markt des Südens« zusammen. Zölle zwischen den Ländern sollen abgebaut und Investitionen in den Ländern erleichtert werden. Ziele sind eine größere internationale Konkurrenzfähigkeit und stärkere politische Verhandlungsmacht gegenüber anderen Handelsblöcken.

Uneinig sind sich die Mitglieder jedoch über den Weg. Brasilien strebt eine Markterweiterung für seine produzierende Industrie an. Dabei soll der Außenschutz, der etwa über Zölle gesichert wird, für zentrale Branchen fortbestehen. Die brasilianische Industrie, auch die dort ansässigen transnationalen Konzerne, könnten bei einer Produktion für den regionalen Markt der Mercosur-Länder die Vorteile der Massenproduktion nutzen, ohne daß Einkommen umverteilt würde. Gleichzeitig könnten sie aus einer größeren Vielfalt von Standorten wählen. Argentiniens Regierung als zweite treibende Kraft strebte – im Kontext einer fortgeschrittenen Deindustrialisierung – hingegen einem weitgehenden Abbau jedes Außenschutzes an.

Die verschiedenen Interessen spiegeln sich auch in unterschiedlichen geo-ökonomischen Orientierungen der beiden Länder. Der hohe Industrialisierungsgrad, der große Anteil der Industriegüterexporte und die geographisch breite Streuung der Ausfuhren ließen für Brasilien den Beitritt zum nordamerikanischen Freihandelsabkommen NAFTA, das von den USA dominiert wird, als Option ausscheiden. Vielmehr möchte Brasilien zum Pol eines echt lateinamerikanischen Integrationsprojektes werden. Argentinien ist stärker auf den agro-industriellen Sektor orientiert, was sich leichter mit einer untergeordneten Integration mit den USA in Einklang bringen ließe. So liebäugelte die argentinische Regierung wiederholt mit speziellen Beziehungen zu den USA und war in ihrer Position zur NAFTA recht ambivalent.

Derzeit scheint sich Brasilien durchzusetzen. Nach der schweren Finanzkrise Mexikos hat der Enthusiasmus der USA für eine Integration mit den lateinamerikanischen Staaten nachgelassen. Daher ist die NAFTA-Option nicht mehr so aktuell wie in den frühen 90er Jahren. Chile und Bolivien reagierten auf die veränderten Bedingungen bereits, indem sie ein Assoziationsabkommen mit dem Mercosur schlossen.

Jenseits dieser Unterschiede in der Außenhandelspolitik und in der geo-ökonomischen Orientierung teilen die beteiligten Regierungen eine grundsätzlich neoliberal angelegte Integrationspolitik. Demnach sollen sich die Spezialisierungen innerhalb der gemeinsamen Zollunion aus dem freien Spiel der Marktkräfte bilden. Eine gestaltende Industriepolitik ist nicht vorgesehen. Dieser gemeinsame Ansatz führte bereits zu einer Vertiefung der Wirtschaftsbeziehungen in der Region. Von 1990 bis '93 stieg der Anteil des intraregionalen Exportes am Gesamtexport der Mitgliedsländer von 8,9 auf 18,5 %. »Transnationale Konzerne spielten bei diesem Boom des intraregionalen Exports die Führungsrolle«, stellt die UN-Konferenz für Handel und Entwicklung (UNCTAD) in einem Bericht fest. Danach flachte das Wachstum allerdings ab. Bis 1996 stieg der Anteil des intraregionalen Handels nur auf 22,6 %. Für die Kleinstaaten Uruguay und Paraguay, deren Sozialprodukt 1,3 bzw. 2,5 % des brasilianischen beträgt, ist die Verflechtung mit den beiden großen Nachbarstaaten problematisch. Sie werden damit immer abhängiger von den großen Ländern.

Brasilien exportiert vor allem Industriegüter in seine Nachbarstaaten. Argentinien ist stärker auf die Ausfuhr von Landwirtschaftsgütern, Rohstoffen und Produkten der Agroindustrie spezialisiert, obwohl auch Industriezweige (vor allem die Automobilbranche) eine Rolle spielen. Diese grundlegende Arbeitsteilung zwischen Argentinien und Brasilien ist durch den Mercosur fortgeschrieben worden. Die uruguayische Wirtschaft hat Nischen besetzt. Montevideo soll zur Dienstleistungsmetropole am Río de la Plata ausgebaut werden.

Während der intraregionale Handel zunahm, sind direkte Investitionen noch selten. Allerdings deutet manches auf das Entstehen einer Entwicklungsachse Buenos Aires – São Paulo hin.

Das Integrationsprojekt hat allerdings eine empfindliche Achilles-Ferse: Die potentielle Instabilität der Wechselkurse. Sowohl Argentinien als auch Brasilien haben ihre Währung an den US-Dollar gebunden. In Argentinien ist dies das zentrale wirtschaftspolitische Dogma, in Brasilien handhabt man die Dollarbindung etwas flexibler. In beiden Fällen hat die Dollarbindung zur faktischen Aufwertung der Währungen geführt. Importe sind billig, Exporte eher teuer. Die Leistungsbilanz ist tief in den roten Zahlen und ihre Löcher wurden durch Kreditaufnahmen im Ausland und die Anziehung meist kurzfristigen Kapitals gestopft. Die Maßnahmen zur Anziehung kurzfristigen Kapitals, vor allem sehr hohe Zinsen, schwächen Teile des Produktionssektors. Wie die jüngsten Beispiele in Mexiko und Südostasien zeigen, ist zweifelhaft, wie lange eine solche Politik durchgehalten werden kann. Galoppierende Kapitalflucht und rapider Währungsverfall würden im Mercosur Turbulenzen auslösen und vielleicht das Integrationsprojekt gefährden.

Mit Alternativen zu dieser rechtsliberalen Wirtschaftspolitik tun sich die Linksparteien schwer. Große Teile der Bevölkerung verbinden mit ihr eine Senkung der früher sehr hohen Inflation. Viele Argentinier sind dollar-indexiert verschuldet und könnten bei einer Währungsabwertung vielleicht die dann teureren Kredite nicht mehr bedienen. Die sozialen Bewegungen sind durch die Repression der früheren Diktaturen geschwächt, die hohe Inflation begünstigte individuelle Überlebensstrategien und damit die Entsolidarisierung. Daher ist der Druck von unten schwach. Dennoch hat der Mercosur auch die kritischen sozialen Kräfte der Region stärker vernetzt. Die Gewerkschaften arbeiten enger zusammen, sie riefen auch schon gemeinsam zum Protest auf. Stadtregierungen im Mercosur suchen den Austausch, linke Regierungen wie in Montevideo oder Porto Alegre spielen dabei eine wichtige Rolle.

JOACHIM BECKER

POLITIK, SOZIALES, KULTUR

NATUR & UMWELT

GESCHICHTE BIS HEUTE

POLITIK, SOZIALES, KULTUR

REISE-INFORMATIONEN

BUENOS AIRES & PROVINZ

NORDOSTEN & IGUAZU

WÜSTEN & WEINBERGE

PATAGONIEN & FEUERLAND

URUGUAY: MONTEVIDEO

ROUTEN DURCH URUGUAY

ARGENTINIEN HEUTE

Vieles ist in den beiden La-Plata-Staaten ähnlich: die Naturräume, die Eroberung durch die Spanier und die Einwanderungskultur. Im Auf und Ab der Geschichte erlebten beide Länder zu unterschiedlichen Zeiten Phasen des Friedens und der brutalen Unterdrückung sowie des Wohlstands und der wirtschaftlichen Krise. So sind sie zwar auch kulturell vergleichbar – trotzdem soll hier jedes Land für sich betrachtet werden. Einzig die Sprache verband zu allen Zeiten über die Grenzen hinweg die Bevölkerung, weshalb das Literaturkapitel (ab Seite 108) zwischen »Argentinien heute« und »Uruguay heute« steht.

Regierung und Parlament

Die föderale *República Argentina*, umfaßt seit einigen Jahren 23 Provinzen, denn Feuerland, die Antarktis und die südatlantischen Inseln erhielten zusammen den Status einer Provinz. Die Karte gibt einen Überblick über die Provinzen und ihre Hauptstädte. Die Provinzen werden von Gouverneuren regiert und besitzen eigene Parlamente, die jedoch wenig Rechte und Einfluß haben, zum Beispiel keine eigene Steuerhoheit.

Die Hauptstadt Buenos Aires gilt nicht als Provinz, sondern als Bundesdistrikt, *Distrito Federal*, der genau 200 km^2 umfaßt. Erst seit der Verfassungsänderung von 1994 (!) wird in Buenos Aires der Bürgermeister von der Bevölkerung gewählt; vorher wurde er vom Präsidenten eingesetzt. Der UCR-Kandidat *Fernando de la Rúa* gewann 1996.

Der Präsident als Staatsoberhaupt ist Chef der Exekutive und wird über ein Wahlgremium direkt vom Volk gewählt. In Argentinien herrscht Wahlpflicht ab 18 Jahren. In den letzten Jahren hat seine Macht unter dem derzeitigen Präsidenten *Carlos Menem* erheblich zugenommen (siehe Seite 51ff).

Die Gesetzgebung obliegt auf Bundesebene dem Kongreß, der aus dem Senat, *Senado*, mit 72 Mitgliedern (drei pro Provinz und des Distrito Federal) und der Deputiertenversammlung, *Cámara de Diputados*, mit 256 Abgeordneten besteht. Alle zwei Jahre wird ein Drittel der Senatoren neu gewählt (Amtszeit sechs Jahre) und alle zwei Jahre die Hälfte der Abgeordneten der Deputiertenversammlung (Amtszeit vier Jahre).

Die Parteienlandschaft dominieren traditionell die Peronisten mit dem *Partido Justicialista* (Gerechtigkeitspartei, PJ; gegründet 1945) und die *Unión Cívica Radical* (Radikale Bürgerpartei, UCR; gegründet 1890). Zu verschiedenen Zeiten kamen weitere Parteien als »dritte Kraft« hinzu. So hatte nach der Militärdiktatur Mitte der 80er Jahre der linksliberale *Partido Intransingente* (PI) einigen Einfluß. Außerdem spielen die Regionalparteien vor allem bei den Wahlen zu den Provinzgouverneuren eine wichtige Rolle. In jüngster Zeit gibt es neben vielen Splitterparteien mit Wahl-

erfolgen den 1994 gegründeten *Frente del País Solidario* (Front für ein solidarisches Land, *Frepaso*) und den rechtsextremen *Movimiento por la Dignidad y la Independencia* (Bewegung für Würde und Unabhängigkeit, *Modín*).

Der Staat ist pleite

Argentinien zählt auch heute noch, fast zwei Jahrzehnte nach Ausbruch der Schuldenkrise, zu den hochverschuldeten Ländern. 44 % der Exporterlöse wurden 1996 für die Schuldendienstzahlungen aufgewandt. Die Weltbank stuft einen Schuldendienst von über 15 % der jährlichen Exporterlöse als hoch und von über 25 % als bedenklich ein.

Die hohe Verschuldung entstand vor allem nach dem Militärputsch 1976, während der Diktatur. In dieser Zeit stieg sowohl die öffentliche als auch die private Auslandsverschuldung in jährlich zweistelligen Wachstumsraten. Kapital, das über Kredite ins Land floß, landete umgehend auf ausländischen Bankkonten oder wurde für Waffenkäufe verwendet.

International war es die Zeit der *plata dulce,* des »süßen Geldes«, in der Kredite leicht und zu geringen Zinsen erhältlich waren. Faktoren wie der Anstieg der Öl- und der Verfall der Rohstoffpreise sowie Einfuhrbeschränkungen der Industrieländer für verarbeitete Güter verschlechterten die ökonomische Situation.

Durch den sprunghaften Anstieg des internationalen Zinsniveaus Ende der 70er Jahre wurde die Verschuldung in untragbare Höhe gesteigert. Allein zwischen 1978 und 1981 verfünffachte sich der Schuldenstand. Im Jahr 1981 betrug er 36 Milliarden US$, das entsprach 300 % der Exporterlöse. Im selben Jahr wurden auch die bis dahin privaten Schulden verstaatlicht und private Kreditnehmer konnten sich somit jeder Verantwortung für eingegangene Risiko- und Spekulationsgeschäfte entziehen.

Eine Neuverhandlung der Kredite mit den internationalen Gläubigern wurde nötig. Doch die leichtfertige Kreditpolitik der 70er Jahre war in der Zwischenzeit einer Politik harter Bedingungen und genauer Kontrolle gewichen. Um neue Kredite zu erhalten, mußten Stabilisierungs- bzw. Strukturanpassungsprogramme mit genau formulierten Zielen und Zeitrahmen mit dem *Internationalen Währungsfonds* (IWF) vereinbart werden. Nur wenn ein solches Programm vertraglich besiegelt ist, gibt der Fonds sein Gütesiegel, das *Seal of Approval*.

Die Programme zur Strukturanpassung

Die gestellten Bedingungen zielen meist auf eine Verringerung des Haushaltsdefizits, Inflationsbekämpfung, Abbau des Zahlungsbilanzdefizits, Währungsabwertung, Flexibilisierung der Zins- und Preismechanismen und den Abbau von handelspolitischen Hürden.

Ziel dieser Programme ist es, Mittel für die Kreditrückzahlung freizumachen. Dies soll einerseits durch Kürzung der Haushaltsausgaben bzw. Erhöhung der Einnahmen passieren, an-

Feldarbeit: In der Region von Salta im Nordwesten wird viel Tabak angebaut und vor Ort verarbeitet. Um die Tabakblätter zu trocknen, wird viel Feuerholz gebraucht

dererseits durch eine Steigerung der Exporte, um Devisen zu beschaffen. Falls die Auflagen nicht erfüllt werden, werden die Kreditauszahlungen sofort eingestellt.

Das Rezept des Währungsfonds beruhte im Falle von Argentinien wie auch anderer hochverschuldeter Entwicklungsländer auf der Diagnose, daß es sich bei der Wirtschaftskrise um eine Liquiditätskrise handele, die durch einen kurzen Überbrückungskredit, einen *Stand-by-Kredit*, überwunden werden könne. Mehrere Faktoren wurden dabei jedoch verkannt: Einerseits der globale Charakter der Krise, hervorgerufen durch den historischen Zinsenhochstand, der wiederum auf die Haushaltsdefizite der Gläubigerländer, speziell der USA,

zurückzuführen war. Durch die kurzfristigen Refinanzierungskredite wurde das Problem nur verschoben, keineswegs gelöst. Andererseits wurde die hoffnungslose Überschuldung unterschätzt, ein gangbarer Weg ohne größeren Schuldennachlaß ist unrealistisch.

Abgesehen davon, daß die Kreditauflagen nicht erfüllt werden konnten, waren diese Programme katastrophal für die argentinische Wirtschaft und Sozialstruktur. Von den fünf Stand-by-Krediten, die in den 8oer Jahren gewährt wurden, wurde wegen nicht erfüllter Auflagen kein einziger ganz ausbezahlt.

Ende der 8oer Jahre wurden die Programme verändert und hatten nun auch eine Strukturreform zum Ziel.

Dabei wurden die Bedingungen, die an die Kreditvergabe geknüpft sind, ausgeweitet und verschärft. Es gab neue Auflagen, die in den Programmen zuvor nicht eingeschlossen waren, wie die Privatisierung von Staatsbetrieben oder die Reform des öffentlichen Sektors. Das sollte unter anderem zu einer Dezentralisierung der zuvor nationalstaatlichen Aufgaben, vor allem im Bereich der Sozialpolitik, führen.

Folgen der Programme
Die inflationären Tendenzen wurden in den 80er Jahren durch die Abwertung der Währung und den Anstieg des internen Zinsniveaus noch weiter verstärkt, da die höheren Kosten für importierte Investitionsgüter und Waren, sowie die höheren Zinsen die Konsumgüter verteuerten. Seinen Höhepunkt fand dieser Prozeß 1989 bei einer Hyperinflation von fast 5000 %. Der 1991 eingeführte Stabilitätsplan konnte zwar die Inflation stoppen, die Auswirkungen der Strukturanpassung wurden jedoch noch verstärkt.

Als Folge der Strukturanpassungsprogramme sank der Reallohn, die Wirtschaft wurde deindustrialisiert und orientierte sich noch stärker am Export, der Staat kürzte seine Ausgaben stark, es gab mehr Arbeitslose und die regionalen Ungleichheiten nahmen zu. Jene Provinzen, die über geringere Einnahmen zum Beispiel aus Unternehmens- oder Einkommenssteuern verfügten, konnten die Qualität ihrer Infrastruktur nicht sichern und etwa die Basisgesundheitsversorgung nicht mehr garantieren. Sichtbar wurde dieser Mangel auch, als es Anfang der 90er Jahre erstmals wieder Choleraerkrankungen gab.

Regierung und IWF sind indessen mit dem Fortschreiten der Reformen und der Entwicklung der Wirtschaft zufrieden. Das ist vielleicht nicht so verwunderlich, wenn man bedenkt, daß viele der Regierung nahestehende Gruppen und Personen von den Reformen, vor allem durch die Privatisierungsvorgänge, enorm profitiert haben.

Neue Kredite fließen ins Land, allein 1996 fast 18 Milliarden US$. Zieht man davon aber die im selben Jahr erfolgten Rückzahlungen inklusive der Zinsen in Höhe von 14 Milliarden US$ ab, bleibt nur sehr wenig. Die Schuldenlast hat sich trotz schmerzvoller Strukturanpassung bis 1998 auf über 100 Milliarden US$ erhöht.

KARIN KÜBLBÖCK

BEVÖLKERUNG UND SOZIALE BEWEGUNGEN

1991 lebten in Argentinien laut Volkszählung 32,6 Millionen Menschen; heute wird die Einwohnerzahl auf knapp 36 Millionen geschätzt, die meisten sind spanischer oder italienischer Herkunft. Nur 1,5 % sind indigener Abstammung. Das Bevölkerungswachstum war mit 1,3 % in den 80er Jahren im internationalen Durchschnitt gering, die statistische Lebenserwartung für Männer mit gut 66, für Frauen mit 73 Jahren relativ hoch. 90 % der Bevölkerung gehören zur römisch-katholischen Kirche, dazu kommen jüdische (500.000), prote-

Fast vollständig ausgelöscht: Indígenas

stantische (350.000), islamische und andere religiöse Minderheiten.

Mit gut 12 Einwohnern pro km² ist Argentinien dünn besiedelt. Ungefähr 83 % der Bevölkerung lebt aber in Städten, das ist einer der höchsten Urbanisierungsgrade der Welt. In Groß-Buenos Aires leben schätzungsweise 13 Millionen Menschen, in Patagonien, das etwa doppelt so groß ist wie die BRD, aber noch nicht einmal zwei Millionen. Andere Großstädte sind *Córdoba* (1,1 Mio), *Rosario* (1 Mio), *Mendoza* (700.000), *La Plata* (550.000) und *Santa Fe* (450.000). Im Grunde genommen sind auch die Städte im Großraum Buenos Aires eigenständig: *La Matanza* (1,2 Mio), *Morón* (650.000), *Lomas de Zamora* (600.000) und *Quilmes* (500.000).

Mitte der 80er Jahre wurde vorgeschlagen, die Hauptstadt nach *Viedma* in der Provinz Río Negro zu verlegen, um der Zentralisierung entgegenzuwirken. Diese Idee wurde aber nicht weiterverfolgt.

Die Einwanderer

Zwischen 1850 und 1930 kamen ungefähr 6 Millionen Einwanderer nach Argentinien, mehr als die Hälfte aus Italien, ein Drittel aus Spanien und die übrigen unter anderem aus Frankreich und Deutschland sowie aus Polen und Rußland, darunter viele jüdischen Glaubens. Insgesamt waren in diesem Zeitraum mehr als 70 % der Einwohner von Buenos Aires im Ausland geboren.

Die Einwanderer in die ländlichen Gebiete zog es überwiegend in die Weizenanbaugebiete der *Pampa Húmeda*, der feuchten Pampa. Die erste landwirtschaftliche Ansiedlung war *Esperanza* (Hoffnung) in der Provinz Santa Fe, 1856 von Immigranten aus der Schweiz, Österreich, der Lombardei und Deutschland gegründet. Die wichtigsten deutschen Kolonien waren *San Gerónimo*, *San Carlos*, *Humboldt* und *Canada de Gómez* in der Provinz Santa Fe sowie *Colonia Liebig* in der Provinz Corrientes. Zu Beginn des 20. Jahrhunderts zogen immer mehr Deutsche auch nach Süden in die Provinzen Río Negro und Chubut.

Lesen Sie bitte weiter auf Seite 78 ▶

Keine Chance für Indígenas

Seit zwölftausend Jahren leben im Gebiet des heutigen Argentinien und Uruguay Menschen. Schätzungen zufolge siedelten bei Beginn der Conquista 900.000 bis 1,3 Millionen Indígenas in dieser Region. Die Ethnographie unterscheidet die andinen *Comechigóne,* die *Huarpe* oder die *Quilmes* im Nordwesten des Landes. Sie lebten in Steinhäusern und konstruierten Bewässerungsanlagen für ihre Mais- und Kartoffelfelder. Teilweise lebten sie auch in Befestigungsanlagen, *Pucará* genannt, beispielsweise an der Inka-Straße, die natürlich strategisch wichtig war und deshalb geschützt werden mußte. Oberhalb 2500 m war für die Bauern das Lama wichtig. Hier wurde auch hochwertige Keramik hergestellt, Kupfer, Silber, Gold und Bronze verarbeitet und an Webstühlen Tuche produziert.

Vor allem *Guaraní* aus dem Amazonas-Gebiet lebten im tropischen Nordosten, sie bauten Maniok und Kürbisarten im Brandrodungsbau an. Von ihnen sind besonders die Gemeinschaftshäuser, *Malokas,* und Techniken des Fischens mit Gift bekannt. Von ihrer materiellen Kultur sind Keramik, Hängematten, Fischernetze, Schutzpanzer und Taschen aus Pflanzenfasern erhalten.

Die *Charrúa* lebten im Litoral (im Flußgebiet) als Nomaden in kleinen Gruppen bis zu hundert Menschen. Berühmt ist ihre *Boleadora,* ein Lasso, an dessen Ende Kugeln angebracht waren, um die gejagten Tiere zu Fall zu bringen. Weiterhin bekannt ist, daß sie den *Tembetá,* einen Lippenschmuck, sowie Nasenringe trugen und daß sie sich Gesicht und Körper tätowierten.

In der Pampa und in Patagonien lebten die nomadisierenden *Tehuelche* und *Mapuche* zwischen Andenkordillere und Ozean. Ihre Goldarbeiten sind bekannt. Die Malereien, die in patagonischen Höhlen gefunden wurden, zeichneten Tehuelche. Sie erlegten Pumas, Guanakos und Nandús, aus deren Häuten und Fellen stellten sie Zelte und Kleidung her. Der Name Mapuche setzt sich aus ihrer Bezeichnung für Erde, *mapu,* und Volk, *che,* zusammen. Sie siedelten mehrheitlich im Westen der Andenkordillere, dem heutigen Chile, handelten aber mit den Mapuche auf der anderen Seite des Gebirges. Seit dem 16. Jh. zogen sie über die Pampa, den von den Spaniern ausgesetzten Rindern hinter her.

Ganz im Süden, in Feuerland, lebten *Yámana* von Seehunden, Meerestieren und Vögeln. Kanus waren hier sehr wichtig. Ebenfalls in Feuerland siedelten *Ona,* auch *Selk'nam* genannt, für die Produktion von Segeln, Mänteln, Taschen und einer Art Wickelschuh bekannt, die sie aus Häuten von Guanakos und Füchsen herstellten.

Die bekannteste Herrschaftsform nach der Conquista war die *Encomienda.* Die Indígenas wurden hierbei Spaniern zur seelsorgerischen »Erziehung« unterstellt, also zwangszugeteilt.

Als Gegenleistung mußten sie für ihre Erzieher arbeiten.

Die *Jesuitenmissionen* waren ein sanfterer Versuch, Indígenas in das europäische Kolonialsystem zu integrieren. Im tropischen Gebiet des heutigen Missiones und Paraguays betrieben die Jesuiten mit Hilfe der Guaraní Landwirtschaft. Die geschützten billigen Arbeitskräfte sollten außerdem zum christlichen Glauben bekehrt werden. Am Paraguay-Fluß wurde sogar ein eigener jesuitischer Staat mit mehr als dreißig Ansiedlungen geschaffen, sogenannten *Reduktionen* (siehe San Ignacio Miní, Seite 282). Doch schon 1766 wurden die Jesuiten von der spanischen und der portugiesischen Krone von ihren Grundstücken vertrieben.

Zwischen 1810 und 1879 wurden in der patagonischen Pampa fünfzig Feldzüge gegen die indianische Bevölkerung geführt. Mit der systematischen Vernichtung der Indígenas und der Umsiedlung der letzten Überlebenden begann General *Roca* in seinem letzten Regierungsjahr 1879 im Zuge der berüchtigten *Campaña del Desierto* (Wüstenfeldzug). Das »eroberte« Gebiet wurde von europäischen Unternehmern und Kreolen (den Nachfahren der spanischen Eroberer) besiedelt. Menschenjäger wurden auch weiterhin bezahlt, wenn sie die Hoden ermordeter Indígenas als »Beweis« vorlegten.

Langsamer verlief ein ähnlicher Prozeß im Chaco, wo die Wälder ein besseres Schutz- und Kampfareal für Indígenas darstellten. Dennoch wurde das Gebiet bis 1919 erobert, die *Quilmes* wurden

Die Boleadora wurde dem gejagten Wild um die Beine geworfen, um es zu Fall zu bringen – eine Technik, die die Gauchos später übernahmen

in die sumpfigen Flußgebiete verschleppt und viele mußten unter miserablen Bedingungen auf Teeplantagen oder beim Abholzen der Wälder arbeiten. Die *Charrúa* im Norden und die *Ona* im Süden überlebten nicht.

In den letzten Jahrzehnten schwankte die Politik des argentinischen Staates gegenüber den Indígenas zwischen Gleichgültigkeit und Paternalismus. In Argentinien leben ungefähr 400.000 Indígenas, darunter 100.000 *Kolla* in Salta und Jujuy, 60.000 *Wichí (Matacos)* und 50.000 *Toba* in Salta, Formosa und Chaco sowie 35.000 *Mapuche* in Neuquén und Río Negro. In Uruguay wurden die Indígenas vollständig vernichtet.

Die noch existierenden indigenen Gemeinschaften leben meist auf staatlichem Land. Nur in Ausnahmefällen hat der Staat ihr Eigentumsrecht anerkannt. Die Böden sind zudem meist nicht sehr fruchtbar. Daher müssen sich die Indígenas als billige Arbeitskräfte auf Farmen, in Werkstätten oder Zuckerfabriken verdingen – die schlecht bezahlten Jobs am Rande legaler Arbeitsverhältnisse sind zudem oft nur saisonal.

MARIA DEL CARMEN OJEA,
JORGE ALEJANDRO CATTENAZZI

In Städten wie Buenos Aires, Rosario und La Plata arbeiteten die Immigranten vor allem im Bau- und Transportgewerbe, in den Gefrierfleischfabriken, im Hafen und in den aufstrebenden Industriebetrieben. Es entstanden Vereine, nach nationaler und regionaler Herkunft organisiert, in denen man sich gegenseitig unterstützte und das kulturelle Erbe bewahrte.

Während der Weltwirtschaftskrise in den 30er Jahren ließ die Immigration stark nach. Das an Agrarexporten orientierte Wirtschaftsmodell war nicht mehr zeitgemäß, die Industrialisierung wurde vorangetrieben. Dies führte zu einer starken Landflucht, die Einwohnerzahl von Buenos Aires wuchs rasch.

Nach dem Zweiten Weltkrieg erlebte Argentinien einen Wirtschaftsboom (siehe Seite 48) und gab sich für kurze Zeit der Illusion hin, zur Großmacht zu werden. Im Zuge der Industrialisierung wurden spezialisierte Arbeitskräfte gebraucht. Deshalb öffneten sich in dieser günstigen konjunkturellen Phase abermals die Tore der Einwanderung: das zerstörte Europa vertrieb viele Menschen, das »Neue Argentinien« nahm sie auf.

Zwischen 1946 und 1955 kamen schätzungsweise 36.000 Italiener, 16.000 Spanier und insgesamt 5000 jüdische Flüchtlinge ins Land, außerdem Kroaten, Slowenen, Polen, Ukrainer und Deutsche, unter letzteren auch einige ranghohe Nazi-Funktionäre. Doch die »goldenen Jahre« der ersten Jahrzehnte des 20. Jahrhunderts waren vorbei, die meisten Einwandererfamilien erreichten im Gegensatz zu den früheren eine geringere wirtschaftliche und soziale Mobilität.

Immigranten nach Argentinien 1857 – 1949
Die wichtigsten Herkunftsländer:
Italien:	3.275.000	43,2%
Spanien:	2.314.000	24,3%
Frankreich:	286.000	3,0%
Polen:	255.000	2,7%
Rußland:	212.000	2,2%
Deutschland:	203.000	2,1%

Einwanderung aus Nachbarländern

Die Einwanderung aus den Nachbarländern Argentiniens war und ist durch fehlende Arbeitsmöglichkeiten in den ärmeren Herkunftsregionen und durch die Hoffnung, Zugang zum argentinischen Gesundheits-, Sozial- und Bildungssystem zu bekommen, bedingt. Es handelt sich vor allem um eine spontane, nicht organisierte und häufig illegale Einwanderung.

Chilenische Landarbeiter waren seit Beginn des Jahrhunderts bei der Schafschur, in Sägewerken, Minen oder im Erdölsektor im Süden Argentiniens tätig. Auch politische Ereignisse trieben viele Chilenen in das östliche Nachbarland. Gab es 1973 nur 4100 chilenische Einwanderer, so waren es im Jahr 1974 durch den Militärputsch Pinochets 31.800. Die letzte Volkszählung ergab, daß in Groß-

Buenos Aires und der Andenregion über 215.000 Chilenen leben.

Mehr als 318.000 Menschen aus Paraguay gibt es in Argentinien, vor allem in der Peripherie von Buenos Aires und in den an Paraguay grenzenden Provinzen Chaco, Corrientes und Formosa. Auch diese Einwanderung hängt von der politischen Lage, wie zum Beispiel der Diktatur Stroessners, ab. Männer sind vor allem im Baugewerbe tätig, während Frauen häufig als Haushälterinnen arbeiten. Viele bleiben an den sozialen Rand gedrängt, etwa durch Schwarzarbeit, und leben in *Villas Miserias*, den Armenvierteln.

Ähnlich ergeht es den etwa 170.000 Bolivianern, von denen 40 % in Buenos Aires leben. Auch hier arbeiten die Männer überwiegend auf dem Bau, die Frauen in fremden Haushalten oder als Straßenverkäuferinnen. In den Provinzen Salta und Jujuy arbeiten sie als Saisonhelfer in der Tabak- und Zuckerrohrernte. Diese meist illegale und nicht dokumentierte Einwanderung wurde toleriert, weil sie in den Jahrzehnten des ökonomischen Wachstums dem Baugewerbe billige Arbeitskräfte brachte. Die Gewerkschaften hielten still.

Die Einwanderung von Uruguay nach Argentinien war nie sehr groß und erreichte ihren Höhepunkt zwischen 1970 und 1974, der Zeit um den dortigen Militärputsch. Es wanderten überwiegend junge Männer mit hohem Bildungsniveau und städtischer Herkunft ein. Ende der 80er Jahre gab es ungefähr 184.000 Uruguayer, die meisten in Buenos Aires. Sie sind die »unsichtbarsten« Einwanderer, da sie dieselbe Aussprache und einen ähnlichen Lebensstil wie die Bewohner von Buenos Aires haben.

MARIA LUJÁN LEIVA

Deutsche in Argentinien

Zu Beginn des 19. Jahrhunderts beschränkte sich die Einwanderung von Deutschen im wesentlichen auf Militärs, die dem jungen Staat ihre Dienste zur Verfügung stellten. Unter der Diktatur von Juan Manuel de Rosas waren Einwanderer wenig willkommen. Justo José de Urquiza hingegen, Gegenspieler von Rosas, unterstützte in seiner Provinz Entre Ríos aktiv die europäische Einwanderung, um das mitgebrachte Know how nutzen zu können. Nachdem er Rosas 1852 gestürzt hatte, dehnte er diese Politik auf das ganze Land aus.

Gemessen an seiner Bevölkerung erhielt Argentinien unter den Einwanderungsländern Südamerikas den weitaus größten Zuzug. Da aber die Besitzverhältnisse an Grund und Boden nicht wesentlich angetastet wurden, stellte sich für viele Einwanderer die Frage, wie sie sich eine Existenz aufbauen könnten. Sie zogen daher meist in die Städte. Die Deutschen, die sich in Buenos Aires niederließen, waren häufig Handwerker, die wegen wirtschaftlicher Probleme emigriert waren. Politische Hintergründe gab es nur bei einer kleinen Minderheit: bei den Arbeitern und Arbeiterinnen, die infolge der Bismarckschen Sozialistengesetzgebung Deutschland verließen. Diese Gruppe, die 1882 in Buenos Aires den Verein »Vorwärts«

gründete, übte allerdings beträchtlichen Einfluß aus. Auf ihre Initiative wurde 1890 erstmals der 1. Mai als Kampftag der Arbeit gefeiert. Und in den Räumen des »Vorwärts« tagte 1896 der Gründungskongreß der Sozialistischen Partei Argentiniens.

Zudem kamen viele deutsche Wissenschaftler nach Argentinien, die meist von Staatsstellen gerufen wurden.

Die Deutschen gründeten bald Schulen, Kultur- und Sportvereine, Religionsgemeinschaften und eine Krankenversicherung; außerdem 1863 die ›La Plata-Zeitung‹ und 1878 das ›Argentinische Wochenblatt‹, später ›Tageblatt‹. Einerseits dienten die Organisationen als Auffangbecken und erleichterten es Neuankömmlingen, sich einzuleben. Andererseits verstärkten sie die Isolation. In einem Einwanderungsland ist das ein normaler Vorgang, aber die bewußte Abgrenzung war bei den Deutschen besonders ausgeprägt. Dies führte auch dazu, daß später die nationalsozialistisch Gesinnten in Nachahmung der heimatlichen Verhältnisse bei der »Gleichschaltung« der deutschstämmigen Argentinier leichtes Spiel hatten.

Um die Jahrhundertwende begann in geringem Umfang der Zuzug von deutschem Kapital in Industrie und Bankwesen. Es konnte zwar nicht mit dem britischen Kapital konkurrieren, die deutschen Unternehmen bemühten sich aber mit Erfolg um Einfluß auf die deutsche Landsmannschaft, was sich in den 30er Jahren unheilvoll auswirken sollte.

Nach der Machtergreifung der Nationalsozialisten in Deutschland strömten von dort Flüchtlinge ins Land, was sich nach der Annexion Österreichs 1938 noch steigerte. Nun waren die meisten deutschen und österreichischen Einwanderer »rassisch« Verfolgte und politische Flüchtlinge. Unter der Leitung des Reichstagsabgeordneten *August Siemsen* entstand eine neue politische Tribüne mit der Zeitung ›Das andere Deutschland‹. *Paul Walter Jacob* gründete die Kulturzeitung ›Freie deutsche Bühne‹, die zehn Jahre lang existierte. Die alteingesessenen Deutschen standen entweder den Nazis nahe oder den Kommunisten.

Die Organisationen in der deutschen Kolonie fielen fast vollständig der »Gleichschaltung« zum Opfer. Einzige Ausnahmen waren das ›Argentinische Tageblatt‹ und der ›Vorwärts‹, die damit kulturell und als emotionaler Rückhalt eine bedeutende Rolle für die Flüchtlinge spielten. Die Gründung der Pestalozzi-Schule in dieser Zeit war die Antwort darauf, daß die bestehenden Schulen »gleichgeschaltet« wurden. Da die Lehrer und Lehrerinnen überwiegend Antifaschisten waren, blieb die Schule dem Zugriff der Nazis entzogen.

Die deutschen Jüdinnen und Juden hatten eigene kulturelle Zentren, integrierten sich aber auch in die argentinische Gesellschaft. Eine Fusion der deutsch-jüdischen Einwanderer mit den von den Nazis beeinflußten Alteingesessenen gab es nicht. Diese Spaltung wurde bis heute nicht überwunden.

Nach dem Zweiten Weltkrieg ließ die Einwanderung insgesamt stark nach. Die Aufnahme etlicher Nazi-Bonzen kann nicht als Migration bezeichnet werden, und sonst kamen kaum noch Deutsche nach Argentinien. Die meisten Deutschstämmigen fühlen sich heute als Argentinier und haben sich mit Menschen anderer Herkunft verschwägert, was freilich das Elite-Denken nicht vollständig ausgelöscht hat.

ALFREDO BAUER

Die Arbeiterbewegung

Nicht vorausgesehen hatte die argentinische Regierung, daß mit den europäischen Arbeitern auch deren zeitgenössische Weltanschauungen ins Land kamen: der Anarchismus und der Sozialismus.

Als erste organisierten sich die Drucker in einem Arbeiterverein und schufen 1870 Kontakte zur spanischen Sektion der *Internationalen Arbeitervereinigung*. Die Ankunft zweier französischer Exilierter der Pariser Kommune gab den Anstoß, daß sich 1872 eine mit der Internationalen verbundene Organisation gründete. 1878 waren die Drucker die Drahtzieher des ersten Arbeitsstreiks in Argentinien, ein Jahr später folgten Streiks der anarchistischen Zigaretten- und Tabakarbeiter.

Nachdem der deutsche Reichskanzler Bismarck nach einem Attentat auf Kaiser Wilhemn I. 1878 ein Ausnahmegesetz gegen die »gemeingefährlichen Bestrebungen der Sozialdemokratie«, das *Sozialistengesetz*, erlassen hatte, flohen etliche aus der deutschen Arbeiterbewegung nach Argentinien. Im Vereinslokal ihres 1882 gegründeten Vereins »Vorwärts« durften alle Arbeitervereinigungen tagen, wodurch ein reger Austausch gewährleistet war.

Später gab der deutsche Sozialist *Hermann Lallemant* die Zeitung ›El obrero‹ (Der Arbeiter) heraus, während die deutschen Anarchisten ihr Sprachrohr in der Zeitung ›El perseguido‹ (Der Verfolgte) hatten.

Die Marxisten gründeten die Sozialistische Partei mit ihrer Zeitung ›La vanguardia‹ (Die Avantgarde). Die Anarchisten kämpften in den Gewerkschaften und brachten die Zeitung ›La protesta humana‹ (Der menschliche Protest) heraus, die später die einzige Zeitung der Welt mit libertären Tendenzen wurde.

1890 ist das Geburtsjahr der *Federación de Trabajadores de la Región Argentina* (Föderation der Arbeiter der argentinischen Region), der ersten Dachgewerkschaft, der nur ein kurzes Leben beschieden war. Vier Jahre später entstand die *Federación Obrera Argentina* (Argentinischer Arbeitsbund, FOA). Die Gipsarbeiter setzten als erste den 8-Stunden-Tag durch. Es gab zahlreiche Streiks, bei denen kreolische Arbeiter ihre aus Europa kommenden Kollegen unterstützten. Die sozialistischen Arbeitskämpfe waren pazifistisch und der Dialog mit der Staatsmacht wurde gesucht. Die Arbeitsniederlegungen der Anarchisten waren dagegen manchmal von Gewalt begleitet. Sie akzeptierten nur Gespräche mit den Unternehmern, ohne Einmischung des Staates.

Die liberal-konservative Regierung unter Julio A. Roca und seinem zweiten Präsidentschaftsmandat (1898 – 1904), in der die Großgrundbesitzer der Provinz Buenos Aires und die Händler des Hafens das Sagen hatten, erließ angesichts der zunehmenden Streiks ein Gesetz, mit dem jeder Ausländer, der linker Tendenzen verdächtigt wurde, des Landes verwiesen werden konnte. Damit begann eine lange Zeit der Unterdrückung, die ihren Höhepunkt zu Beginn der 20er Jahre erreichte, als die Armee Massaker an Arbeitern verübte. Trotz Repression bewies die Arbeiterbewegung häufig ihre Kampfkraft, dabei dominierten in den ersten beiden Jahrzehnten dieses Jahrhunderts die Anarchisten.

Im Jahr 1902 gab es den ersten Generalstreik, der massiv unterdrückt wurde; die wichtigsten Anführer ausländischer Herkunft wurden des Landes verwiesen und sämtliche Arbeiterzeitungen verboten.

Dennoch waren diese Jahre die Hoch-Zeit der argentinischen Arbeiterbewegung, in der immer Männer und Frauen aktiv waren – trotz Unterdrückung durch die oligarchischen Machthaber und der ab 1916 gewählten demokratischen Regierungen, deren erster Präsident Hipólito Yrigoyen von der Unión Cívica Radical (UCR) war, einer Art Sozialdemokratie. Wie in Deutschland, wo Friedrich Ebert die stärksten Repressionen gegen die Räterepublik in München und den Aufstand der Spartakisten zu verantworten hatte, gab es unter Yrigoyen die schlimmsten Massaker an Arbeitern in der argentinischen Geschichte: in der *Semana Trágica* (Tragische Woche) während des Streiks der Metallarbeiter von Buenos Aires 1919 und während des Aufstands der Holzarbeiter des britischen Unternehmens *La Florestal* im Norden der Provinz Santa Fe. Beim Streik der Landarbeiter in Patagonien 1921/22 wurden in drei Monaten schätzungsweise 1500 Arbeiter durch die Truppen des zuständigen Oberst *Varela* erschossen. Ein Jahr später verübte der deutsche Anarchist *Kurt Wilckens* ein Attentat auf Varela in Buenos Aires, um seine toten Genossen zu rächen.

Diese kämpferischen Zeiten endeten mit der Militärdiktatur *Uriburus*, der 1930 an die Macht kam. Die Diktatur verwies Hunderte von italienischen und spanischen Anführern des Landes; erstere wurden damit in das Italien Mussolinis ausgeliefert. Die argentinischen Köpfe der Arbeiterbewegung wurden auf Feuerland, dem argentinischen Sibirien, in Gefängnisse gesteckt. Schließlich verließen die bedeutendsten Anarchisten 1936 ihr Land, um in Spanien gegen Franco zu kämpfen, und nur wenige kamen zurück.

Gewerkschaften und Staat

Perón, der 1943 mit einem Staatsstreich an die Macht kam und drei Jahre später von der Bevölkerung gewählt wurde, machte aus der Arbeiterbewegung ein Anhängsel des Staates, um die Gewerkschaften kontrollieren zu können. Sozialisten, Kommunisten und die übriggebliebenen Anarchisten wurden verfolgt.

Viele aus diesen politischen Strömungen arrangierten sich mit den neuen Machthabern. Perón erließ zahlreiche Gesetze, für die die Arbeiterbewegung jahrzehntelang gekämpft hatte, und vor allem die Arbeiter auf dem Land fühlten sich begünstigt.

Mit dem Peronismus verlor sich endgültig die ehrbare und antiautoritäre Tradition anarchistischer und sozialistischer Prägung. Es etablierten sich Gewerkschaftsbonzen mit Luxusautos und Villen in reichen Stadtvierteln. In der Regierungszeit Peróns gab es aber auch weitreichende soziale Zugeständnisse an die Gewerkschaften, die der Regierung dafür die Gefolgschaft sicherten. Der Widerstand gegen die Einbindung der Gewerkschaftsbosse in die staatliche Politik begann Ende der 60er Jahre und war oft kombiniert mit dem Kampf gegen die Militärdiktatoren. Insbesondere der *Cordobazo,* der Aufstand der Stadt Córdoba gegen Diktator *Onganía* im Mai 1969, ist bis heute Sinnbild dieser Auseinandersetzungen. Während die politische Rechte in dieser Zeit mit schlimmsten Mitteln unterdrückte, entschloß sich ein Teil der Linken, vor allem die *Montoneros,* als Guerilleros für die sozialistische Revolution zu kämpfen, woran sie tragisch scheiterte.

Die Gewerkschaftsbewegung in Argentinien ist seit den 40er Jahren kaum ohne die zentrale Rolle des Staates zu verstehen, der nicht nur Vermittler zwischen Kapital und Arbeit war und ist, sondern massiv in die Arbeitsbeziehungen eingreift. Daß der Staat und nicht die Unternehmer der wichtigste Adressat der Gewerkschaften war, führte im Rahmen der neoliberalen Politik zu großen Problemen. Denn angesichts der Weltmarktkonkurrenz konnten Lohnerhöhungen nicht mehr über die Preise weitergegeben werden; außerdem wurde der Staat selbst zur wichtigsten Instanz des neoliberalen Umbaus durch die Zerstörung des Sozialversicherungssystems und die Elitebildung im Bildungssektor. Die Gewerkschaftsbosse verloren einen weiteren Teil des Vertrauens als viele von ihnen den Militärputsch von 1976 rechtfertigten.

Gewerkschaften heute

Die blinde Fixierung der Gewerkschaften auf den Peronismus zeigte

Ziel der Frauen: Arbeit und Gerechtigkeit

sich später darin, daß nach der Diktatur unter dem zivilen Präsidenten und Nicht-Peronisten *Alfonsín* immer wieder Generalstreiks das Land lahmlegten, während der »Peronist« *Menem* mit seiner viel brutaleren und korrupteren Politik seit 1989 kaum Widerstand von den großen Gewerkschaften erfuhr.

Während der Regierung Menems wurde die Arbeiterbewegung, in der einst 70 % aller Arbeiter organisiert waren, völlig bedeutungslos. Der peronistische Gewerkschaftsdachverband *Confederación General del Trabajo* (Allgemeine Arbeitskonföderation, CGT) ist nur noch ein schwacher Verein, der das neoliberale System mit totaler Korruption unterstützt.

Obwohl die Gründung von Gewerkschaften, die sich gegen die bestehenden Großapparate stellen, in Argentinien schwierig ist, gibt es mit dem Dachverband CTA, *Congreso de Trabajadores Argentinos* (Argentinischer Arbeiterkongreß), der inzwischen fast 1 Million Mitglieder vertritt, seit Beginn der 90er Jahre eine Alternative zur CGT mit ihren etwa 4 Millionen Mitgliedern. Im November 1996 nannte sich der Congreso in *Confederación de Trabajadores Argentinos* um und konstituierte sich offiziell als alternativer Dachverband. Die Gewerkschaft der Staatsarbeiter, ATE, der Lehrer, CTERA, und der Justizangestellten, FJA, sind die stärksten Mitglieder, dauernd kommen neue Einzelgewerkschaften hinzu.

Im April 1994 spalteten sich von der CGT einige Gewerkschaften ab, die zunehmend die Politik Menems kritisierten. Der Dachverband *Movimiento de Trabajadores Argentinos* (Bewegung Argentinischer Arbeiter, MTA), dessen wichtigste Einzelgewerkschaft die Busfahrergewerkschaft UTA ist, bleibt dennoch in der CGT.

Doch neben diesen internen Kämpfen darf nicht vergessen werden, daß sich in Argentinien, wie in anderen Ländern auch, die allgemeine Situation der traditionellen Gewerkschaften verschlechtert. Denn durch Flexibilisierung, Individualisierung der Menschen und Aufspaltung der Arbeitnehmer durch den wachsenden »informellen« Sektor sowie durch die brutale Weltmarktkonkurrenz mit ihrem Druck auf die Lohnkosten werden Gewerkschaften von vielen für nicht mehr zeitgemäß gehalten. Die Träume der Anarchisten und Sozialisten sind damit zerschlagen.

OSVALDO BAYER

Kontaktadresse: Die *CTA, Confederación de Trabajadores Argentinos* hat ihre Zentrale in Buenos Aires in der Av. Independencia 766, dort ist auch ein Kulturzentrum.

Frauenbewegung

Noch Anfang dieses Jahrhunderts sah die Situation der Frau in Argentinien so aus: Rechtlich stand sie zuerst unter der Vormundschaft ihres Vaters und dann ihres Ehemannes. Sie besaß keine eigenen Güter, nicht einmal die Früchte ihrer eigenen Arbeit, sie durfte keine offiziellen Dokumente unterschreiben, nicht vor Gericht klagen und ohne die Erlaubnis ihres Mannes kein Sparbuch besitzen. Sie hatte kein

Wahlrecht. Frauen hatten die unqualifiziertesten und am schlechtesten bezahlten Beschäftigungen. Sie litten unter langen Arbeitstagen und unter gesundheitsgefährdenden Werkstätten.

In den letzten Jahrzehnten des 19. Jahrhunderts begann sich im Zuge der Arbeiterbewegung, auch eine Frauenbewegung zu formieren. Allen voran waren vor allem Frauen aus ärmeren Schichten aktiv daran beteiligt, die als Arbeiterinnen in mehrfacher Hinsicht belastet und ausgebeutet wurden.

Die Anarchistinnen führten die erste systematische Diskussion über die Rolle der Frau. Im Gegensatz zu den Sozialistinnen sahen sie die Probleme der Frauen stärker in der Familie als im Arbeitsleben. Die Anarchistinnen meinten, die Zerstörung der bürgerlichen Ordnung stünde nahe bevor. Daher spielten Themen wie die Schaffung einer alternativen Familie im Gegensatz zur bürgerlichen, Kritik an der Erziehung und der repressiven Religion eine wichtige Rolle. Trotz dieser Rollenzuteilung der Frau als Mittelpunkt der Familie, engagierten sich Anarchistinnen auch frühzeitig in der Gewerkschaftsbewegung.

Von 1895 existiert ein Text aus der Reihe ›Anarchistische Bekanntmachungen für Frauen‹, in welchem viele Fragen des Feminismus bereits behandelt werden. Vor allem die weibliche Unterordnung in der autoritären Familienstruktur: »Die Anarchie verteidigt die Sache aller Unterdrückten und daher und in spezieller Weise verteidigt sie Eure Sache, Frauen, doppelt Unterdrückte durch die derzeitige Gesellschaft. In Wirklichkeit seid Ihr sowohl im sozialen als auch im privaten Leben Sklavinnen. Wenn Ihr Proletarierinnen seid, habt ihr zwei Tyrannen: den Ehemann und den Unternehmer. Wenn Ihr Mitglieder der Bourgeoisie seid, so läßt man Euch nur die Souveränität, frivol und kokett zu sein. Der Mann (Vater oder Ehemann) ist nach dem Gesetz und nach der Tradition Euer Freund und Gefährte, er ist innerhalb und außerhalb der Familie der Herr der Frau, auch wenn er seinerseits Sklave eines anderen Mannes sein mag.«

Der Gesetzesentwurf, der die Arbeit von Frauen und Minderjährigen in den Fabriken reguliert, wurde von *Alfredo Palacios,* einem sozialistischen Abgeordneten, vorgelegt und 1907 beschlossen.

Nach Ende des Ersten Weltkrieges stürzte sich die Frauenbewegung in Argentinien direkt in den Kampf für das Frauenwahlrecht, da 1916 die ersten nationalen Wahlen – natürlich nur für Männer – stattgefunden hatten. Doch das Wahlrecht für Frauen wurde erst 1947 eingeführt.

Auch wenn der »Wahlrechts-Feminismus« immer wichtig war, so stellte er nur einen Teil von umfassenderen Forderungen dar. Das Wahlrecht beschnitt die ursprünglich viel weitergehenden Forderungen, die vor allem von Frauen aus unteren Bevölkerungsschichten gestellt wurden.

Die größten Fortschritte machte die Frauenbewegung zu Zeiten Evita Peróns, weshalb ihr die nächsten Seiten gewidmet sind.

¡Viva Evita!

Der Aufstieg von *Eva Duarte*, verheiratete *Eva Perón* und als *Evita* unsterblich geworden, war und ist von großer Bedeutung für Argentinien. Dies zu ignorieren oder abzuwerten würde zu falschen Einschätzungen führen. Sie ist ein zentraler Teil des frühen Peronismus.

Eva Duarte wurde am 7. Mai 1919 in Los Toldos in der Provinz Buenos Aires geboren und verbrachte ihre Kindheit in ärmlichen Verhältnissen in Junín. Sie war die uneheliche Tochter von *Juana Ibarguren,* einer Frau aus der unteren Mittelschicht, und *Juan Duarte,* der zur oberen Mittelschicht gehörte und konservativer Politiker in Chivilcoy (Provinz Buenos Aires) war. Eva war die jüngste von fünf Geschwistern.

1926 starb ihr Vater bei einem Autounfall. *José Sebrelli* schreibt in seiner Biographie über Eva Duarte: »Die Mutter bringt sie zusammen mit ihren Geschwistern zum Begräbnis ins Haus in Chivilcoy, wo Juan Duarte seine andere, seine legale Familie hatte. Dort muß Eva die Erniedrigungen der legalen Töchter ihres Vaters ertragen, die die illegalen nicht eintreten lassen wollen, und macht so die Erfahrung ihrer Marginalisierung. Sie entdeckt die Existenz einer Legalität, von der sie ausgeschlossen ist; ausgeschlossen von der Normalität, von der etablierten Familienordnung, von dem bürgerlichen Respekt derjenigen, die ihre Herkunft legal aus Erbrechten ableiten.« Und: »Ihr ganzes Leben lang wird sich Eva in allen Details an diese beängstigende Episode erinnern«.

Eva, künstlerisch begabt, zog es in die Haupstadt. Wenige Möglichkeiten gab es für eine junge Frau – allein, ohne Geld, auf der Suche nach Unabhängigkeit – im Buenos Aires des Jahres 1935. Eva Duarte arbeitete zehn Jahre lang in verschiedenen Jobs beim Theater, Kino und Radio. Sie erfuhr dabei die Solidarität ihrer Kollegen, der Filmdoubel, Souffleure, Statisten; armer Leuten ohne gewerkschaftliche Absicherung. Eva beschäftigte sich in ihren letzten Jahren als Schauspielerin zunehmend mit Arbeitsfragen und wurde Präsidentin der Argentinischen Schauspielvereinigung.

Im Januar 1944 lernte sie *Juan Domingo Perón* kennen, der zu dieser Zeit bereits das Ministerium für Arbeit und soziale Vorsorge leitete. Am 13. Oktober 1945, als er mehr oder weniger heimlich mit Eva auf einer Insel des Tigre im Norden von Buenos Aires spazieren ging, wurde Perón auf Betreiben der USA, gegen die er in seinen Reden zu Felde zog, festgenommen und in das Gefängnis auf der Insel *Martín García* (Buenos Aires) gebracht. Eva und einige Gewerkschaftsführer setzten alles in Bewegung, um seine Freilassung durchzusetzen. Nach einer berühmt gewordenen Demonstration am 17. Oktober floh Eva mit ihm aus Buenos Aires auf eine Farm in San Nicolás. Am 22. Oktober heirateten sie standesamtlich ohne Medienrummel und am 11. Dezember schlossen sie die Ehe in der katholischen Kirche von La Plata: Ein epochemachendes Ereignis, bedenkt man die soziale Herkunft Peróns, er war der Sohn eines Gutsbesitzers, sowie seine Zugehörigkeit zum Heer.

Zu ihrer Rolle als Ehefrau des Präsidenten meinte María Eva Duarte de Perón: »Einige wenige Tage im Jahr repräsentiere ich die Rolle von Eva Perón und ich spiele diese Rolle immer besser, da es mir weder schwierig noch unangenehm erscheint.« 1947, nach ihrer Reise nach Europa, wo sie als schöne und mutige Frau gefeiert wurde, sagte sie: »Sicher ist, daß ich als Eva Perón eine alte Rolle repräsentiere, die andere Frauen in anderen Zeiten schon gelebt haben ... Niemand außer dem einfachen Volk nennt mich Evita. Nur die *Descamisados* (»die ohne Hemden«, also die Armen) haben gelernt, mich so zu nennen ... Ich trage einen Namen, der sich in einen Kampfschrei für alle Frauen der Welt verwandelt hat.«

Um 1949 waren 45 % der Industriearbeiter von Buenos Aires Frauen und Minderjährige. Sie verdienten 40 % weniger als die Männer. Die Regierung unter Perón schenkte dieser Situation besondere Beachtung.

Am 23. September 1947 nahm der argentinische Nationalkongreß das Gesetz über das Frauenwahlrecht inmitten von Massendemonstrationen von Frauen an. Bei dieser Gelegenheit beschrieb Evita den Kampf der Frauen,

Evita Perón bei einer ihrer mitreißenden Reden Ende der 40er Jahre

sie hob ihre bedeutende Rolle für die Entwicklung der Gesellschaft hervor und sie beschrieb die Schwierigkeiten, die sie mit den Repräsentanten der Oligarchie bei der Beschließung des Gesetzes im Kongreß gehabt hatte.

Am 26. Juli 1949 wurde die *Rama feminina*, der Frauenflügel der peronistischen Bewegung geschaffen. Evita hierzu: »Da wir die doppelte Ausbeutung sowohl am Herd als auch in der Fabrik erlitten haben, vereinigen wir Frauen uns mit derselben Verpflichtung wie die männlichen Kameraden im Kampf der Arbeiterklasse«.

Der politische Reformismus, den die Peronisten zwischen 1945 und 1955 entwickelten, ermöglichte eine breite und basisorientierte Frauenbewegung unter der Führung Evitas.

Evita starb am 26. Juli 1952 mit 33 Jahren an Krebs. Nach mehreren Umbettungen ihres Leichnams durch die Diktatoren, die auf Perón folgten, wurde sie, so wird gesagt, in den siebziger Jahren auf dem Friedhof *La Recoleta* in Buenos Aires begraben, zumindest steht dort ihr Grabmal.

Ihre Feinde waren die Kirche, die Oligarchie, Sektoren der traditionellen Linken, wichtige Intellektuelle und Schriftsteller (wie *Victoria Ocampo*, Schriftstellerin und Feministin). Dazu kamen auch Peronisten vom rechten Flügel.

Evita Perón bekleidete übrigens nie ein politisches Amt, sie war aber Präsidentin einer einflußreichen Wohltätigkeitsstiftung, die ihren Namen trug.

Wer Argentinien besucht, soll eigene Schlüsse ziehen. Aber man wird vielleicht verstehen, warum Evita dem kollektiven Unbewußten der argentinischen Frauen zugrunde liegt, die für ein Land kämpfen, in dem es soziale Gerechtigkeit, ökonomische Souveränität, einen bedingungslosen Respekt der Menschenrechte und bessere Lebensbedingungen für Frauen gibt.

MERCEDES GONZÁLEZ,
ÜBERSETZT VON BIRGIT NIESSNER

Evitas Comeback

Nach dem Film »Evita« mit *Madonna* als Hauptdarstellerin ist Evita Perón endgültig zum internationalen Mythos geworden. Der argentinische Film »Eva Perón« von *Juan Carlos Desanzo* war eine geglückte Antwort darauf. Aber auch in der Literatur feiert Evita ein Comeback, was sich daran erkennen läßt, daß vieles ins Deutsche übersetzt wird. Außer dem biographischen Roman »Santa Evita« von *Tomás Eloy Martínez* (Suhrkamp 1996) ist die Eva-Perón-Biographie von *Alicia Dujovne Ortíz* (Aufbau 1996, als Taschenbuch 1998) bemerkenswert. Die unmittelbare Phase vor ihrem Tod greift *Abel Posse* dokumentarisch und romanhaft in »Evita« auf (Eichborn 1996). Der Fotoband »Evita. Bilder eines Lebens« mit vielen biographischen Notizen wurde von einer Gruppe junger Historiker an der Universität Buenos Aires zusammengestellt (Rütten & Loening 1997). Auch das politische Testament dieser historischen Persönlichkeit wurde übersetzt in »Mein Vermächtnis» (Bastei-Lübbe 1997).

Frauenbewegung heute

Die heutige Frauenbewegung leidet wie andere soziale Bewegungen noch unter den Folgen der verheerenden Militärdiktatur. Dies sind unter anderem ein tiefes Mißtrauen der Bevölkerung gegenüber Politikern und politischen Parteien sowie wenig Beteiligung in politischen, sozialen und gewerkschaftlichen Institutionen. Dazu kommt die unbewußte kollektive Angst vor einem Militärputsch.

Doch sind viele Frauen in Argentinien politisch und sozial aktiv, selbst wenn es derzeit keinen landesweiten politischen Zusammenschluß gibt. Ein Beweis dafür ist die wachsende Beteiligung von Frauen im gesamten Bereich des öffentlichen Erziehungs- und Gesundheitswesens, bei den lokalen oder in Stadtteilen verbreiteten Massenmedien, beim Schutz der Umwelt, der Formierung von selbstverwalteten Gruppen oder Kooperativen, um die schlechte wirtschaftliche Situation zu verbessern, sowie bei der Verteidigung der Menschenrechte.

MERCEDES GONZÁLEZ,
ÜBERSETZT VON BIRGIT NIESSNER

Adressen von Frauengruppen in Buenos Aires:

Lugar de Mujer, ℅ 9610818, Av. Corrientes 2621, 28. Stock.

Asociación de Trabajo y Estudio sobre la Mujer, ATEM, ℅ 3740389, Salta 1064.

Fundación para los Derechos de la Mujer, FUNDEMU, ℅ 358362, Libertad 451, 5. Stock »J«.

Fundación Karakachof, ℅ 3820218, Av. del Libertador 145, 1. Stock.

Asociación de Especialistas Universitarias en Estudios de la Mujer, ℅ 842190, 834693, Alberti 18.

Centro de Estudios de la Mujer, ℅ 452061, 496073, Av. Callao 569, 1. Stock, Büro 15.

Fundación Alicia Moreau de Justo, ℅ 3715077, Av. Corrientes 1485, 1. Stock »A«.

Mujeres en igualdad, ℅ 7436056, Acassuso 746, San Isidro.

Unión Mujeres Argentinas, UMA, ℅ 8630986, Urquiza 65, 2. Stock.

Die Mütter von der Plaza de Mayo

Auf der *Plaza de Mayo*, auf »ihrem« Platz, finden sich jeden Donnerstag von halb vier bis vier Uhr die Mütter, Großmütter und andere Familienangehörige der während der Militärdiktatur »Verschwundenen« zusammen mit Sympathisanten ein. Diese halbe Stunde ist zu einem Symbol der Menschenwürde geworden. Meist kommen zwischen hundert und zweihundert Menschen, zu bestimmten Anlässen auch mehr, ab und zu erscheint ein ausländisches Radio- oder Fernsehteam. Es ist ein andächtiges Gehen über die Pflastersteine, auf die alle paar Meter ein weißes Kopftuch gemalt ist – als Symbol für den Frieden und gegen das Vergessen des Terrors. Bei der kurzen Abschlußkundgebung geht es in der Regel um einen Verweis auf die Geschichte und um aktuelle Themen.

Am 30. April 1977, während der blutigsten Phase der Diktatur, trafen sich einige Mütter zum ersten Mal an einer Bank auf dem Hauptplatz der

Das weiße Kopftuch ist zum Symbol für die ›Madres de Plaza de Mayo‹ geworden

argentinischen Metropole, der Plaza de Mayo. Enttäuscht waren sie von der vergeblichen Suche nach ihren »verschwundenen« Kindern, ohne Auskunft von den Polizeistationen, dem Innenministerium oder anderen Stellen.

Einige Mütter berieten sich und beschlossen schließlich, gemeinsam nach ihren Kindern suchen. Bei den bestehenden Menschenrechtsgruppen fühlten sie sich nicht gut aufgehoben. »Es gab immer einen Schreibtisch zwischen uns, es hatte immer etwas Bürokratisches«, sagt *Hebe de Bonafini*, die Präsidentin der Vereinigung *Mütter der Plaza de Mayo*. »Aber auf dem Platz, da waren wir gleich, allen haben sie Kinder weggenommen, alle waren wir auf der Suche, alle gingen wir zu denselben Stellen. Deshalb haben sich die Mütter konsolidiert. Bald wurde der Donnerstag festgelegt, halb vier Uhr auf dem Platz. Mitte Juni 1977, als wir so 60 bis 70 Mütter waren, kam ein Polizist und sagte, daß der Ausnahmezustand bestehe und wir uns hier nicht versammeln könnten. Wir müßten zumindest gehen. Und so fingen wir an, um die Maiensäule zu gehen.«

Als eine der Frauen verhaftet wurde, gingen die anderen mit auf die Polizeistation und verlangten, ebenfalls eingesperrt zu werden: »Eine Mutter, alle Mütter«. So verhinderten sie immer wieder längere Inhaftungen. Als in dieser Zeit der US-amerikanische Regierungsvertreter *Terence Todman* nach Argentinien kam, protestierten die Madres als einzige öffentlich gegen diese offenkundig imperialistische

Parteinahme der USA für die Diktatur. Soldaten umstellten die Frauen und forderten sie auf, die Demonstration aufzulösen. Als sie sich weigerten, forderte der Befehlshaber »Gewehre anlegen«. Und die Madres riefen »Feuer«. Zwar wurde nicht geschossen, aber die anwesenden internationalen Medien wurden erstmals aufmerksam.

Die Madres nahmen außerdem immer wieder an Jubelfeiern des Regimes oder Demonstrationen für die Militärregierung teil, um als Gegendemonstration darauf hinzuweisen, was im Land vor sich geht. In den argentinischen Medien wurden sie jedoch totgeschwiegen.

Als zur Fußball-Weltmeisterschaft 1978 viele ausländische Medien im Land weilten, berichteten einige auch über die Madres. Die holländischen Nationalspieler gingen sogar an einem Donnerstag zur halbstündigen Demonstration, um ihre Solidarität zu bekunden. Bald darauf wurde in Holland das erste Solidaritätskomitee gegründet. Nachdem die Madres längst in der ganzen Welt bekannt waren, nahm auch endlich die argentinische Gesellschaft gegen Ende der Militärdiktatur Notiz von ihrem jahrelangen Kampf.

Enttäuschende Demokratie

Die inzwischen politisch erfahrenenen Mütter standen in vorderster Reihe, als es ab 1982 um die Demokratisierung ging. Als Menschenrechtsgruppe mußten sie beobachteten, wie auch unter liberaldemokratischen Verhältnissen die Armut wuchs, die Reichen immer reicher wurden, dieselbe Elite in ihren Ämtern blieb. Und sie trugen dazu bei, daß sich in Argentinien zum ersten Mal in der Geschichte Lateinamerikas Militärs nachträglich vor einem zivilen Gericht verantworten mußten – und daß sie verurteilt wurden. Den Bericht ›Nunca más!‹ der CONADEP lehnten die Mütter ab, da er zwar viel über die Opfer und das System des Terrors, aber nichts über die Täter sage.

In den 80er Jahren spalteten sich die Madres an der Frage des Umgangs mit der Vergangenheit durch die Alfonsín-Regierung auch die Madres. Manche fanden es legitim, die vom Staat erkämpften Zugeständnisse zu akzeptieren und das Ausgraben von Leichen zum Zweck der Identifizierung und Zahlung von Entschädigungen zuzulassen. Andere meinten, es müsse eine individuelle Entscheidung sein, Entschädigungen und Ausgrabungen zu befürworten. Wieder andere argumentierten, erst müßten die Täter benannt und verurteilt werden; die Annahme von Geld und die Untersuchung von Überresten hieße, Tatsachen zu akzeptieren.

Ein schmerzhafter Prozeß begann, der schließlich zur Spaltung in zwei Organisationen führte. Eine Gruppe bilden diejenigen mit der unnachgiebigen Position in der *Asociación Madres de Plaza de Mayo* um Hebe de Bonafini, sie sind öffentlich präsenter und in der Regel als Madres bekannt. Die andere Gruppe ist die *Línea Fundadora*, die »Gründerinnen«, die individuelle Entscheidungsmöglichkeiten offen lassen möchten.

Auch die Großmütter der Kinder von »Verschwundenen« haben sich organisiert, die *Abuelas de Plaza de Mayo,* denn viele Gefangene hatten kleine Kinder oder waren schwanger und gebaren die Kinder vor ihrer Ermordung. In vielen Fällen adoptierten Militärs die Säuglinge. Auch andere Familienmitglieder schlossen sich in den 80er Jahren zusammen, um das Schicksal ihrer verschwundenen Verwandten aufzuklären, die in den allermeisten Fällen von den Militärs ermordet wurden.

Die Madres heute

Die Mütter sind heute ein Symbol für Menschenrechte in aller Welt. Die Mütter der Asociación spielen im Kampf gegen die vermeintliche Alternativlosigkeit neoliberaler Politik und des globalen Marktes, denen sich scheinbar alles zu unterwerfen hat, eine wichtige Rolle. Sie beziehen sich wie viele andere Gruppen auch auf die kollektiven Erfahrungen, die zu Beginn der 70er Jahre in Argentinien gemacht wurden: Daß nämlich eine breite Politisierung und demokratische Organisierung die herrschenden Strukturen durchaus in Frage stellen können. Die kämpferischen Mütter werden weiterhin der an die Vergangenheit erinnernde Stachel im Fleisch des heutigen Argentinien sein.

Seit 1981 findet alljährlich im argentinischen Spätfrühjahr die *Marcha de la Resistencia* (Widerstandsmarsch) auf der Plaza de Mayo statt. Für 24 Stunden von einem Mittwoch- bis zum folgenden Donnerstagabend wird der Platz vor dem Präsidentenpalast mit riesigen Transparenten und unzähligen Fahnen dekoriert.

ULRICH BRAND

Adressen von Menschenrechtsgruppen in Buenos Aires:
Madres de Plaza de Mayo, ℡ 3830377, H. Yrigoyen 1442.
Abuelas de Plaza de Mayo, Montevideo 459, 7. Stock »B«.
H.I.J.O.S., junge Organisation von Kindern der Verschwundenen der Militärdiktatur; Kontakt über die Madres.
Servicio Paz y Justicia, die Organisation des Friedensnobelpreisträgers Adolfo Peréz Esquivel und *Amnesty International* sind im selben Gebäude, México 479.
Asamblea Permanente por los Derechos Humanos, Av. Callao 569, 1. Stock, Oficina 15.

Kirche ohne Opposition?

In einem Land, in dem rund 90 % der Einwohner der katholischen Kirche angehören, ist diese Institution von großer Bedeutung (2 % zählen zu den Protestanten, je rund 300.000 sind Muslime und Juden). Die reaktionäre

Kirchenleitung hatte dabei wenig Widerstand zu fürchten, Kritik kam praktisch nur aus den eigenen Reihen von der sogenannten Priesterbewegung. Dies geschah in einer Zeit, als mit dem Amtsantritt Papst Johannes XXIII. progressive Entwicklungen möglich schienen. Das *Movimiento de Sacerdotes para el Tercer Mundo* (Priesterbewegung für die Dritte Welt), das sich 1968 im kolumbianischen Medellín konstituierte, bildete für etwas länger als ein Jahrzehnt die wichtigste Kirchenopposition.

Im gesamten lateinamerikanischen Raum wurde die Befreiungstheologie zu Beginn der 70er Jahre bedeutend, ihr politisches Verständnis und ihre teilweise marxistisch inspirierten Analysen richteten sich gegen bestehende Herrschaftsverhältnisse. Eine radikale Veränderung der gesellschaftlichen Verhältnisse kann, so ein zentrales Argument der Befreiungstheologie, nur von breiten sozialen Bewegungen ausgehen. Die katholische Kirche solle die Überwindung der Armut ins Zentrum ihres Tuns stellen.

Die Aktivisten der »Kirche der Armen«, der »Volkskirche« oder der »prophetischen Kirche« fanden immer breitere Unterstützung in der Bevölkerung. Doch mit dem Militärputsch von 1976 wurden diese Ansätze zerstört und ihre Vertreter denunziert und verfolgt.

Die katholische Amtskirche in Argentinien gehört zu den reaktionärsten des Kontinents und spielte während der letzten Diktatur eine traurige Rolle. Denn, so lautete die Argumentation der Kirchenspitze, die blutige Politik der Militärs sei notwendig, um das *Ser nacional*, das »Nationale Sein«, und die »abendländische christliche Moral« zu retten.

Dieselben Kirchenmächtigen riefen nach 1978 zu einer »Phase der Versöhnung« auf, die 1981 in der perversen Forderung des Erzbischofs von Buenos Aires, *Monseñor Quarracino*, gipfelte, man solle die gerade vergan-

---

Süd- oder Lateinamerika?

Der Begriff »Lateinamerika« umschreibt das Gebiet jener Länder Amerikas, in denen Spanisch oder Portugiesisch (oder heute auch Französisch) die Verkehrssprache ist, klammert also die angloamerikanischen Staaten USA und Kanada aus. »Latein-« oder »Iberoamerika« werden teilweise als diskriminierende, weil koloniale Bezeichnungen angesehen, denn schließlich waren es die romanisch-(lateinisch-)sprachigen Nationen der Iberischen Halbinsel, die Süd- und Mittelamerika eroberten, kolonialisierten und christianisierten.

Da sich der amerikanische Kontinent geographisch gesehen nur in Nord und Süd teilt, genügt es theoretisch für den »lateinamerikanischen« Raum »Südamerika« zu sagen. Der Genauigkeit wegen ist aber auch in diesem Buch manchmal die Rede von »Mittelamerika«, zu dem außer der Landbrücke zwischen Nord- und Südamerika auch Mexiko gerechnet wird, obwohl sein Großteil zu Nordamerika gehört.

genen Jahre des Terrors vergessen. Diese offene Identifikation der Kirchenoberen mit den Diktatoren wurde mehr oder weniger von den meisten Kirchenvertretern unterstützt. Es gab lediglich eine kleine innerkirchliche Opposition.

In den 80er und 90er Jahren befinden sich die progressiven Strömungen innerhalb der katholischen Kirche in der Defensive. Die Kirchenleitung versucht, sich aus wichtigen gesellschaftspolitischen Fragen herauszuhalten.

MIGUEL ANGEL ROSSI

Buchtip
Rubén Dri, einer der wichtigsten argentinischen Vertreter der Befreiungstheologie, schrieb in ›La iglesia que nace del pueblo‹ über deren Geschichte von 1930 bis 1980, in ›La utopía de Jesus‹ über ihre theologische Fundierung sowie in dem Band ›Teología y dominación‹ über die Rolle der Amtskirche während der Diktatur von 1976 bis 1983.

Schwulen- und Lesbenbewegung

Anfang der 70er Jahre gründete sich die erste Schwulengruppe Argentiniens, der *Frente de Liberación Homosexual* (Homosexuelle Befreiungsfront). Der FLH war beeinflußt von den radikalen Ideen der Schwulenbewegung in den USA und Westeuropa. Er sah sich selbst politisch links. Seine Mitglieder kamen hauptsächlich aus der radikalen peronistischen Jugendbewegung. Als unter Isabel Perón Unterdrückung und Staatsterrorismus zunahmen, ging der FLH in den Untergrund. Nach der Machtübernahme der Militärs 1976 löste er sich formal auf.

Während der Diktatur wurden die Schwulenkneipen geschlossen, Schwulen- und Lesbenorganisationen verboten, Filme streng auf jeglichen noch so geringen Hinweis auf Homosexualität zensiert. Auf den Straßen gab es eine regelrechte Jagd auf Schwule. Viele flohen unter anderem nach Brasilien, wie etwa der Schriftsteller *Manuel Puig* (siehe Seite 113). Sein Roman ›Der Kuß der Spinnenfrau‹ erzählt die Geschichte eines Schwulen und eines heterosexuellen marxistischen Guerrillero, die während der Militärdiktatur zusammen in einer Zelle eingesperrt sind.

Viele homosexuelle Männer und Frauen bemühten sich in dieser Zeit, so augenscheinlich heterosexuell wie möglich zu leben, viele heirateten. Da es unmöglich war, sich unter Homosexuellen zu treffen, litten viele unter Isolation. Nach dem Sieg von Raúl Alfonsín bei den ersten freien Wahlen 1982 teilten auch die Schwulen und Lesben die allgemeine Euphorie. Aber nicht lange. 1984 führte die »Moralbrigade« der Polizei eine Razzia in einem Schwulenclub durch, bei der viele Menschen verhaftet wurden. Obwohl die Demokratie in Argentinien gewonnen hatte, wurden Schwule und Lesben weiterhin diskriminiert. Es ist für sie bis heute unmöglich, an ihrem Arbeitsplatz zu ihrer sexuellen Identität zu stehen, ohne eine Entlassung zu riskieren. Um sich gegen die katholische Kirche, uninteressierte Politiker, die repressive Polizei und eine indifferente Gesellschaft zu wehren, wurde die *Comunidad Homosexual Argentina* (Homosexuelle Argentinische Gemeinschaft, C.H.A.) gegründet.

Als sich die C.H.A. als legale Organisation registrieren lassen wollte, wurde ihr dies von einem hohen argentinischen Gericht verboten mit der Begründung, durch die Verteidigung homosexueller Lebensweisen würde die Natur und Würde des Menschen verletzt. Auf Druck der *Internationalen Lesben- und Schwulenorganisation (I.L.G.A.)* wurde Präsident Carlos Menem schließlich gezwungen, persönlich für den legalen Status der C.H.A. zu garantieren.

Trotz ständiger Bedrohung durch Razzien der »Moralbrigade« haben sich Schwulen- und Lesbengruppen gebildet, um die Macht von Polizei und Kirche zu bekämpfen. Taten sie dies lange Zeit getrennt, fand 1996 der erste gemeinsame Kongreß zu den Themen Ignoranz und Diskriminierung von Schwulen, Lesben, Transvestiten und Transsexuellen statt. Dieser Kongreß soll auch in Zukunft stattfinden.

Der traditionelle *Christopher Street Day,* der an den Tag erinnert, an dem sich Schwule und Lesben in San Francisco zum ersten Mal gegen die Razzien der Polizei wehrten, wurde bis 1996 am letzten Juniwochenende gefeiert. Seit 1997 findet der *Tag des schwul-lesbisch-tranvestitischen Stolzes,* wie er hier in Argentinien heißt, im November statt, in Gedenken an den 2. November 1969, Gründungstag der Gruppe *Nuestro Mundo* (Unsere Welt), die ein wichtiger Teil der frühen schwul-lesbischen Bewegung war.

Für interessierte Reisende sei als Anlaufstelle die schwul-lesbische Bibliothek in Buenos Aires empfohlen. Neben ausführlicher Dokumentation der Geschichte der Bewegung gibt es hier immer die neuesten Informationen und dazu den kostenlosen Reiseführer für Buenos Aires ›La otra Guía‹ (Der andere Führer) mit allen aktuellen Veranstaltungen.

VERENA VON SCHÖNFELDT

Organisationen

In Buenos Aires: *Bibliothek für Schwule, Lesben, Transsexuelle und Transvestiten,* Paraná 157 »F«, dort auch die Gruppe *Convocatoria Lesbiana.*

Asociación Travestis Argentina, ✆ 3838445.

Colectivo Eros, Puán 480 PB.

Comunidad Homosexual Argentina, Viamonte 611, 9c.

Gays y Lesbianas D.C. und Grupo Nexo, Virrey Cevallos 463 – 1,6.

Grupo de Integración Lésbica, ✆ 7745769.

Iglesia Cristiana Metropolitana, Estados Unidos 1437, 1.

Las Lunas y Las Otras, Maza 1490.

Lesbianas a la Vista, Piedras 1170, 1b.

Lugar Gay Buenos Aires, Libertad 443, 3a.

S.I.G.L.A., Paraná 122, 2.

O.T.T.R.A., Hipólito Yrigoyen 2219, 8. Stock, Zimmer 39.

Córdoba: *A.Co.D.Ho.,* San Martin 666.

Neuquén: *A.Po.D.Ho.* Comahué, Casilla de Correo (Postfach) 636.
San Salvador de Jujuy: *Comunidad Homosexual de Jujuy,* 18 de Noviembre 230, Barrio Almte. Brown.
Rosario: *Colectivo Arco Iris,* Pte. Roca 63 Of.5.
Santa Fe: *Grupo Solidario,* Javier de la Rosa 319.
Mar del Plata: *Homo Sapiens,* Av. Independencia 1101, 4a.

KULTURELLE SCHLAGLICHTER
Rock Nacional

Zu einem der interessantesten kulturellen und zugleich politischen Phänomene Argentiniens gehört zweifellos der *Rock Nacional*. Ein Soziologe bezeichnete diese Erscheinung einmal als »Jugendwiderstand« und soziale Bewegung. Die Bedeutung dieser Musikrichtung ist untrennbar verknüpft mit der letzten Militärdiktatur, die in einer »Kultur der Angst« versuchte, die Identität der Menschen zu zerstören, sie nicht nur politisch, sondern auch in ihrem eigenen Denken und Fühlen auf Linie zu bringen. Ausländische Musik wurde zu diesem Zweck von der Regierung massiv gefördert.

Während die Studentenbewegung und andere oppositionelle Strömungen Mitte der 70er Jahre brutal unterdrückt wurden, entwickelte sich der Rock Nacional zum bedeutendsten Ausdrucksfeld von Freiheit und Widerstand. An den beiden wichtigsten Konzertorten von Buenos Aires, dem *Luna Park* und den *Obras Sanitarias,* sowie in unzähligen kleinen Clubs und großen Hallen im ganzen Land erlebte der Rock während der blutigsten Phase der Diktatur 1977 einen enormen Aufschwung. Das Zusammensein mit anderen war wichtig, um der Individualisierung durch die Angst etwas engegenzusetzen. Aber eigentlich begann der Rock Nacional bereits zehn Jahre zuvor als Teil einer weltweiten Aufbruchbewegung. Gruppen wie *Almendra*, mitbegründet von dem späteren Solisten *Luis Alberto Spinetta*, aber auch *Los Beatniks* oder *Los Gatos* drückten schon zu Zeiten der damaligen Diktatur den Wunsch nach Veränderung aus. 1969 fanden die ersten großen Konzerte und Festivals statt.

Unumstrittener Star der Bewegung war *Charlie García,* geboren 1951, und die treibende Kraft seiner drei Bands *Sui Generis* (Ende der 60er bis 1975, ihr Abschlußkonzert war das bis dahin größte Rockkonzert der argentinischen Geschichte), *La Maquina de Hacer Pájaros* (1975–77) und *Serú Girán* (1978–82), ehe er nach 1982 als Solist arbeitete. Die Lieder von Serú Girán wie ›No llores por mi, Argentina‹ (Weine nicht um mich, Argentinien), ›No te dejes desanimar‹ (Laß' Dich nicht entmutigen) oder ›El fantasma de Canterville‹ (Das Gespenst von Canterville) drückten Mitte der 70er Jahre, während der schlimmsten Zeit der Diktatur aus, was viele dachten: »Sie wollen uns entmutigen, sie wollen uns umbringen«, »Sie haben uns so oft bedroht«.

Wichtig während der Diktatur waren Musiker wie der bereits erwähnte Luis Alberto Spinetta, aber auch *Fito Páez, León Gieco, Pappo* und Gruppen wie *Los Abuelos de la Nada* oder *Moris*. Exilierte wie *Mercedes Sosa* durften während dieser Zeit in Argentinien nicht auftreten.

Neben den Konzerten waren auch die unzähligen Musikzeitungen ein wichtiges Forum. Die bekannteste, ›Expreso imaginario‹, existierte ebenso lange wie die Diktatur; andere hießen ›Mordisco‹, ›Zaff!‹ oder ›Pan caliente‹. Sie erreichten Auflagen bis zu 25.000 Exemplaren. Wichtigste Rubrik waren die Leserbriefe, denn hier herrschte eine freiere Meinungsäußerung als in anderen Zeitungen. Dazu kamen schätzungsweise 4000 Untergrundzeitungen.

Ab 1977 wollten die Machthaber auch den Rock Nacional unter ihre Kontrolle bringen, was sich im Verbot oder der Zensur einiger Zeitungen und durch Repressionen während vieler Konzerte äußerte. Jugend wurde von den Herrschenden mit Subversion gleichgesetzt. Die Bedeutung des Rock Nacional nahm langsam ab, obwohl die Bewegung auch in den folgenden Jahren, häufig illegal und verfolgt, weiterbestand.

Als zu Beginn der 80er Jahre immer deutlicher wurde, daß die Diktatoren abgewirtschaftet hatten, erlebte der Rock Nacional sein Comeback. Serú Girán gab im Dezember 1980 ein Gratiskonzert vor 60.000 Besuchern.

Am bekanntesten wurde die Musik paradoxerweise mit tatkräftiger Unterstützung der Militärregierung. Als nämlich im April 1982 der Krieg um die Malwinen-Inseln gegen Großbritannien begann, wurde englische Musik in Radio und Fernsehen verboten.

Unter dem spanischsprachigen Angebot war auch der Rock Nacional, der nun endlich Zugang zu den Medien erhielt. Im Mai desselben Jahres nahmen Rockmusiker während eines Konzerts – der Krieg war in vollem Gang – eine pazifistische Position ein. *León Gieco* sang in ›Sólo le pido a Dios‹ »Ich bete nur zu Gott, daß der Krieg mich nicht gleichgültig macht«. Zum ersten Mal wurde in breiter Öffentlichkeit der Malwinen-Krieg verurteilt.

> **se va a acabar, se va a acabar, la dictadura militar ...**
> »sie wird verschwinden, die Militärdiktatur« – Publikumsrufe bei Rock-Konzerten während der Militärdiktatur

Das Ende der Militärherrschaft war abzusehen. Fito Páez sang in ›Tiempos difíciles‹ (Schwierige Zeiten): »Die Totengräber haben schlecht gearbeitet ...«. Spinetta widmete mit ›Maribel‹ einen Song den Müttern der Plaza de Mayo, Charlie García beschrieb in ›Los dinosaurios‹ (Die Dinosaurier) das Leben von Jugendlichen während der Militärdiktatur. *Victor Heredia* sang mit ›Todavía cantamos‹ (Noch singen wir) die trotzige Hymne dieser Zeit der Befreiung vom Staatsterror.

Mit der Demokratisierung waren auch andere Ausdruckskanäle wieder offen, so daß der Rock Nacional seine überragende Stellung einbüßte. Das einigende Band, der Widerstand gegen die Diktatur, war nicht mehr vorhanden. Unterschiedliche Strömungen bildeten sich heraus. Das Idol Charlie García wurde mit den *Abuelos de la Nada* zum Vertreter einer unterhaltsamen und optimistischen Richtung, deren Hoffnungen auf ein anderes Argentinien erwiesen sich jedoch bald als Trugschluß. Andere spielten trotz ihrer Popularität in kleinen Clubs und verstanden sich als Untergrund-Musiker, die nicht kommerzialisiert werden wollten. Wie in anderen Ländern entwickelten sich in den 80er Jahren neue Richtungen wie Pop, Funk, Reggae oder Dark.

Wenn auch der Rock Nacional in seinen verschiedenen Ausformungen durch die US-Amerikanisierung der Musikkultur ständig gefährdet ist, steht er zum großen Teil weiterhin für den Versuch, unabhängig zu bleiben.

ULRICH BRAND

Discographie

Zu den wichtigsten Aufnahmen des Rock Nacional gehören: Das »Gründungswerk« *Los Gatos* der gleichnamigen Gruppe (1967), *Almendra* (von Almendra, 1969), *Vida* (Sui Generis, 1972), *4to. LP* (León Gieco, 1978), *Peperina* und die Live-Aufnahme *No llores por mi, Argentina* (beide von Serú Girán 1981 bzw. 1982), *Kamikaze* (Luis Alberto Spinetta, 1982), *Vasos y Besos* (Los Abuelos de la Nada, 1983), *Clics modernos und Piano bar* (beide von Charlie García, 1983 bzw. 1984), *Cuidad de los pobres corazones* und *El amor después del amor* (beide von Fito Paéz, 1987 bzw. 1992), *Mensajes del alma* (León Gieco, 1992) und *Luzbelito* (Patricio Rey y sus Redonditos de Ricotta, 1996).

Peperina von Serú Girán bildet übrigens auch den Ausgangspunkt des gleichnamigen Filmes von *Raúl de la Torre* (1995). Aktuell bekannte Gruppen sind *Los Piojos, La Renga* und *Divididos*.

Tango

Mitte des Jahres 1870 entstanden die ersten Tangotakte; noch nicht klar als solche zu erkennen und noch verwechselbar mit Seemannsliedern. *Milongas* und *Candombes*, die Volksmusik von schwarzen Sklaven und Einwanderern, trugen zur Entstehung des Tango bei. Diese Musik, mit der Argentinien in der Welt gleichgesetzt wird, ist kurioserweise nur repräsentativ für die Städte Buenos Aires und Montevideo.

Gegen Ende des letzten Jahrhunderts bereiteten Musiker, Dichter, Sänger und Tänzer – nach Meinung des Schriftstellers Ernesto Sábato waren es »anspruchslose Künstler, die nicht wußten, daß sie dabei Geschichte machten« – die Geburt des sinnlichen Volkstanzes vor, der im Gegensatz zu anderen nicht nur aus Vergnügen getanzt wird, sondern auch, um zu meditieren. Für *Enrique Santos Discépolo*, einen der größten Tangopoeten, handelt es sich um »traurige Gedanken, die man tanzt«.

Das klassische Instrument des Tango, das *Bandoneón*, eine quadratische Harmonika mit Knopftastatur auf beiden Seiten, wurde übrigens 1840 von dem Krefelder *Heinrich Band* entwickelt.

Lange Zeit war der Tango ein Tanz des einfachen Volkes, von den Reichen mißachtet. Die rüden Texte in der Sprache der einfachen Immigranten, dem *Lunfardo*, die besungene Atmosphäre der Hafenkneipen und Bordelle in Buenos Aires und Montevideo, die Ängste und Wünsche der eingewanderten Frauen und Männer; das alles war für »anständige« Leute anstößig. In dem Tango ›La violeta‹ aus dieser Zeit heißt es: »Mit dem Ellbogen auf dem verschmierten Tisch, der Blick in einem Traum verhaftet, denkt Domingo Polenta, der Italiener, an das Drama seiner Immigration ...«

In Paris erlangte der Tango vor dem Ersten Weltkrieg breite Anerkennung in den höheren sozialen Schichten, was Rückwirkungen auf Buenos Aires und Montevideo hatte. Daß der Tango salonfähig wurde, drückte niemand besser aus als *Carlos Gardel,* in den 20er und 30er Jahren unumstrittener Star dieser Musik. Die neu aufkommenden Massenmedien Radio, Film und Schallplatte steigerten seine Popularität noch. Gardel drückte den Optimismus der 20er Jahre in der sich zur Weltstadt entwickelnden Metropole Bunos Aires wie kein anderer aus. Als er am 24. Juni 1935 ums Leben kam, schien Buenos Aires vor Trauer paralysiert. Bis heute sieht man sein Konterfei an jedem Platz, der etwas mit Tango zu tun hat.

Tanz zu Ehren des Tango-Stars Carlos Gardel: in Montevideo steht sein Denkmal

Eine rebellische Richtung vertrat *Santos Discépolo,* der dem Tango eine politische, aber auch fatalistische Note gab. Er klagte Korruption und Gewalt an, und in seinen Liedern spiegelt sich der Niedergang Buenos Aires' ab den 30er Jahren.

Am weitesten war der Tango in den 40er Jahren in der Bevölkerung verbreitet. Jeder Bewohner von Buenos Aires tanzte auf diese Musik, die die berühmten Orchester spielten. Letztere nannte man *Típicas,* da von ihnen nur Tango, Milongas und Walzer zu hören waren. In dieser Zeit florierten die Clubs und Gemeindezentren, in die man zum Tanzen ging. Unter der Regierung Peróns gab es zugleich eine breite politische Partizipation der Bevölkerung.

Wichtigster Vertreter der »Erneuerer« wurde *Astor Piazzolla,* der bis Mitte der 70er Jahre die Entwicklung des Tango mitbestimmte und ihm eine lebensfrohe Note gab.

Aber mit der Machtübernahme der Militärs kamen auch für den Tango schwere Zeiten. Nach dem Putsch 1976 nannten die Diktatoren das damalige *Teatro Discépolo,* benannt nach dem Tangokomponisten und Regimekritiker, in *Teatro Alvear* um.

Es gab immer weniger Menschen, die den Tango entwickelten und verbreiteten. Er wurde nicht mehr von einer Generation an die nächste weitergegeben.

Nach der Wiedererlangung der Demokratie 1983 lebte auch der Tango wieder auf. Viele junge Menschen entdeckten ihn bei der Suche nach ihren kulturellen Wurzeln. Viele besuchen spezielle Akademien, in denen sie Tangotanzen lernen und zudem neue musikalische Formen suchen können. Heute treffen sich Junge und Alte an den Orten, an denen Tango gehört und getanzt wird – mit derselben Leidenschaft wie seine ersten Anhänger.

ADRIANA DÍAZ

Buchtip

Dieter Reichhardt beschreibt in seinen Büchern ›Tango: Verweigerung und Trauer‹ sowie ›Melancholie der Vorstadt‹ das Phänomen des Tango (Frankfurt a.M. 1994, 1992).

Medien und Macht

Die erste Zeitung auf dem Gebiet des heutigen Argentinien hieß ›Telégrafo Mercantil‹ und erschien erstmals am 1. April 1801. Dennoch beginnt für die offizielle Geschichtsschreibung der argentinische Journalismus am 7. Juni 1810 mit dem Erscheinen der ›Gazeta de Buenos Ayres‹. Sie wurde von dem Revolutionär *Mariano Moreno* geleitet und zum offiziellen Organ der Regierungsjunta, die es seit dem 25. Mai desselben Jahres gab. Bis heute ist der 7. Juni alljährlich der »Tag des Journalisten«.

Die weitere Entwicklung der Medien war eng verknüpft mit Familien, die es durch die Informationsorgane zu beachtlicher Macht brachten.

Das 1920 geschaffene nationale Radio wurde bald vom kommerziellen nordamerikanischen System ersetzt. 1951 wurde das staatliche Fernsehen

Lesen Sie bitte weiter auf Seite 104

Argentinien und Sport, das heißt ganz schnell »Diego Maradona«. Doch gibt es auch noch andere Berühmtheiten.

Neben *Fußball* und *Rugby*, das mit zum besten der Welt gehört, wurde auch **Polo** aus England »importiert«. Dabei kommen die weltweit besten Spieler und Pferde aus der La-Plata-Region. Von den etwa zehn Spielern der Welt, die mit dem höchsten Handicap 10 antreten, sind Ende der 90er Jahre sechs oder sieben aus Argentinien. Polo als Sport der Landoligarchie ist in Argentinien und damit auch weltweit von einer Familie dominiert, den *Heguys*. Wer dem Finale der argentinischen Meisterschaft im *Parque Palermo*, Buenos Aires (im November) oder dem Finale des zweitwichtigsten Turniers im *Hurlingham Club*, Groß-Buenos Aires (Mitte Oktober), beiwohnt, hat gute Chancen, die beiden Spitzenteams *Indios Chapaleufú I* gegen *II* zu sehen. Von acht Spielern, jeder mit acht Pferden ausgerüstet für die acht *chukkers* (7minütige Spielabschnitte), sind höchstwahrscheinlich sieben Verwandte der Familie Heguy. Im Jahr 1996 spielten fünf von ihnen mit Handicap 10, die anderen beiden mit Handicap 9.

Die älteren Zuschauer erinnern sich noch an die Väter der heutigen Spieler, die zusammen mit dem Idol des argentinischen Polo, *Juan Carlos Harriot,* in seiner Mannschaft *Coronel Suárez* in den Siebziger Jahren lange unschlagbar waren. Aber auch die anderen beiden Spitzenclubs der etwa 200 argentinischen Mannschaften, *La Martina* und *Royal Pahang*, letztere vom König von Brunei gesponsort, sind durchweg mit Weltklassespielern besetzt. Die Profis, die in den USA und Europa im dortigen Sommer für gutes Geld spielen, kommen zu den Turnieren von Oktober bis Dezember nach Argentinien.

Statussymbol der Upper Class und Droge fürs Volk: Polo und Fußball

Auch den **Fußball** brachten die Engländer über den Atlantik. Fährt man am Wochenende durch die Hauptstadt oder über die Stadtgrenze hinaus nach Groß-Buenos Aires, so sieht man Spieler in den Parks oder auf dem gemieteten Kleinfeld zwischen Autobahnen und stinkenden Flüssen. Eltern, die es sich finanziell leisten können, melden ihre Jungs in einer Fußballschule an, in diesen unterrichten oft ehemaligen Stars.

Osvaldo Bayer beschreibt in seinem wunderbaren Film und Buch über den argentinischen Fußball die Entstehung der Clubs zu Beginn dieses Jahrhunderts. Anarchisten und Sozialisten hätten »die verderbliche Idiotisierung durch das wiederholte Treten mit den Füßen gegen ein rundes Objekt« angeprangert; das Schlagwort war: »Messe und Ball – die schlimmste Droge für das Volk«. Doch der Widerstand wurde bald gebrochen, da die vormaligen Kritiker selbst Vereine gründeten mit Namen wie »Die Zukunft« oder »Die Märtyrer von Chicago« (heute *Argentinos Juniors*), in Anlehnung an die Vorkämpfer für den 8-Stunden-Tag in den USA. Schließlich wurde das Spielen als sinnvoll für die Ausbildung von Gemeinschaftssinn akzeptiert.

Heute gibt es im argentinischen Vereinsfußball die »sechs Großen«, allesamt aus Buenos Aires: *Independiente* und *Racing Club* aus dem Bezirk Avellaneda, außerdem *San Lorenzo*, *Veléz Sarsfield* und vor allem *Boca Juniors* und *River Plate*. Boca und River, das sind in Argentinien zwei Dinge, die sich ausschließen. Selbst die Anhänger anderer Vereine bekennen sich auch zu einem dieser beiden Clubs. Wenn an zwei Sonntagen im Jahr während der Meisterschaftsrunde der *Superclásico* zwischen Boca und River gespielt wird, scheint das Land hypnotisiert, die Straßen sind leer und die Kneipen voll.

Ein Phänomen der argentinischen Spitzenclubs ist die *Barra Brava*, der harte Kern ihrer Fans. Die mächtigste Fangemeinde, bestehend aus drei- bis fünfhundert Personen, hat der Verein Boca, die Mitglieder waren bei den letzten Fußballweltmeisterschaften sogar »offizielle« argentinische Fans; mit allen möglichen Vergünstigungen. Die Fähigkeit, Fans zu organisieren, macht sich auch außerhalb der Fußballstadien bezahlt: Um einer politischen Kundgebung mehr Gewicht zu verleihen, lassen sich über die Spitzen der Barra Bravas einige tausend Demonstranten zusätzlich mobilisieren.

Der gemeinsame Stolz aller Argentinier ist aber *La Selección,* die Nationalmannschaft. In den 20er Jahren wurde der beste Fußball der Welt am Río de la Plata gespielt. Uruguay wurde 1924 und 1928 Olympiasieger und 1930 Weltmeister; Argentinien belegte 1928 und 1930 den zweiten Platz.

Die 40er Jahre waren vielleicht die eindrucksvollsten des argentinischen Fußballs. Mehrmals wurde die südamerikanische Meisterschaft gewonnen, und nur der Weltkrieg verhinderte weitere internationale Erfolge. *Alfredo di Stefano,* der später bei Real Madrid weltberühmt wurde, und *José Manuel Moreno* waren die zwei größten Fußballhelden.

Erst 1978 kam der argentinische Fußball dann wieder zu internationalen Ehren. Die WM fand sogar im eigenen Land statt. Zwei Jahre zuvor hatten sich die Militärs an die Macht geputscht. Sie planten eine Legitimations-Show, die teilweise mit den Olympischen Spielen 1936 in Berlin verglichen wurde.

Das Finale gegen Holland wurde in der Verlängerung gewonnen, und anschließend weigerten sich die niederländischen Spieler, ihren Preis aus den Händen der Militärs entgegenzunehmen. Osvaldo Bayer resümiert: »Argentinien, Meister. Aber die Freude ist keine Freude. Es ist eine Art Explosion einer Gesellschaft, die gezwungen worden war, ruhig zu sein. Es ist keine Freude, weil sie nicht für alle ist. Die Mütter (der Plaza de Mayo) suchen weiterhin ihre Kinder.«

Groß ist Argentinien erst wieder 1986 in Mexiko mit der Nummer 10, *Diego Armando Maradona*. Die Demokratie läßt wieder Luft zum Atmen und 1:0 im Viertelfinale gegen England ist eine Kooperation zwischen Gottes Hand und Maradonas Kopf, wie letzterer nachher versicherte. Dann kamen jene zehn Sekunden, die entscheidend im Leben eines Helden sind. Maradona bekommt den Ball in der eigenen Hälfte und steht mit dem Rücken zum gegnerischen Tor. An fünf Vertretern des englischen Imperiums dribbelt er vorbei, dem Torwart läßt er keine Chance ... Zehn Sekunden, zehn Ballberührungen, der Held mit der Nummer 10 schießt das schönste Tor des Turniers und vielleicht aller Zeiten. 2:1 stand es am Ende, 2:0 im Halbfinale gegen Belgien und 3:2 im Finale gegen die BRD. Und diesmal: Ungetrübte Freude mit dem besten Spieler des Turniers.

Jener argentinische Halbgott, der in einem Armenviertel aufwuchs, der mutig die Mächtigen kritisiert und gegen den Fußballweltverband FIFA rebellierte. Ein Mensch ohne Privatleben, Objekt besessener Weiterverkäufer, der Neapel nach Jahrzehnten wieder zum italienischen Meister machte.

Bei der WM 1990 in Italien bot die Mannschaft schlechten Fußball und kam nur mit viel Glück ins Finale, das die BRD durch einen geschenkten Elfmeter gewann.

Vier Jahre später in den USA war im Achtelfinale gegen Rumänien Endstation. Bei der Fußball-WM in Frankreich 1998 wurde im Achtelfinale England knapp besiegt, doch eine Runde weiter schied die gute Mannschaft um *Gabriel Batistuta* und *Ariel Ortega* gegen Holland aus.

Die Spiele der argentinischen Nationalmannschaft sind Leckerbissen im Alltag vieler Menschen. Doch für die wahre Aufregung und Spannung sorgen die Vereinsduelle. Zum Superclásico schrieb jemand: »Das Land teilt sich in zwei Hälften. Boca und River spielen gegeneinander. Eines der wenigen Dinge, die das Leben rechtfertigen.«

ULRICH BRAND

durch die Verbindung eines Medienunternehmers, *Jaime Yankelevich*, mit einem autoritären Staatschef, Juan Domingo Perón, ins Leben gerufen. Die Privatisierung der elektronischen Medien 1960 ermöglichte die Aufnahme ausländischen Kapitals, das mit den drei großen nordamerikanischen Ketten NBC, ABC und CBS verbunden war.

Die harte Gesetzgebung der Militärs von 1980 untersagte zwar Medienmonopole, aber die wirtschaftlich mächtigen Familien in den Provinzen setzten sich mit Leichtigkeit über dieses Verbot hinweg. Die Familien *Massot* in Bahía Blanca und *Lagos* in Rosario sind die bekanntesten Beispiele. Sie kontrollieren mit Tageszeitungen, TV- und Radio-Kanälen die öffentliche Meinung.

Die demokratischen Regierungen unter Alfonsín und Menem trugen zur weiteren Konzentration der Massenmedien bei.

In Argentinien gibt es in den 90er Jahren neben der Machtkonzentration eine zweite wichtige Entwicklung im Mediensektor: *Multimediakonzeptionen,* die enge Verbindung von Radio, Fernsehen und Printmedien.

Was der Textilunternehmer *Eduardo Eurnekian* in den 80er Jahren dank seiner Kontakte zur damaligen Regierung begann, wird heute verstärkt fortgeführt. Ein staatlicher Kredit verschaffte Eurnekian, der bis dahin das kleine Kabel-TV-Unternehmen *Cablevisión* besaß, die Kontrolle über die wichtigste Nachrichtenstation *Radio América*, über das Unternehmer-

Pressefreiheit?

In den 90er Jahren ist trotz Pressefreiheit neben der starken Kommerzialisierung der Medien auch eine zunehmende Repression zu beobachten. Trauriger Höhepunkt war die Ermordung des Fotojournalisten *José Luis Cabezas,* der für die Zeitschrift »Noticias« die Korruption auf Regierungsebene und die Taten der ins Drogengeschäft verwickelten Polizei der Provinz Buenos Aires recherchierte. Am 24. Januar 1997 wurde die verkohlte Leiche Cabezas' in der Stadt Pinamar (Provinz Buenos Aires) gefunden. Viele Spuren deuteten darauf hin, daß es sich bei den Tätern um eine Gruppe aus Kriminellen und Polizisten handelte. Als Drahtzieher wurde lange Zeit der Unternehmer *Alfredo Yabrán* verdächtigt, der das Postgeschäft, die Steuerkonten des Flughafens von Buenos Aires sowie die dortigen Duty Free Shops und das Verladegeschäft kontrollierte. Politisch brisant waren die Vorwürfe wegen der engen Beziehungen des zwielichtigen Unternehmers zum Präsidenten und anderen hohen Regierungsmitgliedern. Die Ermittlungen hielten die Öffentlichkeit in Atem. Anfang Mai 1998 wurde Yabrán tatsächlich der Anstiftung zum Mord beschuldigt, nachdem der Haftbefehl ausgestellt war, tauchte er unter. Am 20. Mai wurde er tot aufgefunden. An der offiziellen Version eines Selbstmords gibt es einige Zweifel.

Während der Amtszeit Menems gab es zwischen 1989 und 1998 über 1000 Attacken und Drohungen gegen Medien und Journalisten. Kein einziger Fall wurde von offizieller Seite restlos aufgeklärt.

blatt ›El Cronista Comercial‹ und über den (TV-) *Canal 2* von La Plata.

Die Familie *Noble,* Eigentümerin der Nachrichtenagentur *DyN* und der auflagenstärksten und meistverbreitetsten Tageszeitung Argentiniens ›Clarín‹, kam in das elektronische Geschäft über den Aktienkauf des mächtigen *Radio Mitre.* Nach der Unterstützung des Wahlkampfes von Menem erreichte sie zudem die Kontrolle über den Fernsehkanal *Canal 13.*

Die Familie *Vigil* begann mit dem *Atlántida*-Verlag (Zeitschriften ›Gente‹, ›El Gráfico‹, ›Para ti‹, ›Teleclic‹) und erweiterte ihre Macht, indem sie *Canal 11,* den TV-Sender mit meisten Zuschauern, und *Radio Continental* kaufte, beide in Buenos Aires.

Die über hundert Jahre alte Tageszeitung ›La Nación‹ der Familie *Mitre* stieg erst spät in diesen Wettbewerb ein. Dennoch erwarb die Familie neben Kabelfernsehkanälen den Radiosender *Del Plata* in Buenos Aires und ist am nationalen Satelliten *Nahuel* beteiligt; zweifellos das künftige Übertragungsmedium im argentinischen Kommunikationssystem. Die *Romay*-Gruppe, die in den 60er Jahren durch die Kontrolle von *Canal 9* entstand und in der Druckindustrie mächtig ist, übernahm in den letzten Jahren die Kontrolle von *Radio Libertad* und gründete das Unternehmen *Buenos Aires Cable.*

Héctor Ricardo García hat als Fotograf angefangen und ist heute Besitzer des *Sarmiento*-Verlages, der das Boulevardblatt ›Crónica‹ (drei Ausgaben täglich) und ›El Atlántico‹, Mar del Plata, herausgibt. Dazu kommen die Zeitschriften ›Esto‹, dem Sensationsjournalismus verschrieben, und ›Flash‹, spezialisiert auf Handarbeiten. Sein direkter Konkurrent ist die Familiengruppe *Kraiselburd,* die das ›Diario Popular‹ und einige Pornozeitschriften herausgibt. Außerdem gehört ihr die Nachrichtenagentur *Noticias Argentinas.*

Während der Epoche der Militärdiktatur und des »Plata dulce« in den 70er Jahren legte der Journalist *Julio Ramos* mit der Tageszeitung ›Ambito Financiero‹ die Fundamente seiner ökonomischen und publizistischen Macht. Dasselbe gilt für die Familie *Fontevecchia* mit ihrem heute mächtigen *Perfil*-Verlag, in dem die auflagenstarken Zeitschriften ›Noticias‹, ›Caras‹, ›Semanario‹, ›Week End‹, ›Mujer‹ und andere erscheinen.

Die erst 1987 von *Fernando Sokolowicz* gegründete Tageszeitung ›Página/12‹ stillt im Gegensatz dazu das Informationsbedürfnis einer kleinen, intellektuellen und linksliberalen Bourgeoisie in der Hauptstadt. Durch spezielle Lokalteile wie ›La Plata/12‹, ›Rosario/12‹, ›Córdoba/12‹ und in Entre Ríos soll die Zeitung auch im Inland mehr gelesen werden. Herausgegeben wird im selben Haus die Monatszeitschrift ›Página/30‹.

Die katholische Kirche bleibt ein Machtfaktor in der Medienlandschaft, wenn sie auch an Einfluß verloren hat. Sie kontrolliert im gesamten Land 10 TV-Kanäle mit Niedrigfrequenzen, 70 Radiosender im AM- und FM-Bereich, zwei regionale Tageszeitungen, 66 Zeitschriften und die katholische Nachrichtenagentur *AICA.*

Die Regierung kontrolliert eisern den *Canal 7 (ATC)*, der landesweit empfangen wird, das *Radio Nacional* mit 40 Übertragungsstationen im ganzen Land und das *Radio Municipal* in der Hauptstadt.

In Argentinien gibt es viele Tageszeitungen mit großem Einfluß in einzelnen Provinzen. Dasselbe gilt für Radio- und Fernsehstationen und für die Wochen- und Monatszeitungen, die von alternativen oder kulturellen Gruppen oder in Stadtvierteln gemacht werden. Unter den vielen Publikationen, die man an einem Verkaufsstand in der traditionellen Av. Corrientes sehen kann, stechen zwei hervor: ›Humor‹ wegen ihrer Frechheit und ›La Maga‹ aufgrund der kulturellen Informationen. Schließlich gibt es über 200 alternative TV-Kanäle und 2000 Radiostationen, bekannt als *Truchas*, »Falsche«, die ohne oder mit unsicherer Genehmigung arbeiten und während des Booms in den 80er Jahren entstanden.

RICARDO HORVATH

Der argentinische Film

Das argentinische Kino war früher neben dem mexikanischen das wichtigste in Lateinamerika. Jährlich gab es bis zu vierzig Produktionen, alle mit einheimischem Kapital finanziert und von argentinischen und lateinamerikanischen Regisseuren und Schauspielern gedreht.

Die Realität des heutigen Kinos sieht anders aus: es werden nicht einmal mehr zehn Filme pro Jahr gemacht, und die Hälfte wird aus dem Ausland mitfinanziert. Die Vorführsäle gehören zu profitorientierten Ketten, die nur US-amerikanische Filme zeigen.

Als die drei bedeutendsten argentinischen Filme wurden vor einigen Jahren von sämtlichen argentinischen Filmkritikern folgende ausgewählt: ›Prisioneros de la Tierra‹ von *Marion Soffici*, ›La Patagonia Rebelde‹ von *Héctor Olivera* und ›Las aguas bajan turbias‹ von *Hugo del Carril*. Alle drei beruhen auf authentischen Geschehnissen in der argentinischen Geschichte: ›Prisioneros de la Tierra‹ ist die Geschichte der indigenen *Mensú*, Nachfahren der Guaraní, die in den Mate-Pflanzungen in der Provinz Misiones ausgebeutet werden. ›La Patagonia Rebelde‹ erzählt von den Streiks der Landarbeiter in der Schafzucht in Patagonien und ihrer Unterdrückung durch das Militär. ›Las aguas bajan turbias‹ beschreibt das Schicksal der Arbeiter am Río Paraná.

Nur ›La Patagonia Rebelde‹, der auf der Berlinale 1974 den Silbernen Bären bekam, fand internationale Anerkennung. Selbst in der ›Geschichte des lateinamerikanischen Kinos‹, geschrieben von dem Deutschen *Peter B. Schumann* und entstanden mit Unterstützung deutscher Regierungsorganisationen, werden argentinische Filme nur am Rande erwähnt. Auch für ›La Patagonia Rebelde‹ hat der Autor nur einige abschätzige Worte übrig. Der lateinamerikanische Film wird paradoxerweise immer an europäischen Maßstäben gemessen. Bezeichnend ist, daß die spanische Version dieses geschichtlichen Abrisses in allen lateinamerikanischen Ländern vertrieben wird, Menschen in Lateinamerika informieren sich also über ihre eigenen Filme durch die Meinung eines Deutschen – auch darin kann man eine Art »Kulturimperialismus« erkennen. Im gleichen Buch erhalten Filme großes Lob, die von der Diktatur Videlas Ende der 70er Jahre finanziert wurden wie zum Beispiel ›El reino de las tinieblas‹ von *Mario Sábato,* der auf einem europäischen Festival von einer Delegation der Militärdiktatur vorgestellt wurde und danach in der Versenkung verschwand.

Der nationale Film war einst die bevorzugte Unterhaltung der Argentinier, noch vor dem Fußball. Das monopolistische System der großen ausländischen Produzenten birgt die Gefahr, den argentinischen Film zu verdrängen – doch die einheimischen Regisseure geben sich noch nicht geschlagen.

OSVALDO BAYER

Kinotips
Sehenswerte Filme argentinischer Regisseure sind von:
Pino Solanas: ›Sur‹, ›El viaje‹, ›Los hijos de fierro‹, ›Tangos‹, ›El exilio de Gardel‹ und ›La hora de los hornos‹.
Rodolfo Kuhn: ›Pajarito Gómez‹ und ›Los jóvenes viejos‹.
Fernando Ayala: ›Los tallos amargos‹.
Héctor Olivera: ›La noche de los lápices‹, ›María Soledad‹ und ›No habrá penas ni olvidos‹.
Eliseo Subielas: ›El lado oscuro del corazón‹.
Aristaráin: ›Un lugar en el mundo‹.
Eduardo Mignogna: ›Horacio quiroga‹ und ›Evita‹.
María Luisa Bemberg: ›Yo la peor de todas‹.
Lita Stantic: ›El silencio después del muro‹.

Dazu kommen Produktionen von jungen Regisseuren wie *Jorge Polaco, Carlos Echeverría, Tristán Bauer, Marcelo Céspedes* und *Carmen Guarini.*

Filme seit 1990
Der argentinische Film meldet sich seit Mitte der 90er Jahre zurück. Nachdem die Produktion zwischen 1991 und 1994 auf einen historischen Tiefstand fiel (gerade mal 50 Filme wurden in den vier Jahren fertiggestellt), steigt sie seit 1995 wieder an.

Bemerkenswert sind unter anderem der 1994 gedrehte Dokumentarfilm über das Leben von Julio Cortázar von *Tristán Bauer* zum 10. Todestag des großen argentinischen Schriftstellers.

›Moebius‹ (1996) wurde von einer Gruppe von Filmstudenten aus Buenos Aires gedreht. Der Film erzählt surrealistisch die Geschichte vom Verschwinden einer U-Bahn im Metronetz von Buenos Aires.

›Eva Perón‹ von *Juan Carlos Desanzo* war 1996 das gelungene Gegenstück zum US-amerikanischen Kitsch mit der Sängerin Madonna.

›Patrón‹ von *Jorge Rocca,* die Geschichte eines brutalen und arroganten Großgrundbesitzers, wurde 1996 auf der Berlinale vorgestellt.

Drei argentinische Beiträge von unbekannteren Regisseuren erregten auf der 98er Berlinale einige Aufmerksamkeit, sie spielten übrigens alle nicht in Buenos Aires. ›Invierno Mala Vida‹ (wörtlich übersetzt: Winter Schlechtes Leben) von *Gregorio Cramer* ist eine Art skurriles Roadmovie in Patagonien. Im 19. Jahrhundert spielt der Film von *Daniel Burman* ›Un Crisantemo estalla en Cincoesquinas‹ (Eine Chrysantheme explodiert in dem Ort Cincoesquinas), in dem zwei junge Männer, die sich zunächst nicht kennen, auf der Suche nach ihrem gemeinsamen Vater sind. *Marcos Loayza* erzählt in ›Escrito en el agua‹ (Geschrieben in Wasser) von der zusammenbrechenden Lebenslüge eine Veterans des Spanischen Bürgerkrieges und einem vertuschten Chemieunglück.

Am meisten beachtet wurde in den letzten Jahren im deutschsprachigen Raum jedoch zweifellos ›El lado oscuro del corazón‹ (Die dunkle Seite des Herzens, 1993) von *Eliseo Subiela,* der die Liebesgeschichte einer Prostituierten und eines scheiternden Dichters erzählt. Die Gedichte, die in dem Film vorkommen, sind von *Mario Benedetti* und *Juan Gelman.*

LITERATUR AM RIO DE LA PLATA

Buenos Aires wird als Hauptstadt der lateinamerikanischen Literatur bezeichnet. Die sprachliche Homogenität des Kontinents, abgesehen von indigenen Sprachen und Portugiesisch, bietet einen großen Leserkreis. Mit ähnlichen sozialpolitischen Veränderungen wurde immer ein Austausch unter den Veröffentlichenden angestrebt.

Während der Kämpfe um die politische Unabhängigkeit entwickelte sich im 19. Jahrhundert eine Diskussion um die kulturelle Eigenständigkeit der jungen Staaten des amerikanischen Kontinents. Vor allem der kubanische Dichter *José Martí* mit seinem »idealistischen Realismus« kritisierte die anthropologische Erfindung von Rassen, trat für eine selbstbewußte Rückbesinnung auf eigene Existenzweisen ein und kämpfte damit gegen die europäische kulturelle Vorherrschaft. In Argentinien und Uruguay stand vom Ende des 18. Jahrhunderts bis zu Beginn des 20. Jahrhunderts die **Gaucholiteratur** für diese politische Tendenz. Das harte halbnomadische Leben der Gauchos,

Der uruguayische Schriftsteller Mario Benedetti

die mit wilden Tieren lebten und wegen ihres geschickten Umgangs mit Wild und Natur romantisiert wurden, sollte die erträumte Freiheit der Argentinier darstellen. ›Der Gaucho Martín Fierro‹ ist 1873 der erste literarische Bestseller dieses Genres. Autor *José Hernández* schrieb daher sechs Jahre später mit ›Die Rückkehr des Martín Fierros‹ einen Folgeband (beide sind bisher nicht ins Deutsche übersetzt). In deutscher Sprache übersetzt liegt der Roman ›Don Segundo Sombra‹ von *Ricardo Güiraldes* aus dem Jahr 1926 vor und wird hier stellvertretend empfohlen (›Die Geschichte vom Gaucho Sombra‹).

Die intensivere Auseinandersetzung um politische Unabhängigkeit, nachdem Spanien mit Kubas Unabhängigkeit 1898 seine letzte amerikanische Kolonie verloren hatte, und der Wunsch, das Europäische mit dem Amerikanischen zu verbinden, spiegeln sich literarisch im **Modernismo** wider. »Zivilisation« und »Barbarei« waren gegensätzliche Begriffe, um die gestritten wurde. *Rubén Darío* veröffentlichte mit ›Azúl‹ einen Gedichtband, der eine intellektuelle Diskussion in Gang brachte, die nun ihrerseits Europa und vor allem Spanien beeinflußte.

Ab dem zweiten Jahrzehnt dieses Jahrhunderts setzte die **Avantgarde**, zu der *Jorge Luis Borges, Roberto Arlt, Horacio Quiroga* und andere gezählt werden, dem »Europäismus« in der Literatur eine vielfältige, auch widersprüchliche Selbstbezogenheit und eine kosmopolitische Orientierung entgegen. Einhergehend mit einer Universitätsreform seit 1919 blieb diese Bewegung nicht auf kleine literarische Zirkel beschränkt. Ihr Organ war die Zeitschrift ›Martín Fierro‹ (1924–27), in der das neue Kunstverständnis, insbesondere das der Lyrik, diskutiert wurde. Im wohlhabenden Argentinien und Uruguay dieser Zeit ging es vielen Literaten im Gegensatz zu Europa weniger um sozialpolitisches Engagement als um »zweckfreie Kunst«, *l'art pour l'art*, was einer Begeisterung für alles Neue, insbesondere dem technischen Fortschritt, nicht widersprach.

Der Spanische Bürgerkrieg in den 30er Jahren und der damit verbundene Exodus vieler Intellektueller nach Lateinamerika befruchtete vor allem die Kulturzentren Buenos Aires und Mexiko-Stadt. In dieser Zeit beschäftigte sich in Buenos Aires die literarische **Gruppe Florida** um Borges und *Bioy Casares* mit ästhetischen und literaturtheoretischen Fragen, während die **Boedo-Gruppe** um Arlt junge sozialistische Schriftsteller und Schriftstellerinnen vereinte. Erstere hatte mit der Avantgarde-Zeitung ›Sur‹, geleitet von Silvina Ocampos Schwester *Victoria Ocampo,* ein wichtiges Forum.

In Uruguay wurde 1939 die Literaturzeitschrift ›Marcha‹ gegründet, die bis zu ihrem Verbot 1974 von *Carlos Quijano* geleitet wurde und den Mythos der »Musterdemokratie Uruguay« hinterfragte. *Juan Carlos Onetti* und *Eduardo Galeano* waren zeitweise Redakteure, *Mario Benedetti* und *Cristina Peri Rossi* schrieben wie so viele andere für die weit über Uruguay hinaus bedeutende Zeitschrift.

Im Hinblick auf konkrete Utopien nach der kubanischen Revolution und eine breite internationale Öffentlichkeit wurde versucht, das spezifisch Lateinamerikanische neu zu fassen und anders zu denken. Der Kolumbianer *Gabriel García Márquez* vermischt exzellent universelle Ansprüche und kolumbianisch-regionale Entwicklungen in seinem auch hierzulande bekannten Roman ›Hundert Jahre Einsamkeit‹. Der Mexikaner *Octavio Paz* prägte dafür den Begriff der **Gründungsliteratur:** »Bevor wir eine eigene historische Existenz besaßen, begannen wir damit, eine europäische Idee zu sein. Man kann uns nicht verstehen, wenn man vergißt, daß wir ein Kapitel in der Geschichte der europäischen Utopien sind ... Entwurzelt und kosmopolitisch, ist die hispanoamerikanische Literatur Rückkehr und Suche nach einer Tradition ... Wille zur Verkörperung, Gründungsliteratur.«

Die internationale Anerkennung der lateinamerikanischen Literatur wird häufig in Zusammenhang mit der Vergabe des internationalen Verlegerpreises 1961 an Borges (zusammen mit Samuel Beckett) gebracht, ungeachtet der Tatsache, daß wichtige Werke von den argentinischen Autoren Borges und *Julio Cortázar*, dem Uruguayer *Onetti* oder dem Kubaner *Alejo Carpentier* früher entstanden. Für ein Jahrzehnt gab es einen Boom, viele Werke erreichten nie gekannte Auflagen und mehrfache Übersetzungen, sie dienten als Filmvorlagen und manch bereits gealterter Literat lebte erstmals vom Schreiben. Neben Borges waren die weltweit bekannten und zeitweise unkritisch gefeierten Stars der »neuen lateinamerikanischen Literatur« Cortázar, García Márquez, der Mexikaner *Carlos Fuentes* und der Peruaner *Mario Vargas Llosa*. Eine verwirrende Literatur, **Phantastische Literatur** genannt, sollte den Blick öffnen für eine verwirrende Welt und die entgleitende Realität des Kontinents.

Männliche Autoren beherrschen bis heute die Szene. In Uruguay etablierten mehrere Frauen wie beispielsweise Cristina Peri Rossi ihre Werke in den auch für den Literaturbetrieb staatlich repressiven 70er Jahren. Gleichzeitig gingen viele ins Exil und hatten Probleme, zu publizieren.

Und dennoch: In Gesellschaften, in denen Berufspolitiker noch skeptischer gesehen werden als hierzulande, spielen Intellektuelle eine wichtige Rolle. Neben ihren Werken wird auch ihr moralisches und politisches Verhalten genau beobachtet. Literatur, die sich im Sinne José Martís mit der Realität auseinandersetzt, bleibt für viele Menschen in Lateinamerika eine wichtige Stütze.

Autoren des 19. Jahrhunderts

Nicht zur neuen lateinamerikanischen Literatur gehören zwei argentinische **Klassiker** des vergangenen Jahrhunderts. Der spätere Präsident *Domingo Faustino Sarmiento* (1811 – 1888) schildert in seinem Roman ›Vida de Juan Facundo Quiroga‹ das Leben unter der Diktatur Manuel Rosas. Das 1845 erstmals veröffentlichte Werk trägt den Untertitel ›Das Leben in der Republik Argentinien in den Tagen der Tyrannen‹. Dasselbe Thema nehmen *Esteban Echeverría* (1805 – 1851), der zur *Generation von 1837* gehört, in ›El Matadero‹ (›Der Schlachthof‹, entstanden 1830, veröffentlicht 1870) als politische Parabel und *José Mármol* in ›Amalia‹ auf. ›Amalia‹, von Mármol (1817 – 1871) im Exil geschrieben, wurde 1851 und 1855 in zwei Teilen veröffentlicht und klagt die Umstände der Rosas-Diktatur an: Eingebettet in einen romantischen Liebesroman wird zum Teil autobiographisch von den blutrünstigen Taten der Rosas Schergen berichtet.

Erwähnenswert ist schließlich ein **Reisebericht** aus dem Jahr 1775 oder '76, in welchem der in Lima lebende Spanier *Alonso Carrió de la Vandera* (1715? – nach 1778) eine Fahrt von Buenos Aires nach Lima beschreibt. Sein ›El Lazarillo de Ciegos Caminantes‹ (›Der Reiseführer der blinden Wanderer‹) stellt ein besonderes Zeitzeugnis dar.

Autoren des 20. Jahrhunderts

Argentinien: Vom international bekanntesten Schriftsteller Argentiniens, *Jorge Luis Borges* (1899 – 1986), von dem auch die meisten Schriften ins Deutsche übersetzt wurden, sind die Erzählungen ›El Aleph‹ (›Labyrinthe‹) und ›Ficciones‹ (›Fiktionen‹), seine frühen Essays in ›Kabbala und Tango‹ und seine späteren in ›Inquisiciones‹ (›Untersuchungen‹) sowie seine Gedichte eine geeignete Einführung. Eine Zusammenstellung der schönsten Erzählungen Borges' durch *Fritz Arnold* erschien 1997 in ›Lotterie in Babylon‹, Wagenbach-Verlag, Berlin.

Neben Borges' Kurzgeschichten zählt Cortázar den Roman ›Adán Buenosayres‹ (1948) von *Leopoldo Marechal* (1900 – 1970) zur bedeutendsten argentinischen Prosa der ersten Jahrhunderthälfte. Buenos Aires wird hier als »große Hauptstadt des Südens« und faszinierender Brennpunkt verschiedener Entwicklungen beschrieben.

Übersetzt ist auch eine breite Palette der Romane und Erzählungen von *Julio Cortázar* (1904 – 1984), dem »revolutionären« Erzähler, die zunächst in der DDR erschienen. Am bekanntesten sind seine Romane die ›Die Gewinner‹, ›Reise um den Tag in 80 Welten‹, ›Album für Manuel‹ und sein Hauptwerk ›Himmel und Hölle‹ (oder ›Das Hüpfspiel‹, im Original ›La Rayuela‹) sowie die Sammelbände mit Erzählungen ›Das besetzte Haus« (›Bestario‹), ›Ende des Spiels‹, ›Das Feuer aller Feuer‹, ›Passatwinde‹ und ›Alle lieben Glenda‹. Im Peter Hammer-Verlag erschien ›Nicaragua, so gewaltsam zärtlich‹, bei Suhrkamp 1998 auf 1280 Seiten seine gesammelten Erzählungen.

Horacio Quiroga wurde 1878 zwar in Uruguay geboren, veröffentlichte aber fast alle seine Bücher in Buenos Aires (1937 gest.). Seine Short Stories spielen meist im argentinischen Urwald in der Provinz Misiones, wo er lange Zeit in San Ignacio lebte. Über-

Jorge Luis Borges

setzt und veröffentlicht wurden einige seiner über 100 Erzählungen in ›Geschichten von Liebe, Irrsinn und Tod‹ sowie in ›Der Papagei mit der Glatze: Geschichten aus Südamerika‹, die auch für Kinder zu empfehlen sind.

Der Schrifststeller *Ernesto Sábato* (1911 – 1995) leitete aufgrund seiner Integrität in Menschenrechtsfragen die Kommission in Argentinien, die zur Aufklärung der Menschenrechtsverletzungen während der Militärdiktatur beitragen sollte und den Bericht ›Nunca más!‹ (siehe Seite 50 Geschichte, Seite 118 Literaturtips) veröffentlichte. Sábato schrieb unter anderem die Romane ›Abaddon‹, ›María oder die Geschichte eines Verbrechens‹, ›Über Helden und Gräber‹ sowie ›Die unbesiegten Frauen‹. Er wird mit Borges und Cortázar zum »Dreigestirn« der argentinischen Prosa gezählt, die gerade in ihrer Unterschiedlichkeit bis heute bestimmende Literaten des Landes sind.

Von der Poetin *Alfonsina Storni* (1892 – 1938 durch Freitod) ist gegewärtig keine Übersetzung lieferbar. Die Sonettzyklen dieser Frau, die sich den Männern ihrer Zeit zugleich überlegen und durch Sozialisation unterworfen fühlte, sind für heutigen Geschmack wohl zu schwer zugänglich.

Silvina Ocampo ist eine der bekanntesten Frauen der argentinischen Literatur, sie wird auch die »Grande Dame« genannt. Aus Ocampos umfassendem Werk wie auch aus Gemeinschaftsarbeiten mit ihrem Ehemann und Borges wurden über 50 Erzählungen in ›Der Farnwald‹ und ›Die Furie und andere Geschichten‹ ausgewählt. Der Roman ›X‹ ist vergriffen, ihre Gedichte sind nicht übersetzt.

Festlicher Ort für Uraufführungen: Teatro Colón in Buenos Aires

Silvina Ocampo war verheiratet mit *Adolfo Bioy Casares* (1914 geb.), der durch witzige Erzählungen und Romane wie ›Morels Erfindung‹ und ›Fluchtplan‹ (beide spielen auf einer Insel), ›Tagebuch des Schweinekrieges‹ oder ›Der Traum der Helden‹ (Handlungsort hier Buenos Aires) bekannt wurde. Seit 1997 liegt mit ein ›Schwankender Champion‹ eine weitere Übersetzung ins Deutsche vor.

Sehr zu empfehlen ist der im Zürcher Rotpunktverlag 1993 erschienene Roman ›Wer erschoß Rosendo K.?‹ von *Rodolfo Walsh*. In Form eines Kriminalromans geht es um Auseinandersetzungen in der peronistischen Gewerkschaftsbewegung der 60er Jahre. Walsh war als Journalist seit den 50er Jahren einer der prominentesten Kritiker des Militärs und wurde 1977 von diesen ermordet. In ›Operación masacre‹ geht es um die fiktiven, kriminalistisch verfaßten Berichte von tatsächlich Erschossenen in der Zeit nach dem Militärputsch gegen Perón im Jahr 1955.

Ähnlich wie Walsh erging es *Haroldo Conti*: 1976 wurde er verhaftet, vier Jahre später gaben die Militärs zu, ihn ermordet zu haben. Sein einziger ins Deutsche übersetzte Roman ist ›Mascaró, der amerikanische Jäger‹, in dem die Zustände im Argentinien der 70er Jahre thematisiert werden.

Großen Einfluß auf die jüngere Autorengeneration hatte der mit nur 42 Jahren früh verstorbene *Roberto Arlt*, der »argentinische Dostojewski« (geb. 1900), von dem einige Erzählungen in ›Der rote Mond‹ (auch verfilmt) sowie die Romane ›Die sieben Irren‹ und ›Die Flammenwerfer‹ auf Deutsch vorliegen. Leider sind die Übersetzungen teilweise ungenau.

Manuel Puig schreibt nicht nur Romane, sondern auch Theater- und Filmdrehbücher. Er vertritt eine Generation, die versucht, mit herkömmlichen literarischen Traditionen zu brechen. Seine neuen Werke werden mit viel Spannung erwartet und dann bald in andere Sprachen übersetzt. Schon sein erster Roman ›Verraten von Rita Hayworth‹ machte ihn international bekannt, seit ›Der schönste Tango der Welt‹ zählt er zu den renommiertesten zeitgenössischen Autoren des Kontinents. Sein Roman ›Der Kuß der Spinnenfrau‹ wurde 1985 von Hector Babenco mit William Hurt in der Hauptrolle verfilmt.

Von der Feministin *Angélica Gorodischer* erschien bisher übersetzt der witzige Kriminalroman ›Eine Vase aus Alabaster‹, 1997 bei Fischer. Ihre ebenfalls bekannten Bücher ›Bajo las Jubeas en Flor‹ oder ›Casta Luna electrónica‹ warten noch aus ihre Übersetzung.

Drei empfehlenswerte Romane wurden jüngst ins Deutsche übersetzt. Zum Leben und Mythos Eva Peróns schrieb *Tomás Eloy Martínez* ›Santa Evita‹, der Kriminalroman ›Die unmögliche Leiche‹ stammt aus der Feder von *José Pablo Feinman* und *Alice Kozameh* erzählt in ›Straußenbeine‹ von dem Verhältnis eines heranwachsenden Mädchens zu ihrer kranken Schwester. Fast 60 Märchen aus Argentinien und Uruguay wurden von *Felix Karlinger* und *Johannes Pögl* herausgegeben, versehen mit einem ausführlichen Nachwort und zum zweiten Mal aufgelegt 1997.

Uruguay: *Juan Carlos Onetti* (1909 – 1994) ist zweifellos einer der renommiertesten Autoren Lateinamerikas. Sein imaginärer Schauplatz Santa María zieht sich durch sein Werk, mit dem er weltberühmt wurde. Von dem Uruguayer, der erst im Alter von über 40 Jahren seine ersten Erzählungen in einem Buch veröffentlichte und über 70 war, als er internationale Wertschätzung erlangte, sollen hier stellvertretend seine Romane ›Der Leichensammler‹ (1988, Spanisch 1964) und ›Die Werft‹ (1976, Spanisch 1961) empfohlen werden. 1993 erschien auf Deutsch bei Suhrkamp ›Der Tod und das Mädchen‹ (von Roman Polanski 1994 verfilmt), den man allerdings nicht als ersten Onetti-Roman lesen sollte.

Zu den bekanntesten Literaten Uruguays gehört auch *Mario Benedetti*. 1920 in Paso de los Toros in Zentraluruguay geboren, wuchs er in Montevideo auf und besuchte dort die Deutsche Schule. Lange Zeit arbeitete er als Angestellter, weil er vom Schreiben nicht leben konnte. Seit 1945 schrieb er für die Wochenzeitung ›Marcha‹. In den ›Bürogedichten‹, die 1956 erschienen (alle Jahreszahlen beziehen sich hier auf die Erstveröffentlichung in Spanisch), stellt er den langweiligen Alltag in einem selbstgefälligen Land dar. Breite Anerkennung fanden sein Erzählband ›Montevideanos‹ (1959, nicht übersetzt) sowie die Romane ›Die Gnadenfrist‹ (1960), in dem er Trübsinn und Melancholie des damaligen Uruguays darstellt, und ›Danke für das Feuer‹ (1965), das den Kampf gegen die verkommenen Machtstrukturen beschreibt. Der Versroman ›Der Geburtstag Juan Angels‹ von 1971 thematisiert die Stadtguerilla Tupamaros. Seine späteren Werke kreisen immer wieder um das Thema Exil, Benedetti mußte nach dem Militärputsch das Land verlassen. Die in ›Frühling im Schatten, mit und ohne Heimweh‹ und in ›Auf den Feldern der Zeit‹ gesammelten Erzählungen seien stellvertretend genannt. Viele Gedichte Benedettis sind in ›Verteidigung der Freude‹ übersetzt erschienen, darunter das sehr bekannte ›Lateinamerikanische Vaterunser‹, vertont als *Canciones de protesta* (Protestlieder). In dem Kinofilm ›El lado oscuro del corazón‹ (1990), der Liebesgeschichte zwischen einer uruguayischen Prostituierten und einem argentinischen Poeten, in dem Benedetti selbst eine kleine Rolle übernahm, werden viele seiner Gedichte rezitiert. Wie ein Bekenntnis wirkt sein Essay ›Das persönliche Zeugnis und seine Grenzen‹, erschienen in der Sammlung ›Literatur und Revolution‹. Seine Werke werden seit Mitte der 80er Jahre auch ins Deutsche übersetzt, darunter Erzählungen in ›Die Sterne und du‹ und der Roman ›Das Mädchen und der Feigenbaum‹ (deutsch 1994).

Die bekannteste Literatin Uruguays ist zweifellos *Cristina Peri Rossi*, die seit dem Militärputsch 1973 in Spanien lebt. Zahlreiche Erzählungen wurden in ›Der Abend des Dinosauriers‹ übersetzt, Essays und Gedichte in ›Mona Lisa und ihr Maler‹. Ihr erster Roman ›X‹ ist derzeit auf Deutsch leider vergriffen, dafür ist ›Einsiedler der Liebe‹ erhältlich und empfehlenswert. In den Essays von ›Fantasías eróticas‹ (Übersetzung im Wiener Frauenverlag) geht es um den Unterschied von kunst- und liebevoller Erotik und banaler Sexualität. ›Die letzte Nacht Dostojewskis‹ wurde 1994 auf Deutsch veröffentlicht.

International noch bekannter ist der uruguayische Schriftsteller *Eduar-*

do Galeano, der nicht mit einem Roman, sondern mit einer Art Geschichtsbuch Weltruhm erlangte, ›Die offenen Adern Lateinamerikas‹ erschien 1971 (deutsch 1973). 1977 (deutsch 1978) erschien ›Tage und Nächte von Liebe und Krieg‹. In diesem Buch beschreibt Galeano die Mechanismen der lateinamerikanischen Unterdrückung; er schreibt über politische Verfolgung und das Exil, sein eigenes und das seiner Freunde. In ›Erinnerung an das Feuer‹ geht es um eine neue Form der Geschichtsschreibung. Die historischen Entwicklungen von Diktaturen, Abhängigkeiten und Befreiungskämpfen werden in Form von Mosaiken aus geschichtlichen Quellen dargestellt. Das dreibändige Werk beginnt in der präkolumbianischen Zeit und führt bis in unsere Tage hinein. 1989 erschien ›Das Buch der Umarmungen‹ (deutsch 1991), eine Sammlung von Gedanken und kurzen Essays. Auch in dem Band ›Von der Notwendigkeit, Augen im Hinterkopf zu haben‹ (auf deutsch 1992) sind Essays zu Themen wie Literatur, Exil, Kultur und Indígenas zusammengestellt. Das neueste Buch des Autors ist die sehr schön gestaltete, mit Holzschnitten versehene Geschichtensammlung ›Wandelnde Worte – Von Träumen, Maismenschen und Erzengeln‹ (deutsch 1997).

Mauricio Rosencof, der als führendes Mitglied der Tupamaros über dreizehn Jahre lang inhaftiert war, arbeitet seit 1985 als Schriftsteller und Dramaturg und hat mehrere Essaybände und Theaterstücke veröffentlicht, so ›Hundeleben‹ (deutsch 1990) und ›Der Bataraz‹ (deutsch 1995). Der 1949 geborene *Mario Delgado Aparaín* gilt als einer der neuen Hoffnungsträger der jüngeren lateinamerikanischen Literatur. Sein Roman ›Die Ballade von Johnny Sosa‹ (1991, deutsch 1996) ist »eine wunderbare Parabel von Unterdrückung und Freiheit und zugleich die erste Geschichte, die ein Lateinamerikaner geschrieben hat, in der die Guten haushoch gewinnen«, so der chilenische Autor *Luis Sepúlveda* in einer Rezension.

Zum Schluß ein Tip für spanischkundige Krimifreunde: *Juan Grompone* hat mit ›Asesinato en el Hotel de Baños‹ (1990) und ›Ciao! Napolitano‹ (1991) zwei spannende Krimis veröffentlicht, die sich auch als historische Stadtführer über die uruguayischen Städte *Piriápolis* und *Salto* lesen lassen.

Literaturtips zum Weiterlesen

Außer den im Literaturkapitel bereits genannten wichtigen Romanautoren bzw. -titeln sowie den unter manchen Artikeln genannten Büchern, sind folgende Sachbücher empfehlenswert:

Ausgewählte Erzählungen & Lyrik

▶ Eine hilfreiche allgemeine Einführung zu wichtigen Autoren sind *Dieter Reicherts* ›Lexikon lateinamerikanischer Autoren‹ sowie der Band ›Lateinamerikanische Literatur‹, den *Michi Strausfeld* herausgab (dort besonders das Einführungskapitel).

▶ *Volker Roloff* und *Harald Wentzlaff-Eggbert* sind die Herausgeber der

beiden literaturwissenschaftlichen Bände von ›Der hispanoamerikanische Roman‹, in denen über vierzig *Novelas,* Romane, beispielhaft für das Literaturspektrum interpretiert werden.
▶ *Cuentos,* Erzählungen, haben in Uruguay und Argentinien einen viel höheren Stellenwert als in Mitteleuropa. Eine glänzende Einführung ist ›Argentinien erzählt‹. Eine jüngere Generation von Autorinnen und Autoren, die meisten hierzulande noch unbekannt, kommt in ›21 Erzähler vom Río de la Plata‹ zu Wort. In dem vom »Haus der Kulturen der Welt« in Berlin herausgegebenen Buch wird in Erzählungen und Romanfragmenten zumeist das Leben in Buenos Aires und Montevideo thematisiert. In das ›Lied des Feuers‹, herausgegeben von *Wolfgang Eitel,* geht es ebenfalls um Erzählungen; diesmal von Autorinnen und Autoren des ganzen Subkontinents, unter ihnen die meisten der im folgenden erwähnten.
▶ Eine schöne Einführung ist der von *Curt Meyer-Clason* herausgegebene Band ›Lyrik aus Lateinamerika‹, München 1988, in dem man Gedichte von Borges, *Juan Gelman, Enrique Molina, Alberto Girri, Susana Romano, Ida Vitale* wie auch von *Pablo Neruda* (Chile), *Nicolás Guillén* (Kuba), Octavio Paz (Mexiko) oder *Ernesto Cardenal* (Nicaragua) findet.

Ernesto Cardenal

Politik

▶ *Tulio Halperín Donghi,* ›Zeitgenössische Geschichte Lateinamerikas‹, Frankfurt a.M. 1994. Guter und systematischer Überblick über die Geschichte des gesamten Kontinents; jede Epoche auch länderspezifisch betrachtet.
▶ *Eduardo Galeano,* ›Die offenen Adern Lateinamerikas‹, Wuppertal 1992. Ein Klassiker der lateinamerikanischen Geschichte. Auf Deutsch bereits in 15. Auflage erschienen.
▶ *Eduardo Galeano,* ›Erinnerungen an das Feuer‹, Wuppertal 1992. Dreibändige Sammlung, in der Galeano Zeugnisse der indigenen Kulturen vor der Eroberung Lateinamerikas zusammengetragen hat.
▶ *Noam Chomsky,* ›Year 501. The conquest continues‹, Boston 1993. Buch des US-Amerikaners, in dem er auf die aktuelle Situation des Kontinents im veränderten welthistorischen Kontext eingeht.
▶ *Karl Ludolf Hübener* (Hrsg.), ›Weißbuch Lateinamerika‹, Wuppertal 1991. Mit Beiträgen von *Rigoberta Menchú, Eduardo Galeano* und anderen. Hier wird versucht, aus verschiedenen Blickwinkeln die aktuelle Situation des Kontinents am Vorabend des 500. Jahrestages der Eroberung zu erfassen.
▶ *Elmar Altvater u.a.,* ›Die Armut der Nationen‹, Berlin 1989. Das Buch befaßt sich mit der Verschuldung vieler »Dritte Welt«-Länder. Neben einer allgemeinen und gut verständlichen Einführung gibt es zum Thema viele Länderbeispiele, unter anderem zu Argentinien (von *Gabriela Simon*).

▶ *Gaby Weber*, ›Die Guerilla zieht Bilanz‹, Gießen 1989. Gespräche mit Guerillaführern in Argentinien, Bolivien, Chile und Uruguay.
▶ *Werner Balsen* und *Karl Rössel*, ›Hoch die internationale Solidarität‹, Köln 1986. In dieser Aufsatzsammlung wird das Thema Neoliberalismus behandelt.
▶ *Gert Eisenbürger (Hrsg.)*, ›Lebenswege‹, Hamburg 1995. ›15 Biographien zwischen Europa und Lateinamerika‹ lautet der Untertitel des Buches, in dem antifaschistische Emigranten, die in den 30er Jahren aus Europa auswandern mußten, und Flüchtlinge, die in den 70er Jahren vor den Militärdiktaturen Lateinamerikas Schutz suchten, aus ihrem Leben erzählen. Unter anderm sind Beiträge von beziehungsweise über *Osvaldo Bayer* und *Alfredo Bauer* in dem Band enthalten.
▶ *Leo Gabriel (Hrsg.)*, ›Die globale Vereinnahmung und der Widerstand Lateinamerikas gegen den Neoliberalismus‹, Frankfurt a.M. 1997. Allgemeine Aspekte neoliberaler Politik und des Widerstands, dazu gibt es Beiträge zu einzelnen Ländern (zu Argentinien von *Viktor Sukup*).
▶ *Maria Mies*, ›Patriarchat und Kapital‹, Zürich 1992. ›Frauen in der internationalen Arbeitsteilung‹ lautet der Untertitel des Buches, in dem es um die Verflechtung von internationaler und geschlechtlicher Arbeitsteilung geht.
▶ *Gabi Küppers (Hrsg.)*, ›Feministamente‹, Wuppertal 1992. Um die Frauenbewegung in Lateinamerika geht es in dem Buch, mit Interviews und Beiträgen von lateinamerikanischen Frauen.
▶ *Albert Sterr (Hrsg.)*, ›Die Linke in Lateinamerika‹, Köln 1997. Sowohl länder- als auch problemspezifische Analysen.
▶ *Uwe Pollmann*, ›Der Krieg gegen die Kinder auf den Straßen Lateinamerikas‹, Reinbek 1992. Vom Alltagsleben der Straßenkinder, die in den Städten Lateinamerikas immer zahlreicher werden, und der »Ausrottungspolitik« gegen sie durch Todesschwadrone.
▶ *Wolfgang Sachs (Hrsg.)*, ›Wie im Himmel so auf Erden‹, Reinbek 1993. Provokatives zur Entwicklungspolitik.
▶ *Andreas Foitzik, Athanasios Marvakis*, ›Tarzan – was nun? Internationale Solidarität im Dschungel der Widersprüche‹, Hamburg 1997. Zwanzig Aufsätze zu Geschichte und Perspektiven internationaler Solidarität in Zeiten neoliberaler Globalisierung.
▶ Die *Gesellschaft zur Förderung der Literatur aus Afrika, Asien und Lateinamerika* hat die Broschüre ›Wie Alicia und Kariuki den Riesen Turramulli besiegen‹ herausgegeben, in der Kinder- und Jugendbücher vorgestellt werden, in denen die Lebenssituation von Menschen in der »Dritten Welt« dargestellt wird.

▶ Im ›Jahrbuch Lateinamerika. Analysen und Berichte‹, das im *Horlemann*-Verlag erscheint, sind jeweils neben einem Schwerpunkt verschiedene Länderberichte zu finden. Die Beiträge sind auch noch Jahre später lesenswert.

▶ Um eher trockene Darstellungen, die allerdings einen schnellen und aktuellen Überblick geben, handelt es sich bei den ›Länderberichten‹ des *Munzinger-Archivs* in Ravensburg und denen des *Statistischen Bundesamtes* in Wiesbaden (werden nicht mehr aktualisiert).

Argentinien
▶ *Rafael Sevilla, Ruth Zimmerling (Hrsg.),* ›Argentinien. Ein Land an der Peripherie?‹ ist die übergreifende Fragestellung für 25 Beiträge zu sehr unterschiedlichen Themen aus den Bereichen Kultur, Politik, Wirtschaft und Geschichte. Hamburg 1997.
▶ *Argentinien-Gruppe Stuttgart (Hrsg.),* ›Argentinien – Zehn Jahre Demokratie‹. Einführend in die jüngere Geschichte Argentiniens, Stuttgart 1994.
▶ *Holm-Detlev Köhler* und *Manfred Wannöffel,* ›Gewerkschaften und Neoliberalismus in Lateinamerika‹, Münster 1993. Zu den argentinischen Gewerkschaften ist die Einleitung der Aufsatzsammlung sowie das Kapitel von *Omar Moreno* zu Argentinien interessant.
▶ *Walter Bittner,* ›Gewerkschaften in Argentinien‹. Etwas weniger aktuell, dafür aber ausführlicher und mit einem guten historischen Überblick (Berlin 1982).
▶ *Hamburger Institut für Sozialforschung (Hrsg.),* ›Nie wieder!‹ Weinheim und Basel 1987. Die Menschenrechtssituation während der letzten Militärdiktatur wird in dem legendären Bericht ›Nunca más!‹ dargestellt, der ins Deutsche übersetzt wurde. In einem exzellenten Nachwort der deutschen Ausgabe wird auf die Militärdiktatur von 1976 bis 1983 eingegangen, ein Vergleich zwischen argentinischer und bundesdeutscher Vergangenheitsbewältigung gezogen und schließlich der Bericht selbst historisch eingeordnet.
▶ *Holger M. Meding (Hrsg.),* ›Nationalsozialismus und Argentinien‹, Frankfurt a.M. 1995. Zwölf Beiträge zu verschiedenen Aspekten, insbesondere zum Schicksal der Emigranten.
▶ *Antonio Sommavilla,* ›Wirtschaft und Gesellschaft im Wandel: Argentinien‹. Frankfurt a.M. 1996. Eine umfassende Arbeit, in der vor allem die Wirtschaftspolitik von 1983 bis 1991 untersucht wird.

Uruguay
▶ *Ernesto Kroch,* ›Uruguay zwischen Diktatur und Demokratie: Ein lateinamerikanisches Modell?‹ Frankfurt a.M. 1991. Sehr lesenswerte Darstellung der jüngeren Entwicklungen im Land. Und: ›Exil in der Heimat – Heim ins Exil‹, dipa-Verlag Frankfurt, 1990. Erinnerungen aus Europa und Uruguay, siehe auch dort unter »Einwanderer«.
▶ *Alain Labrousse,* ›Die Tupamaros – Stadtguerilla in Uruguay‹, München 1971. Klassiker über die lateinamerikanische Stadtguerilla, besonders lesenswert wegen des frühen Erscheinungsdatums.
▶ *Mauricio Rosencof, Eleuterio Fernández Huidobro,* ›Wie Efeu an der Mauer. Erinnerungen aus den Kerkern der Diktatur‹, Hamburg 1990. Beindruckende Schilderung der

Zeit während der Militärdiktatur und der Zeit der Einzelhaft der beiden führenden Tupamaros.
▶ *Eleuterio Fernández Huidobro*, ›Mit neuen Augen. Reden, Gedanken, Interviews‹, Hamburg 1992. Sehr gute Aufsatzsammlung eines ehemaligen Tupamaros.
▶ ›ila, Montevideo‹. Juli 1998. Herausgegeben von der *Informationsstelle Lateinamerika*, Oscar-Romero-Haus, Heerstraße 205, 53111 Bonn. Sehr schönes, ganz aktuelles Heft über Montevideo.
▶ *Monika Berberich, Irene Rosenkötter (Hrsg.)*, ›Aber wir haben immer auf das Leben gesetzt ...‹, Hamburg 1998. Sehr beeindruckende Interviews mit zwölf Frauen, die während der Militärdiktatur inhaftiert waren.

Bildbände und Reisebücher

▶ *HB-Bildatlas* zu Argentinien, Buenos Aires und Patagonien, 1997.
▶ *Merian*, ›Chile und Patagonien‹, Februar 1996. Sehr schöne Bilder und gute Informationen.
▶ *Hubert Stadler* (Fotos) und *Susanne Asal* (Text) veröffentlichen in den letzten Jahren drei sehenswerte Bildbände zu Buenos Aires, Patagonien und Argentinien. Susanne Asal ist Peter-Meyer-Reiseführer-Lesern von ihrem »Andalusien«-Kulturführer her bekannt.
▶ *Bruce Chatwin*, ›In Patagonien‹, Reinbek 1990. Anschauliche, amüsant zu lesende Schilderung des Lebensalltags in Patagonien.
▶ *Bruce Chatwin*, ›Auf Reisen‹, München 1996. Sehr schöner, preiswerter Bildband mit Fotos unter anderem aus Patagonien.
▶ *Paul Theroux*, ›Der alte Patagonien-Express‹. München 1997. Reisebeschreibung einer Fahrt mit dem Zug von Boston nach Patagonien.
▶ *Antoine de Saint-Exupéry*, ›Nachtflug‹, Fischer TB. Handelt von einem der ersten nächtlichen Langstreckenflüge in der Fluggeschichte. Voller Pa-

Zeit und Gelegenheit zum Lesen findet sich allemal: Schuhputzer in Montevideo

thos für die (argentinische) Männerseele.

Tango
▶ *Dieter Reichardt (Hrsg.)*, ›Tango – Verweigerung und Trauer‹, Frankfurt a.M. 1984. Ein sehr informatives Buch über Entstehen und Hintergründe des Tangos. Mit vielen Abbildungen und Liedtexten.

Fußball
▶ *Chris Taylor*, ›Samba, Coca und das runde Leder. Streifzüge durch das Lateinamerika des Fußballs‹, Stuttgart 1998. Ein sehr gutes, auch politisches Fußballbuch, in dem natürlich Uruguay und Argentinien längere Kapitel haben.
▶ *Eduardo Galeano*, ›Der Ball ist rund und Tore lauern überall‹, Wuppertal 1997. Fußball des Uruguayers in seinem unverwechselbaren, anekdotischen Stil. Sehr kenntnisreich vom Fußballfan Galeano geschrieben.

Bezug spanischsprachiger Bücher
Wer einigermaßen Spanisch lesen kann, hat Zugang zu einem breiteren Feld von Sachbüchern. In der BRD und in der Schweiz gibt es Buchläden mit spanischsprachiger Literatur wie zum Beispiel:
▶ *Andenbuch*, Knesebeckstraße 20, 10623 Berlin.
▶ *La Librería*, Wolfstraße 41, 53111 Bonn.
▶ *Librería El Cóndor*, Obere Zäune 18, 8024 Zürich.
▶ *Vervuert-Verlag*, Klaus Dieter Vervuert, Wielandstraße 40, 60318 Frankfurt a.M., ✆ 069/5974617.

Zeitschriften
Wichtige Zeitschriften im deutschsprachigen Raum mit Themen zu Lateinamerika und teilweise zu Argentinien und Uruguay sind:
▶ ›Blätter des iz3w‹, ✆ 0761/74003, *Informationszentrum Dritte Welt*, Kronenstraße 16 (Hinterhaus), 79020 Freiburg.
▶ ›epd-Entwicklungspolitik‹, *Evangelischer Pressedienst*, Postfach 500550, 60394 Frankfurt a.M., ✆ 069/580980.
▶ ›ila‹, ✆ 0228/658613, *Informationsbüro Lateinamerika*, Heerstraße 205, 53111 Bonn.
▶ ›Lateinamerika-Nachrichten‹, Im Mehringhof, Gneisenaustraße 2a, 10961 Berlin, ✆ 030/6946100.
▶ ›Lateinamerika. Analysen – Daten – Dokumentation‹, *Institut für Iberoamerika-Kunde*, Alsterglacis 8, 20354 Hamburg.
▶ ›Quetzal – Magazin für Politik und Kultur in Lateinamerika‹, Bernard-Göring-Straße 152, 04277 Leipzig.
▶ Speziell zu Argentinien gibt es die ›Argentinien-Nachrichten‹ der *Argentinien-Gruppe Stuttgart*, c/o BDKJ, Schwabstraße 70a, 70193 Stuttgart, mit eigenen Beiträgen, Übersetzungen aus argentinischen Zeitungen, Kurzinformationen und Buchbesprechungen.

Schweiz: ›Mosquito‹, Postfach 5218, 3001 Bern.
Österreich: ›Südwind‹, ✆ 01/317390, Berggasse 7, 1090 Wien.
▶ ›Lateinamerika anders‹, Münzwardeingasse 2, 1060 Wien.

IM BILD: DER PALACIO SALVO IN MONTEVIDEO/URUGUAY

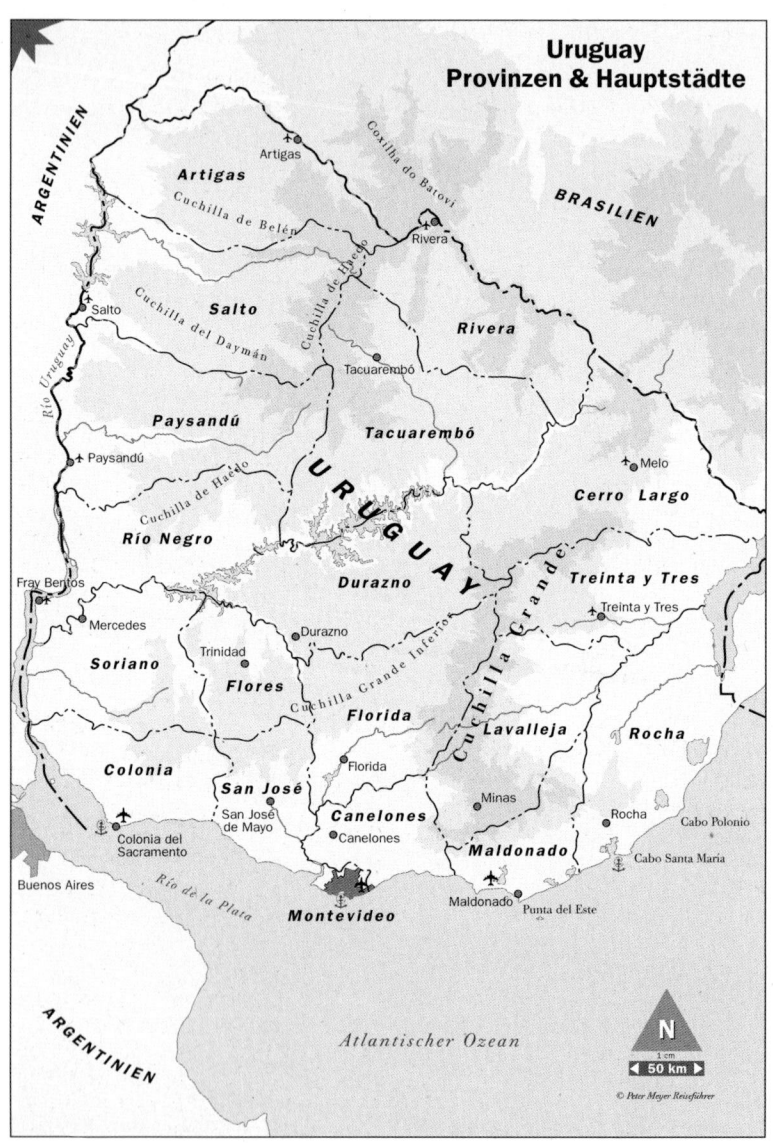

URUGUAY HEUTE

*Was Ernesto Sábato, ehemaliger Atomphysiker und
bekannter argentinischer Essayist, über seine Heimat erklärt,
kann auch für Uruguay gelten: »Die Einwanderung verursachte in diesem
Teil des lateinamerikanischen Kontinents eine einzigartige Erscheinung,
die ihn fast in so etwas wie eine Bruchzone verwandelt: Denn wir sind
weder Europäer noch Lateinamerikaner.«*

Regierung und Parlament

Die *República Oriental del Uruguay* ist eine demokratische präsidiale Republik mit 18 *Departamentos*, Provinzen, und dem *Distrito Federal Montevideo*. Die Departamentos haben zwar nur beschränkte Kompetenzen gegenüber dem Bundesstaat, aber eigene Parlamente, eine Verwaltung und Provinzräte. Letztere sind die Spitze der Exekutive und bestehen aus fünf bis sieben Mitgliedern, die wiederum von einem *Intendenten* (Landrat) geleitet werden.

Anfang 1997 gab es eine bedeutende Verfassungsänderung: jede Partei darf zur alle fünf Jahre stattfindenden Wahl des Staatspräsidenten nur noch einen Kandidaten stellen. Der Kandidat mit den meisten Stimmen wird dann gewählt. Zuvor wurde nach dem komplizierten *Lema*-Verfahren gewählt. Eine Partei konnte mehrere Kandidaten aufstellen, dem Parteibewerber mit den meisten Stimmen wurden auch noch die Voten seiner Parteikonkurrenten gutgeschrieben. Das führte bei der letzten Wahl 1994 dazu, daß nicht der Bewerber mit den meisten Stimmen, der Kandidat *Tabaré Vázquez* vom Frente Amplio gewann, sondern der Colorado-Kandidat *Julio María Sanguinetti*, da die Stimmen der anderen Colorado-Kandidaten ihm angerechnet wurden. Im linken Parteienbündnis Frente Amplio ist das neue Verfahren sehr umstritten und bei der Volksabstimmung über die Verfassungsänderung 1996 gab das Bündnis unterschiedliche Empfehlungen ab. Einige Parteien, so der kommunistisch geprägte *Movimiento de Participacíon Popular*, fürchten eine Koalition der beiden traditionellen konservativen Parteien und dadurch einen dauerhaften Ausschluß der Linken von der Macht.

BEVÖLKERUNG

Ende 1997 hatte Uruguay 3,23 Millionen Einwohner, die meisten europäischer, vor allem spanischer und italienischer Abstammung. Indigene Gruppen wie die *Charrúa*, *Chaná* oder *Tapes* wurden vollständig ermordet (siehe auch Seite 76). Eine zahlenmäßig kleine, aber kulturell sehr präsente ethnische Minderheit von Menschen afrikanischer Abstammung lebt heute in Uruguay.

Die Bevölkerung des Landes nimmt seit wenigen Jahren ab, außer in Montevideo leben die meisten Menschen mit uruguayischem Paß in Buenos Aires. Schätzungsweise eine halbe Million Uruguayer wohnen heute im Ausland. Mit statistischen 73 Jahren liegt die Lebenserwartung etwas über dem internationalen Durchschnitt. Dies führt, zusammen mit einer niedrigen Geburtenrate, einer geringen Ein- und einer hohen Auswanderungsquote zu einer Veralterung der Gesellschaft. Eine Tendenz, die schon seit den 60er Jahren besteht.

In Uruguay kommen durchschnittlich knapp 18 Menschen auf 1 km^2. 90,5 % der Menschen wohnt in Städten, von den über 3,2 Millionen Einwohner fühlen sich nur 300.000 auf dem weiten Land wohl. Uruguay hat damit die höchste Verstädterungsrate in ganz Lateinamerika. Mehr als die Hälfte aller Einwohner lebt in Montevideo (1,6 Millionen), die nächst größeren Städte sind *Salto* mit über 90.000 und *Paysandú* mit 76.000 Einwohnern.

Religion

56 % der Bevölkerung gehören der katholischen Kirche an, deren Einfluß aber gering ist, nicht zuletzt durch die frühe Trennung von Staat und Kirche 1919 aufgrund der Reformpolitik des Präsidenten Batlle y Ordóñez. Wichtig sind auch jüdische, protestantische und afro-amerikanische Religionen. In jüngster Zeit macht sich auch der Einfluß von hauptsächlich nordamerikanischen Sekten bemerkbar. Überall in der Stadt halten sie in Veranstaltungssälen ihre Messen ab. Ihr wachsender Einfluß wird auch im Medienbereich deutlich; neben zahlreichen Radiostationen ist hier vor allem die auflagenstarke Tageszeitung ›Ultimas notícias‹ der *Moon*-Sekte wichtig.

Völkervielfalt durch Einwanderung

Schlägt man das Telefonbuch von Montevideo auf, glaubt man die Hauptstadt des endlich vereinten Europa gefunden zu haben. Einträchtig stehen dort Namen aus vielen europäischen Nationen nebeneinander: *Alvarez, Benedetti, Blixen, Giucci, Gargurevich, Goldberg, Lockhart, Markovic, Oxandabarat, Porzecanski, Smith, Wagner...,* und in der Regel werden sie auch noch richtig ausgesprochen! Wie in Argentinien dominieren aber auch in Uruguay die Einwanderer aus Italien und Spanien, wobei auch der starke französische Einfluß immer noch spürbar ist. Viele Straßenzüge in Montevideo erinnern an südfranzösische Städte und die Kaffeehäuser erinnern an die Zeit, als Französisch auch hier die Sprache der Intellektuellen war.

Als Minderheit leben heute in Montevideo etwa 120.000 Schwarze, Nachfahren von Sklaven, die zu Beginn des 19. Jahrhunderts hauptsächlich aus Westafrika und Kongo über Montevideo nach Lateinamerika »importiert« wurden, oder von Sklaven aus Brasilien, die im 19. Jahrhundert nach Uruguay in die Freiheit geflüchtet waren.

Im 19. Jahrhundert wanderten aus den ländlichen Gebieten Spaniens, den Kanarischen Inseln und Italiens verarmte Bauern und landlose Landarbeiter ein. Da der Grundbesitz in dem relativ kleinen Uruguay im wesentlichen schon aufgeteilt war, blieben viele Einwanderer in Montevideo, das von 1829 bis 1889 von 9000 Einwohnern auf 214.000 anwuchs. Arbeitsplätze entstanden vor allem in der Fleisch-, der Textil- und Lederindustrie und beim Bau der Eisenbahn. In *Fray Bentos* hatte der deutschstämmige Ingenieur *Georg Giebert* eine Fleischextraktfabrik gegründet, die in der Folge »aus aller Herren Länder« Arbeitskräfte in dieses Städtchen am Río de la Plata zog.

Es gab aber auch Immigranten, die ihr Glück weiter im Inneren des Landes suchten. Zu ihren landwirtschaftlichen Siedlungen gehörte beispielsweise *Nueva Helvecia*, eine deutschschweizerische Gründung von 1862; das Land dort hatte ein Schweizer Bankhaus gekauft. Bis heute sind im ganzen Land die Milchprodukte, vor allem der Käse aus Nueva Helvecia, bekannt. In der Nähe liegt *Colonia Valdense*, eine Schweizer Siedlung der Waldenser. Ein späterer Versuch war die Ansiedlung einer Gruppe galizischer Juden in der *Colonia 19 de Abril* im Department Paysandú. Dieses Projekt wurde von der *Jewish Colonization Association (JCA)* unterstützt und bestand von 1914 bis 1935. Die jüdische Einwanderung begann, abgesehen von den sephardischen Juden, die trotz der Verbote Spaniens in die Kolonien gelangt waren, mit den Emigranten aus dem zaristischen Rußland im 19. Jahrhundert.

Nach dem Ersten Weltkrieg kamen viele Immigranten aus den Gebieten der besiegten Großmächte, dem Habsburger und dem Osmanischen Reich. In den Passagierlisten dieser Jahre finden sich jugoslawische, ungarische, rumänische, griechische, türkische, libanesische, armenische und auch deutsche Namen jener, die die krisengeschüttelte Weimarer Republik hinter sich ließen. Die meisten dieser Neuankömmlinge blieben in Montevideo.

In den 30er Jahren kamen die ersten **Flüchtlinge aus Nazi-Deutschland,** darunter viele Kommunisten und Sozialdemokraten. Verfolgte Juden machten den größten Anteil aus: allein im Winter 1938/39, nach den Pogromen der »Reichskristallnacht«, kamen etwa 2000 jüdische Emigranten aus Deutschland. Insgesamt wanderten während des Nationalsozialismus über 9000 Deutschsprachige in das zweitkleinste Land Südamerikas aus.

Ein Sonderfall waren die Matrosen der ›Graf Spee‹, eines deutschen Kriegsschiffs, das im Dezember 1939, also kurz nach Beginn des Zweiten Weltkrieges, nach einem Gefecht mit englischen Schiffen im Südatlantik zur Reparatur in Montevideo einlief. Die uruguayische Regierung setzte, trotz Neutralität, ein Ultimatum von 72 Stunden für das Verlassen des Hafens. Um seine Mannschaft nicht in einem aussichtslosen Gefecht mit den Engländern zu opfern, ließ der Kapitän sein Schiff aus dem Hafen manövrieren und versenkte es am 17. Dezember 1939 außerhalb der Bucht von Montevideo. Hierbei kamen über 40 Matrosen ums Leben, die in Montevideo beerdigt wurden. Die anderen, über 1000 Mann, blieben in Uruguay oder ließen sich in Argentinien nieder. Der Kapitän *Hans Langsdorff* nahm sich in einem Hotel in

Montevideo das Leben. Heute erinnert im Hafen von Montevideo ein Denkmal mit dem Anker der ›Graf Spee‹ an dieses Ereignis.

Der Zusammenbruch der Spanischen Republik nach dem Bürgerkrieg trieb viele Republikaner ins Exil, auch nach Uruguay. Nach dem Zweiten Weltkrieg kamen an die 1000 Überlebende aus Konzentrationslagern zu ihren Verwandten ins Land, die Zahl der untergetauchten Nazis blieb (im Gegensatz zu Argentinien) in diesem kleinen, übersichtlichen Land gering.

Anders als etwa in den USA bestand in Uruguay nie ein Nationalisierungsdruck. Es gibt beispielsweise eine große armenische Bevölkerungsgruppe mit eigener Kirchengemeinde und Schule. Auch die Existenz einer deutschsprachigen Radiosendung über 55 Jahre hinweg ist ein Beleg für die große Offenheit des Landes. Dieser Rundfunksender wurde 1938 von einem jüdischen Rechtsanwalt aus Berlin gegründet, der vor den Nazis geflüchtet war.

In der Nachkriegszeit entwickelte sich Uruguay mehr und mehr zu einem **Auswanderungsland:** Die beiden großen Nachbarländer Argentinien und Brasilien, aber auch Europa und die USA boten bessere Arbeitsmöglichkeiten.

Das Land, das immer großzügig seine Pforten für politische Flüchtlinge geöffnet hatte, wurde selbst von 1973 bis 1984 von Diktatoren regiert.

Lesen Sie bitte weiter auf Seite 128

Auf der Suche nach den Wurzeln des amerikanischen Kontinents werden meist die Ureinwohner, die Eroberung durch die Spanier und die späteren europäischen Einwanderer genannt. Nur selten geht es jedoch um den Einfluß der Schwarzen, wenn die kulturellen Eigenschaften der Bevölkerung analysiert werden.

In Uruguay sind Schwarze zwar meist an den sozialen Rand gedrängt und leben in üblen Verhältnissen, viele ihrer Traditionen sind aber bis heute lebendig und Teil des urbanen Lebens in Montevideo. Deutlich wird das in den **Salas.** Diese halbverfallenen Kolonialhäuser, oft mit altem Gerümpel möbliert, waren Treffpunkte der ehemaligen Sklaven. Immer zeigte eine Kerze im Raum links vom Eingang die Funktion des Ortes an.

Musik & Tanz: Von den Salas ging auch der *Candombe* aus, ein Tanz, der bis zur Abschaffung der Sklaverei im Jahr 1842 nur hier praktiziert werden durfte, der sich aber danach auch in die Armenviertel außerhalb der Stadtmauern ausdehnte. Die Mauern von Montevideos Zitadelle waren zerstört und *Morenada*-Musik durchdrang die Luft mit ihrem schrillem Klang der Handtrommeln, in deren Rhythmus der Boden des Tanzplatzes festgestampft wurde.

Von Weihnachten bis zum 6. Januar feierten alle Nationen ausgelassen, Höhepunkt war der Gedenktag des Heiligen Baltasar. Den Candombe leitete der *Bastonero* (Zeremonienmeister), auch *Escobillero* genannt, der mit einem mit Bändern dekorierten Stab wie ein Akrobat Figuren und Pirouetten in die Luft zeichnet. An der Spitze der Umzüge steht *Mamá Inés,* eine alte schwarze Frau, die ihren meist massigen Körper im Takt schüttelt und dabei ihren mit bunten Büscheln verzierten Sonnenschirm dreht.

Oft vergessen: Die Schwarzen und ihr Wirken in Montevideo

Die *Yacumenza*, die Dachkammern der großen Mietshäuser, in denen die Schwarzen wohnten, waren Zeugen der wichtigsten Trommel-Zeremonien. Diesen Dachkammern, von denen viele während der letzten Militärdiktatur mit dem Abriß der Mietshäuser verschwanden, gedenkt der uruguayische Musiker *José Carbajal:* »Mit ihren Liedern bringen sie dich, gepflastertes Sträßchen, zum Vibrieren, die Schwarzen mit rauhen Stimmen, die Schwarzen mit harten Händen. So hart wie das Leben hier im Süden Montevideos, mit seinen kaputten Mietshäusern und Zimmern, wo sich beinahe zerstörte Kinder und Träume sammeln.«

Im Februar wird in Montevideo **Karneval** gefeiert. Über die Hauptstraße Avenida 18 de Julio ziehen während einer ganzen Nacht endlose Umzüge. *Murgas* und *Comparsas* nennen sich die verschiedenen Tanz- und Gesangsarten der Gruppen. Die Aufstellung einer Comparsa ist immer dieselbe: eine Standarte vorweg, danach die Fahnen und die bei Wettbewerben gewonnenen Auszeichnungen, dann folgt der Escobillero, der seine Vorführungen macht, und schließlich eine lange Schlange von dunkelhäutigen Tänzerinnen, bekleidet mit Krone, Federn und glitzerndem Schmuck. Unter ihnen war viele Jahre *Rosa Luna* ein prächtiger Star. Als sie vor wenigen Jahren starb, verlor der Karneval ein Stück seiner besten Tradition.

Einige Tage nach dieser Eröffnung findet das typische schwarze Fest statt, die *Llamadas:* von verschiedenen Orten in der Stadt aus beginnen die Schwarzen, sich mit ihren Trommeln zu rufen, bevor sie sich an der Ecke der Straßen Cuareim und Isla de Flores im Barrio Sur treffen. An jeder Straßenecke lodert ein kleines Feuer, an dem die Felle der Trommeln gestimmt werden.

Die Schwarzen sind zwar mit einem Anteil von 3 % an der Gesamtbevölkerung eine ethnische Minderheit in Uruguay, aber sie bestimmten die kulturelle Entwicklung des Landes mit. Die Ende der 80er Jahre gegründete Organisation *Mundo Afro* versucht, Identität und Zusammenhalt der Afro-Uruguayer zu stärken. Neben Beratungsdiensten und Gesundheitsversorgung organisiert sie auch viele kulturelle Veranstaltungen. Doch der Alltag der Schwarzen in Uruguay gleicht dem der meisten Schwarzen in Lateinamerika: Armut, Marginalisierung, fehlende Lebenschancen.

MARGARITA SILVERA PAREJA

Viele politische Aktivisten gingen während dieser Zeit nach Spanien, Holland oder Schweden ins Exil. Die Autobiographie von *Ernesto Kroch* ist ein spannendes Zeugnis: ›Exil in der Heimat – Heim ins Exil‹. Der Antifaschist mußte aus Nazi-Deutschland nach Uruguay ins Exil fliehen. Im Alter von 65 Jahren ereilte ihn noch einmal das gleiche Schicksal: er flieht vor der Militärdiktatur und findet Asyl in der Bundesrepublik Deutschland, bevor er wieder in seine zweite Heimat zurückkehren kann.

SONJA WEGNER

WIRTSCHAFT & SOZIALES

Die wirtschaftliche Basis Uruguays ist bis zum heutigen Tage die extensive **Viehzucht,** auf *Estancias* (Viehgroßfarmen) von einer kleinen Gruppe von Großgrundbesitzern unter minimalem Einsatz von Kapital und Arbeitskräften betrieben. Die Tatsache, daß 87,6 % der Oberfläche Uruguays wirtschaftlich nutzbar sind (zum Vergleich: in Argentinien sind es 51,5 %, in Brasilien 14,9 % und in Chile nur 8 %), hat sicherlich begünstigt, das die Schaf- und Rinderzucht zentraler Erwerbszweig des Landes wurde. Dennoch erklärt es nicht, warum diese Ausrichtung bis heute besteht. Das hängt vielmehr mit der Rolle der lateinamerikanischen Volkswirtschaften im weltwirtschaftlichen Kontext und der Entwicklung der nachkolonialen Gesellschaft Uruguays zusammen. Bis 1811 war die damalige Provinz der Banda Oriental, das spätere Uruguay, »eine gewaltige Estancia«, die sich von Montevideo, dem einzigen Hafen der Region, ausgehend entwickelte. Sie hatte keine Bodenschätze aufzuweisen, ihr Reichtum waren Millionen Rinder, die sich seit der Einführung durch den spanischen Gouverneur in Asunción, *Hernando Arías de Saavedra,* im Jahr 1611 ungehindert bewegen und vermehren konnten. Rindfleisch stellte das Hauptnahrungsmittel der Landbevölkerung dar und bildete die Grundlage der beiden bis Ende des 19. Jahrhunderts entscheidenden Exportprodukte, Leder und durch die Behandlung mit Salz haltbar gemachtes Fleisch (Pökelfleisch). Für die indigene Bevölkerung sowie die Gauchos, die von Dorf zu Dorf zogen, galt die Feststellung des Soziologen *Aldo Solari:* »Im Rahmen einer

Heute steht so manche Fabrik- oder Lagerhalle leer

nomadenhaften Lebensweise ist das Leben unglaublich einfach. Der Viehreichtum gehört allen, ist scheinbar unbegrenzt und steht jedem, der sich seiner bedienen will, zur Verfügung.«

Im Kern zeichnete sich bereits Anfang des 19. Jahrhunderts ab, daß den südamerikanischen Staaten die Rolle des Importeurs von Industrieprodukten und des Exporteurs von Rohstoffen zugewiesen wurde. Dieses Kernstück des »neokolonialen Vertrages«, wie der argentinische Historiker *Tulio Halperin Donghi* es nennt, wies der La-Plata-Region die Rolle des **Fleisch- und Wollieferanten** Europas, vor allem Großbritanniens, zu. Eduardo Galeano charakterisiert es in seinem Buch ›Die offenen Adern Lateinamerikas‹ als sich »stetig vervollkommnende Spezialisierung im Verlieren« (siehe Seite 115 bzw. 116).

Neben der Viehzucht sind der Anbau von **Weizen, Reis, Zuckerrohr und Südfrüchten** wichtige Wirtschaftszweige Uruguays. Die Konkurrenzfähigkeit der uruguayischen Produkte ist aber durch Importe von den übermächtigen Nachbarn Brasilien und Argentinien sowie durch die technische Rückständigkeit der uruguayischen Landwirtschaft bedroht. Hauptgrund dafür sind die seit dem letzten Jahrhundert kaum veränderten Eigentumsverhältnisse auf dem Land. Immer noch sind weite Teile im Besitz von Großgrundbesitzern, die wenig Interesse an einer Modernisierung ihrer Fertigungs- und Anbaumethoden zeigen. Heute arbeiten nur noch knapp 5 % der Erwerbstätigen in der Landwirtschaft, 25 % hingegen in der Industrie. Wichtigster Industriezweig ist die Lebensmittelproduktion, zu der auch die Getränke- und Tabakherstellung zählt.

Insgesamt ist Uruguay aber eher eine **Dienstleistungsgesellschaft.** 70 % aller Erwerbstätigen arbeiten in diesem Sektor. Neben der Bedeutung als internationaler Bankenstandort, die dadurch, daß Montevideo zur Hauptstadt des *Mercosur* (siehe Seite 67) ernannt wurde, weiter zunahm, ist vor allem der Tourismus wichtig. Mittlerweile werden hier die meisten Devisen erwirtschaftet. Die mit Abstand größte Besuchergruppe sind dabei die Nachbarn aus Argentinien (vor allem die Einwohner von Buenos Aires), die im Sommer manche Orte an der Ostküste, vor allem Punta del Este, zu einem Vorort der argentinischen Hauptstadt machen.

Arbeiterbewegung und Gewerkschaften

Wesentliche Merkmale der uruguayischen Gewerkschaften waren und sind ihre Unabhängigkeit, ihr Klassencharakter und ihre Einheit. Unabhängigkeit von Regierungen, Unternehmern und Parteien war immer ein zentrales Merkmal, das schon die ersten Organisationen betonten, die mit der 1875 gegründeten *Internationalen Arbeiterassoziation, AIT,* verbunden waren. Die Einheit drückt sich im Dachverband *PIT-CNT* aus. 1984, nach dem Ende der Militärdiktatur, schlossen sich zwei Verbände zusammen, die *Convención Nacional de Trabajadores (CNT)* und das *Plenario Intersindical de Trabajadores (PIT).*

Die CNT wurde Mitte der 60er Jahre mehrheitlich von Kommunisten gegründet und 1973 von den Militärdiktatoren verboten. Das PIT dagegen wurde erst 1983 offiziell gegründet, spielte jedoch in den Jahren zuvor eine entscheidende Rolle im Kampf gegen die Diktatur. Durch die Vereinigung von CNT und PIT verbanden sich somit langjährige Erfahrungen gewerkschaftlicher Kämpfe mit den jüngeren politischen Entwicklungen. In den 83 Einzelgewerkschaften des PIT-CNT sind heute christliche, kommunistische, sozialistische, anarchistische und autonome Strömungen vertreten, insgesamt 320.000 Mitglieder sind eingetragen. Wie in fast allen Ländern dieser Welt hat auch in Uruguay die neoliberale Politik die Gewerkschaften geschwächt.

von den Gewerkschaften unterstützte Widerstand gegen eine Politik der Privatisierung und der wirtschaftspolitischen Enthaltung des Staates. So wurde beispielsweise im Dezember 1992 in einem Referendum der Plan der Regierung abgelehnt, die öffentlichen Unternehmen zu privatisieren. Die Gewerkschaften verteidigen dabei nicht nur Besitzstände, sondern sehen durchaus die Notwendigkeit, den Staat zu reformieren und bei wirtschaftlichen Entscheidungen mitzubestimmen. Die Privatisierung der Stromversorgung wird aber nicht aufzuhalten sein. Ein Referendum zur Durchführung einer Volksabstimmung über das neue Energiegesetz scheiterte im Juni 1998 knapp an mangelnder Beteiligung. Eine Niederlage auch für die uruguayischen Gewerkschaften, die zu den progressivsten des Kontinents gehören und viel politisches Vertrauen in der Bevölkerung genießen.

YAMANDÚ GONZÁLEZ

Dennoch sind ungefähr 30 % der Lohnabhängigen gewerkschaftlich organisiert. Dieser Anteil ist deutlich höher als in den USA (11 %) und kaum niedriger als in der BRD oder Großbritannien. Erfolgreicher als anderswo ist in Uruguay der

Buchtip

›Arriba las que luchan – Uruguay: Arbeiterinnen, Gewerkschaften, soziale Bewegungen‹. Unter diesem Titel hat die *Projektgruppe Internationalismus* in Köln 1995 eine sehr informative Zeitschrift veröffentlicht. Die Themen reichen von den legendären Streiks der Arbeitergeschichte bis zur aktuellen Entwicklung. Für 6 DM plus 1,50 Porto zu bestellen bei: *Jugendclub Courage,* Bismarckstraße 40, 50672 Köln.

Frauenbewegung

Wie in vielen Bereichen, so ist Uruguays Geschichte auch hinsichtlich der Politik von und gegenüber Frauen interessant und untypisch für Lateinamerika. Schon nach 1903 führte der Staat unter der Regierung von *José Batlle y Ordóñez* eine Serie von Schutzgesetzen ein, die Frauen Sozialleistungen und Arbeitsrechte sicherten. 1907 wurde das erste Scheidungsgesetz verkündet; 1913 wurde die Scheidung auch dann möglich, wenn nur die Frau sie wollte. Seit dem ersten Jahrzehnt dieses Jahrhunderts weist Uruguay ein sehr geringes Bevölkerungswachstum auf. In Zeiten, als es noch keine Anti-Baby-Pille gab, war Abtreibung so weit verbreitet, daß sie 1933 legalisiert wurde. Damit war Uruguay eines der ersten Länder der Welt, in dem Abtreibungen ohne rechtliche Konsequenzen vorgenommen werden konnten. Aber dieser Zustand währte nur kurz: Schon 1935 verlangten Teile der katholischen Kirche, Abtreibungen unter Strafe zu stellen, und machten davon ihre Unterstützung des Parlaments und der Regierung abhängig. Seit damals ist die Abtreibung in Uruguay zwar nicht mehr legal, allerdings verzichtet der Staat darauf, Abtreibungen tatsächlich strafrechtlich zu verfolgen.

Im Jahr 1934 wurde das Wahlrecht für Frauen in der uruguayischen Verfassung verankert. Dies war eine Konsequenz der Forderungen von Feministinnen wie *María Abella* und *Paulina Luisi,* die seit Anfang des Jahrhunderts für bürgerliche und politische Gleichberechtigung und den Zugang zum Bildungssystem kämpften. Heute sind 57 % der Hochschulabsolventen in Uruguay Frauen.

Trotz dieser Erfolge waren Frauen aber nie auch nur annähernd ihrem Anteil an der Bevölkerung entsprechend in den Parlamenten, an der Spitze von Parteien oder in Gewerkschaften vertreten. In der ersten Nationalversammlung nach der Diktatur 1984 gab es keine Parlamentarierin, obwohl Frauen in den elf Jahren der Militärherrschaft eine entscheidende Rolle bei der Verteidigung der Menschenrechte spielten.

Auch Literatinnen kämpften gegen herrschende Moral und hartnäckige Vorurteile an, darunter *Juana de Ibarbourou, María Eugenia Vaz Fereira* oder *Delmira Agustina.* Letztere wurde von ihrem Ehemann ermordet, ein Beispiel der Gewalt gegen Frauen, die die Gesellschaft bis heute entschuldigend toleriert. Dagegen wehren sich Organisationen, die diese Gewalt in der Öffentlichkeit bekanntmachen. Seit Ende der 70er Jahre und vor allem seit Wiederherstellung der Demokratie 1984 haben sich im ganzen Land etwa 20 Frauenorganisationen verschiedenster Art etabliert. Bei der Stadtverwaltung von Montevideo existiert ein kostenloser Gesundheitsservice und ein Notruf-Telefon für mißhandelte Frauen. Wichtig war auch der Beitrag von Frauen bei der Einrichtung und Konsolidierung der Kooperativenbewegung, die für viele Frauen ein alternatives Einkommen schuf. Schlechtere Lebensbedingungen und der drastische Verfall der Realeinkommen in den letzten 20 Jahren führten dazu, daß immer mehr Frauen auf den Arbeitsmarkt drängten. Für die gleiche Arbeit wird ihnen fast immer weniger bezahlt als ihren männlichen Kollegen. Der Anteil der Frauen an der berufstätigen Bevölkerung in der Hauptstadt stieg von 28 % im Jahr 1970 auf 39,4 % 1985. Da minderjährige Kinder nicht kostenlos in öffentlichen Einrichtungen versorgt werden, sind berufstätige Frauen einer doppelten Belastung ausgesetzt.

Zudem bestehen 23 % der Haushalte aus alleinstehenden Frauen, eine Folge der hohen Scheidungsquote. 1993 waren acht % der Frauen über 16 Jahren geschieden oder lebten in Scheidung.

Schwarze Frauen haben noch zusätzliche Schwierigkeiten: als Nachkommen der Sklaven kämpfen sie darum, die kulturellen Ausdrucksformen ihrer Vorfahren zu bewahren.

CRISTINA CANOURA

KULTURELLE SCHLAGLICHTER
Medien in Uruguay

Traditionell haben die **Printmedien** in Uruguay einen enorm hohen Stellenwert. Schon während der Unabhängigkeitskämpfe im frühen 19. Jahrhundert erlangten sie großen politischen Einfluß, da sie sich auf die Seite der Schwächeren stellten. Im Laufe des 19. Jahrhunderts wurde dann die Form für politische Zeitungen geschaffen, die sich über Jahrzehnte hinweg ungeachtet politischer Veränderungen erhielt und bis ins späte 20. Jahrhundert das publizistische System des Landes dominierte: (Fast) jede Publikation war an der politischen Linie einer Partei oder Fraktion orientiert. Führende Persönlichkeiten in Parteien und Zeitungsverlagen waren oftmals identisch oder abwechselnd in beiden Bereichen tätig.

In Uruguay war bereits am Anfang unseres Jahrhunderts ein hoher Alphabetisierungsgrad erreicht (heute liegt er bei 96 %), der ermöglichte, daß nicht nur Angehörige der Führungsschicht in den Genuß von Zeitungslektüre kamen. Präsident Batlle y Ordóñez ließ seine Zeitung ›El Día‹ zu einem Massenmedium werden, indem er das bis dahin für die Eliten übliche Subskriptionssystem aufhob. Die Zeitung war fortan auf der Straße erhältlich, ihr Preis sank drastisch, und somit war sie auch ärmeren Schichten zugänglich. Bis 1940 hatte sich dann in Uruguay die typische Beziehung zwischen Presse und Politik herausgebildet und gefestigt. In der Regel beherrschte jede Partei eine bedeutende Zeitung. Die Pressevielfalt wurde ab Beginn der Militärdiktatur 1973 drastisch reduziert. In Uruguay erhielt die Pressefreiheit, verglichen mit Argentinien, Chile oder Paraguay, einen besonders harten Schlag. In der Anfangsphase waren von den repressiven Maßnahmen vor allem Zeitungen wie ›La Epoca‹, ›El Sol‹, ›Ya‹ und ›Democracia‹ betroffen, Medien, die in der Regel mit den revolutionären linken Bewegungen sympathisierten. Später folgten ›El popular‹, die Zeitung der kommunistischen Partei, und die christdemokratische ›Ahora‹ sowie die international bekannte linksorientierte ›Marcha‹.

Von 1975 bis 1981 erschienen nur noch die Tageszeitungen ›El Día‹, ›La Mañana‹, ›El Diario‹ und ›El País‹, allesamt mit traditioneller Orientierung an die Colorados und die Blancos. All diese Publikationen verhielten sich gegenüber der Regierung eher wohlwollend.

Während der Vorbereitung des Regimewechsels erlangten vor allem politische Wochenzeitungen, darunter ›Opinar‹, ›Opción‹, ›La Democracia‹, ›Búsqueda‹ und ›Jaque‹ große Bedeutung, obwohl die Militärdiktatoren Druck auf sie ausübten. Auch diese neuen Publikationen waren anfangs auf bestimmte Parteiflügel fixiert. Aber das Interesse an der Rückkehr zur Demokratie ließ Parteizwänge schwinden und bewirkte einen nie gekannten Pluralismus innerhalb der Zeitungsredaktionen. Viele Politiker wollten über die Medien wieder den Parteiendialog in Gang setzen, für junge Politiker dienten sie als Sprungbrett für eine politische Karriere. Mitte der 80er Jahre verschwanden viele Zeitungen wieder vom Markt; einige sahen ihre Aufgabe erfüllt, andere waren durch die Sanktionen der Militärregierung wirtschaftlich so geschwächt, daß sie schließen mußten. Ende der 80er Jahre gerieten selbst die großen Tageszeitungen in die Krise. ›El Día‹, mehr als 100 Jahre lang eine politische Institution im Land, mußte 1992 ihr Erscheinen einstellen. Die höchste Auflage hat heute ›El País‹, die sich politisch an den Blancos orientiert und mit ihren nach Rubriken geordneten *Avisos clasificados* (Kleinanzeigen) eine große Nachfrage befriedigt. Aus demselben Verlag und beide auf der politischen Linie der Colorado-Partei sind ›La Mañana‹ und ›El Diario‹. Um die verbleibende Leserschaft konkurrieren ›Ultimas Noticias‹ (Moon-Sekte), ›El Observador económico‹ (neoliberal) und ›República‹ (Sensationsblatt). Die Wochenzeitung ›Búsqueda‹ ist derzeit das wohl professionellste Printmedium in Uruguay. ›Brecha‹, in der häufig auch Schriftsteller wie Eduardo Galeano und Mario Benedetti schreiben, gewinnt vor allem ein linksorientiertes Publikum für sich.

RENATE ARNDT

Fernsehen und Radio

Wie fast überall in Lateinamerika haben Radio und Fernsehen auch in Uruguay die Rolle einer Art »Vierten Gewalt« übernommen. Es gibt einen staatlichen, offiziellen Regierungssender, *Canal 5,* und drei private Fernsehkanäle, *Canal 4, 10, 12,* darüber hinaus einen Kanal der *Intendencia de Montevideo* und mehr als 35 private Sender im Kabelfernsehen. Dazu kommen viele Sender, die nur in den einzelnen Departamentos zu empfangen sind. Das Programm besteht zu großen Teilen aus brasilianischen, mexikanischen und nordamerikanischen *Telenovelas* und Serien, etwa alle 15 Minuten unterbrochen von aggressiven Werbeblöcken.

Uruguay ist Musterschüler beim Thema Medienkonzentration. Die Kontrolle der Radio- und Fernsehsender obliegt der nationalen *Behörde für Kommunikation, DNC.* Diese ist seit der Diktatur dem Verteidigungsministerium unterstellt. Fast alle der etwa 260 auf UKW und Mittelwelle sendenden Rundfunkstationen sind kommerzielle Privatsender und zu 100 % werbefinanziert. Eine Ausnahme ist der staatliche Kanal SODRE mit einem Kulturauftrag, aber wenig Haushaltsmitteln. Er sendet auf mehreren Frequenzen der Mittelwelle und seit kurzer Zeit auch auf UKW. Eine Besonderheit in der Radiolandschaft war das von 1988 bis zum Verbot 1994 von den Tupamaros betriebene *CX 44 Radio Panamericana.* Während dieser Zeit entwickelte sich »La radio de la gente« zu einem der drei meistgehörten Sender im Land. Anläßlich landesweiter Proteste und Streiks wegen der Auslieferung von drei politischen Flüchtlingen aus dem Baskenland an Spanien im Herbst 1994 berichtete *Radio Panamericana* live und rief zu Solidarität auf. Die konservative Regierung nahm dies zum Vorwand, mit einem Dekret aus der Zeit der Militärdiktatur den Betreibern die Lizenz zu entziehen. Trotz internationaler Proteste gelang es nicht, die Lizenz wiederzuerlangen.

Seit etwa drei Jahren ist etwas Bewegung in die uruguayische Radiolandschaft gekommen. Kleine lokale Sender melden sich zu Wort. Sie nennen sich *Radios Comunitarias (Basisradios, Community Radios).* Die zumeist jungen Alternativfunker kommen aus sozialen Bewegungen, Stadtteilinitiativen, dem Studentenverband oder sind einfach nur eine Gruppe von Freunden, die endlich mal ihre Musik hören wollen. Noch ohne offizielle Sendelizenz, pochen sie auf Meinungsvielfalt und das verfassungsmäßig garantierte Recht auf Zugang zu audiovisuellen Medien. Konservative Politiker und der mächtige Verband der privaten Rundfunkbetreiber, *ANDEBU,* tun sich bislang noch schwer damit, nichtkommerzielle Lokalsender zu akzeptieren. Sie nennen sie »Piratensender« oder »subversive« Radios und einige Politiker fordern für ihre Betreiber sogar Haftstrafen zwischen zwei und sechs Jahren. Mehrere Sendeanlagen der Radios Comunitarias wurden bereits beschlagnahmt. Ausgestattet mit kleinen UKW-Sendern von 1–25 Watt senden heute rund zehn Basisradios, die meisten davon aus Stadtteilen Montevideos, zwei auch im Landesinneren. »Unsere Radios waren und sind keine klandestinen Sender ... sie sind auch keine Piratensender, sie sind die Stimme der Nachbarn und der Jugendlichen aus dem Stadtteil,« so eine programmatische Aussage der Betreiber. Unterstützt werden sie von nationalen NGO, Menschenrechtsorganisationen, namhaften Juristen der staatlichen Universität, dem Gewerkschaftsdachverband PIT-CNT, der katholischen und protestantischen Kirche und mehreren internationalen Organisationen von AMARC (Weltverband der Community Radios) bis hin zur UNESCO. In der Bundesrepublik unterstützt unter anderem der *Solidaritätsfonds Demokratische Medien in der Welt e.V, IG Medien,* die Koordination der Basisradios.

STEFAN THIMMEL

Musik

Zweifellos übte die europäische Musik entscheidenden Einfluß auf die Musik Uruguays aus, da es in diesem Land der Einwanderer kaum indigene Traditionen gibt. Das nicht sehr ausgeprägte Eigenleben der uruguayischen Musik ist auf die Emigrationswelle zwischen 1964 und 1981 zurückzuführen.

Heute kann man in Uruguay viele verschiedene Musikrichtungen unterscheiden. Da ist zum einen die *Música Culta*, die vor allem traditionelle europäische Musik interpretiert. Diese Richtung wird von den zwei Symphonieorchestern Uruguays gespielt: dem *Nationalorchester Orquestra Sinfónica del Sodre (OSSODRE)*, das auch im Landesinneren Konzerte gibt, und dem *Orquestra Filarmónica de la Ciudad de Montevideo*, das direkt der Stadtverwaltung untersteht. Dieses Orchester ist sehr populär, da es nicht nur im *Teatro Solís*, dem wichtigsten Theater- und Konzertsaal Montevideos spielt, sondern auch in Arbeiterbezirken auftritt. Im Sommer werden Open-Air-Konzerte veranstaltet.

Die zweite, unbedeutendere Richtung ist die *Música Culta Contemporánea*. Trotz ihrer geringen Bedeutung gibt es in Uruguay ungefähr 40 Komponisten dieser zeitgenössischen Musik. Seit 1961 existiert der *Núcleo de Música Nueva* (etwa: Kern der Neuen Musik). Wichtige Vertreter sind *Coriún Aharonian, Graciela Aharonian Paraskevaidis* und der über den Kontinent hinaus bekannte *Héctor Tosar*.

Dann gibt es in Uruguay die *Música Popular* (Volksmusik), die zwei Strömungen umfaßt. Die erste besteht aus volkstümlichen Liedern und Tänzen, die vor langer Zeit von anonymen Komponisten verfaßt wurden. Noch heute existiert sie in Uruguay, in den angrenzenden argentinischen Provinzen und im brasilianischen Río Grande do Sul. Das »kreolische Liederbuch« und die Tänze erinnern an frühere Zeiten, in denen das Land kolonisiert wurde. Gitarre und manchmal ein Akkordeon bilden das »ländliche« Orchester in Verbindung mit einer einfachen Sprache und Rhythmen wie der Milonga. Die Musik ist ruhig, fast schon melancholisch. Heute ist die Tanztradition dieser Musik trotz aller Versuche, sie wiederzubeleben, praktisch verlorengegangen.

In den 60er Jahren entstand als zweite Strömung in Montevideo die Bewegung des *Nueva Canción Latinoamericana* (Neues Lateinamerikanisches Lied).

Außerdem gibt es eine Musikrichtung, die mit dem Karneval verbunden ist. All diese Formen, die noch Rock-Elemente aufnehmen, ergeben eine attraktive städtische Musik, die zusammen mit der brasilianischen und der kubanischen zu den interessantesten in Lateinamerika gehören mag, was vielleicht auch mit den schwarzen Wurzeln der Musik der drei erwähnten Länder zusammenhängt. Der *Candombe*, die traditionelle Karnevalsmusik der Schwarzen (siehe auch Themenkasten), ist in den letzten Jahren attraktiver geworden. So haben sich viele Gruppen neu gebildet und jeden Sonntagabend durchziehen mehrere Candombe-Ensembles begleitet von vielen Zuhörern das Barrio Sur und das Barrio Palermo in Montevideo. Die bekanntesten Vertreter der Nueva Música Popular, einer Mischung aus Candombe, brasilianischen Rhythmen, Rock, Pop und Funk sind *Jaime Roos, Ruben Rada, Jorge Drexler* und *Jorge Schellemberg*. Aber auch in anderen Musikrichtungen gibt es eine äußerst lebendige und kreative Musikszene in Uruguay, was sich auch in der Namengebung zeigt: Rock spielen *Buitres, Chicos Eléctricos* und *Trotzky Vengarán*, Rap und HipHop *Plátano Macho* und *El Peyote Asesino*, Reggae *Abuela Coca*.

Und nicht zuletzt erlebt auch der Tango in Uruguay eine Renaissance. Neben einem jährlich im November stattfindenden internationalen Tangofestival in Montevideo finden zunehmend auch in anderen Städten von den Stadtverwaltungen veranstaltete oder spontan organisierte Tangovorführungen statt.

VALERIA RISI

Architektur & Wohnungsbau

Gemessen an seiner Größe kann man in Uruguay eine erstaunlich vielfältige und teilweise einzigartige Architektur entdecken. Viele architektonische Traditionen wurden durch die verstärkte Immigration vom Anfang des 19. bis zu den 20er Jahren des 20. Jahrhunderts in das kleine Land importiert und noch heute sind in einigen Straßenzügen Montevideos Herkunft und Einreisezeitraum der Besitzer an den Gebäuden ablesbar.

Aus der **Zeit vor der Unabhängigkeit** stehen in *Montevideo* nur noch sehr wenige Gebäude, die wichtigsten sind die *Iglesia Matriz,* die Kathedrale aus dem Jahre 1790 und der *Cabildo,* das im neoklassizistischen Kolonialstil erbaute ehemalige Rathaus aus dem Jahre 1804, beide an der früheren Plaza Mayor, der heutigen Plaza Matriz, gelegen. Dem Erbauer des Cabildo, *Tomás Toribio,* dem ersten Stadtarchitekten von Montevideo, ist das *Museo de la Construcción* gewidmet: Sein einstiges Wohnhaus, 1804 von Toribio selbst als typisches Patiohaus konstruiert, wurde auf einem 4,7 Meter breiten, aber 43 langen Grundstück errichtet.

Die Stadt *Colonia del Sacramento* dagegen hat aus der Kolonialepoche noch mehr zu bieten, ganze Straßenzüge aus dieser Zeit sind erhalten und in den letzten Jahren aufwendig restauriert worden. Ein Grund, warum die UNESCO die koloniale Altstadt von Colonia vor kurzem zum Weltkulturerbe erklärte.

Typisch für die innerstädtische Bebauung ist das *Patiohaus*. Dieser Haustyp, direkt an der Grundstücksgrenze errichtet, mit einem Flachdach und oft einem *Mirador,* einem kleinen aufgesetzten Aussichtsturm, entstand nach kolonialem Vorbild im 19. Jahrhundert. Die um den *Patio,* Innenhof, gruppierten Räume werden nur über diesen Hof belichtet und sind zur Straßenfront geschlossen. Eine Besonderheit in Montevideo sind die aufwendigen *Clarabollas*. Die pyramidenförmigen Stahl-Glas-Konstruktionen schützen den Innenhof vor Re-

Der Außenseite der Patio-Häuser ist ihr vielfältiges Innenleben nicht anzusehen

gen, lassen sich aber bei schönem Wetter zur Seite schieben. Heute sind viele dieser Glasdächer allerdings vom Rost zerfressen und lassen sich nicht mehr bewegen, kaum jemand kann sich die aufwendige Restaurierung leisten.

Die *Conventillos*, beschönigend »Klösterchen« genannt, sind eine frühe Form des spekulativen Wohnungsbaus und entstanden durch das starke Anwachsen der städtischen Bevölkerung nach der Unabhängigkeit (von 1830 bis 1900 stieg die Bevölkerungszahl Montevideos von 15.000 auf 300.000 Einwohner an). In diesen, nur zur Vermietung errichteten Patiohäusern reihen sich oft fensterlose Zimmer ein- oder zweigeschossig um einen Innenhof. Die sanitären Anlagen, Waschräume und Kochstellen befanden sich im Hof und wurden von den meist über hundert Bewohnern gemeinsam benutzt.

Durch die verstärkte Einwanderung im 19. Jahrhundert, vor allem aus Italien und Spanien, gesellen sich zu der eher monumental-schweren neoklassizistischen Architektur – mit geraden, klaren Winkeln und nach klassischem Vorbild gestalteten, beinahe schmucklosen Fassaden – leichtere mediterrane und arabische Stilelemente hinzu. Zu Beginn des **20. Jahrhunderts** entwickelten sich dann als bemerkenswerte architektonische Mischung aus Conventillos und europäischem Mietwohnungsbau die *Viviendas de apartementos,* mehrstöckige Conventillos. Ein gutes Beispiel

Lesen Sie bitte weiter auf Seite 140 ▶

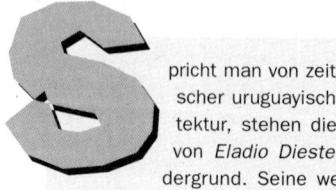

Die Architektur von Eladio Dieste

Spricht man von zeitgenössischer uruguayischer Architektur, stehen die Bauten von *Eladio Dieste* im Vordergrund. Seine wellenartigen Schalendächer, die sich krümmenden Wände oder die schwebenden Überdachungen sind durch ihre expressive Formensprache weit über Uruguay hinaus bekannt geworden.

Dieste, 1917 in Uruguay geboren, ist bezeichnenderweise nicht Architekt, sondern Ingenieur. Sein besonderes Verdienst ist die Erfindung des *armierten Mauerwerks*. Aus dem einfachen und genialen Gedanken heraus, Ziegel, Mörtel und Eisen zu einer statischen Einheit zu verbinden, entwickelte er einen neuen Baustoff. Im Gegensatz zu konventionellem Bau kann so das Mauerwerk durch Eisenarmierung zu einem sehr dünnen und räumlich aktiven Tragwerk werden. Diestes expressive Werke sind keine formale stilistische Spielerei, sondern entstanden aus der Suche nach wirtschaftlichen, statisch optimierten Tragwerken.

Spektakulär sind Diestes freistehende Schalen. Drei Beispiele solcher Überdachungen stehen in **Salto** im Norden des Landes: der *Busbahnhof* an der Avenida Harriage von 1974, der *Busbahnhof der Firma Turlit* an der Calle Cerrito 66 von 1980 und die Tankstelle *Barbieri y Leggire* an der Calle Blandengue y Avenida Battle y Ordóñez von 1976. Bei den Busbahnhöfen handelt es sich um aneinandergereihte Tonnengewölbe, die jeweils auf einer einzigen in der Mitte gesetzten Stützenreihe aufliegen. Die Überdachung der Zapfsäule

der Tankstelle dagegen gleicht einem Schmetterling: die zwei halben Tonnenschalen werden von einer einzigen Stütze getragen – unglaublich, aber wahr.

Eine Reise wert sind aber vor allem Diestes **Kirchen**. Die 1960 fertiggestellte *Kirche von Atlántida* liegt in einer kleinen Ansiedlung nördlich des Strandbades. Ihre bewegt gekrümmten Wände sind Ausdruck von Diestes religiösem Empfinden. Mit dem Dach aus zweifach gekrümmten Schalen entsteht ein überwältigender, pulsierender Innenraum, der über die Chorwand, eine horizontale Öffnung, und kleine farbige Glasziegel in der Wand belichtet wird. Dramatisch ausgebildet ist der Gang zur Taufkapelle, die als runde Krypta unter dem Vorplatz der Kirche liegt und von einem runden Oberlicht erhellt wird. Als Gegensatz lädt der runde Glockenturm nach oben zum Ausblick über die Landschaft ein.

Die Kirche San Pedro an der Plaza de la Independencia in Durazno wurde 1971 wiederaufgebaut, nachdem der Vorgängerbau 1967 durch ein Feuer zerstört worden war. Die nicht beschädigte Fassade der alten Kirche wurde beibehalten, der Neubau erhebt sich dahinter auf den Überresten der alten Kirchenmauern. Vor allem die Lichtführung erzeugt eine sinnliche Stimmung. Der Altar wird indirekt über ein höher gelegenes rechteckiges Fenster erleuchtet, während gegenüber Licht durch ein über dem Eingang plaziertes sechseckiges Rosettenfenster flutet. Das Giebeldach, von den geneigten Wänden durch eine Lichtfuge abgesetzt, scheint zu schweben.

SUSANNE SCHINDLER

Eladio Diestes 1960 entworfene Kirche von Atlántida zeigt Ecken und schwungvolle Rundungen kombiniert. Die Treppe zum Glockenturm ist schwindelerregend

hierfür ist der *Palacio Cólon* in der Calle Cerrito in Montevideo.

Ein neuer Architekturstil, in dem sich die rationalen Aspekte der klassischen Moderne mit traditionellen Elementen mischen, entstand in den 1920er Jahren. Im Rahmen seiner Arbeit am »Masterplan« von Buenos Aires besuchte der französisch-schweizerische Architekt *Le Corbusier* (1887 – 1965) 1929 Montevideo und hinterließ unter anderem eine Entwurfsskizze für die Neugestaltung des Zentrums. Da Le Corbusiers städteplanerischer Leitgedanke äußerst radikal alle Begriffe von traditionellem Stadtgefüge durch Vereinfachung ignoriert, bleibt sein Vorschlag (wie auch seine anderen Quartierpläne) unberücksichtigt. Der Einfluß des Modernisten ist heute noch am eindrucksvollsten an der 1938 von Julio Vilamájo erbauten *Facultad de Ingenería* abzulesen. Das langgezogene, achtgeschossige Gebäude mit verschiedenen Nebengebäuden und einem offenen Erdgeschoß ist nach ähnlichen rationalistischen Grundsätzen gebaut wie die Werke Le Corbusiers aus den frühen 30er Jahren.

Ein weiteres bedeutendes Baudenkmal dieser Zeit ist der 26stöckige *Palacio Salvo* aus dem Jahr 1922, bis

Frühe Moderne: Facultad de Ingenería

1938 das höchste Haus Südamerikas. Seine Fotografie wird oft als »typisch für Montevideo« eingesetzt: Eins unserer Umschlagbilder zeigt ihn ebenfalls. Eine Legende erzählt, daß sich der Architekt aus Verzweiflung über die Häßlichkeit seines Bauwerks aus dem obersten Stockwerk stürzte. Stilistisch ist der Palast kaum eindeutig zuzuordnen, Einflüsse der ersten Wolkenkratzer in Nordamerika vom Anfang des 20. Jahrhunderts sind aber deutlich.

Insgesamt wirken einige Straßenzüge in der Innenstadt von Montevideo wie ein Architekturmuseum. In einigen Straßen im Stadtteil *Pocitos* stehen Nachbildungen von Schweizer Chalets, die Kopie einer russisch-orthodoxen Kirche, ein Schwarzwaldhaus, das typische Herrenhaus im süditalienischen Stil oder eine gebaute Erinnerung an eine Moschee einträchtig neben Bungalows der Moderne aus den 20er Jahren. Ein Stilmix, der kaum sonst auf der Welt zu finden ist, mitgebracht von den Immigranten als gemauertes Zeugnis ihrer Herkunft, unbehindert von städtebaulichen Regeln.

Traditionell sehr stark waren und sind in Uruguay die *Wohnungsbaukooperativen*, die auch über das Land hinaus Anerkennung gefunden haben und schon seit den 60er Jahren einen wichtigen Beitrag zur Wohnungsversorgung leisten, früher als in jedem anderen lateinamerikanischen Land. Heute gibt es über 280 Genossenschaften auf Basis gegenseitiger Hilfe im ganzen Land. Zusammengeschlossen sind die Kooperativen im Netzwerk *FUCVAM – Federación Unificadora de Cooperativas de Vivienda de Ayuda Mutua*. Es gibt zwei verschiedene Modelle: Entweder werden die Mitglieder der Kooperative zu Eigentümern der neuen Wohnung oder sie pachten die Wohnung von der Gemeinschaft. Die letztere Form, die weitaus häufigere, hat den Vorteil, daß die Kooperative für die Rückzahlung der Kredite an den Staat verantwortlich ist. Bei Krankheit oder Arbeitslosigkeit von einzelnen springt die solidarische Gemeinschaft ein. Auch ein Grund, warum sich in Uruguay die städtischen Elendsquartiere nie so stark ausgebreitet haben wie beispielsweise in Argentinien. Trotz tausendfacher Landbesetzungen in den letzten Jahren versuchte auch die Stadtregierung von Montevideo seit Anfang der 90er Jahre immer eine Lösung zu finden, die auf die ökonomische Situation der neuen Bewohner Rücksicht nahm. Spektakuläre Landräumungen und blutige Auseinandersetzungen gab es bisher nicht. Konflikte zwischen Landbesitzern und Landbesetzern wurden vermieden. Die informellen Netzwerke der neuen Gemeinschaften funktionierten, und es wurde darauf geachtet, daß nur staatliches Eigentum für den Hausbau benutzt wurde.

Dieses relativ neue Phänomen der *Asentamientos* (Besetzungen) nimmt aber immer mehr zu. Mittlerweile gibt es über 300 solcher Siedlungen allein in Montevideo und nahezu wöchentlich kommt eine hinzu. Aber auch in den Provinzhauptstädten nehmen diese urbanen Landbesetzungen zu. Gut organisiert werden feste Häuser gebaut, die Strom- und Wasserversorgung wird angezapft, die Barrio-Grenzen ganz klar abgesteckt. Mit dem Anschluß an die Strom- und Wasserversorgung, dem Aufbau einer neuen Kanalisation, mit der Förderung von Kooperativen und der zügigen Legalisierung versucht die Stadtregierung von Montevideo, dem stetigen Anwachsen dieser Siedlungen zu begegnen, bisher allerdings mit nur geringem Erfolg. Das auch, weil die Wohnungsbaupolitik der Staatsregierung diese Anstrengungen nicht unterstützt. Im Vergleich zu den Megastädten in den Nachbarstaaten gibt es zwar in Uruguay bis heute nur wenige Siedlungen, deren Bewohner ihren Lebensunterhalt nur im Müll finden und auch gleich dort ihre Hütten aus Wellblech und Pappkartons aufbauen, aber es werden mehr. In der typischen, ironischen uruguayischen Art haben die ersten Bewohner dieser

Aufgepeppt: schlichte Laden-Architektur mit moderner Malerei

Stadtrandsiedlungen ihre neuen Wohnorte nach einem mondänen Country Club bei Punta del Este *Cantegriles* genannt. Diese Cantegriles, in Brasilien *Favelas* und in Argentinien *Villas Miserias* genannt, sind unter anderem eine Folge der sich auch in Uruguay verschärfenden Gegensätze zwischen Arm und Reich; die· traditionell sehr starke Mittelschicht beginnt wegzubrechen.

STEFAN THIMMEL

Malerei

Juan Manuel Blanes (1830 – 1901), dem berühmtesten Maler Uruguays ist in Montevideo ein Museum gewidmet (siehe Seite 423). Der Künstler, der sein Handwerk in Italien lernte, malte vorzugsweise nationale Landschaften und historische Persönlichkeiten.

Der wichtigste Künstler im ausgehenden 19. Jahrhundert war *Pedro Figari* (1861 – 1938), der im Gegensatz zu vielen anderen, die nur europäische Stile kopierten, einen eigenen rioplatensischen Stil prägte. In seinen sehr ausdrucksstarken Bildern setzte er sich mit Alltagsmotiven auseinander. Ein bekanntes Beispiel dafür sind seine Bilder über den uruguayischen Karneval.

Mit *Joaquín Torres García* (1874 – 1949) erfuhr die uruguayische Malerei einen weiteren Höhepunkt. Die von ihm begründete Schule, der *Universalismo Constructivo*, inspirierte viele Schüler zu einer neuen modernen uruguayischen Malerei. Die wichtigsten einheimischen Maler sind heute *Manuel Espínola Gómez* (1921), *Luis Alberto Solari* (1918–93), *Hilda López* (1922), *Nelson Ramos* (1932) und *Hugo Longa* (1934).

Theater: Ein Fest

Wie das griechische war auch das uruguayische Theater ursprünglich ein »volkstümliches Fest«. Es stammt vom sogenannten *Circo Criollo* ab, dem einheimischen Zirkus, an dessen sehr beliebten Vorstellungen unterschiedlichste Künstler, unter anderem Jongleure und Zauberer teilnahmen. Schon 1856 wurde das wichtigste Theater Uruguays, das *Teatro Solís,* eingeweiht, das bis heute eine der am besten ausgestatteten Bühnen des Landes besitzt. Wegen der ausgezeichneten Akustik, die zu den besten der Welt gehört, wird es von ausländischen Orchestern, Tanz- und Theatergruppen genutzt. Es ist zudem fester Sitz der staatlichen *Comedia Nacional,* die sich in den 40er Jahren bildete.

Im Jahr 1949 wurde das Schauspiel auch als ernstzunehmendes Studium anerkannt, vor allem dank des Engagements von *Margarita Xirgú* und des Franzosen *Jean-Louis Barrault,* die sehr viel zur Gründung der heutigen Städtischen Schauspielschule Margarita Xirgú beigetragen haben.

Erstklassige Inszenierungen der freien und staatlichen Gruppen wie dem *Teatro Circular,* der *Compañía Italia Fausta* oder der Comedia Nacional werden auch in anderen Ländern aufgeführt und viel beachtet. Alle zwei Jahre kann das uruguayische Publikum auf dem *Internationalen Theaterfestival* in Montevideo verschiedene Gastspiele aus der ganzen Welt miterleben. Daß die Uruguayer heutzutage selten ins Theater gehen, ist vor allem auf die Militärdiktatur zurückzuführen, als das Land nicht nur in eine finanzielle Krise geriet, sondern auch jegliche freie kulturelle Entfaltung unterdrückt wurde. So mußte damals eine der besten freien Gruppen, *El Galpón,* aus politischen Gründen nach Mexiko ins Exil gehen. Seit inzwischen über zehn Jahren befindet sie sich wieder in Uruguay und gehört zu den besten Ensembles des Landes.

Die meisten Gruppen, die in den 70er Jahren in Uruguay blieben, versuchten in ihren Aufführungen subtile Kritik an der Militärregierung zu üben. Aus jenen Tagen stammen beispielsweise die hervorragenden Inszenierungen des ›Galileo Galilei‹ von Brecht oder der venezolanischen Kurzgeschichte ›Der Hufschmied und der Tod‹. Diese Stücke rüttelten das Publikum auf, sie wurden jahrelang ununterbrochen aufgeführt.

Heute ist das uruguayische Theater auf der Suche nach einem eigenen Ausdrucksstil. Es gibt zwar immer mehr Stücke, die den Zuschauer nicht herausfordern, sondern alles »vorgekaut« anbieten. Dennoch sehnt sich die Mehrheit der Zuschauer weiterhin nach anspruchsvollem Theater, und die meisten Theatergruppen setzen sich auch dafür ein.

VALERIA RISI

Kino- & Videoproduktion

Uruguay besitzt im Vergleich zu anderen lateinamerikanischen Ländern wie Brasilien, Argentinien oder Mexiko keine bedeutende Filmtradition. Lediglich zwischen 1919 und 1957 entstand eine klei-

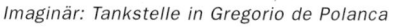
Imaginär: Tankstelle in Gregorio de Polanca

ne Filmindustrie, die durchschnittlich zwei Filme pro Jahr produzierte. Dennoch hatte das Land engen Kontakt zur internationalen Filmszene, vor allem deshalb, weil viele Regisseure es als Drehort wählten; so zum Beispiel 1927 von *Henry Maurice* und *George M. de Neville* für den Film ›Abenteuer eines Pariser Mädchens in Montevideo‹. Im Jahr 1931 wurde der *Uruguayische Filmclub* gegründet, der sich hauptsächlich der Produktion von Filmen zur Kultur des Landes widmete. Der Club trug wesentlich zum Entstehen des ersten uruguayischen Tonfilms ›Dos Destinos‹ (Zwei Schicksale, 1936) bei.

Die späten 40er und die 50er Jahre waren die beste Zeit des uruguayischen Films. Die wissenschaftliche Filmproduktion, mit der Uruguay später auf dem ganzen Kontinent bekannt wurde, wurde enorm gefördert.

Als das Land in den 60er Jahren in eine wirtschaftlichen Krise sank, von der es sich bis heute nicht erholen konnte, änderte sich die cineastische Situation dramatisch: Hatte Montevideo im Jahre 1953 zwar nur 840.000 Einwohner, die Kinos aber 20 Millionen Besucher (was durchschnittlich 22 Kinobesuchen pro Kopf und Jahr entspricht), so wurden 1996 nur etwas über eine Million Tickets verkauft, obwohl heute 1,6 Millionen Menschen in Montevideo leben. Einzig die 1950 gegründete *Cinemateca Uruguaya* kämpft hartnäckig gegen die Krise und veranstaltet heute in vier Sälen über 100 Vorstellungen pro Woche.

In den 80er Jahren entwickelte sich in der Filmbranche etwas Neues, die **Videomaker-Generation.** Seit 1986, also nach der Diktatur, wuchs das Interesse am Video als Ausdrucksmoment. Im Gegensatz zu Europa wird es in Lateinamerika nicht nur für *Video-Art* oder für experimentelle Arbeiten benutzt, sondern auch, um einfache Geschichten mit alltäglichen Handlungen darzustellen. Das uruguayische Video hat damit seinen eigenen Ausdrucksstil gefunden und wird hauptsächlich von jungen Regisseuren bevorzugt, die Themen wie Beklemmung und Enttäuschung oder finanzielle Unsicherheit behandeln. Die vielversprechendsten Filmemacher sind *Guillermo Casanova, Pablo Dotta, Esteban Schroeder, Hilary Sandison, Eduardo Casanova* und *Ricardo Islas.*

Im Jahr 1992 produzierte Pablo Dotta den ersten uruguayischen 35-mm-Film seit fast vierzig Jahren. ›El Dirigible‹ (Das Luftschiff) wurde mit uruguayischen Künstlern und Technikern im Land gedreht. Nach fast 40jährigem Stillstand gibt es einen weiteren Versuch, die hiesige Filmindustrie zu wecken, oder, mit den Worten des Regisseurs Pablo Dotta: »... es geht darum die Phantasie, die sich vor dem Kino in der Schlange bildet, zu verwirklichen.« Beispiele hierfür aus den letzten Jahren sind die Spielfilme ›Una forma de bailar‹ von *Álvaro Buela*, ›Otario‹ von *Diego Arsuega* oder ›Gardel, Ecos del silencio‹ von *Pablo Rodríguez.*

MATÍAS RISI

REISE-INFORMATIONEN

NATUR & UMWELT

GESCHICHTE BIS HEUTE

POLITIK, SOZIALES, KULTUR

REISE-INFORMATIONEN

BUENOS AIRES & PROVINZ

NORDOSTEN & IGUAZU

WÜSTEN & WEINBERGE

PATAGONIEN & FEUERLAND

URUGUAY: MONTEVIDEO

ROUTEN DURCH URUGUAY

REISEPLANUNG & ANREISE

Hier finden Sie alles Wissenswerte und Notwendige für eine gute Reisevorbereitung: Was Sie frühzeitig in Ihre Planung einbeziehen sollten, welche Formalitäten zu beachten sind und vieles andere, was für eine interessante und angenehme Reise nach Argentinien und Uruguay bedacht werden muß.

Reisedauer & Reiserouten

Es lohnt sich kaum, Argentinien und Uruguay von Europa aus zu besuchen, nur um dort einen reinen Badeurlaub zu verbringen, obwohl es herrliche Strände gibt. Beide Länder sind dafür zu interessant und zu weit weg. Deshalb ist eine Rundreise empfehlenswert; was aber einen Badeaufenthalt nicht ausschließen sollte. Je nach Zeit und Lust wird die Reise mehr oder weniger umfangreich ausfallen, vielleicht laden Zufälle und Bekanntschaften auch dazu ein, entgegen den Planungen länger an einem Ort zu bleiben.

Das Buch ist im regionalen Reiseteil so aufgebaut, daß keine festen Routen vorgeschlagen werden, sondern jeder nach Wunsch seine Ziele festlegen kann. Immer wieder wird auf Alternativen hingewiesen, und das gute öffentliche Transportsystem ermöglicht den schnellen Wechsel von einer Route zur anderen. Meistens gehen die öffentlichen Verkehrsmittel von den Provinzhauptstädten aus, daher wird in jeder Provinz zunächst die Hauptstadt beschrieben, und im Anschluß von dort aus verschiedene Ziele. Dabei kommen manchmal große geographische Sprünge von den Bergen im Westen zu den Küsten im Osten einer Provinz vor.

Auch wenn Reiseintensität und Interessen individuell sehr verschieden sind, sollten Sie mindestens vier Wochen in den beiden Ländern verbringen. Nehmen Sie sich Zeit und reisen Sie langsam.

Haben Sie aber nicht mehr als zwei Wochen zur Verfügung und wollen Sie trotzdem die beeindruckendsten Sehenswürdigkeiten in diese 14 Tage packen, hier **einige Vorschläge:** In jedem Fall sollten Sie mit 3 bis 4 Tagen in *Buenos Aires* beginnen und eventuell von hier 2 Tage *Montevideo* und *Uruguay* einplanen. Dann könnte Ihre Reise in den *subtropischen Nordosten* gehen, die *Wasserfälle in Iguazú* sind sicherlich ein Höhepunkt einer Argentinienreise. Hierfür sollten Sie mit dem Bus etwa eine Woche einplanen, per Flugzeug drei bis vier Tage.

Ebenfalls sehr reizvoll ist eine Reise in den Süden nach *Patagonien* und *Feuerland,* mindestens eine Strecke müssen Sie dabei von der Hauptstadt aus fliegen. Etwa zehn Tage wären als Minimum für eine Tour durch den Süden einzukalkulieren, wobei *Bariloche,* der Gletscher *Perito Moreno* und die Halbinsel *Valdés* Highlights sind. Doch auch *Zentralargentinien* bietet viel, für *Córdoba* und die Weinstadt *Mendoza* sollten Sie ebenfalls eine Woche einplanen.

Infos im Internet

Argentinien: Eine Reise nach Argentinien ist bislang über das Internet nicht gut vorzubereiten. Die **Fluggesellschaft** *Aerolíneas Argentinas* hat eine exzellente Homepage mit Reservierungs- und Buchungsmöglichkeiten unter ww.aerolineas.com.ar. Verschiedene **Tageszeitungen** haben auch eigene Adressen, der *Liberale Clarín* über www.clarin.com.ar, die links-liberale *Página 12* über www.pagina12.com, die konservative *La Nación* über www.lanacion.com und der konservative *Cronista* über www.cronista.com.
Die **Menschenrechtsorganisation** *H.I.J.O.S* bietet Infos auf Spanisch, Englisch und Französich unter www.hijosorg/an.

Uruguay: www.brecha.com.uy ist die sehr gute und aufwendige Seite der links-liberalen **Wochenzeitung** *Brecha*. Jede Woche ist dort die aktuelle, freitags erscheinende Ausgabe zu sehen. Darüber hinaus kann man die vorhergehenden Ausgaben lesen und es gibt Links zu vielen politischen und kulturellen Themen. Sehr informativ, allerdings sprachlich anspruchsvoll.
www.turismo.gub.uy ist die Informationsseite des **Tourismusministeriums.** Die Seite ist viersprachig (spanisch, englisch, französisch, portugiesisch). Informationen über das Land, die verschiedenen Regionen, über Erlebnisreisen und ein Veranstaltungskalender. Auch sehr aufwendige Straßenkarten des ganzen Landes sind dort zu finden. Darüber hinaus gibt es Links zu einzelnen Themen. Dort kann man mehr als zehn Tages- und Wochenzeitungen lesen oder in Radio- und Fernsehprogramme aus Uruguay hineinhören und -sehen.
www.uruguay.org.uy ist eine sehr gute allgemeine Seite mit **Informationen von Kultur bis Tourismus,** über alle 19 Departments kann man sich informieren, die Wettervorhersage abfragen. Viele Links verführen zum Surfen. Beim Link »virtual« kann man sich eine schöne 360 Grad-Projektion von Montevideo anschauen und dabei verschiedene Standpunkte aussuchen.
www.lanic.utexas.edu/la/uruguay, empfehlenswerte **allgemeine Seite** über Uruguay. Auch hier Links zu den verschiedensten Bereichen, stark vertreten ist Kultur. So sind über **Eduardo Galeano** hier gleich zwei Seiten zu finden, einmal Biographie und ausgewählte Zeitungsartikel, dann Auszüge aus verschiedenen Büchern. Auch Mario Benedetti ist vertreten.
Weitere empfehlenswerte **allgemeine Seiten** sind
www.latinworld.com/sur/urart/html und www.escapeartist.com/urart/urart.html
www.guiadelmundo.org.uy ist die Seite des renommierten *Instituto del Mundo* in Montevideo, das alle zwei Jahre den aufwendigen, sehr informativen *Guia del Mundo* mit den aktuellsten Informationen über alle Staaten der Welt und vielen politischen Themen herausgibt. Auf dieser Seite kann man sich gegen eine Gebühr online informieren. Insgesamt gibt es sehr viele informative Webseiten über Uruguay, wer also die Zeit hat und nicht so sehr auf die Telefonrechnung achten muß, wird seine Freude haben und sich auf die bevorstehende Reise wunderbar vorbereiten können.

Reisezeit & Reisekosten

Hauptsaison in Argentinien und Uruguay ist im Januar und Februar, während des dortigen Hochsommers. Da dies auch die argentisch-uruguayische Urlaubszeit ist, sind Transportmittel häufig ausgebucht und Reservierungen notwendig, auch sind die Preise generell höher.

Argentinien: Doch Argentinien ist mit seinen verschiedenen Klimazonen zu allen Jahreszeiten attraktiv. Bei einem Besuch in Buenos Aires im **Hochsommer** ist allerdings mit Höchsttemperaturen über 40 Grad Celsius zu rechnen. In den ersten beiden Monaten des Jahres verlagert sich das Leben daher teilweise von der Stadt an die Atlantikküste.

Im argentinischen **Winter** (Mai bis September) ist, abgesehen von den Skigebieten, vor allem der Norden mit dem Hochland und den subtropischen Gebieten ein Erlebnis. Für den Süden, Patagonien und Feuerland, empfiehlt sich hingegen nur der **Sommer** als Reisezeit (November bis April).

Insgesamt sind **Herbst und Frühjahr die besten Reisezeiten.** Dann sind die Verkehrsmittel nicht überlastet und die Hotelpreise nicht überhöht. Allerdings sind manche Orte, allen voran der Badeort Mar del Plata und der äußerste Süden, nur im Hochsommer außergewöhnlich interessant.

Uruguay: Nach Uruguay kann man das ganze Jahr über reisen. Wer sich nach Ruhe und Entspannung an nahezu leeren, wunderbaren Stränden sehnt, sollte im Frühjahr und im Herbst wegen des angenehmen Klimas und der wenig ausgelasteten touristischen Infrastruktur reisen, im Hochsommer dagegen sind die Städte leerer und die Strände gut besucht, wenn auch nicht überfüllt.

Reisekosten

Da es bisher noch keine Charterflüge nach Argentinien und Uruguay gibt, muß ein Linienflug gebucht werden.

Essen und Getränke kosten etwa so viel wie hierzulande, in der Nebensaison ist es günstiger. In den **Supermärkten** und auf den vielen Wochenmärkten in den einzelnen *Barrios* (Stadtvierteln) sind Frischwaren sehr preiswert und es gibt ein reichhaltiges Angebot. **Übernachtungen** sind günstig. Die Hotelpreise sind im Reiseteil immer mit angegeben.

Eintrittspreise für kulturelle Einrichtungen und Veranstaltungen liegen durchweg auf westeuropäischem Preisniveau, in Uruguay ist es etwas günstiger. In der Regel gibt es **Ermäßigungen** für Schüler, Auszubildende, Studenten, Rentner und Behinderte. Dafür sollten Sie einen Ausweis vorlegen. Ermäßigungen gibt es oft auch für Gruppen. Der Preis ist fest und wird nicht verhandelt. Mittwoch ist in vielen Städten Kinotag. In Buenos Aires gibt es spezielle Vorverkaufsstellen mit günstigeren Karten für Veranstaltungen (siehe Seite 224).

Geld & Zahlungsmittel

Im Gegensatz zu den 80er Jahren, in denen vor allem in Argentinien hohe Inflation herrschte, sind Devisen heute kaum vorteilhaft, da die Inflation sehr gering ist. In beiden Ländern besteht derzeit kein Unterschied zwischen dem staatlich festgelegten und einem freien Wechselkurs.

Argentinien: Im Januar 1992 wurde der *Peso* (mit 100 *Centavos*) für den *Austral* als argentinische Währung eingeführt. Heute ist der Austral nicht mehr gültig. Der Peso ist im Verhältnis eins zu eins per Gesetz, wie auch in Brasilien, an den US-Dollar gebunden. Damit wurde die Inflation stark eingedämmt. Sie betrug 1993 etwa 7 %, 1994 nur noch 4 % und 1996 fast 0 %. Wie lange der Peso sich im Verhältnis eins zu eins zum US-Dollar halten wird, vermag niemand vorherzusagen.

Uruguay: Die Währung ist seit März 1993 der *Peso Uruguayo,* der gegen den *Nuevo Peso* 1:100 eingetauscht wurde. Mitte 1998 gab es für 1 $ 10,5 Pesos.

Nach Uruguay können ohne Beschränkung Währungen ein- und ausgeführt werden, eine Folge der Entwicklung Montevideos zu einem der wichtigsten Finanzplätze in Lateinamerika.

Kreditkarten und Reiseschecks

Argentinien: In den Städten sind Kreditkarten europäischer und US-amerikanischer Herkunft etwa so verbreitet wie in Mitteleuropa. Die *Euro-Card* ist nur mit der *Mastercard* zusammen gültig. Wechselstuben für US-Reiseschecks gibt es nur in wenigen Großstädten. Auch in Provinzhauptstädten wie Salta und Jujuy und anderen lösen die Banken meist keine Reiseschecks ein. Eine Reisende berichtete, daß sie in Salta 10 % Provision bezahlen mußte. Das gilt dann auch für Euroschecks. Ausnahme: die *Citibank* nimmt ihre eigenen Reiseschecks. Bei *American Express* in Buenos Aires (Plaza San Martín) werden Reiseschecks kostenlos umgetauscht, sonst nur mit erheblicher Provision.

Uruguay: In Montevideo gibt es viele Wechselstuben für Traveller-Schecks *(American Express* oder *Thomas Cook)* und für Bargeldtausch, problemlos kann man DM tauschen, auch in den kleineren Städten im Inland und an der Küste. Wie in Argentinien ist auch in Uruguay das Zahlen mit Kreditkarte üblich (die gebräuchlichste ist *Visa),* allerdings sollten Sie auf die sehr unterschiedlichen Zuschläge achten. Bei Barzahlung läßt sich oft ein Preisnachlaß aushandeln.

Einreisebestimmungen

Reisende aus der BRD, Holland, Österreich oder der Schweiz benötigen kein Visum, wenn sie nicht länger als 90 Tage im Land bleiben. Der Reisepaß muß aber noch mindestens drei Monate und für die gesamte Reisedauer gültig sein. Bei der Einreise erhält man eine Touristenkarte, die man bis zur Ausreise bei sich haben muß. Eine Ausreise in ein Nachbarland (beispielsweise von Argentinien nach Uruguay oder umgekehrt) genügt, um die Frist von neuem ausschöpfen zu können. Wer länger als 90 Tage am Stück im Land bleiben möchte, bekommt problemlos ein Visum bei einem der Konsulate.

Achtung: Wichtig ist, daß bei der Einreise ein Stempel in den Paß

Diplomatische Vertretungen
Für Argentinien
In Deutschland:
Botschaft: Fax 0228/222011, Tourismusabteilung ℡ 228010, *Wirtschaftsabteilung* ℡ 223973, Adenauerallee 50 – 52, 53113 Bonn.
Konsulate:
Berlin: ℡ 030/2266890, Dorotheenstraße 89, 3. Stock, 14109 Berlin.
Düsseldorf: ℡ 0211/324004, Graf-Adolf-Straße 16, 2. Stock, 40212 Düsseldorf.
Frankfurt a.M.: ℡ 069/9720030, Mainzer Landstraße 46, 19. Stock, 60325 Frankfurt a.M.
Hamburg: ℡ 040/4418460, Mittelweg 141, 2. Stock, 20148 Hamburg.
München: ℡ 089/2604550, Kaufingerstraße 7, 4. Stock, 80331 München.
In Holland: *Botschaft:* ℡ 070/365-4836, -4837, Javastraat 20, 2585 Den Haag.
Generalkonsulat: ℡ 020/6232723, 6236242, Herengracht 94, 1015 Amsterdam.
In Österreich: *Botschaft,* ℡ 0222/5338577, Generalkonsulat, ℡ 0222/ 5335171, Goldschmiedgasse 2, 1. Stock,, 1010 Wien.
In der Schweiz: *Botschaft:* ℡ 031/3523565, Jungfraustrasse 1, 3005 Bern.
Generalkonsulat: ℡ 01/2012032, 2012035, Todistrasse 5, 2. Stock, 8002 Zürich.

Für Uruguay
In Deutschland:
Botschaft Bonn: ℡ 0228/366036 oder 366037, Fax 361410, Gotenstraße 1 – 3, 53175 Bonn.
Konsulate:
Hamburg, Generalkonsulat: ℡ 040/4106542, Fax 4108401, Hochallee 76, 20149 Hamburg.
Berlin: ℡ 030/2291424 oder 2292839, Fax 2292839, Dorotheenstraße 97, 10787 Berlin.
Düsseldorf: ℡ 0211/320683, Fax 323616, Königsallee 92a, 40212 Düsseldorf.
Frankfurt: ℡ 069/518510, Fax 538643, Eschersheimer Landstraße 532, 60433 Frankfurt a.M.
München: ℡ 089/591361, Fax 591362, Sendlinger-Tor-Platz 8, 80336 München.
Potsdam: ℡ 0161/2304161, Johansenstraße 2, 20255 Potsdam.
Rostock: ℡ 0381/4962462, Fax 4962425, Rosa-Luxemburg-Straße 14, 18055 Rostock.
Stuttgart: ℡ 0711/6848491, Fax 6848489, Böblingerstraße 104, 70199 Stuttgart.
In Holland: *Botschaft:* ℡ 070/3609815, Nassaulaan 1, 2514 Den Haag.
In Österreich: *Botschaft und Konsulat:* ℡ 01/5356636, Fax 5356618, Palais Esterhazy. Wallnerstraße DFE 4/TOP Na. 17, A-1010 Wien.
In der Schweiz: *Botschaft:* ℡ 031/3122226, Fax 3112747, Kramgasse 63, 3010 Bern.

kommt, sonst kann es bei der Ausreise Probleme geben.

Personen unter 21 Jahren, die ohne Erziehungsberechtigte reisen, benötigen eine formlose aber beglaubigte Vollmacht in spanischer Sprache, daß sie alleine reisen dürfen.

Geschäftsreisende benötigen für ihren Aufenthalt ein *Visum*. Erhältlich bei den Botschaften.

Zollbestimmungen

Gegenstände des persönlichen Bedarfs sind bei der Einreise nach Argentinien und Uruguay zollfrei, außerdem 2 Liter Spirituosen, 400 Zigaretten, 50 Zigarren, 5 kg Lebensmittel außer Fleischwaren und Geschenke im Wert von insgesamt 300 $ pro Person. Die Deviseneinfuhr und -ausfuhr ist unbegrenzt gestattet. Waffen und Munition dürfen nach Argentinien für Jagdzwecke eingeführt werden. Hierfür muß allerdings bei einem Konsulat eine Erlaubnis eingeholt werden.

Pkw, Wohnmobile und Motorräder können nach Argentinien vorübergehend mit dem *Carnet de Passage en Douane*, erhältlich beim ADAC oder ÖAMTC, eingeführt werden. In Uruguay müssen die Autopapiere dem Zoll vorgelegt werden, sie benötigen aber keine weitere Bestätigung; bis zu sechs Monaten ist die Mitnahme des Pkw zollfrei. Sind Halter und Fahrer nicht identisch, muß eine vom Halter ausgestellte, notariell beglaubigte und vom Konsulat legalisierte Vollmacht vorliegen.

Aktuelle Informationen gibt es bei Reisebüros, den hier genannten Konsulaten oder den Tourismusabteilungen der Botschaften.

Gesundheitsvorsorge

Im Gegensatz zu vielen anderen Ländern Südamerikas gibt es in Argentinien und Uruguay keine großen hygienischen Probleme an den touristisch interessanten Orten, abgesehen von der Trinkwasserversorgung in einigen Städten. **Leitungswasser** sollten Sie vor dem Genuß desinfizieren und Eiswürfel in Getränken meiden. Das Risiko von Darminfektionen ist gering, wenn Sie Obst und Gemüse vor dem Verzehr gut waschen bzw. grüne Salate vermeiden.

Mögliche Gefahren

Weder für Uruguay noch für Argentinien sind Impfungen vorgeschrieben.

Die **Cholera** ist nach einem Ausbruch zu Beginn der 90er Jahre im argentinischen Nordwesten wieder eingedämmt. Es gibt nur noch vereinzelte Fälle, betroffen sind die Provinzen Jujuy, Mendoza, Salta und Tucuman. Gegen die Cholera gibt es zwar Impfungen, diese sind aber im Falle einer Infektion nicht sehr wirksam. Die Gefahr ist für ausländische Reisende ohnehin nicht groß, da es sich um eine typische Armutskrankheit handelt. Wer sich sauberes Wasser leisten und im Falle einer Erkrankung einen Arzt bezahlen kann, ist nicht gefährdet, denn die Cholera ist in wenigen Tagen Krankenhausaufenthalt leicht heilbar. Der Erreger wird durch ungewaschenes Essen oder unsauberes Wasser übertragen. Es gibt Mittel, um das Wasser zu desinfizieren.

Argentinien und Uruguay sind keine **Malaria**-Gebiete, ein geringes Risiko besteht im äußersten Norden Argentiniens, in den tiefer gelegenen ländlichen Grenzgebieten zu Bolivien (Salta und Jujuy) sowie zu Paraguay (Misiones und Corrientes). Alle übrigen Teile des Landes sind malariafrei. Malaria-Übertragungen sind von Oktober bis Mai möglich. Da die Malaria-Prophylaxe nicht zuletzt wegen ihrer Nebenwirkungen schon lange nicht mehr ohne weiteres verabreicht wird, ist es sinnvoll, das Medikament *Resochin* mitzunehmen und im Falle einer Infektion einzunehmen. Informieren Sie sich vor Ihrer Abreise bei einem Gesundheitsamt in ihrer Nähe.

Wie auch zu Hause sind *Tetanus-*, *Polio-* und *Diphterie*-**Impfungen** alle zehn Jahre aufzufrischen. Außerdem wird die *Hepatitis-A-Prophylaxe* und die *Typhus-Schluckimpfung* empfohlen. Eine Pockenimpfung ist nicht notwendig.

Das **Chagas**-Virus wird durch Blut- und Zellparasiten (z.B. Raubwanzen) übertragen. Ein Parasitennachweis im Blut ist möglich. Das Chagas-Virus kommt in Südamerika in ländlichen Gebieten vor und kann insbesondere bei Kindern Skelett- und Herzmuskelzellen so sehr schädigen, daß sie sterben. Es wird versucht, dem vor allem in Armenvierteln verbreiteten Virus durch Wanzenbekämpfung und Verbesserung der Wohnverhältnisse Herr zu werden.

AIDS heißt auf Spanisch *SIDA*, ist nicht weiter verbreitet als in Europa oder Nordamerika und kommt in Städten häufiger als auf dem Land vor.

> Das **Centrum für Reisemedizin**, ℡ 0211/904290, Fax 9042999, Oberrather Straße 10, 40472 Düsseldorf, bietet für 15 DM plus Porto oder Faxgebühr den »persönlichen Reise-Gesundheitsbrief« an. Dieser informiert über aktuelle Gesundheitsrisiken im Reiseland, über Impf- und Malariaschutz sowie die Hygieneverhältnisse im Reiseland. Dabei werden Reisestil und -zeit berücksichtigt.
> Für die **Schweiz**: *Südamerika-Tonband* ℡ 01/2528610 (Zürich) und 061/2848298 (Basel).

Die Zahl der Neuerkrankten geht wie in Deutschland zurück. Empfehlenswert sind in jedem Fall Kondome, die es in Apotheken gibt, um sich neben AIDS auch vor Geschlechtskrankheiten zu schützen. Die argentinischen und uruguayischen Kondome haben eine schlechte Qualität, deshalb sicherheitshalber auf Importware zurückgreifen.

Im Süden Argentiniens macht sich im Hochsommer das **Ozonloch** über der Antarktis bemerkbar. Es bewirkt eine erhöhte UV-Strahlung, die die ungeschützte Haut weitaus mehr gefährdet als in vergleichbaren Regionen um diese Jahreszeit. Schützen Sie sich am besten mit langärmeliger Kleidung und Sonnencreme, mindestens Schutzfaktor 12. Außerdem sollten Sie die aggressive Mittagssonne meiden.

Krankenversicherung

Der Versicherungsschutz der Krankenkasse im Heimatland besteht nicht automatisch bei einer Auslandsreise.

Eine Reise-Krankenversicherung, die nicht teuer ist und für die Reisezeit oder aber für ein ganzes Jahr gelten kann, ist in jedem Fall wichtig. Diese wird beispielsweise von der *DBV-Versicherung*, ✆ 069/982480, Fax 98248881, Postfach 101464, 63014 Offenbach angeboten. Versicherungsbeitrag: 1. – 90. Reisetag 1 DM pro Person und Tag, ab 91. Reisetag 4 DM pro Person und Tag, Mindestbeitrag 20 DM pro Person; Jahresbeitrag 18 DM, für Familien 34,80 DM (Stand 1998). In der Regel müssen Sie die Kosten für Medikamente, Arzt- und Krankenhauskosten im Reiseland zunächst selbst bezahlen. Erst bei der Rückkehr erstattet der Versicherer das Geld gegen Vorlage der Rechnungsbelege.

Gegen 48 DM Jahresbeitrag, ermäßigt 26 – 30 DM, Familien 96 DM, wird man Mitglied bei der *Deutschen Rettungsflugwacht* ✆ 0711/70070, Fax 7007333, Echterdinger Straße 89, 70794 Filderstadt. Bei einer lebensbedrohlichen Krankheit wird der Patient in sein Heimatland zurückgeflogen, wenn das der behandelnde Arzt für notwendig erachtet. In manchen Krankenversicherungstarifen wie der oben genannten DBV-Versicherung ist eine solche Rückflugversicherung schon enthalten.

Reiseapotheke

Medikamente sind etwas teurer als in Europa, der Markt fest in der Hand internationaler Pharmakonzerne. Besorgen Sie rezeptpflichtige Medikamente vor der Abreise.

Wenn Sie regelmäßig Medikamente nehmen, sollten in jedem Fall mit Ihrem Arzt oder Ihrer Ärztin besprechen, welche Wirkung die Zeitverschiebung von bis zu fünf Stunden auf den Organismus hat. Für Herzkranke und Diabetiker kann es unter Umständen Probleme geben. Bei der Einnahme der Antibabypille ist die Zeitumstellung zu berücksichtigen.

Infos für Behinderte

Die Freizeit- und Reisebedürfnisse behinderter Menschen werden in der Regel viel zu wenig beachtet; leider auch in Argentinien und Uruguay. Je nach Grad der Behinderung sollte überlegt werden, ob persönliche Assistenz nötig ist.

▶ Kein Länderspezialist, aber erster Ansprechpartner für die allgemeine Reiseplanung, den Umgang mit Reisebüros und anderem ist Christoph Halbey, ✆ 06131/225514, Fax 238834 bei der *Bundesarbeitsgemeinschaft Clubs Behinderter und ihrer Freunde e.V.*, Eupenerstraße 5, 55131 Mainz.

▶ Die *Bundesarbeitsgemeinschaft für Behinderte e.V.*, ✆ 0211/31006-0, Kirchfeldstraße 149, 40215 Düssel-

---

Erfahrene Reisemediziner und Globetrotter entwickelten den **Internationalen Notfallausweis**, INA. In diesen können Sie Blutgruppe, chronische Erkrankungen, wichtige Operationen und Medikamente von Arzt oder Ärztin eintragen lassen. Da er in den wichtigsten EU-Sprachen abgefaßt ist, erleichtert er die Kommunikation mit Ärzten vor Ort. Gegen 4 DM in Briefmarken beim Verlag *Peter Meyer Reiseführer*, Adresse Seite 11.

dorf verschickt für 6 DM die Liste »Reisen für behinderte Menschen«.

Was mitnehmen?

Sie bekommen in Argentinien und Uruguay grundsätzlich alles, was es auch in Mitteleuropa zu kaufen gibt und zwar zu ähnlichen Preisen.

Im Gegensatz zu anderen südamerikanischen Ländern laufen Sie in Argentinien und Uruguay nicht Gefahr, wegen eines Rucksacks an der Grenze zurückgewiesen zu werden. Auch in den teureren Hotels gibt es gegenüber Rucksackreisenden in der Regel keine Vorurteile. Es kann jedoch in Argentinien passieren, daß Sie wegen des Rucksacks im Landesinnern für einen *porteño* oder eine *porteña* (Bewohner bzw. Bewohnerin von Buenos Aires) gehalten werden, denn diese sind für ihre Reiselust und diesen Reisestil bekannt. Es gibt Rucksäcke, die auch als Reisetasche genutzt werden können.
Tip: Sicherheitshalber sollten Sie alles in die Tasche bzw. den Rucksack tun und nichts außer einer Iso-Matte außen anbringen. Und füllen Sie die Tasche nicht vollständig! Es kommt erfahrungsgemäß immer mehr dazu.

Schlafsack und Zelt

In den Hotels und Pensionen gibt es Bettwäsche. Einen Schlafsack benötigen Sie nur, wenn Sie mit dem Zelt oder in Jugendherbergen unterwegs sind. Im südamerikanischen Sommer genügt ein einfacher Schlafsack. Im Herbst, Winter und Frühling kann es jedoch nachts in allen Regionen sehr kalt werden. Dann ist neben einem warmen Schlafsack und einem guten Zelt auch ein Regenschutz angebracht. Camper sollten sich in speziellen Ausrüsterläden informieren.

▶ Den **Internationalen Jugendherbergsausweis** gibt es beim *Deutschen Jugendherbergswerk,* Postfach 1455, 32754 Detmold.

Kleidung

Vor allem im Norden Argentiniens, aber auch in anderen Teilen des Landes, in denen noch Menschen indigener Abstammung leben, wird traditionelle Kleidung getragen: Ponchos, Wollpullover, Hüte und Mützen. Viele Menschen leben dort davon, selbstgefertigte Kleidung an Reisende zu verkaufen. In den meisten Regionen entspricht die Kleidung jedoch der nordamerikanischen und europäischen.

Wer im **Sommer** nach Buenos Aires, Zentral- oder Nordargentinien und Uruguay fährt, muß keine warmen Sachen mitnehmen, da südeuropäisch-sommerliche Temperaturen herrschen. Im Nordwesten und Süden wird es allerdings auch im Sommer nachts kühl. Während der **übrigen Jahreszeit** sollten Sie ohnehin auf kühle Temperaturen eingestellt sein. Sehr kalt ist es im Winter im Süden und in den höheren Lagen des Nordwestens von Argentinien. Um dort angenehm zu reisen, sind mindestens Steppjacke und lange Unterhosen notwendig.

Wer nicht nur reist: Besonders die Argentinierinnen kleiden sich modebewußt. Da Sie bestimmt einmal privat eingeladen werden, sollten Sie auch auf schickere Kleidung zurück-

Checkliste
Wichtig sind:
- ❏ leichte Baumwollhemden und Blusen (auch langärmelig)
- ❏ T-Shirts, ein Pulli (besonders, wenn Sie im Winter reisen)
- ❏ kurze und lange Hosen
- ❏ ein Tuch oder Hut gegen Sonne und Staub, Schal gegen Wind und Kälte
- ❏ Regenschutz
- ❏ Toilettenartikel: außer dem persönlichen Bedarf Tampons und Kondome
- ❏ Badesachen
- ❏ feste Schuhe, Wanderschuhe, Sandalen, Baumwollsocken

Papiere & Sonstiges:
- ❏ Reiseschecks, Kreditkarte(n)
- ❏ Bargeld in kleinen Dollarnoten
- ❏ Flugtickets
- ❏ Reisepaß
- ❏ nationaler Führerschein
- ❏ Kopie des Reisepasses, Kopie der Flugtickets (falls die Originale verlorengehen), 2 Fotos
- ❏ ein wasserdichtes Etui für alle Papiere bzw. innenliegender Geldgurt oder Geldgürtel
- ❏ Fernglas zum Tiere beobachten
- ❏ Fotoausrüstung mit Ersatzbatterien und Filmen
- ❏ Reiselektüre, spanisches Reisewörterbuch (z.B. *Abraxas*)
- ❏ Schreibzeug, Adreßbuch
- ❏ Taschenlampe, Taschenmesser mit Korkenzieher u. Flaschenöffner
- ❏ Besteck
- ❏ Trinkbecher, Wasserflasche
- ❏ Nähzeug, Sicherheitsnadeln, Klebeband
- ❏ Waschmittel in der Tube
- ❏ Ersatzbrille, Sonnenbrille
- ❏ wasserfeste Armbanduhr oder ein Wecker, evtl. Weltempfänger
- ❏ kleine nützliche Dinge als Gastgeschenke

Reiseapotheke:
- ❏ Schmerz- und Fiebertabletten (z.B. *Paracetamol*)
- ❏ Mittel gegen Durchfall *(Immodium),* Verstopfung
- ❏ Augentropfen
- ❏ Mittel gegen Ohrenschmerzen
- ❏ Insektenschutzmittel* *(Dschungelöl)*
- ❏ kühlendes Gel bei Stichen, Sonnenbrand und Juckreiz (z.B. *Soventol*)
- ❏ alle Medikamente, die regelmäßig eingenommen werden müssen
- ❏ Sonnenschutzcreme mit hohem LSF
- ❏ Mittel gegen Erkältungen, Lutschbonbons gegen Halsschmerzen
- ❏ Pflaster
- ❏ Verbandsmaterial: Pflaster in verschiedenen Größen, Mullbinde
- ❏ Jod zur Wunddesinfektion
- ❏ Salbe gegen Stauchungen, Prellungen
- ❏ Schere, Pinzette
- ❏ Fieberthermometer
- ❏ für Camper: Wasserdesinfektion *(Romin,* schnellwirkend und flüssig)
- ❏ im Winter/Süden: Rettungsdecke

Insektenschutzmittel: besonders für Reisen in die tropischen Gebiete im Nordosten Argentiniens.

greifen können. Planen Sie Kontakte, sollten Sie an ein paar Mitbringsel aus Ihrem Herkunftsland denken.

Toilettenartikel gibt es in den Supermärkten und Drogerien genauso wie in Europa, teilweise dieselben Produkte. Es empfiehlt sich, Toilettenpapier immer griffbereit zu haben.

Dia- und Videofilme und die Entwicklung sind in Argentinien viel, in Uruguay etwas teurer als in Europa. Nehmen Sie deshalb ausreichend Material mit auf die Reise, auch an Ersatzbatterien denken. Filme können Sie vor Hitze und Röntgenstrahlen in einem speziellen Bleibeutel schützen, der im Fachgeschäft erhältlich ist. Vor allem die empfindlicheren Filme über ISO 400 sollten Sie am Flughafen von Hand kontrollieren lassen.

Karten-Service für Peter-Meyer-Reiseführer-Leser
Speziell unseren Lesern bieten wir einen **Karten-Besorgungsdienst** an. Wir beschränken uns dabei auf die empfehlenswerten Karten von dem kanadischen Verlag *ITM, International Travel Maps,* die wir Ihnen kostengünstig für 15 DM pro Karte plus einmaliger Versandpauschale von 5 DM in Briefmarken oder Euroscheck innerhalb weniger Tage liefern. Vergessen Sie bitte nicht, Ihren (in deutlichen Druckbuchstaben geschriebenen) Absender! Verlagsadresse siehe Seite 11.
• *Argentina Travel Reference Map:* ITM 235, 1:1,4 Mio. Mit Uruguay (reicht für den Überblick) und fast ganz Chile. Höhenschichten und Straßennetz. Beschriftung und Infos sind in englisch.

Strom: Europäische Stecker passen nicht in die argentinischen und uruguayischen Steckdosen. Zwischenstecker gibt es in allen Haushalts- und Elektrogeschäften. 220 Volt und 50 Hz entsprechen den hiesigen Geräten.

ANREISE INDIVIDUELL & PAUSCHAL

Die Flugzeit von Frankfurt a.M. oder Amsterdam bis Buenos Aires oder Montevideo beträgt ohne Zwischenstop etwa 18 Stunden. Flüge von US-amerikanischen Fluggesellschaften gehen über die USA.

Mit dem Flugzeug

Argentinien: Direktflüge von Europa nach Buenos Aires sind mit *Aeroflot, Air France, British Airways, KLM, Lufthansa* und *Iberia* aus den jeweiligen Heimatländern oder mit Zwischenstop in den Ländern möglich. *Aerolíneas Argentinas (AA)* fliegt ebenfalls direkt europäische Großflughäfen an.

Uruguay: Direktflüge gehen von Europa nach Montevideo mit der uruguayischen Fluggesellschaft *Pluna* (ab Madrid), *Iberia, Air France* und *KLM* aus den jeweiligen Ländern, die anderen meist über Buenos Aires.

Preise und Ermäßigungen

Die Flugpreise staffeln sich nach Haupt- und Nebensaison; Jugendliche unter 25 oder 30 Jahren und Studierende erhalten Ermäßigungen. Den offiziellen Tarif muß niemand bezahlen, denn es gibt die sogenannten Graumarkt-Tickets, die die Reisebüros mit den Fluggesellschaften aushandeln. Diese Flugscheine können je nach Fluggesellschaft zwischen drei Monaten und einem Jahr im voraus gebucht werden.

Allgemein gilt: Möglichst früh buchen und Preise zwischen den Fluggesellschaften und Reisebüros (!) vergleichen, denn die einzelnen Reisebüroketten haben verschiedene Ermäßigungen bei den Airlines. Hin- und Rückflugtickets sind wesentlich billiger als zwei Einzelflüge. Dabei muß jedoch die maximale Dauer des Aufenthalts und die Gültigkeit des Tickets berücksichtigt werden.

Die Erfahrung der letzten Jahre zeigt, daß die niederländische Gesellschaft *KLM* Buenos Aires günstig im Angebot hat, die Flüge gehen über Amsterdam. So kostet ein KLM-Flug (Ticket drei Monat gültig) in der Nebensaison derzeit zwischen 1190 und 1255 DM, in der Hauptsaison zwischen 1250 und 1310 DM. Dazu kommen etwa 80 DM Flughafengebühren. Es kann aber auch kurzfristige Angebote von unter 1000 DM geben, die jeweils für ein paar Wochen gelten.

Für einen Flug nach Montevideo mit *Iberia* müssen in der europäischen Hauptreisezeit knapp 2000 DM gezahlt werden *(Air France* 1900 DM, *Varig* 2200 DM), zwischen September und Januar 1677 DM *(Air France* 1623 DM, *Varig* 2007 DM). Die Preise sind in der Hauptsaison höher, diese dauert normalerweise von 20. Dezember bis Ende Januar und von Ende Juni bis Ende August. Die Fluggesellschaften haben jedoch keine einheitliche Einteilung in Haupt- und Nebensaison, deshalb lohnt sich ein Vergleich.

> **Billigflüge im Internet:**
> Cinetic: www.flug.de.
> Focus: www.focus.de/reise-center.
> Internet-Reisebüro: www.Internetreisebuero.de.
> Internet Last Minute Büro: www.lastminute.de.
> Gutes Lateinamerika Angebot: www.aer.de/titanic

Viele Tickets für den Hin- und Rückflug gelten nur drei oder sechs Monate. Wer länger bleiben oder zumindest die Möglichkeit offenlassen will, sollte sich genau erkundigen und auch hier Angebote vergleichen.

Um die Weihnachtszeit sind Flüge frühzeitig ausgebucht, nicht zuletzt wegen der vielen Südamerikaner, die in Europa leben und zu dieser Zeit nach Hause fliegen.

Last-minute-Angebote nach Argentinien und Uruguay sind nicht sehr zahlreich, da es keine Charterflüge gibt. Die Angebote nehmen aber außerhalb der Hauptreisezeit zu. So können beispielsweise seit kurzer Zeit Lufthansa-Flüge ab sieben Tage vor Abflug bei *L-Tur* gebucht werden.

Tips für Studenten: Studentische Reisebüros vermitteln günstige Flüge für Studierende, wobei die Altersbeschränkung bei den einzelnen Fluggesellschaften unterschiedlich ist. Studierende kommen oft bei *Lufthansa* und *British Airways* günstig weg. Studentische Büros in der BRD sind unter anderem die *STA-Travel-Büros* in Frankfurt a.M., Darmstadt, Mannheim, Heidelberg, Karlsruhe, Würzburg, Berlin, Bonn, Köln und Hamburg. Außerdem gibt es nicht nur im *ASTA*, sondern auch in den studentischen Reisebüros für 18 DM den **Internationalen Studentenausweis** *(International Student Identity Card, ISIC)* gegen eine Studienbescheinigung und ein Paßfoto, der teilweise Eintritte, Übernachtungen in Jugendherbergen und Busfahrten ermäßigt. Vor Ort erhältlich in Buenos Aires im Reisebüro *ASATEJ,* ✆ 3151457, Florida 835, Büro 319 im 3. Stock.

Pauschalreisen

Immer mehr Reiseveranstalter nehmen Argentinien in ihr Programm auf, und auch für Uruguay gibt es spezifische Angebote. Die Reisen dauern in der Regel zwei bis drei Wochen und sind als Rundreisen organisiert. Die unten genannten Richtpreise sind natürlich ohne Gewähr. Sie enthalten, wenn nicht anders angegeben, Flug, Unterkunft, Transport im Land (in der Regel auch mit dem Flugzeug), Halbpension, deutschsprachige Reiseleitung und mehr.

Wer keine komplett geplante Reise möchte, kann im Reisebüro nachfragen, ob es für die selbstgeplante Route »Fly and drive«-Angebote gibt, bei denen Flug, Mietwagen und Hotel vorab gebucht werden können.

▶ *Studiosus,* www.studiosus.de (7500 Reisebüros in D, A, CH) hat Argentinien mehrfach im Programm. Bei den Südamerika-Rundreisen ist auch ein Abstecher nach Argentinien dabei. 20 Tage dauert eine Reise nach Rio de Janeiro, Iguazú, die ehemaligen Jesuiten-Missionen, Buenos Aires, die Halbinsel Valdés, Feuerland, Lago Argentino und nach Südchile, ab 10.150 DM. Außerdem gibt es drei Reisen, die mit Chile oder Bolivien kombiniert werden.

▶ *Marco Polo Reisen,* www.marcopolo-reisen.com, Postfach 1320, 61468 Kronberg/Ts., ✆ 06173/70970, Fax 7635, bietet fünf Studienreisen nach Argentinien an, teilweise in Kombination mit anderen Ländern. Eine 18-Tage-Reise ab 9570 DM führt in den Nordwesten, nach Iguazú, Buenos Aires, zur Halbinsel Valdés, zum Lago Argentino und nach Feuerland. Nach Buenos Aires, der Halbinsel Valdés, dem Lago Argentino, Feuerland, zu den Malwinen-Inseln und in die Antarktis geht eine 22 Tage dauernde Tour ab 15.470 DM (Abflüge über das ganze Jahr verteilt).

▶ *Hotelplan,* www.hotelplan.ch, ein Schweizer Veranstalter mit Filialen in rund 19 Städten, bietet eine 19-Tage-Reise ab 7300 SFr an, von Santiago de Chile in den chilenischen Süden, dann mit dem Schiff nach Feuerland und von dort über die Halbinsel Valdés nach Buenos Aires. Anschlußmöglichkeit nach Iguazú und Rio de Janeiro (Abflug Ende September bis Anfang März).

▶ *Meier's Weltreisen,* www.meiersweltreisen.de, Beratung und Buchung in allen Reisebüros, bietet 23 Tage Buenos Aires, Feuerland, den Lago Argentino, die Halbinsel Valdés, Iguazú und Buenos Aires ab 6700 DM (Ende September bis Ende Oktober).

▶ *DERtour,* www.DER.de, Emil-von-Behring-Straße 6, 60439 Frankfurt a.M., ✆ 069/9588-00, Fax -1010, organisiert Flüge und Hotelbuchungen sowie mehrtägige Rundreisen mit englischsprachiger Reiseleitung. Eine Woche Nordwesten ohne Flug ab 1900 DM, vier Tage ab 1250 DM; fünf Tage mit dem Schiff von Bariloche nach Chile ohne Flug ab 750 DM; drei Tage Halbinsel Valdés ab 480 DM. Mit diesen Bausteinen ist es möglich, nach einer Rundreise mit oben genannten Veranstaltern noch eine kleinere Tour mit Dertour anzuschließen. Die Angebote gibt es das ganze Jahr über.

Reitsportler sollten ihre Utensilien mitnehmen, Reitgelegenheiten gibt's genug

▶ *Dr. Tigges,* www.dr.tiggesreisebuero.de, Logenstraße 20 – 22, 45127 Essen, ✆ Servicecenter 0201/81040-60, Fax -35, bietet eine 20-Tage-Reise über Rio de Janeiro, Iguazú, Buenos Aires, Halbinsel Valdés, Feuerland, Lago Argentino, Südchile und Santiago de Chile ab 8980 DM an (Abflug Februar, Ende Oktober bis Ende Dezember).

▶ *Hauser Exkursionen International,* www.hauser-exkursionen.de, Marienstraße 17, 80331 München, ✆ 089/235006-0, Fax 2913714, hat ein ausgesuchtes Programm für Trekking-Touren. Nach Argentinien und Chile gibt es mit vier unterschiedlichen Reisen, alle dauern 22 Tage. Zwei Touren führen auf den höchsten Berg Amerikas, den Aconcagua, und kosten ab 5690 DM (Abflug zwischen Ende November und Anfang Februar). Die Panamericana-Straße wird in einem ihrer landschaftlich spektakulärsten Teile, der *Carretera Austral,* abgefahren und auch abgewandert ab Bariloche, vorbei an den Seen nach Chile, weiter nach Süden an den Lago Argentino und auf dem Rückweg an die Halbinsel Valdés; Kosten ab 6000 DM. Vom Aconcagua nach Feuerland geht es ab 7780 DM mit verschiedenen Trekking-Touren (Abflug zwischen Ende Oktober und Mitte Februar).

▶ *Adelante-Südamerika Reisen Berlin,* www.iq-consult.com/adelante, Muskauer Straße 24, 10997 Berlin, ✆ 030/61797430, Fax 6113529, ist ein kleines Reiseunternehmen, dem Südamerika seit vielen Jahren besonders am Herzen liegt. Das Angebot wurde mit kompetenten Leuten aus unterschiedlichen Berufssparten entwickelt. Es wird mit Kooperationspartnern vor Ort umgesetzt. Adelante bietet Gruppenreisen mit verschiedenen Schwerpunkten an. Touristisch noch wenig erschlossen sind Tango-Reisen nach Montevideo, wo das Erlernen des Tango Argentino touristisch eingebunden ist in den einheimischen Umgang mit dem Tango als Tanz und Gesang (Tanzkurse für Anfänger und Fortgeschrittene durch ausgebildete Tanzlehrer). Weitere Themen sind: »Land und Leute – Sprachreisen mit Kulturangeboten« und »Candombe und Carneval«, eine Reise nach Montevideo zum traditionellen Karneval im Frühjahr, »Architektur, Stadtplanung und Ökologie in Argentinien und Uruguay« und eine thematische Reise zu Sozialer Arbeit in Südamerika. Reisepreise von 3200 DM bis 3800 DM pro Person. Im Reisepreis enthalten sind Flug, Unterkunft, Tanz- oder Spanischkurs, Kulturprogramm, Reiseleitung.

Rückflug

Üblicherweise wird ein Hin- und Rückflug-Ticket gekauft, weil dies kostengünstiger ist. Einzelflüge von Südamerika nach Europa sind in Argentinien und Uruguay sehr viel teurer als Einzelflüge nach Südamerika. Das gilt ganz besonders für Studierende. Auch in Uruguay und Argentinien lohnen sich Preisvergleiche zwischen den Reisebüros.

In der Regel muß der Rückflugtermin beim Kauf angegeben werden, Änderungen sind jedoch kein Problem, wenn die Gültigkeitsdauer des Tickets nicht überschritten ist. In den Büros der Fluggesellschaften in Buenos Aires oder Montevideo können Sie für in der Regel 100 $ den Rückreisetermin ändern lassen. Studierende bezahlen bei *British Airways* und *Lufthansa* weniger. Sind Sie in Besitz eines Studenten-Ticket eines *STA*-Büros, können Sie in Buenos Aires für 20 $ bei ASATEJ, Florida 835, 3. Stock, © 3151457, das erste und auch das zweite Mal umbuchen. Es gibt neuerdings auch ein STA-Travel-Büro in Bahía Blanca.

Flughafengebühren

Argentinien: für Inlandsflüge und nach Montevideo derzeit 5 $, bei Auslandsflügen 13 $.
Uruguay: Die Flughafengebühr beträgt 6 $ nach Buenos Aires, für alle anderen Flüge 12 $.

Mit dem Schiff anreisen

Die *Hamburg-Süd Reiseagentur,* © 040/3705155, Fax 37052420, Ost-West-Straße 59-61, 20457 Hamburg, bietet Überfahrten auf Frachtschiffen an, die von Hamburg nach Buenos Aires knapp 25 Tage dauern. Die Reservierungen werden für den gewünschten Reisemonat angenommen und bestätigt. Der genaue Abfahrtstermin wird etwa 4 Wochen vorher mitgeteilt. Die Überfahrten können einzeln gebucht werden, dann kosten sie je nach Schiff und Einzel- oder Doppelkabine zwischen 130 und 160 DM pro Tag inklusive Essen.

Von Hamburg über Santos/Brasilien kostet die Fahrt nach Montevideo 1925 DM, nach Buenos Aires 2100 DM.

Landkarte von Joaquín Torres García, 1936

»Ich schlage ein kleines geographisches Experiment vor: Man schneide die Landkarte Südamerikas aus, stelle sie auf den Kopf, weil hier der Norden klimatisch dem Süden entspricht, und lege sie mit dem spitzen Winkel des Dreiecks über den Süden Norwegens: Die Basis des Dreiecks wird die Wüsten Afrikas durchschneiden. Diese Bastelei kann eine Vorstellung von der Ausdehnung dieses Landes geben und auch von der klimatischen Vielfalt, von der tropischen Hitze an der Grenze zu Brasilien im Norden bis zu den eisigen Gletschern und Fjorden des äußersten Südens. Und das, ohne unseren Anteil an der Antarktis in Betracht zu ziehen, der mit einem Zipfel in der Nähe von Kap Hoorn beginnt und bis zum Südpol reicht und maximal so breit ist wie das kontinentale Argentinien.« (E. Sábato)

IM LAND ZURECHTKOMMEN

Nachdem Reisevorbereitung und Anreise hinter Ihnen liegen, können Sie sich nun auf den folgenden Seiten über einige grundsätzliche Dinge, die vor Ort erwarten, informieren. Durch die Kenntnis dieser allgemeinen praktischen Hinweise wird Ihr Aufenthalt in Argentinien und Uruguay um einiges erfahrungsreicher, schöner und preiswerter werden.
Denken Sie daran, daß Sie sich in den ersten Tagen an die Zeitumstellung gewöhnen müssen – daher: die Reise langsam angehen.

Zeitverschiebung

Für beide Länder gilt generell eine Zeitdifferenz von vier Stunden zur Mitteleuropäischen Zeit, das heißt um 12 Uhr mittags in Europa ist es 8 Uhr morgens am Río de la Plata. Allerdings sind es während der europäischen Sommerzeit (Winter am Río de la Plata) drei Stunden und während der Winterzeit in Europa (Sommerzeit am Río de la Plata, die Uhr wird eine Stunde zurückgedreht) fünf Stunden.

MEZ –3
½ März –
½ Oktober

MEZ –5
½ Okt. –
½ März

Öffnungszeiten

Banken sind in *Argentinien* in der Regel Mo – Fr 10 – 15 Uhr geöffnet, Sa geschlossen. In *Montevideo* dagegen sind sie wochentags 13 – 17 Uhr offen. Im übrigen Uruguay im Sommer (Mitte Dezember bis Mitte März) 9 – 13 Uhr, im Winter 12 – 17 Uhr.
Wechselstuben sind normalerweise unter der Woche 10 – 16 Uhr offen, am Samstag teilweise vormittags. Notfalls kann in größeren Hotels gewechselt werden. Traveller-Schecks können nur in Wechselstuben getauscht werden, Traveller-Schecks von *American Express* ohne Komission auf der Plaza San Martín in Buenos Aires, Arenales 707.
Post: Postämter und Telefonläden haben Mo – Fr 8 – 20 Uhr geöffnet, Samstag vormittags.
Büros sind in den größeren Städten Argentiniens und in Montevideo Mo – Fr 9 – 17 Uhr offen (teilweise über Mittag eine Stunde geschlossen), im Inland wegen einer längeren Siesta in der Regel 9 – 13 und 17 – 20 Uhr.
Behörden: Im Sommer Mo – Fr 7.30 – 13 Uhr und im Winter 12 – 19 Uhr.
Konsulate: Meist Mo – Fr 9 – 12 geöffnet.
Geschäfte: *Abierto* heißt geöffnet und steht normalerweise in Buenos Aires und Montevideo Mo – Fr 9 – 19.30 Uhr an der Tür (teilweise Mittagspause), am Samstag 8 – 13 Uhr. Außerhalb der Hauptstädte öffnen die Geschäfte meist Mo – Fr 10 – 14 und 17 – 21 Uhr, Sa nur vormittags. Lebensmittelgeschäfte haben teilweise länger auf. Viele der großen neuen Shopping-Center sind bis spät in die Nacht geöffnet.
Tip: In vielen Banken, Geschäften und auch auf Ämtern muß man eine Nummer ziehen, die dann aufgerufen wird.

Feiertage

Sowohl Argentinien als auch Uruguay sind überwiegend katholische Länder und haben die entsprechenden **beweglichen Feiertage**, wie *Karfreitag* und *Ostersonntag*. In Uruguay als traditionell laizistischem Staat haben diese Tage aber keine große religiöse Bedeutung.

In beiden Ländern gibt es jede Menge **besondere Tage** für verschiedene soziale Gruppen, zum Beispiel Tag der Schüler und Studierenden, Tag der Fußballspieler, Tag der Sekretärinnen, Tag der Zeitungsverkäufer, die aber meist ohne besondere Feierlichkeiten vorübergehen.

Zusätzlich gibt es einige **regionale Feiertage**. Feste siehe Seite 494.

Argentinien

- **1. Januar:** *Año Nuevo*, Neujahr.
- **6. Januar:** *Día de Reyes*, Heilige drei Könige.
- **1. Mai:** *Día de los Trabajadores*, Tag der Arbeit. Wichtiger Feiertag.
- **25. Mai:** Nationalfeiertag; 1810 wurde an diesem Tag eine provisorische Regierung eingesetzt. Wichtiger Feiertag.
- **9. Juli:** 1816 wurden in Tucumán die »Vereinigten Provinzen von Süd-Amerika« ausgerufen. Wichtiger Feiertag.
- **10. Juni:** Tag der Malwinen.
- **20. Juni:** *Tag der Fahne*.
- **17. August:** *Todestag San Martíns*.
- **21. September:** *Tag der Schüler und Studierenden* sowie *Frühlingsanfang*; im ganzen Land werden Ausflüge und Picknicks in Parks und in der Natur unternommen, für die Mehrheit der Kinder und Jugendlichen der schönste Tag des Jahres.
- **12. Oktober:** *Día de la Raza*, Jahrestag der Eroberung Amerikas durch Kolumbus 1492. 1992 wurde dieser Tag zum 500. Jahrestag neuerlich politisiert, dies wird anschaulich im Gebrauch der Worte *Conquista* (Eroberung) oder *Descubrimiento* (Entdeckung).
- **17. Oktober:** *Befreiung Peróns 1945*.
- **25. Dezember:** *Navidad*, Weihnachten.

Seit 1988 sind nationale Feiertage verschiebbar, wenn sie auf einen Dienstag oder Mittwoch fallen, werden sie auf den Montag davor gelegt; fallen sie auf einen Donnerstag oder Freitag, schiebt man sie auf den Montag danach.

Uruguay

- **1. Januar:** *Año Nuevo*, Neujahr.
- **6. Januar:** *Día de Reyes*, Heilige drei Könige.
- **Ende Februar:** *Karneval*.
- **18. Juli:** 1830 wurde die *erste Verfassung* verabschiedet.
- **25. August:** *Tag der Unabhängigkeit* (1828).
- **19. April:** die 33 Orientalen begannen 1825 den Befreiungskampf *(Cruzada Libertadora)* gegen die portugiesischen und brasilianischen Besatzer.
- **19. Juni** und **23. September:** Geburts- und Todestag von *José Artigas*.
- **8. Dezember:** Eröffnung der Badesaison, *Día de las Playas*.
- **25. Dezember:** *Navidad*, Weihnachten, in Uruguay auch *Día de las Familias* genannt.

Geld wechseln

Argentinien: Die Finanzkrise veranlaßte die Provinzregierungen in *Jujuy, La Rioja, Salta* und *Tucumán* in den letzten Jahren eigene Zahlungsmittel auszugeben, **Bonos**, die nur in der jeweiligen Provinz gelten. Allerdings werden sie in vielen Geschäften zu einem geringeren Wert als dem Nennwert verrechnet.

Wechselkurse
Argentinien

1 Peso = 1 US $
1 US $ = 0,92 Euro
1 US $ = 1,80 DM
1 US $ = 1,4221 SFr
1 US $ = 12,66 ÖS
1 DM = 0,55 Peso

Uruguay

1 Peso = 0,16 DM
1 DM = 6,2 Peso
1 Peso = 1,11 ÖS
1 ÖS = 0,9 Peso
1 Peso = 0,13 SFr
1 SFr = 7,6 Peso
1 FL = 5,5 Peso
1 Peso = 0,18 FL
1 Peso = 0,11 US $
1 US $ = 11 Peso Uruguayos

Post & Telefon

In beiden Ländern arbeitet die Post recht zuverlässig. Nach Europa dauert ein Brief etwa eine Woche mit Luftpost, manchmal auch länger. Nicht ratsam ist es, Geld per Post zu schicken. Ein Luftpostbrief nach Europa kostet von Argentinien 1,25 $, eine Postkarte 1,10 $; in Uruguay ist es geringfügig billiger. Seit einigen Jahren gibt es in Argentinien und Uruguay private Postunternehmen, die schneller, aber mindestens um die Hälfte teurer sind. In Uruguay ist die wichtigste private Post *TIEMPOST* mit Annahmestellen in allen Städten.

Schwere Pakete sind mit dem Flugzeug wesentlich teurer zu verschicken als mit dem Schiff.

Telefon

Argentinien: In Argentinien wurde das staatliche Unternehmen zu Beginn der 90er Jahre privatisiert und zwei Firmen teilen sich jetzt das Land. In ihrer jeweiligen Region sind *Telecom* und *Telefónica* Monopolisten. Das führte zu drastischen Preissteigerungen, zudem wurde das marode Netz wenig modernisiert. Argentinische Telefongebühren zählen zu den teuersten der Welt. In Buenos Aires wird noch am meisten investiert, deshalb funktioniert dort das Netz am besten.

Uruguay: In Uruguay entzündete sich 1993 an der Privatisierung der staatlichen Telekommunikationsgesellschaft *ANTEL* eine der wichtigsten politischen Auseinandersetzungen der letzten Jahre. Nach einem Volksentscheid darf sie nun nicht wie vorgesehen privatisiert werden (siehe Seite 56). In Uruguay funktionieren Telefon und Telefax sehr gut, fast das ganze Land ist mittlerweile voll digitalisiert.

Internationale Gespräche: Das Telefonieren nach Europa ist viel teurer

Vorwahlnummern
Argentinien ✆ 0054-
Buenos Aires ✆ 0054-1-
Uruguay ✆ 00598-
Montevideo ✆ 00598-2-

BRD ✆ 0049-
Holland ✆ 0031-
Österreich ✆ 0043-
Schweiz ✆ 0041-
Bei der dann folgenden Nummer jeweils die 0 vorne weglassen.
Telefonauskunft in Argentinien ✆ 110 , in Uruguay ✆ 122

Vorwahlen in Argentinien
Azul: 0281
Bahía Blanca: 091
Bariloche: 0944
Buenos Aires: 01
Catamarca: 0833
Comodoro Rivadavia: 097
Concordia: 045
Córdoba: 051
Coronel Suárez: 0926
Corrientes: 0783
El Bolsón: 0944
El Maitén: 0945
Esquel: 0945
Formosa: 0717
Gualeguachú: 0446
Iguazú: 0757
Jujuy: 088
Junín: 0362
La Cumbre: 0548
La Plata: 021
La Rioja: 0822
Las Leñas: 0627
Luján: 0323
Malargüe: 0627
Mar del Plata: 023
Mendoza: 061
Miramar: 0291
Necochea: 0262
Neuquén: 099
Oran: 0878
Paraná: 043
Perito Moreno: 0963
Pinamar: 0254
Posadas: 0752
Puerto Madryn: 0965
Rafaela: 0492
Reconquista: 0776
Resistencia: 0722
Río Cuarto: 058
Río Gallegos: 0966
Río Grande: 0964
Rosario: 041
Salta: 087
San Antonio Oeste: 0934
San Clemente de Tuyú: 0252
San Juan: 064
San Julián: 0962
San Luis: 0652
San Martín de los Andes: 0972
San Rafael: 0627
Santa Cruz: 0920
Santa Fe: 042
Santa Rosa: 0954
Santiago del Estero: 085
Tandil: 0293
Trelew: 0965
Tucumán: 081
Ushuaia: 0910
Valle de Calchaquíes (Cafayate, San Carlos, Angastaco, Molinos, Cachi): 0868
Viedma: 0920
Villa General Belgrano: 0546
Villa Gesell: 0255
Zapalá: 0942

Vorwahlen in Uruguay
Artigas: 0642
Atlantida: 0372
Bella Union: 0739
Canelones: 0332
Carmelo: 0542
Chuy: 0474
Colonia: 0522
Dolores: 0543
Durazno: 0362
Florida: 0352
Fray Bentos: 0535
La Paloma: 0473
Maldonado: 0423
Melo: 0462
Mercedes: 0532
Montevideo: 02
Nueva Palmira: 0544
Paysandú: 0722
Pirriápolis: 0432
Punta del Este: 0424
Rivera: 0622
Rocha: 0472
Salto: 0456
San José de Mayo: 0342
Tacuarembó: 0632
Treinta y Tres: 0452
Trinidad: 0364

als von Europa nach Uruguay oder Argentinien. Die Preise in den Büros der großen Telefongesellschaften sind dieselben wie jene in den kleineren Telefonläden. Auslandsgespräche per Direktwahl sind durch *DDI (Discado Directo Internacional)* gekennzeichnet, Vermittlung heißt *Operadora* und lohnt sich erst bei längeren Gesprächen, da mindestens drei Minuten berechnet werden. Sie können mit Telefonkarten, die sich innerhalb der Provinzen unterscheiden können, nach Europa telefonieren. Die Verbindungen sind eher schlecht. Zwischen 22 und 8 Uhr morgens gelten ermäßigte Tarife. Als günstigere Alternative wird Fax oder eMail empfohlen.

Telefonkarten setzen sich in den größeren Städten auch für Inlandsgespräche langsam durch und ersetzen die Münzen oder *Fichas*.

Telefax: Ein Fax zu senden ist in den privaten Telefonläden wesentlich billiger als in den großen Unternehmen Telecom, Telefónica oder Antel.

Sprache & Verständigung

Sowohl in Argentinien als auch in Uruguay ist **Spanisch,** das hier *Castellano* heißt, offizielle und fast ausschließlich gesprochene Sprache. Nur in einigen Regionen benutzen die Ureinwohner Argentiniens noch ihre eigenen Sprachen, wie zum Beispiel *Quechua, Toba, Aymará* oder *Guaraní.*

Englisch wird vor allem von jüngeren Menschen in den Städten gesprochen, ältere Leute sprechen es in der Regel nicht.

Deutsch erfreut sich steigender Beliebtheit als Fremdsprache, ist aber nicht weit verbreitet. Viele Nachfahren deutscher Einwanderer sprechen es allerdings, in einigen ehemaligen Kolonien der Waldenser und anderen ist noch das antiquierte Deutsch des letzten Jahrhunderts zu hören.

Das **La-Plata-Castellano** unterscheidet sich in der Aussprache und im Wortschatz teilweise vom europäischen Spanisch. Das betrifft besonders Uruguay, Buenos Aires und den Süden Argentiniens; die Sprache im Norden hat mehr gemein mit dem Spanisch in Bolivien und Paraguay.

Eigentümlich ist für diese Region die Aussprache des *ll* und des *y* als sch, wodurch sie sich vom übrigen Südamerika und Spanien unterscheidet. Charakteristisch ist auch, das *tú/ti* (du/dich) durch *vos* ersetzt wird.

Das Verb in der zweiten Person Singular wird auf der Endsilbe betont, beispielsweise statt (tú) bebes (du trinkst) heißt es (vos) be*bés.* Außerdem wird in ganz Lateinamerika nicht die zweite Person Plural (ihr, im Spanischen *vosotros/vosotras),* sondern das Verb der dritten Person Plural verwandt *(ustedes,* dazu auch für die übliche Form *ellos/ellas).*

Eine weitere Besonderheit der beiden Länder ist die Anrede *che,* das wie »tsche« ausgesprochen wird, und soviel wie »He, du!« bedeutet. Deshalb wurde der argentinische Arzt und Revolutionär *Ernesto Guevara,* der in den 50er und 60er Jahren in Kuba und anderen Ländern aktiv war, überall Che Guevara genannt. Im Umgang mit engeren Bekannten oder Freunden werden zudem Anreden wie *flaca/o*, *gorda/o* (Lange/r, Dicke/r) verwandt.

Ein typischer Ausdruck ist ¿*Como no?*, was etwa soviel heißt wie »warum nicht« oder »natürlich« und auf eine Bestellung im Restaurant oder eine persönliche Bitte geantwortet wird. Es drückt meist eine selbstverständliche Hilfsbereitschaft aus, die nicht unbedingt verbindlich gemeint ist oder zumindest dem Sprecher einräumt, es sich nochmal zu überlegen. So ist das Bild der Freundlichkeit nicht getrübt. *Como no* reiht sich in eine Kette von höflichen Floskeln ein, zu der auch die Begrüßungsformeln ¿*Qué tal?* – ¿*Cómo te va?* – ¿*Cómo estás?* – ?*Cómo andás?* (was immer bedeutet »wie geht es Dir?«) zählen. Auf diese netten Nachfragen wird keine ernsthafte Rückmeldung erwartet.

Die teilweise sehr enthusiastische Ausdrucksweise äußert sich auch darin, daß vor allem jüngere Menschen zur Verstärkung eines Adjektivs ein *re* davorsetzen, beispielsweise *rebien* (sehr gut) oder *remal* (sehr schlecht) sagen.

Es gibt noch viele Ausdrücke, die sich vom Spanisch in Spanien unterscheiden. Um Sie vor unangenehmen Situationen zu schützen, sei an dieser Stelle darauf hingewiesen, daß das spanische *coger* (*coger el trén*, den Zug nehmen) im argentinischen Vulgärspanisch soviel heißt wie »vögeln/bumsen«. Deshalb ist hier das Verb *tomar* (nehmen) vorzuziehen. Umgekehrt heißt *joder* in Spanien vulgär »vögeln/bumsen«, in Argentinien und Uruguay jedoch nur jemanden ärgern: *No me jodes* – »Ärgere mich nicht.«

Im Anhang, Seite 490, sind einige wichtige Wörter aufgeführt. Wir empfehlen, ein Reisewörterbuch mit zunehmen, z.B. *Abraxas – Spanisch für die Reise* (16,80 DM/SFr, ISBN 3-922057-85-3).

Die Sprache der Gauner

Eine Besonderheit ist in Buenos Aires der *lunfardo*, die sogenannte Gaunersprache. Heute wird er nicht mehr als eigenständige Sprache verwandt, doch einige Ausdrücke haben Eingang in die Alltagssprache, vor allem der Jugendlichen, gefunden, wie etwa *mina* (junge Frau), *pibe* (junger Mann), *trucho* (gefälscht), *guita* (Geld), *chorro* (Gauner) oder *morfar* (essen).

Spanisch lernen

Vor Ort kann man sich an einer Sprachschule für Spanisch-Kurse einschreiben oder Privatunterricht nehmen. Für 45 Minuten sollte man in den Schulen mindestens 15 $ kalkulieren, bei Privatpersonen ist es etwas billiger.

Argentinien: Sprachkurse werden in Buenos Aires unter anderem angeboten vom
▶ *Instituto del Sur*, Av. Callao 433, 9. Stock, oder dem *Instituto de Lengua Española*, Lavalle 1619.
▶ Das *Goethe-Institut*, Av. Corrientes 319, vermittelt Kontakte für Privatunterricht.
▶ Wer sich länger in der Stadt aufhält, kann sich auch in der *Universität von Buenos Aires* erkundigen. Ihre Informationsstelle, ✆ 4320840, befin-

Tourismusbüros

Argentinien: Direkt am internationalen Flughafen *Ezeiza* oder am Inlandsflughafen *J. Newberry* gibt es erste Informationen über die Stadt. Am ausführlichsten über ganz Argentinien kann man sich im **Centro de Información Turística** (Tourismusbüro) informieren, ✆ 3122232, kostenfrei 0800/50016, Santa Fe 883, Mo – Fr 9 – 17 Uhr. Auch ausführliche Beschreibungen auf Deutsch erhältlich.

Außerdem gibt es die **Tourismusbüros der Provinzen** in der Hauptstadt, in denen Sie sich vor einer Rundreise gut informieren können. In einigen dieser Büros können Sie auch Hotels und andere Leistungen in der jeweiligen Provinz buchen; Pauschalreisen werden dort aber in der Regel nicht angeboten. Sonntags sind die Büros geschlossen.

Provinz Buenos Aires, Av. Callao 237, ✆ 3177045, 9 – 18 Uhr.
Catamarca, ✆ 3746891, Av. Córdoba 2080, 8 – 17 Uhr.
Córdoba, ✆ 3734277, Av. Callao 332, 9 – 17 Uhr.
Corrientes, ✆ 3947432, San Martín 333, 1. Stock, 10 – 16 Uhr.
Chaco, ✆ 3723045, Av. Callao 322, 1. Stock, 9 – 17 Uhr.
Chubut, ✆ 3847274, Sarmiento 1172, 8 – 16 Uhr.
Entre Ríos, ✆ 3289327, Suipacha 844, 9 – 19 Uhr.
Formosa, ✆ 3817048, H. Yrigoyen 1429, 8.30 – 14.30 Uhr.
Jujuy, ✆ 3930819, Av. Santa Fe 967, 6. Stock, 9 – 18 Uhr.
La Pampa, ✆ 3260511, Suipacha 346, 9 – 19 Uhr.
La Rioja, ✆ 8151929, Av. Callao 745, 8 – 13 Uhr.
Mendoza, ✆ 3710835, Av. Callao 445, 9 – 17 Uhr.
Misiones, ✆ 3220677, Av. Santa Fe 989, 8 – 14 Uhr.
Neuquén, ✆ 3266812, J. D. Perón 687, 8 – 18 Uhr.
Río Negro, ✆ 3722128, Tucumán 1920, 8 – 19.30 Uhr.
Salta, ✆ 3261314, R.S. Peña 933, 5. Stock, 10 – 19 Uhr.
San Juan, ✆ 3827975, Sarmiento 1251, 9 – 19 Uhr.
San Luis, ✆ 8239413, Azcuénaga 1083, 9 – 15 Uhr.
Santa Cruz, ✆ 3427556, Av. 25 de Mayo 277, 1. Stock, 10 – 16 Uhr.
Santa Fe, ✆ 3711825, Montevideo 373, 2. Stock, 9.30 – 17.30 Uhr.
Santiago del Estero, ✆ 3264475, Florida 274, 8.30 – 21 Uhr.
Tierra del Fuego, ✆ 3228855, Av. Santa Fe 919, 9 – 18.30 Uhr.
Tucumán, ✆ 3220564, Suipacha 140, 10 – 16 Uhr.

Uruguay: Im **Tourismusbüro** im Zentrum Montevideos, Av. Libertador 1409, gibt es Stadtpläne und Prospekte der Provinzen. Auch Stadtrundfahrten werden hier angeboten. Erste Informationen gibt es auch am internationalen Flughafen *Carrasco* (weitere Adressen siehe Seite 436). Seit 1994 erscheint ein **Monatsheft** mit dem Titel *Encuentro en Uruguay* (Treffen in Uruguay), das von der Zeitung ›La Mañana‹ herausgegeben wird, in dem gute Informationen, wichtige Adressen, aktuelle Abfahrtszeiten vieler Transportmittel und anderes zu finden sind.

det sich in der 25 Mayo 217, unteres Stockwerk, Mo – Fr 9 – 20 Uhr.
▶ Auch in Córdoba kann man Kurse belegen, bei der *Comisión de Intercambio Educativo,* San José de Calasanz 151, oder beim Goethe-Institut nachfragen, Blvd. Illia 356.

Uruguay: Sprachreisen mit Kulturprogramm werden angeboten von *Adelante-Südamerika-Reisen* (Adresse Seite 159).
▶ Das *Goethe-Institut* in Montevideo, Canelones 1524, hilft in Sachen Sprachkurs. Auch das *Bertolt Brecht Haus* (Casa Brecht), ✆ 9003240, Andes 1274, bietet dort Kurse an.

Sicherheit

Beide Länder zählen zu den sichersten in Südamerika und ihre Städte sind auf keinen Fall mit bestimmten Städten und Regionen in Peru, Brasilien oder Kolumbien zu vergleichen. Dennoch gibt es natürlich Gegenden, in denen Sie besonders auf sich und Ihre Sachen achten sollten. Auch sollten Sie manche Viertel in den Außenbezirken der großen Städte nur nach vorheriger Information und nach Gesprächen mit Einheimischen besuchen. Besonders nachts droht dort die Gefahr eines Raubüberfalls. Insgesamt kommt so etwas aber noch selten vor. In den Touristenzentren und im dichten Menschengedrängel der Bahnhöfe und Flughäfen können Taschendiebe unterwegs sein, deshalb ist dort Vorsicht geboten. Ein Geldgürtel, unter der Kleidung getragen, ist die beste Vorsorge gegen den Verlust von Dokumenten und Geld.

Notfälle & Krankheit

Die Botschaften helfen Landsleuten im Ausland in Notsituationen. In der Regel werden sie bei Verlust der Papiere aufgesucht. Bei einem Unfall oder einer Festnahme sollten Sie sich ebenfalls an die Botschaft wenden, die Anwälte vermittelt oder Angehörige benachrichtigt (Adressen siehe Seite 170). In beiden Ländern gibt es deutschsprachige **Ärzte**, deren Adressen Sie auch von den Botschaften bekommen.

Farmacias, die Apotheken, haben bis spät in die Nacht geöffnet und bieten ein dem europäischen Angebot vergleichbares Sortiment.
▶ In Buenos Aires gibt es auch ein deutsches **Krankenhaus**, das *Hospital Alemán,* Pueyrredón 1640, ✆ 8217154.
▶ In **Notfällen** kann auch Rat vom ADAC in München erfragt werden über die 24-Stunden-Notrufnummer; er steht auch Nichtmitgliedern zur Verfügung. ✆ 0049/89/222222 (BRD-München-6mal2).

Allein reisen

Allein zu reisen ist in Argentinien und Uruguay kein Problem und auch keine Seltenheit. Unterwegs kann man auf andere Reisende treffen, mit denen gegebenenfalls zusammen weitergereist werden kann. Wer nicht gern allein unterwegs ist, kann sich über hiesige Stadtzeitungen Reisepartner suchen.

Trotz der Gefahr von Pauschalurteilen: Argentinien und Uruguay sind Länder, in denen der *machismo* der Männer allgegenwärtig ist. Frauen

Botschaften in Argentinien und Uruguay

Botschaft heißt auf Spanisch *embajada*, Konsulat wird mit *consulado* übersetzt. In den Botschaften sind die Adressen der diplomatischen Vertretungen in anderen Städten zu erfahren.

Argentinien:

Deutsche Botschaft, ✆ 01/7715054, Fax 7759612, Villanueva 1055, Buenos Aires, Mo – Fr 9 – 12 Uhr.

Holländische Botschaft: ✆ 01/3343474, Edificio Buenos Aires, Av. de Mayo 701, 19. Stock, Mo – Fr 9 – 15.30 Uhr.

Österreichische Botschaft: ✆ 01/8027195 und 8027096, Fax 8054016, French 3671, Buenos Aires, Mo – Fr 8.30 – 12.30 Uhr, Mo und Do auch nachmittags.

Schweizer Botschaft: ✆ 01/3283088, Av. Santa Fe 846, 10. Stock, Buenos Aires, Mo – Fr 10 – 12 Uhr.

Uruguay:

Deutsche Botschaft, ✆ 02/9025222, Fax 7012957, La Cumparsita 1417/1435, Montevideo, Mo – Fr 9 – 12 Uhr.

Holländische Botschaft: ✆ 02/7012956, Fax 7012957, Leyenda Patria 2880, Apt. 202, Montevideo.

Österreichische Botschaft: Generalkonsulat (die Aufgaben der Botschaft werden in Argentinien wahrgenommen), ✆ 02/9014000, Maldonado 1193, Montevideo.

Schweizer Botschaft: ✆ 02/7104315, Fax 7104610, Federico Abadie 2936, 11. Stock, Montevideo.

werden häufig nach ihrem Äußeren beurteilt, und viele Männer machen aus ihrer Meinung auch keinen Hehl. Allerdings akzeptieren Männer, die Frauen anmachen, viel eher eine Abfuhr als in südeuropäischen Ländern. Der Machismo ist in der Regel nicht aggressiv; Männer akzeptieren ihre Grenzen. Natürlich gibt es Ausnahmen. Eine Frau muß sich verbal zu wehren wissen und unmißverständlich klarmachen, wenn sie kein Interesse hat (der bei »Sprache« erwähnte *Abraxas*-Sprachführer hilft dabei). Insgesamt ist es für Frauen in beiden Ländern eher möglich, allein zu reisen, als in anderen südamerikanischen Ländern. Vorsicht ist immer geboten.

Verhalten als Gast

Bei beiden Ländern handelt es sich hauptsächlich um eine europäische Einwanderungskultur, in der man sich rasch zurechtfindet. Dennoch gibt es einige Unterschiede, die Sie beachten sollten.

Machen Sie sich zunächst klar, daß Sie ein Tourist sind und daher für die Einheimischen einer von vielen. Außerdem gelten auch »arme Alternativtouristen« als reich. Bescheidenes Auftreten sollte eine Grundregel sein, belehrendes Auftreten und Besserwisserei ist nicht nur unangebracht, sondern oft auch verletzend.

Viele Menschen haben mit Reisenden Kontakt, weil sie von ihnen leben, als Angestellte in Hotels, als Busfahrer oder Kellner. Auch sie haben mal einen schlechten Tag, was Sie ihnen nicht übelnehmen sollten.

Viele Mißverständnisse gibt es, weil Europäer die »langsamere Lebensart« der Menschen in den bereisten Ländern, ihr anderes Verständnis von Zeit und Alltagsorganisation nicht verstehen.

Vor allem in größeren Städten fällt es kaum auf, wenn Sie einmal etwas verloren in der Gegend herumstehen. Deshalb sollten Sie von sich aus nach Wegen und Orten fragen und nicht darauf warten, daß Ihnen jemand weiterhilft. In Buenos Aires und Montevideo fallen Ausländer kaum auf, es herrscht eine multikulturelle Atmosphäre und in der Hauptreisezeit gehören viele Touristen zum normalen Straßenbild.

Nacktbaden ist nur an wenigen Orten erlaubt, und man sollte es wirklich nur dort tun, wo es ausdrücklich gestattet ist.

Im Nordwesten Argentiniens, wo der Anteil der indigenen Bevölkerung am höchsten ist und kulturelle Differenzen am größten sind, sollte man sensibel mit den Menschen, ihren Traditionen und Lebensumständen umgehen. Allerdings wissen die Bewohner der touristisch erschlossenen Orte in der Regel mit dem Tourismus umzugehen.

Sanfter Tourismus

Die Diskussionen um einen »sanften«, das heißt umwelt- und sozialverträglichen Tourismus sind in Argentinien und Uruguay (wie auch in Europa) nicht sehr weit fortgeschritten. Allerdings sind die durch den Tourismus entstehenden Probleme in Argentinien und Uruguay auch kaum mit denen der boomenden Touristenzentren der Karibik oder in Asien zu vergleichen, wo eine zu schnelle touristische Entwicklung ohne Beteiligung der Einheimischen schwerwiegende Folgen hat. Den größten Anteil der Reisenden stellen immer noch bei weitem die Argentinier und Uruguayer selbst. Dennoch sollte man unterwegs einige Dinge bedenken:

▶ Muß man im Inland mit dem Flugzeug reisen, das bis zu einer Distanz von etwa 1500 km eine viel schlechtere ökologische Bilanz aufweist als der Bus?

▶ Ist ein Mietwagen notwendig oder kann man öffentliche Verkehrsmittel benutzen?

▶ Ist es unbedingt notwendig, importierte Produkte zu kaufen? Es gibt häufig eine Alternative aus dem Land oder sogar der Region.

Der Verlag **Peter Meyer Reiseführer** hat für seine Kunden in einem Folder Tips und Informationen zum sanfteren Reisen – Infos, die in all seinen Reiseführern enthalten sind – übersichtlich und kompakt zusammengestellt. Das Merkblatt mit dem Titel »**Urlaub? Natürlich! Umwelt- und Naturschutztips für Urlaub & Freizeit**« kann kostenlos beim Verlag angefordert werden. Es ist, wie jeder Band der Reihe, (natürlich) auf 100 % Recyclingpapier gedruckt.

Schöne Souvenirs

Vor allem **Lederwaren** sind beliebte Souvenirs. Die Gaucho-Tradition spiegelt sich in verzierten **Silbersporen, Messern** *(falcones)* oder mit Münzen beschlagenen **Gürteln** *(rastras)*. Zudem gibt es verzierte **Mategefäße** und *Bombillas*, um Mate stilecht zu trinken. Holzschnitzereien, **Keramik** und **Wollkleidung** sind weitere typische Produkte, die sich als Mitbringsel eignen.

Der *Poncho* war ein wichtiges Kleidungsstück der Ureinwohner und der Gauchos. An den Farben ist zu erkennen, aus welcher Provinz der Träger kommt. Echte *Vicuña*-Ponchos von der gleichnamigen Lamagattung wärmen hervorragend und sind so dünn gewebt, daß sie durch einen Fingerring gezogen werden können. Liebhaber von Antiquitäten finden auf den großen Märkten kleine Schätze. Allerdings sind die Preise mittlerweile mit denen auf europäischen Märkten vergleichbar, nur findet sich öfter mal eine Kostbarkeit. In beiden Ländern gibt es sehr preiswerten, schönen Silberschmuck (Río de la Plata!). Viele Kunsthandwerker haben sich darauf spezialisiert. Auch sehr schöne Keramik ist zu finden.

Lohnend ist auch der Kauf von **Musikkassetten** und **CDs.** In Argentinien sind neben Sängern wie *Mercedes Sosa, Charlie García, Fito Páez, Atahualpa Yupanqui, Viktor Heredia* oder *León Gieco* vor allem Bands wie *Serú Giran, Sui Generis* oder *Patricio Rey y sus Redonditos de Ricota* bekannt (siehe Seite 96). Aus dem Norden des Landes stammt die Musik indigener Komponisten und Interpreten, die weniger bekannt sind. Die aktuell bekannteste Folkloresängerin ist die junge *Soledad*, geboren 1980.

In Uruguay sind *Jaime Roos* und *Ruben Rada, Jorge Drexler, Jorge Schellemberg, Eduardo Darnauchans,* und *Daniel Viglietti* bekannte Sänger. Populär sind auch die Gruppen *Abuela de la Coca, Trotzky Vengarán.*

▶ Ist jedes »Schnäppchen« beim Einkaufen wirklich eines oder basiert es nicht gerade auf den niedrigeren Lohnkosten in Südamerika?

Fotografieren und Filmen

Fotografieren und Videoaufnahmen sind in beiden Ländern kein Problem, nur bei militärischen Einrichtungen ist beides verboten. In Museen sollten Sie vorher fragen, teilweise muß eine Gebühr für eigene Aufnahmen entrichtet werden. Grundsätzlich ist es immer besser, erst höflich zu fragen, wenn Menschen fotografiert werden sollen. Ganz besonders gilt das bei Polizisten und Armeeangehörigen, um Mißverständnisse und Ärger zu vermeiden.

Falls Ihnen das Filmmaterial einmal ausgeht, beim Kauf unbedingt auf das Haltbarkeitsdatum achten! Bilder sollten Sie im Fachgeschäft entwickeln lassen.

Arten von Unterkünften

In den größeren Städten und entlang der bekannteren Touristenpfade finden Sie Hotels aller Qualitäts- und Preisklassen. In den Badeorten und nahe der touristischen Attraktionen sollten Sie von Mitte Dezember bis Mitte März reservieren, in Iguazú auch zu Ostern.

Gerade bei den Unterkünften der unteren Preisklassen wird deutlich, wie wohlhabend die beiden Länder einmal waren, und daß heute an allen Ecken und Enden das Geld zum Renovieren und Investieren fehlt. Sie sind in der Regel nicht schmutzig, sondern einfach etwas abgewohnt.

Das Preisniveau liegt unter dem mitteleuropäischen, an vielen Orten gibt es Unterschiede zwischen Haupt- und Nebensaison. Das Tourismus-Ministerium legt in beiden Ländern Preisspannen für Hotelkategorien fest. Die einzelnen Unterkünfte werden dann in verschiedene Kategorien eingeordnet.

In diesem Buch wird jeweils eine *Auswahl von empfehlenswerten Unterkünften* in verschiedenen Preislagen angegeben; komfortablere und damit teurere Hotels sind durch die angegebenen Preise gekennzeichnet. In der Regel haben die Tourist-Informationen vor Ort aktuelle Unterkunftsverzeichnisse und helfen bei der Suche. Die im Reiseteil dieses Buches genannten *Preise* beziehen sich immer auf Doppelzimmer, soweit nicht anders angegeben, in Jugendherbergen gelten sie für eine Person. Als Faustregel kann gelten, daß ein Einzelzimmer etwa 80 % eines Doppelzimmers kostet. In der Kategorie um 10 $ kann es vorkommen, daß man im Mehrbettzimmer untergebracht wird.

Wir haben uns für die Angabe der Hotelpreise in US-Dollar entschieden, da sich beide Landeswährungen am US-Dollar orientieren, sind die Kursschwankungen im Gegensatz zur DM viel geringer.

Unterkünfte des ACA

Der *Argentinische Automobilclub (ACA)* besitzt im ganzen Land Hotels, die in der Regel der gehobenen Kategorie angehören und meistens *Hostería del ACA* heißen. In manchen dürfen nur ACA-Mitglieder übernachten, andere lassen auch Mitglieder europäischer Automobilclubs zu. Die bei den Ortbeschreibungen genannten ACA-Hotels verlangen diese Mitgliedschaft nicht. Außerdem betreibt ACA einige Campingplätze, die für alle zugänglich sind.

Eine Besonderheit sind die **Albergues transitorios** (etwa: Übergangs-Herbergen), die in der Umgangssprache Lunfardo auch *telo* heißen. Hier können sich Paare für einige Stunden ein Zimmer mieten. Denn bis heute dürfen unverheiratete Paare in vielen Familien nicht im Haus der Eltern zusammen übernachten.

Jugendherbergen

Albergues de la juventud gibt es in Argentinien und Uruguay nicht in allen Orten, in den letzten Jahren ist aber ein relativ dichtes Netz entstanden. Sie sind geeignete Treffpunkte, um Reisepartner für gemeinsame Unternehmungen zu finden. In der Andenregion sind sie oft auch gute Anlaufstellen für Gebirgstouren.

Teilweise können auch ältere Reisende dort übernachten. Der *Internationale Jugendherbergsausweis* ist nicht immer notwendig, manchmal reicht auch der *Internationale Studentenausweis ISIC* (siehe Seite 158).

Übernachtungen in Jugendherbergen kosten zwischen 8 und 12 $ pro Person.

Achtung: Manche Jugendherbergen, vor allem die im Süden von Argentinien, schließen im Winter.

Argentinien: Informationen erhalten Sie bei der *Asociación Argentina de Albergues de la Juventud* in Buenos Aires, ✆ 3722537, Talcahuano 214, 2. Stock, Mo – Fr 11 – 19 Uhr. Erste Anlaufstelle kann auch die Jugendherberge in Buenos Aires sein, Brasil 675/9.

Uruguay: Im Land gibt es derzeit 17 Jugendherbergen. In Montevideo informiert die *Asociación de Alberguistas del Uruguay*, Pablo de María 1583, ✆ 4004245, Fax 4441326, an Wochentagen nachmittags geöffnet. Die Jugendherberge der Hauptstadt ist in der Straße Canelones 935, ✆ 9081324.

Camping

In Argentinien und Uruguay gibt es sehr viele Campingplätze, sogar in den Städten, meist sind sie aber etwas weniger komfortabel als in Europa. Freies Campen ist außerhalb der Städte an vielen Stellen erlaubt. Außer in Iguazú kann man in allen argentinischen Nationalparks zelten.

Bevorzugte Campingzeit ist natürlich der südamerikanische Sommer, vor allem im Norden aber auch das Frühjahr und der Herbst. Im Winter ist Zelten in Argentinien und Uruguay nicht empfehlenswert, viele Campingplätze schließen.

Campingzubehör ist in allen größeren Städten zu haben, häufig benötigte Ersatzteile oder Gas zum Kochen auch in kleineren Orten. Bei Flügen müssen angebrochene Kartuschen von Campingkochern zurückgelassen werden.

Argentinien: Auskünfte über Campingmöglichkeiten in Argentinien erhalten Sie in den Provinzbüros in Buenos Aires sowie in den Zeitschriften ›Weekend‹ und ›Aire y sol‹, die es an Kiosken gibt.

Uruguay: Für Uruguay gibt es in der Touristeninformation in der Avenida Libertador 1409 einen *Campingführer*. Exzellent ist außerdem eine Broschüre der Zeitschrift ›Guambia‹ im Zentrum von Montevideo, ✆ 9157409, 25 de Mayo 591, 1. Stock, die jährlich Anfang Dezember mit allen wichtigen Informationen und Adressen erscheint.

Wohnen wie die Gauchos: Estancias de Turismo

Als touristische Besonderheit haben sich in Argentinien und Uruguay in den letzten Jahren verstärkt *estancias de turismo* (etwa: Tourismusfarmen) etabliert, auch *estancias gauchas* genannt.

Eine Estancia war und ist der in vielen Fällen feudale Wohnsitz der Grundbesitzer, die mit Viehzucht und Ackerbau reich wurden.

Argentinien: In Argentinien wurden über 200 ehemalige Estancias seit Mitte der 80er Jahre zu Hotels umgebaut (Preise siehe unter Uruguay) und bieten Gästen verschiedene Aktivitäten an. Dazu gehören in der Regel begleitete Ausritte über die Viehweiden, Fotosafaris, Golf oder Polo, ein *Asado*-Essen und natürlich ist *Mate*-Trinken sozusagen Pflicht. Einige Estancias haben sich mittlerweile spezialisiert, so kann man an Vogelbeobachtungen teilnehmen oder für ein paar Tage auf einem Hof mitarbeiten, man kann sich aber auch bloß am hofeigenen Pool erholen. Die meisten Estancias bieten Übernachtungen an. Diese Art des Tourismus entstand nicht zuletzt aufgrund der Krise der Landwirtschaft, die viele Landbesitzer zum Verkauf ihrer fruchtbaren Böden zwang.

Die meisten touristisch genutzten Estancias befinden sich in der Provinz Buenos Aires, andere in Patagonien und Entre Ríos. Oft ist es sinnvoll, für den Besuch einer Estancia ein Auto zu mieten. Von der Stadt Buenos Aires aus ist es auch möglich, eine Estancia nur für einen Tag zu besuchen. Zum Beispiel die Estancia *Santa Rita* in Lobos ganz in der Nähe der Zugstation Carboni, der einmal am Tag vom Bahnhof Constitución um 18.55 Uhr fährt (Ankunft 21 Uhr, nächster Zug zurück um 8.30 Uhr morgens) und Santa Elena in Las Heras.

Einige Büros in Buenos Aires:

Da Empfehlungen einer Werbung für Privatunternehmen gleichkäme, gibt die Touristeninformation keine Auskunft. Die Liste der Reiseveranstalter verändert sich rasch.

José de Santis, ✆ 3428417, Av. Roque Sáenz Peña 616, Büro 404.
Caminos Action Travel, ✆ 3144070 oder 3119603, Paraguay 866, 1. Stock.
Cigale Campos y Tradición, ✆ 3225125, Av. Córdoba 652, 7. Stock.
Fundación Ecoturismo, ✆ 7905512, Carlos Gardel 1556.
Lihue Expeditions, ✆ 3119610, Maipú 926.
Sooner, ✆ 3280361, M.T. de Alvear 925, 1. Stock.
Turismo Tastil, ✆ 3228899, Av. Córdoba 632, 4. Stock.

Buchtip

Francisco N. Juárez, ›Guía de Turismo en estancias‹, Verlag Planeta, Buenos Aires 1996.

Urlaub auf Estancias in Uruguay

In Uruguay gibt es mittlerweile mehr als 100 Estancias, die für Tagesausflüge oder mehrwöchige Ferien gebucht werden können. Die Anwesen sind meist recht luxuriös ausgestattet und in der höheren Preisklasse angesiedelt. Eine Nacht mit Vollpension kostet zwischen 55 $ und 120 $, ein Tag ohne Übernachtung zwischen 35 $ und 60 $. Opulente Asados und gute Küche sind auch bei den Tagesausflügen inbegriffen. Die Preise sind für Uruguay und Argentinien etwa gleich.

Informationen erteilen die Touristeninformationen in den Provinzhauptstädten.

Turismo Rural, ✆ 9025321, Mercedes 1249 Oficina 603.

Estancias de Turismo, ✆ 9010698, Río Branco 1359.

Cecilia Regules Viajes, ✆ 9157308, Bacacay 1313, über dreißig verschiedene Estancias im Angebot, die auch im Rahmen mehrtägiger Rundfahrten gebucht werden können. Preise von 40 $ bis über 100 $ pro Tag.

Estancia Gaucha »La Peña Blanca«, 139 km von Montevideo im Bezirk Lavalleja: Hier werden Aberdeen Angus (Rinderart) und Shetland Ponies gezüchtet

Essen & Trinken

Bekannt sind Argentinien und Uruguay weltweit für Rindfleisch, das kurzgebraten oder gegrillt gegessen wird. Das Festessen schlechthin ist der *Asado,* bei dem in trauter Runde mit Freunden oder der Familie große Mengen Fleisch und Würstchen gegrillt werden. Dazu gibt es Salate und Weißbrot.

Grillrestaurants heißen in beiden Ländern *Parilla.* Im Vergleich zu Mitteleuropa ist Fleisch in Argentinien und Uruguay hervorragend und sehr billig. Neben dem Steak gibt es noch das große panierte Schnitzel, die *Milanesa.* In beiden Ländern weitverbreitete Snacks sind die *Panchos* (Hot Dog) und die Grillwurst mit Brötchen *Choripán,* der *Chorizo con pan,* wozu man auch *Chimichurri,* eine scharfe Soße, nimmt.

Trotz der Dominanz des Fleisches auf den Speisekarten haben die beiden Länder **mehr zu bieten:** Gemüse, Salate und Obst sind nicht teuer und in großer Auswahl vorhanden. Fisch wird auch an der Küste relativ wenig gegessen.

In den **Supermärkten** wird man sich über die großen Preisunterschiede bei Grundnahrungsmitteln wundern. Als Pauschalregel gilt: Nicht verarbeitete Lebensmittel (beispielsweise Milch, Obst und Gemüse) sind billiger als in Westeuropa, verarbeitete (beispielsweise Käse) etwa gleich teuer.

An dreierlei erkennt man die **italienische Tradition** in den beiden Ländern, besonders in Argentinien: Eis, Pizza und Pasta. Ein *Helado* (Eis) aus einer *Heladería* (Eisdiele) ist beliebt und in der Regel gut, Pizza ist Grundnahrungsmittel. Hervorragend sind Pasta wie *Ravioli* mit verschiedenen Füllungen oder *Ñoquis* (Gnocchi, aus Kartoffelteig), die in vielen Familien traditionell am 29. eines jeden Monats gegessen werden. Ein Geldschein unter dem Teller soll finanzielles Glück bringen.

Exzellent sind auch **Süßspeisen,** *Dulces,* die in den *Confiterías* (Konditoreien) in großer Auswahl zu haben sind. In vielen Gebieten gibt es spezielle Rezepte und regionale Spezialitäten. Etliche Orte streiten sich darum, wo die besten *Alfajores,* ein süßer Keks mit Caramel und einem Überzug aus Schokoladen- oder Nußcreme, hergestellt werden. Achtung, sie machen süchtig! Die Nobelmarke ist von der Firma *Havana* und nur in bestimmten Geschäften zu haben, aber auch an Buskiosken können Sie sich durch die verschiedensten Sorten naschen. Ein typischer Nachtisch ist *Queso y dulce,* eine dicke Scheibe Käse und eine genauso dicke Scheibe Quitten- *(membrillo)* oder Süßkartoffelmarmelade *(batata).* Ein in beiden Ländern beliebter Brotaufstrich ist die süße Karamelcreme *Dulce de leche,* die auch als Füllung für Süßspeisen verwendet wird.

Nicht nur in Argentinien und Uruguay sind **Spezialitäten** wie die mit Käse, Fisch, Hackfleisch oder Gemüse gefüllten *Empanadas* beliebt, die gebacken oder fritiert werden. Um eine Art Polenta mit Käse, in Maisblätter gewickelt, handelt es sich bei der *Humita,* die es oft an Straßenständen gibt. Im Nordwesten Argentiniens gibt es die *Tamales* (schärfer als Humitas) und *Locros* (Tamales als Suppe).

Essen gehen: Sowohl in Argentinien als auch in Uruguay werden für europäische Verhältnisse große Portionen serviert; vor allem bei Fleischgerichten. In manchen Restaurants zahlt man einen Pauschalbetrag für das Gedeck *(el cubierto),* unabhängig davon, was konsumiert wird.

Es wird sehr spät zu Abend gegessen wird; selten vor 21 Uhr. Entsprechend öffnen viele Restaurants erst um diese Zeit. Das Abendessen ist die wichtigste Mahlzeit des Tages, das Frühstück am einfachsten. Es besteht in der Regel aus einem Milchkaffee und *Medialunas,* kleinen, süßen oder salzigen Hörnchen. Das Mittagessen variiert je nach Tagesablauf, manchmal besteht es aus Kleinigkeiten in einer kurzen Arbeitspause, manchmal aus größeren Essen in Restaurants oder zu Hause. Am Sonntag treffen sich viele Familien zum gemeinsamen Mittagessen.

Insgesamt ernähren sich die Menschen in Argentinien und Uruguay nicht viel anders als in Europa. Ein Supermarkt in Buenos Aires könnte bis auf wenige Unterschiede auch in Frankfurt stehen.

Getränke

Argentinien ist das fünftgrößte Anbaugebiet für **Wein** weltweit, was jedoch kaum bekannt ist. Das meiste trinken die Argentinier selbst, und bisher dominierten eher einfache Konsumweine. Das ändert sich aber in den letzten Jahren zunehmend, und der Export von Wein ist stark angestiegen. 70 % der argentinischen Weine kommen aus der Provinz Mendoza, am häufigsten wird die Traube *Malbec,* zunehmend auch *Cabernet* und *Pinot Noir* angebaut. Insgesamt sind Rotweine verbreiteter und qualitativ besser, wobei die besten aus den Provinzen Mendoza und Salta kommen. In den letzten Jahren macht Bier dem Wein Konkurrenz, doch ist Wein noch das am meisten konsumierte alkoholische Getränk (siehe Seite 336, Reiseteil Mendoza).

Auch in Uruguay wird Wein angebaut, der fast ausschließlich im Land konsumiert wird und qualitativ an die argentinischen Weine nicht herankommt. Dennoch lohnt sich auch hier die Suche nach dem Lieblingstropfen, das Angebot ist sehr vielfältig und auch die Qualität wird immer besser.

Es gibt einige **Bier**-Marken, die in ganz Uruguay oder Argentinien zu haben sind, in Argentinien gibt es dazu noch regionale Marken. Brasilianische Biere werden immer wichtiger. Ein kleines Bier aus der Flasche ist ein *Porrón,* ein offenes Bier heißt *Chopp.*

Eine wichtige Rolle spielen **Kaffee** und *Gaseosas,* **Erfrischungsgetränke,** bei denen die US-Marken dominieren. Eine Besonderheit ist dagegen der *Submarino,* eine heiße Milch, in die ein Schokoladenriegel eingetaucht wird. Das Nationalgetränk ist in Argentinien und Uruguay der **Mate,** der derart wichtig ist, daß ihm ein eigenes Kapitel gewidmet wird. Mate ist nicht im Restaurant zu bestellen, sondern wird privat oder unterwegs getrun-

Der Mate, eine Lebensphilosophie

Die Sitte, den Absud gerösteter Blätter des Baumes *Ilex Paraguaniensis* mit einem Röhrchen aus einem ausgehöhlten Flaschenkürbis zu trinken, stammt aus präkolumbianischer Zeit. Damals praktizierte sie das Volk der *Guaraní*. Der Yerba-Mate-Baum wuchs ursprünglich im Urwald, erst in späterer Zeit gelang es, ihn in Pflanzungen zu ziehen. In Kultur wird er nicht höher als 5 m, sonst kann er bis zu 14 m erreichen.

Mate gehört zur Gattung der Stechpalmen und kommt vor allem in Nordargentinien, Paraguay und Südbrasilien vor. Seine immergrünen, länglichen Blätter enthalten Koffein.

In der Kolonialzeit war Matetrinken bei der gesamten Bevölkerung sehr beliebt. Die Gauchos verschafften sich Mate im Tauschhandel von denen, die ihn anbauten. Die indigenen *Mapuche*, die Mate erst über die Europäer kennengelernt hatten, besorgten ihn sich sogar durch Überfälle auf die Siedlungen der Weißen.

Der Besitz der Bäume und Plantagen bedeutete Reichtum und war daher heiß umkämpft. Paraguay, das sich im vergangenen Jahrhundert einige Jahrzehnte lang unter einer revolutionären Diktatur streng nach außen absperrte, erklärte die Bäume und den Handel mit der Mate sogar zum Staatsmonopol.

Mate-Kalebasse mit Bombilla

In Argentinien und Uruguay betreiben fast alle das Matetrinken, auch viele der ständig hier lebenden Ausländer. Die Mehrheit der Argentinier und Argentinierinnen, die in den Jahrzehnten des Militär-Terrors oder wegen wirtschaftlicher Gründe ihr Land verlassen hatten, nannten auf die Frage, was sie im Ausland am meisten vermißten, das Matetrinken an erster Stelle.

Dem Mate wird gesundheitsfördernde Wirkung zugeschrieben, wobei es sich allerdings um einen Aberglauben handeln kann. Tatsache ist, daß das Kraut eine dem Kaffee oder Tee ähnliche belebende Wirkung hat. In jedem Fall hat das Matetrinken eine soziale Funktion, da in geselligem Kreis die *Kalebasse* meist von einem zum anderen geht. Immer wieder kommt das leichte Holzgefäß mit dem Trunk und dem Trinkröhrchen, der *Bombilla,* zur selben Person zurück, die dann heißes oder kaltes Wasser nachgießt und sie dem nächsten weiterreicht. Danke wird nur gesagt, wenn man nicht mehr weitertrinken möchte.

Es ist schwierig, eine Einladung zum Matetrinken abzulehnen, da es im Prinzip einer Beleidigung gleichkommt. Auf keinen Fall sollte bei der Ablehnung eine Geringschätzung dieser traditionellen Sitte spürbar werden.

ALFREDO BAUER

Mate wird durch einen »Sauglöffel«, der Bombilla, aus einer Kalebasse getrunken. Die Utensilien und eine Thermoskanne heißes Wasser haben die Einheimischen überall dabei.

ken. **Möchten Sie mit Mate reisen,** so besorgen Sie sich eine *Kalebasse,* eine *Bombilla* und eine Thermoskanne. Mate wird in Supermäkten für etwa 1,5 $ das Pfund verkauft, Bombilla und Kalebasse erhalten Sie in vielen Läden und auf Märkten. In der Thermoskanne können Sie heißes Wasser transportieren, das über das Mate-Pulver in der Kalebasse gegossen wird. Die Bombilla ist das Röhrchen, durch das der Mate dann getrunken wird. Bevor Sie das erste Mal aus der Kalebasse trinken, sollten Sie diese voll Mate und Wasser wenigstens eine Nacht stehen lassen, wenn möglich mehrmals wiederholen. Außerdem die Bombilla, bei der Sie unbedingt viel Geld ausgeben sollten, um sich nicht ewig durch einen Metallgeschmack irritieren zu lassen, gut mit kochendem Wasser ausspülen!

Trinkgeld

In Uruguay und Argentinien ist das Bedienungsgeld im Preis der Rechnung enthalten. Es ist aber üblich, beim Verlassen des Restaurants weitere 10% als *Propina* (Trinkgeld) auf dem Tisch zu hinterlassen. Auch die Gepäckträger erwarten ein kleines Trinkgeld von umgerechnet 1 bis 2 DM. Bei Taxifahrten sollte man den Fahrpreis aufrunden.

Hinweise für den Aktivurlaub
Trekken, Klettern, Skilaufen

Vor allem die argentinischen Anden werden in den letzten Jahren immer beliebter für **Wanderungen.** Der *Nordwesten,* die *Seen um Bariloche, Patagonien* und *Feuerland* stehen dabei an erster Stelle. Empfehlenswert ist im Sommer eine mehrtägige Wanderung *von Bariloche nach Chile* entlang der Seen. Informationen gibt es vor Ort oder in der Touristeninformation in Buenos Aires.

Für **Kletterer** ist das Gebiet um den *Aconcuaga,* mit 6959 m der höchste Berg Amerikas, im Westen von Mendoza eine Attraktion, daneben ist die Region um *Bariloche* und im Süden der *Nationalpark Los Glaciares* unter Kletterfans bekannt.

Es gibt auch einige **Skiregionen** wie *Bariloche* oder *San Martín de los Andes;* weltbekannt ist der Skiort *Las Leñas* in der Provinz Mendoza, wo bereits Weltcup-Rennen stattfanden. Skisaison ist von Mai bis Oktober.

Buchtips
Armin Brunner und *Ralf Gantzhorn,* ›Trekking-Führer für Patagonien (Argentinien und Chile) und Feuerland‹, München 1997.

Clem Lindenmayer hat im Verlag Lonely Planet das Buch ›Trekking in the patagonian Andes‹ geschrieben.

Für Bergsteiger beschreibt *Eckhard Radehose* in ›Traumberge Amerikas. Von Alaska bis Feuerland‹ unter anderem 5 argentinische Berge, den Aconcagua, den 80 km nördlich davon gelegenen Mercedario, den im Süden liegenden Cerro Torre und die in San Juan liegenden Bonete und Pissis.

Ökotourismus in Uruguay
In Uruguay lohnen **Wanderungen** im *Departement Rocha,* das relativ dünn besiedelt und mit seinen Sümpfen ökologisch interessant ist. Weiterhin werden organisierte Vogelbeobachtungstouren angeboten (siehe auch Montevideo, Seite 436).

▶ *Ecological Tours-Viajes Continental,* © 9020930, 25 de Mayo 732, umfangreiches organisiertes Programm für Öko- und Abenteuerreisen in Seelöwen- und Vogelreservate an der Küste, in die Dünen- und Waldlandschaft im Departement Rocha oder zu den Flüssen in der Provinz Tacuarembó. Es gibt sowohl Tagesexkursionen als auch mehrtägige Ausflüge. Zum Abenteuertourismus zählen Kanufahrten und Trekkingtouren.

▶ *Cecilia Regules Viajes,* Adresse siehe Seite 176, Estancias, bietet mehrtägige Kanufahrten im Interior, dem ländlichen Inland, an.

Polo und Paddle
Polo ist für die wohlhabenderen Bevölkerungsschichten, vor allem in Argentinien, die Hauptsportart. In Buenos Aires oder anderen Großstädten kann man sich Spiele ansehen. Auf einigen Estancias ist es möglich, selbst Polo zu spielen (Seite 101 bzw. 175).

Ein in Argentinien und Uruguay sehr verbreiteter Sport, in Europa nahezu unbekannt, ist **Paddle.** Es handelt sich um eine Mischung aus Tennis und Squash und wird in der Regel zwei gegen zwei gespielt. Wer einmal bei einem Turnier Spielen zusehen kann, sollte es sich nicht entgehen lassen. Ansonsten: Selbst ausprobieren!

Wassersport
Sowohl in Argentinien als auch in Uruguay gibt es an der langen Atlantikküste vielfältige Wassersportmöglichkeiten. In Buenos Aires wird aufgrund der Verschmutzung des *Río de la Plata* vom Baden abgeraten. In den Küstenorten im Süden der Hauptstadt, allen voran *Mar del Plata,* sind alle erdenklichen Sportarten möglich: Schwimmen, Tauchen, Wasserski, Angeln und vieles mehr. Dasselbe gilt für die Uruguayische Riviera und dort besonders für *Punta del Este.* Auch Montevideo hat schöne Strände.

Im Inland ist an Seen und Flüssen, besonders am *Río Uruguay* und am *Río Paraná*, das Baden weit verbreitet.

Sportfischen
Vor allem die argentinischen Provinzen *Santa Fe* und *Corrientes* und die Departements *Canelones, Maldonado* und *Rocha* in Uruguay sind Paradiese für Sportfischer. Entlang der beiden großen Flüsse *Río Paraná* und *Río Uruguay* gibt es vielfältige Möglichkeiten. Aber auch in den Seen und Flüssen der Anden ist das Fischen weitverbreitet.

Allerdings sind einige Regeln zu beachten. In öffentlichen Gewässern ist Angeln mit Ruten oder Leinen erlaubt, es gibt jedoch Grenzen, wieviele Fische maximal pro Tag oder Tour gefischt werden dürfen. In vielen Regionen sind das 15 Fische insgesamt, wobei es bei manchen Sorten noch striktere Regeln gibt, beispielsweise maximal zwei *Dorados,* drei *Surubís* und acht *Patís.* Die Listen sind in den örtlichen Touristeninformationen erhältlich, wo Sie auch weitere Ratschläge bekommen. 500 Meter flußabwärts von Hafendocks ist Fischen grundsätzlich nicht erlaubt.

In privaten und ökologisch geschützten Gewässern ist eine kostenpflichtige Erlaubnis notwendig, die die Touristeninformationen vermitteln. Diese Lizenzen sind für Mitglieder in anerkannten Sportclubs oft günstiger.

Radfahren
Das Fahrrad ist längst nicht so verbreitet wie in den meisten europäischen Ländern; weder als Verkehrsmittel noch als Sportgerät.
Praxistip: Ein wichtiges spanisches Wort für Radler lautet *Todo terreno* (alle Böden) und heißt, daß nur geländetaugliche Fahrzeuge diese Strecke passieren können. Das können sowohl Feldwege, Erdstraßen *(Camino de tierra)* als auch Schotterstraßen *(Camino mejorado)* sein.

Argentinien: Dennoch kann man sich in Argentinien damit gut fortbewegen, um die nähere Umgebung zu erkunden. Sogar in den Großstädten hat es sich jetzt durchgesetzt, wenn es auch oft das Stück Bewegung für den Sonntag bleibt.

Überlandtouren bieten sich im Nordwesten, in der Gegend um Bari-

---

Die am häufigsten vorkommenden **Süßwasserfische** in Argentinien und Uruguay sind der *Dorado, Pejerrey, Armado* und *Amarillo.* Der gelb-orangene Dorado wandert in den Flüssen, wird bis zu 20 kg schwer und ist eine beliebte Trophäe der Sportfischer. Der Peyerrey, ein exzellenter Speisefisch, wird wegen seiner Schnelligkeit auch Silberpfeil genannt. Meist wiegt er zwischen 0,75 und 1,5 kg. Ebenfalls ein hervorragender Speisefisch ist der dunkelhäutige Armado, mit großem Kopf und fetten Lippen. Der Amarillo, gelb mit grauen Seiten, wird zwischen 500 und 700 gr schwer. Er schmeckt sehr gut und ist deshalb insbesondere während der Laichzeit gefährdet.

loche und in Patagonien an. Gefährlich kann es auf engen Straßen werden, in Patagonien kommt der Wind erschwerend hinzu. Erst in den letzten Jahren eröffnen an einigen Orten **Fahrradverleihe** *(Renta de bicicleta),* deren Adressen man in den Touristeninformationen erfahren kann. Es ist außerhalb der größeren Städte schwierig, **Ersatzteile** zu bekommen. Gute Qualität bekannter Hersteller ist relativ teuer. Einheimische Produkte sind zwar billiger, aber häufig nicht so gut. In jedem Fall sollten Sie größere Strecken mit einem sehr guten Mountainbike fahren und die hart geschotterte *Ruta 40,* die entlang der Anden von Nord nach Süd führt, meiden. Südlich von Comodoro Rivadavia wird die Straßenqualität sehr schlecht. **Karten** besser schon im Heimatland besorgen, in Buenos Aires hat auch der Automobilclub ACA, ✆ 8026061, Av. del Libertador 1850, 1. und 3. Stock, welche.

Uruguay: Als flaches und kleines Land bietet sich Uruguay für eine **Fahrradtour** geradezu an, in den Städten wie auch auf dem Land. Zu beachten sind aber die rücksichtslosen Autofahrer. In vielen Kleinstädten sind sowohl Fahrräder als auch kleine Motos ein beliebtes Fortbewegungsmittel, **Leihräder** gibt es fast überall, besonders in den Urlaubsorten.

Buchtip

›Fahrrad-Reisen‹ von *Martin Karsten, Frank Micus, Johannes Remmel.* Peter Meyer Reiseführer. Alles über Vorbereitung, Rad- und Fahrtechnik, Kleidung, Ausrüstung, Radbeförderung, Übernachten, Ernährung, Verhalten, Reparaturanleitung. Nicht speziell zu Argentinien und Uruguay, aber dennoch unentbehrlich viele gute Tips.

VERKEHRSMITTEL VOR ORT
Inlandsflüge

Argentinien: In einem Land von der Ausdehnung Argentiniens ist das Flugzeug ein wichtiges Verkehrsmittel. Alle größeren Städte im Land haben Flughäfen. Fliegen ist in Argentinien verhältnismäßig günstig, selbst wenn es wesentlich teurer ist als Busfahren und weniger flexibel. Für die Strecke von Rio Gallegos nach Usuhaia auf Feuerland lohnt sich der Flug finanziell, zeitlich und landschaftlich, nämlich über die Endausläufer der Anden.

Preisbeispiele: Als Faustregel kann gelten, daß ein normaler Flug in der Economy Class mehr als doppelt soviel wie eine Busfahrt kostet. Es lohnen Preisvergleiche zwischen den Fluggesellschaften. Nach Iguazú kostet ein regulärer Flug ab 140 $, nach Mendoza ab 120 $, nach Ushuaia ab 200 $ und nach Salta ab 160 $.

Nationaler Flughafen: Inlandsflüge von Buenos Aires starten und enden im *Aeroparque Jorge Newberry,* der im Stadtteil 3 de Febrero unweit des Zentrums liegt. Busse dorthin gehen vom Busbahnhof *Retiro* ab, aber auch aus vielen Stadtteilen.

Auskünfte und Reservierungen für Inlandsflüge sind bei folgenden Fluggesellschaften erhältlich, in der Regel Mo – Fr 9 – 19 Uhr, Sa 9 – 13 Uhr:

▶ *Aerolíneas Argentinas (AA)* und *Austral,* ✆ 340777, Zentrale in Perú 2,

andere Verkaufsbüros auf der Av. Corrientes 2819, ℂ 3271914, Fax 3270971, Leandro N. Alem 1134, ℂ 3258518; exzellente Homepage mit Reservierung und Buchung unter www.aerolineas.com.ar
▶ *Dinar,* ℂ 3934433 (Informationen, Verkauf), ℂ 3260130 (Reservierungen), Av. R Sáenz Peña 933.
▶ *Lapa,* M.T. de Alvear 790, ℂ 8195272 (Information, Reservierung), ℂ 3141005 (Verkauf).
▶ *TAM,* ℂ 8161000, Cerrito 1026.
Alle Gesellschaften haben Büros am Nationalen Flughafen Jorge Newberry und an den Flughäfen der Städte, die sie anfliegen. Außerdem gibt es in allen argentinischen Städten, die einen Flughafen haben, Büros der genannten Fluggesellschaften, in denen auch Einzelflüge gekauft werden können. Die Adressen kann man bei der Touristinformation, am Busbahnhof oder Flughafen erfahren.
Ermäßigte Flüge: Ermäßigungen gibt es in der Regel für Familien mit Kindern. In Argentinien gibt es neben dem unten vorgestellten Rundflugticket *Visite Argentina* zwei Möglichkeiten, günstigere Flüge zu kaufen. Die erste Option nennt sich *banda negativa.* Man kann das Ticket langfristig vorher kaufen (natürlich auch kurzfristig, wenn es noch Tickets gibt), aber den konkreten Flug nur kurzfristig reservieren. Die zweite Möglichkeit bieten Reiseveranstalter. Bei AA und Austral ist das *Optar,* der an allen größeren Flughäfen und in den größeren Städten Büros hat.
Beide Arten der Ermäßigung sind nicht vom Ausland aus zu buchen.

▶ *Optar,* Buenos Aires, Suipcha 1067, 8. Stock, ℂ 3126376.

Rundflugticket Visite Argentina: Dieses besondere Ticket kann in Verbindung mit einem internationalen Flugschein schon im Ausland gekauft werden. Zwischen 4 (410 US$) und 8 Flüge (jeder weitere 110 US$) können damit innerhalb von 30 Tagen unternommen werden. Jede Umbuchung kostet 50 US$. Achtung: Es gibt wenige Direktflüge zwischen den einzelnen Städten, so daß man oft über Buenos Aires fliegen muß. Das heißt, um beispielsweise von Salta nach Bariloche zu kommen, müssen Sie über Buenos Aires fliegen und brauchen dafür zwei Flüge. Eigentlich darf dieses Ticket nur im Ausland gebucht werden, aber man erhält es auch bei
▶ *ASATEJ,* Florida 835, 3. Stock, Buenos Aires.

Uruguay: In dem kleinen Land lohnen sich Inlandsflüge kaum. Wer es dennoch versuchen möchte: die Gesellschaften *Pluna,* ℂ 9030273, Plaza Fabini del Entrevero, bietet günstige Flüge an.

Weiterreise in Südamerika

In die Nachbarländer Brasilien, Paraguay, Chile und Bolivien (und von dort weiter nach Peru und Ecuador) kann man von Argentinien oder Uruguay fliegen oder mit Überlandbussen fahren, die von allen größeren Städten aus verkehren. Züge fahren nicht. In alle anderen Länder ist ein Flug sinnvoll.

Fluggesellschaften in Buenos Aires

Aeroflot, ✆ 3125573, Av. Santa Fe 816.
Aerolíneas Argentinas/Austral, ✆ 3407777, 24 Stunden Information ✆ 3407800, Perú 2.
Air France, ✆ 3174700, Paraguay 610, 4. Stock.
American Airlines, ✆ 3181111, Suipacha 1111, 23. Stock.
Austrian Airline, ✆ 3252237s, Av. Corrientes 676, 14. Stock.
British Airways, ✆ 3206600, Av. Córdoba 650.
Ecuatoriana, ✆ 3145099, Av. Santa Fe 784.
Iberia, ✆ 3265082, C. Pellegrini 1163.
KLM, ✆ 4809470, Reconquista 559, 5. Stock.
LanChile, ✆ 3128161, Paraguay 609, 1. Stock.
Lufthansa, ✆ 3190600, M. ✆ de Alvear 636.
Pluna, ✆ 3424420, Florida 1.
SAETA (Paraguay), ✆ 8161000, Cerrito 1026.
Swissair, ✆ 3190000, Av. Santa Fe 846, 1. Stock.
United Airlines, ✆ 3269111, C. Pellegrini 1165, 5. Stock.
Varig (Brasilien), ✆ 3299204, Florida 630.

Fluggesellschaften in Montevideo

Aeroflot, ✆ 9081703, Plaza Cagancha 1335.
Aerolíneas Argentinas, ✆ 9019466, Colonia 851.
British Airways, ✆ 9031760.
Iberia, ✆ 9007918, Colonia 973.
KLM, ✆ 6014974.
LanChile, ✆ 9023877, Plaza Cagancha 1335, 8. Stock.
Lufthansa, ✆ 9155530.
Swissair, ✆ 9013736, Río Negro 1354, 4. Stock.
Varig, ✆ 9024774, Río Negro 1362.

Mit dem Zug reisen

Argentinien: Das Thema Fernzüge ist seit 1993 ein trauriges Kapitel in Argentinien, denn die Provinzen und die Zentralregierung konnten sich nicht über die Finanzierung der defizitären Linien einigen. Dies führte dazu, daß einige Provinzen kurzerhand vom Zugnetz abgekoppelt und daraufhin fast alle Strecken stillgelegt wurden. Die großen Bahnhöfe von Buenos Aires bedienen noch die Verbindungen in die nahe Stadtperipherie *(Retiro)* und südlich bis Bahía Blanca *(Constitución).* Die Fahrten sind etwas billiger als mit dem Bus, dauern aber wesentlich länger. Dennoch lohnt sich eine Zugreise, wenn man Zeit hat.

Wer gerne Zug fährt, kommt auf zwei Strecken des Landes besonders auf seine Kosten. Zum einen startet in Salta der **Tren a las Nubes,** der *Zug zu den Wolken,* durch eine landschaftlich faszinierende Gegend auf einer technisch interessanten Strecke (siehe Seite 311). Nostalgisch hingegen ist die Fahrt mit dem **Old Patagonia Express** von Esquel nach El Maitén oder Ingeniero Jacobacci (siehe Seite 377).

Uruguay: In Uruguay gibt es seit 1988 kaum noch Personenverkehr mit dem Zug. Ausnahmen bieten die 1993 wieder in Betrieb genommene Strecke von Tacuarembó nach Rivera und die Strecke von Montevideo in die etwa 50 km entfernte Stadt Las Piedras. Es ist geplant, wieder eine Zugverbindung von Montevideo in die Küstenregion im Osten zu eröffnen.

Mit dem Bus fahren
Überlandbus
Ein wichtiger Hinweis vorweg: Bei Bus-, Zug- und Schiffsfahrkarten gibt es häufig in Argentinien nur eine Hinfahrkarte. Für die Rück- oder Weiterfahrt kann das Ticket erst vor Ort gelöst werden. Vor allem in der Hochsaison (Dezember bis März) ist es daher ratsam, sich direkt bei Ankunft darum zu kümmern. Obwohl die Busverbindungen zwischen den Städten sehr gut sind, sollte man sich bei der Ankunft in kleineren Städten auf dem Busbahnhof erkundigen, wann Busse weiterfahren. Abseits der größeren Städte und der Tourismusgebiete fahren Busse nur zwei- oder dreimal pro Woche.

Überlandbusse sind in Argentinien und Uruguay sehr modern. Auch wenn es am Abfahrtsort sehr heiß ist, sollten Sie unbedingt Pullover oder Jacke und eventuell auch Decke oder Schlafsack mit in den Bus nehmen. Durch die Klimaanlage kann es nämlich kühl werden.

Die Verbindungen sind in beiden Ländern sehr gut. *Coche cama* (etwa: Schlafwagen) nennen sich Busse mit sehr bequemen Schlafsitzen, die man wegen der langen Strecken in Argentinien in Anspruch nehmen sollte. Auf längeren Strecken werden alle paar Stunden **Pausen** eingelegt, zum Frühstück, Mittag- und Abendessen gibt es längere Stops. Die Restaurants sind auf die Busse eingestellt und servieren das Essen, das meist im Preis inbegriffen ist, sehr schnell.

Preisvergleiche zwischen den privaten Anbietern lohnen sich. Im Sommer (Dezember bis März) und an Ostern empfehlen sich Reservierungen. Internationale Studentenausweise werden mit bis zu 20% Ermäßigung in der Regel in beiden Ländern anerkannt.

Fahrkarten gibt es an den Busbahnhöfen, die sich fast überall mitten im Stadtzentrum befinden.

In Buenos Aires liegen die Busbahnhöfe in *Retiro*, *Once* und *Constitución*, (alles auch U-Bahnhöfe).

Uruguay: In Montevideo haben die großen uruguayischen Gesellschaften *COT* und *Cita* Büros an der Plaza Cagancha. Alle großen Busgesellschaften sind mit Büros im zentralen Busbahnhof *Tres Cruces* vertreten, Information ✆ 4018998.

Stadtbus
Colectivos sind neben den Privatwagen das am meisten benutzte Verkehrsmittel in den Städten Argentiniens und Uruguays. In der Regel sind sie ziemlich veraltet, rußig und in den Stoßzeiten sehr voll. In Argentinien wird beim Fahrer bezahlt, in Uruguay gibt es meist neben dem Einstieg einen Fahrkartenverkäufer sowie ab und zu einen Kontrolleur, der die Tickets überprüft.

Ein selten angewandtes System, beispielsweise in der Stadt Córdoba praktiziert, besteht darin, vorher an Verkaufsstellen Münzen zu kaufen, die dann beim Fahrer abgegeben werden. Mehrfahrten- oder Dauerkarten gibt es nicht.

Die **Preise** sind sehr niedrig und werden der Inflation häufig angepaßt. Eine Fahrt in Buenos Aires kostet ungefähr 90 Pfennig, in Montevideo zur Zeit etwa 1,20 DM.

Per Anhalter

Argentinien ist neben Chile wahrscheinlich das geeignetste Land zum Trampen in Südamerika. Mitnahmepunkte sind vor allem die Tankstellen vor den größeren Städten. Auch Lkw-Fahrer nehmen Tramper mit.

In Uruguay ist es an der Küste vor allem im Sommer kein Problem zu trampen, da es genug Verkehr gibt und es üblich ist, Anhalter mitzunehmen. Im Inland und im Winter wird es schwierig, da weniger Autos unterwegs sind.

Achtung: Alleinreisende Frauen sollten mit Vorsicht trampen, besonders wenn mehrere Männer im Auto sind.

Mietwagen

Wer die Preise der US-amerikanischen Autoverleiher kennt, wird sich in Uruguay und vor allem in Argentinien die Augen reiben. Neben den internationalen Firmen sind auch nationale Anbieter teuer. Vergleichen Sie unbedingt die Preise. Für einen Tag kann es in Touristenzentren sogar günstiger sein, ein Taxi zu mieten. Die Adressen örtlicher Autovermieter sind in der Regel in den Tourismusbüros erhältlich.

Zum Mieten eines Pkw genügt der nationale Führerschein, die Kredit-

Straßennamen & Adressen

Die Straßen in Argentinien und Uruguay tragen nicht wie im Deutschen den Zusatz »Straße«, sondern nur ihre Namen. Diese beziehen sich oft auf historische Daten (25 de Mayo, 9 de Julio), berühmte Leute (San Martín, Belgrano) oder Orte (Provinzen, Länder). So kann es also sein, daß man in Buenos Aires-Stadt bei *Uruguay y Paraná* eine Adresse sucht, die in (der Straße) Tucumán zwischen (den Straßen) Uruguay und Paraná liegt. Nur bei den großen Avenidas, abgekürzt »Av.«, und Boulevards, »Blvd.« steht etwas dabei.

Die meisten Städte Neuspaniens wurden, sofern die Geografie es zuließ, von den Eroberern im für ganz Amerika typischen Schachbrettmuster angelegt. Straßen verlaufen in der Regel im rechten Winkel zueinander in Nord-Süd- und Ost-West-Richtung. Ein zwischen zwei Querstraßen liegender Häuserblock heißt *cuadra*. Entfernungen werden oft in Cuadras ausgedrückt, z.B. »Dos cuadras a la derecha« (Zwei Blocks und auf der rechten Seite). Adressen ohne Hausnummer werden mit *s/n*, d.h. »sin numero«, ohne Nummer, versehen. Stockwerk heißt auf Spanisch *piso*.

karte gilt auch bei Barzahlung als Versicherung oder es wird eine Kaution fällig, deren Höhe von Firma zu Firma variiert.

Achtung: Das Mindestalter zum Automieten ist 21 Jahre. Außerdem wird der Mietwagen billiger (beispielsweise

bei *Hertz),* wenn er von Deutschland aus gebucht wird. Manchmal kann ein Mietwagen auch im Vielfliegerticket (siehe Seite 156) angerechnet werden.
Tip: Bei *Rent a Car* in Buenos Aires, ✆ 3151200, Esmeralda 1050, 8 – 20 Uhr, kann man für eine Woche bei 700 km für 250 DM einen Kleinwagen leihen und fährt damit um die Hälfte günstiger als mit anderen internationalen Anbietern.

Argentinien: Wer keinen internationalen Führerschein hat, kann in Buenos Aires einen für Argentinien bei der *Dirección de Transportes de la Municipalidad,* Av. Roca 5225 bekommen, der drei Monate gültig ist. Gutes **Kartenmaterial** gibt es beim *Argentinischen Automobilclub ACA,* ✆ 8026061, Av. del Libertador 1850, 1. und 3. Stock.

Uruguay: Hier sind die Preise wie bei vielen alltäglichen Dingen auch beim Automieten nicht so hoch wie in Argentinien. Große preisliche Unterschiede gibt es zwischen der Haupt- und Nebensaison. Günstiger ist das Automieten auch außerhalb der Touristenorte, so ist beispielsweise ein Mietwagen in Punta del Este im Januar ein sehr teures Vergnügen, für einen Kleinwagen muß man bis zu 100 $ bezahlen.

Von Buenos Aires nach Montevideo

Von Buenos Aires nach Montevideo und umgekehrt kann man mit dem Schiff, dem Bus oder dem Flugzeug reisen. Es kommt darauf an, wieviel Zeit man hat und wieviel man ausgeben will. Es gibt auf allen Wegen

Fähre über den Río Olimar in Uruguay, Treinta y Tres

mehrmals täglich Verbindungen. Die unten genannten Preise gelten für eine einfache Fahrt. Wer seine Tickets in Uruguay kauft, bekommt sie teilweise billiger.

Per Boot & Fähre
Es gibt mehrere Möglichkeiten, per Schiff von Buenos Aires nach Montevideo und zurück zu kommen. Die Einreiseformalitäten werden häufig abgewickelt, bevor Sie eingestiegen sind.

Das *Aliscafos*-**Schnellboot** benötigt nach Colonia 60 Minuten, der Bus von Colonia nach Montevideo gut 3 Stunden. Das Aliscafos-Boot via Colonia verkehrt viermal täglich. Tickets erhält man in Buenos Aires, Córdoba 787, in Montevideo an der Plaza Cagancha 1124. Überfahrt 30 $, inklusive Busfahrt von Colonia nach Montevideo 35 $.

Seit 1992 ist die große Attraktion das moderne **Tragflügel-Boot** *Avión de Buquebus* direkt von Buenos Aires nach Montevideo. Seit 1998 gibt es auch eine Verbindung Buenos Aires – Piriápolis. Auf dem Schiff haben über 700 Personen Platz. Es transportiert auch Autos. Tickets gibt es in den Büros in Buenos Aires (℡ 3134444, Córdoba 867) und in Montevideo (℡ 130, Río Negro 1400). Zweite Klasse um die 53 $, die Fahrt dauert knapp 3 Stunden. Von Dezember bis März sollten Sie reservieren. Abfahrtszeit von Buenos Aires 7.30 und 15.30 Uhr, von Montevideo 11.30 und 19.30 Uhr.

Von Buenos Aires kann man mit der **Autofähre** nach Colonia und von dort mit dem Bus weiter nach Montevideo oder in andere Landesteile fahren. Die Überfahrt dauert 6 Stunden, die Busfahrt nach Montevideo 3 Stunden. Es fahren 6 bis 8 Fähren täglich. Tickets sind in den Stadtbüros in Buenos Aires (Córdoba 867 oder Florida 780), in Montevideo in Río Negro 1400 erhältlich. Die Überfahrt mit der Fähre allein kostet 20 $, die gesamte Strecke bis Montevideo 26 $. Es lohnt sich, die Fahrt in Colonia zu unterbrechen, um sich die sehr schön restaurierten Kolonialbauten anzusehen.

Weitere Fährunternehmen sind in Buenos Aires *Cacciola*, ℡ 3936100, Florida 520, 1. Stock, Büro 113, die von Tigre aus nach Uruguay fahren, und *Ferrytur*, ℡ 3156800, Córdoba 699, die in der Dársena Sur im Hafen von Buenos Aires ablegen.

Weg der Langmütigen: Ein unüblicher und preiswerter Weg führt über Tigre. Sie fahren entweder mit dem Bus der Linie 60 oder mit dem Bummelzug von Buenos Aires/Retiro nach Tigre (mindestens 50 Minuten), setzen mit der Fähre drei Stunden nach Carmelo über (8, 15.30 und 17 Uhr, 18 $ plus 5 $ Hafengebühr), um dann auf uruguayischer Seite einen Bus nach Montevideo zu nehmen (Fahrtzeit 4 Stunden), wo Sie erst gegen Mitternacht ankommen. Wer die Fähre um 8 Uhr erreicht, kann schon um 14.30 Uhr in Montevideo sein.

Eine Gesamtbuchung für die Rückfahrt ist in Montevideo an der Plaza Cagancha 1343 möglich. Abfahrtszeiten von Montevideo nach Buenos Aires 8, 10, 15.30 und 24 Uhr.

Hafengebühr in Buenos Aires meist 10 $, in Uruguay wird keine erhoben.

Mit dem Bus das Land wechseln

Die erste Brücke, die Uruguay mit Argentinien verbindet, steht mehr als 300 km nördlich von Buenos Aires und 400 km nordwestlich von Montevideo und führt von *Fray Bentos* in Uruguay nach *Gualeguaychú*. Deshalb führt die Direktfahrt von Buenos Aires nach Montevideo mit dem Bus zuerst nach Norden, um den Río Uruguay zu überqueren. Sie dauert etwa 9 Stunden und kostet ungefähr 25 $.

Busse gehen von Montevideo aus auch direkt in andere argentinische Städte wie Córdoba oder Santa Fe (Tickets am zentralen Busbahnhof Tres Cruces).

Flug

Der Flug zwischen Buenos Aires und Montevideo dauert 40 Minuten und kostet 63 $; am Wochenende billiger.

Es gibt etwa 10 Flüge täglich vom Flughafen *J. Newberry* in Buenos Aires und von *Carrasco* in Montevideo mit verschiedenen Fluggesellschaften. Tickets sind an den Flughäfen erhältlich, in Buenos Aires in der Straße Reconquista 885 oder in Reisebüros.
Flugtickets in Montevideo:
▶ *Lapa*, ✆ 9008765, Plaza Cagancha 1339 (fliegt nur die Linie Buenos Aires – Colonia);
▶ *Pluna*, ✆ 9030273, Colonia 1013.

Pauschalreisen vor Ort buchen

Wer mit organisierten Touren, in denen in der Regel Transport, Unterkunft, Verpflegung und Reiseleitung enthalten sind, die Länder kennenlernen möchte, wendet sich in Argentinien und Uruguay am besten an Reisebüros. Empfehlenswert sind Pauschalreisen vor allem zu speziellen Zielen wie den Wasserfällen von Iguazú oder in das Naturschutzgebiet auf der Halbinsel Valdés. Sie sind besonders geeignet für Reisende mit wenig Zeit. Preis- und Leistungsvergleiche lohnen sich. Nach Studentenermäßigung sollten Sie fragen.

In Reisebüros, die meist in den Zentren der größeren Städte liegen, können auch Tagesausflüge und organisierte Stadtrundfahrten gebucht werden. Touristenformationen übernehmen in kleineren Orten die Funktion von Reisebüros, planen mit Ihnen eine Reiseroute und buchen Touren mit örtlichen Reiseanbietern. Aber schon in Buenos Aires können Sie auch in den offiziellen Tourismusbüros der Provinzen über die jeweilige Region genauestens erkunden und möglicherweise ein Pauschalangebot buchen (Adressen siehe 229).

BUENOS AIRES & PROVINZ

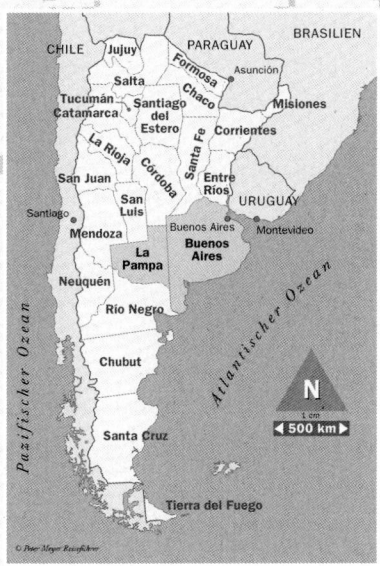

NATUR & UMWELT

GESCHICHTE BIS HEUTE

POLITIK, SOZIALES, KULTUR

REISE-INFORMATIONEN

BUENOS AIRES & PROVINZ

NORDOSTEN & IGUAZU

WÜSTEN & WEINBERGE

PATAGONIEN & FEUERLAND

URUGUAY: MONTEVIDEO

ROUTEN DURCH URUGUAY

BUENOS AIRES: METROPOLE UND PAMPA

Gemeinhin ist mit »Buenos Aires« die argentinische Hauptstadt gemeint. Die Stadt am Río de la Plata ist zweifellos ein Grund, nach Argentinien zu reisen. In ihr konzentrieren sich Geschichte und Aktualität des Landes wie an keinem anderen Ort. Außerdem ist die Metropole ein guter Ausgangspunkt für Ausflüge in die Region und für Reisen zu vielen Sehenswürdigkeiten.
Aber mit »Buenos Aires« kann auch die Provinz gemeint sein, die eng mit der Stadt verbunden ist, aber auch viele eigene reizvolle Ziele bietet. Ihr ist der zweite Teil dieser Griffmarke gewidmet.

DIE HAUPTSTADT

Die 13-Millionen-Metropole am Río de la Plata umfaßt zwei Teile: die eigentliche Hauptstadt, *Capital Federal*, in der ungefähr 3 Millionen Menschen leben und die nur 5 % des gesamten Stadtgebietes ausmacht sowie Groß-Buenos Aires, das den Kern wie einen Gürtel umgibt. Buenos Aires ist das politische, ökonomische, kulturelle und intellektuelle Zentrum Argentiniens und bildet einen Kontrast zu dem riesigen und dünnbesiedelten Land. Viele Bewohner der Stadt, *Porteños* und *Porteñas* genannt, verstehen sich als Vertreter Europas auf dem südamerikanischen Kontinent.

Auf den ersten Blick ist *La Reina de la Plata,* die »Königin des La Plata-Flusses«, ein abschreckendes Beispiel dafür, wie autoritäre oder fehlende Stadtplanung an den Bedürfnissen der Menschen vorbeigeht.

Dennoch hat die Stadt Charme. Kulturell gibt es kaum eine südamerikanische Stadt, die Buenos Aires übertrifft. Die aufgeschlossenen Bewohner gehören zu den faszinierendsten Besonderheiten dieser nimmermüden Metropole. Das harte Leben vieler Porteñas und Porteños, ihre Mentalität und Tradition erschließt sich den Besuchern jedoch erst auf den zweiten Blick. Der Traum vom besseren Leben, den historische Erfahrungen genährt haben, scheint überall präsent. Und auf den zweiten Blick gibt es auch städtebaulich manches zu sehen.

Kurze Stadtgeschichte

Nachdem Buenos Aires 1536 zum ersten Mal von *Pedro de Mendoza* mit dem Namen *Nuestra Señora de Santa Maria del Buen Ayre* gegründet, aber wegen der unablässig um ihr Gebiet kämpfenden Indígenas wieder aufgegeben werden mußte, war die zweite Stadtgründung im Jahr 1580 durch *Juan de Garay* dauerhaft. Die Bedeutung der Hafenstadt, die am Rand einer an Bodenschätzen armen Region liegt, wuchs jedoch erst Ende des 18. Jahrhunderts, als der Export landwirtschaftlicher Produkte wichtiger wurde.

Städtebaulich dominierte anfangs der Einfluß Spaniens, das per Gesetz genaue Vorgaben machte, wie die Städte seiner Kolonien auszusehen hatten. Im 19. Jahrhundert war dann die französische Architektur Vorbild, die einen monumentalen Baustil bevorzugte, wofür die Prachtstraße *Avenida de Mayo* das beste Beispiel ist. Allmählich bestimmte pure Profitorientierung die Stadtentwicklung, der fast keine Planung entgegengesetzt wurde. Mit englischem und später US-amerikanischem Kapital wurde Buenos Aires vor allem im 20. Jahrhundert zu einer Büro- und Industriemetropole, die die umliegenden Ansiedlungen regelrecht schluckte.

Monumentalismus prägte die Bauweise Mitte des 20. Jahrhunderts. Besonders während der Regierung Peróns vergegenständlichte sich das Bild eines »starken Staates« architektonisch.

Orientierung

Durch die rechteckige Anordnung der Häuserblocks und Straßen können Sie sich in Buenos Aires schnell orientieren. An der *Avenida Rivadavia,* die 14,5 km lang ist und schnurstracks nach Westen führt, beginnen die Hausnummern der Querstraßen in beide Richtungen bei Null und umfassen pro *Cuadra* (Hausblock) 100 Nummern. Häuser mit 600er-Nummern einer bestimmten Straße, die senkrecht von der Av. Rivadavia wegführt, liegen also zwischen der 6. und 7. Parallelstraße. Die Hausnummern der zu der Av. Rivadavia parallelen Straßen zählen ebenfalls vom Hafen an aufwärts nach oben. Das heißt, eine Hausnummer um 2500 in der zur Av. Rivadavia parallelen Av. Santa Fe oder Av. Córdoba befindet sich auf Höhe 2500 der Av. Rivadavia. Strikt eingehalten wird das System allerdings nur im inneren Stadtkern. Viele Straßen fangen erst weiter weg vom Hafen an zu zählen.

Markante Skyline: Am Parque San Martín

Wie aus einem Nest eine Metropole wurde

Bis 1850 war Argentinien wie die meisten Länder Lateinamerikas relativ dünn besiedelt. Das Land hatte ungefähr eine Million Einwohner, was etwa 3,5 % der Bevölkerung Lateinamerikas entsprach; die einzige Stadt mit mehr als 50.000 Bewohnern war Buenos Aires. In der zweiten Hälfte des 19. Jahrhunderts wuchs die Bevölkerung in keinem anderen Land des Kontinents so stark wie in Argentinien und Uruguay, da diese – relativ gesehen – die meisten Einwanderer aufnahmen. Von 1850 bis 1914 stieg die Bevölkerung Argentiniens um das Achtfache an.

Zwischen 1855 und 1869 verdoppelte sich die Einwohnerzahl von Buenos Aires, wobei sich die neubebauten Gebiete architektonisch und städtebaulich nicht wesentlich vom alten Kolonialkern unterschieden. Buenos Aires war größer, hatte mehr gepflasterte Straßen, einige sogar beleuchtet, aber es fehlte immer noch die grundlegende Infrastruktur.

Der Bau der ersten Eisenbahn in Argentinien im Jahr 1857 war ein wichtiger Schritt, um Buenos Aires zu einer Metropole zu machen. Das Verkehrssystem, das bereits vorher die Hafenstadt mit den Zentren im Inland verband, wurde nun kräftig ausgebaut.

Seit den letzten Jahren des 19. Jahrhunderts gab es beachtliche städtebauliche Veränderungen im Zentrum und den zentrumsnahen Wohngebieten, vor allem während der Präsidentschaft *Marcelo T. de Alvears.*

1880 begannen die Arbeiter bzw. Arbeiterinnen, den Zug als tägliches Transportmittel zu nutzen, aber noch lange nicht mit der gleichen Selbstverständlichkeit wie die Angestellten.

Neue Vororte entstanden um die Zugstationen vor dem Zentrum, in die nun auch Immigranten zogen, um in besseren Wohnverhältnissen zu leben. Über die Hälfte der im Zentrum lebenden Menschen waren Immigranten, von denen viele in riesigen engen *Conventillos* (Mietskasernen) lebten. Um die Bedingungen in der Innenstadt zu verbessern, wurden Trinkwasserleitungen gelegt und die Müllabfuhr organisiert. Es gab aber auch eine andere Art Vorort, wie beispielsweise *Flores,* damals Sommer- und Wochenendresidenz der Reichen aus dem Zentrum. Hinsichtlich der ästhetischen Gestaltung war das städtebauliche Konzept des Architekten Haussmann in Paris für mehrere Regierungen in Lateinamerika Vorbild. Frankreich war in dieser Zeit der unumstrittene Lieferant von Ideen. Auf der Suche nach Eindrucksvollem und Urbanem wurden diagonale *Avenidas* angelegt, Straßen erweitert und verlängert und viele Gebäude im Kolonialstil zerstört, um sie durch andere, dem Zeitgeist entsprechendere zu ersetzen. Am auffälligsten war vielleicht die Aufforstung innerhalb der Stadt und die Anlage von

Grünzonen. Verschiedene Baumsorten wurden in Parks und auf Plätzen, an Promenaden und Boulevards gepflanzt. Der Park von *Palermo* in Buenos Aires ist ein frühes Beispiel dieses Konzeptes und wurde später von Städten wie Córdoba, Mendoza, Tucumán, Rosario und Paraná imitiert.

Heute leben in Argentinien, ebenso wie in Chile, Uruguay und Venezuela, mehr als 85 % der Bevölkerung in Städten.

Viele mittelgroße Städte wuchsen sogar noch schneller als die Metropolen der Länder. Insbesondere die staatlich unterstützten Industrieansiedlungen führten regional zu sehr unterschiedlichen Entwicklungen: In argentinischen Städten wie *Neuquén, Santiago del Estero* oder *Formosa* stieg in den 80er Jahren die Einwohnerzahl um 4 bis 7 % jährlich, während dieser Wert für Buenos Aires nur etwas über 1 % betrug.

Die Nationalbank an der Plaza de Mayo

Auch die städtische Bebauung hat sich radikal geändert. Obwohl in den südamerikanischen Ländern Boden nicht knapp ist, entstanden in den Zentren der Metropolen Büro- und Wohnhochhäuser, die sich nicht in die Nachbarschaft einfügten. Große Kaufhäuser oder »Shoppings« ersetzten die alten Markthallen. Die Bauten im Kolonialstil wurden Opfer der Bodenspekulation.

Andere Phänomene der städtischen Entwicklung sind die nichtdokumentierten Ansiedlungen: die chilenischen *Callampas*, die brasilianischen *Favelas*, die argentinischen *Villas miserias* oder die peruanischen *Pueblos jóvenes*. Diese Armenviertel, die in den verschiedenen Ländern zwar unterschiedliche Namen haben, aber dasselbe bedeuten, liegen häufig in überschwemmungsgefährdeten Gebieten und haben meist keinerlei Infrastruktur. Armut und schlechte Lebensbedingungen waren in der Region vor dem Zweiten Weltkrieg fast unbekannt, erst nach 1950 veränderten sie den Charakter der südamerikanischen Städte.

HORACIO E. CARIDE

Buchtip: James R. Scobie, 1986: ›Buenos Aires, Del Centro a los Barrios 1870 – 1910‹. Für spanischsprachige Leser ein sehr interessantes Buch zu Einwanderung, Stadtentwicklung und Politik um die Jahrhundertwende.

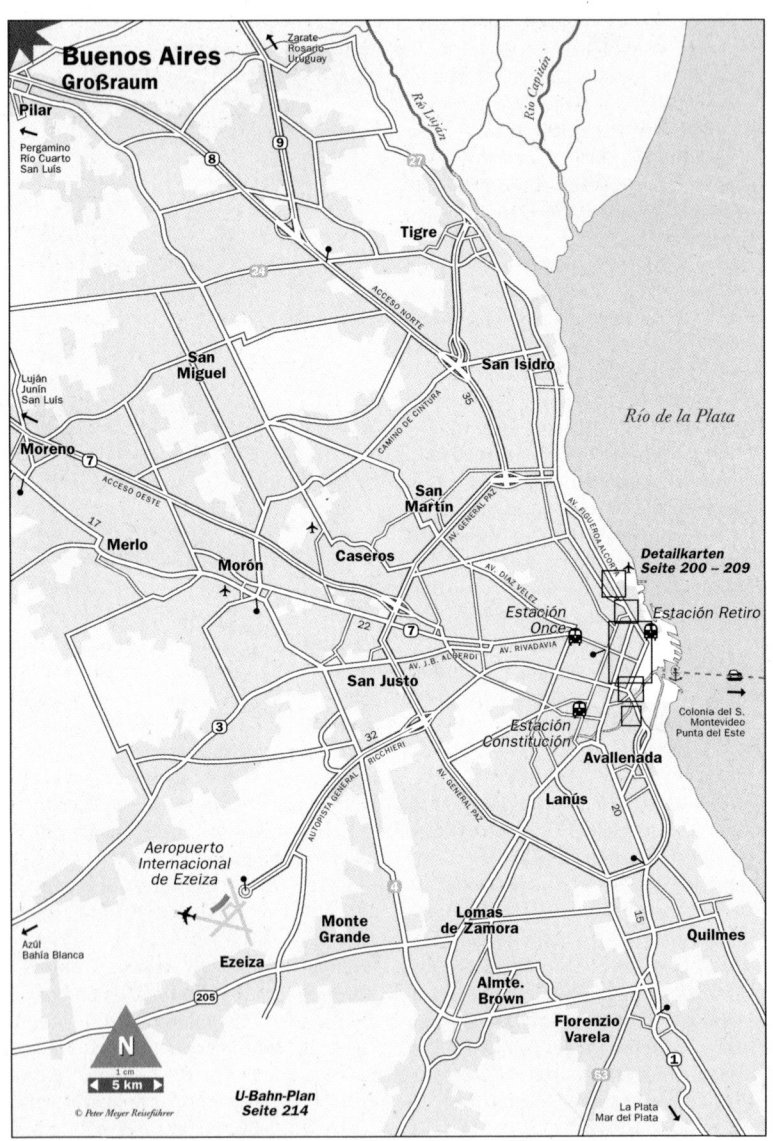

SEHENSWERTES IN DEN STADTTEILEN

Das Stadtzentrum
An der Plaza de Mayo

Historisches Zentrum ist die **Plaza 25 de Mayo**, benannt im Gedenken an den 25. Mai 1810, den Tag der ersten argentinischen Regierung unter Cornelio de Saavedra, womit die ersten Schritte Richtung Unabhängigkeit von den Spaniern gemacht wurden. Der Platz wurde bei der zweiten Stadtgründung im Jahre 1580 angelegt, hat jedoch im Lauf der Zeit häufig sein Gesicht verändert. In der Mitte steht die **Pirámide de Mayo**, die 1811 zum ersten Jahrestag der Revolution eingeweiht wurde.

Weltweit bekannt wurde dieser Ort jedoch durch die Mütter, die *Madres de Plaza de Mayo,* die während der letzten Militärdiktatur, 1976 bis '83 begannen, gegen das »Verschwinden« ihrer Kinder, *Los desaparecidos,* öffentlich zu protestieren (siehe Seite 89). Noch heute treffen sich jeden Donnerstag um 15.30 Uhr nicht nur die Mütter, um gegen das Vergessen und die aktuelle Politik, die gerne das Vergangene vergäße, zu protestieren. Einmal pro Jahr findet Ende November der 24stündige *Marcha de la Resistencia* (Widerstandsmarsch) statt.

An der Plaza 25 de Mayo steht die *Casa Rosada,* das rosa Gebäude zum Hafen hin, in der der argentinische Präsident residiert und in der das **Museo de Gobierno**, das Regierungsmuseum, untergebracht ist, H.Yrigoyen 218, Di – Fr 9 – 18 Uhr und So 15 – 18 Uhr, im Februar geschlossen. Auf der nördlichen Seite des Platzes steht die Nationalbank mitsamt dem **Museo Numismático y Histórico del Banco Nacional**, dem Numismatischen Museum, San Martín 216, 2. Stock, Mo – Fr 10 – 15 Uhr, und das Wirtschaftsministerium.

Gegenüber am anderen Ende des Platzes befindet sich der frühere *Cabildo* (Rathaus) in dem heute das **Museo de Cabildo y Revolución de Mayo**, Museum zur Revolution von 1810 untergebracht ist, mit Ausstellungsstücken aus der Zeit des Kampfes um die politische Unabhängigkeit, Bolívar 65, Di – Fr 12 – 19 Uhr, So 15 – 19 Uhr. Das *Café im Garten* des ehemaligen Rathauses an der Plaza de Mayo ist eine Oase im hektischen Stadtzentrum. Do und Fr, 11 – 18 Uhr findet hier ein kleiner *Kunsthandwerksmarkt* statt.

An der nordwestlichen Ecke der Plaza de Mayo finden sich die **Catedral Metropolitana**, die zu Beginn des 19. Jahrhunderts als *Basílica San Francisco* gebaut wurde, und das **Mausoleum von San Martín**, dem Held der Unabhängigkeitskämpfe.

Die 1,7 km lange und 33 m breite Prachtstraße *Avenida de Mayo* wurde 1880 angelegt, um die Plaza de Mayo mit der *Plaza de los Congresos* zu verbinden, also symbolisch die Exekutive mit der Legislative.

Südlich der Plaza de Mayo befindet sich die **Manzana de las Luces** (*manzana* bedeutet Häuserblock), in der sich heute das staatliche Elitegymnasium *Colegio Nacional* befindet. Auf der Rückseite des gleichen Blocks befindet sich ein avangardistisches

Theater. Ein Stück weiter beginnt jeweils am Wochenende eine *Führung* durch alte Gemäuer und zu den **Tunneleingängen** aus der frühen Kolonialzeit, die damals unterirdisch die wichtigsten Gebäude der Stadt verbanden. Im gleichen Block in der Straße *Bolívar 825* steht die jesuitische **Iglesia de San Ignacio,** 1773 erbaut und später erweitert. Sie ist das älteste noch erhaltene Kolonialgebäude der Stadt. Die historischen Kirchen sind in der Regel täglich 16.30 – 19 Uhr zu besichtigen.

Ein Stück weiter Richtung Hafen befindet sich das **Museo de la Ciudad,** das Historische Museum der Stadt, Alsina 412, Mo – Fr 11 – 19, Sa und So 15 – 19 Uhr, und die altehrwürdige Apotheke **Farmacia de la Estrella,** Alsina 402, in einem alten Haus von 1894 im *Barrio Montserrat.*

Keine Autos, trotzdem Trubel: die Fußgängerzone Florida

Über die Nordwestecke der Plaza de Mayo hinaus erreichen Sie das *Microcentro,* wie die engste Innenstadt und Dienstleistungszentrum von den Einheimischen genannt wird. Ader des Microcentro ist die **Fußgängerzone Florida,** die werktags von früh morgens bis spät abends dicht bevölkert ist. Die Kommerz-Zeile hat seit 1992 als neue Attraktion den Shopping-Palast *Galería Pacífico,* der an Pomp und Glamour kaum zu überbieten ist.

Fünf Straßen nördlich von der Plaza de Mayo kreuzt die traditionsreiche *Avenida Corrientes* die Fußgängerzone. In Richtung Hafen befindet sich auf ihr in Höhe der 300er Hausnummern das **Goethe-Institut,** mit deutschen Zeitungen, einer Bibliothek und sehr guten Veranstaltungen, Mo – Fr 12.30 – 19.30 Uhr, mittwochs geschlossen.

Am Ende der Fußgängerzone kommt man auf die *Plaza San Martín* mit teuren Hotels und einem mächtigen **Reiterstandbild** des Nationalhelden. Hier ist nichts von der Strenge und den geometrischen Formen der Plaza de Mayo zu spüren, die Bäume spenden Schatten, mittags verbringen hier viele ihre Arbeitspause. Einige architektonisch interessante Gebäude wurden von Großbanken gebaut, die hier meist auch ihren Geschäftssitz haben.

Konsumtempel einer Weltstadt würdig: Die Galería Pacífico

Am Zugbahnhof *Retiro* vorbei, um den tagsüber der Verkehr braust, erreichen Sie auf der *Antartida Argentina* das **Hotel de Inmigrantes** mit einer Sammlung zur europäischen Einwanderung.

Pracht, Pomp und Prunk

Westlich der Plaza San Martín schneidet die **Avenida 9 de Julio** durch die Stadt. Die 143 m breite Avenida wurde bereits Anfang dieses Jahrhunderts geplant, doch erst in den 70er Jahren fertiggestellt.

Praktisch einen ganzen Block nimmt das **Teatro Colón** ein, das 1908 eingeweiht wurde und neben der Mailänder Scala und der New Yorker Metropolitan Opera zu den bedeutendsten Opernhäusern der Welt gehört. 2500 Sitz- und 1000 Stehplätze im Hauptsaal lassen die Ausmaße erahnen; die Akustik ist exzellent. Neben den meist in Originalsprache gesungenen Opern gibt es auch ein anspruchsvolles Konzertprogramm. Die Spielzeit dauert von April bis Dezember. Karten bekommen Sie direkt am Theater einige Tage vor der Aufführung, die preiswertesten kosten 7 $. Außerdem werden Di – Fr jeweils um 17 Uhr Gratisaufführungen von Nachwuchsensembles angeboten. Wer sich einen Eindruck von diesem gewaltigen Bau verschaffen möchte, kann tagsüber bis 16 Uhr für 5 $, ermäßigt 2 $, an einer Führung teilnehmen; die genauen Termine am Eingang bitte erfragen. Außerdem gibt es im selben Gebäude ein kleines *Museum*, Toscanini 1180, Mo – Fr 12 – 16 Uhr. Hier sind vor allem die aufwendigen Kostüme der berühmten internationalen Opernstars zu bewundern. In den letzten Jahren fanden im Februar und März vor dem Haupteingang zur *Plaza Lavalle* hin kostenlose Konzerte und Ballettaufführungen der Extraklasse statt.

Zwei Blocks weiter auf der Avenida 9 de Julio sehen Sie auf der *Plaza de la República* den 67 m hohen **Obelisco** stehen, der zum 400. Jahrestag der ersten Stadtgründung 1536 errichtet wurde.

Halligalli auf der Corrientes

Hier kreuzt wieder die **Avenida Corrientes**. Zwischen den Hausnummern 1000 und 2000 gibt es auf der Corrientes die größten und interessantesten *Buchläden*, traditionsreiche **Cafés** wie das *La Paz*, *Kinos* und vor allem das bekannte **Centro Cultural San Martín** mit dem gleichnamigen Theater. Im Kulturzentrum finden regelmäßig Ausstellungen und große Veranstaltungen statt, praktisch alle wichtigen internationalen Redner halten hier ihre Vorträge. Am Freitag und Samstag beginnt das Leben auf der Avenida Corrientes erst nach Mitternacht, wenn die Porteños in den Straßen flanieren. Getrübt wird diese Unterhaltung leider, wie auch auf der Avenida de Mayo, durch unerträglichen Autoverkehr.

Über die Avenida Callao erreichen Sie die **Plaza de los Congresos**, die zugleich das Ende der Av. de Mayo markiert. Hier steht der *Congreso Nacional* (Kongreßgebäude) mit dem Sitz des Senats. Topographisch stellt der Kongreß seit der Neuordnung der

Stadt in ihrer Expansionszeit um die Jahrhundertwende den Punkt Null aller argentinischer Landstraßen dar.

Der »Neue Hafen«

Interessant ist im Stadtzentrum auch der **Puerto Dársena Norte,** der »neue« Hafen, den man zum großen Teil besichtigen kann. Er gilt als neu, weil erst seit diesem Jahrhundert die Schiffe nicht mehr im alten Hafenviertel *La Boca* anlegen (siehe Seite 205). Der neue Hafen befindet sich zu einem Teil hinter der Plaza de Mayo und zieht sich in den Norden am Finanzzentrum entlang. Entsprechend schick sind auch die Cafés in den renovierten Lagerhäusern mit Ausblick

auf Hafen und Ladekräne. Für einen sehr ausgedehnten Spaziergang bei einem längeren Aufenthalt in der Stadt lohnt es sich auch, an den Häfen vorbei auf der Promenade Richtung Süden die vorgelagerte **Reserva Ecológica** (ökologisches Reservat), eine Naturschutzinsel zu besuchen.

In den alten Lagerhallen am Hafen haben sich längst schicke Cafés und Restaurants etabliert, doch der Blick fällt nach wie vor aufs profane Leben

In den letzten beiden Jahrhunderten entwickelte sich Buenos Aires von dörflicher Schlichtheit zu urbaner Vielfalt, nacheinander wurden verschiedene städtebauliche Vorstellungen aufgenommen. Schließlich waren unterschiedliche Baustile vorhanden, in denen das Kreolische, Hispanische, Italienische, das »Zivilisierte« und das »Barbarische« sich vermischten. Dabei sündigte die koloniale Architektur vor allem gegen die Natur, topographische Besonderheiten, die uns heute erfreuen könnten, wurden einfach eingeebnet: naturbelassene Küsten oder Bäche, die sich einst am Rand der Pampa durch das Land schlängelten. Aber trotzdem wirkt die Stadt nicht monoton.

Erkundungen in den Barrios

Etwas Besonderes in Buenos Aires sind die einzelnen Stadtviertel, die *Barrios*. Zu Beginn des 20. Jahrhunderts kamen Menschen mit verschiedenen Lebenserfahrungen, vor allem aus Spanien und Italien, in die sich ausbreitende Stadt. »Wurzeln zu schlagen« bedeutete damals, die Familie in einem in das Stadtviertel integrierten Haus unterzubringen: Mit Blumentöpfen im Innenhof, einem Gemüsegarten und einem Hühnerstall. Die Hausfassade ist mit einem Ornament verziert, das auf die Herkunft des Erbauers hinweist. Oft war der Maurer selbst ein Einwanderer. Am Abend wurde der Bürgersteig der Ort der Stühle und der Gespräche mit den Nachbarn.

Die Läden an der Ecke, eine große Fabrik, das Krankenhaus, später die Zugstation – das waren Bezugspunkte für diese kleinen Heimatorte, die Zusammenhalt stifteten. Das Barrio, entfernt, aber doch durch das dichte Verkehrsnetz verbunden mit dem Zentrum, entwickelte seine Geschichte und Geschichten und bekam eine eigene Identität. Noch ist es möglich, die ursprünglichen Stadtviertel zu entdecken, aber man muß den städtischen Aufteilungen in Verwaltungseinheiten mißtrauen – die traditionellen Barrios stimmen nicht mit den administrativen überein.

Der **Friedhof** *(cementerio)* im Stadtteil *Recoleta* mit vielen bekannten Namen ist leicht vom Stadtzentrum aus zu erreichen. Wer Vielfalt den Berühmtheiten vorzieht, findet diese auf dem **Cementerio Chacarita** im gleichnamigen Stadtteil. Manche Tote werden fast anonym aufgebahrt in verschiedenartigen Gräbern, andere solidarisch in von Einwanderern oder Gewerkschaften errichteten Gemeinschaftspantheons. Schließlich liegen dort die Geheiligten: bekannte Künstler, die man besucht, ehrt oder für die man betet.

Um die Unterschiede zwischen einem Barrio und dem Zentrum wahrzunehmen, braucht man einen Freund oder Bekannten von hier oder wenigstens gute Bücher über Buenos Aires.

RITA LAURA MOLINOS

San Telmo: Keimzelle der Stadt

In San Telmo, südlich des Zentrums gelegen (10 Blocks ab Plaza de Mayo bis Plaza Dorrego), soll die erste Stadtgründung 1536 stattgefunden haben. Bis 1870 war dieser Stadtteil ein sehr vornehmes Viertel, in dem die Reichen wohnten. Eine Gelbfieberepidemie führte dazu, daß sie in den Norden von Buenos Aires umzogen, wodurch San Telmo schnell verarmte. Im Gegensatz zu La Boca (siehe nächster Rundgang) wurden in San Telmo jedoch seit den 70er Jahren viele Gebäude renoviert.

Um die besondere Atmosphäre dieses Stadtteils kennenzulernen, sollten Sie ihn sonntags besuchen. Während der Woche lohnt es sich vor allem abends. Die Buslinie 152 fährt nach San Telmo und weiter nach La Boca.

Beginnen kann ein Spaziergang auf dem kleinen Platz beim **Paseo Colón**, Ecke Independencia, wo Figuren des Bildhauers *Rogelio Yrurtia* zum The-

ma *Canto al Trabajo* (Loblied auf die Arbeit) von 1927 zu sehen sind. Von dort geht es weiter und in die Humberto I. zur Jesuitenkirche **Nuestra Señora de Bethlemita** (oder *de San Telmo*) sowie dem dazugehörigen ehemaligen Kloster *(Convento)*. Hundert Meter weiter, auf der idyllischen **Plaza Dorrego** mit ihren vielen Cafés, ist jeden Sonntag zwischen 10 und 17 Uhr ein großer **Antiquitätenmarkt,** *Feria de San Pedro Telmo,* wo neben dem Verkauf von *Artesanías* (Kunsthandwerk) auch musiziert und Tango getanzt wird.

Wenn Sie die Straße Defensa hinaufgehen, erreichen Sie am *Museum für Moderne Kunst* vorbei (siehe Museen) den **Parque Lezama**, wo am Wochenende Kunsthandwerker ihre Arbeiten feilbieten, und ein Monument an die erste Stadtgründung 1536 erinnert. Im Park befindet sich auch das **Museo Histórico Nacional**, Historisches Nationalmuseum, Defensa 1600, Mi – Fr und So, 16 – 20 Uhr im Sommer und 15 – 19 Uhr im Winter, in dem Relikte der Kolonisierung und der argentinischen Geschichte ausgestellt sind. Ab und zu werden im *Amphitheater* des Parque Lezama Konzerte veranstaltet. An einer Seite des Parks befindet sich ein kleiner Platz, an dessen Ende die **russisch-orthodoxe Kirche** von Buenos Aires steht, die 1901 eingeweiht wurde.

La Boca: das alte Hafenviertel

Die meisten Argentinier verbinden mit dem Begriff *Boca* den im gleichnamigen Stadtteil ansässigen Fußballclub. Hier an der Mündung *(boca)* des Flusses *Riachuelo,* der zu den schmutzigsten der Welt gehört, befand sich im 19. Jahrhundert der Hafen der Stadt Buenos Aires. Statt diesen zur Zeit der Stadtexpansion zu vergrößern, bauten die Mächtigen der Stadt einen neuen Hafen nördlich von La Boca, näher an der Eisenbahnstation *Retiro* und vor allem unweit ihrer Grundstücke, die von nun an zu begehrten Spekulationsobjekten wurden. Heute ist dort der Finanzdistrikt.

Der Hafen von La Boca war bis Anfang des Jahrhunderts sehr bedeutend. Bis zu 20 Transatlantikschiffe konnten hier gleichzeitig beladen werden. Jedoch gestaltete sich der Weitertransport äußerst schwierig, zwischen dem Hafen und den Bahnhöfen an der *Plaza Once* oder *Constitución* trugen Esel die Lasten. Um die Jahrhundertwende hatten sich in dem Stadtviertel La Boca besonders viele Einwanderer niedergelassen, meist aus Italien. Hier und in *San Telmo* kamen sie in *Conventillos* unter, mehrstöckigen Mietskasernen mit vielen Einzimmerwohnungen rund um einen Innenhof, von wo aus die Zimmer über Treppen zu erreichen waren. Im Hof befand sich die oft einzige Gemeinschaftstoilette. Meist teilten sich zehn Personen die kleinen Wohnungen. Die Hausbesitzer trieben Mietwucher. Krankheiten wie Cholera und auch die Gelbfieberepidemie im Jahr 1871 mit 14.000 Toten waren Folgen dieser dichten Besiedlung ohne fließend Wasser, Abwasserkanäle und Elektrizität.

Anders sah das schon damals im heutigen Zentrum aus, nördlich der

attraktiver Lebens- und Schaffensort zu sein. Ihre Motive finden sie im alten Hafen und im Stadtviertel.

Die bekannteste touristische Attraktion ist der **Caminito** (kleiner Weg), der am Fluß Riachuelo beginnt und an dem gut erhaltene, alte Häuschen mit grellbunten Außenwänden stehen. Der Maler *Benito Quinquela Martín* forderte Mitte des Jahrhunderts die Bewohner auf, die immer stärker herunterkommenden Häuser zu bemalen. Am Wochenende können Sie hier Plaza de Mayo, wo das Wasser direkt einen **Kunstmarkt** besuchen, auf dem in die Wohnungen kam, die Straßen vor allem Skulpturen und Plastiken asphaltiert waren und der schnelle verkauft werden. Entlang dem Caminito sieht man weiter südlich alte Lagerhäuser, die einst für den wichtigen Hafenteil *Dock Sur* genutzt wurden.

Die *Dársena Norte,* bis heute der Haupthafen, wurde erst 1925/26 fertiggestellt, mit parallelen Docks und direktem Zugang zum damit aufgewerteten Bahnhof Retiro.

Mit der Verlagerung des Hafens weg von La Boca fehlte ein wichtiger Wirtschaftsfaktor. Bis heute dominieren hier einfache niedrige **Holzhäuser,** viele bunt angemalt, ohne die Tristheit des Stadtviertels wirklich vertuschen zu können. Es fehlen Mittel zur Instandsetzung und wie in den meisten Stadtteilen im Süden von Buenos Aires herrscht große Armut. Für viele Künstler scheint es aber ein

Skurril ist das kleine **Museo de Cera,** Wachsmuseum, Iberlucea 1261, Mi – So 11 – 14 Uhr und 15 – 18 Uhr, in dem Figuren aus Wachs zu sehen sind. Ebenfalls einen Besuch wert ist das **Museo de Bellas Artes de la Boca,** Museum der Schönen Künste von La Boca, Mendoza 1835, täglich 9 – 12 Uhr und 15 – 18 Uhr.

Sehenswert ist die **Stahlbrücke Avellaneda** von 1914, die die Stadtteile Boca und Avellaneda verbindet. Die von ihr nach La Boca hineinführende Avenida *Almirante Brown* ist das Geschäftszentrum, in dem der Besuch einer der vielen Pizzerien lohnt. Auch in der Parallelstraße *Necochea* finden sich viele Restaurants und Kneipen.

Die Attraktion schlechthin ist natürlich der Fußballclub *Boca Juniors,* dessen *Cancha* (Stadion) den Namen **Bombonera** (Bonbonniere) trägt und in der Straße *Brandsen* liegt. Wer die fußballverrückten Argentinier verstehen möchte, muß ins Stadion gehen, wobei man allerdings den Block der Boca-Fans meiden sollte.

Recoleta, das Viertel der Reichen

Die Reichen zogen Ende des letzten Jahrhunderts nach einer Epidemie aus San Telmo fort und schufen im Norden der Stadt das feine *Barrio Norte,* dessen Zentrum Recoleta ist. Der wohlhabendste Stadtteil von Buenos Aires schließt in nordwestlicher Richtung an das Microcentro an. Eine Fahrt von La Boca nach Recoleta dauert mit dem *Colectivo* (Kleinbus) weniger als eine halbe Stunde und zeigt eindrucksvoll die Gegensätze dieser Stadt. Recoleta ist geprägt von mächtiger moderner Architektur. Die Menschen strahlen Selbstbewußtsein aus, eilende Manager wirken durch die scheinbar unentbehrlichen tragbaren Telefone wichtig. Die bekanntesten *Kunstgalerien* sind hier ebenso zu finden wie der noble *Patio Bullrich,* eine Shoppinggalerie zwischen Avenida del Libertador und Avenida Posadas, sowie elegante *Restaurants* oder diverse *Discos.*

Ausgangspunkt für eine Besichtigung ist die **Plaza Alvear** am Ende der vom Stadtzentrum kommenden Prachtstraßen *Avenida Quintana* und *Avenida Alvear.* Sonntags treten auf dem Platz Komiker oder Musikgruppen auf. Auf der einen Seite des Platzes ist der Eingang zum **Friedhof Recoleta,** auf dem die Wohlhabenden und Mächtigen der Stadt und des Landes begraben werden. Unter anderem befindet sich hier das Grab von *Evita Perón.* Die etwa 6000 Mausoleen sind zum Teil geschmückt mit Bronzestatuen oder Steinabdrücken. Direkt daneben steht die jesuitische **Basílica Nuestra Señora del Pilar,** 1732 fertiggestellt, und das exzellente **Centro Cultural Recoleta,** in einem ehemaligen jesuitischen Konvent, mit

Symbol des Wohlstands: In Recoleta sind sogar die Reklametafeln größer

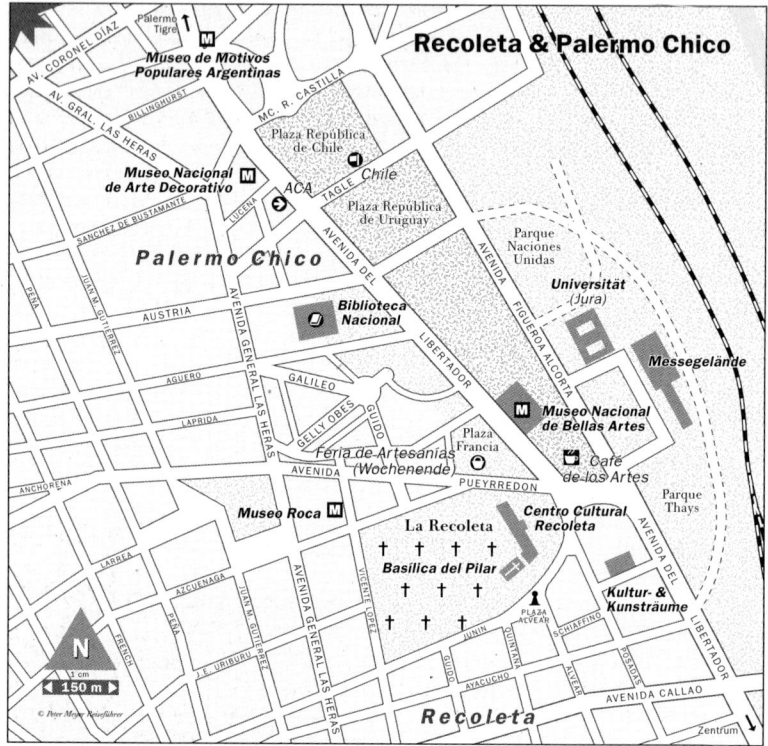

hervorragenden Ausstellungen und Veranstaltungen. An warmen Sonntagen versuchen sich auf dem Platz vor dem Kulturzentrum etliche Künstler mit Pantomimen, Akrobatik und Musik. Viele junge Leute fühlen sich von diesem Platz angezogen und verbringen hier matetrinkend ihren Nachmittag.

In Richtung Av. del Libertador befinden sich einige kleinere **Parks mit Monumenten,** die an wichtige Politiker erinnern sollen. Die *Plaza Fran-* *cia,* ganz in der Nähe vom Centro Cultural Recoleta, verwandelt sich am Wochenende in eine **Feria de Artesanías** (Künstlermarkt) und zieht ebenfalls Musiker und Flaneure an.

Unterhalb der Plaza Francia befindet sich das **Museo Nacional de Bellas Artes,** Museum der Schönen Künste, Av. del Libertador 1473, Di – So 9 – 13 und 15 – 19 Uhr, Sa ab 9.30, bekannt für moderne Kunstausstellungen. Nochmal eine Hauptstraße weiter, die Av. Alcorta, stoßen Sie auf die *Facultad de Derecho* (rechtswissenschaftliche Fakultät) der Universidad de Buenos Aires und das **Messegelände**. Im September findet hier die *Buchmesse* statt. Die Av. del Libertador entlang erreichen Sie die 1992 eröffnete **Nationalbibliothek** mit ihrem pilzartigen Überbau, deren Besuch sich unbedingt lohnt.

Palermo Chico & Palermo

Im Norden schließen sich an Recoleta direkt Palermo Chico und Palermo an, in denen überwiegend Porteños und Porteñas der Mittelklasse leben. Außer an der Av. del Libertador darf kein Haus höher als 12 m gebaut werden, was Palermo architektonisch vom Stadtkern unterscheidet.

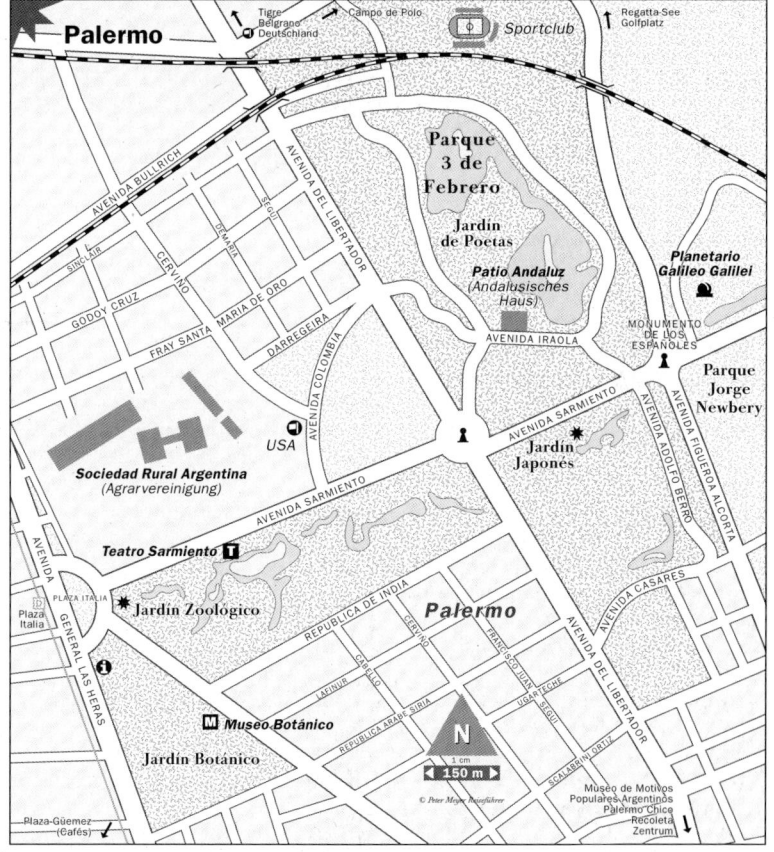

Buenos Aires ist ein Weltzentrum der Psychoanalyse, was vor allem mit der Flucht vieler Psychoanalytiker hierher während des Faschismus in Europa zusammenhängt. Buenos Aires wird deshalb auch »Villa Freud« genannt. Besonders in Palermo und im Viertel Belgrano gibt es viele Praxen. In den Cafés um die Plaza Güemes herum sieht man die Fachleute ihren Café con leche oder Vino tinto schlürfen.

Am Wochenende besuchen viele Bewohner aus anderen Stadtteilen Palermo, da dort der **Jardín Botánico**, der **Jardín Zoológico**, der **Campo de Polo**, die Pferderennbahn, und der riesige **Parque 3 de Febrero** liegen, letzterer auch Ausflugsziel für Radfahrer und Inline-Skater, mit kleinen Wäldern, Wiesen, Sportplätzen und einem *Planetarium*.

Ein Spaziergang durch diesen großen Stadtteil kann an der **Plaza Italia** beginnen, vom Stadtzentrum aus mit Bussen oder der U-Bahnlinie D zu erreichen. Direkt gegenüber dem Haupteingang des Zoos hat die mächtige *Sociedad Rural* (Agrarvereinigung) ihr Ausstellungsgelände, auf dem eine der größten Agrarmessen weltweit stattfindet.

Am Zoo vorbei führt die Av. Sarmiento zum *Monumento de los Españoles* und zum Parque 3 de Febrero.

Entweder gehen Sie von der Plaza Italia direkt zurück in Richtung Stadtzentrum oder durch Seitenstraßen, vorbei an Geschäften, Galerien, Restaurants, Cafés und Plätzen.

Sonntagsvergnügen: Bootfahren im Parque 3 de Febrero

Museums-Tips

Außer den im Text schon genannten Museen ist die folgende Auswahl empfehlenswert. Montag ist kein allgemeiner Ruhetag, dafür sind die Museen im Januar und Februar teilweise geschlossen. Staatliche Museen kosten mittwochs keinen Eintritt.

Museo de Arte Moderno, Museum für Moderne Kunst, San Telmo, Av. San Juan 350, Mo – Fr 10 – 20 Uhr, Sa und So 12 – 20 Uhr; in einem alten Tabaklager im Stadtteil San Telmo, vor allem plastische Kunst, auch viele Wechselausstellungen.

Museo de Motivos Populares Argentinos José Hernández, Folkloremuseum, Palermo, Av. del Libertador 2373, Mo – Fr 8 –19 Uhr, Sa und So 15 – 19 Uhr.

Museo Municipal de Artes Plásticas Eduardo Sívori, Städtisches Museum für plastische Kunst des 19. und 20. Jahrhunderts, Corrientes/Montevideo, Di – Fr 15 – 20 Uhr und Sa, So 10 – 20 Uhr, wechselnde Ausstellungen.

Museo de Ciencias Naturales, Naturwissenschaftliches Museum, Av. Angel Gallardo 470, Di, Do, So 14 – 18 Uhr.

Museo Botánico, Botanisches Museum, Palermo, im Jardín Botánico, Malabia 2690, Do – Di 8 – 12 Uhr und 14 – 16 Uhr.

Museo Internacional de Caricatura y Humorismo, Museum für Karikatur und Humor, Lima 1037, Fr 17 – 20 Uhr. Metrolinie A, Independencia.

Museo Municipal del Cine, Städtisches Kinomuseum, Sarmiento 2573, Mo – Fr, 10 – 18.30 Uhr. Metrolinie B, Pasteur.

Museo Nacional Ferroviario, Eisenbahnmuseum, Av. del Libertador 405, nahe Retiro-Station, Mo – Fr 10 – 16 Uhr, Eintritt frei.

Museo Nacional de Aeronáutica, Luftfahrtmuseum, Av. Costanera R. Obligado 4550, täglich 8 – 17.30 Uhr. An der Av. Costanera Norte Richtung Flugplatz Jorge Newberry.

Museo del Instituto Nacional de Antropología, Anthropologisches Museum, 3 de Febrero 1370, Mo – Fr 14 – 19 Uhr.

Museo Etnográfico JB Ambrosetti, Ethnographisches Museum, Moreno 350, Di – So 14 – 18 Uhr. Nahe der Plaza de Mayo.

Museo Judaico, Jüdisches Museum, nahe Teatro Colón, Libertad 773, im *Templo de la Congregación Israelita Argentinia*.

PRAKTISCHE INFOS & NÜTZLICHE ADRESSEN

Viele Informationen allgemeiner Art sowie Adressen – besonders zu An- und Weiterreise finden Sie bereits im Kapitel *Reise-Informationen* ab der Seite 162 bzw. 183.

An- und Weiterreise
Vom Flughafen Ezeiza in die Stadt

Die meisten Reisenden aus Europa werden am internationalen Flughafen Ezeiza ankommen, der 30 km südwestlich vor der Stadt liegt. Nochmals: Heiß zu empfehlen ist es, hier gleich die *Touristenkarte*, die Sie bei der Einreise bekommen und ausgefüllt haben, gut mit dem Paß zu verstauen und US-Dollars oder D-Mark gegen argentinische $ zu tauschen.

In der Ankunftshalle ist eine **Touristeninformation**, ✆4800224, 8 – 20 Uhr, hier gibt es einen Stadtplan und Hilfe bei der Hotelsuche.

Direkt im Flughafen werden Fahrten mit dem **Shuttle-Bus** ins Zentrum zur Plaza San Martín für 11 $ angeboten, beispielsweise *San Martín Bus*, jede Stunde zwischen 5.15 und 21.15 Uhr, oder für 14 $ mit *Manuel Tienda León* 6.30 bis 20.30 Uhr.

Für 5 $ fährt ein öffentlicher **Schnellbus** *(Servicio Diferencial)* vom Flughafen ins Zentrum, Linie 86, der bei viel Verkehr bis zu zwei Stunden für die Strecke benötigt. Sie können hier nicht mit großem Geld bezahlen.

Vom Flughafen ein **Taxi** zu nehmen ist unnötig teuer, manchmal werden Wucherpreise bis zu 80 $ verlangt!

Shuttle-Bus zum Flughafen

Zum Flughafen Ezeiza in 40 Minuten mit *San Martín Bus,* ✆ 3144747, Av. Santa Fe 887, 11 $, fährt stündlich; wenn Sie einen Tag vorher buchen, werden Sie auch vom Hotel abgeholt. Oder mit *Manuel Tienda León,* ✆ 3143636, Santa Fe 790, 14 $, von 5 bis 20.30 Uhr halbstündlich.

Der **Bus** zum Flughafen Ezeiza, Linie 86, auf dem Schild muß *Aeropuerto* oder *Ezeiza* stehen, fährt die Avenida de Mayo und die Avenida Rivadavia hoch, an vielen Stellen können Sie zusteigen.

Achtung: Der *Servicio Diferencial,* der **Schnellbus**, hält nicht so oft wie der *Servicio Común,* der normale Bus, der aus der Innenstadt gut zwei Stunden zum Flughafen braucht. Auch für den Weg aus der Stadt zum Flughafen wird von **Taxis** abgeraten.
Informationen zu Flügen am Internationalen Flughafen: ✆ 4800217.

Flüge ins Inland & nach Uruguay

Sie starten und landen am Stadtflughafen *Aeroparque Jorge Newberry,* der im Stadtteil *3 de Febrero* unweit vom Zentrum liegt. **Busse** dorthin gehen vom Busbahnhof Retiro ab, aber auch aus vielen Stadtteilen fahren welche direkt zu diesem Flughafen. Hierher ist auch ein **Taxi** empfehlenswert. Telefonnummern und Adressen der argentinischen Fluggesellschaften in Buenos Aires siehe Seite 185.

Fluginformationen: ✆ 7712071.
Touristeninformation am Stadtflughafen: ✆ 7739891, 8 – 21 Uhr.

Fähre nach Uruguay

Mehrere Unternehmen bieten Fahrten nach Uruguay an. Mit *Buquebus,* ✆ 3134444, Córdoba 867, können Sie nach Colonia und weiter mit dem Bus nach Montevideo gelangen. Die Schnellboote *Alíscafos* von der gleichen Gesellschaft sind etwas teurer, benötigen dafür weniger Zeit. Verkaufsstellen gibt es auch am Südhafen Puerto Dársena Sur und Nordhafen Puerto Dársena Norte in Buenos Aires.

Ein weiteres Fährunternehmen ist *Ferrytur,* ✆ 3156800, Córdoba 699, dessen Schiffe in der Dársena Sur ablegen.

Zug

Seit März 1993 sind die meisten Linien geschlossen oder gekürzt. Da sich ständig etwas ändert, sollten Sie sich besser direkt an den Bahnhöfen *Retiro* oder *Constitución* informieren.

Fernbusse

In krassem Gegensatz zu den Zügen steht das argentinische Fernbusnetz. Hochmodern, pünktlich und schnell, haben diese Busse den Zügen längst den Rang abgelaufen. Fast alle Busse starten am *Bahnhof Retiro* im gleichnamigen Stadtteil, Endstation der U-Bahnlinie C, manche auch am Bahnhof Constitución, der anderen Endhaltestelle der U-Bahnlinie C.

Für Fahrten im Sommer, zwischen Mitte Dezember und Mitte März, sollten Sie die Fahrkarten mindestens eine Woche vorher kaufen. Diese erhalten Sie direkt an den Schaltern der verschiedenen Busfahrtgesellschaften in Retiro. Ein Preisvergleich lohnt sich.

Nach **Luján**, siehe Seite 234, und **La Plata**, der Hauptstadt der Provinz Buenos Aires, siehe Seite 235, fahren Busse der Linie 52 stündlich an der Busstation der *Plaza Once* (U-Bahnlinie A) ab.

Fortbewegen in Buenos Aires
Stadtbusse

Das häufigste öffentliche Verkehrsmittel ist der **Colectivo**, ein Kleinbus, der auf hundert Linien quer durch die Stadt fährt und billig ist. Einige Colectivo-Fahrer haben ihren Arbeitsplatz mit Marienbildchen oder den Farben ihres Fußballclubs geschmückt. Wegen der Wirtschaftskrise werden zwar immer mehr Linien geschlossen, dennoch bleibt der Colectivo das wichtigste Massenverkehrsmittel.

Wenn Sie regelmäßig Colectivos benutzen möchten, sollten Sie immer *Moneda* (Kleingeld) in der Tasche haben. Größere Scheine werden in Kiosken und Geschäften nicht ohne weiteres gewechselt und von den Busfahrern nicht akzeptiert. Niedrig ist der Preis von 70 Centavos nur bezogen auf eine Einzelfahrt; beim Umsteigen muß nochmal bezahlt werden. Viele Linien fahren 24 Stunden lang. Feste Fahrzeiten haben die Colectivos nicht, aber tagsüber kommen sie alle paar Minuten. *Paradas,* Haltestellen, gibt es für die meisten Busse an jedem zweiten oder dritten Häuserblock. Die Busse fahren auch im Zickzackkurs um die Blöcke. Verlassen Sie die *Capital Federal* (Hauptstadtbezirk), für die es einen Einheitspreis gibt, so erhöht sich der Fahrtarif entsprechend dem Fahrziel.

Es verkehren zwei verschiedene Colectivos, der *Servicio Diferencial*, ein **Schnellbus,** der etwas teurer, dafür aber im Sommer klimatisiert und ausschließlich mit Sitzplätzen ausgestattet ist. Ansonsten gibt es den *Servicio Común*, den Normalbus.

Viele Buslinien mit der gleichen Nummer fahren unterschiedliche Teilstrecken, was über Zusatzschilder im Fenster angezeigt ist. Da die Hal-

Auch für Fremde nicht schwer zu durchschauen: Stadtverkehr in Buenos Aires

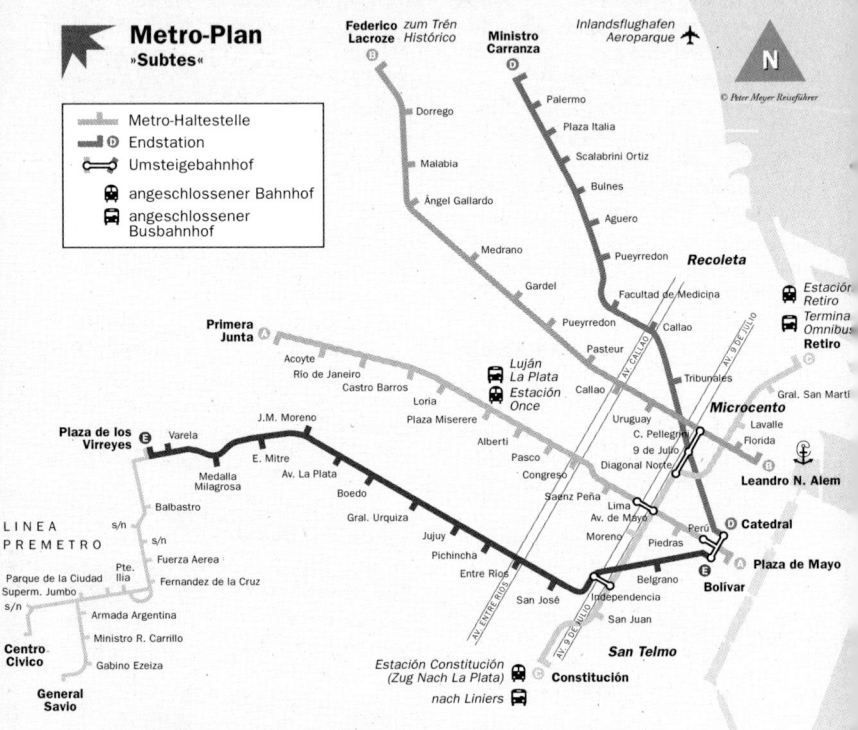

testellen nicht angekündigt werden, sollten Sie sich beim Fahrer oder den Passagieren erkundigen, wo Sie aussteigen müssen.

Nach San Telmo & La Boca: Die Linie 152 führt von den neueren Stadtteilen Belgrano und Palermo quer durch die Innenstadt in die alten Viertel La Boca und San Telmo und umgekehrt.

Tip: Empfehlenswert ist eine Fahrt mit der Colectivo-Linie 60 nach *Tigre* im Norden von Buenos Aires, eine interessante Stadtrundfahrt durch verschiedenste Stadtviertel und Vororte.

»Subte«: Die U-Bahn

Innerhalb des Stadtkerns verkehren fünf U-Bahnlinien, die im ersten Drittel des Jahrhunderts gebaut und seither nicht modernisiert wurden. Sie werden *Subte* genannt, als Abkürzung von *Subterráneo,* Untergrundbahn. Mit den Buchstaben A – E gekennzeichnet, verbinden sie die Bahnhöfe der Fern- und Vorstadtzüge mit dem

Zentrum. Bei Fahrten mit der Linie E muß in der Station *Scalabrini Ortiz* zur Weiterfahrt stadtaus- oder einwärts umgestiegen werden.

Bezahlt wird mit *Fichas*, besonderen Münzen, die es an den Eingängen zu kaufen gibt und die an Drehschranken eingeworfen werden müssen, um zum Bahnsteig Zugang zu bekommen. Umsteigen ist möglich, ohne nochmals zu bezahlen.

Die Subtes verkehren nur zwischen 6 und 22 Uhr. In den Hauptverkehrszeiten, wochentags 7 – 9 und 18 – 20 Uhr wird es sehr eng.

Tip: Empfehlenswert ist eine Fahrt mit der A-Linie, auf der die ältesten Waggons verwandt werden. Die Holzverkleidung, Lederschlaufen zum Festhalten und eine Jugendstilornamentik versetzen Sie in eine andere Zeit.

Tren Histórico

Vom Bahnhof *Lacroze* (Endpunkt der U-Bahnlinie B) im Stadtteil *Chacarita* fährt jeden Sonntag der *Tren Histórico*, ein historische Zug aus dem Jahr 1888, nach *Capillar del Señor*. Abfahrt 10 Uhr, zwischen 9 und 45 $. Ein zweiter Zug fährt nach *Zárate,* 9 Uhr, 14 – 50 $. Ein Asado – eine Mahlzeit mit Gegrilltem – sowie die Art und das Jahrgang des Waggons machen den Preisunterschied der Reise aus. Karten an der Estación Lacroze Mo – Fr 14 – 19 Uhr, Mi – Fr 10.30 – 12 Uhr, Sa 10 – 12.30 und 15 – 18 Uhr oder in Salta 446, ✆ 3830630, sowie bei *Leiza Tur,* ✆ 3223091.

Vorortzüge

Von den fünf Fernbahnhöfen starten nicht nur Züge in andere Städte, sondern auch in die Vororte von Groß-Buenos Aires. Sieben Linien breiten sich wie ein Fächer nach Süden, Westen und Norden aus. Von einer erst vor wenigen Jahren gebauten Linie nach Süden abgesehen, sind die Vorortzüge ziemlich veraltet. Die Preise sind dafür relativ niedrig, Fahrkarten können auch im Zug gekauft werden. Hier gilt dasselbe wie in den U-Bahnen: Zu den Hauptverkehrszeiten sind die Züge überfüllt.

Taxi

Ein für europäische Verhältnisse relativ billiges Verkehrsmittel ist in ganz Argentinien das Taxi. Zu den knapp 40.000 Taxis in Buenos Aires, von denen über 10 % »wild« fahren, das heißt ohne Lizenz, werden in den kommenden Jahren noch ein paar Tausend hinzukommen. So zumindest plant es die Regierung, die damit auf den Widerstand der Taxifahrervereinigung stößt.

Außer an Flughäfen und Bahnhöfen gibt es keine Taxistände. Taxis werden auf der Straße angehalten, wenn sie frei sind, also wenn das rote Licht *libre* hinter der Windschutzscheibe brennt.

An den Flughäfen bieten Taxifahrer oft Fixpreise an, vor allem am nationalen Flughafen sind diese häufig überhöht. Außerdem sollte vorab geklärt werden, ob Gepäck extra berechnet wird. Dies ist unüblich und führt am Fahrtende immer wieder zu Ärger, wenn ein Fahrer doch einen höheren Preis fordert. Ansonsten sind die Preise nicht manipulierbar, da das *reloj*, der Taxometer, den richtigen Betrag angibt. Manchmal kommt es vor, daß ein Taxifahrer Ortsunkundige auf größeren Umwegen zum Ziel bringt.

Achtung: Vor einer Art Taxi-Mafia ist am Hafen zu warnen, was vor allem Reisende betrifft, die mit dem Schiff aus Uruguay kommen. Hier haben die Fahrer die Masche mit dem großen Umweg besonders gut drauf. Laufen Sie besser zur Av. Além vor. Auch zwischen dem Bahnhof Retiro und dem Flughafen J. Newberry sollten Sie keinesfalls feste Preise ausmachen.

Bei Fahrten über die Stadtgrenze der Hauptstadt hinaus verdoppelt sich der Fahrpreis, da die Fahrer niemanden mit zurücknehmen dürfen. In der Nacht gilt derselbe Preis wie tagsüber.

Taxi-Ruf: Taxis für weitere Strecken können Sie unter ✆ 9561200, in Belgrano ✆ 7886868, bestellen. Nach Ezeiza kostet es dann 25 $ zuzüglich 1,50 $ für die Bestellung, Tigre 24 $, La Plata 47 $.

Mietwagen

Rent-a-car, Esmeralda 1050, ✆ 3151200, günstig.

Hertz, ✆ & Fax 3132525, San Martín 1225 und am Flughafen Jorge Newberry, ✆ 3121317.

Argentinischer Automobilclub: ✆ 8026061, Av. del Libertador 1850, 1. und 3. Stock.

Unterkunft
Luxuriöse Hotels

Alvear Palace Hotel, ✆ 8047777, Fax 8040034, Avenida Alvear 1891, etwa 200 $.

Caesar Park Hotel, ✆ 8191100, Fax 8191121, Posadas 1232, etwa 200 $.

Bisonte Palace Hotel, ✆ 3284751, Marcelo T. de Alvear 910/Suipacha, 151 $.

Buenos Aires Bauen Hotel, ✆ 4761600, Av. Callao 346, 142 $, renommiertestes Hotel der Stadt.

Hotel Plaza Francia, ✆ 8049631, Pje. Schiaffino 2189, 140 $, im exklusiven Stadtteil Recoleta.

Hotel Aspen, ✆ 3139011, Esmeralda 933, 136 $.

Gran Hotel Buenos Aires, ✆ 3123003, Marcelo T. de Alvear 767, 134 $, Frühstücksbuffet.

Savoy Hotel, ✆ 3727788, Callao 181, 120 $.

Hotel Continental, ✆ 3261700, Av. R. S. Peña 725, 100 $.

Columbia Palace Hotel, ✆ 3732123, Av. Corrientes 1533, 65 $, 10 Gehminuten vom Microcentro in einem lebhaften Abschnitt der Corrientes.

Hotels der Mittelklasse

Hotel Escorial, ✆ 3836540, Salta 92/ Av. de Mayo, 75 $.

Hotel Promenade, ✆ 3125681, Marcelo T. de Alvear 444, 70 $.

Hotel Hispano, ✆ 3244331, Av. de Mayo 861, 70 $.

Hotel El Molino, ✆ 3749112, Av. Callao 164, 65 $.

Alfa Hotel, ✆ 8122889, Riobamba 1064, 60 $, im Barrio Norte.

Hotel Madrid, ℡ 3819021, Av. de Mayo 1135, 57 $, ruhig.
Hotels Turista, ℡ 3312281, Av. de Mayo 686, 55 $, modern und mitten im Stadtzentrum.
Avenida Petit Hotel, ℡ 3812428, Av. de Mayo 1164, 55 $.
Hotel Goya, ℡ 3229269, Suipacha 748, 50 $, saubere, große Zimmer.
Hotel Chile, ℡ 3837877, Av. de Mayo 1297, 50 $ mit Frühstück.
Hotel Avenida, ℡ 3314341, Av. de Mayo 623, 45 $, gute Bäder.
Hotel Central Córdoba, ℡ 3111175, San Martín 1021, 45 $, sehr nett.
Hotel Central Argentino, ℡ 3126742, Av. del Libertador 17, 44 $, in der Nähe vom Bahnhof Retiro, wegen des Lärms sind nur die Zimmer nach hinten zu empfehlen.
Gran Hotel Hispano, ℡ 3452020, Av. de Mayo 861, 42 $.
Hotel de los Dos Congresos, ℡ 3720466, Av. Rivadavia 1779, 38 $ mit Frühstück.
Hotel Marbella, ℡ 3838566, Av. de Mayo 1261, 38 $, nettes Bad.
Hotel Central, ℡ 3738785, Alsina 1693, 30 $, ruhig, einfach.

Einfachere Hotels

Hotel O'Rei, ℡ 3937186, Lavalle 733, 30 $, ruhig und sauber.
Cecil Hotel, ℡ 3833511, Av. de Mayo 1239, 30 $, Zimmer teilweise ohne Fenster, sehr einfach, Dusche über der Toilette.
Hotel Maipú, ℡ 3225142, Maipú 735, 29 $, in schönem alten Haus, etwas unsauber.

Auch wenn die Hotels teurer sind als im übrigen Land, sollten Sie besser ein festes Quartier suchen: Mittagschläfchen im Parque San Martín

Hotel Phoenix, Sarmiento 780, 20 $, hat nicht mehr den Glanz vergangener Zeiten, ist aber noch empfehlenswert.

América Larre, ✆ 231785, Irigoyen 1608, 30 $.

Mediterráneo, ✆ 4762852, Av. R. S. Peña 149, ab 20 $.

Hotel Sevilla, Solís 138, ab 10 $, gemütlich, nahe dem Kongreß.

Hotel Carly, Humberto Primero 464, schmuck.

Hotel Zavalia, ✆ 3621990, Juan de Garay 474, 15 $, in San Telmo, groß, Zimmertüren führen in den Innenhof, keine Fenster, alte Matratzen, wohl auch als Stundenhotel genutzt.

Jugendherbergen & mehr

Albergue de Juventud, ✆ 3629133, Brasil 675, 9 $ pro Person mit Frühstück. Der internationale Studentenausweis reicht aus. Sehr gute Anlaufstelle, hier treffen Sie viele Rucksackreisende, die Rundtouren durch das Land planen.

Del Aguila, ✆ 5816663, Espinosa 1628, 9 $ pro Person ohne Frühstück, neu.

Jugendherberge im Stadtteil Belgrano, José Ortega y Gasset 1782, 9 $, privat bewirtschaftet.

Camping: In *Lomas de Zamora,* circa 15 km vom Stadtzentrum. Zu erreichen mit der Buslinie 141 von der Plaza Italia bis Puente de la Noria. Von dort weiter mit Bus 540 nach Villa Albertini.

Apartments: Möbliert inklusive Reinigung, vermietet von *Edificio Arenales,* ✆ 3227196, Arenales 855, und *Edificio Esmeralda,* ✆ 3113929, Marcelo T. de Alvear 842. 89 $ für 1 Zimmer bis 150 $ für drei Zimmer pro Tag plus Mehrwertsteuer (I.V.A.).

Essen & Trinken
Cafés & Bars

Es gibt unzählige Bars, Cafés, Teehäuser, *Cervecerías* oder *Chopperías,* (Bierbars) *Whiskerías* (Whisky-Bars) und *Confiterías* in Buenos Aires.

La Paz, Corrientes 1599, als ehemaliger Polit- und Intellektuellentreff noch immer in der ganzen Stadt ein Begriff.

El Molino, Rivadavia/Callao, in der Nähe vom Parlament und außer wegen seiner hervorragenden Torten wegen seines Mobiliars aus der Jahrhundertwende und der Prominenz sehr besuchenswert.

Café Tortoni, Av. de Mayo 829, sehr elegant, seit 1858 an diesem Ort. Vor allem am Sonntagnachmittag ein Ort zum Sehen und Gesehenwerden, es werden die raffiniertesten Hüte vorgeführt. Außerdem Sitz des Schriftstellerclubs *Lunfardo.*

Café 36 Billares, auf der Av. de Mayo im 12. Block, für ältere Herren, viele Billiardtische.

De las Artes, Av. Figueroa Alcorta 2270, gegenüber der Juristischen Fakultät. Eine ganz besondere Studentenkneipe, man kann auch im Freien sitzen.

Confitería Ideal, Suipacha 384, und *Confitería Suiza,* Tucumán 753, bieten neben alter Ausstattung guten Kaffee und exzellente Konditorei. Im Ideal gibt es jeden Sa 22 – 4 Uhr Tangotanz.

Die Schule, Alsina 1760, Hardrock-Musik.

El Dorado, H.Yrigoyen 947, Discothek und Musikkneipe.

Babilonia, Guardia Vieja 3360, 1. Stock, eine Art Kulturzentrum.

Treffs für Schwule und Lesben *(siehe auch S. 95)*
Pubs: *Bach Bar,* Juan A. Cabrera 4390, Di – So geöffnet.

Emperatriz Café, Sanchez de Bustamante 857, hauptsächlich Frauen, Mo – Fr geöffnet.

Gasoil, Bulnes 1250.

Giss, Gorriti 4065.

Sitges, Av. Cordoba 4119.

Tasmania, Pasaje Luis Dellepiane 685.

Restaurants: *Namasté B.A.,* Av. Las Heras 4021;

Puerto Banus VIP by Gala, Av. de Mayo 1354, Do – Sa;

Tasmania, Pasaje Dellepiane 685.

Restaurants

Genauso vielfältig wie die Café-Szene ist das Angebot an *Pizzerías, Parrilladas* (Steakrestaurants) und *Sanwicherías* in Buenos Aires. **Zwei wichtige Ausdrücke:** *Tenedor libre* heißt, man kann zu einem festen Preis soviel essen, wie man möchte; *Para llevar* bedeutet »zum Mitnehmen«. Natürlich

Das legendäre Café Tortoni auf der Avenida de Mayo

folgt auch hier nur eine kleine Auswahl der vielen Restaurants in Buenos Aires.

Pizzerien: *Il Gatto,* Corrientes 960, *María,* Güemes 3140, sowie

Pizza Donna, Av. Sta. Fé 3202, haben gute, preiswerte Pizzen und Pasta-Gerichte auf ihrer Speisekarte.

Pizzería Los Idolos, Suipacha 436, gilt als beste Pizzeria der Stadt und konkurriert um diesen Titel mit der *Pizzería Guerrín.*

Ugis: Sehr billig und dennoch gut ist die Pizza bei diesem Stehrestaurant mit mehreren Filialen, von denen sich eine gegenüber dem Obelisk an der Av. 9 de Julio befindet.

Parrilladas: *Chiquilín,* Sarmiento 1599/Montevideo, und Viga, J.D. Perón 1116, ist eine der typischen Parrilladas im Zentrum, in denen es in der Regel auch gute Pasta gibt.

La Casona del Nonno, Lavalle 827, Yapeyú, Maipú 383, und

El Rocío, Salta 151: Preisgünstige Fleischgerichte in großen Portionen und in netter Atmosphäre.

Parrilla a las Brasas, Lambaré 807, in der Nähe vom Parque Centenario etwas außerhalb des Stadtkerns.

Restaurant Calle de Angeles, Chile 318, in der enormen Kulisse San Telmos.

Fisch: *El Muelle,* Puerto Olivos, direkt am Hafen gibt es wie in diesem Lokal gute Möglichkeiten, in der Mittagssonne zu essen.

El Mirasol gibt es gleich dreimal, in Av. Boedo 136, Posadas 1032 und Davila 202, Puerto Madero.

El Pulpo, Tucumán 400, und

La Nueva Martona, Uruguay 1080, sind zwei gute Fischrestaurants.

Figón de Bonilla, Av. L.N. Alem 673 ist auf Meeresfrüchte spezialisiert.

Vegetarisches: *Esquina de las Flores,* Av. Córdoba 1599, vegetarisches Restaurant, in dem sich auch ein Naturkostladen befindet.

Verde Esmaralda, Esmeralda 370. Empfehlenswert.

Ratatouille, Sarmiento 1810, hat den erwähnten Tenedor libre, für etwa 7 $ können Sie soviel essen, wie Sie möchten.

Oasis, Av. Callao 741, ist nur tagsüber geöffnet, im selben Gebäude ist auch die Umweltschutzgruppe *Movimiento Argentino Ecológico* beherbergt.

YinYang, Paraguay 858, kocht vor allem Makrobiotisches.

Internationale Küche: Abzuraten ist von den chinesischen Tenedor libres. Die Speisen sind zwar billig, aber weitgehend ungenießbar. Günstig und lecker sind hingegen Pizzen und Empañadas.

Hispano Argentino, Av. Alvarez Jonte 2599. Internationale Kost.

Mora X, Vicente López 2152.

Restaurant La Cabaña, Av. Entre Ríos 436.

Restaurant Munich, Florida 835 oder Córdoba 543, Mo – Fr bis 17 Uhr, Sa bis 15 Uhr geöffnet.

Einkaufen

Das Warenangebot gleicht in vielen Bereichen dem in den USA oder in Westeuropa. Dennoch gibt es Unterschiede. Vor allem die Verarbeitung von Leder hat in Argentinien eine lange Tradition, außerdem kann man mit etwas Ausdauer ausgefallene Antiquitäten ergattern. Argentinien ist teurer als Uruguay.

Antiquitäten gibt es sonntags auf der *Plaza Dorrego* in San Telmo, während der Woche in Geschäften um den Platz herum.

Antiquarisches am Wochenende außerdem auf der *Plazoleta Santa Fe,* Santa Fe/Uriarte, und der *Plazoleta Primera Junta* und im *Parque Rivadavia,* siehe Bücher.

Kunsthandwerk gibt es in den Läden der gemeinnützigen Handelsorganisation *Artesanías Argentinas*, Montevideo 1386 und Av. Córdoba 770, oder bei *Matra*, Defensa 372.

Kunsthandwerksmärkte finden an den Wochenenden im *Parque Lezama* und auf der *Plaza Italia* statt, samstags im *Parque Centenario*. Der wichtigste ist jedoch der an der *Plaza Francia*.

Zum Markt der Gauchos

Der **Viehmarkt** in *Liniers*, auf dem jede Woche etwa 50.000 Tiere versteigert werden, ist der größte der Welt. Die Ställe umfassen eine Fläche von etwa 30 ha, in die Sie auch als Tourist von den kilometerlangen Laufstegen aus hineinsehen können. Dazu benötigen Sie jedoch einen Termin, müssen schon gegen 7 Uhr dort sein und dann ist noch nicht sicher, ob es klappt. Doch am Wochenende findet hier außerdem der interessante **Mercado de Hacienda de Mataderos** mit Gebrauchsgegenständen für Viehzüchter statt: Dort gibt es die berühmten Stoffhosen und Messer, aber auch Mate-Kalabassen und Bombillas.

Das »Schlachthof-Viertel« Mataderos bzw. LIniers liegt etwas außerhalb des Stadtzentrums und ist gut mit verschiedenen Colectivo-Linien oder dem Taxi ab dem Bahnhof Constitción aus zu erreichen.

Echte Kerle: Die Viehhändler von Mataderos bei der Fleischbeschau

Blumen: Ein riesiger *Mercado de flores* wird in Acuña de Figueroa 600/Corrientes 4000, Di, Do und Sa zwischen 3 und 9 Uhr, Mi, Fr und So 4 – 9 Uhr betrieben.

Lederprodukte bieten *Campanera Dalla Funtana,* Reconquista 735, und *Aida,* Florida 670. Hochwertig und teuer.

Gaucho-Kunstwerk in Nobelfassung ist in der Av. Alem 754 zu erstehen.

Importwaren: Ein Einkaufserlebnis besonderer Art ist ein Besuch außerhalb des Stadtzentrums, in *Munroe*. Dort reiht sich ein Geschäft an das andere mit billigen Importen aller Art. Munroe ist mit dem Bus 130 oder 314 von der Av. del Libertador in einer Stunde Fahrt zu erreichen.

Shopping-Center: In den letzten Jahren wurden etliche dieser Konsummärkte nach US-amerikanischem Vorbild gebaut. Alle sind täglich ab 10 bis mindestens 21 Uhr geöffnet. Architektonisch gehören sie zu den modernsten Gebäuden in Argentinien: *Alto Palermo,* Arenales 3360; *La Plaza Shopping Center,* Corrientes 1600; *Patio Bullrich,* Av. del Libertador 750; *Paseo Alcorta,* Jerónimo Salguero 3172; *Galerías Pacífico,* Florida/Córdoba, die erst 1992 eröffnet wurden; *Paseo del Pilar Buenos Aires Design Recoleta,* Av. Pueyrredón 2501; *Solar de la Abadía,* Luis María Campos/Maure.

Bücher, Zeitungen & Karten

... gibt es vor allem auf der *Avenida Corrientes* zwischen den Hausnummern 1000 und 1600. Ausländische Zeitungen gibt es an den Kiosken in der Fußgängerzone *Florida.*

Librería Fausto, Av. Santa Fe 1715, und *Librería Hernández,* Av. Corrientes, bieten ein breites Sortiment spanischsprachiger Bücher.

Reisebücher gibt es in Paraguay 2457 oder in der Fußgängerzone Florida 900.

Bücher in deutscher Sprache: *ABC-Buchhandlung,* Córdoba 685, und in der *Goethe-Buchhandlung,* Almte. Brown 168, *Unicenter,* Martínez local 3005 und Lavalle 528, sowie in einer weiteren *Librería Goethe* in Yrigoyen 29.

Antiquarisch: Der größte ständige Antiquitätenmarkt für Bücher, Zeitschriften, Schallplatten, Cassetten, Münzen und Briefmarken ist im *Parque Rivadavia,* Av. Rivadavia 4900, U-Bahnstation Rio de Janeiro.

Land- & Wanderkarten bekommen Sie bei *Duve,* ✆ 7844799, Mendoza 16729, und *Fugate,* ✆ 9820203, Cascón 238.

Kultur & Ausgehen

Avantgardistische Experimente haben in Buenos Aires eine jahrzehntelange Tradition. Die verschiedenen Militärdiktaturen seit 1930 behinderten die Künstler der Avantgarde allerdings massiv.

Diese Situation änderte sich 1983. Die *Regierung Alfonsín* (1983–89) unterstützte ausdrücklich nicht-kommerzielle kulturelle Aktivitäten. Eine sehr heterogene Bewegung auf vielen künstlerischen Gebieten entstand.

Der originellste Künstler dieser Zeit war der Transvestit-Clown *Batato Barea*, der Ende 1991 mit nur 30 Jahren starb.

In der Vergangenheit waren die Künstler häufig auf staatliche Stellen oder private Stiftungen angewiesen, inzwischen sind diese jedoch fast gänzlich gestrichen. Andere Finanzierungsmöglichkeiten wurden gefunden, beispielsweise bekam die Avantgarde-Kunst, wenn auch nur sporadisch, Zugang zu Massenmedien.

Die Avantgarde-Künstler stellen in Kulturzentren, kleinen Theatern und Kunstgalerien aus, wobei die nichtkommerzielle Kunst in drei Kategorien unterteilt werden kann:

Eine Strömung ist die nicht sehr risikofreudige **Cultura Oficial** (offizielle Kultur), die im *Centro Cultural-Teatro Municipal San Martín* und im *Teatro Nacional Cervantes* zu sehen ist. In beiden Theatern gibt es viele sehenswerte Veranstaltungen, wobei das letztgenannte konservativer ist.
Centro Cultural und *Teatro Municipal San Martín*, Av. Corrientes 1530. Manchmal kostenlose Konzerte unbekannter Künstler in der Halle, ansonsten Theater, Kino und Wechselausstellungen. Das *Museum der Schönen Künste* im 9. Stock zeigt Werke unter anderem von Dalí und Picasso, geöffnet Di – So 12 – 20 Uhr.
Teatro Nacional Cervantes, ✆ 8164224, Av. Córdoba/Libertad.

Eine zweite Strömung wird als **Underground-Bewegung** bezeichnet. Klar abgegrenzt von der offiziellen Kultur, sind ihre Arbeiten gewagter und nehmen neue Tendenzen auf. Kleine Säle oder sogar Discotheken bilden den Rahmen für Underground-Kunst. Adressen sind:
El Dorado, H.Yrigoyen 947,
Babilonia, Guardia Vieja 3360, sowie
Cemento, Estados Unidos 1200, wo Freitag- und Samstagnacht häufig Konzerte stattfinden.

Die dritte Richtung ist die sogenannte **Alternative Kultur.** Obwohl sie weltanschaulich der Underground-Strömung nahesteht, ist ihre Suche nach Neuem rigoroser. Sie will herkömmliche künstlerische Muster vermeiden und arbeitet intensiv mit ästhetischen Innovationen. Bekannte Orte der alternativen, oft auch studentischen Kultur sind:
Centro Cultural Ricardo Rojas, Av. Corrientes 2038, angegliedert an die Universität von Buenos Aires. Hier finden Film-, Buchvorstellungen, Seminare und Kurse, Tanzvorführungen, Theater und dienstags ab 20 Uhr Konzerte statt. Neben diversen Ausstellungen nehmen außerdem etwa 5000 Studenten an künstlerischen Kursen teil und entwickeln eigene Produktionen.
Centro Cultural Recoleta, Junín 1930, ist auf Plastiken spezialisiert, arbeitet aber auch mit Multimedia und ist ein Zentrum für offizielle wie auch für alternative Kunst.
Fundación Banco Patricios: Die Stiftung ist das wichtigste private Kulturzentrum in Buenos Aires.

DANIEL MOLINA

Veranstaltungskalender
Aquí Buenos Aires, kostenlose Zeitung mit Veranstaltungskalender für 14 Tage, erhältlich in der Touristeninformation.
Página/12 oder Clarín, zwei große argentinische Tageszeitungen, informieren über aktuelle Veranstaltungen, Kinos (nach Stadtteilen), Theateraufführungen und Clubs.
Vea más/Multimedios, kostenlos, liegt in allen Theatern aus.
Suplemento joven, Konzertankündigungen kleiner und größerer Bands.
La maga, eine Wochenzeitung, bietet ebenfalls einen guten Überblick.
Vorverkaufsstellen: Karten für viele Theateraufführungen und fast alle Konzerte bekommen Sie direkt am Veranstaltungsort oder bei Carteleras, den Vorverkaufsstellen:
Vea Más, Corrientes 1699, Paseo La Plaza, Nr. 19.
Cartelera, Lavalle 828.

Weitere Theater & Kulturzentren

Teatro Alvear, Corrientes 1659, dienstags 13 Uhr häufig kostenlose Tangokonzerte.

Teatro Colón, © 3825414, Tucumán 1111; Konzerte, Ballett, Oper; Programmheft in englischer Sprache, *Newsletter*, liegt aus oder im Internet www.is.com.ar/intser/colón.

Teatro Galpón del Sur, Humberto I 1739.

Teatro Manzana de las Luces, Perú 294, experimentelles Theater, Vorstellungen meist samstags.

Teatro Off, Corrientes 1632, Kellergeschoss.

Ateneo Cultural Florentino Ameghino, Brasil 1551.

Fundación Banco Patricios, Av. Callao, Sarmiento.

Liberarte, Av. Corrientes 1555, verschiedene kostenlose Veranstaltungen.

Luna Park, Bouchard 465, in der Nähe der Hauptpost. Hier finden die großen Rock- und Popkonzerte statt. Im Sommer gibt es Konzerte auch in Fußballstadien.

Plaza Shopping Center, Corrientes 1600, fast täglich Gratis-Konzerte.

Goethe-Institut, Av. Corrientes 319, Mo – Fr 12.30 – 19.30 Uhr, mittwochs geschlossen. Hervorragende Lesungen, Tanz und Ähnliches, literarische Veranstaltungen. Ein Programm gibt es vor Ort. Kleine Auswahl deutschsprachiger Bücher. Außerdem liegen hier die lang ersehnten deutschen Tages- und Wochenzeitungen aus.

Instituto de Cooperación Iberoamericana, ICI, Florida 900. Spaniens Kulturinstitut ebenfalls mit guten Veranstaltungen und kleiner Bibliothek.

Bibliotheken

Biblioteca Nacional (Nationalbibliothek), Av. del Libertador 1600, hat neben einer umfassenden Büchersammlung einen freizugänglichen Zeitschriftenlesesaal.

Kongreß-Bibliothek, Alsina 1835, gehört zu den größten des Landes, ist 24 Stunden geöffnet, Eintritt nur mit Reisepaß.

Bibliothek des Frauenrates, Marcelo T. de Alvear 1155, siehe »Frauengruppen«.
Hemeroteca, das nationale Zeitungsarchiv, neben der Kongreß-Bibliothek, Eintritt nur mit Reisepaß.
Universität von Buenos Aires (U.B.A.), Hauptverwaltung, Viamonte 444.

Tango zum Zuhören & Mitmachen

Der moderne Tango über die Versionen von *Enrique Santos Discépolo* und *Carlos Gardel* hinaus, wird in vielen kleinen *Tanguerías,* die selten von Touristen besucht werden, gespielt:

Tanguerías: *Akarense,* Donado 1355, *Galería del Tango,* Boedo 722, *Círculo Social Bailable,* José María Moreno 351, *Volver,* Corrientes 845, *Almagro,* Medrano 1000, *El Gallito,* Moreno/Entre Ríos, *Helénico,* Scalabrini Ortiz 1300, *Unidad Básica,* La Rioja/San Juan, *Sin Rumbo,* Tamborini/Constituyentes, *Cuartito Azul,* San Juan 2950, *Ex Cine Nilo,* Boedo/San Juan, *Club Croata,* San Juan/Boedo.

Tango & Diner: In den bekannteren Tangolokalen werden oft Pauschal-Arrangements angeboten, zu denen ein Essen und die Tangovorführung gehören. Vorführungen kosten zwischen 20 und 40 $, ein Essen nochmals 15 $. Reservierungen werden empfohlen und sind über die Touristeninformation möglich.

La Casa Blanca, Balcarce 668, Mo – Fr Show, 40 $, und
El Viejo Almacén, Balcarce/Independencia, 40 $, sind die bekanntesten.

Tango: ein Lebensgefühl, das sich oft spontan auf der Straße äußert (in San Telmo)

Live-Konzerte im kleineren Rahmen werden in *Planeta Tango*, ⓒ 3076183, Chacabuco 917, San Telmo, aufgeführt. Beginn zwischen 21 und 23 Uhr, am Wochenende wird dort auch getanzt. Außerdem bieten die Veranstalter Kurse zu Körperausdruck, Gitarre und Poesie an. Auch eine kleine Bücherei gibt es dort, natürlich spezialisiert auf Tango. Dies alles geschieht in Zusammenarbeit mit den *Centro Cultural Ricardo Rojas* der Universität von Buenos Aires.

Tanzlokale: Sie sind meist samstags, manchmal freitags ab 22 oder 23 Uhr geöffnet. Empfehlenswert sind:
Bar Sur in Estados Unidos 299, Mo – Sa 21 – 4 Uhr, *Buenos Aires Hoy*, Bulnes 1598, *Sunderland Club*, Lugones 3161, *El Querandí*, Perú 302/Moreno, *Los Dos Pianitos*, Giuffra/Balcarce, *Club del Vino*, Cabrera 4737 und *La Ventana*, Balcarce 425.

Glorias Argentinas, Bragado 6300, ist ein legendäres Lokal in der Nähe der großen Schlachthäuser im Stadtteil Mataderos. Hier kamen früher an Wochenenden tausende Tanzlustige zusammen.

Tangoschule: *Viejo Correo*, Av. Díaz Velez 4820, ⓒ 9580364. Hier können Sie Di und Fr 8 – 2 Uhr nachts auch mal kostenlos in eine Tangostunde hieneinschnuppern.

ADRIANA DÍAZ

Kinos

Die meisten Kinos befinden sich im *Stadtzentrum*, Lavalle, westlich des Justizpalastes, und Av. Santa Fe sowie im Stadtteil *Belgrano,* Av. Cabildo. Die nicht-spanischsprachigen Filme laufen in der Regel in Originalversion mit Untertiteln. Mittwochs ist der Eintritt billiger, die Anfangszeiten beziehen sich immer auf den Filmbeginn, Werbung läuft vorher. Samstagnacht werden in manchen Kinos durchgehend mehrere Filme *(trasnoches)* gezeigt

Foro Gandhi, Av. Corrientes 1551, der Filmclub zeigt freitags- und samstagabends ältere und unbekanntere Filme.

Kino-Institut: *Instituto Nacional del Cine,* Lima 319.

Discotheken

In Discos zu gehen ist in Buenos Aires ein teures Vergnügen. Sie öffnen meist erst zwischen 0 und 1 Uhr. Rege zu geht es Freitag- und Samstagnacht. Empfehlenswert sind

Le Club, Av. Quintana 111, *Africa,* Marcelo T. de Alvear 1885, *New York City,* Av. A. Thomas 1391, *Hippopotamus,* Junín 1787, und *Mama Baker,* Av. Santa Fe 2800.

Schwule und Lesben-Discos: *Angel's,* Viamonte 2168, Do – So.

Boicot, Paisaje Dellepiane 657, nur Frauen; *Bunker,* Anchorena 1170, Fr – So, gemischt.

Contramano, Rodríguez Peña 1082, Mi – So; hauptsächlich Männer.

Enigma, Suipacha 927, Fr – Sa.

Puerto Pollensa, Carlos Calvo 3778, Do – So, nur Frauen.

Tercer Milenio, Alsina 934, nur Do- und Fr-Nacht.

Namasté B.A., Av. Las Heras 4021, Do – So.

Spiel & Sport
Fußball: Stadien *(Canchas)* der beiden bekanntesten Vereine: *Boca Juniors,* Brandsen 805 und *River Plate,* Av. F. Alcorta/Udaondo.

Pferde-Rennbahn *(Hipódromo),* Av. del Libertador 4101.

Polo: Informationen zu Polo-Turnieren bei der *Asociación de Polo,* H. Yrigoyen 636, 1. Stock, A.

Argentinischer Schachclub, Paraguay 1858, ab 20 Uhr können Sie hier Schach spielen, samstags werden ab 18 Uhr Turniere ausgetragen.

Wichtige & nützliche Adressen

Adressen von *Menschenrechtsgruppen* in Buenos Aires finden Sie am Ende des Kapitels zu den »Madres de Plaza de Mayo«, Seite 92. *Umweltschutzgruppen* am Ende des Kapitels »Umweltprobleme und Ökologiebewegung«, Seite 24, *Frauengruppen* am Ende des Kapitels »Frauenbewegung und Eva Perón«, Seite 89.

Touristeninformation: ✆ 3122232/ 5550, kostenfrei ✆ 080050016, Santa Fe 883, Mo – Fr 9 – 17 Uhr. Auch ein Schalter am Flughafen Ezeiza, siehe Anreise.

Tourismusbüro Brasiliens, ✆ 8158737, Cerrito 1350, Mo – Fr 9.30 – 12.30 Uhr.

Tourismusbüro Uruguays, ✆ 8073042, Av. Las Heras 1907, 5. Stock, Mo – Fr 10 – 16 Uhr.

Stadtplan: Wer länger in Buenos Aires bleibt, orientiert sich am besten anhand des *Lumi*-Stadtplans, den es an fast allen Kiosken zu kaufen gibt. Neben den Verkehrsverbin-

Warten auf Kundschaft: Im Caminito von La Boca

dungen der Innenstadt (nicht von Groß-Buenos Aires) enthält er Übersichtskarten des Zugnetzes und wichtige Adressen. Kleine *Übersichtspläne* für das Stadtzentrum mit dem U-Bahnnetz gibt es in den Büros der Touristeninformation oder am Flughafen Ezeiza.

Stadtführung: *Buenos Aires Tur,* Lavalle 1444, Erdgeschoß, ✆ 3712304, englisch und portugiesisch.

Professionelle Stadtführung, Av. Rivadavia 1157, 9. Stock, ✆ 3831160 oder ✆ 3812039, auch zum Hafen und Mataderos/Liniers.

Konsulate: *Brasilianisches Konsulat,* ✆ 3945364, Av. C. Pellegrini 1363, 5. Stock, Mo – Fr 10 – 16 Uhr.

Chilenisches Konsulat, ✆ 3946582, San Martín 439, 9. Stock, Mo – Fr 9 – 13 Uhr.

Uruguayisches Konsulat, ✆ 8073040, Av. Las Heras 1907, Mo – Fr 9 – 12 Uhr.

Paraguayisches Konsulat, ✆ 8120075, Viamonte 1851, Mo – Fr 9 – 13 Uhr.

Post: *Correo Central,* übrigens ein sehenswertes Gebäude, Sarmiento/ N. Alem, Buenos Aires.

Federal Express, ✆ 3936138, Maipú 753, für eilige internationale Post.

Telefon: *Central Telefónica,* Av. Corrientes 707. Es gibt auch immer mehr kleine Telefonläden.

Kreditkarten & Reiseschecks: *American Express,* ✆ 3120900, Arenales 707, Plaza San Martín, wechselt Reiseschecks ohne Komission Mo – Fr 9 – 17 Uhr.

Diners, ✆ 3794545, Av. C. Pellegrini 1023.

Im Hafen von La Boca

Visa, ✆ 3793300, Av. Corrientes 1437.
Notfall: Notruf ✆ 101.
Policía: Moreno 1550.
Feuerwehr (Bomberos): ✆ 3812222.
Asistencia Medica, SAME, ✆ 107, 9231051. Medizinische Ambulanz.
Hospital Alemán, deutsches Krankenhaus, Av. Puyrredón/Beruti.
Nationalpark: *Administración de Parques Naturales* (Verwaltung der Nationalparks), ✆ 3118853, Av. Santa Fe 690.
Waschsalon: *Lavaderías,* an jeder Ecke in Buenos Aires.
Fotos entwickeln: *Capurro,* Scalabrini Ortiz 634, achter Stock, billig in recht abenteuerlichem Labor.
Mundo Color, ✆ 9640099, Jean Jaures 644, teuer und professionell.

Ausflüge buchen

Es ist vorteilhaft und günstig, die Naturparks *Iguazú* und *Península Valdés* über Reisebüros zu buchen, beispielsweise über das preiswerte studentische ASATEJ, in dem auch Nicht-Studenten willkommen sind. Empfehlenswert ist außerdem ein Anbieter aus Bahía Blanca, siehe dort. Auch Tagesfahrten nach *Tigre* und anderen touristisch interessanten Orten der Umgebung werden angeboten.

SF Viajes & Turismo, ✆ 3222010, Suipacha 642, gute Reiseagentur.
Sepean Turismo Andina, ✆ 3935500, Fax 3931760, Viamonte 675, 15. Stock, D, spezialisert auf die Anden.
Caminos Action Travel, ✆ und Fax 3125023, Paraguay 866, 1. Stock, Aktivurlaub.
Travesias & Aventura, Fax 3712727, bietet Trekken, Reiten, Kanufahren oder auch Touren nach Misiones zum Fischen, in die Sümpfe in Corrientes und Ähnliches.
Nova Terra, ✆ 3940879, Fax 3260628, Suipacha 370, 7. Stock, B, spezialisiert auf Patagonien und dort auf den Lago Argentino, Ushuaia und die Halbinsel Valdés.
Reisebüro: *ASATEJ/STA-Travel,* ✆ 3151457, für Flüge ✆ 3120101, Florida 835, Büro 319 in 3. Stock, sehr empfehlenswert für Pauschalbuchungen und für Umbuchungen von Flugterminen. Hier gibt es auch den internationalen Studentenausweis, auch ISIC-Karte genannt, gegen Uni-Bescheinigung und Paßfoto. Dieser Ausweis vergünstigt Übernachtungen in Jugendherbergen, einige Transportmittel und teilweise Eintritte zu Kulturveranstaltungen.
Globetrotter-Tip: Seit 1994 findet alle zwei Jahre im November eine *Abenteuertourismus-Messe,* die zweiwöchige *Expo Aventura,* auf dem Messegelände an der Avenida del Libertador statt.

DIE PROVINZ BUENOS AIRES: PARADIES FÜR RINDER UND BADEFANS

Ein italienischer Reisender soll im letzten Jahrhundert die Pampa »das große Gähnen Gottes« genannt haben. »Millionen Hektar Grasland und Millionen Rinder«, so könnte man diese Region, die in den Provinzen Buenos Aires, La Pampa, Santa Fe und teilweise in Córdoba liegt, ebenfalls beschreiben. Die Pampa Húmeda, die Feuchte Pampa, ist die Grundlage für einen Großteil des argentinischen Reichtums.

Mit etwa 13 Millionen Einwohnern, die knapp 3 Millionen Bewohner der Hauptstadt nicht eingerechnet, und einer Fläche von über 307.000 km^2 ist die Provinz Buenos Aires die bevölkerungsreichste und auch die größte des Landes, von dem Sonderfall Antarktis abgesehen.

In der weiten, flachen Graslandschaft der Provinz wird extensive **Rinderzucht** betrieben, es weiden sehr wenige Tiere auf einer großen Fläche. Das hat historische und bis heute auch machtpolitische Gründe. Der Großgrundbesitz, traditionell in *Estancias* organisiert, ist politisch unantastbar. Teilweise verpachten die Großgrundbesitzer ihr Land an Kleinbauern, die dann oft den kleinräumigeren intensiven Ackerbau der extensiven Viehzucht vorziehen.

Es besteht die Gefahr, daß die Pampa Húmeda in manchen Teilen durch die Vieh- und Agrarwirtschaft ihre unvergleichliche Produktivität einbüßt. Vor allem die riesigen Rinderherden gefährden die Reproduktionskraft des Bodens.

Neben ihrer ökonomischen und politischen Bedeutung ist die Provinz auch touristisch sehr interessant. Abgesehen von den nahen **Ausflugszielen der Hauptstädter**, *Tigre, Luján* und *La Plata*, ist vor allem die **Atlantikküste** Anziehungspunkt für Hunderttausende, wie zum Beispiel in der unvergleichlichen Urlaubsmetropole *Mar del Plata*. Einblick in die Vielschichtigkeit des Landes erhält man auch im Süden der Provinz, wo sich zwei **Hügelketten**, die *Sierra de la Ventana* (1200 m Höhe) und die *Sierra de Tandil* (500 m) erheben. Dort sind Wanderungen, aber auch Besuche in ungewöhnlichen Einwandererkolonien möglich. Eine in den letzten Jahren stark zunehmende Form des Tourismus in dieser Region ist der **Turismo de Estancia**. Beschnuppern kann man ihn in dem Ort *San Antonio de Areco*.

Mit dem Boot durch Tigre

Ihr erstes Ziel für einen Tagesausflug von Buenos Aires aus sollte Tigre sein, etwa 30 km nördlich der Hauptstadt. Der schicke Wohnort liegt im grünen Flußdelta des *Río Paraná*, der in Brasilien entspringt und hier in den Río de la Plata mündet. Die vielen Inseln, die durch unzählige kleine Flüsse getrennt sind, gehören teilweise zu einem ökologischen Reservat. Sie erreichen oder durchqueren die Inseln mit

Lanchas, Booten, für die Sie an der *Estación Fluvial de Pasajeros* Tickets kaufen können. Es gibt 15 Bootsunternehmen, die verschiedene Routen anbieten. Zu empfehlen sind die **Schiffsausflüge** nach *Cruz Alta* über den Río Paraná de las Palmas, stündlich 1 ½ Stunden mit Mittagessen zu 19 $, nach *Ischia* über den Río Carapachay, 30 Minuten, oder nach *La Manuelita*, 50 Minuten, die letzten beiden für etwa 6 $. Für 9 $ können Sie aber auch 5 Stunden lang durch das *Delta des Paraná* bis auf den offenen Strom und wieder zurück tuckern. Ein eigenes Bootstaxi *(Lancha taxi)* kostet für bis zu 15 Personen 60 $ die Stunde.

Sehenswertes: Einige der alten Paläste sind in Hotels, Clubs oder Restaurants verwandelt worden. Der berühmte *Tigre Club* befindet sich im Paseo Victorica 972, am Río Luján. Weitere historische Gebäude sind das alte *Zollhaus*, Esmeralda 304/Liniers, die *Casa Peró*, Liniers 1396 und der *Almacén Faggionato*, Estrada 1808.

Ebenfalls im Zentrum der kleinen Stadt befinden sich das **Museo Naval**, Flotten- und Waffenmuseum, Paseo Victoria, Di – So 8 – 13 Uhr, und das **Museo de la Reconquista**, Museum zur Wiedereroberung von Buenos Aires 1806/07 von den Briten, Castañeda 470, Di – So 9 – 18 Uhr.

An Wochenenden ist eine touristische Attraktion der **Markt** am Hafen, auf dem es Früchte und Pflanzen der Inseln sowie Kunsthandwerk zu kaufen gibt. Jährliche Höhepunkte sind am 30. September die **Fiesta de la Isla** (Inselfest) und am 8. Dezember der Tag der Heiligen Jungfrau mit einer **Prozession.**

Verbindungen

Bus-Anreise: Die Busse der Linie 60 fahren in Buenos Aires unter anderem an der Plaza de los Congresos vorbei und dann durch Palermo. Der Schnellbus benötigt eine Stunde, das normale Colectivo etwa eineinhalb

Beliebtes Ausflugsziel der Hauptstädter: Tigre im Paraná-Delta

Stunden. Sie bekommen dabei einiges von Groß-Buenos Aires zu sehen sowie ein Stück von der ganz Amerika durchziehenden *Panamericana*.

Zug-Anreise: Vom Bahnhof Retiro in Buenos Aires fährt alle 20 Minuten ein Zug der Linie »Mitre« nach Tigre, der 50 Minuten braucht. Seit 1995 gibt es parallel zur alten Zuglinie den modernen *Tren a la Costa* (Küstenzug), den man für den Rückweg nehmen kann. An dessen Endstation Maipú muß man in einen Zug der Línea Mitre umsteigen, der zurück zum Bahnhof Retiro fährt.

Nach Uruguay kann man mit Schiffen von *Cacciola*, ℡ 7490329, Lavalle 520, übersetzen; erreichbar auch im Zentrum von Buenos Aires unter ℡ 3936100, Florida 520, 1. Stock, Büro 113.

Nette & nützliche Infos

Touristeninformation: im Rathaus, ℡ 7492429, Av. Cazón 1514, täglich 9 – 17 Uhr.

Unterkunft: Auf den Inseln gibt es auch Ferienhäuser und Campingplätze, ideal, um die Wassersportmöglichkeiten im Delta zu testen. Informationen zur Jugendherberge gibt es im Zentrum von Buenos Aires, Talcahuano 214, 10 $.

Restaurants: Chinesisch-argentinisches Essen ist günstig bei *Restaurante Chino* mit Tenedor libre, soviel Sie möchten, Cazón 1373. Viele weitere Lokale am Paseo Victorica.

Kunst: Im *Talar de Pacheco*, einem Schloß etwas nördlich von Tigre, ℡ 7409460, Cabildo 480, gibt es schöne Ausstellungen zu sehen.

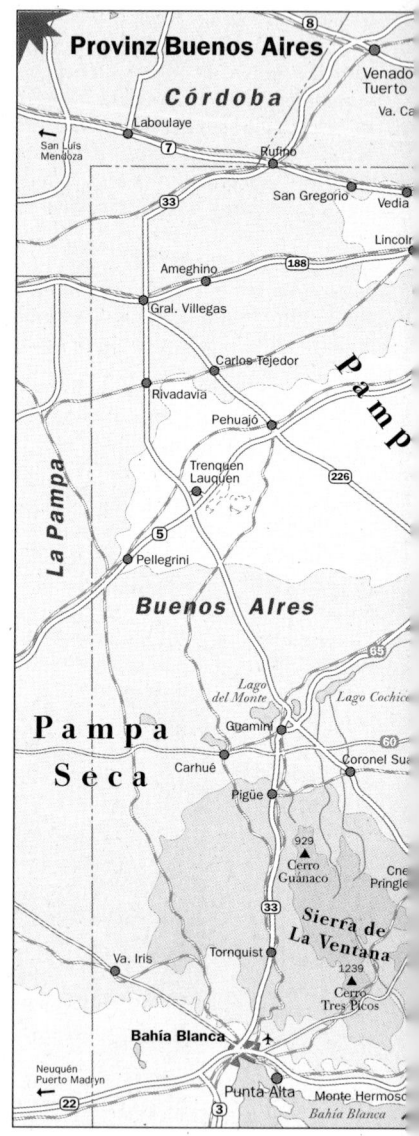

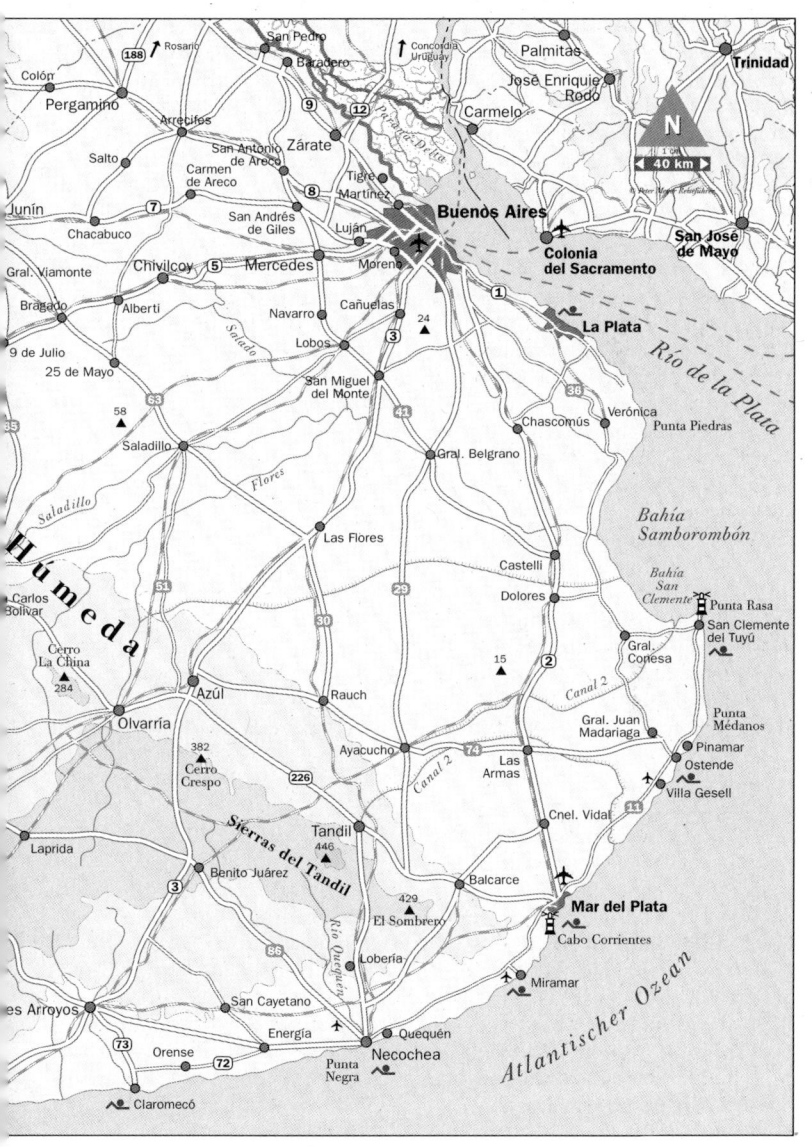

Luján, Stadt der Hl. Jungfrau

Alljährlich pilgern am 8. Mai und am 8. Dezember schätzungsweise eine Million Menschen nach Luján, im Westen vor den Toren der Hauptstadt gelegen. Wallfahrten finden jedoch das ganze Jahr über statt. Hauptattraktion des 30.000 Einwohner zählenden Städtchens ist nämlich die **Basílica Nuestra Señora de Luján** samt der darin aufgebahrten *Heiligen Jungfrau von Luján,* Schutzpatronin der Reisenden und Schutzheilige Argentiniens, Uruguays und Paraguays. In der Überlieferung heißt es, im Jahr 1630 habe sich ein Karren mit einer Marienstatue genau an dieser Stelle nicht mehr weiterbewegt, was als göttliches Zeichen gedeutet wurde.

In den folgenden Jahrhunderten wuchs um die Kapelle, in der die Statue untergebracht wurde, ein Städtchen. Ende des vergangenen Jahrhunderts wurde mit dem Bau der neogotischen Basilika begonnen, deren Türme über 100 m hoch sind; nach fast 40 Jahren Bauzeit wurde sie 1930 fertiggestellt. Den Grad der Verehrung für die Jungfrau von Luján kann man im *Devotionalienmuseum* neben der Kirche ermessen, in dem einige der Geschenke für die Heilige ausgestellt sind.

Zum 4./5. Oktober findet eine **Jugendwallfahrt** statt, die an der *San Cayetano-Kirche* in Liniers, einem Stadtteil von Buenos Aires, ihren Ausgangspunkt hat.

Wer nicht wegen der Heiligen Jungfrau nach Luján fahren möchte, dem sei ein Besuch damit schmackhaft gemacht, daß hier auch ein exzellentes **Kolonialhistorisches Museum** steht. Es befindet sich am Hauptplatz im Gebäude des 1772 erbauten ehemaligen *Cabildo* und gibt in über 60 Räumen einen Einblick in die Geschichte des Ortes. In demselben Gebäudekomplex ist auch ein **Transportmuseum** untergebracht, in dem das spanische Flugzeug »Plus Ultra« ausgestellt ist, das als erstes den Atlantik überquerte. Die Museen sind Mi – So 12 – 18 Uhr geöffnet und im Januar geschlossen.

Verbindungen

Bus: Busbahnhof Av. Nuestra Señora del Rosario, stündlich Busse nach Buenos Aires zur Plaza Once.
Zug: täglich mehrere Züge nach Buenos Aires zur Plaza Once.

Unterkunft & Camping

Hotel de la Paz, ℂ 24034, 9 de Julio 1054, 50 $.
Real Hotel Luján, ℂ 20054, Av. Luján 816, 40 $.
Hotel Victoria, ℂ 20582, Lavalle 136, 30 $.
Venezia Hotel, Almte. Brown/Lezica, 30 $.
Hospedaje Carena, ℂ 21287, Lavalle 114, 20 $.
Hotel Santa Rita, ℂ 20981, Lezica/ Torrezuri 85, 20 $.
Camping: mehrere Plätze am *Río Luján,* z.B. an der Straße 7 bei Km 65.

Restaurants & Nützliche Infos

Cristóbal, Colón 964, gehört zu den exklusiven und guten Restaurants.
L'Eau Vive, Constitución 2112, und *Match Point,* San Martín 199, sind

günstiger und haben ebenfalls ein breites und gutes Angebot.
Touristeninformation, ⓒ 20433, am Hauptplatz.

Provinzhauptstadt La Plata

Empfehlenswert ist auch ein Tagesausflug vom 60 km entfernt gelegenen Buenos Aires nach La Plata, der Hauptstadt der Provinz Buenos Aires an der Mündung des Río de la Plata. Durch die Gründung La Platas 1882 als Provinzhauptstadt sollte wenigstens ein Teil der politischen und administrativen Macht von der Stadt Buenos Aires wegverlagert werden.

Ein richtiges Stadtzentrum besitzt La Plata nicht. Das geographische Zentrum ist die **Plaza Moreno,** auf der der *Gründungsstein* der Stadt sowie die neogotische *Iglesia Catedral* und die im deutschen Renaissancestil erbaute *Stadtverwaltung* zu sehen sind.

Nördlich des Stadtzentrums befindet sich der **Paseo del Bosque,** eine 60 ha große Anlage, die für ihre verschiedenen Baumarten bekannt ist. Im Sommer finden im *Anfiteatro Martín Fierro* interessante Veranstaltungen statt. Im Park ist auch ein *Museo de Ciencias Naturales* mit paläontologischer Sammlung (Verlängerung der 58. Straße, täglich 12 – 18 Uhr), direkt dahinter ein *Observatorio* und ein kleiner *Jardín Zoológico*.

Auffällig ist das Fehlen der üblichen Straßennamen; stattdessen muß man sich mit Angaben nummerierter *Diagonales, Avenidas* und *Calles* zufrieden geben. Nach der ersten Orientierung ist das allerdings einfach.

Evitas Kinderrepublik

Auf Initiative Eva Peróns wurde 1952 der Vergnügungspark *República de los Niños* gegründet. Hier wurde versucht, in der Architektur Elemente von Grimms und Andersens Märchen aufzunehmen. Es gibt auch einen *Zoo* und ein *Aquarium*. Überregional bekannt ist das dortige *Internationale Puppenmuseum*. Diese besondere Republik, täglich 10 – 18 Uhr geöffnet, liegt 7 km nördlich vom Stadtzentrum und ist mit den Buslinien 273 oder 518 erreichbar.

Unterkunft

Hotel San Marco, ⓒ 822385, Calle 54 No. 523, ab 60 $, neu und gemütlich.
Hotel El Corregidor, ⓒ 256800, Calle 6 No. 1026, ebenfalls ab 60 $.
Hotel Roga, ⓒ 219553, Calle 54 No. 334, ab 30 $.
Hospedaje Roga, ⓒ 214916, Calle 4 No. 309, ab 30 $.

Essen & Trinken

Plaza Paso, und *Colegio de Escribanos,* 13. Av. zwischen 47. und 48. Straße.
El Chaparral, 60./117. Straße, empfehlenswertes Grillrestaurant.
Restaurant Club Hípico herrlich im Paseo del Bosque gelegen.
Club Matheu, 63. Straße, zwischen 1. Av. und 2. Straße, und das
Restaurant Everton, 14. Straße zwischen 63. und 64, sind günstiger als der Club Hípico und auch nicht schlecht.
La Madrileña, 60. Straße zwischen 5. und 6., leckere Empanadas.

Kneipe: Ein guter Tip ist vor allem im Sommer die *Cervecería Modelo,* 54. Straße/5., in der man an lauen Sommerabenden das gute Bier genießen kann.

Tangolokal: *El Viejo Almacén* in Diagonal 74/2. Straße.

Nützliche Infos

Verbindungen: Die Bus- und Zugverbindungen zwischen dem Bahnhof *Constitución* in Buenos Aires und La Plata sind ausgezeichnet. Zwischen den beiden Städten verkehrt der modernste Zug Argentiniens, der allerdings in den Morgen- und Abendstunden überfüllt ist.

Post: 51. Av./4. Straße.

DIE ATLANTIKKÜSTE

In den argentinischen Sommermonaten verlagert sich ein großer Teil des Lebens von der Stadt Buenos Aires und anderen Landesteilen an die Atlantikküste, an den 170 km langen Abschnitt von **San Clemente del Tuyú**, 320 km von Buenos Aires entfernt und für die neue Unterwasserwelt-Show *Mundo Marino* bekannt. Von dort geht es nach Süden über **Pinamar, Villa Gesell, Mar del Plata,** auf der Ruta 11, dem *Camino del Atlántico,* von **Miramar** bis **Necochea,** um einige wichtige Orte zu nennen. Von Mitte Dezember bis Mitte März sollten Sie an der Küste Zimmer reservieren und frühzeitig Fahrkarten sichern. In der Nebensaison schließen viele Hotels und Campingplätze, Ferienwohnungen sind unbewohnt und die Verkehrsverbindungen spärlicher.

San Clemente de Tuyu

Der kleine Badeort gehört zu den weniger prestigeträchtigen an der Atlantikküste, dafür ist er auch längst nicht so teuer wie die bekannteren Gemeinden weiter südlich. Vor allem **Angler** kommen nach San Clemente, denn an der Mole werden Seezungen, *Pejerrey, Corvinas* und andere Fische gefangen. Der Angelsteg, die *Muelle de Pesca,* ragt 120 m ins Meer.

Die Hauptattraktion des Ortes ist jedoch der **Freizeitpark Mundo Marino,** in dem es auf 17 ha Seelöwen, Delphine, Otter, Vögel und Killerwale zu sehen gibt. Er ist der größte Park dieser Art in Südamerika, täglich 10 – 15.30 Uhr, im Sommer bis 18 Uhr; Buslinie 500, Information in San Clemente ✆ 30300.

Vom 10. bis 12. Oktober findet alljährlich ein großes **Fischerfest** in San Clemente statt, die *Fiesta Nacional de la Corvina Negra,* und im Januar/Februar ein **Folklorefestival.**

Die Orientierung in San Clemente ist einfach; die Avenidas laufen von West nach Ost auf das Meer zu, die Straßen werden von Nord nach Süd gezählt. San Clemente ist der nördlichste Ort von vierzehn kleineren Seebädern, die zur Gemeinde *Partido de Costa* gehören.

Unterkunft & Camping

Die angegebenen Richtpreise für Unterkünfte beziehen sich auf die Nebensaison von Anfang März bis Mitte Dezember.

Hotel Fontainebleau, ✆ 21187, Calle 3 No. 2290, 45 $, das exklusivste Haus im Ort.

Hotel Morales, ✆ 21207, Calle 1 No. 1856, ab 30 $.
Hotel Casino, ✆ 21315, Calle 2 und 16, ab 30 $.
Hotel Savoia, ✆ 21107, Av. San Martín 267, ab 30 $.
Hotel Coral, ✆ 21123, Calle 18 No. 261, ab 20 $.
Hotel Playa, ✆ 21362, Calle 1 No. 2600, ab 20 $.
Residencial Bahía, Calle 4 No. 2353, ab 15 $.
Residencial Don Severo, ✆ 21217, Calle 2 No. 2056, ab 15 $.
Residencial Horizonte, ✆ 22555, Calle 16 No. 52, ab 15 $.
Camping: mehrere Möglichkeiten an der Küste.

Essen & Trinken
Restaurant Yo y Vos, 4./17. Straße, und das
Oraya, Calle 1 zwischen 13. und 14. Av., bieten beide günstiges und gutes Essen.
La Querencia, 1. Straße/19. Av. und 1. Straße/13. Av., ist exklusiver.
Pizzería Gu Gu Pa, Calle 1 No. 2426,
Dos Molinos, Calle 1 No. 2338, bieten gute Pizzen.

Nützliche Infos
Verbindungen: Täglich mehrmals Busse zu Orten an der Atlantikküste und nach Buenos Aires, besonders im Sommer. Es gibt keinen zentralen Busbahnhof. Abfahrtsmöglichkeiten zum Beispiel an den Ecken Avenida San Martín/3. Straße und 15. Straße/20. Avenida.
Touristinformation, ✆ 21478, 1. Av./2. Calle.

Reiseziele in der Nähe
An der 9 km entfernten **Punta Rasa** gibt es einen *Leuchtturm* und ein *Vogelreservat*, das von einer Stiftung zu Forschungszwecken genutzt wird. Im 10 km entfernt gelegenen **Parque Santos Vega** wird jedes Jahr im Sommer ein *Folklorefestival* veranstaltet. Auch hier können Sie ein *Aquarium* besuchen. Informationen dazu in der Av. Decima 157.

Pinamar, das vornehme Seebad
Der Ort wurde 1943 von dem Architekten *Jorge Bunge*, Mitglied einer berühmten Industriellenfamilie, mitbegründet. Der sorgfältig ausgesuchte Platz inmitten einer hügeligen Landschaft verleiht Pinamar eine ruhige und angenehme Atmosphäre, die dadurch noch verstärkt wird, daß der Ort selbst von großzügig angelegten Grünanlagen durchzogen ist.

Im eleganten Pinamar treffen sich die Wohlhabenden, denen Mar del Plata zu proletarisch, Villa Gesell zu jugendlich und das uruguayische Punta del Este zu weit weg ist.

An den weiten Stränden sind alle erdenklichen Wassersportarten möglich. Daneben gibt es Reiten, Golf, Schießen oder Tennis. Wie in den anderen Seebädern, so hat sich auch in Pinamar die moderne Vergnügungsindustrie etabliert. Es gibt hier mehrere Spielhallen, aber auch dem Publikum entsprechend ein schickes **Casino**. Pinamar versucht sich als Vorreiter in Sachen umweltverträglichem Tourismus, weshalb unter anderem spanischsprachige **Führungen** zu Themen wie »Ökosystem Strand« oder

»Wald« angeboten werden. Informationen dazu erteilt die Touristeninformation.

Unterkunft
In den umliegenden Dörfern *Ostende, Valeria del Mar* und *Cariló* gibt es weitere Übernachtungsmöglichkeiten.
Hotel Algeciras, ✆ 85550, Av. del Libertador 75, ab 120 $.
Hotel Del Bosque, ✆ 82480, Av. Bunge 1550, ab 120 $.
Hotel Arenas, ✆ 82444, Av. Bunge 668, ab 100 $.
Posada del Rey Playa, ✆ 82267, Del Tuyú 98, ab 80 $.
Hotel San Marcos, ✆ 82424, Del Mejillón 1089, ab 80 $.
Posada del Rey Centro, ✆ 82241, ab 70 $.
Hotel Sardegna, ✆ 82760, Av. Bunge 1055, ab 50 $.
Hostería Belvedere, ✆ 82233, Burriquetas/Av. Bunge, ab 40 $.
El Rincón de Betty, ✆ 80465, Los Tritones No. 210, ab 40 $.
Hospedaje Rose Marie, ✆ 82522, De las Medusas 1381, ab 30 $.

Essen & Trinken
Das gastronomische Angebot ist reichlich.
Matarazzo Party, Av. Bunge/Júpiter, eins der vielen guten Restaurants, die alle nicht ganz billig sind.
El Vivero, Av. Bunge/Av. del Libertador, empfehlenswertes vegetarisches Nobelrestaurant.
La Chacha, Av. Shaw zwischen Del Cangrejo und De la Corvina, hier können Sie Empanadas versuchen.
Parrilla Las Marías, Av. Bunge/Marco Polo, ist ebenfalls ansprechend.
La Reja, Jason/Robinson Crusoe, bietet gute Pizza.
Tante, De las Artes 35, und *Zur Tanne,* Rivadavia/De las Artes, bieten deutsche Küche.

Nützliche Infos
Touristeninformation, ✆ 82796, Av. Bunge 456/Av. Libertador.
Bus: Busbahnhof, Av. Shaw/Del Pejerrey. Täglich mehrere Verbindungen in die Küstenorte und nach Buenos Aires.
Post: Jason 524.

Villa Gesell

In den letzten Jahren wurde das nur knapp 10.000 Einwohner zählende Villa Gesell immer mehr zum Badeort jüngerer Leute und junger Familien, die dem überfüllten und überteuerten Mar del Plata den Rücken kehrten. Gegründet wurde der Ort Mitte dieses Jahrhunderts von dem Schweizer Einwanderer *Karl Gesell,* der den kargen, 1800 ha großen, sandigen Landstrich bewaldete.

Die meisten Besucher verbringen die Tage an dem 10 km langen **Strand,** aber es lohnt sich durchaus, Ausflüge in die Umgebung zu machen; teilweise werden solche auch von den lokalen Reisebüros angeboten (z.B. nach Tandil).

In Villa Gesell gibt es auch eine **Schokoladenfabrik.** Neben dem Busbahnhof befindet sich ein **Aquarium.** Während des Sommers finden im *Anfiteatro,* einer Freilichtbühne, häufig **Konzerte** statt.

Verbindungen

Bus: Busterminal Paseo 3. Av./140. Täglich mehrmals nach Buenos Aires oder in andere Küstenorte.
Flug: Flughafen, ℡ 68309, 3 km entfernt. Im Sommer Verbindungen in das 450 km entfernte Buenos Aires.
Lapa, ℡ 68219, Av. Buenos Aires/Alameda 211.
Dinar, ℡ 60454, Av. Buenos Aires 1134.
Mietwagen: *Four Tracks,* Av. Buenos Aires und Alameda 212.

Unterkunft & Camping

Hotel Coliseo, ℡ 62955, 1. Av./Paseo 107. Straße, ab 80 $.
Hotel Terrazas Club, ℡ 62181, 2. Av. zwischen 104. und 105. Straße, ab 80 $.
Hotel El Loco Chávez, ℡ 62452, 3. Av./125. Straße, ab 50 $.
Hotel Colón, ℡ 62310, 4. Av./104. Straße, ab 30 $.
Hospedaje Villa Gesell, ℡ 62393, 3. Av./108. Straße, ab 30 $, ohne Frühstück.
Hospedaje Bellavista., ℡ 62293, 114. Straße zwischen 1. und 3. Av, ab 30 $, ohne Frühstück.
Jugendherberge: *El Coyote,* ℡ 68448, liegt in Alameda 212/304. Straße.
Camping: ungefähr zehn Plätze.

Essen & Trinken

Gastronomisches Zentrum ist die 3. Avenida.
Cantina Arturio, 3. Av. zwischen 126. und 127. Paseo, gute und nicht allzu teure Fischgerichte.
La Jirafa Azul, 3. Av./Buenos Aires. Ebenfalls Fischgerichte.
El Establo, 3. Av./Av. Buenos Aires, Etwas teuere Steaks.
Marisquería El Gallego, 3. Av. zwischen 108. und 109. Paseo. Exklusiver.
El Faro, 3. Av./119. Paseo, bietet Rumpsteak-Liebhabern günstige Fleischgerichte.
Teehäuser: *Catalina,* Av. 1 zwischen 109. und 110. Straße.
Renates Haus, Av. 3, fast an der Av. Buenos Aires.

Nützliche Adressen

Touristeninformation, am Busbahnhof.
Fahrradverleih: *Todo Verano,* Av. 3 No. 4047.
Kino: Einige befinden sich in der Gegend um Avenida 2 und 3/Paseos 105 und 108.

Mar del Plata

Die Geschichte von Mar del Plata ist kurz und stürmisch. Anfang des Jahrhunderts war es ein ruhiger Badeort für die reichen Hauptstädter. In den dreißiger Jahren folgte die Mittelschicht, die sich im damals prosperierenden Argentinien bildete. Ein Jahrzehnt später begann eine weltweit vielleicht einmalige Entwicklung: Durch die Sozialpolitik Peróns wurde es der wachsenden städtischen Arbeiterschaft möglich, Urlaub zu machen und Reisen zu unternehmen. Mar del Plata – das war jahrzehntelang der Inbegriff für gerechtere Urlaubszeiten, für ausreichende Einkommen breiter Bevölkerungsschichten, mit denen Reisen finanziert oder gar Zweitwohnungen erworben werden konnten.

Argentiniens größter Badeort: Mar de la Plata

Die heute 500.000 Einwohner zählende Stadt, auch liebevoll »Mardel« genannt, lebt von einem kaum zu beschreibenden Flair, das Argentinier aus fast allen Bevölkerungsschichten anzieht. Manche Besucher stößt die Größe ab. Es können eineinhalb Millionen Feriengäste gleichzeitig beherbergt werden, und an manchen Wochenenden im hiesigen Hochsommer mag dies durchaus der Fall sein.

In Mar del Plata gastieren dann mehrere Zirkusse, und es gibt unzählige **Shows**, Konzerte, Theateraufführungen und riesige Verkaufsmessen. Die visuellen Eindrücke, die ständig auf einen einprasseln, werden akustisch untermalt durch die grellen Töne aus den ständig lärmenden Spielhallen, vollgestopft mit elektronischen Videospielen, vor denen zum größten Teil männliche Jugendliche hocken.

Auch das **Sportangebot** ist breit: *Segeln, Kabelski, Jetski, Surfen, Tennis, Polo, Golf, Fischen, Reiten* und das argentinische *Paddle* sind neben vielem anderen möglich.

In den **Discomeilen** der *Avenidas Alem* und *Constitución* vergnügen sich die Menschen in Tanzfabriken mit Platz für rund 3000 Personen. Nachdem sich die Jugendlichen unter achtzehn Jahren bis ein Uhr morgens dem Vergnügen hingegeben haben, schließen die Discotheken für eine Stunde. Richtig los geht es dann ab drei oder vier Uhr morgens.

In dem phänomenalen Badeort, der auch *La Ciudad Feliz*, die glückliche Stadt genannt wird, befinden sich zudem vier **Casinos**. Das größte wird im

Sommer tagtäglich von über 20.000 Schaulustigen, Spiel- und Vergnügungssüchtigen besucht.

In den ersten beiden Märzwochen findet in Mar del Plata ein hervorragendes **Internationales Filmfestival** statt.

Sehenswertes & Museen

Die **Fußgängerzone** *San Martín* ist den ganzen Tag über dicht bevölkert und schwillt ab 22 Uhr noch mit flanierenden Urlaubern und Einheimischen an. Am Ende der Kommerzzeile, auf dem Platz vor der im neugotischen Stil erbauten **Catedral San Pedro** und neben dem sommerlichen **Mercado de Artesanías** geben bis weit nach Mitternacht Musikanten, Pantomimen, Clowns und vor allem Tangogruppen Vorstellungen. Häufig sind bis zu zehn Spektakel gleichzeitig zu sehen – oder zu hören.

In der *Matheu 1851* (18 Blocks von der Promenade) kann man die Mitte des 19. Jahrhunderts errichtete **Villa Victoria** besichtigen, ein Bauwerk im Stil der Belle Epoque, täglich 18 – 24 Uhr. Sehenswert ist auch der **Hafen** südlich des Stadtkerns, denn Mar del Plata ist zugleich eines der wichtigsten Fischereizentren des Landes. Im Sommer finden an manchen Wochenenden am Hafen besondere Veranstaltungen statt.

Museen: Eine einmalige *Muschelsammlung* mit über 50.000 Exponaten ist in San Luis 1771 zu besichtigen, Mo – Fr 16 – 20 Uhr.
Museo del Hombre del Puerto (Museum des Hafenmenschen) zeigt die Geschichte des Hafens, Padre Dutto 383, Fr – So 16 – 20 Uhr.
Stadtarchiv, Lamadrid 3870, täglich 15 – 19 Uhr, mit alten Fotos der Stadt.
Museo de Ciencias Naturales, Libertad 2999, täglich 15 – 19 Uhr.
Aquarium: Av. Martinez de Hoz 5600.

Strände

Zur »Perle des Atlantiks« wurde die Stadt wegen ihres Strandes, an dem sich tagsüber Hunderttausende tummeln. Liegen, Stehen, Baden, Plaudern und vor allem Gucken, das sind die entspannenden Beschäftigungen.

Den Hauptstrand bildet die **Playa Bristol** direkt am Casino, von wo aus sich weitere 17 km Strand nach Norden und Süden ziehen, unter anderen die **Playa Grande** und die **Playa La Perla,** ziehen. Die Strände sind gut zu Fuß erreichbar und ausgestattet mit Bars, Cafés und Duschen. Sie können auch ein Sonnenzelt oder Liegestühle mieten.

Verbindungen

Bus: Busbahnhof Alberti 1602, mehrmals täglich nach Buenos Aires. Direktverbindungen in andere argentinische Großstädte, häufige Fahrten zu den anderen Badeorten an der Küste.
Zug: Bahnhof Av. Luro 4599, etwas außerhalb des Stadtzentrums. Verbindungen zum Bahnhof Constitución in Buenos Aires.
Flug: Flughafen *Camet,* © 727596, etwa 10 km westlich vom Zentrum. Mehrere Flüge nach Buenos Aires täglich.

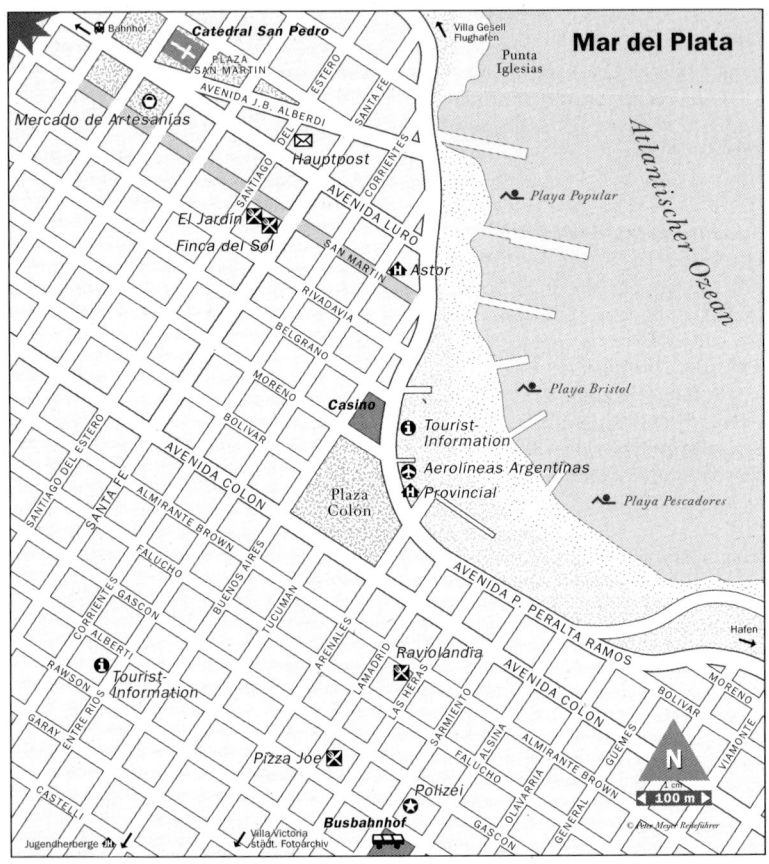

Aerolíneas Argentinas/Austral, © 960101, Moreno 2442.
Lapa, © 922112, San Martín 2648, Local 63.
Dinar, © 946545, San Martín 2574, Local 36.
TAM, Fax 946545, San Martín 2574, Local 36.

Unterkunft & Camping

Das Angebot an Hotels, Pensionen, Privatunterkünften und Campingplätzen ist in Mar del Plata riesig – und dennoch hat man im Januar und Februar Probleme, ein freies Zimmer zu finden. Die gut organisierte Touristeninformation hilft weiter. Die Preise sind z.T. recht happig.

Gran Hotel Provincial, ✆ 917376, Blv. Marítimo 2500, ab 120 $.
Hotel Astor, ✆ 921616, Entre Ríos 1649, ab 100 $, eines der Nobelhotels.
Hotel Benedetti, ✆ 30031, Colón 2198, um die 70 $.
Hotel Europa, ✆ 40436, Arenales 2735, ab 35 $.
Hotel Niza, Santiago del Estero 1843, ab 20 $.
Jugendherberge, ✆ 957927, Tucumán 2728, 10 $.
Camping: Gute Zeltplätze gibt es jede Menge an der Ruta 11, im Park *El Bosque de Camet* im Norden der Stadt, Buslinien 221 und 541.
Camping Acuario südlich des Leuchtturms.

Essen & Trinken

Die Auswahl an guten **Restaurants** in Mar del Plata ist beachtlich. Wie in vielen argentinischen Urlaubsdomizilen ist es jedoch schwer, im Sommer vor 21 Uhr ein geöffnetes Lokal zu finden. Zahlreiche Restaurants und Cafés gibt es in der Av. San Martín und am Strand.
La Caracola, M. de Hoz/12 de Octubre, und
Raviolandia, Colón/Las Heras, sind bekannt für exzellente Fischgerichte. Sehr guten und günstigen Fisch gibt es auch in den vielen Restaurants am Hafen.
El Rey del Bife, Colón 2863, sowie
Tía Pepina, H. Yrigoyen 2645, servieren nicht nur die üblichen argentinischen Fleischgerichte.
Trattoría Napolitana, 3 de Febrero 3154, *La Strada,* Entre Ríos 2642, und *Teresa,* San Luis 2081, haben sich auf Italienisches und Nudelgerichte spezialisiert.
Joe, Lamadrid 2533. Pizza.
El Jardín, San Martín 2463, *Finca del Sol,* San Martín 2463, und der *Comedor Naturista,* Salta 1571, bieten gutes vegetarisches Essen.

Ausgehen

Discos: Die meisten Discos befinden sich in den Av. Constitución und Alem, wohin die Buslinie 551 fährt.
Live-Events: *Centro Cultural La Cultura,* San Luis 2498, verschiedene Veranstaltungen. Verbilligte Tickets bei der *Cartelera,* Santa Fe 1844, Büro 33.
Casino: im Stadtzentrum an der Promenade. Eines der größten der Welt, im Sommer täglich 16 – 3.30 Uhr, sonst 15 – 2.30 Uhr. Legere Kleidung, kein Krawattenzwang.

Nützliche Infos

Touristeninformation: ✆ 21777, Blv. Marítimo 2267, täglich 8 – 12 und 16 – 20 Uhr.
Post: Av. Luro 2460.
Ferngespräche: Av. Luro/Santiago del Estero.
Krankenhaus: *Hospital Agudos,* ✆ 770262, Av. Juan B. Justo/164.
Polizei: Sarmiento 2551, ✆ 516425.
Notruf: ✆ 106.
Fahrradverleih: ✆ 45022, San Luis/Brown, Plaza Mitre. Ein weiterer Dorrego/Chacabuco, Plaza Pueyrredon.
Mietwagen: *Avis,* ✆ 37850, Blvd. Marítimo.
Free Car, ✆ 22993, 3 de Febrero 2358.

Reiseziele in der Nähe

Zu empfehlen ist ein 5 km langer Spaziergang am Strand zum südlichen Ende der Stadt, an dem ein **Faro** (Leuchtturm) steht. Wer nicht zu Fuß gehen möchte, kann auch die lokalen Busse benutzen, Buslinien 511, 221 581 und 717. Öffnungszeiten im Sommer 10 – 24 Uhr, im Winter 9.30 – 19 Uhr.

Der städtische **Parque Camet**, in dem es verschiedene Sportmöglichkeiten und ein Polofeld gibt, liegt 8 km nördlich vom Stadtzentrum.

Besuchenswert ist auch die landschaftlich schöne Gegend um **Tandil**, mit organisierten Touren leicht zu erreichen.

Miramar, Stadt der Kinder

Das kleine Städtchen 50 km südlich von Mar del Plata und 450 km von Buenos Aires entfernt, wirkt im Vergleich mit dem betriebsamen »Mardel« nicht nur wesentlich ruhiger, sondern liegt auch in einer weniger erschlossenen Landschaft und ist ein gutes Stück billiger. Miramar ist beschaulich, übersichtlich, mit wenig Nachtleben.

Die Stadt hat einen 8 km langen Strand und in der Gegend um Miramar können **Dünenwanderungen** unternommen werden. Der **Vivero Dunicola** ist ein 500 ha großer Park, in dem sich das historische und naturwissenschaftliche *Museo Punta Hermengo* befindet.

Da sehr viele Familien mit Kindern hierher kommen, trägt Miramar den inoffiziellen Namen *Ciudad de los Niños*. Auffallend ist auch, daß in Miramar sehr viele Fahrradfahrer unterwegs sind. Außerdem verfügt die knapp 20.000 Einwohner zählende Stadt über ein **Casino**.

Was die Straßennamen betrifft, so gleicht das bereits 1888 gegründete Miramar der Stadt La Plata, Straßennummern geben anstelle der Namen Orientierung.

Verbindungen

Bus: Busbahnhof Av. Mitre 1701, häufige Verbindungen nach Mar del Plata und Buenos Aires. Bushaltestelle Diagonal Forunato de la Plaza Calle 19, täglich nach Necochea, Bahía Blanca, Villa Gesell, La Plata, sowie nach Buenos Aires.

Zug: Bahnhof Av. 40/Calle 15, sehr alt.

Flug: *Aeródromo*, km 5 auf der Ruta 77. Wenig Flugverkehr.
Aerolíneas Argentinas/Austral, ✆ 20735, Calle 24, No. 1130.

Unterkunft & Camping

Grand Hotel, ✆ 20358, 29. Straße 586, ab 60 $.

Hotel Palace, ✆ 20358, Calle 23 No. 586, ab 50 $.

Hotel América, ✆ 20847, Diag. Mitre No. 1114, ab 50 $.

Hotel Domani, ✆ 20978, 9. Av. 1034, ab 40 $.

Hotel Santa Eulalia II, ✆ 20091, 15. Straße/20, ab 40 $.

Hotel Montecarlo, ✆ 20469, 16. Straße 1050, ab 40 $.

Hotel Ideal, ✆ 20259, 21. Straße 632, ab 30 $.

Hospedaje El Farol, ✆ 20937, Av. 23 No. 1728, ab 15 $.

Hospedaje Santa Rita, ℂ 20844, Calle 25 No. 1051, ab 15 $.
Camping: *El Durazno*, 2 km auf der Ruta 11 in Richtung Mar del Plata und viele weitere.

Essen & Trinken
Die Restaurantpreise liegen in Miramar deutlich unter dem Niveau anderer Strandbäder.
El Muelle, Av. Costanera und Calle 37, Fischgerichte.
Mesón Español, 26. Av. 1351, Fisch.
El Estribo, 30. Straße zwischen 19. und 21. Straße, Steaks.
El Aguila, 19. Straße 1461. Steaks.
Cafés: Das *Petit Café*, Av. Costanera/21. Straße, und *Mickey*, 21. Straße 686, sind gemütliche Confiterías.

Nützliche Infos
Touristeninformation: ℂ 20190, 28. und 21. Straße.
Kinos: in der Calle 21, zwischen der Av. 18 und 20, zwei weitere zwischen der Av. 30 und 32.
Wassersport organisiert *Egatur*, ℂ 20190, Calle 28/21.
Mietwagen: *Avis*, Calle 21.

Necochea
Das 50.000 Einwohner zählende Necochea bietet alles, was urlaubsreife Argentinier und Argentinierinnen zum Ausruhen benötigen: einen 24 km langen **Strand**, ein **Casino** (Eintritt mindestens 10 $), Sportplätze aller Art, Kino, Konzertbühne und mehr. Im Januar findet hier ein **Kinderfestival** statt, in der zweiten Februarwoche ein **Fischerfest** und im Dezember ein **Jugendfestival**. In Necochea haben sich viele Einwanderer aus Dänemark angesiedelt, was der Stadt bis heute anzumerken ist.

Verbindungen
Bus: Busbahnhof Av. 58/Jesuita Cardiel. Viele Verbindungen in die Region.
Zug: Vom Bahnhof Constitución in Buenos Aires fahren im Sommer drei Züge wöchentlich nach Necochea zur *Estación de Ferrocarril Quequén*, Calle 580. In Necochea werden Tickets für den Zug auch in Diag. S. Martín 844, ℂ 24524, verkauft.
Flug: Flughafen, ℂ 22473, 10 km vor der Stadt, Verbindungen nach Buenos Aires.
Aerolíneas Argentinas/Austral, ℂ 25827, Calle 66, No. 2895.
Lapa, ℂ 26422, Calle 60, No. 3128.

Unterkunft & Camping
Hotel Tres Reyes, ℂ 22011, 4. Straße 4112, ab 50 $.
Hotel Presidente, ℂ 23800, 4. Straße 4040, ab 50 $.
Hotel San Miguel, ℂ 25155, 85./6. Straße, ab 50 $.
Hotel Bahía, ℂ 23353, Diag. San Martín 731, ab 40 $.
Hotel Argentino, ℂ 23661, 87./6. Straße, ab 40 $.
Hotel Colonial, ℂ 22878, Av. 79 No. 369, ab 25 $.
Hotel Gabriele, ℂ 34737, Av. 71 No. 373, ab 25 $.
Hospedaje Regis, ℂ 25870, Diag. San Martín 626, ab 15 $.
Hospedaje Colón, ℂ 24825, 62. Straße 3034, ab 15 $.

Hospedaje Torremolinos, ✆ 21243, 81. Straße No. 336, ab 10 $.
Camping: Ein städtischer Campingplatz befindet sich im *Parque Miguel Lillo,* 2. Straße, 200 m vom *Lago de los Cisnes,* über zehn andere liegen direkt am Strand.
Doble Jota, 502/529, am Quequén.

Essen, Trinken & Tanzen
Centro Basko, Av. 58/Av. 65, La Reja, 83. Straße No. 6.
La Casona de Rocco, 81. Straße/8. Straße.
Su Cantina, 83. Straße No. 346, klein und einfach.
Parrilla El Palenque, 79. Av./6. Straße, Fleischgerichte vom Grill.
Pizzería Kapotte, 79. Straße direkt am Strand, zu empfehlen.
Tanz: *Yamo* ist eine Discothek für nicht ganz so junge Leute.

Nützliche Infos
Touristeninformation, ✆ 22175, Calle 56 No. 2945.
Mietwagen sind mit Preisen ab 68 $ pro Tag teuer.
Frauengruppe: Wer solchen Kontakt sucht, kann *Antígona,* Calle 68 No. 2840, ✆ 0262/36219, aufsuchen.

Ausflüge & nahe Reiseziele
Cruceros (Ausflugsschiffe) für bis zu 20 Personen bieten kleine **Angelfahrten** für 35 und 40 $ an. In die Lagune kostet es mit *Tupungato* 6 $, gleicher Preis mit einer Lancha über den Fluß *Quequén*. Die **Wasserfälle** des Río Quequén, an denen man zelten und angeln kann, sind 5 km von der Stadt entfernt in *Los Manantiales*.

Das **Fortín Vanguardia** ist eine gut erhaltene Festungsanlage mit einem *Gaucho-Museum*. Es liegt 10 km von Necochea entfernt und ist mit öffentlichen Bussen gut erreichbar.

18 km von Orense, in 70 km zu erreichen über *Tres Arroyos* liegt die **Punta Desnudez Orense,** die schon zu den ruhigen Strandabschnitten gehört.

An Orense anschließend, 60 km südlich von Necochea auf dem Weg nach Bahía Blanca, liegt das »Fischerparadies« Argentiniens, **Claromecó.** Jedes Jahr im Februar wird ein 24-Stunden-Sportfischen veranstaltet.

Wer von Necochea aus nach Bahía Blanca fährt, sollte einen Stop in **Monte Hermoso** einlegen. Hier merken Sie schnell, daß Sie den betriebsamen Teil der argentinischen Urlaubsregion hinter sich gelassen haben. Vor allem aber ist der über 70 m hohe *Leuchtturm,* von dem Sie einen wunderbaren Ausblick haben, einen Besuch wert.

Bahía Blanca
Die Stadt an der »weißen Bucht« hat etwa 300.000 Einwohner und ist das Zentrum mehrerer in diesem Küstenabschnitt liegender Hafenstädte. An diesem Teil der Küste werden vor allem Waren aus dem reichen Tal des *Río Negro* verschifft. Außerdem ist Bahía Blanca ein Zentrum der petrochemischen Industrie und Sitz der *Universidad del Sur.*

Die 1828 gegründete Stadt ist vor allem bekannt wegen der schönen **Strände** östlich von der Stadtmitte. Das Zentrum bildet die *Plaza Riva-*

davia, im *Parque Independencia* befindet sich ein kleiner **Zoo**.

Besuchenswert sind auch die **Museen** der Stadt, das *Naturwissenschaftliche Museum*, Dorrego 116, das *Museum der Schönen Künste* am Hauptplatz, Alsina 65, und das *Hafenmuseum*, Torres/Carrega.

Verbindungen

Bus: Busbahnhof Brown/Estados Unidos. Täglich nach Buenos Aires, häufig in die Ferienorte der Atlantikküste sowie nach Patagonien.

Zug: Endstation der ehemaligen Zugstrecke Buenos Aires – Bariloche. Aktuelle Informationen vor Ort.

Flug: Flughafen, ℡ 860299, 15 km östlich der Stadt, Buslinie 10. Mehrmals täglich nach Buenos Aires, mehrmals pro Woche nach Comodoro Rivadavia, Río Gallegos, Río Grande und Ushuaia.

Aerolíneas Argentinas/Austral, ℡ 560561, San Martín 298.

Lapa, ℡ 46566, Soler 68.

Unterkunft & Camping

Hotel Argos, ℡ 550404, España 149, 70 $.

Hotel Austral, ℡ 561700, Av. Colón 159, 65 $.

Italia, ℡ 562700, Brown 181, 60 $.

Hotel Santa Rosa, ℡ 20012, Sarmiento 373, 48$.

Hotel Muñiz, ℡ 20021, O'Higgins 23, 44 $, Frühstücksbuffet.

Hospedaje Roma, ℡ 38500, auch *Hogar* genannt, Cerri 759, 17 $. Günstige Einzelzimmer für 10 $.

Hospedaje Argentino, ℡ 21824, Chiclana 466, 30 $.

Hospedaje Bayón, ℡ 22504, Chiclana 487, 30 $.

Hospedaje Molinari, ℡ 22871, Cerri 719, 28 $.

Camping: zwei km südwestlich des Stadtzentrums liegt im städtischen Schwimmbad *(Balneario Municipal)* ein Campingplatz.

Camping Cala Gogó, 4 km in östlicher Richtung. Beide Plätze sind gut mit öffentlichen Bussen erreichbar.

Essen & Trinken

Essen ist in Bahía Blanca nicht teuer. Am Hafen gibt es einige Fischrestaurants. Zu den guten Restaurants zählen:

La Cigala, Cerri 757, *Da Sergio*, Gorriti 61, und

La Casita de Miguel, San Martín 510.

Café: *La Bahía*, ebenfalls empfehlenswert.

Nützliche Infos

Reiseveranstalter: *Rubén Melatini*, ℡ und Fax 091/552379, Zeballos 224. Bietet eine preiswerte und außergewöhnliche Tour nach Iguazú, besonders für Reisende mit Spanischkenntnissen geeignet. Per Bus geht es von Bahía Blanca nach Iguazú, dort ist Selbstverpflegung für die Gruppe angesagt, sehr gute Stimmung und manche Programmüberraschung, zum Beispiel nächtlicher Sektempfang an den Wasserfällen.

Touristeninformation: ℡ 20114, Alsina 65, in der Stadtverwaltung.

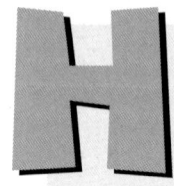eute reiten durch die Straßen der argentinischen und uruguayischen Städte keine Gauchos mehr; das hat sich sogar bis Europa herumgesprochen. Weniger bekannt ist, daß der Gaucho nicht einfach ein tüchtiger Reiter war, der in der endlosen Weite der Pampa virtuos mit dem Rindvieh umzugehen verstand und dessen Markenzeichen neben der *Boleadora,* einem Lasso, an dessen Ende sich Kugeln befinden, der *Chiripá,* ein breitkrempiger Hut, war. Vielmehr stellten die Gauchos eine Gesellschaftsklasse dar, die an bestimmte Machtverhältnisse gebunden war und heute ausgestorben ist.

In Argentinien und Uruguay vermehrten sich die eingeführten Rinder stark und lebten wild. Die Gauchos waren Halbnomaden, die vom Fleisch der herrenlosen Rinder lebten und sich von Zeit zu Zeit in der Stadt das Wenige holten, was sie sonst noch zum Leben brauchten. Das geschah im Tauschhandel für die Häute erjagter Tiere.

Das Wort »Gaucho« bedeutet ursprünglich vermutlich »Landstreicher«, ebenso wie das Wort »Kosak«; und es herrschten ja tatsächlich ähnliche Verhältnisse wie im russischen Dnjepr-Gebiet. Eine solche Lebensweise begründete natürlich nicht nur andere Vorstellungen von Eigentum, sondern auch eine bestimmte kulturelle Ausrichtung, wie etwa der Hang der Gauchos zu Dichtung und Gesang.

Gauchos, eine ausgestorbene Art

Die Städte organisierten von Zeit zu Zeit Expeditionen, um vom Land Rindfleisch zu holen, wobei maßlos viel verdarb, da man es noch nicht konservieren konnte. Bei dem ungeheuren Viehreichtum fiel das jedoch nicht ins Gewicht. Für diese Expeditionen wurden die Gauchos angeheuert, da sie sich mit Rindern auskannten.

Diese Verhältnisse änderten sich, als man lernte, Fleisch durch Einsalzen haltbar zu machen. Erst jetzt wurde das Fleisch, ebenso wie das Land, wertvoll. Die Umwandlung in Privateigentum wurde mit brutalen Methoden durchgezogen und vom Staat unterstützt. Wenn ein Gaucho ein Rind weiterhin als herrenloses Gut betrachtete und zum eigenen Lebenserhalt erlegen wollte, wurde er als Dieb verfolgt. Grundbesitz wurde eingezäunt, die Gauchos und ihre traditionelle Lebensweise verschwanden nach und nach.

Während der Revolutionskriege hatte man für sie Verwendung in der Armee, danach nur noch in Diensten der neuen Klasse der Großgrundbesitzer und Viehzüchter als *Peones* (Landarbeiter). Laut Gesetz waren nun diejenigen als vagabundierend, also als Delinquenten, zu betrachten, die weder eigenen, verbrieften Landbesitz noch einen Anstellungsbrief hatten. Sie konnten ohne weiteres in ein Strafbataillon gesteckt werden. Aber es gab auch Widerstand gegen diese Entwicklung von Gauchos, die sich nicht in die über sie verhängte Hörigkeit schicken lassen wollten. Sie führten als *Gauchos alzados* (aufrührerische Gauchos) einen hoffnungslosen Kampf gegen die Staatsgewalt, bis der letzte von ihnen einem Polizeisäbel zum Opfer fiel.

Es ist kaum zu glauben, daß die Tragödie der sich widersetzenden Gauchos, die in der offiziellen Geschichtsschreibung als Räuberrevolte abgetan wird, das größte argentinische Kunstwerk inspirieren konnte: das Epos ›Martín Fierro‹ von *José Hernández*. Der unterliegende »kleine Mann«, der gegenüber dem einbrechenden, verzerrten »Fortschritt« das Naturrecht vertritt, zeigt sich hier als Wortführer echten Menschentums, der eine neue Ethik für die Zukunft formuliert.

ALFREDO BAUER

Zu Gast in einer Estancia: Haus und Hof strahlen Herrschaftlichkeit aus

GAUCHOS & EINWANDERER

Die folgenden Reiseziele zeigen die Vielseitigkeir der als öd verschrieenen Pampa.

Die Kolonien bei Coronel Suárez

Wer sich für die Geschichte der Einwanderung interessiert, sollte die Gegend um die etwa 35.000 Einwohner zählende Stadt Coronel Suárez besuchen. Hier gibt es drei Kolonien, die **Colonias Uno, Dos, Tercera** (Kolonien Eins, Zwei, Dritte), in denen Rußlanddeutsche leben. Obwohl nur wenige Kilometer auseinander gelegen, nämlich 5, 10 und 15 km von Coronel Suárez entfernt, blieben bis Mitte der 80er Jahre Kontakte untereinander begrenzt. Das zeigt sich auch daran, daß drei verschiedene Dialekte gesprochen werden. Die spanischen Ortsnamen sind *Trinidad, San José* und *Santa María*, die Dörfer haben zwischen 3000 und 7000 Einwohner. Die dort lebenden Menschen wurden lange Zeit in den Dörfern »gehalten«, durch geringe soziale Mobilität und erschwerten Zugang zum Bildungssystem. Sie arbeiten in einer *adidas*-Fabrik und bilden vor allem die billige Arbeitsreserve der umliegenden **Estancias**, auf *Funkenheim* mit 17.000 ha, *Lolen* mit 10.000 ha, oder *Refugio* mit 10.000 ha sind sie als Landarbeiter oder Hausangestellte beschäftigt.

Wandern im Naturpark

Ungefähr 40 km nördlich von *Bahía Blanca* beginnt die Hügellandschaft **Sierra de la Ventana**, ein Naturpark mit vielfältiger Flora und Fauna handelt. Der höchste Punkt erhebt sich auf über 1200 m, was in der ansonsten flachen Pampa »überragend« ist.

Es gibt zwei gute Zugangsmöglichkeiten. Etwa 80 km nördlich von Bahía Blanca befindet sich das Städtchen **Tornquist**, in dem es unter anderem einen 6000 ha großen *Privatpark* der Familie Tornquist zu besichtigen gibt. Von dort sind es noch etwa 30 km zum Parkeingang.

Die andere Möglichkeit besteht etwas weiter im Norden von dem Ort **Sierra de la Ventana** aus. Hier führt vom Parkeingang ein Wanderweg zu etwa 10 km entfernten *Aussichtspunkt*, von dem man durch eine Felsöffnung wie aus einen Fenster *(ventana)* in die Region blicken kann. 5 km weiter liegt eine *Waldstation*, die Informationen und einen Film über die Region bereithält.

Praktische Infos

Verbindungen: Von Tornquist und Sierra de la Ventana mehrmals täglich Busse nach Bahía Blanca, von dort in alle Regionen Argentiniens.

Hotels: *Provincial*, ℡ 915024, Drago/Bahía Blanca, 140 $.

Residencial Carlitos, ℡ 915011, C. Suárez, 42 $.

Siver Gulf, ℡ 915079, Av. del Golf 10, 36 $.

Pillahuinco, ℡ 91515, Av. Raíces/Pillahuinco, 30 $.

Hospadaje La Perlita, ℡ 915020, E. Moron 94, 25 $.

Hospadaje Argentino, Av. Roca 122, 25 $.

Camping: mehrere Möglichkeiten am *Río Sauce Grande*, allerdings muß Verpflegung mitgebracht werden.
Touristeninformation in Sierra de la Ventana, Av. San Martín/Roca.

In den Sierras de Tandil
Etwa 150 km von *Mar del Plata* landeinwärts liegen die Sierras de Tandil, eine bis zu 1250 m hohe Hügelkette, mitten in der Pampa. Die Ausflugsmöglichkeiten in die pittoreske Gegend mit ihrer interessanten Flora und Fauna sind vielfältig. Ausgangspunkt ist die 80.000 Einwohner zählende Stadt **Tandil**, 1823 gegründet und heute ein wichtiges Agrar- und Viehzentrum. Organisierte Fahrten werden von Reisebüros in Mar del Plata, Buenos Aires oder Tandil angeboten.

Verbindungen & Infos
Busbahnhof Av. Buzón/Portugal. Wer von Buenos Aires nach Mar del Plata, Miramar oder Necochea fährt, kann die Ruta 3 über Azul wählen und einen Stop in Tandil einlegen. Busse mehrmals täglich nach Buenos Aires und an die Atlantikküste.
Zug: täglich ein Zug nach Buenos Aires, Bahnhof Av. Machado/Colón.
Touristeninformation: 9 de Julio 555.

Unterkunft & Camping
Hotel Plaza, ✆ 27160, Gen. Pinto 438, 85 $. Das Hotel können Sie über das Reisebüro *OTS,* ✆ 31894, 18 San Martín 186, für den gleichen Preis auch mit einer Stadtrundfahrt buchen.
Hotel Dior, ✆ 31901, Rodríguez 471, 85 $.
Hotel Turista, ✆ 22626, 14 de Julio 60, 35 $.
Hotel Cristal, ✆ 43970, Rodríguez 871, wo 30 $.
Cabaña La Escondida liegt außerhalb der Stadt in der Sierra, 400 m vom Naturreservat Sierra del Tigre entfernt, und bietet zu 100 $ eine Nacht in der Natur, auch für mehr als zwei Personen.
Jugendherberge: ✆ 22260, 25 de Mayo 451/57, sehr gutes Sport- und Ausflugsangebot, Trekking, Radfahren und mehr.
Camping: *Rancho de Popy,* städtisch, außerhalb der Stadt.
Weitere Plätze am Dique bei Km 386 der Nationalstraße sowie gegenüber dem Balneario auf Km 330.

Essen & Trinken
In Tandil zeigen die Speisekarten, daß man sich nicht mehr an der Küste befindet, sondern in einem Viehzuchtzentrum. Salami und Ziegenkäse sind angesagt. Gute Fleischgerichte gibt es in:
La Farola, Pinto 681, und *El Estribo,* San Martín 759.
Comedor Universitario, Fuerte Independencia/Maipú. Günstiges Essen während der Woche.

Aktivitäten
Touren: *Barbini Turismo,* ✆ 28612, Maipú 1375, Touren mit Übernachtung in der Gegend.
Fahrradtouren: Gruppenfahrten organisiert *Ocar Mendez,* Necochea 166, ✆ 26519.

Pferdeausflüge: *Gabriel Barletta,* ⓒ 27725, Avellaneda 673.

Fliegen: Informationen zum Fliegen und Paragliding, auch zu dreißigstündigen Kursen, unter ⓒ 0293/44815.

Stadt der Gauchos: San Antonio de Areco

Etwa 115 km nordwestlich von *Buenos Aires* entfernt liegt das 1730 gegründete San Antonio de Areco, das ursprünglich ein befestigter Haltepunkt am sogenannten *Camino Real* war, dem »Königsweg« vom Hafen Buenos Aires nach *Alto Perú,* dem heutigen Bolivien, dessen Bodenschätze ausgebeutet wurden.

Heute kann man in dieser Stadt inmitten der Pampa Húmeda ein wenig die Tradition und die aktuelle Lage der argentinischen Viehzucht kennenlernen. Insbesondere ein Besuch im **Gauchomuseum Ricardo Güiraldes,** das nach dem weltbekannten Verfasser des Romans ›Die Geschichte vom Gaucho Sombra‹ (siehe Seite 109) benannt wurde, gibt einen Einblick in das Leben der Viehhirten des 19. Jahrhunderts. Das Museum befindet sich in einer ehemaligen Estancia, Güiraldes/Aurelio, Mi – Mo 11 – 17 Uhr, Di geschlossen.

Wer das Glück hat, im zweiten Novemberwochenende in der Region zu sein, sollte sich das Spektakel der **Fiesta de la Tradición** (Traditionsfest) im Museum Güiraldes nicht entgehen lassen, bei der an einem Sonntag bis 15 Uhr kulinarisch und kulturell alles geboten wird, was mit der Viehzucht in Argentinien zu tun hat: Tänze, Umzüge, Pferdezureiten, Pferde und Reiter in Festtracht und natürlich jede Menge Fleisch beim Asado.

Als Vergleich bietet es sich an, eine organisierte Tour zur **Estancia La Cinacina,** Bartolomé Mitre 9, San Antonio de Areco, mitzumachen. Reisebüros im Zentrum von San Antonio bieten diesen Ausflug an, Informationen in Buenos Aires unter ⓒ 3421986. Zu weiteren Estancias siehe Seite 175, Reisepraxis.

Im **Museum Osvaldo Gasparini** stellt der Maler selbst zwischen 8 und 20 Uhr aus, De los Martínez 521, die Höhe des Eintrittgeldes bleibt dem Besucher überlassen.

Anfahrt: Am bequemsten ist die Fahrt von Buenos Aires nach San Antonio de Areco von der Busstation Retiro, mehrere Verbindungen täglich für etwa 10 $.

NORDOSTEN & IGUAZU

NATUR & UMWELT

GESCHICHTE BIS HEUTE

POLITIK, SOZIALES, KULTUR

REISE-INFORMATIONEN

BUENOS AIRES & PROVINZ

NORDOSTEN & IGUAZU

WÜSTEN & WEINBERGE

PATAGONIEN & FEUERLAND

URUGUAY: MONTEVIDEO

ROUTEN DURCH URUGUAY

DER NORDOSTEN: ZWISCHEN DEN FLÜSSEN

Im Norden der Provinz Buenos Aires liegt das argentinische Zwischenstromland, »Mesopotamia«. Zwischen dem Río Uruguay im Osten und dem Río Paraná im Westen erstrecken sich die drei Provinzen Entre Ríos (»Zwischen Flüssen«), Corrientes (»Ströme«) und Misiones. Letztere bekam ihren Namen von den jesuitischen Missionaren, die hier im 17. und 18. Jahrhundert wirkten und selbstverwaltete »Reduktionen« errichteten.

Auf den fruchtbaren Böden Entre Ríos' gedeihen Produkte der gemäßigten Klimazone, in Corrientes hingegen werden vor allem Zitrusfrüchte angebaut. Im subtropischen Misiones ist der Wald ein wichtiger Wirtschaftsfaktor.

Im Westen des Río Paraná schließen sich an das Zwischenstromland zwei sehr unterschiedliche Provinzen an: *Santa Fe* und *Chaco*. Erstere gehört zu den reichsten Regionen des Landes, was sie einerseits der produktiven Landwirtschaft in ihrem Teil der Pampa Húmeda und andererseits einer relativ entwickelten Industrie verdankt.

Der Chaco ist weniger erschlossen, was mit den unfruchtbaren Gegenden dieser Provinz und den großen, wirtschaftlich wichtigen Waldbeständen zusamsammenhängt.

Touristisch sind in Santa Fe und Chaco nur einige Städte am Río Paraná von Interesse. In Mesopotamien lohnen die Städte an den Flüssen des **Nationalparks El Palmar** und der **Iberá-Sümpfe** im Norden der Provinz Corrientes einen Besuch. Doch kulturhistorische und landschaftliche Höhepunkte einer Reise nach Argentinien sind die **Jesuitenreduktionen** in Misiones und die **Cataratas de Iguazú** (Wasserfälle von Iguazú). Sie ziehen Interessierte aus der ganzen Welt an.

PROVINZ ENTRE RIOS

Historisch hatte die Provinz Entre Ríos, die sich im vergangenen Jahrhundert kurzzeitig zur unabhängigen Republik erklärt hatte, immer eine wichtige Funktion als Gegengewicht zu Buenos Aires. Symbol dafür ist bis heute der Föderalist *Urquiza*, ein Caudillo, der sich vehement gegen die Vormachtstellung von Buenos Aires wehrte und maßgeblich an der Vertreibung des Dikators Rosas Mitte des letzten Jahrhunderts beteiligt war.

Im ausgehenden 19. und beginnenden 20. Jahrhundert war Entre Ríos Ziel vieler Einwanderer aus Europa, die in der Landwirtschaft, den Häfen und der fleischverarbeitenden Industrie Beschäftigung fanden.

In der Provinz leben heute auf knapp 80.000 km^2 über eine Million Menschen.

Tip für Gourmets: Der Asado wird hier in einer ganz besonderen Varian-

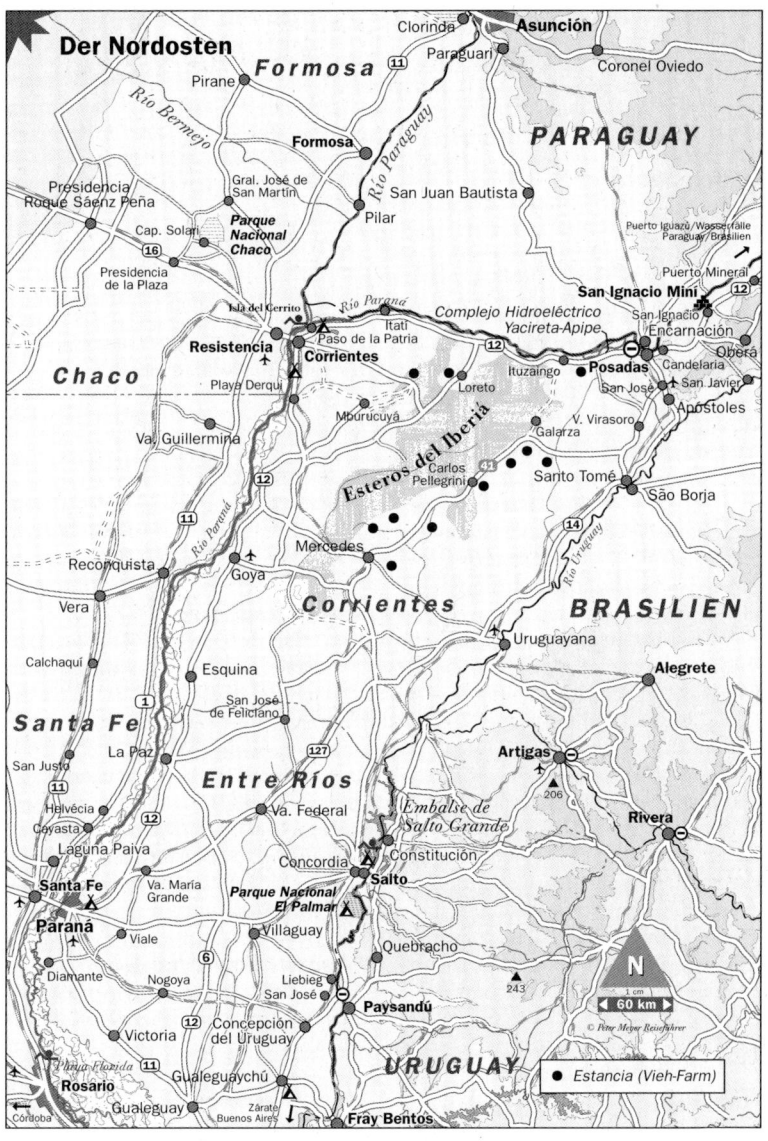

te zubereitet. Er heißt *Asado con cuero*, die Haut wird für das 10- bis 12stündige Grillen nicht entfernt. Damit die Haare nicht verbrennen, wird der Braten nicht gewendet.

Gualeguaychú

In der Stadt mit fast 80.000 Einwohnern befand sich lange Zeit die südlichste **Brücke** zwischen Uruguay und Argentinien, bevor noch südlicher, zwischen *Zárate* und *Brazo Largo*, eine weitere eröffnet wurde. Im 1785 gegründeten Gualeguaychú ließen sich um die Jahrhundertwende viele Immigranten aus Deutschland nieder. Der Ort liegt an der Mündung des *Río Gualeguaychú* in den *Río Uruguay*. An beiden Flüssen befinden sich **Strände, Parks** und Campingplätze.

In einem alten Kolonialgebäude, dem ältesten Haus der Stadt, befindet sich das **Museum Haedo,** in dem die Stadtgeschichte dargestellt ist, San José 105, täglich 8 – 12 und 19 – 21 Uhr. Ein **Eisenbahnmuseum** liegt in Maipú/Tala, täglich 9 – 12 Uhr.

Bekannt ist Gualeguaychú für seinen **Karneval** im Januar und Februar.

Unterkunft

Da Gualeguaychú ein beliebtes Wochenendziel ist, sollten Sie an diesen Tagen Zimmer vorbuchen. Privatunterkünfte werden durch die Touristeninformation vermittelt.

Hotel Embajador, ✆ 0446/24414, San Martín/3 de Febrero, 75 – 90 $, komfortabelstes Haus.
Hotel Paris, ✆ 26260, Bolívar und Pellegrini, 65 $.
Hotel Yaro, ✆ 24850, San Martín 903, 53 $.
Hotel Abadia, ✆ 27675, San Martín 588, 35 $.
Hotel Brutti, ✆ 26048, Bolívar 571, 35 $.
Hotel Victoria, ✆ 26469, Bolívar 565, 34 $.
Hotel Avenida, ✆ 26245, Rocamore 245, 35 $.
Hotel Costanera, ✆ 25129, Alem 235, 30 $.
Camping: Im *Parque Unzué* und an mehreren Stellen am *Río Gualeguaychú.*
Balneario Camping Nandubaysal am Río Uruguay. Bevor Sie die internationale Brücke nach Uruguay und Fray Bentos überqueren, rechts abbiegen. Fast alle Plätze sind nur saisonal geöffnet.

Nützliche Adressen

Bus: Bahnhof Bolívar/Chile. Über Zárate gute Verbindungen mit Buenos Aires.
Touristeninformation: ✆ 0446/27989, 25 de Mayo, und ✆ 23668, Av. Costanera und Obeliscos, täglich 8 – 20 Uhr.
Casino: Gualeguaychú im *Hotel Embajador,* San Martín und 3 de Febrero, Mo – Fr 22 – 3.30 Uhr, Sa 18 – 4 Uhr, So 17 – 3 Uhr.

Reiseziele in der Nähe

Aus der Provinz Buenos Aires kommend, geht es zwischen Zárate und Gualeguaychú auf der *Ruta Nacional 12* rechts in das tropische Gebiet des Deltas in Richtung **Villa Paranacito** auf der Provinzstraße (Ruta Provincial) 46 ab. Dort können Sie auch übernachten:

Jugendherberge *Top Malo Hostel,* 2 km vor Villa Paranacito, ℃ 95250, für 10 $ pro Person.
Hospedaje Doña Teresa, ℃ 95101, Entre Ríos. Direkt im Dorf.

Colón

Die Stadt hat knapp 20.000 Einwohner und wurde 1863 als militärischer Stützpunkt von General Urquiza gegründet. Colón besitzt schöne **Strände** am Río Uruguay. Die **Brücke** über den Fluß nach *Paysandú* macht die Stadt zu einem wichtigen Verkehrsknotenpunkt.

Wenige Kilometer von der Stadt entfernt befindet sich der **Molino Forclaz,** eine der wenigen Mühlen der Region. Die Stadt ist außerdem ein Ausgangspunkt für eine Fahrt in den Nationalpark El Palmar.

Verbindungen & Infos

Bus: Zum *Nationalpark El Palmar,* 6.25, 11.15 und 13.15 Uhr hin, um 12.40, 14 und 20 Uhr zurück.

Colón ist ein Verkehrsknoten zwischen dem Süden Richtung Buenos Aires und Paysandú in Uruguay, wohin mehrere Busse täglich fahren. Nach Westen in Richtung Paraná und in den Norden nach Corrientes und Misiones fahren mehrmals pro Woche Busse, jedoch nicht nach Posadas direkt. Der Busterminal befindet sich außerhalb und ist mit lokalen Bussen vom Stadtkern aus erreichbar.
Touristeninformation: ℃ 0447/21233, Av. Costanera und Gouchón, hilft bei vielerlei Fragen.

Unterkunft & Camping

Hotel Quirinale, ℃ 0447/21133, Av. Quirós, 141 $, bestes Hotel der Stadt mit Casino.
Hotel Palmar, ℃ 21948, Blv. Ferrari 285, 53 – 65 $.
Hotel Río de los Pájaros, ℃ 21862, Evita und 25 de Mayo, 39 – 45 $.
Hotel Futuro, ℃ 21269, Urquiza 168, 30 $.
Residencial Ver-Wei, ℃ 21972, 25 de Mayo 10, 30 $.
Residencial EMI, ℃ 21642, Noailles und Guemes, 25 $.
Hospedaje Bahía, ℃ 22093, Guemes 237, 25 $.
Residencial Aridan, ℃ 21830, Alvear 50, 22 $.
Camping: Camping in Colón hat Tradition, da die Plätze schön liegen und gut ausgestattet sind, etwa im *Balneario Norte, Piedras Coloradas* und *Los Tilos.*

Essen & Trinken

La Rueda, San Martín/3 de Febrero.
Comedor El Rayo, Paysandú 372.
Pizzería Luisa, San Martín 346.

Reiseziele in der Nähe

Nur wenige Kilometer entfernt liegt die überwiegend von Schweizern Mitte des vergangenen Jahrhunderts gegründete Kolonie **San José,** die eine der ersten Einwandererkolonien in Argentinien war. In San José ist ein *Museum* zur Geschichte der Einwanderung und Ansiedlung. Mit öffentlichen Bussen ist der Ort gut erreichbar.

Ähnlich das Dorf **Liebig,** gegründet im letzten Viertel des vergangenen

Jahrhunderts, nördlich von San José. Schon immer Mittelpunkt der Siedlung war die *Salzfleischfabrik*, die erst mit Konservierungsmethoden des Darmstädter Chemikers *Justus von Liebig* Fleischextrakt und Corned-Beef-Dosenfleisch herstellen und nach Europa exportieren konnte (siehe auch Uruguay, Seite 448). Bis in die 50er Jahre wurden hier 1500 Tiere pro Tag in der Schlachtzeit verarbeitet. Zu Hochzeiten waren 3500 Personen angestellt, allein 1000 pendelten über den Fluß aus Colón. Heute stellt die Fabrik nur noch 100 Arbeitsplätze bereit und die meisten Anlagen wurden abgebaut. Im alten Teil des Dorfes Liebig ist die Teilung in Dorf und Villengegend immer noch zu erkennen.

Sportfischen, vor allem des Surubí-Fisches im Januar, und ein **Künstlermarkt** im Februar beleben das Dorf.

Auf der Strecke zwischen Gualeguaychú und Colón, westlich von *Concepción del Uruguay* auf der Ruta 39 in Richtung *Rosario del Tala* können Sie den **Palacio San José** mit wunderschönem Innenhof im Kolonialstil besichtigen, erbaut wurde er zwischen 1848 und 1857.

Nationalpark El Palmar

Die eigentliche Attraktion der Region ist der knapp 50 km nördlich von Colón und 350 km von Buenos Aires gelegene Nationalpark El Palmar, ungefähr 8500 ha groß und direkt am Río Uruguay gelegen. Geschützt wird hier besonders die *Yatay*-Palme, die bis zu 20 m hoch und mehrere hundert Jahre alt wird. Die ältesten Exemplare werden auf 800 Jahre geschätzt. Bis ins 19. Jahrhundert war diese Baumart in der Region weit verbreitet, bis sie nach und nach der Landwirtschaft weichen mußte. Durch die wilde Vegetation des Parks und über kleine Bäche führen gute Wanderpfade.

Der Park ist ein Vogelreservat. Beliebte Ziele sind **El Mollar**, wo es besonders viele Vögel gibt, zudem eine große Anzahl *molles* (ein typisch amerikanischer Baum), und *La Glorieta*, eine Anhöhe, von der aus die Sandbänke am Río Uruguay zu sehen sind. Im **Centro de Interpretación** (Besucherzentrum) gibt es eine Ausstellung zum Nationalpark.

Busse fahren direkt an den Parkeingang. Im Park ist ein ganzjährig geöffneter **Campingplatz** mit Kiosk, Restaurant, Sanitäranlagen und warmem Wasser, allerdings 12 km vom Eingang enfernt. Wenn Sie die **Parkverwaltung** einen Tag vor Abfahrt aus Colón anrufen, werden Sie abgeholt, ✆ 045/90586.

Falls Sie von Buenos Aires auf dem Weg nach Posadas sind, können Sie sich zwischen Colón und Concordia am Parkeingang absetzen lassen und von einem späteren Bus, auch an einem anderen Tag, wieder mitnehmen lassen.

Concordia

Die am Río Uruguay gelegene Stadt wurde 1832 gegründet und hat heute um die 130.000 Einwohner. Die Hafenstadt ist das Zentrum einer Region, in der Viehzucht betrieben und viele

Zitrusfrüchte angebaut werden. Von Concordia führt eine internationale **Brücke** über den Fluß in das uruguayische *Salto* (siehe Seite 455).

Die gemütliche *Plaza de Mayo* bildet das Zentrum, das sich nicht besonders von anderen Städten dieser Größe unterscheidet. Das **Museo Regional**, Entre Ríos/Ramírez, ist eher wegen der Architektur des Gebäudes einen Besuch wert. Der 70 ha große **Parque Rivadavia**, in dem sich am Wochenende viele Einheimische treffen, ist eine weitere Attraktion. Besonders die *Ruinen des San Carlos-Palastes* und der *Botanische Garten* sind darin von Interesse.

Im Dezember findet in Concordia das **Nationale Zitrusfest** statt, eine agroindustrielle Ausstellung und ein großes Volksfest mit kulinarischen Spezialitäten.

Verbindungen & Infos
Busse fahren mehrmals täglich nach Buenos Aires, Córdoba und in größere Städte Mesopotamiens. Den Busbahnhof, 2 km vom Stadtzentrum entfernt, erreicht man mit der Buslinie 2 vom Hauptplatz.
Touristeninformation: ✆ 212137, Mitre 64.

Unterkunft & Restaurants
Hotel Salto Grande, ✆ 213916, Urquiza 581, 92 $.
Hotel San Carlos, ✆ 216725, im Parque Rivadavia, 51 $.
Hotel Federico I, ✆ 213323, 1 de Mayo 248, 46 $.
Hotel Embajador, ✆ 213018, San Lorenzo 75, 40 $.
Hotel Centro, ✆ 217776, La Rioja 543, 35 $.
Hotel Concordia, ✆ 216869, La Rioja 518, 35 $.
Hotel Colón, ✆ 220373, Pellegrini 611, 30 $.
Hotel Colonial, ✆ 221448, Pellegrini 443, 30 $.
Camping: *La Posada de Suárez*, Av. Costanera, neben dem Parque Rivadavia.
Las Palmeras am Stausee Salto Grande.
Los Sauces und *Club Pesca* an der Av. Costanera.
Restaurant: Ein gutes Grillrestaurant besitzt der Campingplatz *Posada*.
El Abrojito, C. Pellegrini 1203, und *Comedor Las Dos Naciones* an der Plaza 25 de Mayo können empfohlen werden.

Reiseziele in der Nähe
18 km nördlich der Stadt befindet sich der fast 800 km² große **Stausee Salto Grande**, dessen 7 Turbinen die Region mit knapp 6,6 Millionen MWh pro Jahr Energie versorgt. Eingeweiht wurde die Staumauer über den Río Uruguay 1983. Auf uruguayischer Seite arbeiten zwei weitere E-Werke, siehe Seite 456.

Etwas weiter befindet sich das **Strandbad** *La Tortuga Alegre* mit Campingplatz.

Paraná
Im Westen der Provinz Entre Ríos liegt die Provinzhauptstadt Paraná, die auf dem Höhepunkt der Auseinandersetzungen zwischen Buenos Aires und dem übrigen Gebiet der jun-

gen Nation von 1853 bis 1861 argentinische Hauptstadt war. Die über 200.000 Einwohner zählende Stadt ist ein modernes Verwaltungs- und Industriezentrum. Hier gibt es den größten natürlichen Golfplatz Argentiniens. Der Hafen hat heute fast keine Bedeutung mehr.

Ein Stadtrundgang kann an der **Plaza Primero de Mayo** beginnen, auf der vor allem sonntags reges Leben herrscht. Das *Regierungsgebäude* wurde 1883, die *Kathedrale* 1885 fertiggestellt, doch eine frühere Kirche stand an dieser Stelle schon 1730, dem Jahr der Stadtgründung. Das *Kirchenmuseum* ist täglich 17 –19 Uhr geöffnet.

Bis 1969 wurde der Verkehr zwischen den beiden Provinzhauptstädten Paraná und Santa Fe per Schiff abgewickelt, da Buenos Aires verhinderte, daß hier eine **Brücke** gebaut wurde. Flußüberquerungen sollten weiter im Süden zwischen der Provinz Entre Ríos und der Provinz Buenos Aires stattfinden.

Eine besondere Geschichte hat der 2,4 km lange **Tunnel** zwischen Paraná und Santa Fe am gegenüberliegenden Flußufer. Am *Tunneleingang* auf der Seite von Paraná wird im *Besucherzentrum* die Geschichte des Tunnels erläutert, 8 – 12 und 15 – 18 Uhr. Jüngste Forschungen ergaben, daß fast das gesamte Stadtgebiet von einem – möglicherweise von einer Jesuiten-Mission in Auftrag gegebenen – Netz kilometerlanger unterirdischer Gänge und Tunnel durchzogen ist, die unter anderem zur Kathedrale führen. Alle Versuche, das Tunnelnetz systematisch zu erforschen und damit auch Vermutungen über seine kriminelle Nutzung als Folterkeller während der Zeit der Militärdiktatur zu überprüfen, blieben bisher erfolglos.

Baden und **Angeln** im Río Paraná ist sehr beliebt. Zum Angeln, sofern es nicht kommerziell erfolgt, wird keine Lizenz benötigt. Genauere Informationen in der Stadtverwaltung, *Dirección Provincial de Recursos Naturales,* Caseros 195.

Am Fluß liegt auch der fast 30 ha große **Parque Urquiza**, in dem sich ein *Rosengarten* und ein *Denkmal* von General Urquiza befinden.

Ein schöner Ausflug ist auch eine **Bootsfahrt** in den südlich gelegenen Ort *Victoria*, Entre Ríos, täglich um 14 Uhr für 10 $ einfache Fahrt, Dauer 5 Stunden.

Im Januar findet in Paraná ein **Musik- und Kunsthandwerkfestival** statt, im Oktober das **Fest zu Ehren der Einwanderer.**

Museen

Handwerksmuseum und *Handwerksmarkt,* Av. Urquiza 1239, täglich 9 – 12 Uhr, Mo – Sa 17 – 21 Uhr.

Museo Histórico de la Provincia, Buenos Aires 286/Plaza Alvear, Di – Fr 7 – 13 und 15 – 20 Uhr, Sa 9 – 12 und 17 – 20 Uhr, So 9 – 12 Uhr.

Museo de Bellas Artes, Werke von Künstlern aus der Region, Buenos Aires 355, Di – So 9 – 12 Uhr, nachmittags im Winter 15 – 18, im Sommer 17 – 20 Uhr.

Museo de Ciencias Naturales, Av. Rivadavia 462, Di – So 9 – 12 Uhr, Di – Sa 16 – 18 Uhr.

Museo de la Ciudad, Larenzena/ Ecke V. Sarsfield, im Urquiza-Park, Mo 15 – 19 Uhr, Di – Sa 9 – 12 und 15 – 18 Uhr, So 17 – 21 Uhr.

Verbindungen

Bus: Mehrmals täglich über den Fluß in das 25 km entfernte Santa Fe, in der Regel stündlich, in den Spitzenzeiten alle 20 Minuten. Verbindungen in andere Großstädte.
Flug: Flughafen, ℂ 221888, etwa 8 km vor der Stadt. Flüge nach Buenos Aires, Posadas und in andere Städte.
Aerolíneas Argentinas/Austral, ℂ 210003, San Martín 563.

Unterkunft & Camping

An Wochenenden und zu Ostern kann alles belegt sein. Dann können Sie nach Santa Fe auf der anderen Flußseite ausweichen.
Mayorazgo Hotel Casino, ℂ 230333, Etchevehere und Miranda, 140 $.
Hotel Coe Vera, ℂ 240365, Almafuerte 890, luxuriös.
Paraná Hotel Plaza Jardín, ℂ 231700, 9 de Julio 60, 70 $.
Gran Hotel Alvear, ℂ 220000, San Martín 637, 60 $.
Gran Hotel Paraná, ℂ 223900, Urquiza 976, 40 $.
Hotel Latino, ℂ 311036, San Juan 154, 35 $.
Hotel Centro, ℂ 221311, Belgrano 133, 35 $.
Hotel Don Marcos, ℂ 312090, Ramírez 2681 30 $.
Hotel Liniers, ℂ 314176, Liniers 384, 30 $.
Residencial Roma, ℂ 312247 Urquiza 1061, 30 $.
City Hotel, ℂ 210086, Racedo 231, ab 28 $.
Residencial Almafuerte, ℂ 240644, Almafuerte 1295, 25 $.
Residencial Bristol, ℂ 313961, Alsina 221, 25 $.
Camping: *Tom Vieja,* über Barrancas am Río Paraná, 8 km von der Stadt entfernt, groß und sehr gut ausgestattet.
Los Arenales, Ayacucho 3500, klein und gut ausgestattet, auch Bungalows.
Thompson, Bravard/3 de Febrero, 150 Plätze.

Essen & Trinken

In einigen Sportclub-Grillrestaurants am Paraná-Fluß ißt man gut und günstig, etwa im *Yacht-Club Paraná.*
Quinchos de Paja, Laurencena und San Martín, und der
Club de Pescadores y Nautico im alten Hafen sind empfehlenswerte Fischrestaurants.
Comedor Centro Cultural am Hauptplatz, gutes Angebot an Fleisch und anderem Essen.

Nützliche Adressen

Touristeninformation: ℂ 230988, 25 de Mayo 120, am Busbahnhof und ℂ 315495, im Urquiza-Park Laurenzana/S. Martín.
Kulturzentrum: Teatro 3 de Febrero, 25 de Mayo 60.
Casino: im Parque Urquiza in der Straße Etchevehere, 21.30 – 3 Uhr.

PROVINZ SANTA FE

Wie ein Schlauch zieht sich die Provinz Santa Fe entlang dem Río Paraná fast 700 km von Norden nach Süden, mit einer Ost-West-Ausdehnung von maximal 300 km.

Santa Fe ist ein besonders gutes Beispiel für die Auswirkungen der Eisenbahn auf eine Region. Denn mit der Möglichkeit, die Erzeugnisse der fruchtbaren Provinz zu den Häfen von Buenos Aires, Santa-Fe-Stadt und Rosario zu transportieren, konnte der Absatz erst gesichert werden.

Auch die Geschichte der europäischen Einwanderung ist eng mit der Provinz verbunden, ermöglichte doch hier eine späte Landaufteilung, daß viele Familien ein kleines Stück Land erhielten, was zum Beispiel in der Provinz Buenos Aires nicht möglich war.

1812 wurde in Rosario zum ersten Mal die spätere argentinische Flagge gehißt, und ein Jahr später wurden im Norden von Rosario bei San Lorenzo zum ersten Mal unter Führung San Martíns spanische Truppen besiegt. Wie Entre Ríos war Santa Fe ein Zentrum des Widerstands gegen die Vorherrschaft von Buenos Aires. Der Caudillo *Estanislao López* war eine Symbolfigur dieser Auseinandersetzung im vergangenen Jahrhundert. Am 1. Mai 1853 wurde in der Stadt Santa Fe die bis heute größtenteils gültige argentinische Verfassung verabschiedet.

In der 133.000 km² großen Provinz leben heute ungefähr 2,8 Millionen Menschen. Obwohl Santa Fe als reichste Provinz nach der Provinz Buenos Aires gilt, sind krasse soziale Unterschiede festzustellen. Vor allem im trockenen, an den Chaco grenzenden Norden außerhalb der Pampa Húmeda herrscht Armut.

Rosario, die Vielfältige

Rosario ist mit über einer Million Einwohner die drittgrößte Stadt Argentiniens und die heimliche Hauptstadt der Provinz Santa Fe. Das ökonomische Zentrum ist sie ohnehin, denn im 1902 errichteten Hafen werden die meisten Produkte der Pampa Santa Fes verschifft. Zudem gibt es viel Industrie; hier ist das Zentrum der argentinischen **Automobilproduktion.** Schließlich ist Rosario, was übersetzt *Rosenkranz* bedeutet, Verkehrsknotenpunkt zwischen Buenos Aires und Mendoza, Córdoba und Tucumán.

Rosario hat in Argentinien und vor allem in Buenos Aires den Ruf, langweilig zu sein, was jedoch nicht stimmt. Zwar geht es hier viel gemächlicher zu als in der überdrehten Metropole am Río de la Plata, doch das kulturelle Angebot ist vielfältig und kurzweilig. Im **Kulturzentrum Rivadavia**, San Martín 1080, gibt es Informationen über aktuelle Veranstaltungen.

Am Río Paraná befindet sich der 1992 eröffnete **Parque España,** in dem auf insgesamt 140.000 m² auch eine *Ausstellungshalle,* zwei *Theater* und eine *Bibliothek* untergebracht sind.

Der bedeutendste Ort für viele argentinische Besucher ist das 78 m hohe **Monumento de la Bandera,** das

Denkmal der Fahne, Av. Córdoba/4 de Mayo, das 1957 auf einem 10.000 m² großen Platz, der das Land symbolisiert, geschaffen wurde. Die verschiedenen Werke, die hier stehen, verkörpern Themen wie den Schwur auf die Fahne, die Pampa, die Anden, den Atlantik, den Río Paraná und ähnliches. Einen überzogeneren Versuch, eine »nationale Identität« auszubilden, gibt es in ganz Argentinien nicht. Das dazugehörige *Museum* in Santa Fé 581 ist Mo 13 – 19 Uhr und Di – So 7 – 19 Uhr geöffnet. Alljährlich wird in Rosario die **Woche der Fahne** im Juni gefeiert, sie endet am Todestag General Belgranos, am 20. Juni.

An der *Estación Fluvial* (Schiffsanlegestelle), Av. Belgrano/La Rioja, können Sie mehrere **Murales**, Wandmalereien, des Künstlers *Raúl Domínguez* sehen, die alle den Río Paraná zum Thema haben. Jeden Samstag um 16.30 und sonntags um 14 und 16.30 Uhr starten hier **Bootsrundfahrten,** die durch malerische Seitenarme des Paraná führen und sehr empfehlenswert sind.

Am Sonntag ist der **Parque Urquiza** besonders belebt und reizvoll, während das Zentrum ausgestorben ist. Durch dieses führt ein ausgeschilderter Spaziergang, der **Paseo Centenario.**

Die Stadt hat kein offizielles Gründungsdatum. Sie verdankt ihre Existenz einer Kapelle, die 1746 gebaut wurde. Heute steht dort die **Kathedrale,** Buenos Aires 789/Córdoba, die zwischen 1882 und 1887 entstand.

Am 7. Oktober wird alljährlich die Stadtgründung mit einem großen **Volksfest** gefeiert.

Das Wohnhaus der Guevaras

Im ersten Stock des Hauses an der Ecke Entre Ríos und San Lorenzo wohnte *Ernesto »Che« Guevara.* Der Revolutionär wurde in Rosario am 14. Juni 1928 geboren. Seine Familie war nicht besonders wohlhabend, gehörte aber eindeutig zur gehobenen Bürgerschicht. Ernesto litt an Asthma, als seine Anfälle heftiger wurden, zog die Familie in eine Gegend mit trockenerem Klima, nach *Alta Gracia* in der

Noch heute eine Identifikationsfigur: Ernesto »Che« Guevara

gebirgigen Provinz Córdoba. 1953 erhielt Ernesto sein Arztdiplom von der Universität Buenos Aires. Immerhin 25 seiner insgesamt 39 Lebensjahre verbrachte er in Argentinien.

Museen

Museo Histórico de la Provincia, im Parque de la Independencia, Pellegrini/Moreno, Mo – Fr 9 – 12.30 Uhr, täglich 15 – 18.30 Uhr.

Museo de la Ciudad, Museum zur Stadtgeschichte, Blvd. Oroño 2350, Mi – So 9 – 12 und 15 – 19 Uhr.

Museo de las Ciencias Naturales, Naturwissenschaftliches Museum, Moreno 758, Di – Fr 9 – 12.30 Uhr und Di, Fr, So 15 – 18 Uhr.

Museo del Paraná y las Islas, zu Flora, Fauna und menschlichem Leben am Fluß und auf den Inseln, im Gebäude der Schiffsanlegestelle Estación Fluvial, Mi 14.30 – 16 Uhr, So 16 – 18.30 Uhr.

Planetario y Observatorio, im Parque Urquiza, Montevideo/Av. Belgrano, Vorführungen Di – Do 21 – 22 Uhr, Sa, So 17 – 18 Uhr.

Museo Bellas Artes, Museum der Schönen Künste, Av. Pellegrini und Oroño, mit über 1000 Bildern nicht nur argentinischer Künstler, Mi – So 11 – 19 Uhr.

Museo Municipal de Arte Decorativo, Museum für Dekorative Kunst, Santa Fe 748, Mi – So 16 – 20 Uhr.

Verbindungen

Bus: häufig Verbindungen nach Córdoba, Santa Fe und Buenos Aires. Mehrmals pro Woche Direktbusse.

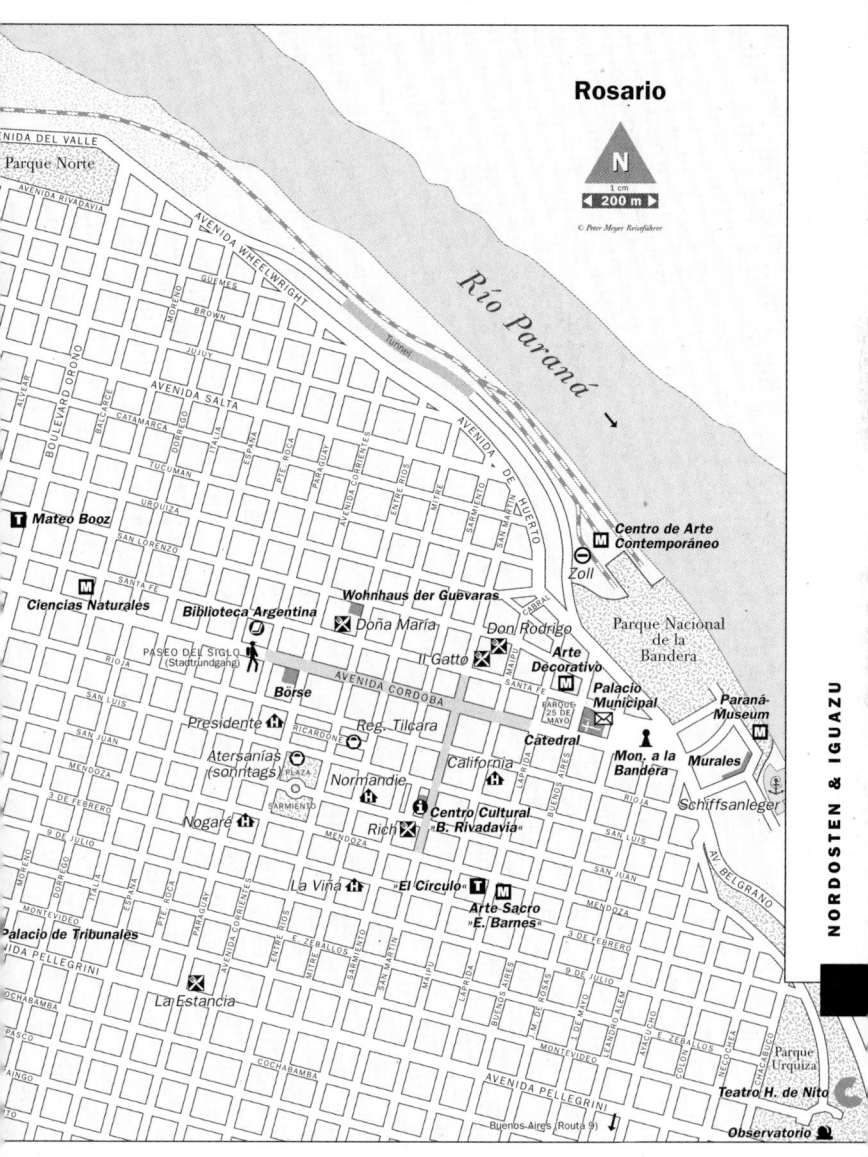

Flug: Airport ✆ 567470, 16 km außerhalb der Stadt, täglich mehrere Flüge nach Buenos Aires und Córdoba.
Aerolíneas Argentinas/Austral, ✆ 480185, Santa Fe 1410.
TAM, Fax 216272, Corrientes 931, 6. Stock.

Unterkunft & Camping
Hotel Presidente, ✆ 242854, Av. Corrientes 919, 85 $.
Hotel Plaza, ✆ 407097, Barón de Mauá 26, 84 $.
Hotel California, ✆ 247715, San Luis 715.
Hotel La Paz, ✆ 210905, Barón de Mauá 36, 56 $.
Hotel Onix, ✆ 303457, Vera Mujica 757, 40 $, in der Nähe vom Busbahnhof.
Hotel Nogaré, ✆ 249027, Mendoza 1578, 40 $.
Hotel Avellaneda, ✆ 388837, Avellaneda 669, 36 $, etwas lärmig, nicht in der Innenstadt.
Hotel La Viña, ✆ 214549, 3 de Febrero 1244, 33 $.
Camping: Gezeltet und gebadet wird unter anderem im *Balneario y Camping La Florida,* R. Nuñez und Av. Costanera.

Essen & Trinken
Don Rodrigo, Santa Fe 968; Gegrilltes.
La Estancia, Paraguay und Av. Pellegrini, die beste Parrilla der Stadt. Ein Stück weiter auf der Av. Pellegrini gibt es auch noch andere Grillrestaurants.
Sunderland, Av. Belgrano/Pellegrini; kaum teurer als La Estancia, aber eleganter. Dort stehen Autogramme vieler bekannter Leute auf der Wand, beispielsweise des argentinischen Rockstars Fito Paéz.
Doña María, Santa Fe 1371, und *Il Gatto,* San Martín 533, bieten gutes italienisches Essen an.
Rich, San Juan 1031; prima Pasta.

Ausgehen
Ein vergnügliches **Nachtleben** findet zwischen Córdoba und Paraguay bis España statt.
La Amistad auf Maipú zwischen San Luis und San Juan. Diese Tango- und Folklorebar wird erst um 4 Uhr so richtig voll, wenn am Wochenende die Discos schließen.
Kulturzentren und Theater: *Centro Cultural Rivadavia,* ✆ 248382, San Martín 1080, Ausstellungen und Veranstaltungen.
Centro Cultural Parque Alem, ✆ 558048, Nansen und Paseo Ribereño.
Centro Cultural Cine Lumiere, ✆ 305154, Velez Sarsfield 1027.
Teatro El Círculo, ✆ 245349, Laprida 1235.
Teatro Municipal Mateo Booz, ✆ 258456, San Lorenzo 2245.
Bibliothek: Pte. Roca 731.

Nützliche Adressen
Touristeninformation: ✆ 802230, San Martín 1080, im Kulturzentrum Rivadavia, Mo – So 8 – 20 Uhr, bieten in Kleinbussen Stadtteiltouren an.
Souvenirs: Kunsthandwerk bietet unter anderem *Regionales Tilcara,* Ricardone 130.

Auf der *Plaza Sarmiento* gibt es jeden Sonntag einen kleinen Artesanía-Markt.

Reiseziele in der Nähe
Ein Strand am Río Paraná, die **Playa Florida,** ist ein beliebtes Ausflugsziel, 8 km nördlich von Rosario. Hier befindet sich auch ein Anleger mit *Lanchas,* kleinen Booten, die Passagiere zu den gegenüberliegenden **Inseln** bringen, auf denen in vielen Bars fast karibische Stimmung herrscht.

Die Provinzhauptstadt Santa Fe
Die 475 km von Buenos Aires entfernte und beschaulich wirkende Provinzhauptstadt ist ein modernes Verwaltungs- und Handelszentrum, in dem 500.000 Menschen leben. Der Río Paraná bestimmt mit seinen immer wiederkehrenden Überschwemmungen hier zum Teil das Leben.

Der moderne Stadtkern ist die Region um die Fußgängerzone *Av. San Martín,* an der auch die **Plaza 25 de Mayo** liegt. In typischem Kolonialstil stehen an der Plaza die Mitte des 19. Jahrhunderts fertiggestellte *Kathedrale,* an der über 100 Jahre gebaut wurde, und der alte *Cabildo.* Außerdem befindet sich hier der Sitz der Provinzregierung. Die französische **Hängebrücke** wurde 1928 eingeweiht, der **Túnel Subfluvial** unter dem Fluß hindurch, der die Provinzen Santa Fe und Entre Ríos verbindet, Ende 1969 eröffnet.

Nur zwei Blocks vom Hauptplatz entfernt liegt der um 1680 fertiggestellte **Konvent San Francisco,** in dem sich ein *Museum* befindet. Dort ist neben Schaustücken aus der Kolonialzeit auch die *Sala de los Constituyentes* (Saal der Verfassungsgebenden Versammlung) zu sehen, ein Nachbau des Originalortes von 1853.

Ebenfalls in der Av. San Martín, zwischen Amenábar und Entre Ríos, wird **Kunsthandwerk** aus der Provinz angeboten.

Im Norden der Stadt befindet sich die **Musterfarm La Esmeralda** mit einem kleinen Zoo, erreichbar mit der im Stadtzentrum haltenden Buslinie 10.

Bademöglichkeiten unter anderem am *Guadalupe-Strand,* nur wenige km von der Stadt entfern. Für ausgedehnte Spaziergänge ist wie überall am Paraná die *Costanera,* die Flußuferstraße, beliebt.

Im Februar jeden Jahres wird von Santa Fe aus der Schwimmwettbewerb **La Marathon Aquático Internacional** gestartet. Ziel ist das 50 km südlich gelegene *Coronda.*

Museen
Museo Histórico de la Provincia, San Martín 1490, Di – Sa 8 – 12 und 15 – 19 Uhr, So 15 – 19 Uhr.
Indígena-Museum, Av. San Martín 2945, Mo – Fr 9.30 – 13 und 15.30 – 19.30 Uhr.
Kunsthandwerkausstellung, Av. San Martín 1389, Di – Sa 8 – 12 und 15 – 19 Uhr, So 15 – 19 Uhr.
Museo de Bellas Artes, 4 de Enero 1552, Di – Sa 8 – 12 und 15 – 19 Uhr, So 15 – 19 Uhr.
Museo Etnográfico, 25 de Mayo 1470, mit Funden aus Cayastá (siehe Sei-

te 269), Di – Sa 8 – 12 und 15 – 19 Uhr, So 15 – 19 Uhr.
Museo de Ciencias Naturales, Primera Junta 2895, Di – Sa 8 – 12 und 15 – 19 Uhr, So 15 – 19 Uhr.

Verbindungen

Bus: Busbahnhof Belgrano 2910. Mehrmals täglich nach Paraná, Resistencia, Posadas, Rosario und Buenos Aires.
Nach Córdoba, Salta oder Tucumán mehrmals pro Woche.
Personenschiffahrt: über Rosario nach Buenos Aires.
Flughafen, ✆ 70064, 7 km außerhalb der Stadt. Mehrmals täglich nach Buenos Aires.
Aerolíneas Argentinas/Austral ✆ 596313, L. de la Torre 2633.

Unterkunft & Camping

Hotel Conquistador, ✆ 551195, 25 de Mayo 2678, 95 $.
Hotel Corrientes, ✆ 592126, Corrientes 2520, 69 $.
Hotel España, ✆ 21016, 25 de Mayo 2647, 62 $.
Hotel Bertaina, ✆ 32287, H. Irigoyen 2255, 60 $.
Hotel Hernandarías, ✆ 553068, Rivadavia 2680, 50 $.
Hotel Suipacha, ✆ 521135, Suipacha 2375, 42$.
Hotel Niza, ✆ 522047, Rivadavia 2755, 40 $.
Hotel Brigadier, ✆ 537387, San Luis 3148, 35 $.
Hotel Emperatriz, ✆ 530061, I. Freyre 2440, 35 $.
Hotel Cervantes, ✆ 529888, 25 de Mayo 2277, 30 $.
Hotel Humberto, ✆ 550409, Crespo 2222, nahe dem Busbahnhof, 25 $.
Hotel Roma, ✆ 890577, Paraná 5665, 12 $.
Camping: im *Parque del Sur* und am Fluß an mehreren Stellen für einen Tag kostenlos, jedoch verboten, wenn der Fluß viel Wasser führt.
Balneario de Guadalupe, Av. Almte. Brown, Laguna Setúbal,
Balneario San José del Rincón und *Balneario Santo Tomé* sind Strandbäder zum Campen.

Essen & Trinken

Einfaches und gutes Essen gibt es um den Busbahnhof herum.
El Quincho de Chiquito, Obispo Príncipe/Almte. Brown. Guter gegrillter Fisch und die obligatorischen Fleischgerichte zu günstigen Preisen.
España, San Martín 2644, Fisch und Fleisch, ebenfalls nicht zu teuer.
Gran Parrillada Rivadavia, Rivadavia 3299. Steaks vom Grill.
Sandwichería Quico, Blvd. Pellegrini 2615. Sehr nett und preisgünstig.
Cafés: *Café de la Paix* ist von den vielen Cafés in der Innenstadt besonders empfehlenswert.
Bar: *Choppería Modelo,* Mendoza 2642, traditionell.
Kebar, Carlos und Daniel Mendez, moderner.
Baviera San Martín, San Martín 2941.
Clapton, San Martín 2300.

Der süße Tip: Berühmt sind die *Alfajores* aus Santa Fe, süße Kekse mit verschiedensten Glasuren, etwa von der:

Confitería Las Delícias, San Martín 2898;
Confitería Merengo, Gral. López 2634; ein geradezu antikes Geschäft.

Nützliche Adressen

Touristeninformation: ℂ 530982, Belgrano 2910, am Busbahnhof, oder ℂ 526683, Blvd. Gálvez und Rivadavia, am Paseo del Restaurador, oder ℂ 598774, Blvd. Zavalla J.J. Paso, Boca del Tigre.

Post & Telefon: Av. 27 de Febrero 2331, Telefon auch in Crespo 2336.

Shoppingcenter: *Estación Recoleta* mit etwa 45 kleinen Läden, Mo – Do 9 – 21 Uhr, Fr und Sa 9 – 22 Uhr, So und Fei 10 – 21 Uhr.

Stadttheater: *Primero de Mayo,* Av. San Martín/Garay, am Ende der Fußgängerzone.

Kulturzentrum: 25 de Mayo/Mendoza, verschiedene Veranstaltungen von der Stadt organisiert.

Botanischer Garten: Av. Gorriti 3900, 10 – 19 Uhr.

Reiseziele in der Nähe

Ursprünglich wurde Santa Fe 1573 an der Stelle des heutigen **Cayastá**, knapp 80 km nordöstlich, gegründet. Etwa 100 Jahre später wurde es wegen der permanenten Überschwemmungen verlegt. In Cayastá sind die gut restaurierten Ruinen der ersten Stadt zu besichtigen. Außerdem gibt es ein Museum mit Ausstellungsstücken aus der Kolonialzeit. Reisebüros in Santa Fe bieten Fahrten dorthin an.

Alto Verde ist ein Fischerdorf auf der *Sirgadero-Insel* im Río Paraná. Es ist mit Booten erreichbar, die im Hafen von Santa Fe, am Ende der Straße Mendoza, abfahren.

Helvécia, 94 km den Paraná hinauf, ist ein bei Ausflüglern beliebtes Fischerstädtchen. 322 km von Santa Fe liegt **Reconquista**, besonders für das *Surubí*-Wettfischen bekannt.

Rafaela, ein ökonomisches Zentrum der Provinz in nur 96 km Entfernung (westlich von Santa Fe), lebt von der Vieh- und Milchwirtschaft. Dort hilft die Touristeninformation, ℂ 0492/27201, Moreno 8, weiter.

PROVINZ & STADT CORRIENTES

Wie Entre Ríos lebt die Provinz Corrientes von ihren fruchtbaren Böden, von Ackerbau und Viehzucht. Zitrusfrüchte, aber auch Reis, Mate und Baumwolle gedeihen in dieser Region, deren nördlicher Teil in die subtropische Klimazone übergeht.

780.000 Menschen leben hier auf knapp 90.000 km², die meisten in den Städten entlang der Flüsse.

In **Corrientes-Stadt**, 1588 als Handelsstützpunkt zwischen Asunción und Buenos Aires gegründet, lebt heute fast ein Drittel der Bevölkerung der Provinz. Das Klima hier ist heiß, der Sommer dauert von November bis März.

Das Stadtzentrum markiert die **Plaza 25 de Mayo**, auch *Plaza Cabral* genannt, an der die *Iglesia de la Merced* und die *Casa de Gobierno*, das Regierungsgebäude liegen. Wer quer durch die Stadt Richtung Süden bummelt, sollte den **Convento de San Francisco** beachten. Das ehemalige

Kloster in der Mendoza 450 ist architektonisch interessant. Außerdem ist hier unter anderem das *Museum der Stadtgeschichte* untergebracht. In der nun schon sehr nahen Fußgängerzone *Junín* befinden sich der städtische **Markt** und das moderne Stadtzentrum.

Ein **Küstenrundgang** könnte am *Parque Mitre,* Av. Pujol und Vera, anfangen, über den *Paseo de la Universidad* zum Hafen an der Av. Costanera führen, am *Monumento a la Madre* (Denkmal für die Mutter) vorbei zur *Punta San Sebastián.* Einen Straßenblock stadteinwärts liegt dann das *Colegio Nacional* in Tucumán/Costanera. Das *Casino del Litoral,* der *Parque Camba Cua* und die *Casa de la Cultura* (Kulturhaus) sind noch ein kleines Stück weiter westlich, den Küstenweg entlang. Am Ende von Junín am Río Paraná liegt ein kleiner **Zoo,** täglich 10 – 18 Uhr. Enden kann der Rundgang an der *Belgrano-Brücke,* die nach Resistencia führt, und der *Plaza de la Fundación.*

Auch in Corrientes kommen Angelfreunde auf ihre Kosten. Verschiedene **Sportfischer**-Veranstaltungen durchziehen das Jahr, im August etwa fischt man den goldfarbenen *Dorado,* der den Beinamen »Flußtiger« trägt, im März den *Pacú,* ebenfalls ein wohlschmeckender Flußfisch, und im April den beliebten *Surubí,* der Tiger- oder auch Spatenwels.

Bekannt ist die Provinz Corrientes für den **Karneval,** der in der Provinzhauptstadt besonders groß gefeiert wird.

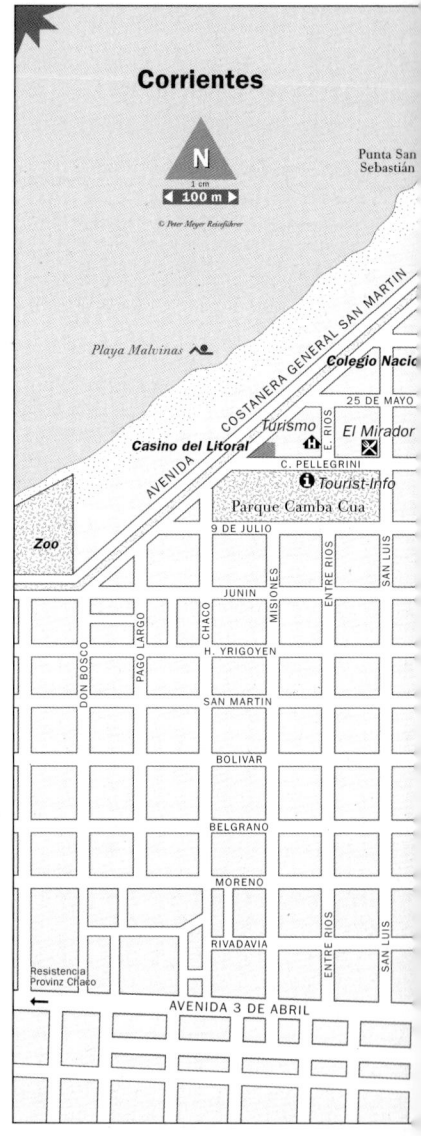

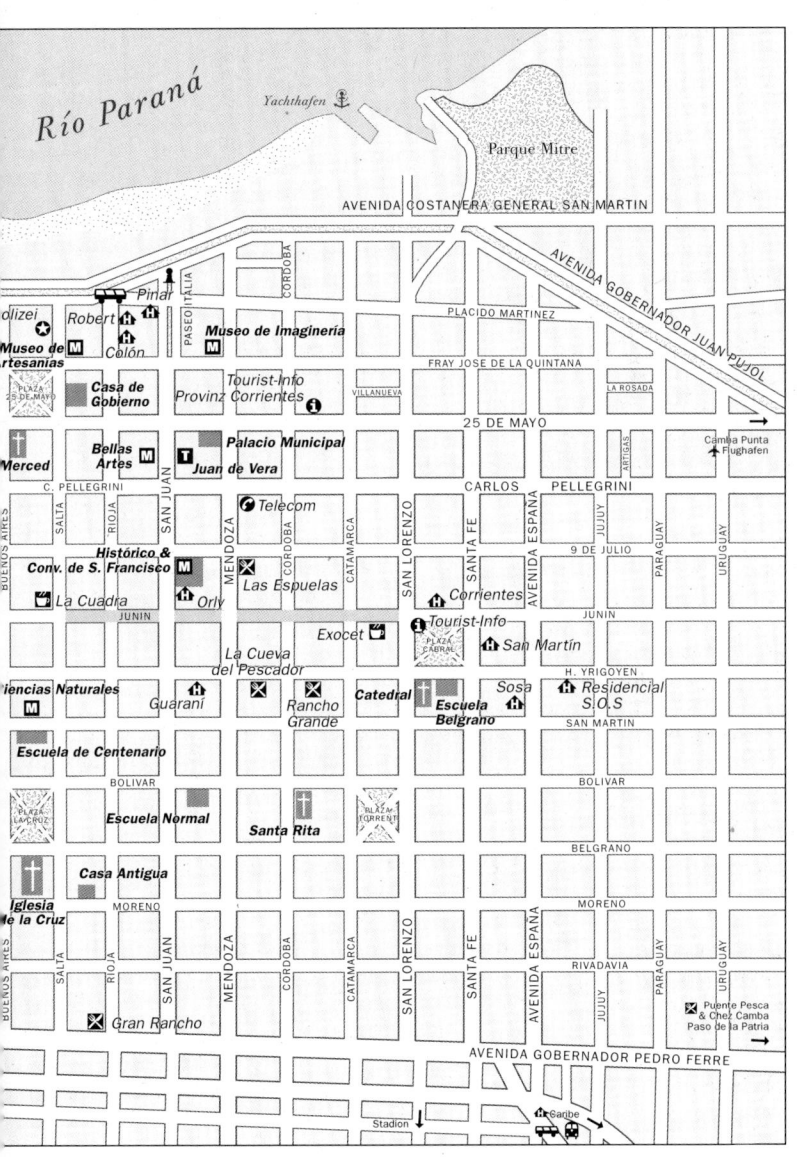

Verbindet Corrientes mit Resistencia: Brücke über den breiten Río Paraná

Museen

Museo Histórico de la Ciudad, San Juan/Mendoza 450, Mo – Fr 8 – 12 und 17 – 21.30 Uhr.

Museo Histórico Regional, 9 de Julio 1054, Di – So 7 – 13 und 16 – 20 Uhr.

Museo de Bellas Artes, San Juan 643, Di – So 9 – 12 und 16 – 21 Uhr.

Museo de Ciencias Naturales, San Martín und Buenos Aires, Mo – Fr 7 – 13 und 16 – 20 Uhr.

Museum für Kunsthandwerk, Quintana 905, Mo – Sa 9 – 12, Mo – Fr 15 – 20 Uhr, Sa 16 – 19 Uhr.

Handwerksmuseum, Plaza 25 de Mayo, Di – So 9 – 12 und 15 – 18 Uhr.

Verbindungen

Bus: Bahnhof für *Fernbusse,* Av. Maipú, hier ist auch der Zugbahnhof.

Lokaler Busbahnhof, Av. Costanera San Martín/Ende La Rioja. Von hier 25 km nach Resistencia, Hauptstadt der Provinz Chaco, über die fast 3 km lange Belgrano-Brücke. Gute Verbindung nach Buenos Aires, Misiones, Brasilien und Uruguay. Busverbindungen in den Westen und Nordwesten von Resistencia aus.

Flughafen: *Camba Punta,* ✆ 24361, 8 km außerhalb der Stadt, Buslinie 8. Täglich Flüge nach Buenos Aires von Corrientes und von Resistencia.

Aerolíneas Argentinas/Austral, ✆ 24647, Junín 1301.

Lapa, ✆ 31625, 9 de Julio 1261.

Unterkunft & Camping

Hotel Guaraní, ✆ 23663, Mendoza 970, 65 – 77 $.

Hostal del Pinar, ✆ 0783/69060, Italia und Plácido Martínez, mit Schwimmbad, 56 – 76 $.

Hotel Martín, ✆ 6500, Santa Fé 955, 57 $.

Hotel Orly, ✆ 27248, San Juan 867, ab 55 $.
Hotel Turismo, ✆ 23841, Entre Ríos 650, 50 $.
Hotel Corrientes, ✆ 65029, Junín 1549, 48 $.
Hotel Colón, ✆ 24527, La Rioja 437, 35 $.
Hotel Robert, La Rioja 415, 35 $.
Hotel Sosa, ✆ 62151, Yrigoyen 1676, 35 $, sehr schön.
Hotel Caribe, Av. Maipú 2500, 35 $, in der Nähe des Busbahnhofes.
Residencial S.O.S., ✆ 60330, Yrigoyen 1771, 18 – 23 $.
Camping: *Puente Pesca,* 17 km südlich der Stadt, nur mit dem Auto erreichbar, ein Anglerparadies.
Costa Paraíso, am Strandbad Laguna Sol auf der Ruta 12 Richtung Santa Ana.
Molina Punta, Av. Libertad nach Nordosten.
Club Banco Provincia, auf der Ruta 12 in Richtung Nordosten.

Essen & Trinken

Zu den besten Grillrestaurants der Stadt zählen die vier folgenden:
Las Espuelas, Mendoza 847;
Rancho Grande, H. Yrigoyen 1347;
Puente Pesca, Av. Independencia und Ruta 12;
Gran Rancho, Av. 3 de Abril 933.
El Recreo, Pellegrini 578, reichhaltiges Angebot.
Che Camba, Av. Independencia 1173. Große, gemischte Speisekarte.
La Cueva del Pescador, Yrigoyen zwischen Mendoza und Córdoba. Fischfreunden sehr zu empfehlen, nicht billig.

Cafés: In der Fußgängerzone der Straße Junín gibt es mehrere gemütliche Cafés, etwa *Exocet* und *La Cuadra.*

Nützliche Adressen

Touristeninformation: ✆ 23779, Pellegrini 542 im Parque Camba Cua, oder ✆ 28845, Junín/San Lorenzo an der Plaza Cabral.
Tourismusinformation für die Provinz, ✆ 27200, 25 de Mayo 1300.
Telefon: Ferngespräche bei *Telecom,* Pellegrini/Mendoza.
Reisebüro: *Corrientes Travel Tours,* J.A.Ferreyra 1689 – B, organisiert sowohl internationale Reisen als auch Sportfischer-Touren in der Umgebung, auch in deutscher und englischer Sprache.
Kulturzentrum: *Teatro Oficial Juan de Vera,* verschiedene Veranstaltungen.
Casino del Litoral: Pellegrini und Av. Costanera.

Badeplätze in der Nähe

Interessant sind das **Balneario Molina Punta,** Av. Armenia, Ecke Las Margaritas, die **Laguna Soto,** zu erreichen auf dem Weg nach Santa Ana, die **Laguna Totora** oder die **Playa Derqui** auf der Ruta 12, 44 km.

Durch die Sümpfe von Iberá

Ein beliebtes Abenteuer ist in Corrientes eine Fahrt durch die 5000 ha großen *Esteros del Iberá,* die ungefähr die Hälfte der correntinischen Sumpflandschaft umfassen. Durch die 170 km lange Region, die bis zu 40 km breit ist, windet sich der *Río Miriñay,* der schließlich in den Río Uruguay mündet.

Iberá kommt aus dem Guaraní und bedeutet soviel wie »glitzerndes Wasser«. Die besondere Faszination der Iberá-Sümpfe geht von den zwischen unzähligen Flüssen und in Seen liegenden »schwimmenden Inseln« aus. Diese Inseln und Inselchen sind aus Wasserpflanzen gebildet, auf manchen von ihnen wird sogar Viehzucht betrieben. In den Sümpfen sind verschiedene Vögel und Wassertiere zu Hause, von denen einige Arten vom Aussterben bedroht sind.

Organisierte Fahrten durch die Sümpfe werden in Reisebüros in Corrientes und in Buenos Aires angeboten. Informationen gibt es auch in der Provinzvertretung von Corrientes, wo Sie eine dreitägige Tour ab 70 $ buchen können. Ausgangspunkt sind **Estancias in der Nähe der Sümpfe:**
Rancho Aguapé, © 7477421, María Paz Galmarini.
Rancho Tacuru, © 20205, Saira Paines.
Estancia Nandereta, © 21741, Cielo Noalles.

Auf Bootstour in Paso de la Patria

Im 30 km nordöstlich von Corrientes gelegenen Paso de la Patria, wohin von Corrientes aus regelmäßig Busse fahren, mündet der Río Paraguay in den Río Paraná. Der Ort ist international bekannt für die exzellenten Möglichkeiten zum **Sportfischen,** vor allem von Juli bis September. Mit einer gemieteten Lancha oder einer bei der *Cabaña Don Julián* organisierten Tour können Sie Bootsfischen gehen.

Für ein Boot mit Führer werden allerdings 150 $ am Tag fällig, ein halber Tag kostet die Hälfte.

In Paso de la Patria sind alle nur denkbaren Utensilien zum Sportfischen erhältlich. Im August findet das nach dem Fisch benannte **Dorado-Fest** statt.

Anbieter von Lanchas sind

Cabaña Don Julián, © 0783/94021, Av. Santa Coloma, an der Punta Itá Corá direkt am Río Paraná. Eine Übernachtung kostet zwischen 20 und 30 $.
Complejo Nautico Paso de la Patria, © 20970, am Platz El Rincon.
La Candelaria, © 94289, Belgrano 858, und viele andere.

Unterkünfte

Es gibt mehrere Campingplätze.
Puesta del Sol, © 30880, Jacarandá zwischen Belgrano und Sarmiento.
Residencial Oasis, © 940668, de Diciembre 381.
Bungalows vermietet die *Hostería Jardín del Paraná,* © 94258, Av. Santa Coloma, 40 – 60 $, je nach Saison, Zimmer auch für mehrere Personen.

Reiseziele in der Nähe

Ein Stück weiter auf der Ruta Nacional 12 den Paraná entlang kommen Sie nach **Itatí,** wo christliche Monumente und die Guaraní-Kultur nebeneinander existieren. Dort können Sie in der *Hospedaje El Colonial,* © 0783/93050, Desideri Sosa, oder in *El Gauchito,* © 93369, Obispo Niella, übernachten.

Baden im Río Paraná: Sommervergnügen in Corrientes

PROVINZ CHACO

Unter dem *Gran Chaco* versteht man ein Gebiet, das sich vom Osten Boliviens über das südliche Paraguay und die argentinischen Provinzen Formosa und Chaco bis nach Westbrasilien zieht. Die Sommer sind hier brütend heiß und die Winter gemäßigt mit heftigen Regenfällen. In der fast 100.000 km² großen Provinz Chaco leben knapp 800.000 Menschen.

Die argentinische Provinz Chaco als Teil des Gran Chaco war um die Jahrhundertwende noch ein riesiges Waldgebiet, in dem der wertvolle *Quebracho*-Baum vorherrschte, der später in großem Umfang abgeholzt wurde. Neben Holz ist der Anbau von Baumwolle in dieser Provinz bedeutend. Sehenswert ist der **Nationalpark Chaco**.

Resistencia

Die Hauptstadt der Provinz Chaco liegt nicht direkt am Río Paraná, sondern ungefähr 20 km vom Fluß entfernt. Die 1878 gegründete Stadt verdankt ihre Entstehung vor allem den Holzbeständen des Chaco. Resistencia ist eine etwas langweilige, heiße Provinzstadt ohne erkennbaren Reiz. Zum Übernachten bietet sich das auf der anderen Seite des Paraná gelegene Corrientes an.

Die Bewohner der Stadt behaupten gerne, daß Resistencia ein großes Freilichtmuseum sei, da im Zentrum sehr viele **Skulpturen** aus Bronze, Zement, Granit, Stein, Holz, Eisen, Marmor oder Keramik aufgestellt wurden. Die **Touristeninformation**, am Hauptplatz Plaza 25 de Mayo, hat eine Liste mit Standorten von über 50

Skulpturen. An der Plaza 25 de Mayo beginnen die vier wichtigsten Straßen der Stadt.

Interessant ist das Stadtviertel **Barrio Toba,** Av. 25 de Mayo/Acceso Norte der Ruta 11, in dem die indigenen *Toba* leben. Hier verkauft die örtliche Kooperative **Kunsthandwerk,** meist Tonarbeiten. Zu erreichen ist der etwas außerhalb liegende Stadtteil mit der Buslinie 12.

Im August findet in Resistencia die **Nationale Viehausstellung** statt.

Museen

Museo de Artes Fogón de los Arrieros, Lagerfeuer der Viehhüter, Brown 350, Mo – Sa 8 – 11.30 Uhr, Mi, Do und Fr von 21 – 23 Uhr.

Museo Histórico Regional Ichoalay, Donovan 425, im Gebäude der Schule Escuela Normal Sarmiento, Mo – Fr 8 – 12, 16 – 18 Uhr.

Museo de Bellas Artes, Mitre 163, regionale Kunst der Provinz, Di – Fr 8 – 12, 18 – 20.30 Uhr.

Museo Antropológico Regional, Av. Las Heras 727, in der Historischen Fakultät der Universität, Mo – Fr 8 – 12, 16 – 21 Uhr.

Museo de Ciencias Naturales, Laprida und Pellegrini, in der ehemaligen französischen Zugstation, Mo – Fr 8 – 12 Uhr.

Reptilienmuseum, Santiago del Estero 490, Mo – Sa 14.30 – 20 Uhr.

Verbindungen

Bus: Busbahnhof Av. McLean und Av. Malvinas Argentinas, etwas außerhalb, in der Nähe der Ruta 11 im Westen. Nach Corrientes Busbahnhof an der Bahnlinie auf B. Mitre für 1,70 $.

Nach Paraguay, Buenos Aires und in den Nordwesten täglich mindestens eine Verbindung.

Flug: Flughafen, ℂ 36283, 6 km südlich der Stadt an der Ruta Nacional 11, Busline 2 oder 12 ab Hauptplatz.

Aerolíneas Argentinas/Austral, ℂ 45550, Rawson 99.

Lapa, ℂ 30201, Pellegrini 100.

Unterkunft & Camping

Hotel Covadonga, ℂ 44444, Güemes 182, 79 $.

Hotel Lemirson, ℂ 21330, Rawson 167, 65 $.

Hotel Sahara, ℂ 22970, Güemes 160, 58 $.

Hotel Colón, ℂ 22861, María de Oro 149, 56 $.

Hotel AMCSAPCH, ℂ 22898, Irigoyen 83, 42 $.

Hotel Marconi, ℂ 21978, Perón 332, 41 $.

Residencial Hernandarías, ℂ 270083, Av. Hernandarías 215.

Residencial Celta, ℂ 24861, Alberdi 214, 25 $.

Hospedaje Santa Rita, Alberdi 311.

Camping: im Parque 2 de Febrero, Av. Avalos 1000, und im Parque Mitre.

Essen & Trinken

La Estaca, Güemes 202, gutes Grillrestaurant.

Por La Vuelta, Obligado 33, ebenfalls gutes Grillrestaurant.

El Círculo, Güemes 350. Hat ein breites Angebot. In der Nähe auch weitere nette Restaurants.

Círculo Residentes, Santafecinos, Vadia 150. Leckere Fischgerichte.
Café: *Café de la Ciudad,* Ecke Irigoyen und Pellegrini, besonders gemütlich.
Bar: *Colón,* Santa María de Oro, ist vor allem am Sonntagmorgen ein beliebter Treffpunkt.
Ausgehen: Live-Musik an manchen Abenden in Obligado 185 ab 23 Uhr.

Nützliche Adressen
Touristeninformation: ✆ 23547, Plaza 25 de Mayo, am Busbahnhof.
Touristeninformation der Provinz: Juan B. Justo 135.
Kulturzentren: *Centro Cultural Leopoldo Marechal,* Pellegrini 272, Mo – Fr 9 – 12, 19 – 21 Uhr.
Centro Cultral Nordeste und *Taller de Artes Visuales,* Arturo Illia 353, angeschlossen an die Universität, Mo – Fr 9 – 11.30 und 16 – 19 Uhr.
Fagón de los Arrieros, ✆ 26418, Almte. Brown 350, Club, Begegnungsstätte und Kulturzentrum zugleich, Di – Do 21 – 24 Uhr.
Souvenirs: Kunsthandwerk im Barrio Toba oder bei *Regionales Pompeya,* Güemes 154.
Lederprodukte: Güemes 160.

Reiseziele in der Nähe
Auf der 50 km von Resistencia entfernten **Isla del Cerrito** ist besonders der Oktober die Zeit der Feste und des Dorado-Fischens. Sportereignisse rund ums Fischen unterliegen hier ganz eigenen Wettkampfregeln, so wird etwa ein *Dorado* erst klassifiziert und gewertet, wenn er mindestens 75 cm lang ist. Ein *Pacú* muß mindestens 45 cm messen, *Patí, Salmón* und *Armado* ebenfalls, *Baga, Pira Yaguá, Manduré* sowie *Moncholo* müssen 40 cm erreichen. Auskünfte unter ✆ 0722/42100.
Die Isla del Cerrito liegt im Fluß an der Stelle, wo der Río Paraguay in den Río Paraná fließt und ist auf einer geteerten Straße gut zu erreichen. Der Autokreisel im Nordosten von Resistencia, an dem Sie rechts nach Corrientes abfahren, führt Sie eine Ausfahrt später direkt in den Norden zur Insel. Auf der Insel können Sie campen, es gibt auch Hotels. Auf der Strecke liegt das **Strandbad El Paranacito.**

Nationalpark Chaco
Der 1954 geschaffene Nationalpark Chaco befindet sich etwa 120 km nordwestlich von Resistencia. Hier können Sie 15.000 ha subtropische Wälder, Sümpfe, Palmen und Vögel erleben. Der Quebracho-Baum ist wegen seines Tannins für die Lederproduktion und wegen seines harten Holzes als robustes Baumaterial begehrt.

Von Resistencia fahren mehrere Busse täglich nach **Capitán Solari.** Von dort sind es 5 km zum Park, in dem es keinerlei Infrastruktur gibt, auch Lebensmittel müssen mitgebracht werden. Wildes Campen ist möglich.

PROVINZ MISIONES

Misiones ist in landschaftlicher Hinsicht eine Ausnahme in Argentinien. Die mit etwa 30.000 km² für argentinische Verhältnisse kleine Provinz, in der knapp 800.000 Menschen leben, gehört zu den Subtropen, hat große Wälder und eine immense biologische Vielfalt.

Provinz Misiones

Allerdings werden die Baumbestände wie in anderen Regionen dieser Breitengrade abgeholzt, ohne daß wiederaufgeforstet wird. In den letzten 100 Jahren ist der dichte Waldbestand auf ein Drittel reduziert worden. Besonders drastisch ist das auf der Strecke zwischen Posadas und Santa Ana erkennbar, wo alle Bäume abgeholzt wurden. Die mineralhaltige und deshalb tiefrotfarbene Erde gibt dem Land eine besondere Note.

Neben dem Holzeinschlag sind in der Provinz der Anbau von Mate und in geringerem Umfang von Tabak, Tee, Maniok, Mais sowie die Viehzucht von Bedeutung.

In Misiones leben, wie auch im Nordwesten Argentiniens, noch relativ viele Nachfahren der indigenen Ureinwohner, hier sind es *Guaraní*. Diese lebten lange in Gemeinschaft mit den Jesuiten, die die Guaraní missionieren wollten. Davon leitet sich auch der Name der Provinz ab. Im Vergleich mit der Ausbeutung der Indígenas durch die Kolonialherren verhielten sich die Jesuiten relativ human. Indígenas werden hier übrigens *Aborigenes* genannt.

Touristen besuchen Misiones hauptsächlich wegen der *Cataratas*, den faszinierenden **Wasserfällen von Iguazú**, und dem gleichnamigen **Nationalpark**. Außerdem sind die **Jesuitenreduktionen** (u.a. *San Ignacio*) von besonderem Interesse. Viele mehrtägige Ausflüge, die von Buenos Aires aus in den Nordosten des Landes angeboten werden, haben Iguazú und San Ignacio auf dem Programm.

Posadas

Die knapp 150.000 Einwohner zählende Hauptstadt der Provinz wurde 1870 gegründet und ist heute ein wichtiges Handelszentrum.

Ein Rundgang durch das kompakte Stadtzentrum von Posadas könnte an der **Plaza 9 de Julio** seinen Ausgangspunkt nehmen, an der wie in allen im Kolonialstil erbauten Städten die *Ka-*

thedrale und der *Regierungssitz* stehen.

Nur zwei Blocks davon entfernt befindet sich ein **Museo de Ciencias Naturales**, San Luis, zwischen Córdoba und La Rioja, täglich 9 – 12 Uhr, Mo – Fr 15 – 19 Uhr, und etwas außerhalb des Zentrums ein **Naturhistorisches Museum**, Alberdi 606, täglich 8 – 12 und 14 – 20 Uhr.

Im **Museo del Hombre**, Gen. Paz 1865, Mo – Fr 7 – 13 und 14 – 19 Uhr gibt es eine besondere Abteilung zur Geschichte der Jesuitenmissionen. **Kunsthandwerk** wird auf dem Hauptplatz oder auf dem *Mercado Artesanal,* Alberdi 600, angeboten.

Die Buslinie 7 fährt in einer **Rundfahrt** viele sehenswerte Punkte der Stadt an. Mit der Fähre kann man vom Hafen aus einen Ausflug in das paraguayische *Encarnación* unternehmen.

Praktische Informationen
Bus: Bahnhof Av. Uruguay/Av. Mitre. Täglich mehrmals nach Buenos Aires, mehrmals wöchentlich nach Córdoba, Tucumán, Resistencia und Corrientes sowie nach Asunción, Montevideo und Porto Alegre. Von Encarnación (Paraguay) fahren Busse und Züge nach Asunción.

Flughafen, © 31500, 80 km entfernt, mit der Buslinie 8 (Nähe Busbahnhof) zu erreichen. Fast täglich Flüge nach Buenos Aires.

Aerolíneas Argentinas/Austral, © 32889, Ayacucho 264.

Lapa, © 40300, Junín 2054.

Es wird tropischer in der Provinz Misiones, auch das Wetter: Die Hauptstraße von Posadas nach einem Regenguß am Abend

Unterkunft & Camping
Hotel Posadas, ✆ 30801, Bolívar 272, ab 70 $.
Hotel Libertador, ✆ 37601, San Lorenzo 2081, 70 – 80 $.
Residencial Córdoba, ✆ 35451, Santiago del Estero 171, 40 $.
Hotel Colón, ✆ 25085, Colón 2169, 40 $ pro Nacht.
Hotel Turismo de Posadas, ✆ 32711, Bolívar 171, ab 30 $.
Residencial Marlis, ✆ 25764, Corrientes 234, 25 $, hier wird deutsch gesprochen.
Residencial Andresito, ✆ 23850, Salta 1743, 25 $.
Camping: Der gute städtische Campingplatz befindet sich etwas außerhalb von Posadas am Río Paraná und ist mit der Buslinie 21 erreichbar.

Restaurants & Ausgehen
In der Straße San Lorenzo befinden sich viele Restaurants und Cafés.
La Querencia, Bolívar 322, hervorragendes, exklusives Grillrestaurant.
El Tropezón, San Martín 185, günstiger, ebenfalls sehr gut.
La Ventana, Bolívar 1725,
El Encuentro, San Martín 361, und
El Estribo, Tucumán/Ayacucho, haben eine große Speisekarte.
Pizzería Los Pinos, Sarmiento/Rivadavia. Gut und günstig.
Theater: *Teatro El Desván,* Sarmiento/Colón, auch Kindertheater.
Discothek: San Martín/Jujuy, Do – So 1 – 5 Uhr.

Nützliche Adressen
Touristeninformation: ✆ 24360, an der Plaza 9 de Julio, täglich 8 – 12, 16 – 20 Uhr.
Post: Bolívar/Ayacucho.
Telefon: Ferngespräche unter anderem möglich von Bolívar/Córdoba, bis Mitternacht geöffnet.
Paraguayisches Konsulat: ✆ 27421, San Lorenzo 179, Mo – Fr 8 – 12 Uhr.
Brasilianisches Konsulat: ✆ 2601, B. Mitre 631, Mo – Fr 9 – 13 und 16 – 18.30 Uhr.

San Ignacio und die Ruinen der Jesuitenstädte
San Ignacio ist ein 3500 Einwohner zählender Ort, der nur wenige Kilometer östlich von der **Jesuitenreduktion San Ignacio Miní** entfernt liegt. Im Süden und Südosten San Ignacios, an der Nationalstraße Ruta 12 nach Posadas, befinden sich die Reduktionen *Loreto* und *Santa Ana.*

Der Ort, knapp 60 km von der Provinzhauptstadt entfernt, ist vollständig auf den Tourismus zu den Reduktionen ausgerichtet.

In San Ignacio befindet sich das Haus des urugayischen Dichters *Horacio Quiroga,* der hier von 1910 bis '17 lebte, in dem Gebäude ist heute ein **Museum** untergebracht, täglich 8.30 – 19.30 Uhr.

Bus: Gute Busverbindungen mit dem eine Stunde entfernten Posadas, 3,50 $; mehrere Busse täglich nach Puerto Iguazú, über 5 Stunden Fahrt, 16 $.

Lesen Sie bitte weiter auf Seite 282

Die Meinungen über die Jesuitenreduktionen gehen bis heute auseinander. Manche behaupten, daß es sich um eine frühsozialistische Lebensform handelte, andere glauben eine besonders perfide Form der Ausbeutung von indigenen Guaraní durch die Kolonialherren zu sehen.

Der Begriff Reduktion stammt vom spanischen *reducir,* was »zusammenführen« bedeutet. Er bezeichnet eine Lebensform, in der ab 1607 immerhin 150 Jahre lang jesuitische Missionare und Guaraní zusammenlebten. In der Hochzeit der jesuitischen Missionierung lebten in ungefähr 30 Städten an die 150.000 Menschen auf diese Weise. Zentrum war die heutige Provinz Misiones (damals zur spanischen Provinz Paraguay gehörend), in der fast die Hälfte aller Reduktionen angesiedelt war.

Diese Lebensform entstand, weil den Jesuiten missionarische Arbeit an einem festen Ort erfolgversprechender schien als das Wanderpredigen. Politisch und ökonomisch geschickt, gelang es ihnen, die unter der Verfolgung anderer Kolonisatoren leidenden Guaraní nach und nach in Gemeinschaften zu organisieren.

Dasselbe war vorher schon in Brasilien geschehen, mußte dort aber wegen der ständigen Bedrohung durch Sklavenhändler aufgegeben werden. Allein zwischen 1627 und 1631 hatten diese neun Städte zerstört und 60.000 Guaraní als Sklaven verschleppt. Gemeinsam verließen daher im Jahr 1632 ungefähr 12.000 Guaraní und Jesuiten Brasilien, um sich ein neues Siedlungsgebiet weiter im Süden zu suchen. Diese Flucht wird als »Exodus« bezeichnet. Bald wurden San Ignacio, Santa Ana und viele andere Städte gegründet.

Der Staat im Staat: Die Jesuitenreduktionen des 17. Jahrhunderts

Im Gegensatz zu den europäischen Betreibern der *Encomiendas,* denen Gebet und Kirche als Vorwand für eine äußerst brutale Ausbeutung dienten (siehe Seite 76), nahmen die Jesuiten ihren von der spanischen und portugiesischen Krone verkündeten Schutz- und Missionsauftrag gegenüber den Ureinwohnern ernst.

Das Leben in den Jesuitensiedlungen war von einer klaren Arbeitsteilung geprägt: hier die in der Landwirtschaft arbeitenden und wie Kinder behandelten Guaraní, dort die »ihre Indios« missionierenden Padres. So paternalistisch und missionarisch dieser Anspruch der Jesuiten auch war, und so mißtrauisch viele Guaraní ihm gegenüberstanden, so offensichtlich erfolgreich waren die Reduktionen in wirtschaftlicher und städtebaulicher Hinsicht. Dieser Erfolg rief Neid hervor, so wurde unter anderem behauptet, die Jesuiten hätten Gold gefunden und wollten es für sich allein ausbeuten. Goldsucher und Sklavenhändler bekämpften die Gemeinschaften, in denen es praktisch kein Privateigentum gab.

In der Geschichtsschreibung wird nicht überliefert, wie sich die Guaraní selbst angesichts der »milden Variante der Kolonisation« auf den Reduktionen verhielten.

Wie auch immer, 1768 wurden die letzten Jesuiten aus Südamerika vertrieben und der Jesuitenstaat zerstört. Die noch in den Reduktionen verbliebenen Guaraní zogen bis 1812 fort. Spätere Missionierungsversuche blieben erfolglos.

Die aggressiven protestantischen Missionare, die heute überwiegend aus Nordamerika kommen, haben mit den jesuitischen Ideen und Lebensformen wenig zu tun.

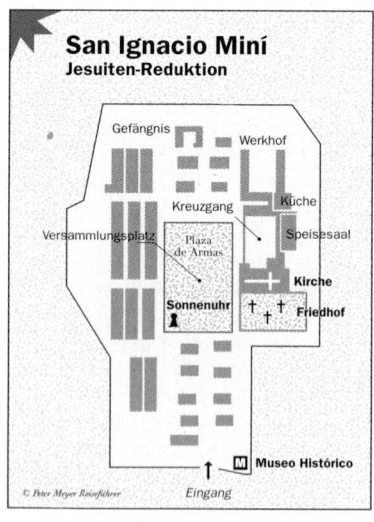

Unterkunft & Camping

Hotel Hostería, Independencia 469, 60 $.

Hotel San Ignacio, San Martín 823, etwa 40 $.

Hospedaje El Descanso, C. Pellegrini 270, sehr gemütlich, Betreiber spricht deutsch, 25 $.

Albergue Municipal, San Martín, 25 $.

Hospedaje Italia, San Martín 1291, 25 $ die Nacht.

Hospedaje Los Salpeterer, Sarmiento/Centenario, sehr schön gelegen, hier wird ebenfalls deutsch gesprochen, 25 $.

Camping: Bei der *Hospedaje El Descanso,* C. Pellegrini 270, empfehlenswert.

Die Reduktion San Ignacio Miní

Heute sind sämtliche jesuitischen Reduktionen nur noch Ruinen. Die Anfang des 19. Jahrhunderts zerstörte Reduktion San Ignacio Miní ist in Argentinien am bekanntesten, weil sie in den 40er Jahren restauriert wurde und touristisch gut erschlossen ist. In Paraguay ist die Reduktion *Trinidad* noch besser erhalten, im brasilianischen *San Miguel* ist vor allem die 24 m hohe Kirche bekannt.

San Ignacio wurde 1695 gegründet. Zu Beginn des 18. Jahrhunderts lebten hier zeitweise 4000 Menschen auf einem stadtähnlichen Gelände von 10 ha. Sie bauten Mate, Zitrusfrüchte und Gemüse an und züchteten neben Schafen und Ziegen schätzungsweise bis zu 30.000 Rinder.

Im Zentrum liegt die **Plaza de Armas** (Waffenplatz), um die herum Wohn- und Arbeitsräume, Unter-

Von San Ignacio Miní sind nur Ruinen übriggeblieben: Teil des Kirchenportals

richtsgebäude, der Friedhof und anderes angelegt waren. Auf dem Waffenplatz trat die Miliz der Jesuiten, gegründet zum Schutz gegen Sklavenjäger und Banditen, zum Apell zusammen. Architektonisches Prunkstück ist die **Kirchenruine,** deren Innenraum einst 74 m lang und 24 m breit war. Das 7 m hohe mächtige Eingangsportal ist gut erhalten. Eine *Führung* kostet 2,50 $, Gruppen zahlen je nach Größe 10 – 30 $.

Im **historischen Museum** am Eingang San Ignacio Minís, täglich von 7 Uhr bis zum Einbruch der Dunkelheit, 1,50 $, sind unter anderem Dias über den Alltag der Jesuiten zu sehen. Bei gutem Wetter findet im Sommer täglich um 19.30 Uhr eine *Multi-Media-Show* statt, 2,50 $.

Reisebüros in Posadas bieten Ausflüge nach San Ignacio an.

Verbindungen & Ausflüge

San Ignacio Miní liegt knapp 60 km östlich von Posadas auf dem Weg nach Iguazú. Von Posadas aus bestehen auch gute öffentliche Busverbindungen zu den Reduktionen **Santa Ana,** 1637 gegründet und größer als San Ignacio, und **Loreto,** gegründet 1632. Der Besuch einer dieser Ruinen gibt einen guten Eindruck von der Zerstörung der Reduktionen und stellt damit einen Kontrapunkt zu San Ignacio Miní dar. Santa Ana soll in den kommenden Jahren ebenfalls restauriert werden. Organisierte Ausflüge hierher gibt es noch nicht.

Puerto Iguazú

Puerto Iguazú liegt 300 km von Posadas entfernt und wenige Kilometer westlich der berühmten Iguazú-Wasserfälle an der Grenze zu Brasilien. Die 24.000 Einwohner zählende Stadt lebt fast ausschließlich vom Tourismus – und das seit 1991 ziemlich schlecht. Denn mit dem Wirtschaftsplan der Menem-Regierung ist der bis dahin blühende internationale Tourismus ausgeblieben oder in das brasilianische *Foz do Iguaçu* abgewandert, das seitdem billiger ist. Daher stehen in Puerto Iguazú einige Hotelruinen im Rohbau. Doch geht es hier wesentlich ruhiger und wohl auch sicherer zu als in Foz do Iguaçu, das zudem seit dem brasilianischen Wirtschaftsplan aus der Mitte der 90er Jahre wieder teurer wird. Absolute Saisonhöhepunkte sind Juli und Ostern. Dezember bis Februar gehören zur ausgedehnteren Saison.

Puerto Iguazú ist aber nicht nur als Ausgangspunkt für Fahrten zu den **Wasserfällen**, zum **Staudamm Itaipú** und ins paraguayische **Ciudad del Este** geeignet. Es gibt auch sehenswerte **Museen**. Ein kleines *Anthropologisches Museum*, San Martín 231, und *Imágenes de la Selva*, neben dem Bischofssitz, in dem auf Holz gefertigte Bilder des hier lebenden Paraguayers *Rodolfo Allou* zu sehen sind. Beide Museen sind Mo – Fr 8 – 12 und 15 – 17 Uhr geöffnet. Ein schöner **Spaziergang** ist der Weg zum Dreiländereck, die Av. 3 Fronteras entlang.

Ausritt durch den Urwald

Am Ortsausgang in Richtung Wasserfälle und brasilianische Grenze beginnt gegenüber dem *Hotel Cataratas* der **Cabalgata Ecológica** (Ökologischer Pferdeausritt). Dabei handelt es sich um einen halbtägigen Ausritt durch subtropischen Wald mit Besuchen von Guaraní-Siedlungen, etwa 25 $ pro Person. Längere Touren, auch mit Übernachtung, kosten entsprechend mehr.

Verbindungen

Bus: Busbahnhof, Av. Córdoba/Av. Misiones. Mehrere Busse täglich nach Resistencia und nach Buenos Aires über Posadas und Concordia. Mehrmals pro Woche nach Rosario und Córdoba. Nächster Verkehrsknotenpunkt ist Posadas, von wo aus viele Verbindungen bestehen. Trotz tropischer Wärme ist es notwendig, in die klimatisierten Überland- und Nachtbusse Pullover, Jacke und für die Bequemlichkeit auch den Schlafsack mitzunehmen.

Flug: Flughafen, ✆ 20971, 25 km vor der Stadt in Richtung Wasserfälle. Flüge mehrmals täglich zwischen Buenos Aires und Iguazú.

Aerolíneas Argentinas/Austral, ✆ 20237, Av. V. Aguirre 295.

Dinar, ✆ 20566, Córdoba 236.

Lapa, ✆ 20214, Bonpland 110.

Taxi: ✆ 21200.

Mietwagen: ✆ 20975, Av. V. Aguirre 279.

Unterkunft & Camping

Viele Hotels in Puerto Iguazú sind nur in der Hochsaison im argentinischen Winter und zu Ostern offen. Die hier angegebenen Hotels sind, soweit nicht anders vermerkt, das ganze Jahr über geöffnet. Die meisten Hotels haben ein eigenes Schwimmbad. In Puerto Iguazú darf nicht höher als drei Stockwerke gebaut werden, da die Stadt bereits Teil des Nationalparks ist. **Reservierungen** im Juli und an Ostern unbedingt empfohlen.

Hotel Internacional, ✆ 20748, 200 $, direkt an den Wasserfällen, Bus vom Flughafen. Das Hotel wurde zur Weltmeisterschaft in Argentinien 1978 fertiggestellt. Es wird sowohl wegen der wenig in den Nationalpark passenden Architektur kritisiert, als auch wegen der Tatsache, daß es in einem Nationalpark überhaupt privaten Besitz an Boden gibt.

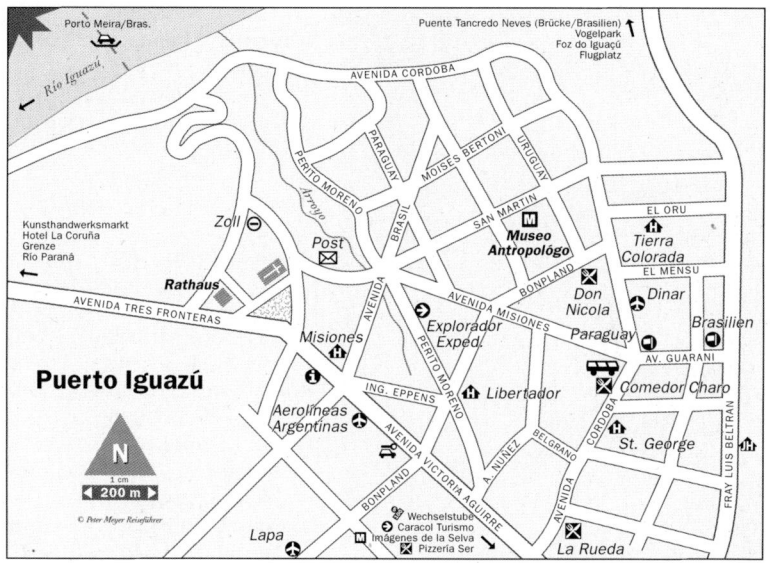

Hotel Cataratas, ✆ 21100, Ruta 12 bei Km 4, 130 $, Ortsausgang Richtung Wasserfälle.

Hotel Saint George, ✆ 20633, Av. Córdoba 745, 60 $.

Hotel Libertador, ✆ 20416, Bonpland 475, 60 $, nur in der Saison geöffnet.

Hostería Los Helechos, ✆ 20338, Amarante 76, 45 $, hier wird deutsch gesprochen.

Hotel King's, ✆ 20917, Aguirre 915, 40 $.

Residencial Tierra Colorada, ✆ 20649, El Oro 265, 40 $.

Hotel La Cabaña ✆ 20564, Av. Tres Fronteras 434, 20 $, einfach, sehr schön und ruhig gelegen im Dreieck der Flüsse, sehr empfehlenswert.

Jugendherberge: Fray Luis Beltrán 116, ✆ 20529, 6 $ pro Person, Bettwäsche 2 $, 10 Minuten vom Busterminal. Ein Tagesausflug auf die brasilianische Seite der Wasserfälle wird hier für 25 $ angeboten, ist allerdings auch ein Kommerztrip durch Kleider- und Souvenirshops.

Privatunterkünfte vermittelt die Touristeninformation.

Camping: *Camping El Pindó,* am Stadtrand.

Complejo Turístico Americano, 5 km über die Ruta 12.

Camping Municipal, ebenfalls dort, mit Bussen zu erreichen.

Essen & Trinken

Vielfältiges gastronomisches Angebot, hier einige empfehlenswerte Lokale:

Ziel Tausender: die Wasserfälle im Nationalpark von Iguazú

La Rueda, Av. Córdoba 28, das nicht gerade billige Grillrestaurant ist zu empfehlen.

Pizzería Ser, Av. Aguirre 453, gut.

Restaurant Don Nicola, Bonpland 555. Gut, Preise sind okay.

Camara de Comercio, Av. V. Aguirre 354. Günstig.

Comedor Charo bietet gutes und günstiges Essen direkt im Busbahnhof und im gleichnamigen Restaurant in der Av. Córdoba 106.

Restaurant China, Usuahia 168, bietet Tenedor libre: Essen soviel man kann.

Nützliche Adressen

Touristeninformation: Av. V. Aguirre 396, 9 – 12.30 und 15 – 20 Uhr. Am Wochenende bekommt man auch am Busbahnhof Auskünfte.

Post: Av. San Martín 780.

Telefon: Vorwahl Puerto Iguazú 0757.

Wechselstube: Av. Aguirre 1311, Reisechecks wegen der hohen Provision besser nicht in Puerto Iguazú tauschen.

Kunsthandwerk: *Artesanía Ñahu* in der Straße Corrientes 45, die von der Av. 3 Fronteras in Richtung Dreiländereck abgeht.

Casino: fast am Grenzübergang zu Brasilien, kein Eintritt, Sie können sich sogar kostenlos vom Hotel abholen und zurückbringen lassen, ✆ 20318, täglich 18 – 5 Uhr.

Brasilianisches Konsulat: Guaraní/ Beltrán.

Paraguayisches Konsulat: Av. Córdoba/Guaraní, wochentags 8 – 12 Uhr. Weder nach Brasilien noch nach Paraguay wird ein Visum benötigt.

Reiseziele in der Nähe

Etwa 40 km von Puerto Iguazú entfernt liegt die Edelstein- und Halbedelstein-**Mine Wanda.** Die wertvollen Steine sind in etwa 150 Millionen Jahre altes Vulkangestein eingeschlossen und werden seit 1979 ausgebeutet; pro Jahr 7000 kg Steine und 10 kg Edelsteine. Ein Teil der Mine kann besucht werden und Edelsteine werden verkauft. Eintritt frei, kostenlose spanischsprachige Führung. Ein Besuch der Mine ist in vielen Pauschalangeboten enthalten.

Eine weitere Attraktion ist das aus Pflanzen bestehende **Naturlabyrinth** *(Labirinto vegetal)*, das größte seiner Art in Südamerika, in *Montecarlo*, wohin ebenfalls organisierte Ausflüge führen.

Die Wasserfälle von Iguazú

Die Wasserfälle von Iguazú sind als Teil des gleichnamigen **Nationalparks** eine der Hauptattraktionen Argentiniens, zu der sich auch viele Einheimische in einem Kurzurlaub aufmachen.

Der Fluß *Iguazú,* auf Guaraní bedeutet das »große Wasser«, fließt mehrere hundert Kilometer durch Brasilien, bevor sein Wasser über ein zweieinhalb Kilometer breites Felsenband an über 250 Stellen in die Tiefe stürzt; am spektakulärsten an der **Garganta del Diablo,** dem Teufelsschlund. Der Iguazú kommt auf einer Höhe von 1300 m an und befindet sich 20 km weiter an der Mündung zum Paraná-Fluß auf einer Höhe von 160 m.

Die Wasserfälle sind von argentinischer und von brasilianischer Seite aus zugänglich. Im argentinischen Teil wirken sie wilder und vielfältiger und sind auf zwei unterschiedlichen **Rundgängen** zu bewundern: dem *Circuito Inferior* und dem *Circuito Superior.*

Von Brasilien aus ist die Garganta zu sehen, außerdem gibt es dort ein **Naturkundemuseum.** Von dort steigen auch – ökologisch unverantwortlich – Helikopter zu Rundflügen auf, was in Argentinien seit einigen Jahren verboten ist.

Im **Besucherzentrum** am Eingang zum argentinischen Teil sind Informationen erhältlich.

Sowohl auf der brasilianischen als auch auf der argentinischen Seite besteht die Möglichkeit, einige Kilometer unterhalb der Wasserfälle mit **Booten** zu starten und bis an die Wasserfälle heranzufahren.

Ein Besuch in Iguazú ist das ganze Jahr über möglich. Allerdings sind die Wasserfälle besonders faszinierend, wenn der Iguazú-Fluß viel Wasser führt. Das ist im Mai und Oktober, nach der Regenzeit, der Fall.

Es lohnt sich auch, in den 55.500 ha großen **Nationalpark** weiter einzudringen, was unter anderem mit Mountainbikes möglich ist. Sie können Krokodile und Wildschweine, Affen und Schmetterlinge, Lianen und Orchideen sehen. Der 5 km lange **Wanderweg Picada Macuco** auf der argentinischen Seite führt zu einem weiteren kleinen Wasserfall. Zudem gibt es **organisierte Fahrten** durch den Nationalpark.

Wer nicht mit einer organisierten Reise kommt und kein Spanisch spricht, kann sich an **deutschsprachige Park-Führerinnen** wenden, *Claudia Ploche,* © 21307, und *Pety Ulbrich,* © 22182. Eine Tour kostet bis 10 Personen um die 40 $, geht es auch den Urwaldweg Macuco entlang, etwas mehr. Für den brasilianischen Teil empfehlen wir eine organisierte Tour, am besten nach einer deutschsprachigen Tour auf der argentinischen Seite. Wer eine deutschsprachige Führung auch auf der brasilianischen Seite möchte: *Nani Reister* ✆ 5231230, *Paulo Biesdorf* ✆ 5231032.

Eine **Fotosafari** auf der argentinischen Seite bietet *Explorador Expediciones* an, Fax 21632, Perito Moreno 217, 1. Stock, B, Di – So, 10.30 und 15 Uhr, Start am Besucherzentrum im Nationalpark.

Empfehlenswert ist auch noch ein Besuch im **Vogelpark**, *Parque de los Aves,* in dem seltene Vögel aus der ganzen Welt leben, die im tropischen und suptropischen Klima zu Hause sind. Der Park kostet 8 Reales Eintritt und befindet sich auf brasilianischer Seite in der Nähe der Wasserfälle.

Tukan im Parque de los Aves auf brasilianischer Seite des Nationalparks

Verbindungen & Infos
Ab 6.40 Uhr fahren ständig Busse für 2 $ vom Terminal zum 17 km entfernt gelegenen Nationalpark. Wegen das touristischen Ansturms empfiehlt sich ein früher Bus für eine ungestörte Wanderung und ein ganz besonderes Erlebnis. Mit einem Bus können Sie im Nationalpark weiter nach *Puerto Canoas* und dann mit einem Boot zur Teufelsschlucht fahren. Rechnen Sie damit, daß Sie naß werden.
Eintritt für die argentinische Seite 9 $, für die brasilianische 2 Real, das entspricht 2 $; es werden aber nur brasilianische Real akzeptiert.
Öffnungszeiten des Nationalparks: 8 – 18 Uhr als Kernzeit, im Sommer ausgeweitet.

Ausflug nach Brasilien
Unbedingt sollten Sie den Besuch der Wasserfälle verbinden mit Ausflügen nach *Foz do Iguaçu* und zum Wasserkraftwerk *Itaipú*. Fahren Sie nicht am Sonntag, da dann Itaipú geschlossen ist.

Die hügelige Stadt **Foz do Iguaçu** liegt in der brasilianischen Provinz Paraná und hat etwa 240.000 Einwohner. Sie ist ein touristisches Zentrum und zudem der Ausgangspunkt brasilianischer Händler für Geschäfte mit Paraguay.

Unterkunft & Camping
In Foz ist Übernachten günstiger als in Puerto Iguazú, die Stadt besitzt über 250 Hotels und ist viel größer als das argentinische Pendant. Auch hier haben fast alle Hotels ein Schwimmbad.

Hotel Foz do Iguaçu, © 5234455, Fax 5234454, Av. Brasil 97, 100 $.

Recanto Park Hotel, © und Fax 5223000, Av. Costa e Silva, 100 $.

Hotel Colonial Iguaçu, © 5231777, Fax 5741960, Rodovia das Cataratas bei Km 16, 55 $, etwas außerhalb in Richtung Wasserfälle.

Apart Hotel, © 5741019, Av. Brasil 1242, Apartments ab 30 $ für ein Zimmer, 50 $ für zwei Zimmer, großzügig mit Kochgelegenheit.

Sol Hotel, © 5231232, Av. Brasil 74, ab 50 $.

Diplomata Hotel, © und Fax 5231615, Av. Brasil 678, 35 $, im Zentrum.

Hotel City, © 5742074, Av. Brasil 938, 33 $, im Zentrum.

Hotel Bastos, © 5745839, Castelo Branco 931, ab 25 $.

Hotel Pietá, © 5745581, Rebouças 84, 30 $, etwas außerhalb des Zentrums.

Hotel Tarobá, © 5743670, Tarobá 1048, 25 $.

Hotel Piratini, © 5233370, Rui Barbosa 237, 20 $.

Pousada Evelina Navarte, © 5743817, Irlan Kalicheski 171, Treffpunkt vieler internationaler Reisender.

Pensión Maria Schneider, © 5742305, Av. Schimmelpfeng 483, 10 $, hier wird deutsch gesprochen.

Camping: am Eingang zum Nationalpark.

Essen & Trinken

Fleischgerichte sind in Brasilien in der Regel längst nicht so gut wie in Argentinien. Viele **preiswerte Restau-**

rants sind in der Av. Schimmelpfeng auf Höhe 600 – 800, etliche **Cafés** gibt es in der Fußgängerzone Rua Barão do Rio Branco.
Dom Poletto, Av. Costa e Silva 800, bietet Italienisches.
Restaurante e Pizzaria Iguaçu, Av. Brasil 389, günstig.
Oba Oba Samba Rio Rafain, ✆ 742720, Rodovia das Cataratas bei Km 6,5, ist überregional bekannt. Hier kann ab 20.30 Uhr zu Abend gegessen werden, täglich ab 22.30 Uhr findet eine **Tanzshow** statt.

Nützliche Informationen
Busbahnhof: Av. Costa Silva. Nach Argentinien kommt man jedoch auch von der Bushaltestelle Av. República Argentina/Av. T. Neves.
Touristeninformation: Av. Kubitscheck/Rio Branco.
Reisebüros: vor allem in der Av. Brasil. Siehe auch oben bei »Nationalpark Iguazú«.
Vorwahl: von Argentinien aus muß 0455 gewählt werden.

Das Wasserkraftwerk Itaipú und seine Folgen für Argentinien
Einer der faszinierendsten und umstrittendsten Orte in Lateinamerika ist das Wasserkraftwerk Itaipú. In der Eigenwerbung wird es »eines der sieben Wunder der Neuzeit« genannt. 1966 wurden die Verträge zum Bau zwischen den Regierungen ausgehandelt, Argentinien beteiligte sich entgegen ursprünglicher Pläne nicht. 1975 begannen die Arbeiten, an denen zeitweise 30.000 Menschen beteiligt waren. Heute hat das Kraftwerk 3000 Beschäftigte. 18 Milliarden US-Dollar kostete Itaipú.

Die technischen Daten dieses Monstrums der Fortschrittsgläubigkeit: Eine fast 8 km lange und bis zu 196 m hohe Mauer (Itaipú heißt auf Guaraní »singender Fels«) staut den Río Paraná zu einem 1350 km² großen See auf, der zwei- bis dreimal soviel Wasser enthält wie der Bodensee. 18 Turbinen erzeugen fast 13.000 Megawatt Strom, der Süden Brasiliens und teilweise Rio de Janeiro und São Paulo werden mit Energie versorgt. Im Jahresdurchschnitt wird Strom für 40 Millionen Menschen erzeugt, etwa ein Drittel der elektrischen Energie Brasiliens. Paraguay, dem auch ein Anteil am Strom zusteht, kann diesen nicht nutzen, weshalb er an Brasilien verkauft wird. Im Verhältnis zum aufgestauten See wird mehr Energie gewonnen als bei den meisten Stauseen, was von den Projektbefürwortern immer wieder als Argument für den Staudamm angeführt wird.

Die Kritik richtete sich während des Baus des Kraftwerks gegen die rücksichtslose Umsiedlung der Bewohner des Gebietes und die großräumige Abholzung. Damals wie heute stehen die Eingriffe in das fragile Ökosystem der Region, deren Folgen nicht abzusehen sind, im Zentrum der Diskussion. Das Mikroklima der Region hat sich stark verändert, es herrscht permanent hohe Luftfeuchtigkeit, die Wasserqualität des Sees ist schlecht. Außerdem wird das Flußbett des Río Paraná versanden. Argentinien ist besonders von der Kraftwerkspolitik betroffen, da das abge-

Gigantisch: das Wasserkraftwerk Itaipú erzeugt allein soviel Strom wie alle 7 Atomkraftwerke Süddeutschlands mit ihren 12 Reaktorblöcken

lassene Wasser, dessen Menge die paraguayischen und brasilianischen Betreiber bestimmen, durch das Land fließt. So kam es 1982/83 zu schweren Überschwemmungen im Litoral, der argentinischen Uferzone des Río Paraná, als zuviel Wasser aus dem Stausee abgelassen wurde. 50.000 Familien waren damals betroffen. Absurd ist zudem, daß das Kraftwerk ökonomisch noch nicht einmal rentabel ist.

Wasserkraftwerke haben in Brasilien eine große Bedeutung. Drei der zehn größten Staudämme weltweit befinden sich hier. Allein der Paraná, der siebtgrößte Fluß der Erde, und seine Zuflüsse sind 37 mal aufgestaut.

Südlich von Itaipú soll der Río Paraná, dort wo er die Grenze zwischen Paraguay und Argentinien bildet, vier mal aufgestaut werden. Das westlich von Posadas gelegene *Kraftwerk Yacyretá,* nach Itaipú das zweitgrößte Lateinamerikas, ist nach 15jähriger Bauzeit und explodierenden Kosten weitgehend fertig. Drei weitere, gegen die sich zunehmend Widerstand erhebt, sind geplant.

Verbindungen & Infos

Von Puerto Iguazú werden Tagesausflüge nach Itaipú angeboten, öffentliche Busse fahren jede Stunde vom brasilianischen Foz do Iguaçu, Linie 120, Abfahrt Av. T. Neves/Av. República Argentina, direkt zum Besucherzentrum des Itaipú-Staudamms.

Im **Besucherzentrum** von Itaipú, Mo – Sa 8 – 12 und 13.30 – 16.30 werden um 8, 9, 10, 14, 15 Uhr Filme in verschiedenen Sprachen gezeigt, wobei es sich natürlich um Öffentlichkeitsarbeit handelt, bei der keine kritischen Stimmen zu hören sind.

Nebenan befindet sich ein **Ökologiemuseum.** Mehrmals täglich finden **Führungen durch das Kraftwerk** statt.

Buchtip
Héctor Horacio Dalman, ›El País de los Ríos muertos. Argentina – Brasil: Geopolítica de la Destrucción ambiental‹ (Das Land der toten Flüsse: Über die geo- und umweltpolitische Bedeutung der Stauseen), Buenos Aires 1985.

Ausflug nach Paraguay

In das nahe Paraguay lohnt sich ein Ausflug nach **Ciudad del Este,** Stadt des Ostens, das vor einigen Jahren noch den Namen des damaligen Militärdiktators *Stroessner* trug. Die lebendige Grenzstadt ist gut erreichbar und ein Zentrum für den Handel mit gefälschten Markenartikeln. Ciudad del Este wurde erst 1957 gegründet und hat heute etwa 200.000 Einwohner, hier leben etwa 7500 Araber, 5000 Chinesen und 1500 Koreaner. In den 70er Jahren war es die am schnellsten wachsende Stadt in ganz Lateinamerika, schätzungsweise gibt es außer den in Häusern untergebrachten Geschäften noch ungefähr 7000 Straßenstände.

Tip: Ein **organisierter Ausflug** ins »Hongkong Lateinamerikas« lohnt selbst dann, wenn man kein Spanisch spricht. Solch ein Ausflug kostet in der Regel 25 $ und beinhaltet noch ein Mittagessen und den Besuch einer Schokoladenfabrik. Dies ist relativ günstig, und vor allem ersparen Sie sich die komplizierte Fahrerei mit öffentlichen Verkehrsmitteln. Am Busbahnhof in Puerto Iguazú beginnen die Fahrten täglich um 8.30 Uhr, etwa mit *Caracol Turismo,* ✆ 20064, Av. V. Aguirre 563. Ciudad del Este ist mittwochs und samstags am vollsten.

WÜSTEN & WEINBERGE

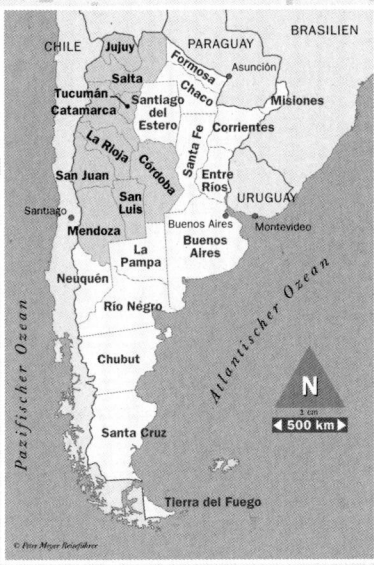

NATUR & UMWELT

GESCHICHTE BIS HEUTE

POLITIK, SOZIALES, KULTUR

REISE-INFORMATIONEN

BUENOS AIRES & PROVINZ

NORDOSTEN & IGUAZU

WÜSTEN & WEINBERGE

PATAGONIEN & FEUERLAND

URUGUAY: MONTEVIDEO

ROUTEN DURCH URUGUAY

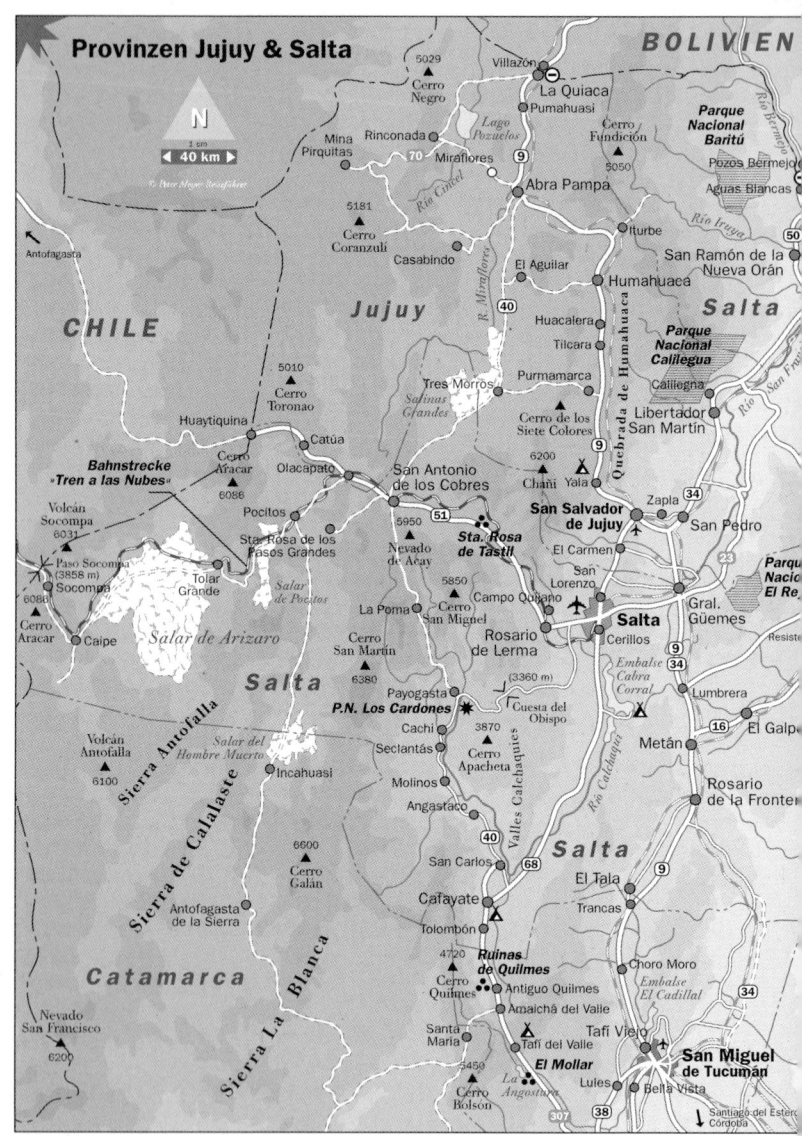

DER NORDWESTEN: HOHES LAND DER WÜSTEN

Im Nordwesten trifft man auf ein indigen geprägtes Land, in dem europäische und US-amerikanische Einflüsse nicht so stark sind wie im übrigen Argentinien. Viele wohlhabende Bewohner der hiesigen Provinzen romantisieren das naturnahe Gaucholeben – als Viehhirte abseits der Städte, ein Leben ohne Elektrizität mit über offenem Feuer gekochtem Mate cocinado (süß aufgekochtem Mate-Tee) und Pan casero (flaches, rundes, hausgemachtes Brot). Bei festlichen Reitwettbewerben in alten Kostümen wird dieses Leben gefeiert.

Doch in dieser Region bestehen auch trotz eines gewaltigen Reichtums an Bodenschätzen und des immens fruchtbaren Landes krasse soziale Gegensätze. Die ungleiche Bodenverteilung ist ebenso dafür verantwortlich wie die geringe Industrialisierung, wodurch Arbeitsplätze fehlen, eine feudalistische Sozialstruktur und korrupte staatliche Verwaltungen. In den nordwestlichen Provinzen gibt es eine zusätzliche **eigene Währung** (siehe Seite 164), 1:1 mit dem Peso, die nur in der jeweiligen Provinz in Gebrauch ist. Damit wollen die Provinzregierungen ihren engen Finanzspielraum erweitern.

Im Nordwesten leben die meisten **Ureinwohner** des heutigen Argentinien, die wie in allen lateinamerikanischen Ländern sozial ausgegrenzt sind und vor allem in den Städten in unwürdigen Verhältnissen leben. Ökonomisch sind sie wichtig; als billige und rechtlose Wanderarbeiter werden sie flexibel und kurzfristig zu den Ernten eingesetzt. Da die Löhne in Argentinien im Vergleich zu Bolivien wesentlich höher sind, wird diese »stille Reserve« auf dem Arbeitsmarkt durch *peónes* (Hilfskräfte) aus dem Nachbarland noch vergrößert.

Die Rückkehr der **Cholera**, einer typischen Armutskrankheit, im Sommer 1992 zeigte, wie schlimm die hygienischen Verhältnisse sind. Die Seuche hatte zur Folge, daß der Nordwesten plötzlich im Mittelpunkt der Aufmerksamkeit stand. Hilfsmaßnahmen blieben aber unzureichend und wurden durch Befürchtungen der Regierung, die Cholera könne sich ausbreiten, behindert. Die Reichen und Mächtigen waren besorgt, nicht etwa weil sie selbst gefährdet waren, sondern weil die Exporte nicht mehr gut liefen. Inzwischen ist die Cholera weitgehend eingedämmt, es kommen nur noch einzelne Fälle vor (siehe Seite 151, Gesundheit).

In Gegensatz zur harten sozialen Realität steht die landschaftliche Schönheit dieser Region. Die überwältigende Bergwelt des Nordwestens wird als der Ort, »wo Amerika mit dem Himmel spricht«, bezeichnet. Die **Puna** ist ein an die Anden östlich anschließendes breites Gebirge mit mehreren Hochbecken zwischen 3000 und 4000 m Höhe. Nach Norden setzt sie sich im bolivianischen *Altiplano* (Hochebene) fort. Sie bildete sich im Tertiär heraus. Da die Böden der Hochbecken von gewaltigen Schuttmassen belegt sind, bildeten sich dort an den tiefsten Stellen Salzseen. Die außerordentliche Vegetationsarmut von Hochkordillere und Puna, wo lediglich Büschelgräser, Kakteen und Polstergewächse gedeihen, findet man auch in der patagonischen Steppe im Süden Argentiniens. Neben kahler Gebirgswelt und wüstenhafter Hochebene gibt es in der besser erreichbaren östlichen Puna aber auch mit Flußtälern durchzogene fruchtbare Gebiete, in denen Pflanzen wuchern. Das an die Puna und den Chaco angegrenzende subtropische Waldgebiet ist reliefartig in verschiedene Höhenstufen gegliedert. Das Fällen und Verarbeiten der kostbaren Hölzer ist für die Siedler in zumeist indigenem Gebiet Haupteinnahmequelle.

Empfehlenswerte Reiserouten führen durch das **Calchaquíes-Tal** und die **Quebrada von Humahuaca**. Und auch eine Reise mit dem »Zug zu den Wolken«, **Tren a las Nubes**, gehört zweifellos zu den Höhepunkten einer Argentinienreise.

PROVINZ JUJUY

Die Provinz Jujuy liegt im Nordwesten des Landes an der Grenze zu Bolivien und Chile. Hier leben über eine halbe Million Menschen auf etwa 53.000 km². Jujuy ist vom Rest Argentiniens vergessen und hat kulturell und ökonomisch mehr mit Bolivien gemein. Ähnlich wie in Salta oder Tucumán üben wenige alteingesessene kreolische Familien die wirtschaftliche und politische Macht aus.

Es gibt in Jujuy einige Industriebetriebe, aber neben der Landwirtschaft (Zucker, Tabak, etwas Gemüse und Zitrusfrüchte) ist vor allem der Bergbau (Blei, Silber, Zinn, Erz) ökonomisch wichtig. Die Bewohner dieser Region bauten schon lange vor der Eroberung des Landes durch die Spanier Mineralien ab.

Jujuy hat einen gebirgigen und kargen Teil – die Quebrada von Humahuaca und den Altiplano – sowie subtropische Gebiete im Osten und ein gemäßigtes Klima im Süden um die Hauptstadt.

Da über 40.000 Indígenas und fast 300.000 Mestizen in Jujuy leben, stößt man zwangsläufig auf die Frage nach der kulturellen Integration. Ist sie sinnvoll und von den Ureinwohnern erwünscht oder nicht? Und wenn ja, wie soll diese Integration erfolgen angesichts der schlechten historischen Erfahrungen? Wie können zweisprachige Schulprojekte aussehen? Ein provozierender Gesprächspartner zu solchen Themen ist der indigene Jugendherbergsleiter von Humahuaca, *Sixto Vázquez Zuleta,* der auch als Publizist, Anthropologe und Historiker tätig ist.

Unterkunftsmöglichkeiten: Hotels finden Sie in den touristischeren Orten wie *Jujuy, Termas de Reyes, Tilcara* und *Humahuaca,* eher einfache Unterkünfte in *Huacalera, Lozano, La Quiaca* und *San Pedro de Jujuy.*

San Salvador de Jujuy

Die 1565 gegründete Stadt am Río Grande, in den der *Río Xibi Xibi* fließt, hat knapp 195.000 Einwohner. Sie liegt auf 1259 m Höhe und bietet touristisch eher wenig. Sie macht einen trockenen und staubigen Eindruck und scheint in der Mittagshitze zwischen ein und vier Uhr völlig ausgestorben, sogar die vielen Cafés und Confiterías in der Fußgängerzone und den angrenzenden Straßen sind dann verwaist.

Alte und ehrwürdige Gebäude sind die im 18. Jahrhundert erbaute *Iglesia Catedral* und der *Cabildo* aus dem 19. Jahrhundert an der **Plaza Belgrano**, in deren Mitte ein Reiterstandbild des Generals steht. Der Sitz der *Provinzregierung*, ganz im französischen Stil gehalten, stammt aus den Anfängen dieses Jahrhunderts.

Sehenswert ist der inzwischen nicht mehr genutzte Bahnhof, der einmal als Symbol des Fortschritts die Stadt mit den Häfen des Landes verband.

Nach Westen bummelnd, stößt man schräg gegenüber der *Iglesia San Francisco* auf das **Museo Histórico de la Provincia**, Lavalle 250, täglich 8.30 – 12.30 und 15 – 20 Uhr. An der Ecke gegenüber befindet sich die *Touristeninformation*.

In der Universität von Jujuy gibt es ein **Museo de Paleontología y Mineralogía**, Avenida Bolivia 2335, Mo – Fr 8 – 13 Uhr. Dort ist jeden So 10 – 19 Uhr eine Ausstellung zur regionalen Fauna, *Estación Biológica de Fauna Silvestre,* der Öffentlichkeit zugänglich.

Das **Muso de Bellas Artes Jorge A. Mendoza** in San Martín 232, Mo – Fr 8 – 12 Uhr und 17 – 19 Uhr.

Kunsthandwerk wird an der Plaza Belgrano, im *Centro de Arte y Artesanía,* Balcarce 427, und in *Regionales Lavalle,* Lavalle 268, angeboten. Ausschau halten sollten Sie nach Produkten aus Schafs-, Lama-, Alpaca- oder Vicuñawolle, obwohl die Hitze den Kauf von Handschuhen vielleicht absurd erscheinen läßt. Dabei raten wir aus solidarischen Gründen davon ab, mit Straßenhändlern zu handeln, da diese vom Verkauf leben.

Verbindungen

Bus: Busbahnhof Iguazú/Dorrego. Gute Verbindungen in andere nordargentinische Städte, nach Buenos Aires (ab 70 $, 1643 km, 22 Stunden), zur

Tolles Souvenir: Stricksachen aus Lama-Wolle

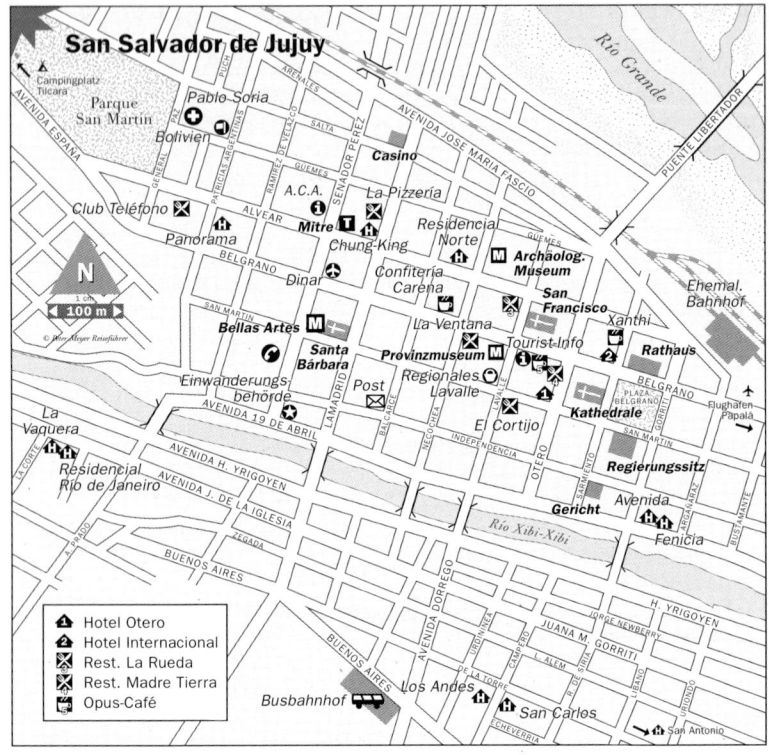

bolivianische Grenze nach La Quiaca, seltener über Salta nach Chile (Busgesellschaften *Géminis* oder *Tramaca*).

Flug: Flughafen *El Cadillal*, ☏ 91101, 32 km außerhalb der Stadt; Busse fahren am Hotel Avenida, 19 de Abril 469, ab. Vor allem Flüge nach Buenos Aires und Salta, aber auch nach Bolivien und Ecuador.

Dinar, ☏ 37100, Senador Pérez 308, Local 3.

Aerolíneas Argentinas/Austral, ☏ 22412, San Martín 735.

Unterkunft & Camping

Hotel Panorama, ☏ 234089, Belgrano 1295, 84 $.

Hotel Fenicia, ☏ 231800, 19 de Abril 427, 80 $.

Hotel Internacional, ☏ 231599, Belgrano 501, 65 $.

Hotel Sumay, ☏ 235065, Otero 232, 48 $.

Hotel Avenida, ☏ 236136, 19 de Abril 469, 42 $.

Residencial San Carlos, ☏ 222286, Rep. Siria 459, 25 $.

Residencial Chung-King, ✆ 228142, Alvear 627, 22 $.
Residencial El Balcón, ✆ 260520, El Fortín 12, 22 $.
Residencial San Antonio, ✆ 225998, L. La Torre 993, 20 $.
Residencial Los Andes, ✆ 224315, Rep. Siria 456, 19 $.
Residencial Norte, ✆ 22721, Alvear 444, 15 $.
Residencial Rio de Janeiro, ✆ 223700, José de la Iglesia 1356, 14 $, für den Preis sehr zu empfehlen.
Residencial Los Suspiros, ✆ 261115, Av. Mosconi 99.
Residencial La Vaquera, José de la Iglesia 1374, sehr preiswert, auch für Alleinreisende zu empfehlen.
Camping: *El Refugio*, 19 km außerhalb der Stadt in *Yala*, 3 $, mit dem Bus Nr. 9 zu erreichen.

Essen & Trinken

La Rueda, Av. Lavalle 329, Steaks und mehr; empfehlenswert.
La Ventana, Belgrano 751, empfehlenswertes Restaurant, außer Steaks auch andere Gerichte.
Restaurante Club Teléfono, Alvear 1050; günstig.
La Pizzería, Alvear 921.
El Cortijo, Av. Lavalle/San Martín, sehr gutes vegetarisches Essen.
Madre Tierra, Gral. Otero/Belgrano. Ebenfalls ein *naturalista*, Naturkostrestaurant.
Café & Eis: *Opus-Café*, Belgrano 856.
Confitería Carena, Belgrano 899.
Xanthi, Belgrano 515; Eisdiele.

Nützliche Adressen

Touristeninformation: am Busbahnhof oder Belgrano 690. Letzteres bis 21 Uhr geöffnet, jedoch zwischen 13 und 15 Uhr, wie fast alles in dieser Stadt, geschlossen.
Post: Independencia/Balcarce und am Busbahnhof.
Telefon: Ferngespräche Senador Pérez 150 oder neben der Touristeninformation in Belgrano 690.
Bolivianisches Konsulat: ✆ 261905, Güemes 779, privat bei *Paulina Divana*. Reisende aus der BRD, Holland, Österreich und der Schweiz benötigen kein Visum.
Teatro Mitre: Alvear/Lamadrid.

Reiseziele in der Nähe

In der näheren Umgebung der Stadt liegen die **Altos Hornos** (Hochöfen) in *Zapla*, die zu den größten Argentiniens gehören. Ebenfalls zu besichtigen ist das **Zellulosewerk** in *Palpalá*. Mit dem Bus 10 nach Palpalá können beide Sehenswürdigkeiten erreicht werden. Für Betriebsbesichtigungen erteilt die Touristeninformation nähere Auskünfte.

Ungefähr 19 km von San Salvador de Jujuy in Richtung Nordwesten liegen die **Termas de Reyes** (Königsthermen) in einem von Bergen umgebenen Tal auf einer Höhe von 1363 m. Ein Besuch lohnt sich als Tagesausflug oder auch für mehrere Tage, Sie können sich im Hotel *Termas de Reyes*, Ruta 4 bei Km 19, ✆ 235500, einmieten. Zelten kann man dort auch. Der Bus Nr. 14 fährt etwa sechs mal täglich zu den Thermen und erreicht diese nach 45 Minuten.

Reittouren, **Trekking** und **Bergtouren** sowie Übernachtungen auf der *Finca Las Pircas* organisiert für etwa 100 $ am Tag *Las Pircas,* ✆ 088 237467 in Jujuy, oder *Caminos Action Travel,* ✆ 3119603, Paraguay 866, 1. Stock, in Buenos Aires.

Durch die Quebrada de Humahuaca

Die Puna, das Hochplateau, das sich bis nach Bolivien und Chile zieht, wird von drei riesigen Schluchten, die von Norden nach Süden verlaufen, durchschnitten. Eine ist das *Valle de Calchaquíes* (siehe Seite 312) eine weitere die *Quebrada del Toro,* die der »Tren a las Nubes« mit vielen Windungen hinauffährt (siehe Seite 311), und am weitesten im Osten liegt die Quebrada de Humahuaca. Eine *quebrada* (Klamm) ist eine Felsschlucht, durch die sich meist auch ein kleiner Bach schlängelt. Ein *valle* (Tal) dagegen ist erheblich breiter.

Von San Salvador de Jujuy bis zum bolivianischen Grenzort **La Quiaca** (3442 m) sind 292 km auf der Nationalstraße 9 zurückzulegen. Hier fahren täglich Busse und es lohnt sich an mehreren Orten, die Fahrt zu unterbrechen.

Im Sommer zur Regenzeit sind die Straßen teilweise überschwemmt, und die Temperaturschwankungen zwischen Tag und Nacht sind enorm. Angesichts der Höhe sollte man nicht zu schwer essen und sich nicht zu sehr anstrengen. Manchen Reisenden hilft das Kauen von *Coca*-Blättern gegen den Höhenschwindel. Nach Auskunft mehrerer Mediziner handelt es sich dabei nicht um ein Halluzinogen, das abhängig macht. Es ist deshalb für die Höhen und Kurvenfahrten durchaus zu empfehlen. Die Coca-Blätter werden nur in den Regionen, wo sie auch benötigt werden, legal verkauft und konsumiert. Die bitter schmekkenden Blätter einfach nach und nach in die Backentasche und den Speichel wirken lassen. So verfliegen angeblich Müdigkeit und Höhenschwindel.

Zur Route: Von San Salvador de Jujuy aus führt der Weg entlang am Río Grande anfangs durch subtropisches Gebiet nach Norden. Sie können in dieser Gegend einen Abstecher zu den **Lagunas de Yala** (Yala-Lagunen) machen, die am Fuß des über 6000 m hohen *Chañi* und 28 km von der Provinzhauptstadt entfernt liegen.

Weiter Richtung Bolivien auf der Ruta 9 liegt der bekannte **Cerro de los Siete Colores** (Sieben-Farben-Berg), der, wie der Name schon sagt, verschiedene Gesteinsfarben hat. Im Dorf **Purmamarca** (2275 m) können Sie in sogenannten *Departamentos,* die für mehrere Personen ausgestattet sind, für etwa 10 $ pro Person übernachten. Es gibt zwei Häuser, die Unterkünfte dieser Art anbieten; eines befindet sich in der Straße Florida gegenüber der Polizei, das andere hinter der Kirche. Im Februar findet hier das *Festival de la Pachamama* statt.

Ein Abstecher Richtung Westen bringt Sie über die Straße 52 nach *Tres Morros* und über einen 4100 m hohen Paß zu den 3500 m hoch gelegenen *Salinas Grande.* Nördlich von Purmamarca wird die Vegetation immer spärlicher.

Tilcara

Es lohnt sich einen Stop in Tilcara, das bereits 2461 m hoch liegt, einzulegen, 84 km von Jujuy. Hier wurde eine frühere **Indígena-Festung** teilweise wieder aufgebaut, Eintritt 2 $. Außerdem gibt es in Tilcara ein **Museum für Archäologie,** täglich 9 – 18 Uhr. Am Hauptplatz *El Prado* können Sie traditionelle indigene Handarbeiten kaufen. Wer Anfang oder Mitte Januar in der Gegend ist, sollte sich das große **Folklorefestival El Tilcareño** nicht entgehen lassen, aber auch zur *Semana Santa* (Ostern) ist es hier besonders schön.

Verbindungen & Infos

Bus: Regelmäßiger Busverkehr zwischen Humahuaca und Tilcara (eine Stunde) für 2 $.
Informationen: im *Hotel Antigal,* Rivadavia/Hauptplatz.

Unterkunft & Essen

Während des Folklorefestivals werden auch Privatunterkünfte angeboten.
Hotel de Turismo, ✆ 955002, Belgrano 590, 35 $.
Hotel El Antigal, Rivadavia, 25 $.
Residencial Esperanza, Belgrano 335, 20 $.
Jugendherberge: *Malka Hostel,* San Martín, 10 $ pro Person.
Camping: *El Jardín* ist dem ungepflegten städtischen Campingplatz vorzuziehen.
Essen & Trinken: Es ist vor allem ein Gaumenschmaus, die Humitas und Tamales am Hauptplatz bei *Papa verde* zu probieren.

Humahuaca

Weiter nach Norden in Richtung Hochebene kommt man nach Humahuaca, das 2939 m hoch liegt und mit gut 4000 Einwohnern das touristische Zentrum der Quebrada ist. *Coya*-Frauen bieten hier auf einem **Markt** gegenüber dem Busbahnhof ihre Waren an. Die Verbindungen von Jujuy nach Humahuaca, 129 km, sind sogar noch besser als in die anderen Orte der Schlucht.

Am **Hauptplatz** sind der *Cabildo* mit seinem Glockenturm sowie die 1641 fertiggestellte *Iglesia de la Candelaria* sehenswert. In der **Touristeninformation** am Hauptplatz berät man Sie gern.

Der Ort besitzt ein eindrucksvolles *Monumento de la Independencia* von 1924, ein **Museo Folclórico** in der Jugendherberge, täglich 8 - 20 Uhr, und das **Museo La Casa,** Buenos Aires 296, das einen Einblick in die Bräuche des 19. Jahrhunderts gibt.

Die **Kooperative Punha,** deren Mitarbeiter und Mitarbeiterinnen Lamawolle zu unglaublich weichen Pullis, Röcken und ähnlichem verarbeiten, ist ebenfalls einen Besuch wert.

Unterkunft & Essen

Residencial de Turismo, ✆ 21154, Bs. As. 650, 35 $.
Residencial Colonial, ✆ 21007, Entre Ríos 110, 20 $.
Residencial Humahuaca, ✆ 21141, Córdoba 401, 18 $.
Jugendherberge: *Hostel Humahuaca,* Buenos Aires 447, 5 – 7 $, je nachdem, ob Karneval ist. 40 Betten, maximal 6 Betten pro Zimmer.

Camping: hinter dem Bahnhof.
Restaurants: In den Restaurants spielen ab 21 Uhr oft Folkloregruppen.
La Cacharpaya, Jujuy 295, etwas exklusiver.
Humahuaca Colonial, Tucumán 22, gute regionale Kost.
El Rancho am Busbahnhof bietet ebenfalls regionale Gerichte.

Abstecher zum Ende der Welt
Von Humahuaca geht es in nordöstlicher Richtung von der Nationalstraße 9 ab über *Iturbe* und den 4200 m hohen Paß *Abra del Cóndor* nach **Iruya**. Die Fahrt zum »Ende der Welt« geht durch eine atemberaubende Landschaft und mündet in der *Quebrada de Iruya*. Das Busunternehmen *Mendoza* bietet eine öffentliche Verkehrsverbindung nach Iruya und startet zu diesem Trip montags, mittwochs und samstags um 10 Uhr; zurück geht es um 15 Uhr. Wegen Überschwemmungen können es auch mal vier statt drei Stunden Fahrt sein.

Während des Aufenthaltes kann man in einem *Comedor* zwei Straßen oberhalb der Bushaltestelle gut und günstig essen. Besuche zum **Festival** in Iruya am ersten Sonntag im Oktober werden nicht nur von Humahuaca, sondern auch von den Touristenbüros in San Salvador de Jujuy und Salta aus organisiert.

Übernachtungen sind in der *Albergue Belén* und in der *Hospedaje Tacho* möglich.

Tiere auf der Hochebene
Die Ruta 9 führt von Humahuaca weiter auf die Hochebene nach **Abra Pampa** (3400 m), Abfahrt 10 Uhr, 2,5 Stunden Fahrt. Feste werden hier am 15. August und am dritten Januarwochenende gefeiert.

Etwa 20 km westlich von Abra Pampa befindet sich die **Vicuñera Miraflores**, eine staatliche Zuchtfarm für die seltenen lamaartigen *Vicuñas,* die nur in Regionen über 3500 m leben. Beim Autoverleih *García,* © 91002, können Sie nachfragen, ob sich eine »Taxi«-Fahrt für bis zu 60 $ organisieren läßt. Für Fotos benötigen Sie unbedingt einen Zoom. Die Gatter dürfen zwar durchschritten werden, die Tiere sind jedoch sehr scheu.

Nach insgesamt 50 km von Abra Pampa aus erreichen Sie die **Laguna de los Pozuelos,** das größte Wasserreservat der Puna mit 50.000 *Flamingos.* Für 7 $ gibt es einen Transport hin und zurück von Abra Pampa nach *Río Cíncel.* Von hier nehmen Sie für eine Wanderung am besten gleich den Weg hinter der Hütte der Parkwächter. Achtung: Es gibt weder Essen noch Trinken, vorher ausreichend versorgen. Im Sommer, wenn die Lagune unter der sengenden Hitze austrocknet, sind oft keine Flamingos, dafür vielleicht Lamas zu sehen.

Ganz in der Nähe befindet sich *Rinconada,* eine alte, verlassene Goldgräberstadt.

Verbindungen & Unterkunft
Bus: Sowohl nach Miraflores als auch zur Laguna Pozuelos fährt von Abra Pampa wochentags ein Bus.
Post: ist in La Madrid/Independencia.
Unterkunft: In Abra Pampa können Sie in Doppelzimmern in verschiede-

nen *Residenciales* für 10 – 14 $ übernachten, etwa im *Cesarita*, S. Pérez 200, im *El Norte*, Sarmiento 530, und im *La Coyita*, Fascio 123, oder auf dem **Campingplatz** *Yala*.

La Quiaca

Von Abra Pampa aus weiter auf der Nationalstraße 9 wird schließlich das Grenzörtchen La Quiaca (3442 m) erreicht. Interessant ist unter anderem sein großer Markt. Nach *Villazón* in Bolivien ist es nur ein kurzer Spaziergang.

Wer am dritten oder vierten Sonntag im Oktober in der Region ist, sollte sich die **Fiesta de las Ollas** (Topffest, auch *Fiesta Manca*) nicht entgehen lassen, zu der Menschen aus den indigenen Gemeinden, vor allem die *Colla*, zusammenkommen und auch ihre Produkte, vor allem Töpfe und Kleidung, zum Verkauf anbieten.

Verbindungen & Unterkunft

Bus: Täglich mehrere Busse nach San Salvador de Jujuy. Von Villazón (Bolivien) fahren Busse nach Cochabamba, La Paz und Santa Cruz.

La Quiaca erreichen Sie mit dem *Quiaqueña*-Bus ab San Salvador de Jujuy auch via **Casabindo** auf der Straße 40 (271 km). Casabindo ist bekannt für seine Kirche und die *Corrida de torres*, ein Stierkampffest am 15. August.

Unterkunft: *Hotel de Turismo*, © 2243, San Martín/ Ecke Siria, 28 $.
Grand Hotel, beim Zugbahnhof, 28 $.
Hotel Crystal, © 2255, Sarmiento 539, 28 $.
Hotel Pequeño, Av. Bolívar 236, 20 $.
Residencial Independencia, beim Zugbahnhof, 10 $.
Camping: außerhalb La Quiacas.

Zwei Nationalparks zum Schutz des Waldes

Östlich der Quebrada de Humahuaca liegen zwei kaum erschlossene Nationalparks. Informationen zu beiden erhalten Sie im *Centro Cultural* (Kulturzentrum) von *Abra Pampa*.

Im **Nationalpark Baritú** (Provinz Salta), an der Grenze zu Bolivien und östlich von Abra Pampa, werden über 70.000 ha fast unberührter subtropischer Wald geschützt.

Südlich davon breitet sich ebenfalls als Teil der Puna der **Nationalpark Calilegua** mit abwechslungsreichen subtropischen bis subalpinen Wäldern auf fast 80.000 ha aus, Lebensraum für eine Vielfalt von Vögeln, außerdem Tapiren und Pumas. Ein weiterer Zugang zum Nationalpark ist **Calilegua**, östlich von San Salvador de Jujuy, auf der Straße 56 Richtung Libertador San Martín zu erreichen. Das *Besucherzentrum* dort erteilt Auskünfte, auch zum freien Campen. Von dort geht es auf einer ungeteerten Straße in die Berge und subtropischen Täler zum **Valle Grande**. Zwei Ranger wohnen in dem Park und können behilflich sein, ansonsten hat der Park keine Infrastruktur, Vorräte und Campingausrüstung sind notwendig.

Erfahrene und gut trainierte Wanderer können mit Führer oder Karte und Kompaß nach Humahuace und Tilcara laufen.

PROVINZ SALTA

In der Provinz Salta leben etwa eine Million Menschen auf über 154.000 km² Land. Sie grenzt an Chile, Bolivien, Paraguay und an sechs argentinische Provinzen.

Der Westteil Saltas liegt in den Anden, der Ostteil schließt subtropische und tropische Gebiete ein. Die Provinz verfügt über immensen natürlichen Reichtum: Erdöl, Erdgas und weitere Bodenschätze. Auf dem fruchtbaren Boden wachsen riesige Wälder; Zuckerrohr, Tabak, Zitrusfrüchte, Bananen und Wein gedeihen üppig in dem subtropischen Klima. In Salta existieren auch Industriebetriebe, vor allem zur Zucker- und Bierherstellung, die allerdings unter der Wirtschaftskrise leiden.

In Salta herrschen noch feudalistische Zustände, der Grundbesitz ist extrem ungleich verteilt, alteingesessene Familien haben das Sagen.

Die Indígenas leben entweder an der Peripherie der Städte oder in den Randgebieten der Region, vor allem an der Grenze zu Bolivien. Das Land, auf dem sie leben, war bisher überwiegend in Staatsbesitz. Doch wie fast alles in Argentinien wird es privatisiert und die darauf lebenden Menschen, die kein Privateigentum kennen, haben keinen Platz mehr in den Plänen der Immobilienmakler.

Unterkunftsmöglichkeiten: In Salta, *Cafayate* und *Rosario de la Frontera* gibt es Hotels, einfache Unterkünfte befinden sich in *San Lorenzo, Cachi, Molinos, Angastaco, San Carlos, Coronel Moldes, General Güemes, Metán, San Ramón de la Nueva Orán* und *Tartagal.*

Salta, die Schöne

La linda (die Schöne) wird das 1582 gegründete Salta genannt. Heute zählt die 1187 m hoch gelegene Provinzhauptstadt 500.000 Einwohner. Neben besonders gut erhaltener **Kolonialarchitektur** bietet das **Centro Coya** gute Möglichkeiten, die Lebensformen der Ureinwohner in verschiedenen Ausstellungen zu studieren.

Der Hauptplatz, der wie in so vielen Städten **Plaza 9 de Julio** heißt, ist ein geeigneter Ausgangspunkt für einen Stadtrundgang. Zwischen eins und drei Uhr mittags befinden Sie sich jedoch möglicherweise allein auf der Straße, da die ganze Stadt um die Mittagszeit Siesta hält. Der Platz wurde bis 1992 umfassend umgestaltet – über das Ergebnis kann sich jeder sein eigenes Urteil bilden. An ihm steht in guter kolonialer Tradition die eindrucksvolle *Kathedrale,* die zum 300. Jahrestag der Stadtgründung fertiggestellt wurde. Gleich neben dem Altar steht die argentinische Fahne und symbolisiert die enge Verbindung zwischen der erzkatholischen Oligarchie Saltas und der Kirche. In allen anderen Provinzen sind Kirche und Staat strikt getrennt, nur in Salta gibt es Religionsunterricht in den Schulen.

Auf der anderen Seite des Platzes ist im Rathaus aus dem Jahr 1626 das **Museo Histórico** untergebracht (Caseros 549, Di – So 10 – 14 Uhr, Di – Sa 16 –19.30 Uhr). Es ist ein eindrucksvolles Beispiel der *historia oficial,* jener von den Mächtigen geschriebenen Geschichte, die mehr fehldeutet als darstellt. Genau deswegen ist das Museum einen Besuch wert.

An der Ecke der Straßen *Caseros* und *Córdoba* liegt die **Iglesia de San Francisco**. In diesem Teil der Stadt befinden sich zahlreiche Cafés und Restaurants. Außerdem geht es in den beiden Fußgängerzonen, *Peatonal Florida* und *Alberdi* hoch her.

Die größte **Markthalle** ist ebenfalls gut zu Fuß von der Plaza 9 de Julio zu erreichen, *San Martín/Florida*. Dort gibt es Essensstände, und viele Lebensmittel der Region werden angeboten, über Mittag geschlossen. In der gleichen Straße befinden sich auch die Wohnhäuser der alten Patriarchen; in der **Casa Arias Rengel**, Florida 20, ist das *Museo de Bellas Artes* untergebracht, täglich 9 – 13 und 16 – 20 Uhr, So nachmittags geschlossen. In einigen besonders schönen Kolonialbauten befinden sich heute exklusive Hotels. Im Haus des Präsidenten *José Uriburu*, **Casa de Uriburu**, ist ein kleines Museum zur Kreolen-Kultur (*Criollo*) einen Durchgang wert, Caseros 476.

Vom Hauptplatz in Richtung Norden kommen Sie über die Straße *B. Mitre* nach sechs Häuserblocks zur **Plaza Güemes**, nach dem lokalen Caudillo des 19. Jahrhunderts benannt. Hier steht der eindrucksvolle **Palacio Legislativo**, in dem das Provinzparlament tagt. Die Straße endet am Bahnhof, von dem der *Tren a las Nubes* (siehe 311) abfährt.

Das Regierungsgebäude von Salta

Salta liegt am Fuße der Berge *San Bernardo* (1464 m) und *20 de Febrero* (1400 m). Besonders von **San Bernardo** bietet sich eine schöne Aussicht auf »die Schöne«. Die Gipfel sind mit dem *Teleférico* (Seilbahn) zu erreichen, dessen Bodenstation im **Parque San Martín** in der Nähe des Busbahnhofs liegt. Dort befindet sich

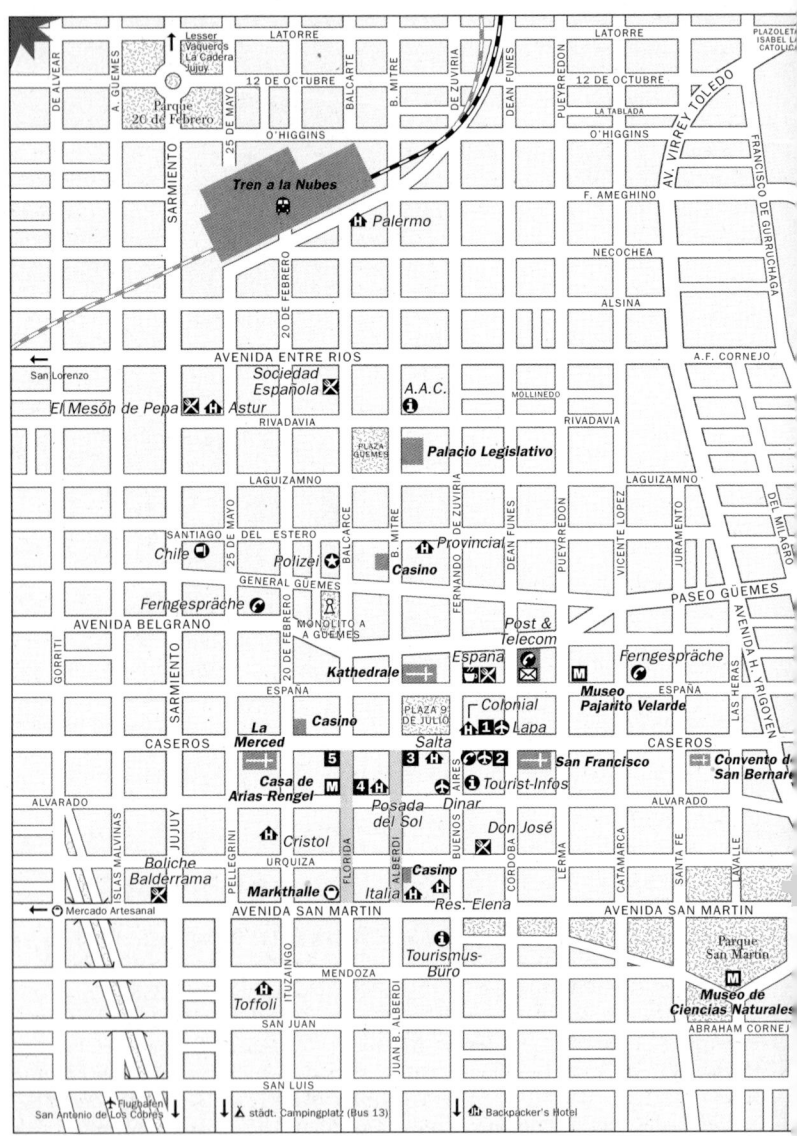

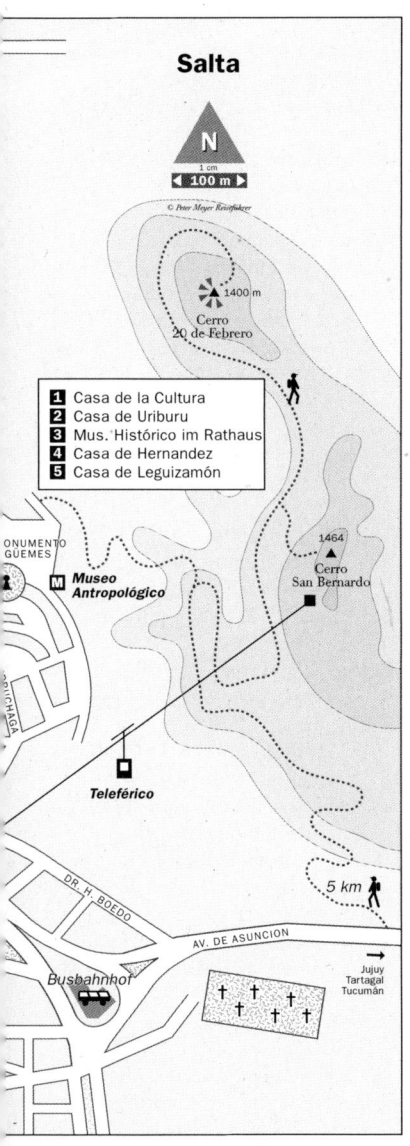

auch ein *Naturwissenschaftliches Museum*, Di – So 14 – 20 Uhr.

Vom mächtigen *Güemes-Denkmal*, am Ende der General Güemes am Fuß der Berge, führt ein schöner Spazierweg nach oben. Direkt hinter dem Denkmal steht das interessante **Anthropologische Museum**, Di – Fr 8.30 – 12.30 und Di – Sa 15 – 18.30 Uhr, das Sie unbedingt besuchen sollten.

Eine Rarität ist das kleine **Museo Folclórico Pajarito Velarde,** Pueyrredón 106, das nach dem gleichnamigen Volkssänger benannt wurde: Grammophone, Gaucho- und Tango-Utensilien sind dort zu sehen.

Im Westen der Stadt in der Nähe des *Canal del Oeste* ist der Kunsthandwerksmarkt **Mercado Artesanal** untergebracht, auf dem es regionale Produkte gibt.

Verbindungen

Bus: Busbahnhof Av. de Turista/Yrigoyen, ✆ 315227. Verbindungen in alle Landesteile Argentiniens, außerdem nach Chile, Bolivien und Paraguay, täglich nach San Salvador de Jujuy, Cafayate, Cachi, San Antonio de los Cobres und Tucumán.

Flug: Internationaler Flughafen, ✆ 241215, 9 km außerhalb der Stadt, Bus vom Büro der Aerolíneas Argentinas. Flüge in die Nachbarländer, die meisten jedoch nach Buenos Aires.

Aerolíneas Argentinas/Austral, ✆ 311454, Caseros 475.

Lapa, ✆ 317080, Caseros 492.

Lloyd Aéreo Boliviano, ✆ 319388, Deán Funes 29.

Dinar, ✆ 310606, Buenos Aires 46, Local 2.

Unterkunft & Camping
Hotel Salta, ✆ 310740, Buenos Aires 1, 100 $, am Hauptplatz.
Hotel Portezuelo, ✆ 310105, Av. del Turista 1, 88 $.
Posada del Sol, ✆ 317290, Alvarado 646, 72 $.
Hotel Colonial, ✆ 310805, Zuviría 6, 70 $.
Residenciales Elena, ✆ 211529, Buenos Aires 256, 30 $.
Residencial San Jorge, ✆ 210443, Esteco 244, 30 $.
Residencial Italia, ✆ 214050, Alberdi 231, 27 $.
Residencial Astur, ✆ 212107, Rivadavia 752, 26 $.
Hotel Provincial, Santiago del Estero 555, 25 $.
Residencial Cristol, Ituzaingo 166, 25 $, Parkett, Balkon, privates Bad.
Hotel Palermo, ✆ 220426, Balcarce 980, ✆ 22 $.
Casa de María del C. Toffoli, ✆ 318948, Mendoza 919, 15 $.
Hospedaje Doll, Pasaje R. de los Llanos 1360, 15 $.
Jugendherberge: *Backpacker's Hostel,* ✆ & Fax 239910, Buenos Aires 930, zwischen Corrientes und Zabala, $ 8 pro Person.
Camping: am städtischen Schwimmbad etwas außerhalb des Zentrums, Bus Nr. 13.

Essen & Trinken
Viele Restaurants und Cafés sind im Parque San Martín und in der Markthalle, Straße San Martín/Florida, angesiedelt.
Grillrestaurants: *El Viejo Jack,* Virrey Toledo 145.
Don José, Urquiza 484.
La Posta, España 476, besonders empfehlenswert.
El Viejo Jack II, Av. Reyes Católicos 1465.
International: In *El Mesón de Pepa,* Rivadavia 774, werden exzellente Fischgerichte serviert.
Sociedad Española, Balcarce 653. Gutes Essen und eine breite Auswahl.
Patio de las Empanadas, San Martín/Esteco. Empanadas gut und billig.
Essen und Folkloremusik: *Boliche Balderrama,* San Martín 1126, und *La Casona del Molino,* Luis Burela 1.
Eis: Eine der besten Eisdielen des Landes soll *Heladería Gianni,* España 486, sein.

Feste & Ausgehen
Jedes Jahr findet am 16. Juni ein **Folklore-Musik-Festival** und am 17. Juni eine **Gaucho-Parade** am Güemes-Denkmal statt.
Tango: *Club Amigos del Tango,* Caseros 511, unregelmäßig Tangovorführungen.
Salon Manolo, San Martín/Gral. Paz; *Alvarez,* San Martín/Buenos Aires; *El Monumento,* O'Higgins 1050, sind drei gute Tanguerías.
Casino: Peatonal Alberdi 235.
Casino a las Nubes, Casero/20 de Febrero.
Kulturzentren: *Centro Boliviano,* Bolívar 47, Kulturverein mit Restaurant.
Fundación de Banco de Noroeste, Gral. Güemes 434, täglich Kino, Vorstellungen, Theater, Musik.
Casa de la Cultura, Caseros 460.
Centro Cultural América, B. Mitre 23.

Nützliche Adressen

Wer sich für die soziale und die gesundheitliche (etwa Cholera) Situation in Salta interessiert, findet bei *APSADES,* Gewerkschaft der Gesundheitsarbeiter, in der Straße Caseros interessante und hilfsbereite Gesprächspartner.

Touristeninformation: Buenos Aires 61 oder am Bahnhof.

Touristeninformation für die Provinz, Buenos Aires 93, bis 21 Uhr durchgehend geöffnet.

Post: Deán Funes 160.

Telefon: Vicente López 146 oder Belgrano 824.

Telecentro, Buenos Aires 43, neben der Touristeninformation.

Bolivianisches Konsulat: ℗ 321401, Mariano Boedo, Mo – Fr 9 – 13 Uhr. Nahe Polyklinik.

Chilenisches Konsulat: ℗ 215757 oder 311857, Santiago del Estero 965, Mo – Fr 9 – 13 Uhr.

Einkaufen: *Mercado Artesanal,* San Martín 2555, Kunsthandwerk aus der Region, Bus Nr. 2, nach den Zuglinien aussteigen, Mo – Sa 9 – 20 Uhr.

Centro de Comercialización de Artesanías, Catamarca 84, Mo – Sa 9 – 20 Uhr.

Antiquariat, Alvardo 282, einem Verlag für Folklore-Zeitschriften angeschlossen.

Reiseziele in der Nähe

In der näheren Umgebung lohnt sich ein Besuch **San Lorenzos,** wo die Sommerresidenzen der Wohlhabenden stehen; 14 km nordwestlich von Salta. Vom Busterminal erreichen sie diesen grünen Ort mit der Linie »Chavez« für 1 $.

Hostal Selva Montaña, ℗ 087/921184, Alfonsina Storni 2351, hier läßt man sich den absoluten Komfort, den man bietet, auch bezahlen.

In der sich an San Lorenzo anschließenden **Quebrada de San Lorenzo** ist Campen möglich. Auch *Castellanos* und *Lesser* sind hübsche Ortschaften etwa 20 km von Salta.

Ein **Museum für Landleben** ist auf der *Finca La Cruz* zu besichtigen, 27 km südwestlich von Salta, Nationalstraße 34 nach *El Chamical.*

Außer mit speziellen Tourangeboten sind alle Orte auch mit öffentlichen Bussen zu erreichen.

Der **Parque Nacional El Rey,** 196 km südöstlich der Provinzhauptstadt oder 180 km nordöstlich von *Rosario de la Frontera,* überrascht mit Pumas, Füchsen, Affen, Flamingos und Tucanen, die in einer vielfältigen Flora leben. Bei *Lumbrera* führt der Weg ab von der Nationalstraße 9 in Richtung Park. Da es keinen öffentlichen Transport gibt, helfen entweder Reiseagenturen oder das *Nationalparkbüro* in Salta, España 366, weiter.

Im Oktober lohnt sich ein Abstecher nach **Rosario de la Frontera,** 175 km südlich von Salta. Zu dieser Zeit findet dort 10 Tage lang ein *Folklorefestival* statt. Sie können dort übernachten:

Casino Termas, ℗ 0876/81004, RN 34, 42 $.

Hostería ACA, ℗ 81143, RN 34, 32 $.

Real, ℗ 81067, Güemes 185, 30 $.

Rosario, ✆ 81729, Roca und 20 de Febrero, 25 $.
Sisti, ✆ 81116, 20 de Febrero 360, 22 $.

Die Provinz im Norden
Schließlich können Sie von Salta aus in das nödliche Grenzgebiet fahren, zum Beispiel ins tropische **San Ramón de la Nueva Orán,** wo Erdöl gefördert sowie Zucker und Tabak angebaut wird. Diese Region ist Indígena-Gebiet. Zu den *Nationalparks Calilegua* (Provinz Jujuy) und *Baritú* siehe Seite 303. Weiter nördlich von Orán kann man bei *Salvador Mazza* nach Bolivien einreisen. Übernachten können Sie in Orán im:
Alto Verde, ✆ 0878/21214, Pellegrini 671, 67 $.
Crillón, ✆ 21101, 25 de Mayo 225, ab 25 $.
Residencial Colonial, ✆ 21103, Pizzarro und Colón, 25 $.

Wolkendörfer und Prähistorisches
Besonders empfehlenswert ist ein Ausflug mit dem Bus in den hohen andinen Westen nach **San Antonio de los Cobres,** das auf fast 3800 m Höhe in einer kalten, windigen, ockerfarbenen Gesteinswüste liegt. Für diese Tour brauchen Sie warme und winddichte Kleidung. Bekannt ist San Antonio de los Cobres als Endpunkt der Touristen-Attraktion *Tren a las Nubes.*

Am Busbahnhof in Salta geht es um 9.20 Uhr los, wahlweise ist die Fahrt fortzusetzen nach *Socompa* und Chile. Auf dem Weg nach San Antonio können Sie in 3100 m Höhe die präkolumbianische Siedlung **Santa Rosa de Tastil,** gut 100 km im Nordwesten Saltas, mit ihren *plazas,* Orten der Begegnungen, des Marktes und der Zeremonien, besichtigen. Bekannt ist das Dorf auch für seine Keramiken, eine Sammlung ist im anthropologischen Museum Saltas ausgestellt.

Im **Valle de Toncos** sind *huellas* (Dinosaurier-Fossilien und Fußabdrücke) gefunden worden, diese sind mit einer Trekkingtour zugänglich. Die Tour kann je nach Wunsch ein- oder zweitägig unternommen werden, außerdem sind auch Wanderungen in das **Valle Encantado** möglich. Diese romantischen und naturnahen Ausflüge mit Lagerfeuer und Zelt werden meist als Wochenendtrips angeboten. Prospekte und Buchungen über die Touristeninformation in Salta.
Unterkunft: *Hostería de las Nubes,* ✆ 087/909059, ÜF 50 $.
Los Andes, 10 $ pro Person, Belgrano, ✆ 909025, Belgrano, 12 $.
Albergue Inti Huasi, ✆ 909002, Zavaleta und Avellandeda, 12 $ pro Person.
Essen: *Casino de la Gendarmería* bietet auch Frühstück.

Cachi und der Kakteenwald
Eine wunderbare, für uns sehr fremdartige Landschaft können Sie von Salta Richtung Südwesten erleben. Verlassen Sie die Stadt Richtung San Antonio de los Cobres und biegen auf die Straße 33 Richtung *Payogasta* und *Cachi* ab. Vorbei an riesigen Schluchten und vielfarbigen Gesteinsformationen, eine davon ist die *Garganta del Diablo,* der Teufelsrachen, geht es

Trip zu den Wolken: Tren a las Nubes

Eine besondere Attraktion ist der »Zug zu den Wolken«, der von April bis Oktober jeden Samstag – im Juli und August häufiger – vom ansonsten stillgelegten Bahnhof Saltas für einen Tag in die Anden auf 4200 m Höhe fährt.

Anfangs führt die 1948 eingeweihte Strecke durch das *Valle de Lerma* und passiert einige alte, stillgelegte Bahnhöfe, anschließend durch die gigantische *Toro*-Schlucht und dann im Zick-Zack-Kurs und in Schleifen über Viadukte und durch Tunnels auf die Puna, die Bergwüste, die hier auf 3500 m Höhe liegt. Links und rechts beeindrucken Sechstausender mit schneebedeckten Gipfeln. Der höchste Punkt der Zuglinie erreicht 4182 m. Auf der Puna regnet es nie, und die Menschen deckten früher ihren Wasserbedarf mit geschmolzenem Eis.

Technisch genial wird ein Höhenunterschied von fast 3000 m überwunden, mit Steigungen bis zu 25 m pro km. Ähnlich schwierige Schienenverläufe gibt es auf dem Kontinent nur noch in Peru, Mexiko und Bolivien. Die Fahrt führt bis kurz hinter das Städtchen **San Antonio de los Cobres**, 163 km von Salta entfernt. Von dort geht es nach kurzem Aufenthalt wieder zurück. Durch die Privatisierung 1992 ist der Preis mit über 100 $ für die Fahrt recht hoch. Tickets erhält man in Salta, Caseros 527. Abfahrt ist um 7 Uhr, Rückkehr um 22 Uhr.

Mit dem Dienstzug nach Socompa

Eine wesentlich billigere Alternative, die allerdings mehr Zeit und Ausdauer erfordert, ist eine Fahrt mit dem Dienstzug der Bahnarbeiter auf derselben Strecke in Richtung chilenische Grenze. In einem Bogen Richtung Westen endet die Fahrt erst an der Grenze in *Socompa*, unterhalb des noch aktiven Vulkans. Der Zug fährt unregelmäßig, jedoch meist mittwochs. Schon um 8 Uhr morgens empfiehlt es sich, am Bahnhof sein, um die Maschinisten zu überreden, daß man sich bis zur Abfahrt in einem der leeren Güterwaggongs verstecken darf. Sie sollten sich allerdings nicht an den Stationschef wenden, sondern nur an die Maschinisten direkt, da das Mitnehmen von Passagieren offiziell nicht erlaubt ist. Die Maschinisten finden Sie auf der anderen Seite der Gleise gegenüber vom Bahnhof beim *Jefe de la Zona Mecánica* zwischen 9 und 10 Uhr. Es gibt auch die Möglichkeit nach *Campo Quijano/Rosario de Lerma* den Bus zu nehmen, dort den Zug abzuwarten und hinaufzuklettern.

Da die Maschinisten für die Mitnahme kein Geld verlangen können, ist es nur höflich, sich mit Süßigkeiten, Essen und mindestens sieben Bieren zu revanchieren. Unbedingt an dicken Pulli, winddichte Jacke, Verpflegung und Filme für die Kamera denken. Die Fahrt von Salta hin und zurück dauert etwa zweieinhalb Tage. Falls Sie nicht mit dem Zug zurück möchten, können Sie in San Antonio aussteigen, übernachten und mit dem täglichen Bus um 7.30 Uhr zurückfahren. Achtung, es ist sehr kalt! Wenn die Strecke nicht überschwemmt ist, fährt dieser Zug das ganze Jahr über. Vom Grenzort Socompa kann man weiter nach Chile und bis an den Pazifik nach *Antofagasta* fahren; auch das ist nicht ganz ungefährlich, da der starke Wind den Zug zum Entgleisen bringen kann.

über den 3360 m hoch gelegenen Paß **Cuesta del Obispo.** Von dort oben können Sie schon einen Blick auf den *Nationalpark Los Cardones* werfen.

Wenn die Cuesta del Obispo passiert wurde, erreichen Sie etwas weiter südlich **Cachi** in einer atemberaubenden Hochwüste. Cachi ist von schneebedeckten Bergen umgeben; der *Nevado de Cachi* ragt 6720 m in die Höhe. Ein kleines **archäologisches Museum** enthält präkolumbianische Objekte der hier lebenden indigenen *Calchaquí.*

Knapp 18 km von Cachi befinden sich die Ruinen des Calchaquí-Dorfes **Las Pailas,** per Bus erreichbar.

Verbindungen

Von Salta sind es 160 km hierher, nach Cafayate 150 km. Richtung Süden geht es von hier aus weiter auf der Straße 40.

Achtung: Die Strecke zwischen Cachi und San Antonio des los Cobres ist in einem Abschnitt nicht befahrbar.

Bus: täglich Verbindungen von Salta nach Cachi für 15 $. Auch Tagesausflüge sind organisierbar.

Zwischen Cachi und Cafayate gibt es wöchentlich nur einen öffentlichen Bus in jede Richtung. Die Busgesellschaft *El Indio* fährt donnerstags Cafayate – Cachi, freitags Cachi – Cafayate. Erkundigen Sie sich in jedem Fall vor Ort.

Unterkunft & Camping

Hostería ACA Cachi, ✆ 91105, 38 $.
Samay Huasi, ✆ 211631, 30 $.
Salon Municipal, 30 $, kleine Apartments mit drei Betten.
Hotel Casa del Molino, ✆ 91094, 80 $, bietet auch organisierte Trekkingtouren an.
Albergue Municipal, ✆ 91053, kostet pro Nacht nur 5 $ pro Person.
Direkt daneben befindet sich der **Campingplatz,** der auch Bungalows vermietet.

Nationalpark Los Cardones

Von Cachi sind es 25 km in den 1987 eröffneten Nationalpark *Los Cardones*, in den Sie auch mit organisierten Touren, die Reisebüros in Cachi und Salta anbieten, fahren können.

Der 70.000 ha große Park ist vor allem wegen seiner Kakteenwälder und anderer interessanter Pflanzen bekannt. Er liegt zwischen 2700 und 5000 m Höhe und eine entsprechend vielfältige Flora gedeiht in Tälern, Hochebenen und an Berghängen. Die dem Park den Namen gebende Kakteenart *cardón* wird über 6 m hoch, ihr Holz wird zum Heizen, aber auch für die Herstellung von Möbeln, Türen und Kunsthandwerk genutzt. Im Park gibt es keine Infrastruktur.

Nördliches Valle de Calchaquíes

160 km sind es dann noch in das südlichere Cafayate mit seinem besonders milden Klima. Die Fahrt geht durch das *Calchaquíes-Tal,* das bis in die Provinz Tucumán hineinreicht (siehe auch »Zu den Ruinen von Quilmes), sowie durch *Seclantás, Molinos, Angastaco, San Carlos* und einige andere historische Orte. Jeder hat seinen eigenen Reiz inmitten der hochandinen Landschaft und lädt

zum Anhalten ein, die Dörfer sind größtenteils indianisch.

Molinos, 46 km südlich von Cachi, bietet zwei Übernachtungsmöglichkeiten, das:
Hostal, ✆ 0868/91111, 65 $, und die
Albergue Municipal an einer Lagune in der Nähe, sehr günstig.

Angastaco, 39 km von Molinos wird von dort nur einmal wöchentlich in jede Richtung mit öffentlichen Verkehrsmitteln befahren (siehe Verbindungen in Salta). In Angastaco können Sie einfach und günstig übernachten:
Hostería de Angastaco, ✆ 91123, Av. Libertad, 35 $.

San Carlos bietet Unterkunft in der
Hostería de San Carlos, Avenida Belgrano, oder im
Residencial Güemes, Güemes/Nuestra Señora de Guadalupe, 13 $ pro Person.

Cafayate

Cafayate bedeutet »das Dorf, das alles hat«. Hier wohnen etwa 8500 Menschen in einer Höhe von 1660 m. Die Lage mitten in einer großartigen Berglandschaft ist unbeschreiblich. Nach der Fahrt durch die steinwüstenartige Umgebung meint man, in einer Oase anzukommen. Obwohl es auch hier kaum regnet, ist Cafayate relativ grün und überrascht mit Sanddünen, Bächen und einem kleinen Fluß. Obwohl in Mendoza der meiste Wein des Landes produziert wird, wächst in Cafayate aufgrund des Klimas und des Bodens ein großer Teil der Qualitätsweine Argentiniens. Es gibt ein kleines **Weinmuseum** und einige große **Kellereien.** Manche bieten Führungen an, zu denen die Touristeninformation Auskunft erteilt (siehe auch Seite 336, Themenkasten zum Weinbau).

Bekannt ist der Ort auch für sein **Kunsthandwerk,** das teilweise von Kooperativen verkauft wird, damit die Produzenten bessere Preise erlangen. Außerdem gibt es ein kleines **Archäologisches Museum** mit Funden aus der Region am Hauptplatz.

Zwischen dem 10. und 20. Februar wird in Cafayate an einem Wochenende **Folkloremusik-Festival** gefeiert, mit echter Gauchoromantik.

Auf der Straße zwischen Salta und Cafayate

WÜSTEN & WEINBERGE

Zwei kleine Wanderungen

Eine zweieinhalbstündige Wanderung auf den Berg **La Cruz**, der den Ort überragt, ermöglicht einen Ausblick auf die Sechstausender der *Nevada de Cachi* (6720 m).

Sehr zu empfehlen ist eine Wanderung **flußaufwärts**. Nehmen Sie dazu zunächst den Weg in Richtung *La Cruz*, dann durch die Indígena-Siedlungen am Fuß des Berges, wo sich auch Ruinen des einst hier entlangführenden Inka-Weges befinden. Ein kleiner Pfad schlängelt sich am Fluß entlang bis zu in den höheren Bergen liegenden Lagunen. Das Flußwasser ist übrigens trinkbar, wer eine Tour in die Höhen wagt, benötigt außer Essen, Zelt und warmer Kleidung nur noch eine Person, die sich auskennt. Vereinzelt leben Menschen den ganzen Fluß hinauf.

Verbindungen & Infos

Bus: Es gibt täglich einen Bus um 6.30 Uhr nach Tucumán, Fahrtdauer 7 – 8 Stunden. Im Gegensatz zur direkten Verbindung zwischen Salta und Cafayate durch das *Valle de Lerma* und die *Quebrada de las Conchas* ist die Strecke über Cachi und anschließend durch die *Quebrada de las Flechas* schlechter ausgebaut, viel schwieriger, kurvenreicher und länger, führt durch engere Straßen und überwindet erheblich größere Höhenunterschiede.

Touristeninformation: am Hauptplatz, an dem die Busse ankommen. Sie ist über Mittag und an den Wochenenden geschlossen.

Unterkunft & Camping

Hotel Gran Real, ℡ 21231, Güemes 128, 45 $.
Hotel Asturias, ℡ 21328, Güemes 154, 40 $.
Hotel Asembal, ℡ 21065, Güemes/Almagro, 35 $.
Residencial Briones, ℡ 21270, am Hauptplatz, 35 $.
Pensión Arroyo, Niño 160, 20 $.
Pensión Vicano, Toscana 173, 20 $.
Pensión La Porta del Rey, Avenida Güemes 415, 20 $.
Pensión Güemes, Salta 13, 20 $.
Residencial Colonial, ℡ 21223, Almagro 134, 18 $.
Jugendherberge: *Hostel Comfort*, ℡ 0868/21091, Güemes 232, 15 $ pro Person.
Camping: am Ortsausgang in Richtung Tucumán.
El Divisador, unbewirtschaftet und umsonst, am Fluß, über eine Stunde Fußmarsch vom Zentrum.

Essen & Trinken

Unbedingt sollten Sie in Cafayate die *Alfajores* probieren, die gefüllten Kekse mit Caramel und Schokolade. Sie sind zwar in vielen Regionen Argentiniens erhältlich, aber hier sind sie besonders gut. Eine Fabrik gibt es ganz in der Nähe der Plaza.

Am Hauptplatz und in der Straße Rivadavia gibt es viele Restaurants und Cafés. Besonders gut sind *El Quichotl* und *La Carreta de Don Olegario*, Avenida Güemes am Hauptplatz.

Freitags wird ins einzige **Tanzlokal** des Dorfes, ins *La Ferro* gebeten, für jedes Alter.

PROVINZ TUCUMAN

Die Bezeichnung *Jardín de la República* (Garten der Republik) trägt die kleine Provinz, weil sie extrem fruchtbar ist. Im Westen erheben sich zwar die ersten Gipfel der Anden, der übrige Teil Tucumáns ist aber subtropisch geprägt. Selbst in den Städten grünt es an allen Ecken, vor allem Zuckerrohr wächst üppig auf den Böden der Großgrundbesitzer.

Ungefähr die Hälfte des argentinischen Zuckers kommt aus Tucumán. *Ingenios* heißen die immer weniger werdenden Zuckerfabriken auf Spanisch, ihr Besuch lohnt sich. Ansonsten werden in der Provinz Zitrusfrüchte und Gemüse angebaut, es existieren auch einige Industriebetriebe. Die Arbeitsbedingungen hier sind oft hart: Tagelöhner verdienen kaum ein Drittel des Mindestlohnes in Buenos Aires. Laut Gesetz müssen bei Entlassungen keine Entschädigungen gezahlt werden. Das hat zur Folge, daß vor einer anstehenden freien Zeit oder dem Recht auf Urlaub die Arbeiter kurzerhand entlassen und anschließend wieder eingestellt werden. Es kommt auch schon mal vor, daß die Löhne der im öffentlichen Dienst Angestellten wegen Insolvenz der Provinz ausgesetzt werden.

Mit gut 22.500 km² umfaßt Tucumán weniger als 1 % der argentinischen Festlandfläche und ist damit die kleinste Provinz. Mit über 1,1 Millionen Einwohnern gehört sie aber zu den bevölkerungsreichsten.

Vor und während der letzten Militärdiktatur, 1976–83 operierte in den Bergen Tucumáns die Guerilla des *ERP*, des *Revolutionären Volksheeres*, die mitsamt ihren tatsächlichen und angeblichen Sympathisanten von den Militärs blutig verfolgt wurden.

Trauriger Ausdruck der Geschichtslosigkeit vieler Argentinier ist die Popularität von *Antonio Bussi*, der während der Diktatur einer der größten Folterer des Landes war und sechs Jahre später, 1989, beinahe die Gouverneurswahlen gewann. 1994 bekam seine Partei bei einer weiteren Wahl die meisten Stimmen in Tucumán.

Interessant ist Tucumán wegen seiner *Pucará,* alten **Indianerfestungen,** seiner **kolonialen Architektur** und eines geschichtlichen Datums: am 9. Juli 1816 wurde hier die Unabhängigkeit der »Vereinigten Staaten von Südamerika« erklärt.

Von Cafayate zu den Ruinen von Quilmes

Die Fahrt von Cafayate Richtung San Miguel de Tucumán führt durch das südliche *Valle de Calchaquíes.* Der Name des Tals ist indigenen Ursprungs und stammt von den *Cacano,* die dieses Gebiet besiedelten. Genießen Sie die Fahrt durch die trockene Hochwüste, durch Sand und Wind.
Verbindung & Unterkunft: Zwischen Cafayate, Quilmes und Tucumán gibt es täglich nur eine Verbindung. In jedem Fall sollten Sie sich nach dem aktuellen Stand erkundigen. In *Amaichá de Valle* und *Tafí de Valle* gibt es Hotels und Privatunterkünfte verschiedener Kategorien, ein teures Hotel steht an den *Ruinas de Quilmes.* Campen ist meist erlaubt.

Im Sommer und in der zweiten und dritten Augustwoche ist die Region beliebtes Reiseziel der Argentinier. Hotelreservierungen durch das Tourismusbüro der Provinz in Buenos Aires sind empfehlenswert.

Die Ruinen von Quilmes

Nach einer langen staubigen Fahrt auf der Ruta 40 liegen auf einer Höhe von 1850 m schließlich die *Pucará de Quilmes* vor Ihnen. Diese Festung wurde von den *Quilmes* im 11. Jahrhundert strategisch in die Landschaft eingepaßt, um sich gegen Feinde zu schützen. Bis zu 2500 Menschen lebten hier. Die Quilmes kamen ursprünglich aus dem heutigen Chile und siedelten sich auf der Flucht vor den Inka hier an. Sie wurden erst nach langem Widerstand von den Spaniern besiegt. Die Überlebenden mußten im Jahr 1667 nach Buenos Aires marschieren, wo heute noch eine Vorstadt ihren Namen trägt. Wer die Strapazen des Marsches dorthin überlebte, starb später an Krankheit und Heimweh.

Die restaurierten Ruinen sind erst seit 1978 zu besichtigen, seit 1994 ist das Areal privatisiert. Seitdem gibt es hier eine Konditorei, ein **Restaurant** und ein **Hotel** im Stil einer Festung: *Hotel Ruinas de Quilmes,* ✆ 0892/21075, 80 $.

Das Fest der Mutter Erde

Nur 13 km südwestlich der Ruinen ist **Amaichá del Valle** einmal im Jahr für einige Tage Mittelpunkt der Region. Zum *Karneval* im südamerikanischen Spätsommer wird hier beim dreitägigen **Fest der Pachamama** von den Indígenas und vielen Gästen die Fruchtbarkeit des Bodens beschworen und geehrt. Zu den vielfältigen Ritualen gehört auch die Wahl der *Pachamama,* personifiziert in einer älteren Frau aus der Gemeinde, an die sich tiefes Schweigen und eine Prozession anschließen. Der Ruf »Pachamama, cusiya, cusiya« bedeutet: »Mutter Erde, hilf' mir, hilf' mir«. Das Fest wird im ganzen Calchaquíes-Tal gefeiert.

Ansonsten ist Amaichá (5000 Einwohner) ein trockenes, heißes, windiges Dorf ohne Tourismus, das sich auf einer Höhe von 1997 m mit 300 Sonnentagen und einer ständigen angenehmen, etwas staubigen Brise, rühmt. Eine Riesentankstelle für die Zulieferer-Lkw der Goldmine in Catamarca wurde an der Weggabelung aus dem Boden gestampft.

Unterkünfte
Da das Dorf so klein ist, sind Straßenangaben überflüssig.
Hotel Casino, 40 $.
Hostería Provincial, ✆ 21019, 35 $.
Pensión Albarracín, 15 $.
Hostería Colonial, 15 $.
Camping: am meist trockenen Flußbett von Amaichá del Valle, kostenlos, ohne sanitäre oder sonstige Anlagen.
Ausweichmöglichkeiten gibt es weiter südlich im 22 km entfernten **Santa María,** Provinz Catamarca.
Hotel Plaza, am Hauptplatz, 30 $.
Residencial Palacios, Mitre 592, 25 $.
Residencial Alemán, Quintana 144, ab 25 $.
Residencial Reinoso, 1 de Mayo 649, 20 $.

Die Menhire bei Tafí de Valle

Nach weiteren 60 km ändert sich die Vegetation, es wird grüner, dabei bleibt das Klima angenehm. Wohlhabende Tucumanos haben hier in **Tafí de Valle** ihr Zweithäuschen für Wochenenden und Ferien. Die angenehme und friedliche Stimmung empfehlen wir mit dem dort hergestellten Käse und Wein zu genießen.

Zehn km Richtung Tucumán entlang dem *Dique La Angostura* liegt der gleichnamige Ort **La Angostura**

Schön und rätselhaft: Menhir-Statue

auf einer 2000 m hoch gelegenen Ebene. Neben dem Stausee *El Mollar* befindet sich der archäologisch interessante **Parque de Los Menhires**, in dem über 100 aufrecht stehende Steine zu sehen sind, die allerdings von verschiedenen Fundstellen stammen. Von den Steinstelen, von Menschenhand bearbeitet, geht etwas Metaphysisches aus, doch weiß bis heute niemand, was sie für die frühen Bewohner des Gebietes bedeuteten – ob sie an die Toten erinnern oder Feinde abschrecken sollten. Die bei manchen Stelen eingravierten Gesichter und Brustharnische lassen auf letzteres schließen.

Der Linienbus hält nicht an diesem Park. Sie können aber mit dem Fahrer ausmachen, daß er Sie hier aussteigen läßt, und nach der Besichtigung die 3 km nach La Angostura oder um den See herum sogar bis Tafí de Valle zurücklaufen.

Nach Tucumán sind es etwa noch drei Stunden Fahrt durch subtropische Wälder auf schmalen Bergstraßen, die gute Fahrkünste verlangen.

Unterkunft & Restaurants in Tafí
Vermittlung von Privatunterkünften in der **Touristeninformation** im *Centro Cívico*, ✆ 21023, am Busbahnhof.
La Hacienda de Pepe, 1 km von Tafí in La Banda, das beste Hotel.
Hotel Lunahuana, Av. Juan Calchaquí 1, 90 $, liegt im Dorf.
Hotel Tafí, ✆ 21007, Av. Belgrano 2, 65 $.
Hotel Mirador del Tafí, ✆ 21219, Ruta 307 km 61,4, 72 $.
Hostería A.C.A., ✆ 21027, 40 $, nur für Mitglieder.
Hostería Cumbre, D. de Rojas 1, 8 $ pro Person.
Hostal Los Cuartos, ✆ 21124, Reservierung in Tucumán ✆ 081/226793, Av. Juan Calchaquí 3, etwas außerhalb.
Camping: *El Sauzal,* sehr gut ausgestattet.
Essen & Trinken: *El Rancho de Félix, La Rueda* und *El Portal de Tafí* sind empfehlenswerte Restaurants.
Los Faroles, gemütliches Café.

San Miguel de Tucumán

Wer in den Mittagsstunden aus Buenos Aires kommend eintrifft, wird gleich einen Unterschied feststellen: hier wird die Siesta noch geschätzt. Am Mittag sind alle Geschäfte geschlossen und die Straßen wie leergefegt, erst zwischen 16 und 17 Uhr kehrt das Leben zurück.

Die Provinzhauptstadt wurde 1565 gegründet und ist bis heute ein traditionelles Handelszentrum, in dem es morgens und abends betriebsam zugeht. Mit 470.000 Einwohnern ist *San Miguel de Tucumán y Nueva Tierra*

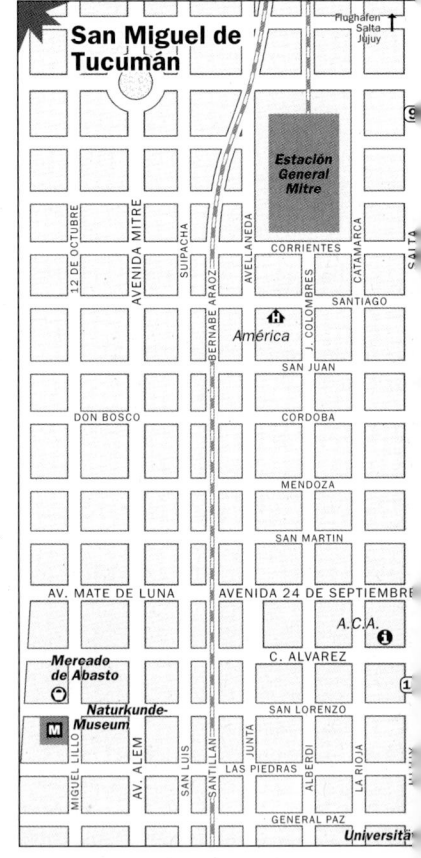

de Promisión die größte Stadt im Norden Argentiniens.

Ausgangspunkt eines Spaziergangs durch das historische Zentrum ist die schön angelegte **Plaza Independencia**, an der das imposante Gebäude der *Provinzregierung* und die dreischiffige *Kathedrale*, die erst Mitte des vergangenen Jahrhunderts fertiggestellt wurde, stehen. Schräg gegenüber befindet sich die *Iglesia San Francisco* aus den 1880er Jahren, und wer die Straße 25 de Mayo noch etwas weiter geht, trifft auf das exzellente **Centro Cultural** mit dem *Anthropologischen* und *Archäologischen Museum*, 25 de Mayo 265, Mo – Fr 8 – 12 und 16 – 20 Uhr.

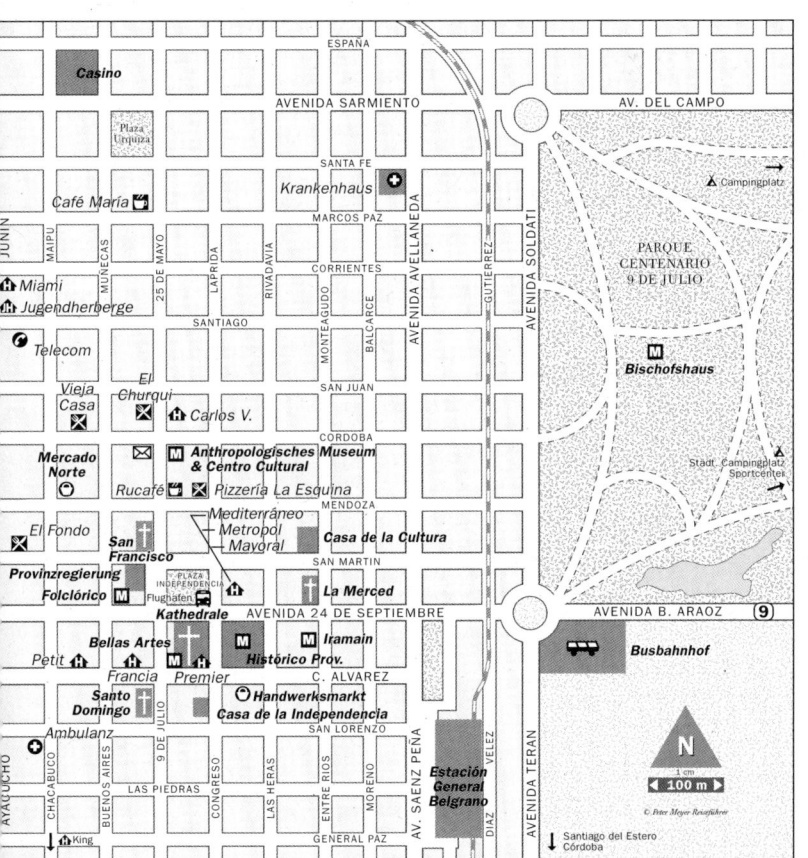

In der anderen Richtung von der Plaza Independencia liegt die **Casa de la Independencia,** Di – So 9 – 13.30 Uhr, Di, Do 17 – 20 Uhr, in der man sich die offizielle Version des Kampfes um die politische Unabhängigkeit ansehen kann. An manchen Abenden wird um 20.30 Uhr der historische Akt per Multi-Media-Show nacherzählt, Karten bei der Touristeninformation. Der Unabhängigkeitstag 9. Juli wird in ganz Argentinien gefeiert, hier in Tucumán jedoch besonders.

Ganz in der Nähe ist auch das **Museo Histórico de la Provincia,** Congreso 56, Mo – Fr 9 – 12.30 Uhr, Mo – So 17 – 20 Uhr, sowie das **Museo de Bellas Artes,** 9 de Julio 48, Di – So 9 – 12 und 17:30 – 20.30 Uhr.

Ebenfalls nur wenige Minuten vom Hauptplatz entfernt liegt das kleine **Museo Folclórico,** in dem das frühere Leben der Indígenas dargestellt wird, 24 de Septiembre 565, Di – Fr 9 – 12.30 und Mo – Fr 17.30 – 20.30 Uhr.

Weiterhin hat die Stadt ein **Naturkundemuseum** im *Instituto Miguel Lillo* der Universität von Tucumán zu bieten, M. Lillo 205, Mo – Fr 9 – 12 und 15 – 18 Uhr.

Besuchenswert ist der **Parque Centenario,** der seinen Namen zum 100. Jahrestag der Unabhängigkeit bekam. Auch die **Plaza Urquiza** mit dem *Teatro San Martín* ist ein attraktiver Flecken, an dem es vor allem abends lebhaft zugeht.

Verbindungen
Bus: Busbahnhof, ✆ 311461, Avenida Brigido Terán/Avenida 24 de Septiembre, am Parque 9 de Julio. Gute Verbindungen in alle größeren Städte. Mehrere Busse täglich nach Buenos Aires, Córdoba, Salta und Jujuy.

Flug: Flughafen, ✆ 260756, 9 km im Norden der Stadt. Bus zum Flughafen vom *Hotel Mayoral/Mediterraneo* an der Plaza im Zentrum, 24 de Septiembre 564, etwa 15 bis 20 Minuten. Flüge nach Salta, Jujuy, Buenos Aires und Córdoba.

Aerolíneas Argentinas/Austral, ✆ 310196, 9 de Julio 110, am Flughafen beide Linien unter ✆ 260016.

Lapa, ✆ 305530, Crisóstomo Alvarez 620.

Dinar, ✆ 212964, 9 de Julio/24 de Septiembre.

Unterkunft & Camping
Hotel Metropol, ✆ 311180, 24 de Septiembre 524, 98 $.

Hotel Carlos V, ✆ 311588, 25 de Mayo 330, 70 $.

Hotel Premier, ✆ 310381, C. Alvarez 510, 70 $.

Hotel Miami, ✆ 310265, Junín 580, ab 48 $.

Hotel Francia, ✆ 310781, C. Alvarez 467, 45 $.

Hotels América, ✆ 300810, Santiago 1064, 42 $.

Hotel King, ✆ 310212, Chacabuco 18, 42 $.

Hotel Petit, ✆ 213902, C. Alvarez 765, 30 $.

JH: ✆ 310265, Junín 580.

Camping: im Parque Centenario, 9 de Julio, auf der stadtauswärts gelegenen Seite der Av. del Campo.

Essen & Trinken
Viele Restaurants, Stehimbisse und Cafés gibt es an der Plaza Indepen-

dencia, auf den beiden Märkten und sowie im Parque Centenario. Empfehlenswert sind folgende Lokale:
Grillrestaurants: *El Churqui,* 25 de Mayo 392.
El Fondo, San Martín 848.
La Leñita, 25 de Mayo 350.
Vieja Casa, Córdoba 680. Günstiges und gutes Mittagessen.
Pizzería La Esquina, Mendoza/Laprida. Gut und nicht teuer.
Cafés: *Rucafé,* Mendoza/25 de Mayo.
Café María, 25 de Mayo 701.

Einkaufen & Souvenirs

Lebensmittel: *Mercado de Abasto,* in San Lorenzo/M. Lillo beim Naturkundemuseum. Buntes Treiben herrscht auf dem größten städtischen Markt.
Mercado Norte in der Straße Mendoza/Maipú.
Kunsthandwerk: *Feria de Artesanos Tucumanos,* 24 de Septiembre am Hauptplatz. Großer Markt, auf dem Selbstgefertigtes aus der Region angeboten wird.

Artesanía El Cardón, Alvarez 427, Handwerkmarkt für regionale Produkte.

Nützliche Adressen

Touristeninformation: ✆ 222199, 24 de Septiembre 484, direkt an der Plaza Independencia, 13 – 18 Uhr geschlossen.
Post: Córdoba/25 de Mayo.
Telefon: Maipú 360.
Autoverkehrsservice: ✆ 310603.
Casino: Sarmiento/Maipú, am Wochenende 22 – 2.30 Uhr geöffnet.

Reiseziele in der Nähe

Es lohnt sich, die Umgebung der Stadt kennenzulernen, selbst wenn die Busverbindungen nicht zu jedem Ort gut sind. Es werden auch organisierte Fahrten von Reisebüros im Stadtzentrum angeboten. Wer eine **Zuckerrohrfabrik** besuchen möchte, bekommt in der Touristeninformation Hilfe.

Ein Stausee im Norden, **Dique Celestino Gelsi,** oder die reizvollen Orte **Villa Nougués** und **San Javier** kommen für einen Ausflug genauso in Frage wie das **Jesuitenkloster von Lules.** Zu den Menhiren von Tafí de Valle siehe Seite 317.

Gaucho-Schmuck ist überall ein beliebtes Souvenir

CÓRDOBA & DER CUYO

*El Corazón del País, das Herz des Landes, wird die Provinz
Córdoba mit der gleichnamigen Hauptstadt genannt. Sie ist ein wichtiger
Verkehrsknoten, ein kulturelles Zentrum und zieht wegen ihrer
Geschichte und der schönen Landschaft viele Touristen an.
Die Provinzen Mendoza und San Juan bilden mit der Provinz San Luis
eine Großregion, die als Cuyo bezeichnet wird. Charakteristisch sind für
den Cuyo der Weinbau und die nahen Anden, die vor allem Teile
Mendozas zu den attraktivsten Gebieten Argentiniens machen.*

PROVINZ CORDOBA

Die Provinz wird von vier Flüssen durchzogen, die die Spanier entsprechend ihrem Weg von Nord nach Süd *Río Primero, Segundo, Tercero* und *Cuarto* nannten. Seit einigen Jahren werden offiziell aber wieder die Namen verwandt, die die Flüsse vor der Ankunft der Eroberer von den Indígenas bekamen: *Suquía, Xanaes, Ctalamochita* und *Chocancharava*. Viele weitere größere und kleinere Flüsse sind teilweise aufgestaut, um die Felder zu bewässern oder Energie zu gewinnen.

Im Osten erstreckt sich die Ebene der *Pampa Húmeda*, der feuchten Pampa, und im Westen drei parallel von Nord nach Süd verlaufende Mittelgebirge, die eine herrliche Landschaft bilden.

Die Stadt *Córdoba* wurde in diesem Jahrhundert neben Buenos Aires und Rosario zum dritten Industriezentrum Argentiniens. Chemie, Automobil und Papier sind die bedeutendsten Branchen, wobei die Deindustrialisierung des Landes auch hier deutlich zu spüren ist. Fremdenverkehr und Landwirtschaft sind wichtige Einkommensquellen.

Ein Gegensatz, auf den Reisende unweigerlich stoßen, ist das Gefälle zwischen dem reichen Süden der Provinz samt Hauptstadt und dem ärmeren Norden. In der Provinz leben fast 2,8 Millionen Menschen. Nur 60.000 der knapp 170.000 km^2 sind touristisch gut erschlossen.

Neben der **Hauptstadt** werden hier zwei attraktive Reiserouten durch die Provinz vorgestellt. Zum einen die Fahrt nach Süden durch das **Valle de Calamuchita** und zum anderen in Richtung Norwesten durch das **Valle de Punilla**.

Córdoba, die Intellektuelle

Wie alle alten Städte im Nordwesten Argentiniens wurde auch Córdoba als Zwischenstation auf der Handelsroute zwischen Ober-Perú, dem heutigen Bolivien, wo die Silberschätze von Potosí abgebaut wurden, und dem Hafen Buenos Aires bedeutend. Gegründet wurde *Córdoba de la Nueva Andalusia* schon 1573, also vor der zweiten Gründung von Buenos Aires.

Bereits im Jahre 1614 eröffneten die Jesuiten hier eine Universität, lange vor der Universitätsgründung in Buenos Aires. Von Córdoba ging im

Jahr 1918 eine Bewegung für Hochschulreformen aus, die innerhalb kürzester Zeit die meisten Universitäten Lateinamerikas erfaßte. Die 1,2 Millionen Einwohner zählende Stadt trägt den Beinamen *La Docta* (die Gebildete). Zur Zeit sind über 80.000 Studenten und Studentinnen eingeschrieben.

Bis heute ist auch der *Cordobazo* in ganz Argentinien ein Begriff. Ende Mai 1969 hielten Arbeiter und Studenten während eines gemeinsamen Streiks gegen die damalige Militärdiktatur einige Tage lang das Land in Atem. Nach Straßenschlachten wurde der Cordobazo von den Militärs gewaltsam unterdrückt: es gab Tote, Verletzte und Verhaftete. Dennoch ist die Signalwirkung des Aufstandes für den Kampf um die Demokratie heute unbestritten, der vier Jahre später erfolgreich war.

Córdoba erhebt zu Recht den Anspruch, kulturelles Gegengewicht zur 700 km entfernten Hauptstadt Argentiniens zu sein. Fast 20 Theater, unzählige Galerien und Museen, Konzerte und Festivals sowie der gut erhaltene historische Stadtkern bieten kulturelle Vielfalt.

Sehenswertes

Die kolonialen Sehenswürdigkeiten sind alle dicht beieinander im Stadtzentrum. Von der Touristeninformation im Rathaus am **Hauptplatz San Martín** aus gibt es *Führungen durch die Altstadt.* In der Altstadt befinden sich mehrere Kirchen und Kapellen. Erst vor kurzem ist eine **Jesuitenkrypta** unter der Straßenkreuzung *Avenida Olmos/San Martín* durch eine Art U-Bahn-Eingang zugänglich gemacht worden.

Herausragende Sehenswürdigkeit an der Plaza San Martín ist die 1697 – 1782 erbaute **Kathedrale**. Direkt daneben steht das frühere **Rathaus**, ebenfalls im 18. Jahrhundert erbaut, in dem heute das *Museo Histórico de la Ciudad,* Mo 16 – 21 Uhr, Di – So 9 – 12.30 und 16 – 21 Uhr untergebracht ist. Auf der anderen Straßenseite liegt der **Konvent Santa Teresa**, in dem es religiöse Kunst zu besichtigen gibt. Sehenswert ist auch das **Museo Histórico de la Provincia**, Rosario de Santa Fe 218, Di – Fr 8.30 – 13.30 Uhr und 15.30 – 19.30 Uhr, Sa und So 9 – 13 Uhr, eine Straße vom Hauptplatz entfernt, das in einem gut erhaltenen Kolonialbau untergebracht ist. Thema der Ausstellung ist die Kolonialzeit.

Nur zwei Häuserblocks vom Hauptplatz entfernt steht an der Straße 27 de Abril die **Basílica Santo Domingo**. Ebenfalls in der Nähe der Plaza San Martín befindet sich die älteste Kirche der Stadt, die **Iglesia Compañía de Jesús** aus dem 17. Jahrhundert.

Das **moderne Córdoba** unterscheidet sich nicht von anderen Großstädten, es herrscht die einheitliche Architektur der westlichen Welt: eine Fußgängerzone mit Boutiquen, Einkaufszentren, sogenannte *shoppings,* wie das wuchtige *Patio Olmos,* Belgrano 55, oder *Garden,* Ituzaingo 43/ Corrientes, etwas entfernt glasspiegelnde Bürogebäude, dazwischen alte Häuser und Cafés. Sie können sich auch bei einem ausgedehnten Spazier-

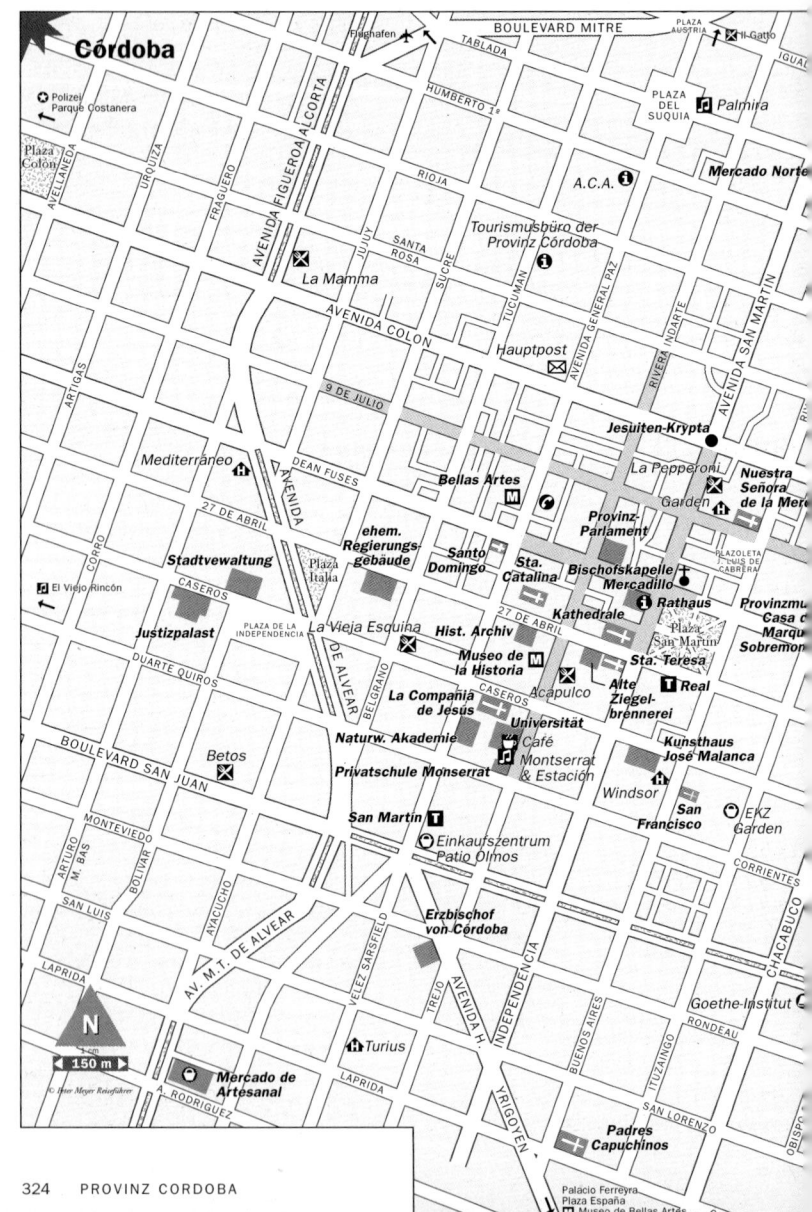

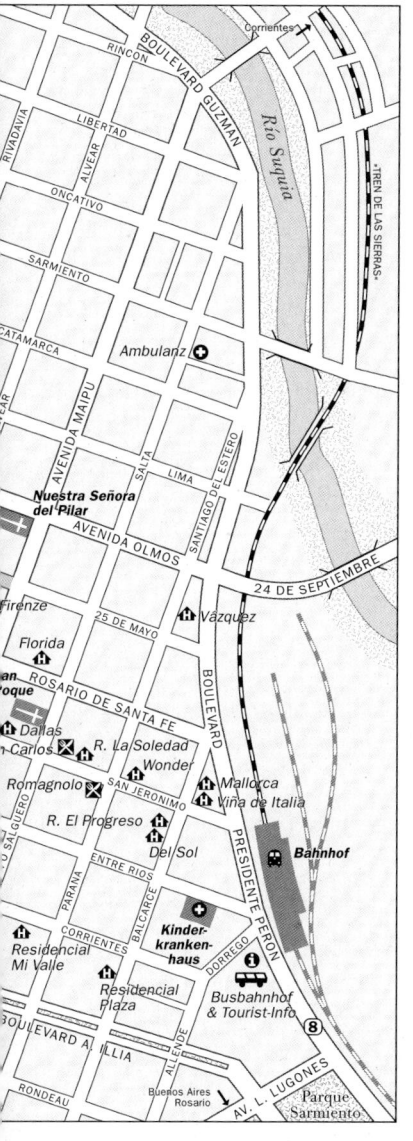

gang die Oberstadt südlich des *Bv. San Juan* anschauen, eine zum Teil sehr schöne Wohngegend.

Ein **ökologisches Reservat**, das *Cidovía*, am *Río Suquía* beherbergt eine Enteninsel und wird Sa und So zum Volkspark. Dann ist die Straße geschlossen und gleicht einer Promenade. Buslinien 50,53,56 bis Brücke Santa Fe.

Jedes Jahr an Ostern findet eine große internationale **Kunsthandwerkmesse** statt. Wer in der zweiten Augusthälfte in der Stadt ist und sich für so etwas interessiert, sollte die **Agrar-, Industrie- und Handelsausstellung** ansehen.

Etwas außerhalb des Zentrums findet das ganze Jahr über an den Wochenenden ein großer und sehenswerter **Kunsthandwerksmarkt**, Rodríguez/M.T. de Alvear, statt. Artesanías sind die ganze Woche auch an der *Plaza España* zu haben oder Sa und So am **Mercado de las Pulcas** (Flohmarkt), Straße La Cañado, Hausnummerhöhe 700, direkt am Fluß.

Weitere Museen

Museo de Ciencias Naturales, Av. Yrigoyen 115, Mo – Fr 8.30 – 12.30 Uhr.

Museo Zoológico de la Universidad, V. Sarsfield 299, Mo – Fr 9 – 13 und Mo – Do 14 – 16 Uhr.

Museo de Bellas Artes de la Provincia, Plaza España, Di – Fr 9 – 13 und 15 – 20 Uhr.

Theater- und Musikmuseum im San Martín Theater, V. Sarsfield 365, Di – Fr 17 – 20 Uhr.

Die Kathedrale von Córdoba

Museo de Bellas Artes de la Ciudad, Av. Gen. Paz 33, Di – Fr 9 –13.30 und 16.30 – 20.30 Uhr, Sa und So 10 – 20 Uhr.

Meteorologisches Museum mit Observatorium, San Luis 801, das beste Museum dieser Art in Argentinien, Mo – Fr 9 – 12 und 15 – 18 Uhr.

Museum für Mineralogie und Geologie der Universität, V. Sarsfield 299, Di, Do und Sa 15 – 19 Uhr.

Verbindungen

In der Stadt ist der *Colectivo* das wichtigste Transportmittel. Allerdings wird im Gegensatz zu den meisten argentinischen Städten nicht bar bezahlt, sondern mit *cospeles* (Münzen), die es am Kiosk gibt.

Bus: Busbahnhof Boulevard Perón 300, neu, vorzügliche Verbindungen in alle Richtungen, auch nach Bolivien, Chile, Páraguay, Perú (4 Tage) und Uruguay. Die meisten Orte der Provinz Córdoba lassen sich gut mit Tagestouren von der Hauptstadt aus erkunden. Verpassen Sie nicht den letzten Bus zurück und buchen Sie zur Zeit der Festivals die Rückfahrt gleich bei Ankunft.

Zug: Seit einigen Jahren fährt der Ausflugszug *Tren de las Sierras* etwa dreimal wöchentlich für 5 $ von Córdoba nach *Cosquín,* 100 km nordwestlich von Córdoba-Stadt (siehe Valle de Punilla). Er zuckelt meistens am Wochenende über *La Calera, Bialet Massé* und *Santa María* hin und zurück. Da die Abfahrtstage und -zeiten jedoch sehr variieren, erkundigen Sie sich besser am Bahnhof *Estación Rodriguez del Bustos,* ✆ 227293, 228737.

Alle anderen Zugstrecken sind für den Personenverkehr stillgelegt.

Flug: Flughafen ✆ 813676, Pendelverkehr vom Busbahnhof, 10 km. In alle größeren argentinischen Städten sowie nach Bolivien und Chile. Im Januar und Februar Tickets rechtzeitig besorgen.

Aerolíneas Argentinas/Austral, ✆ 267600, Av. Colón 520.

Lapa, ✆ 258000, Caseros 355, im Hotel Panorama.

Dinar, ✆ 257886, Av. Colón 533.

TAM, ✆ 217617, 25 de Mayo 125, 6. Stock.

Varig, ✆ 237407, Belgrano 49, 6. Stock, Büro 12.

Unterkunft & Camping

Es gibt keine Jugendherberge in Córdoba.

Hotel Mediterráneo, ✆ 240086, Av. M.T. de Alvear 10, 80 $.

Hotel Windsor, ✆ 224012, Buenos Aires 214, 80 $.

Hotel Vina de Italia, San Jerónimo 611, 54 $, ganz in der Nähe des Busbahnhofs.

Hotel Dallas, ✆ 216091, San Jerónimo 339, 53 $.

Hotel del Sol, ✆ 233961, Balcarce 144, 47 $, am Bahnhof.

Hotel Turius, Avenida V. Sarsfield 671, 38 $.

Hotel Garden, ✆ 214729, 25 de Mayo 35, 30 $.

Residencial Mi Valle, Corrientes 586, 27 $.

Hospedaje Bontempo, Cabrera 177, ab 25 $.

Hotel Florida, ✆ 226373, Santa Fe 459, 25 $.

Residencial La Soledad, San Jerónimo 479, 23 $.

Hotel Mallorca, ✆ 39234, Balcarce 73, ohne Frühstück, 23 $.

Wonder, San Jerónimo 519, 25 $.

Vázquez, Santiago del Estero 188, ab 20 $.

Residencial Plaza, Balcarce 336, 15 $, am Busbahnhof.

Residencial el Progreso, Balcarce 140, 16 $, hübsch.

Camping: *San Martín,* hinter einem Ferienpark *(complejo ferial),* 10 km vom Stadtzentrum, Bus 31.

Tip: Sichern Sie sich in der Hochsaison Ihre Bustickets, vor allem von und nach Buenos Aires, im voraus. Das gleiche gilt für Hotels der mittleren oder höheren Preiskategorie. Hier hilft die Touristeninformation der Provinz in Buenos Aires weiter.

Essen & Trinken

Auch in Córdoba sind die Grillrestaurants das gastronomische Aushängeschild der Stadt. Im Stadtteil *Cerro de las Rosas* gibt es auch einige, teilweise mit Garten. Jede Menge guter und preiswerter Restaurants gibt es am städtischen *Mercado Norte,* Rivadavia/Ocativo.

Betos, Boulevard San Juan 454. Gegrilltes in allen Varianten.

Romagnolo, Avenida Paraná/San Jerónimo bietet eine breite Auswahl verschiedener Gerichte.

Fröhliche Schulkinder

San Carlos, San Jerónimo 431. Große Speisekarte, vor allem Grillspezialitäten.
Parrilla Acapulco, Obispo Trejos 169.
La Mamma, Alcorta 270. Gute Pizza.
Il Gatto, 9 de Julio/General Paz. Ebenfalls gute Pizza und Pasta.
La Pepperoni, San Martín 114. Vegetarisches.
La Vieja Esquina, Belgrano/Caseros hat gute Empanadas in großer Auswahl.
Cafés: Zum Draußensitzen gibt es auf der Höhe der Fakultät der Sozialwissenschaften auf Obispo Trejos ein schönes Café.
Café Firenze, 25 de Mayo 220, gemütlich.
Fancy Café, Andarte 317, nett und gemütlich.
Bar Montserrat, D. Quiros/Obispo Trejos. Über Córdoba hinaus wegen der exzellenten Croissants bekannt.

Ausgehen

Bars und Musik finden Sie vor allem in den Wohnvierteln der Oberstadt.
Estación 27, 27 de Abril, neben dem Engelsturm, Bar mit Live-Musik.
Pizarrón, Belgrano/27 de Abril. Musikbar.
Palmira, Costanera/General Paz am Platz 29 in der Nähe des Flusses.
Pulpería El Viejo Rincón, Dumesnil/Mendóza. Folkloremusik, am Wochenende bis 5 Uhr morgens.
Theater: Im *Teatro del Libertador,* daher auch *Teatro San Martín* genannt, Av. V. Sarsfield 355, werden sehr unterschiedliche Stücke gespielt, das Theater ist in einem 100jährigen Gebäude mit Theatermuseum.
Teatro Colón, Avenida Colón 1561.
Goethe-Institut: Blv. Illia 356, Di – Fr 17 – 20 Uhr, deutsche Zeitungen, Bibliothek und Abendveranstaltungen.

Nützliche Adressen

Touristeninformation: ✆ 24575, Plaza San Martín, Mo – Fr 8 – 20 Uhr, Sa und So 9 – 13 und 17 – 22 Uhr. Eine weitere am Busbahnhof.
Touristeninformation der Provinz: ✆ 233248, Tucumán 360, Mo – Fr, Mittagspause, Buchungen von Hotels in der Provinz und Hilfe bei der Routenplanung.
Post: Avenida Colón 201.
Telefon: Ferngespräche in Av. Gral. Paz 36 oder 27 de Abril 27.
Universität: V. Sarsfield, Höhe 200 – 300, Zentralverwaltung. Die alte *Universität Córdoba* aus dem Jahr 1613 steht in Obispo Trejos 242.
Sprachschulen: siehe Seite 167, Reisepraxis.

Reiseziele in der Nähe

Fahrt ins *Valle de la Luna* (Mondtal) siehe Seite 358, Provinz San Juan.

Von der Hauptstadt aus nach Norden folgt man dem **Camino de la Historia**, dem Weg der Geschichte, an dem es in verschiedenen Orten Museen und Sehenswertes zur Geschichte der Provinz gibt.

Im Nordosten der Provinz, 200 km von der Hauptstadt entfernt, liegt der **Naturpark Laguna de Mar Chiquita.** Informationen und Karten im Touristenbüro der Provinz.

Valle de Calamuchita, das Tal der Deutschen

Im Süden von Córdoba siedelten viele Einwanderer, die ihr kulturelles Erbe erhalten wollten. Das trifft besonders auf die Deutschen zu, die sich überwiegend in *Villa General Belgrano* und *La Cumbrecita* niederließen.

Die Region ist eines der wichtigsten Tourismuszentren der Provinz. Zwei **Stauseen**, *Los Molinos* und *Río Tercero*, ermöglichen Wassersport und an ihren Ufern gibt es Campingplätze in sehr schönen Lagen.

Villa General Belgrano

In ganz Argentinien ist das 5000 Einwohner zählende Dorf vor allem wegen seines großen Oktoberfestes, der **Fiesta Nacional de Cerveza** (Nationales Bierfest), bekannt. Zwei Deutsche erstanden in den 30er Jahren ein weitläufiges Gelände und verkauften Parzellen an Einwanderer, die meist aus Deutschland, Österreich und der Schweiz kamen. Viele deutschsprachige Antifaschisten ließen sich hier nieder. Noch heute sprechen viele Bewohner Deutsch. An der Ortseinfahrt grüßt ein Schild auf Deutsch mit »Hauptstadt des Bieres«, und der Baustil erinnert an ein Bergdorf in den Alpen. Neben der schon erwähnten Fiesta an den ersten beiden Wochenenden im Oktober gibt es einen **Weihnachtsmarkt**, zu Ostern **La Fiesta de la Masa Vienesa** (Wiener Tortenfest) und neuerdings im Juli die **Fiesta del Chocolate Alpino** (Alpenschokolade-Fest).

Die Bewohner Villa General Belgranos sind sichtlich wohlhabend, und die Architektur ist so bayerisch, daß manche Reisenden den Ort mit Disneyland vergleichen.

Lohnend ist eine **Wanderung** durch diese Landschaft, etwa von Villa General Belgrano zum *Pozo Verde* (grüner Brunnen), an der Ortsausfahrt von Villa Gen. Belgrano ausgeschildert. Oder auf den *Pico Alemán*, einen kleinen Berg.

Verbindungen & Infos

Busse: mehrmals täglich von und nach Córdoba-Stadt und Buenos Aires. Sehr schlechte Verbindungen nach La Cumbrecita, Sie sollten sich dorthin einer organisierten Fahrt durch lokale Reiseveranstalter anschließen.
Touristeninformation: in einer kleinen Holzhütte direkt am Hauptplatz.

Unterkunft & Einkaufen

Hotel Edelweiss, hinter dem Hauptplatz auf der anderen Seite des Flusses, ✆ 61317, 96 $.
Hotel Bremen, ✆ 61133, Ruta 5/Cerro Negro, 98 $.
Hotel Tirol D'Andrea, ✆ 61166, San Martín/Ojo de Agua, 96 $, gehört zu den drei besten am Ort.
Chascomus, ✆ 62025, Ruta Prov. 14, 40 $.
Pensión Im Blauen Tal, ✆ 62392, San Martín 20, 35 $.
Pensión Alpino, ✆ 61355, 25 de Mayo 9, 30 $, sehr hübsch.
Ferienanlage Green House, ✆ 2451, einige km südlich von Villa Gen. Belgrano an der Ruta 5.
Jugendherberge: El Rincón, ✆ 61323, 600 m vom Busterminal, empfehlenswert.

Essen & Trinken: viele gute Restaurants, empfehlenswert ist hier besonders Fisch. Häufig stehen deutsche Gerichte auf der Speisekarte.

Buchhandlung: *Siete Años,* hier sind die unterschiedlichsten deutschen Autoren und Autorinnen vertreten

Reiseziele in der Nähe

Zwischen Villa General Belgrano und Córdoba-Stadt passiert man **Alta Gracia** mit einem altehrwürdigen *Jesuiten-Bauernhof.* Übrigens hat hier Ernesto (Che) Guevara elf Jahre lang wegen des guten Klimas gelebt, um sein Asthma zu bekämpfen. Wenige Kilometer südlich gelangen Sie an den schönen **Stausee Los Molinos,** der zur Stromerzeugung gebaut wurde und heute auch ein wichtiger Wassersportort ist.

Noch weiter gen Süden erreichen Sie den bekannten Urlaubsort **Santa Rosa de Calamuchita**, in dem in den ersten beiden Novemberwochen die *Fiesta Nacional de Tradición* (Nationales Traditionsfest) stattfindet, und noch südlicher das Städtchen **Río Tercero** an einem Stausee. Der 1930 fertiggestellte **Embalsa Río Tercero** ist mit 6000 ha Ausdehnung einer der größten Stauseen Südamerikas. An ihm steht das zweitgrößte Atomkraftwerk Argentiniens. Der Campingplatz *Bahía Tonon Club* am Stausee vermietet auch kleine Ferienwohnungen.

Jedes Jahr in den ersten beiden Oktoberwochen findet das **Nationale Gauchotreffen** in dem Ort *Río Cuarto*, einem noch weiter südlich gelegenen Zentrum der Viehwirtschaft, statt.

La Cumbrecita, das Gipfelchen

Der kleine Ort liegt weit entfernt von den Touristenrouten 1400 m hoch im Gebirge, wo angeblich bis heute untergetauchte Nazis leben. Landschaftlich erinnert die Region an den Schwarzwald, und tatsächlich steht Kirschtorte auf einigen Speisekarten. Die Fahrt von Villa Gen. Belgrano in das 40 km entfernte La Cumbrecita durch eine beeindruckende Landschaft ist ein Erlebnis.

Ein Tagesausflug von Villa General Belgrano nach La Cumbrecita mit öffentlichen Verkehrsmitteln ist nicht möglich, nur samstags und sonntags ist der Ort mit dem Bus zu erreichen. Der »Combi« ist eine **organisierte Tagestour** nach La Cumbrecita, ✆ 254390, die in Entre Ríos 348, und im Mercado Sur, ✆ 240544, angeboten wird. Aber Sie können natürlich in La Cumbrecita **übernachten.** Einige Hotels bieten Übernachtungen ohne Frühstück an, von ihnen sind: *Las Verbenas,* 86 $, *Panorama,* 68 $, *Tilcara,* 60 $, und *Las Cascadas,* 50 $, empfehlenswert;

Die **Sierras de Córdoba** flankieren sowohl das *Valle de Calamuchita* im Süden wie auch das *Valle de Punilla* im Norden. Zu anspruchsvollen **Wanderungen** in den Bergen Córdobas informiert der *Club Andino Córdoba*, Córdoba, 27 de Abril 2050, dessen Mitglieder sich mittwochs an dieser Adresse zwischen 21 und 23 Uhr treffen. zu längeren Touren sollten Sie nicht allein aufbrechen.

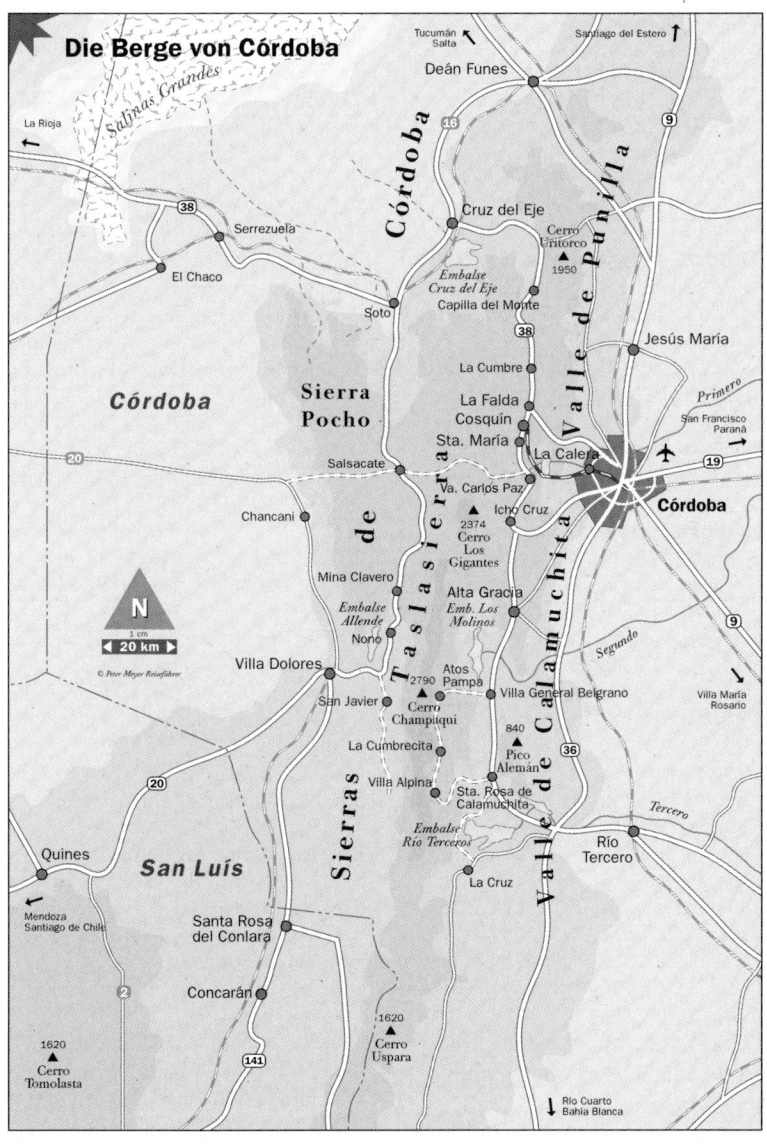

Eli, 9 de Julio 190, 22 $, und *Necochea,* Esquín 98, 24 $, günstiger. Da der Ort so klein und übersichtlich ist, ist die Angabe von Straßennamen überflüssig.
Jugendherberge: in *Villa Alpina,* gut 30 km von La Cumbrecita entfernt. 10 $ pro Nacht.

Durchs schöne Valle de Punilla

Eine reizvolle Landschaft sehen Sie im Punilla-Tal, das sich vom **Stausee San Roque** nach Norden zieht und in die Bergketten der **Sierra Chica** und der **Sierra Grande** eingebettet ist.

Villa Carlos Paz an den Ufern des Sees ist das Zentrum, von dem aus sich eine Fahrt in den malerischen Norden der Provinz durch das Valle de Punilla lohnt. Drei bekannte und touristisch attraktive Orte im Punilla-Tal sind *Cosquín, La Falda* und *La Cumbre,* sie werden auf den nächsten Seiten beschrieben. Einen Besuch lohnen die kleinen Kapellen in der Region, interessant sind auch die verschiedenen Feste.

Villa Carlos Paz

Am südlichen Zipfel des Stausees San Roque liegt der für Wassersport und seine Strände bekannte Ferienort. Im Sommer ist das Städtchen ziemlich überlaufen und nicht sehr einladend. Allerdings bietet es Unterhaltung in unzähligen Cafés und Restaurants, am Wasser, beim Windsurfen oder in den Casinos.

Während die touristische Hauptroute von Carlos Paz nach Norden führt, lohnt sich auch ein Ausflug in den Südwesten nach **Icho Cruz**, was »das Dorf an einem Kreuz« bedeutet. Der malerische Ort liegt am Rande der Sierra, und viele Argentinier aus Córdoba-Stadt haben hier ihre Wochenendhäuser. Gute Busverbindungen mit Villa Carlos Paz.

Verbindungen & Infos

Von Buenos Aires fahren mehrere Busse pro Tag nach Villa Carlos Paz, vor allem im Sommer. Von und nach Córdoba fahren mindestens stündlich Busse, im Sommer viertelstündlich.
Touristeninformation: ✆ 21624, am Busbahnhof.

Unterkunft & Camping

Hotel Libertador, ✆ 23330, Av. San Martín 1001, 120 $.
Hotel El Ciervo de Oro, ✆ 22498, H. Yrigoyen 995, 79 $.
Hotel El Monte, ✆ 22001, Caseros 45, 49 $.
Hotel Del Carmen, ✆ 22698, San Roque 274, 49 $.
Camping: *Los Pinos,* Curro Enrique/Lincoln, das ganze Jahr geöffnet.
Mehrere Plätze an der Ruta 38, die durch das Valle de Punilla verläuft.

Restaurants & Ausgehen

Pizza & Pasta gibt es zu normalen Preisen in mehreren Restaurants auf der Av. 9 de Julio zwischen Hausnummer 100 und 300.
Copacabana II, Blv. Sarmiento 919. Grillrestaurant.
Costa Azul, Av. San Martín 1201. Fleisch vom Grill.
El Dorado, Av. San Martín 1500. Fischspezialitäten.

Confiterías: *Augustus,* Av. Gen. Paz 243, empfehlenswert.
Hermitage, Av. 9 de Julio 467, ebenfalls gut.
Piano-Bars: *Amadeus,* Av. Libertad 45, und *Tempo,* Echeverría 79. Beide bieten gute Unterhaltung.
Discotheken: *Khalama,* Blv. Estrada 113, und *Molino Rojo,* Av. 9 de Julio 623, gehören zu den bekannten Tanzschuppen der Stadt.

Cosquín, Zentrum der Folklore

Weit über die Grenzen hinaus bekannt ist Cosquín im Valle de Punilla durch sein zweiwöchiges **Internationales Folklore-Festival,** das jedes Jahr in der dritten Januarwoche stattfindet und von Diskussionsveranstaltungen zu unterschiedlichsten Themen und Ausstellungen begleitet wird. Eine Woche vorher beginnt in Cosquín das **Nationale Kunsthandwerksfest,** das auch während des Folklore-Festivals andauert. Beide Veranstaltungen lohnen einen Besuch, aber der Ort ist auch zu jeder anderen Zeit interessant. In Cosquín gibt es ein sehenswertes **Folklore-Museum.**

Auf der anderen Seite des Flusses erhebt sich auf 1200 m der *Pan de Azúcar* (Zuckerhut) den man zu Fuß oder mit dem Sessellift erklimmen kann. Etwas außerhalb des Ortes an der Hauptstraße steht das *Museum für Archäologie und Mineralogie.*

Verbindungen & Infos

Bus: Gute Verbindungen von Córdoba-Stadt (60 km) und Villa Carlos Paz. Bei einem Tagesausflug Plätze für die Rückfahrt sichern.

Zug: Zum Ausflugszug *Tren de las Sierras* siehe Seite 326, Córdoba.
Informationsbüro: am Hauptplatz. Hotelbuchungen sind in Buenos Aires im dortigen Tourismusbüro der Provinz möglich.

Unterkunft & Restaurants

Petit Hotel, ✆ 51311, Sabattini 739, ab 50 $.
Hotel Alexmar, ✆ 51322, San Martín/Catamarca, 45 $.
Hotel Italia, ✆ 52225, 30 $, am Busbahnhof.
Residencial Cerros Dorados, San Martín/San Luis, 25 $.
Residencial Cosquín, ✆ 51222, Tucumán/Sabattini, 25 $.
Jugendherberge: *Grand Sierras,* ✆ 52120, San Martín 733, nur von Dezember bis März.
Essen & Trinken: Empfehlenswert sind *El Tonel,* San Martín/Corrientes, *La Vieja Casona,* Buenos Aires 430, und *La Roche,* San Martín 741.
Eros, San Martín 890, und *Munich,* Sarmiento/San Martín, sind gute Confiterías.

La Falda, ein Luftkurort

Etwa 20 km nördlich von Cosquín befindet sich das landschaftlich besonders schön auf fast 1000 m Höhe gelegene La Falda, das erst 1943 gegründet wurde. Der Luftkurort wird von Herz- und Asthmakranken gerne besucht. Wanderer kommen hier voll auf ihre Kosten, und Feste fehlen im Jahreskalender natürlich auch nicht. In der ersten Februarhälfte findet ein renommiertes **Festival zeitgenössi-**

scher Musik statt und in den ersten beiden Oktoberwochen das Volksfest **Fiesta del Alfajor.** *Alfajores* sind die schon oft erwähnten gefüllten Kekse, die in jeder Region anders schmecken. La Falda ist mit Stränden, Cafés und Kinos ein Urlaubsort, der vor allem von jüngeren Leuten besucht wird.

Empfehlenswert ist auch das **Museo de Trenes en Miniatura** (Museum für Modelleisenbahn) am Ende der Av. 25 de Mayo beim **Zoo,** der ebenfalls einen Besuch lohnt. In der Straße Cuasta del Lago 1467 befindet sich ein **Archäologisches Museum.**

Lokale Handwerksprodukte gibt es auf der Av. Eden, auf der sich auch einige gute Cafés und Restaurants befinden.

Eine **Wanderung,** etwa 25 km lang, führt zu den *Cascadas de Olaén* (Wasserfall von Olaén) und einem kleinen *Cañon.* Zehn km südlich von La Falda auf der Ruta 38 führt an einer markierten Kreuzung ein gut 15 km langer Weg weg von der Hauptstraße; die letzten 5 km sind nicht befahrbar. Die Wanderung ist gut ausgeschildert.

Verbindungen & Infos
Bus: Gute Verbindungen mit Córdoba und Villa Carlos Paz.
Touristbüro: am Hauptplatz.

Unterkunft & Restaurants
Hotel Nor Tomarza, ℡ 22004, Av. Eden 1063, 110$.
Hotel Tomaso de Savoia, ℡ 23013, Av. Edén 732, ab 100 $.
Residencial Atena, ℡ 22424, Rosario 329, 35 $.
Residencial La Falda, ℡ 22990, Alvear 107, 32 $.
Old Garden Residencial, ℡ 22842, Capital Federal 28, 30 $.
Hotel El Piccolo, Uruguay 51, 20 $.
Hotel der Universität von Córdoba, in Vaquerías, 2 km von La Falda, Übernachtung nur mit internationalem Studentenausweis.
Camping: viele Möglichkeiten am Fluß.
Essen & Trinken: In der Av. España 117 befindet sich das Grillrestaurant *El Bochín.*
Rancho Criollo, Av. Edén 701. Fleischspezialitäten.
Ebenfalls in der Hauptstraße Av. Edén liegen viele Confiterías wie *Fra Noi, Avenida, Tanta Ida* oder *Strauss.*

Aktivitäten bei La Cumbre
Das exklusive La Cumbre liegt am nördlichen Ende des Tals auf über 1100 m Höhe. Eine **Wanderung** kann auf den *Cerro La Cruz* (Kreuzberg) führen. Von November bis März ist La Cumbre ein beliebter Ort für **Forellen-Angler.**

In den ersten drei Februarwochen wird ein traditionelles **Bierfest** gefeiert.

Ein Ausflug lohnt sich auch nach **Capilla del Monte,** 20 km nördlich von La Cumbre an der Ruta 38 inmitten der Sierra. Der Ort ist bekannt wegen seines heilenden Wassers und dem fast 2000 m hohen *Cerro Uritorco.* In der Region gibt es eine Vielzahl von **Wanderrouten** und auch **Hanggliding** und **Paragliding** sind möglich.

Verbindungen & Unterkunft
Bus: Die Busverbindungen sind nach und von La Cumbre ähnlich wie in Cosquín.
Hotels: *Hotel La Viña,* ✆ 51388, Caraffa 48, 44 $.
Hotel El Fortín, Rivadavia/Gral. Paz, 30 $.
Jugendherberge: ✆ 52120, San Martín 733.
Camping: viele Möglichkeiten an der Hauptstraße um La Cumbre, die durch das Punilla-Tal führt.

Die Traslasierras

Ein weiteres Ziel in der Provinz Córdoba ist die reizvolle Bergkette der Traslasierra im Westen von Carlos Paz mit dem Zentrum **Mina Clavero**, das 140 km von Córdoba-Stadt entfernt liegt, von dort mit Bussen aber gut erreichbar ist.

Ein sehr schöner Ort ist **San Javier** mit einem altspanisch geprägten Platz. Dort gibt es eine Hostería der mittleren Preislage namens *Casa Pueblo,* in einer etwa 300 Jahre alten ehemaligen Bodega, von der aus Sie auf das Gebirge schauen können. Weiterhin finden Sie Unterkunft in der *Hostería San Javier* oder im südlich gelegenen Nachbarort **Yacanto** in *La Castellana.* Von San Javier aus ist es möglich, den **Cerro Champaqui** (2790 m) zu besteigen. Den größten Teil der Strecke können Sie zu Pferd zurücklegen, einige Bergführer vermieten Pferde. Über der Baumgrenze geht es dann zu Fuß weiter.

Dreißig Kilometer weiter im Norden gibt es in **Nono** eine schöne Badestelle am Fluß *Pase de Tropas* neben der *Hostería La Pirca,* weiterhin das *Rocsen-Museum,* mit erstaunlichen Funden der *Comechingone,* Indígenas der Region, und agrartechnischen Geräten aus der ersten Hälfte des Jahrhunderts.

PROVINZ MENDOZA

Die ersten Kolonisten siedelten gegen Ende des 16. Jahrhunderts im heutigen Mendoza, als die Region noch vom Gouverneur von Chile mitverwaltet wurde. Der *Cuyo* (die Region der heutigen Provinzen Mendoza, San Juan und San Luis) war damals enger mit der Pazifikregion im Westen der Anden verbunden als mit dem östlich davon liegenden Gebiet in Richtung Río de la Plata und Atlantik.

Das zeigt sich auch daran, daß die indigenen *Huarpe* und *Inca,* die schon lange in der Region lebten, von Chile aus kolonisiert wurden. Außerdem leben bis heute viele Chilenen auf der argentinischen Seite der Anden.

Die Einwanderer, die seit Mitte des letzten Jahrhunderts aus Europa kamen, fanden in der trockenen Landschaft optimale klimatische Bedingungen und gute Böden für den Weinbau vor. In harter Arbeit wurde aus dürrem Ödland eines der wichtigsten **Weinbaugebiete** der Welt, in dem sich mit der *Bodega Giol* zeitweise das weltweit größte Weingut befand. So lautet auch der Werbespruch des Fremdenverkehrsamtes der Provinz Mendoza »Mendoza – La tierra del sol y del buen vino«, Land der Sonne und des guten Weins.

Lesen Sie bitte weiter auf Seite 337

Der argentinische Weinbau

Argentinien steht in der Rangliste der Weinproduzenten weltweit an vierter Stelle und ist in Südamerika einsamer Spitzenreiter mit über 200.000 ha Rebfläche. Dennoch sind in Europa chilenische Weine aus den Trauben *Cabernet Sauvignon, Merlot, Chardonnay* und *Sauvignon Blanc,* die vor allem aus der Region um Santiago de Chile stammen, bekannter. Zum einen liegt das daran, daß bis vor einigen Jahren über 90 % des argentinischen Weins im Land selbst getrunken wurde; anderseits werden hier überwiegend gute Standardweine produziert, die für den Export wenig geeignet sind.

Das trockene Klima mit 320 bis 350 Sonnentagen pro Jahr, ausreichendes Schmelzwasser sowie ebene und fruchtbare Böden ermöglichen zusammen mit moderner Technik eine hohe Produktivität. Etwa 1900 *Bodegas,* wie die Kellereien auf Spanisch heißen, verarbeiten zu 80 % rote Trauben. Nach der Viehzucht und dem Weizenanbau ist die Weinproduktion der drittwichtigste Agrarsektor im Land.

Aus Mendoza kommen 72 % des argentinischen Weins, weitere 18 % aus der Nachbarprovinz San Juan. Für Qualitätsweine spielt das Gebiet um Cafayate in der Provinz Salta eine wichtige Rolle.

Die generelle Geschmacksrichtung ist leicht süßlich und am ehesten mit italienischen Weinen vergleichbar. Es dominieren bis heute die roten Rebsorten *Criolla* und *Cereza,* für den Weißwein werden überwiegend die schlichten *Ugni Blanc, Muscat* und *Torrontes* verwandt. In den letzten Jahren nimmt der Anbau von höherwertigen Weinen wie *Merlot, Cabernet, Pinot Noir* und vor allem *Malbec* zu. Bei den weißen Reben gewinnt der *Chardonnay* an Bedeutung. Die 1914 gegründete, hochmoderne *Bodega Peñaflor,* die größte Kellerei Südamerikas, ist bekannt für ihre Spitzenweine. Hier steht ein 1970 aus Zement gebauter Tank für über 5 Millionen Liter (!) Rebsaft.

Das *Nationale Weinbauinstitut* in Mendoza teilt die Weine in **drei Kategorien** ein. Die *Vinos de Corte* (Verschnittweine) sind zum Verschneiden mit anderen Weinen erlaubt. Den weitaus größten Anteil machen die *Vinos Comunes* aus, die mit europäischen Land- und Tafelweinen vergleichbar sind. Einer strengen Kontrolle unterliegen die Weine der dritten Kategorie, die *Vinos Finos* (Qualitätsweine), die in französischen Eichenfässern *(robles francés)* gelagert werden. Überregional bekannte Weinmarken sind *Trapiche, Toro Viejo* und *Hereford.*

Mit der Orientierung zu höherwertigen Weinen gehen wachsende Exporte einher. Das paßt zu der auf ausländische Devisen ausgerichteten Wirtschaftspolitik, hängt aber auch mit dem stark ansteigenden Bierkonsum in Argentinien und einem entsprechenden Rückgang im Weinverbrauch zusammen. Außer die chilenischen und brasilianischen Weine sind importierte Marken relativ teuer, und zum gleichen Preis ist ein im Land hergestellter Tropfen allemal besser. Die Weinernte beginnt Ende Februar und dauert bis April.

Bodegas & Weinfeste

Die meisten Weingüter liegen im Stadtteil Maipú von Mendoza-Stadt und sind gut mit dem Bus erreichbar. **Kellerführungen** finden in der Regel Mo – Fr 9 – 16 Uhr statt, sind kostenlos und enden meist mit einer kleinen Weinprobe.

Peñaflor, ✆ 972388, Mitre, ohne Hausnummer, Bus 170 (172, 173), sehr professionell, ohne Voranmeldung.

La Rural, ✆ 972013, Montecaseros, s/n, klein aber fein, mit einem Museum, etwa 2 km von der Bodega Peñaflor entfernt. An der YPF-Tankstelle Richtung Zentrum nach etwa 800 m oder mit dem Bus 170.

Santa Ana, ✆ 211000, Roca/Urquiza, Bus 20 (B-25).

La Colina de Oro, früher *Giol*, ✆ 972090, Ozamis 1040. Von einem Schweizer und einem Italiener 1896 gegründet. Das einst größte Weingut der Welt war eine Kooperative und wurde 1992 privatisiert. Vor allem wegen der alten Fässer ist es einen Besuch wert, auch Sa, So 11 – 14 Uhr geöffnet. In einem alten Keller ist das Restaurant *Cava Vieja*, mehrgängige Mittagsmenüs und Wein ab 13 $, Fr, Sa abends Show. Hier ist auch das Nationale Weinmuseum, *Museo Nacional del Vino y la Vendimia*, Bus 150 (151).

Am ersten Märzwochenende, im argentinischen Herbst, wird in *Mendoza* das größte Weinfest Argentiniens gefeiert, die **Fiesta Nacional de la Vendimia** (vendimia bedeutet Weinlese). Die seit 1936 stattfindende Fiesta besteht u.a. aus mehreren Umzügen und endet nach einer lebhaften Woche mit einer großen Show im Theater im *Parque San Martín*. Die Show findet samstags und sonntags statt, am Sa endet sie noch zusätzlich mit einem Feuerwerk. In der Regel ist es schwer, an eine der 22.000 Karten, ab 15 $, zu kommen. Die Touristeninformation hilft jedoch. Auf dem Hügel hinter dem Stadion finden noch etwa 5000 Zuschauer kostenlos Platz.

Die 18 *Departamentos* (Landkreise) haben den ganzen Februar über eigene Weinfeste.

Ein Meilenstein der ökonomischen Entwicklung war, wie in so vielen Regionen Argentiniens, die Fertigstellung der Eisenbahnlinie nach Buenos Aires im Jahr 1885. Wenig später wurde auch die Strecke nach Chile eingeweiht. Beide Abschnitte werden seit einigen Jahren nicht mehr von Personenzügen befahren.

In Mendoza leben heute auf einer Fläche von 150.000 km² ungefähr 1,5 Millionen Menschen. Neben Wein- und Obstbau sind Erdöl und andere Bodenschätze wichtig, der Tourismus wird als Wirtschaftsfaktor immer bedeutender. Aufgrund der Wander-, Reit- und Wintersportmöglichkeiten in den fast 7000 m hohen Anden wur-

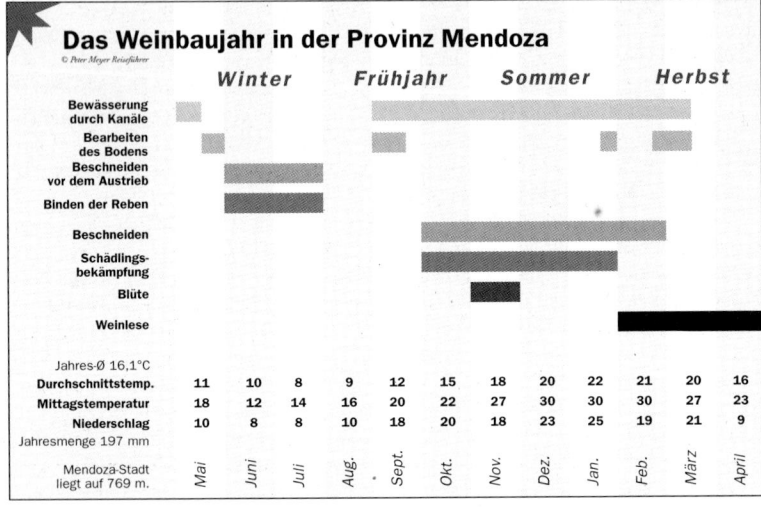

Das Schaubild zeigt den klimaabhängigen Jahresablauf der Weinbauern Mendozas

de die Region für Urlauber interessant; der Ort **Las Leñas** avancierte in den letzten Jahren zu einem der bekanntesten **Skizentren** der Welt.

Für Weinliebhaber ist Mendoza ein »Muß«, vor allem, wenn Sie nicht nach Cafayate in der Provinz Salta kommen. Es lohnt sich also, auf dem Weg nach Chile oder in das westliche Patagonien zumindest ein paar Tage in der Provinz einzuplanen.

Eine attraktive Route: Von Mendoza über die Anden nach *Santiago de Chile* und von dort mit dem Zug oder Bus nach *Osorno* oder *Puerto Montt* in den Süden Chiles. Von Osorno besteht die Möglichkeit, die Anden in Richtung des argentinischen Bariloche zu überqueren, was mit dem Bus oder sogar als Wanderung möglich ist. Über die Ruta Nacional 215 erreichen Sie von Osorno aus den argentinischen Nationalpark *Nahuel Huapi*, siehe Seite 371.

Mendoza-Stadt

Die Hauptstadt der Provinz wurde zwar bereits im März 1561 gegründet, aber nach kolonialer Architektur sucht man vergeblich. Das liegt daran, daß ein Erdbeben im Jahr 1861 Mendoza vollständig zerstörte. Das letzte Beben war 1985 und richtete glücklicherweise kaum Schaden an.

Heute präsentiert sich die 700.000 Einwohner zählende Stadt als gemütliche Verwaltungs- und Handelsmetropole mit einem lebhaften Stadtkern um die Avenida San Martín herum.

Groß-Mendoza besteht eigentlich aus vier Teilen, neben der *Capital* mit 130.000 Einwohnern zählen *Godoy Cruz, Guaymallén* und das mit Abstand größte *Las Heras* dazu.

Einen Rundgang durch das Zentrum können Sie auf der **Terraza Mirador**, dem Dach der *Municipalidad de Mendoza* (Stadtverwaltung), 9 de Julio 500, beginnen. Dank des weiten Ausblicks kann man sich gut orientieren. Vormittags erreichen Sie die Aussichtsplattform durch den Haupteingang, am Nachmittag durch den Seiteneingang, täglich 7.30 – 20 Uhr, im Winter bis zur Dämmerung, Eintritt frei.

Nur zwei Blocks davon entfernt befindet sich die **Casa del Gobierno** (Regierungspalast), in der die Fahne ausgestellt ist, die das Heer San Martíns mit sich führte. Ein Stück dahinter gibt es das **Weinmuseum**, Av. Peltier 611, Mo – Sa 9 – 19 Uhr.

Die Av. San Martín entlanggehend, kommen Sie an der **Iglesia de la Compañía de Jesús** vorbei und sind nun im innersten Stadtzentrum. Einen Block von der Av. San Martín entfernt liegt die *Plaza España*. In Richtung Zentrum führt links die **Fußgängerzone** *Sarmiento* auf die großzügig angelegte **Plaza Independencia**. Unter dem Platz befindet sich das *Museo Municipal de Arte Moderno* mit eigenen und Wechselausstellungen, Eingang in der Platzmitte, Mo – Sa 9 – 13 und 16 – 21 Uhr, So 16 – 21 Uhr, Mo – Fr Eintritt frei. Die Museen sind in Mendoza bemerkenswert gut.

Die **Ruinas de San Francisco**, die Ruine einer früheren Jesuitenschule und -kirche, erbaut im Jahr 1638, befindet sich etwas außerhalb in *Ituzaingó/Beltrán*. Ebenfalls im Osten erreichen Sie am *Parque O'Higgins* und dem *Stadttheater Gabriela Mistral* vorbei fünf Blocks weiter auf der Ituzaingó das **Aquario** (Aquarium), täglich 9 – 13 und 15 – 20 Uhr.

Der **Parque San Martín** liegt im Westen des Stadtzentrums und erstreckt sich über 450 ha. Hier gibt es etwa 50.000 Bäume, einen See und einen *Zoo* sowie das *Teatro Griego*, ein griechisches Theater mit 22.000 Plätzen. Am ersten Wochenende im März findet dort ein großes *Weinlesefest* statt (siehe Seite 337, Themenkasten). Zur Fußballweltmeisterschaft 1978 wurde im Park das Stadion *Islas Malvinas* errichtet. Die Monumente auf dem *Cerro de la Gloria* (Ruhmeshügel) gedenken der gewagten Andenüberquerung des Heeres von *José de San Martín* 1817, die hier ihren Ausgang nahm und bis heute als entscheidender taktischer Zug gegen die spanischen Truppen gilt. Zum Park fährt die Buslinie 110.

Tip: Die Stadt Mendoza bietet zwischen Januar und März eine **City-Tour** an, die täglich zwischen 10 und 20 Uhr alle zwei Stunden startet und viele Sehenswürdigkeiten in der Innenstadt abfährt. Sie können dabei an vielen Stationen ein- und aussteigen, wann und wo sie wollen, und in einen der nächsten Busse wieder einsteigen. Ein Tag kostet 10 $.

In der Siestazeit ist auch eine **Rundfahrt** durch die Stadt mit den Straßenbahnlinien 2 und 3 eine gemütliche Abwechslung.

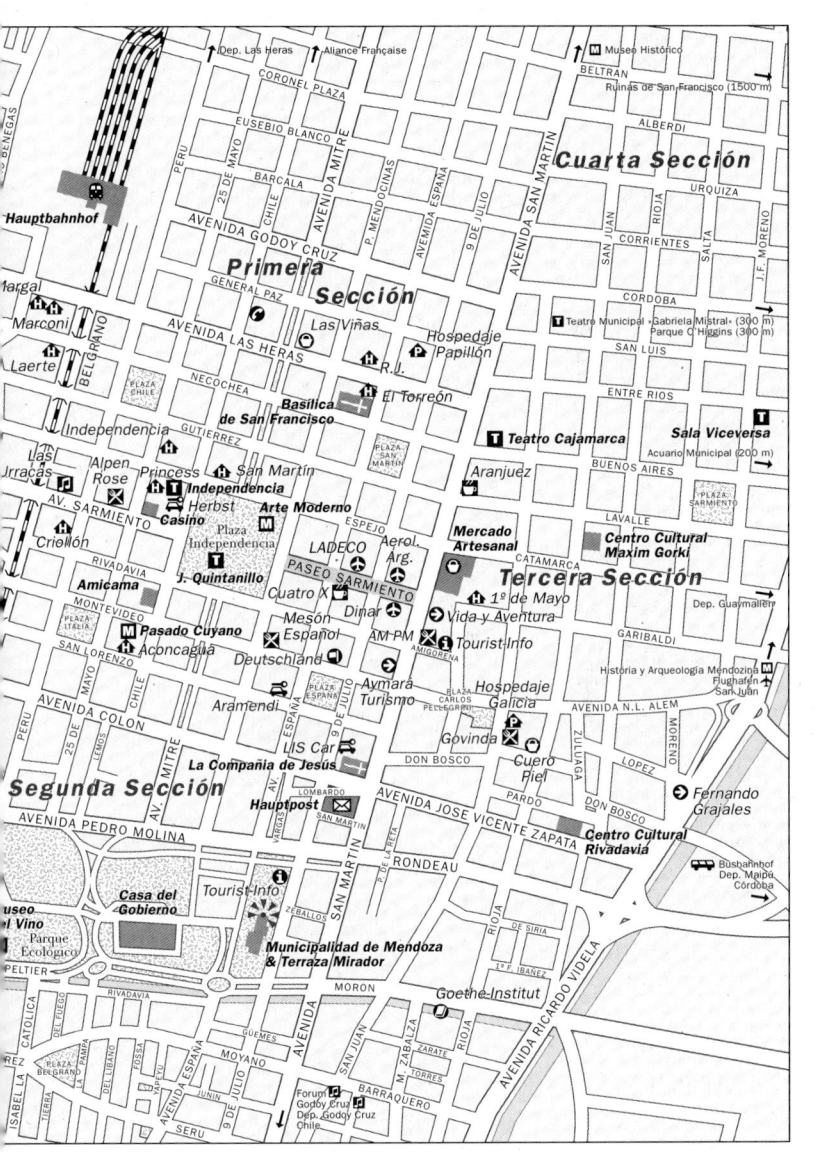

Weitere Museen

Museo de Historia y Arqueología Mendocina, Gründerzeitmuseum zur Stadtgeschichte und archäologisches Museum, Alberdi/V. Castillo, Di – So 8 – 20 Uhr, So 14 – 20 Uhr, im Winter öffnet es eine Stunde später, sehr empfehlenswert.

Museo Histórico, vor allem zum Nationalhelden San Martín, Remedios Escalada de San Martín 1843, Di – Sa 9 – 12.30 Uhr.

Museo del Pasado Cuyano, Historisches Museum der Cuyo-Region, Montevideo 544, Di – Fr 9 – 13 Uhr, spanische Führungen um 11 Uhr.

Museum Casa de Fader, argentinische und vor allem Malerei aus Mendoza in einem gut erhaltenen alten Gebäude, etwas außerhalb an der Ruta 40, Buslinie 200, Di – Fr 8.30 – 13 und 15 – 20 Uhr, Sa, So 15.30 – 20 Uhr.

Museo de Ciencias Naturales y Antropología, im Parque San Martín, Bus 110 (111), Di – Fr 8 – 13 und 14 – 19 Uhr, Sa, So 15 – 19 Uhr.

Verbindungen

Bus: Das lokale Bussystem ist etwas verwirrend. Die Zehnergruppe gibt die Richtung an, die Endziffer zeigt jeweils eine bestimmte Route dorthin. Das bedeutet, daß etwa die 110er Busse alle in dieselbe Richtung fahren, aber der 111er einen anderen Weg als der 112er nimmt.

Fernbus: Busbahnhof in der Av. Videla am Ende der Av. Alem. In das 1100 km entfernte Buenos Aires, 14 Stunden, sowie nach Córdoba, San Juan, San Luis und nach Santiago de Chile mehrere Busverbindungen täglich. In andere größere Städte mehrere Busse pro Woche.

Flug: Der neue Flughafen, ℡ 303743, liegt 10 km außerhalb des Stadtzentrums. Dorthin fahren Taxis und Shuttletaxis *(Remise)* für 10 $ sowie der Bus Nr. 63. Täglich mehrere Flüge nach Buenos Aires, mehrmals pro Woche auch nach Córdoba, Bariloche und Santiago de Chile.

Aerolíneas Argentinas/Austral, ℡ 204143, Paseo Sarmiento 82.

Dinar-TAC, ℡ 204520, Paseo Sarmiento 69.

LADECO, ℡ 291868, Paseo Sarmiento 144.

TAN, ℡ 340240, España 1012, regionale Flüge.

Mietwagen: Sie dürfen mit einem Leihwagen nicht nach Chile fahren.

Herbst, ℡ 298403, Chile 1124.

Aramendi, ℡ 291857, San Lorenzo 248.

LIS Car, ℡ 291416, 9 de Julio 780.

Unterkunft & Camping

Hotel Aconcagua, ℡ 204455, San Lorenzo 545, 135 $, das exklusivste Hotel in Mendoza.

Hotel Princess, ℡ 235669, 25 de Mayo 1168, 90 $.

Hotel Crillón, ℡ 238963, Perú 1065, 80 $.

Hotel El Torreón, Fax 233900, España 1433, 60 $.

Hotel Independencia, ℡ 200671, 25 de Mayo 1222, 60 $.

Hotel San Martín, ℡ 380677, Espejo 435, 55 $.

Hotel R.J., Fax 380202, Av. Las Heras 212, 48 $.
Hotel 1 de Mayo, ℂ 204296, Garibaldi 82, 43 $.
Hotel Las Cepas, ℂ 307595, Santiago del Estero 464, 36 $, etwas außerhalb, das einzige mit Schwimmbad.
Hotel Laerte, ℂ 230875, Leónidas Aguirre 19, 35 $.
Hotel Margal, Fax 252013, Juan B. Justo 75, 35 $.
Hotel Marconi, Fax 233636, Juan B. Justo 28, 30 $.
Hospedaje Embajador, ℂ 259129, Juan B. Justo 365, ab 25 $.
Hospedaje Galicia, ℂ 202619, San Juan 881, 20 $.
Hospedaje Mallorca, ℂ 233079, Julio A. Roca 719, 22 $, schön gelegen, erreichbar mit dem Trolley-Bus in Richtung Parque.
Hospedaje Papillón, ℂ 202595, Gral. Paz 227, 8 $ pro Person oder 10 $ mit eigenem Bad.
Albergue Veris Tempus, ℂ 263300, Tirasso 2170, 10 $ pro Person, im Stadtteil Guaymallén.
Jugendherberge: *Campo Base,* Lavalle 2028 im Stadtteil Guaymallén, Busse 50, 52, 55, 56 vom Busbahnhof, 7 $ pro Person, Herberge für Bergfans. Dort bekommen Sie gute Tips für Touren, Trekking oder Bergsteigen auf den Aconcagua. Es wird Englisch gesprochen.
JH: Eine weitere Herberge, ℂ 263300, liegt am Stadtrand, Tirasso 2170, 8 $, Buslinie 20.
Camping: *Cirse,* ℂ 250846, Orzali/Lencinas, sehr gut, Buslinien 111 bis 115 von der Plaza Independencia.

Getränke, Snacks oder Popcorn: Essen vom Straßenstand

El Challao und *El Suizo* sind mit dem Bus 115 erreichbar.
Churrasqueras del Parque, ℂ 296656, ist in der Bajada C. de la Gloria im Parque San Martín, preisgünstig.

Essen & Trinken
Restaurant Alpen Rose, Sarmiento 641, exzellent und teuer.
Los Lagares, A. Villanueva 650, ebenfalls exzellent und teuer.
La Marchigiana, Patricias Mendocinas 1550, sehr gut und relativ günstig.
El Tucco, Paseo Sarmiento 68, ebenfalls hervorzuheben.
Negro el 6, 25 de Mayo 1158, preiswert.

Parrillada Arturito, Chile 1515, von den vielen Grillrestaurants besonders zu empfehlen.
Restaurant 390, A. Villanueva 451, bietet unter anderem Pasta.
Mesón Español, Montevideo 244, spanische Küche.
El Retortuño, Dorrego 173 im Stadtteil Guaymallén, bietet mendozinische Küche.
Comedor Línea Verde, Montecaseros 1177, hier können Sie zu einem festen Preis so viel essen, wie Sie wollen.
Govinda, Av. San Juan 840, hier wird vegetarisch gekocht.
AM PM, San Martín/Amigorena, und *Mr. Dog,* Belgrano/Martín Zapata, verkaufen gute Sandwiches.
Pantagruel Park, A. Villanueva 334, gilt als beste Pizzeria.
Cafés: Viele sind im Paseo Sarmiento.
Café de la Gente, Rivadavia 135, nett.
Café Cuatro X, Sarmiento 299, neu.
Aranjuez, Lavalle/San Martín, gemütlich.
Teehäuser: *Hostelería El León,* Parque San Martín gegenüber der Hogar-Schule, ist besonders nett.
Kneipe: Eine gemütliche Kneipe ist *Las Urracas,* Sarmiento 762.

Ausgehen

Kulturzentren: *Goethe-Institut,* ℂ 495185, Morón 265.
Centro Cultural Bernadino Rivadavia, Av. Vicente Zapata 343.
Centro Cultural Maxim Gorki, La Rioja 1278.
Amicama, Chile 985, argentinisch-nordamerikanisches Kulturinstitut.
Aliance Française, Chile 1754.

Tanzclubs: Sogenannte *Confiterías Bailables,* sind das *Forum,* Av. San Martín 101, und ganz in der Nähe das *Godoy Cruz.*
Theater: *Teatro Independencia,* Chile 1184.
Teatro Cajamarca, Buenos Aires 63.
Teatro Quintanilla, Kellertheater an der Plaza Independencia.
Teatro Sala Viceversa, Montecaseros/Entre Ríos.
Casino: 25 de Mayo 1123.

Einkaufen

Kunsthandwerk: Der allmorgendliche *Mercado Artesanal,* Av. San Martín 1143, bietet unter anderem Korbwaren, Stickereien und Lederprodukte aus der Region.
Cuero Piel, Rioja/Don Bosco, Lederprodukte.
Las Viñas, Av. Las Heras 399, regionale Produkte.
Wein: kaufen Sie am besten in einem Supermarkt oder auf einem Weingut, nicht in Souvenirgeschäften.
Kunst: *Galería del Arte* befindet sich in Rufino Ortega 162.
Einkaufszentrum: *Mendoza Plaza Shopping,* Guaymallén, ist einer jener neuen Konsumtempel, Bus T ab 9 de Julio/Paseo Sarmiento.

Organisierte Touren & Sport

Es lohnen verschiedene Exkursionen in die Gegend um Mendoza. Sie werden von Reisebüros im Stadtzentrum angeboten.

Ein halber Tag mit dem Bus durch die Stadt und Vororte kostet etwa 12 $, ein halber Tag auf die Weingüter 13 $, ein Tag ins Hochgebirge 28 $, ein halber Tag nach Villavicencio 17 $, ein halber Tag Mountainbiking inklusive Ausrüstung 35 $, ein Tag Trekking 50 $, Rafting zwischen 30 und 60 $. Einige Ziele und Routen sind unten ausführlicher beschrieben. Beliebt sind von Mendoza aus Bergwandern, Pferdeausritte, Rafting und Skilaufen.

Schlauchbootfahrten auf den wilden Flüssen der Region werden als organisierte Touren von Reisebüros angeboten.

Neben eintägigen **Ausritten** *(cabalgatas)* bieten einige Veranstalter von November bis Februar auch drei- bis sechstägige Touren zu Pferd in den Anden an, inklusive Übernachtung unter freiem Himmel. Eine Route folgt beispielsweise den Spuren des Heeres, das vor 180 Jahren mit dem »Befreier« San Martín die Anden überquerte.

Reisebüros: *Aymará Turismo,* Fax 200607, 9 de Julio 933, und *Vida & Aventura,* Fax 203663, Av. San Martín 1074, sind für Reiten in den Anden, Trekking, Mountainbiking und Rafting gute Adressen.

Fernando Grajales, Fax 293830, José F. Moreno 898, 6. Stock, für den Aconcagua-Park. Siehe auch Reisebüros in Buenos Aires (Seite 229).

Skiausrüstung: *Rezagos de Ejército,* ✆ 233791, Mitre 2002.

Nützliche Adressen

Achtung: Ämter und Behörden sind nur morgens geöffnet.

Touristinformation: abgekürzt C.I.T. *C.I.T. 1,* ✆ 495185, Fax 381387, 9 de Julio 500, im Gebäude der Stadtverwaltung mit der Aussichtsplattform, sehr freundliche und kompetente Mitarbeiter, viel deutschsprachiges Material. Mo – Fr 8 – 13.30 Uhr, Andrea spricht Deutsch.

C.I.T. 2, ✆ 201333, San Martín/Garibaldi, Mo – So 9 – 21 Uhr.

Touristenbüro für die Provinz Mendoza, ✆ 202357, Av. San Martín 1143. Es gibt auch ein mendozinisches Provinzbüro in Buenos Aires (siehe Seite 168).

Touristenbüro für San Rafael, südlich von Mendoza gelegen, ✆ 201475, Alem 308.

Stadtplan: erhalten Sie am Bushof.

Post: Av. San Martín/Colón.

Telefon: Chile 1584.

Geld: mehrere Möglichkeiten zum Wechseln auf der Av. San Martín, in der Höhe der Nr. 1200.

Krankenhaus: *Hospital Central,* ✆ 200600, José F. Moreno/Além.

Konsulate: *Deutsches Konsulat,* ✆ 296539, Montevideo 127, erster Stock.

Chilenisches Konsulat, ✆ 255024, E. Civit 599, Mo – Fr 9 – 12 Uhr; ein Visum für die Einreise nach Chile wird nicht benötigt.

Reisen in Richtung Chile

Sie haben mehrere Möglichkeiten, die landschaftlich faszinierende Strecke nach Chile zurückzulegen. Der öffentliche Bus fährt über Las Heras und Villavicencio. Der Busfahrer läßt Sie auch unterwegs aussteigen und ein späterer Bus nimmt Sie wieder mit. Mit einem Mietwagen können Sie für den Rückweg eine zweite Route einschlagen. Sie dürfen mit einem Leihwagen die Grenze nicht passieren.

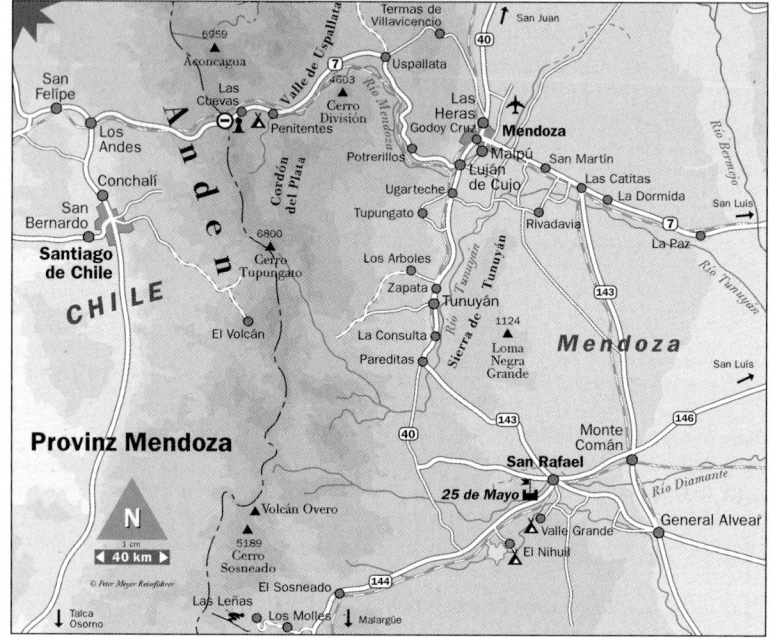

Die Bus-Route

In **Termas de Villavicencio,** 51 km nordwestlich der Hauptstadt, gibt es bekannte *Mineralwasserquellen* und schöne *Wanderwege.* Von Villavicencio führt die Straße weiter zum *Cruz del Paramillo* und in den 2000 m hoch gelegenen Ort **Uspallata,** 100 km von Mendoza-Stadt entfernt.

Valle Andino, ⓒ 20033, 85 $, direkt am Straßenrand.

Hotel Uspallata, ⓒ 20003, 50 $, Vollpension 60 $ pro Person, direkt hinterm Valle Andino ist zu empfehlen.

In der Nähe von Uspallata liegt die **Las Bóvedas,** die Ruine einer historischen indigenen Siedlung.

Ein **alternativer Weg** verläßt in Villavicencio die Panamericana und nimmt den früheren Weg nach Chile, der bis zum Bau der neuen Straße der einzige Andenübergang in der Region war. Die durch 365 Kurven führende Straße überwindet bis zum Paß einen Höhenunterschied von 1250 m.

Die Auto-Route zur Inkabrücke

Sie führt von Mendoza aus nach Süden über *Godoy Cruz* und die Nationalstraße 83 nach *Potrerillos* und dann weiter durch eine spektakuläre Landschaft bis kurz vor Uspallata, wo es links in Richtung Chile geht, ab hier sind die beiden Routen identisch.

75 km von Uspallata entfernt auf dem Weg in Richtung chilenischer Grenze befindet sich der kleine Skiort **Penitentes.**

Die **Puente del Inca** (Inkabrücke) liegt auf 2700 m Höhe neben der Ruta 7 kurz hinter Penitentes. Die 20 m über dem *Río Las Cuevas* liegende Brücke ist 30 m lang und befindet sich in nächster Nähe zu fünf *Thermalquellen.* Die Inkabrücke ist eines der interessantesten historischen Bauwerke Argentiniens. Von hier aus haben Sie einen guten Blick auf den mit 6959 m höchsten Berg Amerikas, den **Cerro Aconcagua.**

Bei der Inkabrücke befindet sich ein *Friedhof für verunglückte Bergsteiger,* und auch die **Unterkünfte:**
Refugio Vieja Estación, © 321484, 10 $, oder 12 $ mit Frühstück.
Campingplatz Mules liegt 1500 m vor der Inkabrücke, Kontakt in Mendoza: Guiraldes 246.

Von Puente del Inca sind es noch 25 km nach **Las Cuevas,** dem argentinischen Grenzort zu Chile. Der größte Teil des Verkehrs nutzt den 3200 m langen Tunnel. Wenn Sie mit einem Auto unterwegs sind, können Sie bei guten Straßenverhältnissen aber auch einen Abstecher auf den *Bermejo-Paß* machen. Auf 4200 m Höhe steht am

Lesen Sie bitte weiter auf Seite 350

Eine natürliche Felsenbrücke: Die Puente del Inca

Trekking am Aconcagua

Für Wanderer und Bergsteiger ist der Aconcagua und der sich ringsum ausbreitende *Parque Aconcagua* ein Höhepunkt einer Argentinienreise. Beste Wanderzeit: Januar und Februar.

Mit dem Auto kann der Weg in den Park noch etwa 1 km weit befahren werden. Zu Fuß erreichen Sie **Los Horcones**, den Eingang zum Park neben einer grasgrünen Lagune, von der **Puente del Inca** aus in 40 Min. über die Hügel. Weiter zum **Basislager Confluencia** benötigen Sie 5 Std. Hier können Sie auf einem Zeltplatz Rucksack und Zelt zurücklassen, um leichter zur *Plaza Francia*, mindestens 6 Std. vom Basislager, weiterzuwandern. Wenn Sie mit dem ganz frühen Bus gekommen sind, ist die Rückkehr nach Confluencia vor Einbruch der Dunkelheit möglich.

Am zweiten Tag können Sie vom Basislager zur *Plaza de Mulas* aufsteigen, höchstens 8 Std. Dort können Sie für 15 $ im *Refugio* übernachten und am dritten Tag wieder über Confluencia nach Los Horcones absteigen.

Wenn Sie länger als ein paar Stunden im Parque Aconcagua bleiben möchten, müssen Sie vorher in Mendoza ein Formular ausfüllen für den Fall, daß etwas passiert, und eine Gebühr entrichten. Dies wird am Parkeingang geprüft. Geben Sie bei längeren Touren eine großzügige Zeit an, denn nach zwei Tagen über der geplanten Zeit fangen die Rancher an, kostenpflichtig nach Ihnen zu suchen. Für die Wanderung und die Übernachtung im Zelt sollten Sie gut und warm ausgerüstet sein. Die Pfade sind zwar markiert, aber oberhalb der Plaza de Mulas ist Klettererfahrung notwendig. Wandern Sie auch die skizzierte Tour nicht ohne Karte und niemals allein.

Anfahrt, Infos & Touren

Bus: Von Mendoza fährt der *Expreso Uspallata* zur Puente del Inca, Bussteig 27 und 28 im Busbahnhof. Die vierstündige Fahrt beginnt wochentags um 6.30 und 10.30, sonntags um 11 Uhr.

Informationen: Falls Sie nicht organisiert wandern, ist die Besuchserlaubnis für 80 $ erhältlich bei:

Dirección de Recursos Naturales Renovables, ✆ 252090, Bologne Sur Mer im Parque San Martín, Mendoza.

Club Andinista Mendoza, ✆ 319870, F.L.Beltrán 357, Mo – Fr abends, und *Sol Andino,* ✆ 291544, Martínez de Rosas 489, allgemeine Informationen.

Organisierte Touren: Diverse Veranstalter in Buenos Aires und Mendoza-Stadt:

Fernando Grajales, Fax 293830, José F. Moreno 898, 6. Stock.

Los Puquios, Guiraldes 246, eMail: rudy @planet.losandes.com.ar.

Campo Base, Lavalle 2028 im Stadtteil Guaymallén, Mendoza-Stadt, Busse 52, 55, 56 vom Busbahnhof, Ausstieg *Lavalle/Pedro Molina,* siehe Mendoza/Jugendherberge. Hier können Sie sich auch einer Tour an oder auf den Aconcagua anschließen. Kleinere ein- bis zweitägige Trekkingtouren kosten inklusive Essen 50 $ pro Tag. Anfängerkurse zum Bergsteigen 300 $ pro Woche, inklusive Essen, Unterkunft und Ausrüstung (ohne Kleidung und Schuhe), eine zweiwöchige Tour auf den Aconcagua für ein bis drei Personen 1700 $, inklusive Maulesel und Ausrüstung, Essen muß extra gekauft werden.

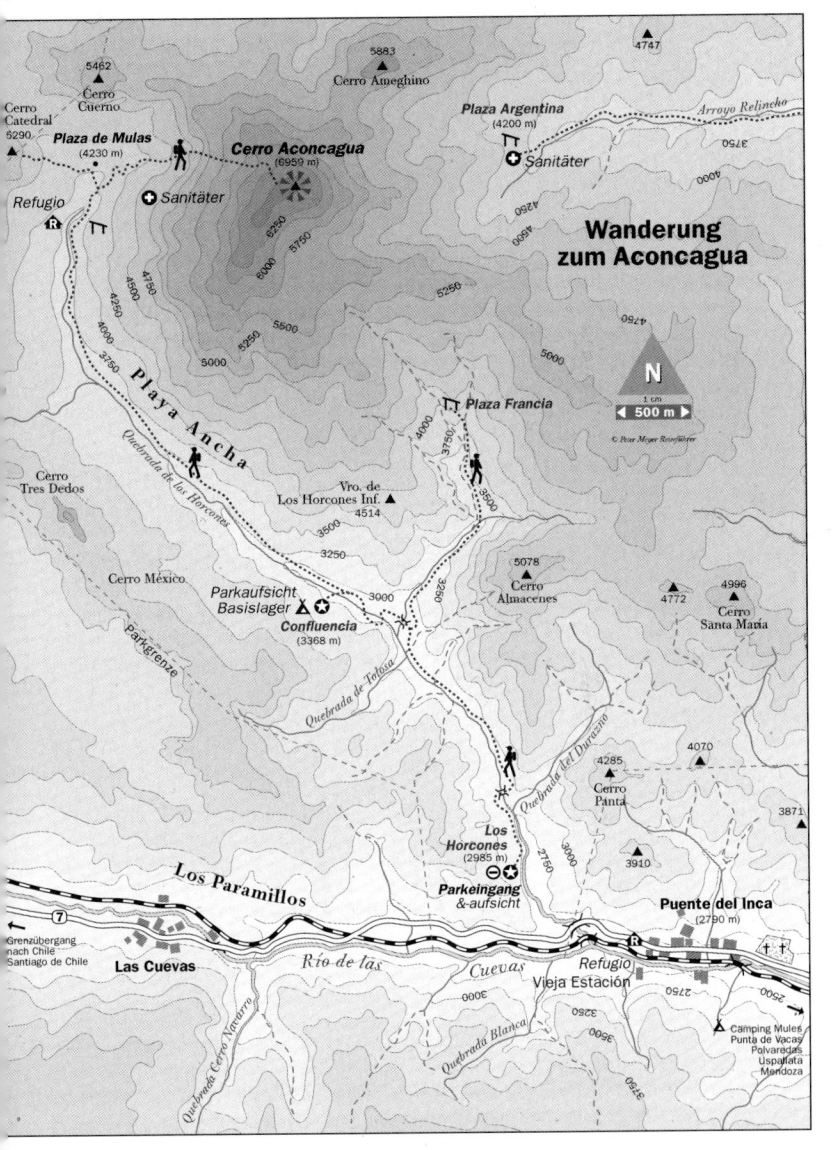

Paß die 1904 fertiggestellte Skulptur *El Cristo Redentor* (Der Erlöser), womit ausnahmsweise einmal nicht San Martín El Libertador, sondern Jesus Christus gemeint ist. Doch zumindest das Bronzematerial für die Skulptur wurde aus Kanonen des Andenheeres San Martíns gewonnen. Die Statue wurde von Chile und Argentinien als Friedenssymbol errichtet.

San Rafael

Die zweitgößte Stadt Mendozas mit 100.000 Einwohnern liegt 232 km südlich der Provinzhauptstadt in einer Wein- und Obstbauregion.

Das kleine aber feine **Naturhistorische Museum** befindet sich auf der *Isla Diamante,* das **Museo de Bellas Artes** in Irigoyen 148, beide Di – Fr 8 – 12 und 16 – 19 Uhr.

Von San Rafael sind Ausflüge in die Region möglich. Die hier angebotenen **Aktivitäten** reichen von Kajak- und Schlauchbootfahrten über Angeln und Surfen bis zu Bergtouren, Mountainbiking und Jagen.

Verbindungen

Bus: Busbahnhof Cnel. Suárez/Almafuerte, über Mendoza Ver-

Stillgelegt: Die frühere Eisenbahnstrecke von Mendoza über die Anden nach Chile. Typisch für die Region sind die kargen Berge

bindungen in das ganze Land und nach Chile. Nach Neuquén im Süden mehrere Busse pro Tag.

Unterkunft & Camping
Hotel Rafael, © 30047, Cnel. Day 30, 71 $.
Hotel Kalton, © 30047, H. Yrigoyen 120, 64 $.
Hotel Millalén, © 22776, Ortíz de Rosas 198, 50 $.
Hotel Turis, © 28090, A. Condarco 340, 39 $.
Hospedaje La Esperanza, © 22382, Avellaneda 263, 30 $.
Hospedaje Rex, © 22177, H. Yrigoyen 56, 25 $.
Camping: zwei Plätze auf der *Isla Río Diamante,* einer wird vom Automobilclub betrieben, © 24286.

Essen & Trinken
El Pancho, Av. H. Yrigoyen 1110, Fleisch vom Grill.
Estancia Chica, Av. H. Yrigoyen 366, gutes Grillrestaurant.
Jockey Club, Belgrano 338, große Auswahl.
Restaurant La Fusta, H. Irigoyen 538.
El Nuevo Cortijo, H. Irigoyen 999.
Friend's, Av. San Martín 45, im Stadtzentrum.
Confitería Mailén, San Martín 133.

Nützliche Adressen
Touristeninformation: © 24217, Av. Yrigoyen/Balloffet, täglich 8 – 20.30 Uhr, Auskünfte zu Ausflügen und Aktivitäten.
Reisebüros: *Campañario Servicios,* © 25038, Mitre/Las Heras.
Buttini, © 21413, Corrientes 494.
Tina Tours, © 24981, Segovia 24.
Centro Cultural: Av. H. Yrigoyen 280, verschiedene Veranstaltungen.

Reiseziele in der Nähe
25 km in westlicher Richtung von San Rafael entfernt liegt die Befestigungsanlage **Villa 25 de Mayo** aus dem 19. Jahrhundert. Campingmöglichkeiten bestehen am nahen *Dique Galileo Vitale,* einem von vier Stauseen am Río Diamante, der von Westen her nach San Rafael fließt.

In der Region um San Rafael gibt es mehrere **Stauseen** *(Diques),* beliebte Ausflugsziele, auf denen viele Wassersportarten möglich sind. Im *Cañon del Atuel* wird das Wasser des *Río Atuel* an zwei Stellen gestaut: **Valle Grande** liegt 33 km südwestlich von San Rafael, **El Nihuil** 75 km. Entlang der Ruta 173, die durch den Cañon führt, gibt es einige Campingplätze und Restaurants. Täglich fahren mehrere öffentliche Busse und organisierte Ausflüge dorthin.

Die Ortschaft **El Sosneado,** 142 südwestlich von San Rafael, ist Ausgangspunkt für eine *Fahrt in die Anden* entlang der Ruta 221. Vorbei geht es an ehemals bewohnten Höhlen, an Thermalquellen, dem Berg *El Sosneado* bis zum Gletschergebiet um den *Overo*-Vulkan, an dem auch verlassene Minen besichtigt werden können.

Diese Route wird ebenfalls als organisierter Ausflug von Reisebüros in San Rafael angeboten.

Unterkunft: In Sosneado gibt es eine *Hostería,* die das ganze Jahr geöffnet ist und auch Essen anbietet, © 0627/71971.

Zum Skifahren nach Las Leñas

Der bekannte Wintersportort Las Leñas liegt im gleichnamigen Tal etwa 420 km von Mendoza und 200 km von San Rafael entfernt. Hier fanden bis vor einigen Jahren im August Ski-Weltcuprennen statt.

Erst seit 1983 wird hier alpiner Skilauf in größerem Umfang betrieben. Dennoch nimmt das exklusive Las Leñas für sich in Anspruch, die besten Skipisten südlich des Äquators zu besitzen. Über 40 Pisten liegen zwischen 2200 m und 3400 m Höhe. Der Ort ist auf internationale Touristen ausgerichtet und in den Wintermonaten von Juli bis September stark besucht. Meist werden sogenannte *ski-weeks* gebucht, mit Busfahrt von Buenos Aires, sieben Übernachtungen mit Halbpension und einem Skipaß. Ab 450 $, Skiausrüstung für eine Woche ab 100 $. Hochsaison ist in der letzten Juli- und der ersten Augustwoche, dann ziehen die Preise an.

Zu buchen sind **Ski-weeks** in Buenos Aires unter anderem bei:
Badino, ✆ 3261351, Perón 725, 6. Stock.
Bank Tour, Fax 3152256, San Martín 881, 2. Stock.

Verbindungen & Infos

Bus: das ganze Jahr Direktbusse von Buenos Aires nach Las Leñas, während der Saison 2 bis 3 mal am Tag, sonst einmal.
Infos: Las Leñas besitzt *Informationsbüros* in Mendoza, Av. San Martín 124, und in Buenos Aires, ✆ 3131300, Reconquista 559, 4. Stock.

In Las Leñas gibt das *Skisportzentrum*, ✆ 71100, Auskunft.

Unterkunft

Hotels Escorpio, Aquario und *Gemini*, alle ✆ 71100, alle über 100 $.
Wesentlich preisgünstiger ist es, in das 70 km entfernte **Malargüe**, wo man ebenfalls Skifahren kann, auszuweichen. Empfehlenswert sind dort:
Hotel Bambi, ✆ 71237, San Martín 410, 50 $.
Hotel El Cisne, ✆ 71350, Gral. Villegas 374, 45 $.
Hospedaje Turismo Malargüe, ✆ 71042, San Martín 200, 35 $.
Oder Sie übernachten in **Los Molles**, im *Hotel La Huenca*, 70 $.

PROVINZ SAN JUAN

Die Provinz San Juan gehört, ebenso wie Mendoza und San Luis, zur Region des *Cuyo*, bekannt als Weinbaugebiet Argentiniens. San Juan grenzt im Süden an die Provinz Mendoza, im Nordosten an die Provinzen La Rioja und San Luis. Im Westen trennen San Juan die sogenannten *Voranden* und die *Anden von Chile*. Die wichtigsten Flüsse sind der *Río Jachal* im Norden und der *Río San Juan* im Süden der Provinz. An ihren Flußläufen befinden sich die fruchtbaren Täler *Jachal Calingasta* und *Tulum*. Hier leben mehr als eine halbe Million Menschen, San Juan hat eine Ausdehnung von 92.789 km^2.

Hauptsächlich wird auf ungefähr 300 Gütern Wein angebaut, außerdem Oliven und Tomaten. Das Klima ist kontinental trocken, also gut für den Weinbau und im Sommer so heiß, daß es unbedingt einer erholsamen Siesta in den Mittagsstunden bedarf. San Juan ist eine noch kaum vom Tourismus erschlossene Provinz, die viele Möglichkeiten für **Alpinismus** und **Abenteuertourismus** bietet.

San Juan de la Frontera

Gegründet wurde San Juan de la Frontera 1562 von *Don Juan Jufre* mitten im Gebiet der indigenen *Huarpe,* die sich lange Zeit gegen die Siedlung wehrten. 1602 wurde San Juan während der großen Indígena-Aufstände in Nordostargentinien ein Jahr lang von den Huarpe besetzt. Die Spanier mußten erst aus Chile Soldaten über die Anden zur Verstärkung anfordern, um 1633 die entscheidende Schlacht in *Bermejo* zu schlagen.

San Juan ist die Geburtsstadt von *Domingo Faustino Sarmiento,* moderner, wirtschaftsliberaler Intellektueller und Präsident Argentiniens von 1868–74. Ebenfalls aus San Juan stammt eine der berühmtesten Dichterinnen Argentiniens: *Alfonsina Storni,* geboren 1892, bekannt auch als eine Begründerin des Feminismus in Buenos Aires. Sie ging 1938 ins Meer; ein Denkmal in Mar del Plata erinnert an ihren Freitod.

Die Architektur der Hauptstadt San Juan ist jung, da ein schweres Erdbeben die Stadt 1944 komplett zerstörte. Der damalige Präsident *Juan Domingo Perón* sicherte sich Wählerstimmen durch eine großangelegte Hilfskampagne für das Katastrophengebiet. Die Stadt wurde nach erdbebensicheren Maßstäben wieder aufgebaut, daher gibt es keine Hochhäuser. Die Straßen sind breit und größtenteils rechtwinklig angelegt.

Ein **Rundgang durch die Stadt** kann an der **Plaza 25 de Mayo** beginnen. Dieser Platz bildet seit 1594 den Mittelpunkt der Stadt, um ihn brodelt das Geschäftsleben. In jeder Ecke lädt ein Kiosk in Gebäuden aus der Jahrhundertwende zu Erfrischungen ein. Hier steht auch das *Denkmal* von *Domingo Faustino Sarmiento* aus dem Jahre 1901 und die *Iglesia Catedral de San Juan y Campanil*. Durch das Erdbeben wurde sie völlig zerstört und 1979 wiederaufgebaut in dem für die Zeit typischen schlichten Stil.

In der Fußgängerzone Francisco N. Laprida 96 befindet sich der **Convento de Dominicanos**, der dominikanische Konvent aus den Anfängen des 17. Jahrhunderts. Hier wohnte der Befreier Südamerikas, General San Martín, als er durch die Provinz reiste. Rechts in der Straße Sarmiento 21 steht die **Casa Natal Sarmiento,** Sarmientos Geburtshaus. Hier können Sie einen Blick in das Leben des Ex-Präsidenten werfen.

Eine Seitenstraße weiter in Av. Gral. San Martín/Av. Leandro Alem befindet sich das **Museo de Ciencias Naturales.** Hier finden Interessierte nicht nur Informationen und Ausstellungsstücke zu den Bodenschätzen der Provinz, sondern auch Neues zur Evolutionsgeschichte. In San Juan gab es einige spektakuläre *Dinosaurierfunde.*

16 Straßenecken weiter gen Osten befindet sich das **Museo de Bellas Ar-**

tes **Franklin Rawson**, benannt nach dem bekanntesten Maler und Bildhauer der Provinz, sowie das **Museo Histórico Agustín Gnecco**, Av. Gral. Paz/Av. Guillermo Rawson, wo die Geschichte der Provinz anschaulich wird.

Eine **Palme mit zwei Armen** sehen Sie auf der Gral. M. Acha/Cereceto (circa 400 m ab Maipú), eine Kuriosität, die es nur noch dreimal auf der Welt gibt, einmal auf Mauritius, zweimal in Spanien.

Der **Parque de Mayo** ist eine grüne Oase, die zum Spazierengehen und Ausruhen einlädt. Der Park liegt an der Av. J.G. Las Heras/25 de Mayo. Hier befindet sich auch das *Auditorio Juan Victoria*, in dem Sie zwischen März und Oktober exzellente klassische Konzerte genießen können. Der Konzertsaal hat eine Orgel mit 3565 Pfeifen und sechs Registern und gilt als einer der modernsten Südamerikas.

Verbindungen

Bus: in das 1265 km entferne Buenos Aires, nach Santiago de Chile und in den nördlich gelegenen chilenischen Badeort *La Serena* bestehen mehrere Busverbindungen täglich. Die Fahrt nach Buenos Aires dauert ungefähr 12 Stunden. In andere Städte sowie in die umliegenden Dörfer und die Anden fahren mehrere Busse vom Busbahnhof Estados Unidos/Santa Fe.

Flug: Flughafen: ℂ & Fax 250487, 12 km außerhalb der Stadt, mit Shuttle-Taxis zu erreichen. Mehrmals in der Woche Flüge nach Buenos Aires und Córdoba.

Aerolíneas Argentinas/Austral, ℂ 220205, Av. Libertador San Martín 215 Oeste.

Lapa, ℂ 216039, I. de la Roza 160 Este.

Dinar, ℂ 214816, Rivadavia 240 Oeste.

Zug: Von 1885 bis 1995 war San Juan an das argentinische Schienennetz angeschlossen. Nach der Privatisierung wurde auch die Eisenbahnlinie von hier nach Buenos Aires für den Personenverkehr stillgelegt.

Unterkunft

Hotel Alcazar, ℂ 214965, Laprida 82 Este, 80 $.

Hotel Nogaró, ℂ 227501, Av. José de la Roza 432, 80 $.

Hotel Brescia, ✆ 225708, Av. España 336 Sur, 65 $.
Hotel América, ✆ 222514, 9 de Julio 1052 Este, 55 $.
Residencial Lara, ✆ 227973, Rivadavia 213 oeste, 35 $.
Residencial 9 de Julio, ✆ 222717, 9 de Julio 147 Oeste, 35 $.
Residencial Roy, ✆ 224391, Entre Ríos 180 Sur, 35 $.

Essen & Trinken

Besonders zu empfehlen sind die sogenannten **Lomotecas,** in denen es als regionale Spezialität üppige Fleisch-Sandwiches gibt. Besonders gut zubereitet werden sie in:
Lomoteca Pronto, San Martín/F. Ameghino,
Restaurante Club Espanol, San Martín/Mendoza
Rincón Cuyano, Pedro Echague/Sarmiento.
Gegrilltes: *Las Leñas,* Av. Gral. San Martín/M. Zavalla
Las Cubas, San Martín/P. Moreno.
Der **Mercado Central** auf der Gral. Acha/Santa Fe bietet regionale Köstlichkeiten. Eine Reihe von **Cafés** finden Sie am Hauptplatz und im Barrio Residencial.

Infos & Sport

Es ist empfehlenswert, die Öffnungszeiten der Museen in der **Touristeninformation** zu erfragen, die sich gleich neben dem Geburtshaus von Sarmiento befindet, ✆ 227219, F.N. Laprida 24.

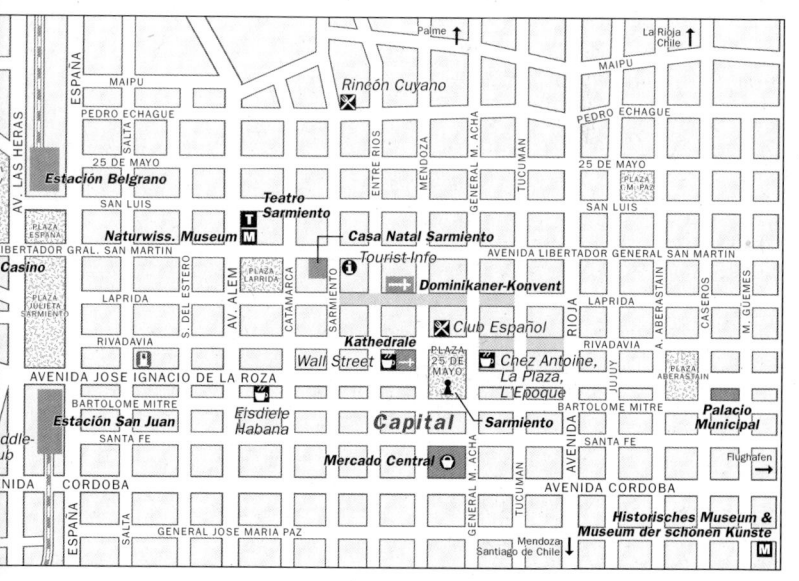

Paddle-Club: *Del Bono,* Av. José Ignacio de la Roza, über die *Circunvalación,* die Straße, die die gesamte Stadt umkreist, hinaus.

Reiseziele in der Nähe

Einen Ausflug nach **La Laja** sollten Sie unbedingt machen. Auf dieser Fahrt kommen Sie an Weingütern vorbei, deren Besitzer gerne ihre Spezialitäten testen lassen.

Auf der Av. Rawson nach Norden, kurz vor dem Bahnübergang, befindet sich die **Bodega Bragagnolo.** Weiter auf der Ruta 40, die Brücke über den *Río San Juan* hinter sich, landen Sie im Stadtteil *Albardon,* der gleichzeitig Weinbaugebiet ist und *Tierra del muscatel* (Land des Muskats) genannt wird. Rechts abgebogen auf der Av. Sarmiento, passieren Sie das riesige **Weingut Resero**.

Halten Sie sich links an der Plazoleta Sarmiento, erreichen Sie das **Museo Arqueológica La Laja,** das interessante Objekte zur Indígena-Geschichte ausstellt, unter anderem mumifizierte Leichen aus der Inkazeit, die in den Anden San Juans gefunden wurden.

20 km außerhalb von San Juan liegt das **Naherholungsgebiet Stausee Ullum,** mit ausgezeichneten Möglichkeiten für Wassersport. Es gibt einen

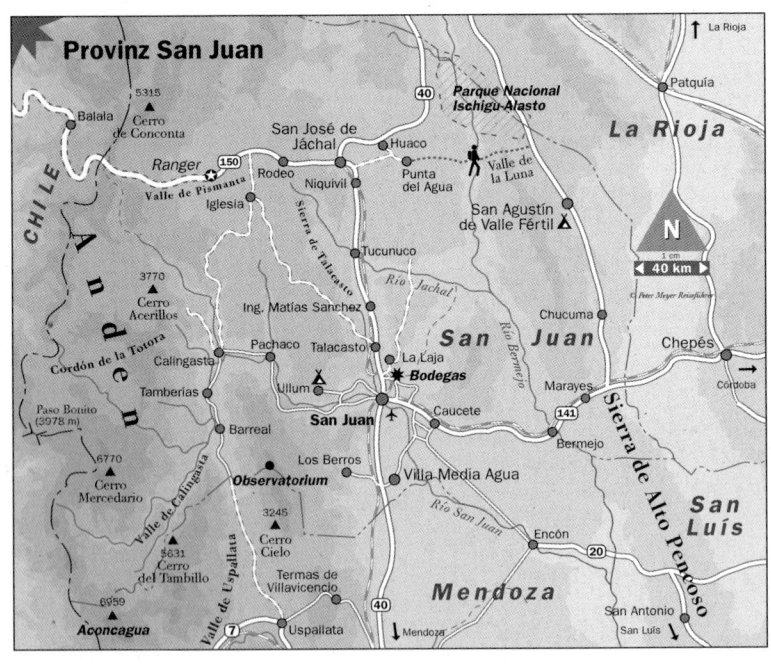

komfortablen Campingplatz, Picknick- und Grillmöglichkeit und verschiedene Restaurants. Dieser Stausee versorgt große Teile San Juans mit Wasser. Hier können auch Pferde geliehen werden.

Der Himmel über Barreal

Ungefähr 250 km von San Juan entfernt, weit oben in den Anden, liegt Barreal, ein Urlaubsort mit vielen Wochenendhäusern von Leuten aus San Juan. Die Straße hinauf nach *Calingasta* und Barreal ist sehr schmal und kurvenreich. Es ist nur in den Morgenstunden möglich, hinaufzufahren, nachmittags ist die Straße ausschließlich für den Rückverkehr frei. Die Fahrt bietet verschiedene Panoramen in einer spektakulären Landschaft, nicht selten schaut man aus dem Fenster direkt in den Abgrund. Die Busfahrer des öffentlichen Verkehrs sind gut geschult, Busse fahren täglich morgens vom zentralen Busbahnhof in San Juan ab.

Auf dem Weg nach Barreal lohnt sich ein Stop in **El Palque**, einem ehemaligen Gutshof mit wunderschönem Blick auf das *Palquetal*.

Von Barreal aus gibt es viele Möglichkeiten, **Exkursionen in die Anden** zu unternehmen, ob zu Fuß, per Jeep oder auf faszinierenden Reitausflügen. Diese lassen sich am besten auf der *Finca Ossa* buchen. Empfehlenswert ist ein Ausritt zu den *Morillos*-Höhlen, in denen Inka-Mumien gefunden wurden. Eine weitere Besonderheit sind die *Cerros Colorados* (Gefärbte Berge), eine Berggruppe, die in allen Regenbogenfarben leuchtet.

In dem Gebiet von **El Leoncito** gibt es eine durch Erosion entstandene 100 km^2 große Wüste, die auch zum Windsegeln genutzt wird. Hier befindet sich ein *Planetarium*, das zu den wichtigsten Südamerikas gehört. Die dort arbeitenden Wissenschaftler und Wissenschaftlerinnen zeigen und erklären den Besuchern gerne den astrologischen Komplex.

Der leuchtendblaue Himmel tagsüber und der beeindruckende Sternenhimmel nachts machen die Gegend um Barreal zu einem Naturerlebnis. Schon manch Reisender verbrachte mehr Zeit als geplant in diesem Winkel der Anden.

Von Barreal aus sehen Sie den höchsten Berg der Provinz, den 3700 m hohen **Mercedario**. Mit sechs weiteren Bergkolossen schließt er das *Coloradotal* ein, in das viele Exkursionen führen. Der Mercedario wurde schon vor 500 Jahren von den Inkas bestiegen, die dort dem Sonnengott *Inti* Opfer brachten.

Zum Tal des Mondes

Im Norden der Provinz laden im Gebiet rund um **Iglesia** das angenehme Klima und einige Thermalbäder zur Erholung ein. Die heilende Wirkung des Wassers kann man im *Hotel Termas de Pismanta*, © 0647/ 97002, erleben, das von der Berglandschaft der Anden umgeben ist.

Im Gebiet von Iglesia befindet sich auch der Übergang nach Chile, **Paso de Aguas Negras**. Er ist von Dezember bis März für den Verkehr offen, ansonsten je nach Schneelage. Die kurvenreiche Nationalstraße 150 ist nur bis zum Stand der Gebirgspolizei asphaltiert, auf den weiteren 150 km nicht. Die spektakulären Ausblicke über den 1200 m^2 *Gletscher Aguas Negras* entschädigen aber für die Strapazen der Fahrt.

Bizarre Erosionen: Das Valle de la Luna

Lohnend ist ein Ausflug ins Tal des Mondes, doch befindet sich diese landschaftliche Besonderheit etwas abseits der Verkehrswege.

Das Tal liegt im Norden der Provinz San Juan und bildet mit der *Schlucht von Talampaya* in der Provinz La Rioja eine 6000 km^2 große Erosionslandschaft. Um das 80 m breite Tal ragen 150 m hohe rote Wände steil empor. Einst erstreckte sich ein großer See in der heute trockenen und kahlen Landschaft; Tiere und Pflanzen gediehen hier üppig. Schätzungsweise 200 Millionen Jahre alt ist die einzigartige Landschaft des Valle de la Luna, die im Laufe der Zeit durch Wind und Wasser geformt wurde. Das weiche Gestein hat bizarre Formen angenommen, die zum Teil Namen wie »Aladins Wunderlampe« bekamen.

Ein Teil des Gebietes wurde zum **Naturschutzgebiet Ischigualasto** erklärt. Am Parkeingang befindet sich ein Museum.

Touren & Verbindungen

Tagesausflüge ins Valle de la Luna können Sie von den Provinzhauptstädten Córdoba, La Rioja und San Juan unternehmen, sie werden dort in Reisebüros angeboten, in der Nebensaison etwa wöchentlich, sonst täglich. Der **Linienverkehr** zwischen den Städten La Rioja und San Juan führt auch durch das außergewöhnliche Gebiet, allerdings nicht direkt durch das Valle de la Luna. In San Juan können Sie sich wegen **Touren** auch wenden an:
Mario Argüern, © 220840, und
Dan Montes, © 229019.

Unterkunft & Camping

Es gibt keine Übernachtungsmöglichkeiten im Tal, dafür aber in der Nähe im 70 km entfernten **San Agustín de Valle Fértil**, Provinz San Juan, das bereits 1788 gegründet wurde und an einem kleinen Stausee liegt.

- *Hostería A.C.A.*, an der Verlängerung der Av. Rivadavia, 40 $ für Nichtmitglieder, direkt am Stausee mit herrlichem Ausblick, ist das komfortabelste Hotel der Gegend.
- *Hospedaje San Agustín,* Rivadavia/Sarmiento, etwa 30 $.
- *Hospedaje Los Olivos,* Santa Fe/La Rioja, 30 $.
- *Hospedaje Santa Fe,* Santa Fe/Tucumán, etwa 30 $.
- *Pensión Villalón,* 9 de Julio/Tucumán, etwa 30 $.
- *Hospedaje Nicolás Mercado,* Rivadavia/Catamarca, 20 $.
- **Camping:** Av. Rivadavia, San Agustín, direkt am Stausee, ein weiterer neben der Hostería A.C.A.

PATAGONIEN & FEUERLAND

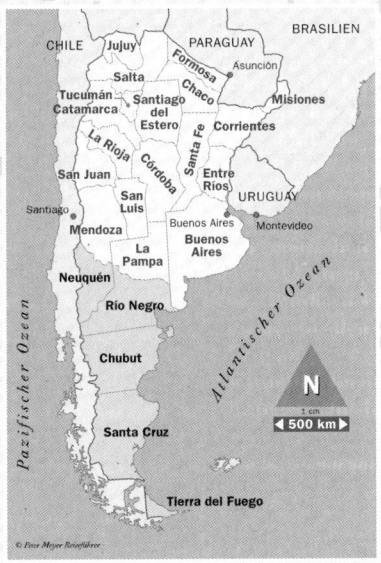

NATUR & UMWELT

GESCHICHTE BIS HEUTE

POLITIK, SOZIALES, KULTUR

REISE-INFORMATIONEN

BUENOS AIRES & PROVINZ

NORDOSTEN & IGUAZU

WÜSTEN & WEINBERGE

PATAGONIEN & FEUERLAND

URUGUAY: MONTEVIDEO

ROUTEN DURCH URUGUAY

INS LAND DER GROSSFÜSSIGEN

Domingo Faustino Sarmiento schrieb im Prolog seines Romans ›Facundo‹ im letzten Jahrhundert: »Das Schlimmste, was die Republik Argentinien quält, ist ihre Ausdehnung ...« Tatsächlich erleben die Menschen in Patagonien täglich die Folgen dieser Ausdehnung in Form von langen Wegen und einer oft kargen Infrastruktur. In vielen Bereichen wird die Region vom Zentrum Buenos Aires vernachlässigt. Tierra del Fuego ist die südlichste Provinz Argentiniens und landschaftlich mit den dort auslaufenden Anden einer der Höhepunkte des Landes.

Das argentinische Patagonien (auch der Süden Chiles zählt zum geographischen Patagonien) umfaßt die vier argentinischen Provinzen südlich des Río Colorado: *Río Negro, Chubut, Santa Cruz* und *Neuquén.* Sie nehmen fast 30 % der Fläche Argentiniens ein, aber nur knapp 3 % der Gesamtbevölkerung leben in den patagonischen Provinzen. Den Namen gab der portugiesische Seefahrer *Magellán* der Region. Die hier lebenden *Techuelche* waren die körperlich größten Indigenen von Amerika, was den Eroberer zum Namen »Land der Großfüßigen« (Patagonien) inspirierte.

Bis in die Mitte des vergangenen Jahrhunderts bildete der *Río Colorado* die südliche Grenze des kontrollierten argentinischen Staatsgebietes und damit, so die bis heute gängige Auffassung, der »zivilisierten Welt«. Die indigenen Völker Patagoniens wehrten sich bis zu dieser Zeit erfolgreich gegen ihre Vertreibung. Dann vernichtete die Armee unter General *Julio Roca* in den *Campañas del Desierto* (Wüstenfeldzügen) die Indígenas (siehe Seite 42). Südlich des Río Colorado tragen in vielen Dörfern und Städten die Straßen und Plätze den Namen Rocas, der damit von der offiziellen Geschichtsschreibung zum Helden gemacht wird.

Ab 1885 siedelten vor allem walisische Einwanderer in Chubut und den anderen Provinzen, was sich teilweise bis heute in Form bestimmter Bräuche, Bauweisen oder gastronomischer Angebote bemerkbar macht. Die vielen walisischen Teehäuser sind oft, auch das hat Tradition, nur zwischen 17 und 19 Uhr geöffnet.

Geographisch gliedert sich die Region von West nach Ost in drei Teile: die *Anden,* die in einer teils lieblichen, teils zerklüfteten Seenlandschaft auslaufen; die unendlich scheinende, nach Süden immer trockener werdende *Steppe;* und schließlich die von der Mündung des Río Colorado im Norden bis zur Magellan-Straße im Süden reichende *Atlantikküste.*

Das landwirtschaftlich produktivste und ökonomisch am stärksten entwickelte Gebiet befindet sich in den fruchtbaren Tälern des *Río Negro* und des *Río Limay* im Norden der Region. Dort lebt fast die Hälfte der Bewohner Patagoniens.

Außer im Norden, wo vor allem Obst angebaut wird, ist Landwirt-

Ranchero der patagonischen Steppe

schaft aufgrund der kargen Böden und der Trockenheit kaum möglich. Deshalb wird extensive Schafzucht in ausgedehnten *Estancias* (Viehfarmen) betrieben. Wegen der Überweidung erodieren jedoch immer größere Flächen, was zu erheblichen ökologischen und wirtschaftlichen Problemen führt. Der größte Investor in Patagonien ist übrigens die italienische Familie *Benetton* von der gleichnamigen Konfektionsfirma. Sie besitzt inzwischen über eine halbe Million Hektar in Argentinien und liegt damit auf Platz zwei hinter dem reichsten Mann der Welt, *George Soros*. Dank der langen Atlantikküste, an der die größeren Städte Patagoniens liegen, ist außerdem der Fischfang ein wichtiger Wirtschaftszweig.

Bodenschätze sind reichlich vorhanden, besonders Erdöl um *Comodoro Rivadavia* am Atlantik und Kohle bei *Río Turbio* im äußersten Süden.

Reiseempfehlungen
Touristische Hauptattraktionen in Patagonien sind die Region um **Puerto Madryn** und die **Halbinsel Valdés**, das Seengebiet am Fuß der Anden mit dem Zentrum **Bariloche** und der **Nationalpark Los Glaciares** mit dem *Perito Moreno-*Gletscher.

Klimatisch sind neben der großen Trockenheit die Winde ewige Begleiter in Patagonien, sie wehen meist vom Pazifik her und werden durch die Anden etwas abgeschwächt. Kommen sie aus Süden aus der Antarktis, sind schnelle Temperaturstürze keine Seltenheit. Aufgrund der extremen Temperaturschwankungen sollten Sie im Sommer mehrere dünnere Kleidungsstücke übereinander tragen, diese können Sie gegen Mittag nach und nach aus- und gegen Abend wieder anziehen.

In Neuquéns Wäldern: Radeln in herrlichster Natur

ber und Ende März/April die besten Reisemonate. Im Hochsommer wird es im Süden Patagoniens und auf Feuerland erst nach Mitternacht dunkel.

Als **Rundreise,** auch in umgekehrter Richtung möglich, ist der Weg über Mendoza und das Seengebiet in Westpatagonien nach Süden in den Nationalpark Los Glaciares empfehlenswert. Nach einem Besuch *Feuerlands* (siehe Seite 400) könnte es an der Atlantikküste über Comodoro Rivadavia zurück nach Norden zur Halbinsel Valdés gehen. Die Reihenfolge der im folgenden vorgestellten Orte bezieht sich nicht auf diese Route, sondern ist wie gehabt nach Provinzen gegliedert.

Übergangsmöglichkeiten nach Chile bieten sich bei Mendoza, Esquel und Bariloche. Ein Visum wird für die Einreise nach Chile nicht benötigt.

Beste Reisezeit: Zwischen Mitte Dezember und Mitte März sind die öffentlichen Transportmittel und die Hotels stark beansprucht und Vorausbuchungen empfehlenswert. Außerdem sind die Übernachtungen während dieser Zeit deutlich teurer. Falls diese Faktoren umgangen werden sollen, sind November/Anfang Dezem-

PROVINZ NEUQUÉN

Die Provinz Neuquén hat knapp 400.000 Einwohner und ist 94.000 km^2 groß. Der Name *neuquén* kommt aus einer indigenen Sprache, er bedeutet mächtig und hochmütig, aber auch ungestüm.

Neuquén gilt als aufstrebende Provinz, ihr fruchtbares Land im Süden wird vor allem für Obstanbau genutzt, der Norden ist trocken und unwirtlich. Die Weinproduktion kann zwar nicht mit der Mendozas mithalten, doch sind Qualität und Umfang nicht unerheblich. Außerdem verfügt die Provinz über Bodenschätze wie Blei, Kupfer, Uran, Silber sowie vor allem Erdgas und Erdöl. Ein weiterer wichtiger Wirtschaftssektor ist der Tourismus an den Seen und in den Nationalparks.

Ein trauriges Kapitel in Neuquén ist die rechtliche und soziale Benachteiligung der noch etwa 10.000 indigenen *Mapuche,* deren Vorfahren Anfang des Jahrhunderts ermordet wurden.

Neuquén

In der zu Beginn dieses Jahrhunderts gegründeten Hauptstadt der gleichnamigen Provinz leben fast 100.000 Menschen.

Von dem erhöhten Aussichtspunkt im **Parque Centenario** geht der Blick über die Stadt und den Río Negro zu den angrenzenden Obstplantagen. Es gibt zwar einige Industriebetriebe, doch wichtiger ist die Stadt als Handelszentrum für den Obstbau und die Obstverarbeitung.

Das **Museo Histórico de la Provincia** befindet sich in Santa Fe 163, das **Museo de Ciencias Naturales** in der Nähe des Flughafens, beide sind Mo – Fr 10 – 15 Uhr geöffnet.

Ein Spektakel besonderer Art ist im Januar der Start einer 500 km langen **Segel-Regatta,** die auf dem Río Negro bis nach Viedma führt. In der zweiten Märzhälfte wird in mehreren Orten des Río-Negro-Tals das **Nationale Apfelfest** gefeiert.

Auf der Weiterfahrt nach Bariloche passieren Sie den **El Chocón-Stausee** mit einem der größten Wasserkraftwerke des Landes.

Verbindungen

Bus: (Bus-)Bahnhof Av. Argentina/Av. Independencia. Busse in argentinische Städte und nach Chile.
Zug: Mehrmals pro Woche Züge nach Buenos Aires.
Flug: Flughafen, ℂ 23448, 5 km außerhalb des Stadtzentrums. Mehrere Flugverbindungen in das 1150 km entfernte Buenos Aires, mehrmals pro Woche nach Mendoza, Bariloche und ins chilenische Puerto Montt.

Aerolíneas Argentinas/Austral, ℂ 430841, Av. Argentina 363.
Lapa, ℂ 438555, Av. Argentina 30.

Unterkunft & Camping

Hotel Del Comahue, ℂ 422439, Av. Argentina 387, 80 $, 4 Sterne, die erste Adresse am Ort.
Hotel Crystal, ℂ 422414, Av. Olascoaga 268, 50 $.
Hotel Apolo, ℂ 422334, Av. Olascoaga 361, 50 $.
Hostal del Caminante, ℂ 467920, 30 $, 10 km außerhalb auf dem Weg nach Zapala an der Ruta Nacional 22.
Residencial Casino, ℂ 423593, Alcorta 19, etwa 25 $.
Hotel Belgrano, ℂ 480612, Rivadavia 283, etwa 25 $.
Hotel Neuquén, ℂ 422403, Roca 109, etwa 25 $.
Camping: am Balneario Municipal (städtisches Schwimmbad), zu erreichen mit der Buslinie 103.

Essen & Trinken

Confiterías befinden sich in der Av. Argentina. Gute Eßlokale sind:
Las Tres Marías, Alberdi 126, hat ein breites Angebot.
El Plato, Alberdi 158, ist sehr gut.

Nützliche Adressen

Touristeninformation: Félix San Martín 182, sehr gut ausgestattet.
Kunsthandwerk: *Artesanías Neuquinas,* Av. San Martín/Alvear, bietet Kunsthandwerkliches aus der Region.
Artesanías Mapuches, Roca, Mitbringsel nach Art der Indígenas.

Zapala

Die 20.000 Einwohner zählende Stadt lebt vor allem von Bodenschätzen. Zapala, 170 km westlich von Neuquén, ist eine typische patagonische Wüstenstadt, in deren Nähe es attraktive Ausflugsziele gibt. Wer sich für Geologie interessiert, sollte allein wegen des **Geologischen Museums**, Mo – Fr 9 – 13 Uhr, nach Zapala kommen. Hier sind Funde zu sehen, deren Alter auf bis zu 80 Millionen Jahre geschätzt wird. Außerdem ist in Zapala eine rekonstruierte **Befestigungsanlage** aus dem vergangenen Jahrhundert zu besichtigen.

Im **Kunsthaus**, Av. San Martín/Cháneton, sind wechselnde Ausstellungen zu sehen.

Verbindungen

Bus: Busbahnhof ✆ 21370, Etcheluz/Uriburu, mehrmals täglich nach Neuquén, Bahía Blanca und San Martín de los Andes sowie an mehreren Tagen pro Woche nach Buenos Aires und Bariloche.

Zug: hier endet die Zuglinie der *Roca*-Eisenbahn, die die Strecke Buenos Aires–Neuquén –Zapala fährt.

Flug: Flughafen, ✆ 21879, zu erreichen über Ruta Nacional 40 und Ruta Provincial 46.

Lade, ✆ 21967, Uriburu/Etcheluz.

Unterkunft & Camping

Hotel Hue Melen, ✆ 22391, Almte. Brown 929, 80 $.
Hotel Pehuén, ✆ 23135, Vidal/Etcheluz, 40 $.
Residencial Coliqueo, ✆ 21308, Etcheluz 159, 40 $.
Residencial Huincul, ✆ 21300, Roca 311, 25 $.
Residencial Odetto, ✆ 21328, Ejército Argentino 455, 20 $.
Camping: *Elías Sapag*, in der Nähe des Zentrums.
Camping von A.C.A. für Mitglieder an der Ruta Nacional 22.

Essen & Trinken

Las Familias, Ej. Argentino 455, nettes Restaurant.
C.I.R.S.E., Italia 139, Restaurant mit breitem Angebot.
Mac. Mazzi, Trannack/Luis Monti, ist eine schicke Confitería.
La Terminal, Uriburu/Etcheluz, Confitería, serviert auch kleine Speisen.

Nützliche Adressen

Touristeninformation: Av. San Martín/Almte Brown.
Geld: Banken befinden sich in Cháneton 410 und Etcheluz 108. Letztere nimmt auch Mastercard und American Express.
Telefon: Ferngespräche im *Telecenter*, Etcheluz 537.
Skiverleih: *Tassone*, Houssay s/n.
Ciervo Rojo, Brown 342.
Reisebüros: *Akivi Tours*, San Martín/Etcheluz.
Nueva Raíz Turismo, Primeros Pobladores 57.
Empresa de Viajes y Turismo, ✆ 21363, Cnel. Vidal 462.
Souvenirs: *Artesanías Neuquinas*, Av. San Martín/Cháneton.
La Colmena, Av. Avellaneda, im *Centro Comercial* (Einkaufszentrum).
Artesanías Andinas, ✆ 21522, Houssay.

Reiseziele in der Nähe

Etwa 30 km bzw. 45 km nördlich befinden sich die beiden **Mapuche-Reservate** *Atreuco* und *Auca Pan*, über die Ruta 28 mit öffentlichen Bussen erreichbar.

Das **Thermalbad Copahue** liegt auf fast 2000 m Höhe in einer eindrucksvollen Berglandschaft, in der Wasserfälle und der Krater des Vulkans *Copahue* Anziehungspunkte sind. Die meisten Hotels, Restaurants und Thermalbäder des Kurortes haben nur in den Sommermonaten geöffnet.

Im 11.250 ha großen **Nationalpark Laguna Blanca**, etwa 30 km von Zapala und über die RN 40 und RP 46 zu erreichen, liegt der gleichnamige See inmitten einer Vulkanlandschaft, die vor allem für ihren Vogelreichtum bekannt ist. Das Naturreservat hat keine touristische Infrastruktur, aber einen *Beobachtungsposten* und eine *Estación biológica* (Biologisches Forschungszentrum).

Nationalpark Lanín

Die Hauptattraktion der Region ist der Nationalpark Lanín, 395.000 ha groß und bekannt für seine *Araukarien-* und *Pehuén*-Wälder. Außerdem läßt sich in den Flüssen und über 20 Seen, der größte ist der *Lago Huechulafquen*, gut angeln.

Der 3768 m hohe *Vulkan Lanín*, dessen Gipfel das ganze Jahr schneebedeckt ist, ist der Sage zufolge von *Pillan*, dem Gott des Schlechten, bewohnt. Pillan verteidigt auch die Natur und kann sehr ungestüm werden, was er in der Vergangenheit schon mehrmals bewiesen hat. Vielen gilt der Lanín-Vulkan als einer der schönsten Berge der Welt.

Der Nationalpark ist sowohl von *Junín de los Andes,* 90 km südwestlich von Zapala, als auch von *San Martín de los Andes* aus gut erreichbar. Es gibt dort mehrere Campingplätze. Die Verwaltung und ein **Informationsbüro** des Lanín-Parks befinden sich in San Martín de los Andes, E. Frei 749.

In **Junín de los Andes** können Sie außerdem ein interessantes archäologisches Museum besuchen.

San Martín de los Andes

Fast 200 km südlich von Zapala befindet sich am östlichen Ende des *Lacar-Sees* das von Bergen umgebene Städtchen San Martín de los Andes, in dem ungefähr 18.000 Menschen leben. Wie Bariloche ist es ein beliebter Urlaubsort in der Seenregion und ein geeigneter Ausgangspunkt für Ausflüge. Gegründet wurde San Martín 1898 wie viele andere Städte auch als militärischer Stützpunkt im sogenannten Wüstenfeldzug und wegen der Grenzstreitigkeiten mit dem nur 40 km entfernten Chile.

Die **Av. San Martín**, die am Hauptplatz vorbeiführt, bildet das Zentrum der Stadt. Dort befinden sich ein *Regionalmuseum* und ein Geschäft für **Kunsthandwerk** aus der Region, Rosas 770. Letzteres bekommt man auch in *La Oveja Negra,* Av. San Martín 1045.

Am **Lacar-See** können Aktive schwimmen, surfen, segeln oder Wasserski laufen.

Pillan, Gott des Schlechten, läßt den Wind an Bäumen und Büschen nagen: Windschattenskelett im Nationalpark Lanín

Wanderer haben eine große Auswahl an Routen, die gleich am Stadtrand beginnen. Vier internationale Wanderwege *(pasos internacionales)* führen nach Chile.

Im Dezember und besonders zwischen Weihnachten und Neujahr findet ein **Volksfest** statt, am 4. Februar wird alljährlich die Stadtgründung gefeiert.

Verbindungen & Infos

Bus: Busbahnhof Villegas/Cnel. Díaz, in die Region und nach Bariloche, mindestens einmal täglich Buenos Aires, seltener nach Santiago de Chile und Córdoba.

Flug: Flughafen *Carlos Campos*, ✆ 28388, Ruta Nacional 234/C. Chapelco.

Austral, ✆ 27003, Av. S. Martín/Belgrano.

VASP, ✆ 27872, Belgrano 760.

Mietwagen: *Avis,* San Martín 998.

Localiza, ✆ 28876, Villegas 977 sowie am Flughafen.

Touristeninformation: ✆ 27347, ist in Rosas 790, am Hauptplatz.

Unterkunft & Camping

Privatzimmer vermittelt die Touristeninformation während der Hochsaison.

Hotel Sol de los Andes, ✆ 27460, 100 $, auf dem Cerro Cnel. Díaz, luxuriös.

Hotel La Masia, ✆ 27688, Obeid 811, 80 $.

Alihuen Lodge, ✆ 26588, an der Ruta 62 in Richtung Lolog-See, 75 $.

Hostería Anay, ℗ 27514, Cap Drury 841, 60 $.
Hostería Los Pinos, ℗ 27207, Almte. Brown 420, 60 $, die Inhaber sprechen Deutsch.
Hostería Cumelén, ℗ 27304, Elordi 931, 40 $.
Residencial Casa Alta, ℗ 27456, G. Obeid 659, 40 $, gemütlich.
Hostería Las Lucarnas, ℗ 27085, Pérez 632, 35 $.
Residencial Villalago, ℗ 27454, Villegas 717, 25 $.
Albergue Universitario Técnico Forestal, ℗ 27618, Pasaje de la Paz, 25 $.
Jugendherberge: 3 de Caballería, 9 $.
Camping: Juez del Valle 611, auf der anderen Seite des Flusses *Poca Hullo.*
Camping des A.C.A., Koessler 2176, vermietet auch Cabañas (Blockhütten).

Essen & Trinken

Schweinefleisch und Fisch sind regionale Spezialitäten. Gastronomisches Zentrum mit vielen Restaurants und Cafés ist die Av. San Martín. Empfehlenswert für **Fleischgerichte** sind:
Sayhueque, Rivadavia 825,
La Tranquera, Villegas 965,
Piscis, Villegas/M. Moreno,
El Ciervo, Villegas 724.
Fisch: *La Tasca,* M. Moreno 866.
Paprika, Villegas 568.

Reiseziele in der Nähe

Am **Lago Lolog**, 15 km nordwestlich von San Martín, gibt es ausgezeichnete Campingmöglichkeiten.

Auch der überregional bekannte Skiort **Cerro Chapelcó**, 20 km südöstlich von San Martín an dem gleichnamigen 2441 m hohen Berg, lohnt einen Besuch.

Eine besondere Route ist die von San Martín de los Andes ausgehende **Sieben-Seen-Tour,** die auf einer fast 400 km langen Rundstrecke durch wunderschöne Landschaft an Seen, Flüssen und Bergen vorbeiführt. Die Tour wird von Reisebüros im Stadtzentrum angeboten. Auch von Bariloche aus steht diese Route auf dem Programm vieler Veranstalter.

Von San Martín de los Andes aus erreicht man am *Falkner-* und am *Traful-*See vorbei nach 50 km den Urlaubsort **Villa La Angostura.** Per Ausflugsschiff über den *Nahuel-Huapi-*See oder zu Fuß gelangt man von dort aus in den **Nationalpark Los Arrayanes,** der auf einer Halbinsel den seltenen *Arrayán-*Baum schützt und seinerseits im *Nationalpark Nahuel Huapi* liegt (siehe nächste Seite).

In Villa la Angostura gibt es eine schöne **Jugendherberge** am See:
Hostal Nahuel, über den Sieben-Seen-Weg, rechts vom Busterminal, 10 $ pro Mitglied.

PROVINZ RIO NEGRO

Mit über 200.000 km² gehört die Provinz Río Negro zu den größeren des Landes, hier leben jedoch nur eine halbe Million Menschen. Auf dem künstlich bewässerten und dadurch fruchtbaren Land in den Tälern des *Río Negro* und des *Río Limay* wird Obst angebaut. Das übrige Land wird für die Schafzucht genutzt, wie es für große Teile Patagoniens typisch ist.

Bariloche, Zentrum des Nationalparks Nahuel Huapi

Die Region um Bariloche wird auch die »Schweiz Argentiniens« genannt, mit Bergen zum Skilaufen, alpiner Architektur und einer eigenen Schokoladenindustrie. Der *Nationalpark Nahuel Huapi*, dessen touristisches Zentrum Bariloche ist, ist eines der wichtigsten Reiseziele Argentiniens.

San Carlos de Bariloche, wie der Ort vollständig heißt, besitzt eine exzellente touristische Infrastruktur und ist ein sehr guter Ausgangspunkt, um die Region zu erkunden. Nicht umsonst ist Bariloche das Ziel vieler Schulabschlußfahrten, weshalb in der Stadt von Juni bis August ständig unzählige Kinder und Jugendliche unterwegs sind. Ein anderes, gleichrangig typisches Ziel für Schul- und Hochzeitsfahrten sind die Wasserfälle von Iguazú. Vergleichbar ist Bariloche auch mit Mar del Plata an der Atlantikküste: ein lebendiges, auf Massentourismus zugeschnittenes, aber dennoch besuchenswertes Urlaubsdomizil. Nur daß man in Bariloche im Sommer wandern geht, im Winter wird Ski gelaufen.

Verbindungen

Bus: täglich mehrmals nach Buenos Aires, gut ausgebauter lokaler öffentlicher Verkehr.
Zug: ehemals Endstation des *Ferrocarril Roca*, der durch die Pampa über Bahía Blanca, San Antonio Oeste und Ingeniero Jacobacci in insgesamt 35 Stunden nach Bariloche fuhr.
Flug: Flughafen, © 22144, 11 km vom Zentrum.

Aerolíneas Argentinas/Austral, © 22425, Quaglia 238.
Lapa, © 23714, Villegas 121.
Dinar, © 33494, Palacios 266.
Mietwagen: *Avis,* © 24869, B. Mitre 26 und am Flughafen.
Carro's SACI, © 24826, B. Mitre 26 nahe Centro Cívico.
Budget, © und Fax 22482, Mitre 106.

Unterkunft

Privatzimmer vermittelt die Touristeninformation in der Hochsaison im Januar/Februar und Juli/August.
Hotel Llao Llao, © 48530, Av. Ezequiel Bustillo bei Km 25 auf der Península Llao Llao, 155 $, beeindruckende Lage.
Hotel Panamericano, Fax 25846, Av. San Martín 536, 140 $.
Hotel Edelweiss, © 26165, Av. San Martín 202, 115 $.
Hostería Tirol, © 26152, Pasaje Libertad 175, 95 $, hier wird Deutsch gesprochen.
Casita Suiza, © 23775, Quaglia 342, 60 $.
Hotel Venezia, © 22407, Morales 446, 58 $.
Hotel Bella Vista, © 22435, Rolando 351, 58 $.
Hotel Campaña, © 22162, Belgrano 165, 45 $.
Hotel Bariloche, © 26161, Quaglia 338, 45 $.
Hotel Godec, © 26412, 24 de Septiembre 218, 40 $.
Residencial Premier, © 23681, Rolando 263, 40 $, die Inhaber sprechen Deutsch.
Hostería Sur, © 22677, Beschtedt 101, 40 $.

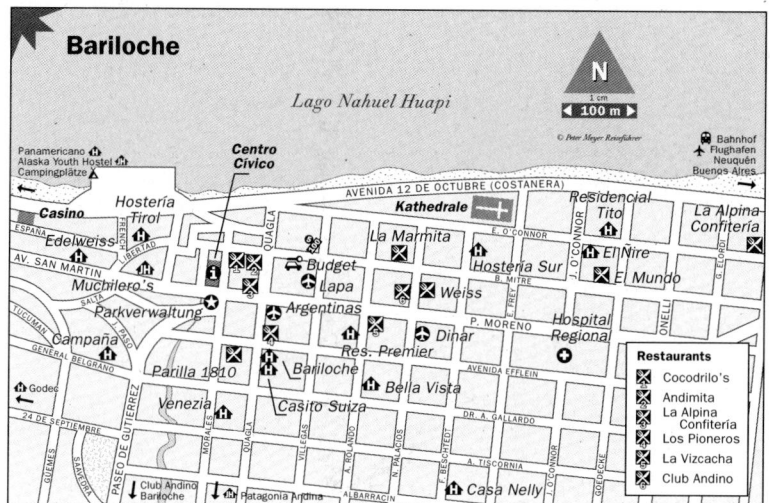

Hostería El Ñire, ✆ 23041, V.A. O'Connor 702, 40 $.

Pensión Baumann, ✆ 24502, Av. de los Pioneros 860. Achtung, hier werden Sie verstanden.

Casa Nelly, ✆ 22295 Beschtedt 658, sehr günstig.

Residencial Tito, ✆ 24039, V.A. O'Connor 745, für schmalere Geldbeutel.

Jugendherberge: *Patagonia Andina,* ✆ 22783, Morales 564, 12 $, internationaler Treff, der auch mit Infos und Trekking weiterhilft. Spitze!

Mochilero's (Rucksackreisende), ✆ 316227, Av. San Martín 82, 10 $.

Alaska Youth Hostel, ✆ 61564, Av. Bustillo km 7,5, Casilla de Correo 1573, alaska@bariloche.com.ar, 12 $/Person. Etwas außerhalb, mit den Buslinien 20 und 21 in Richtung Llao Llao erreichbar. Die Jugendherberge organisiert Touren von 4 bis 18 Tagen zu den Seen und Nationalparks.

Camping: in Richtung Llao Llao sind ein paar der insgesamt 15 Campingplätze der Region, alle gut ausgestattet.

Camping Zorzoli, bei Alberto Zorzoli können Sie besonders gemütlich campen. Er nutzt sein Grundstück biologisch-dynamisch und läßt Reisende dort für 5 $ ein Zelt aufschlagen. Bei der Ernte von Johannisbeeren, Birnen und dergleichen können Sie ihm gerne helfen. Kontakt über die Jugendherberge Patagonia Andina.

In den Nationalparks gibt es **Refugios** (einfache Unterschlupfe), in denen Ausflügler übernachten können.

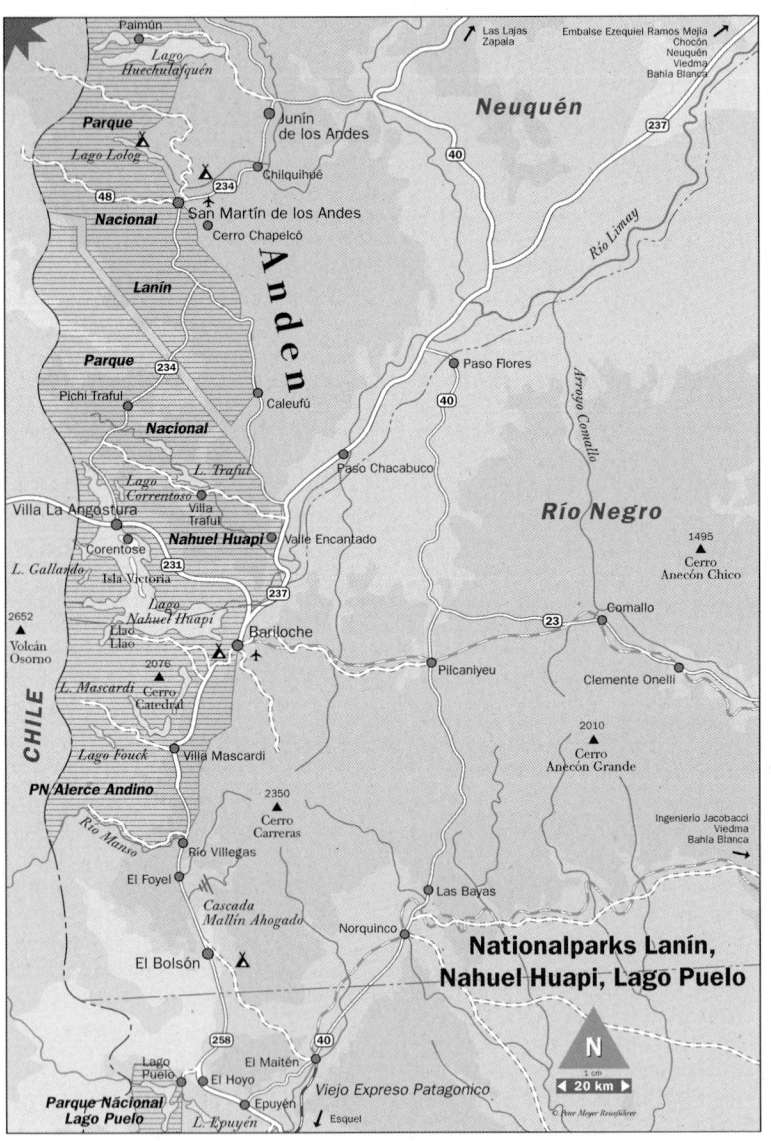

Essen & Trinken

La Vizcacha, Rolando 279, ist ein exzellentes und zudem günstiges Grillrestaurant.

Los Pioneros, Quaglia 259, Gegrilltes ebenfalls gut.

Parrilla 1810, Elftlein 95.

Familia Weiss, Palacios 167, hat als Spezialität geräucherten Fisch.

Club Andino, gegenüber Familia Weiss, bietet vegetarisches Essen.

La Alpina Confitería, Moreno 98, hat Schweizer Spezialitäten, vor allem Käsefondue.

La Marmita, Mitre 329, serviert Schweizer Delikatessen.

Cocodrilo's, in Av. B. Mitre 5 und auch in Onelli 1985, verkauft Pizza.

El Mundo, Mitre 759, Pizza & Pasta.

Andimita, Mitre 56, ebenfalls Pizza.

Nützliche Adressen

Touristeninformation: ✆ 23022, San Martín 24, im Centro Cívico, geöffnet 8 – 20 Uhr, hält Stadtpläne sowie eine gute Zusammenstellung der Ausflugs- und Wandermöglichkeiten und der Campingplätze in der Region bereit.

Post: neben der Touristeninformation.

Nationalpark-Verwaltung: San Martín 24.

Casino: España 407, täglich ab 22 Uhr.

Wandern: *Club Andino Bariloche*, 20 de Febrero 30, gibt Infos zu Trekkingtouren.

Alaska Youth Hostel, organisiert Touren und Safaris.

Der Nationalpark Nahuel Huapi und seine Ausflugsziele

Mit fast 760.000 ha ist der Nahuel-Huapi-Park der größte Nationalpark des Landes, touristisch sehr gut erschlossen und landschaftlich eindrucksvoll. In seiner Mitte liegt der *Nationalpark Los Arrayanes*, der auf einer Halbinsel den seltenen Arrayan-Baum schützt.

Die Ausflugsmöglichkeiten von Bariloche in die nähere Umgebung scheinen unerschöpflich. Alle hier genannten Touren werden von Reisebüros in Bariloche angeboten, mit öffentlichen Verkehrsmitteln kommen aber auch Individualisten ans Ziel. Anspruchsvollere Touren sollten Sie mit geführten Gruppen unternehmen.

Nordwestlich von Bariloche, etwa 30 km entfernt, liegen **Llao Llao** und **Colonia Suiza** in einer reizvollen Landschaft mit ausgedehnten Wandermöglichkeiten. Bus Nr. 10 fährt Sie nach Colonia Suiza, Nr. 20 nach Llao Llao. Von *Puerto Pañuel* bei Llao Llao fahren Schiffe auf die **Isla Victoria**. Mit ihren ausgedehnten Myrtenwäldern ist sie ein herrliches Ausflugsziel.

Auf den 1405 m hohen **Cerro Otto**, von dem man einen weiten Ausblick hat, führt ein 10 km langer Weg von Bariloche. Am Berg selbst gibt es eine Seilbahn.

Der **Cerro Catedral** ist 2076 m hoch und ein gut erschlossenes Skigebiet, etwa 40 km von Bariloche entfernt. Aber auch im Sommer lohnt der Aufstieg.

Weitere mögliche Aktivitäten sind **Floßfahrten** auf dem *Río Limay*, oder, etwas ganz Besonderes, eine **Wanderung nach Chile,** die an verschiedenen Seen vorbeiführt. Die Touristeninformation und die Jugendherberge Alaska helfen weiter.

Camping: bei *Colonia Suiza,* aber auch zwischen Bariloche und El Bolsón, vor allem an den Seen: *Lago Gutierrez, Lago Mascardi, Lago Los Moscos,* auch im Westen am *Lago Roca, Lago Hess, Lago Fonck.* Und in der *Pampa Linda.* Die meisten Campingplätze werden nur im Sommer betrieben.

El Bolsón, das Hippie-Dorf

Während Bariloche das Ziel vieler Gruppenreisen ist, kommen nach El Bolsón, 129 km südlich vom Nahuel-Huapi-See, vor allem Individualreisende. Lange Zeit beanspruchte auch Chile diese Region, doch diese Streitigkeiten wurden inzwischen beigelegt.

Der 8000 Einwohner zählende Ort gilt im restlichen Argentinien als Hippie- und Aussteigertreff, was zum Teil auch stimmt, da sich seit den 60er Jahren zunehmend jüngere Menschen in dem herrlich gelegenen Tal, dem *Valle Nuevo,* niederließen. Zu spüren ist diese Atmosphäre besonders auf dem **Kunsthandwerksmarkt,** der im Sommer Di, Do und Sa zwischen 10 und 14 Uhr, das restliche Jahr über jeden So stattfindet. Außerdem gibt es mehrere Läden, in denen Kunsthandwerk angeboten wird, beispielsweise in der Av. San Martín 2020 oder in Roca/Saavedra. Die regionalen indigene Textilien der Mapuche-Näherinnen haben wunderschöne geometrische Motive und sind meist aus Schafswolle.

Um El Bolsón herum wächst ein großer Teil des argentinischen Hopfens, zu Beginn des Jahrhunderts gründete ein Deutscher hier eine Brauerei. Beim **Nationalen Hopfenfest** Ende Februar kommen der Gerstensaft und seine Trinker zu besonderen Ehren und Räuschen.

Der Ort ist nicht nur attraktiv wegen seiner ruhigen Atmosphäre, sondern auch ideal für Wanderungen. Der **Lago Correntoso** ermöglicht zudem Angeltouren, Kajakfahrten und andere Wassersportarten. Organisierte Ausflüge werden von Reisebüros im Ortszentrum angeboten.

Verbindungen & Infos

Bus: mehrere Busse täglich nach Bariloche, 4 x pro Woche nach Comodoro Rivadavia. El Bolsón hat keinen zentralen Busbahnhof. Die meisten Gesellschaften fahren in der Av. San Martín 2536 und in der Straße Perito Moreno 2377 ab.

Touristeninformation: ✆ 92604, Av. San Martín/Roca, Plaza Pagano.

Unterkunft & Camping

Hotel Cordillera, ✆ 92235, Av. San Martín 3210, 64 $, das komfortabelste Hotel in El Bolsón.

Hostería Steiner, ✆ 92224, San Martín 300, 30 $, sehr zu empfehlen.

Residencial Edelweiss, ✆ 92594, A. del Agua 360, 20 $.

Hospedaje Los Amigos, Balcarce/Islas Malvinas, 20 $.

Salina, Rosas 641, 10 $ pro Person.

Albergue El Pueblito, ✆ 93214, Barrio Luján, 8 $ pro Person.

Albergue Ecológico, ✆ 95954, Costanera Sur, 8 $ pro Person.

Jugendherberge: Av. San Martín/Guillelmo, eine weitere an der A4 außerhalb El Bolsóns.

Berghütten: ganz in der Nähe der Stadt befinden sich in 10 und 25 km Entfernung die Berghütten *Cajón del Azul, Cerro Lindo, Hielo Azul, Piltriquitron, Perito Moreno,* alle 6 bis 10 $ pro Person. Infos: http://www.megasur.com/arg/rion/.

Camping: mehrere Plätze an der Ruta 258, wenige km vom Zentrum, und am Ende der Av. Castelli, drei Blocks von der Plaza Pagano.

Essen & Trinken

El Viejo Maitén, Roca 359.

Don Diego, Av. San Martín 3217, gemütlich.

Cerro Lindo, Av. San Martín 2526, leckere Pizzería.

Café Plaza, Av. San Martín 2557, exklusive Confitería.

Confitería Suiza, Antártida Argentina 569, gut und preiswert.

Reiseziele in der Nähe

Der **Nationalpark Lago Puelo** (*puele* kommt aus dem Mapuche und heißt »Westwasser«) ist ein herrlich gelegener See mitten in den Anden. Er befindet sich 15 km südlich von El Bolsón im tiefsten Tal der *Comarca Andina* in der Nachbarprovinz Chubut. Dort ist Wassersport aller Art möglich und im Sommer fährt ein Schiff zum chilenischen Teil des Sees.

Etwa 10 km nördlich von El Bolsón befindet sich der Wasserfall **Cascada Mallín Ahogado,** der im Sommer allerdings austrocknet.

Zu beiden Ausflugszielen fahren Busse von El Bolsón.

Bäuerliche Beschaulichkeit: bei El Bolsón

An der Küste: Viedma

Die Stadt am Río Negro ist den meisten Argentiniern vor allem ein Begriff, weil der frühere Präsident Alfonsín Mitte der 80er Jahre vorschlug, sie zur Bundeshauptstadt zu machen. Damit sollte der Zentralisierung der politischen Macht im 960 km entfernten Buenos Aires entgegengewirkt werden. Viedma sollte die »Stadt des Südens« sein. Doch nach anfangs heftigen Diskussionen verschwanden diese Pläne wieder in der Schublade.

In der Stadt leben, die 20.000 Bewohner der Schwesterstadt *Carmen de Patagones* nördlich des Río Negro eingerechnet, etwa 50.000 Menschen. Viedma liegt circa 30 km von der Mündung des Río Negro in den Atlantik entfernt und wurde 1779 gegründet.

Das Zentrum bildet die etwas verschlafen wirkende **Plaza San Martín** mit der Kathedrale und dem Rathaus. Das **Museo Cardenal Cagliero**, Rivadavia 34, thematisiert die Bemühungen der katholischen Salesianer, die Indígenas zu christianisieren. Im **Museo Río Negro**, Colón 498, wird die Naturgeschichte des für die Region so wichtigen Flusses, Wassertechnik und ähnliches erläutert. Außerdem gibt es noch das **Anthropologische und Historische Museum**, San Martín 263, das Exponate aus der Siedlungszeit der Tehuelche wie auch der frühen europäischen Einwanderer ausstellt.

Im **Centro Municipal de Cultura**, Av. Costanera und 7 de Marzo, sind eine Kunstschule, ein Theater und ein Kino untergebracht. Ausstellungen finden meist im Winter statt.

Ein großes Fest wird in der zweiten Januarhälfte gefeiert, wenn in Viedma die (Segel-)**Regata del Río Negro** endet, die im 500 km entfernten Neuquén startet.

Über dem Río Negro liegt die »Zwillingsschwester« Viedmas, das Kolonialstädtchen **Carmen de Patagones**. *Lanchas* (kleine Boote) überqueren im 15minütigen Rhythmus den Fluß, Passagiere zahlen 1 $. Sie können aber auch über die Brücke gehen. Auf der anderen Seite des Flusses können Zugliebhaber gegenüber dem Bahnhof, Italia/Juan de la Piedra, die erste *Lokomotive,* die 1921 nach Carmen de Patagones fuhr, besichtigen. Das *Museum Fracisco de Viedma* in der Av. Costanera befindet sich in einem sehr schönen alten Kolonialgebäude neben dem *Café Arte Bar,* wo abends Live-Musik gespielt wird.

Von Di bis So wird im Sommer (Dezember bis März) täglich um 16 Uhr eine *Fahrt auf dem Río Negro* flußaufwärts angeboten. Die Zeit auf dem Katamaran, der am Pier des Hafens ablegt, kann auch zum Fischen genutzt werden. Sehr spaßig, 5 $ für 1,5 Stunden. Mehr Informationen über Carmen de Patagones unter ℂ 21195.

Verbindungen

Bus: täglich nach Buenos Aires und in die größeren Städte der Provinzen Buenos Aires und Patagonien.
Flug: Flughafen, ℂ 22003, 6 km außerhalb der Stadt.
Aerolíneas Argentinas/Austral, ℂ 22018, Yrigoyen 211.

Unterkunft & Camping
Hotel Austral, ✆ 22615, Av. Villarino 292, 87 $, sehr komfortabel.
Hotel Nijar, ✆ 22833, Mitre/Av. Rivadavia, 56 $.
Hotel Peumayén, ✆ 25234, Buenos Aires 334, 55 $.
Hotel Roca, ✆ 23071, Roca 347, 39 $.
Residencial Río Mar, ✆ 24188, Av. Rivadavia und Sta. Rosa, 30 $.
Hotel Viedma, ✆ 25481, Urquiza und Av. Zatti, 26 $ pro Person.
Hotel Comahüe, ✆ 24291, Colón 385, 25 $.
Hotel Roma, ✆ 24510, Av. 25 de Mayo 174, 24 $.
Camping: direkt hinter der Autobrücke befindet sich der städtische Campingplatz.

Hotels in Patagones
Residencial Bynon, ✆ 61384, Bynon 422, sehr nett und günstig.
Hotel Patagones, ✆ 61495, Rivadavia und Irigoyen, günstig.

Nützliche Adressen
Touristeninformation: im Sommer an der Plaza Alsina, ansonsten in Belgrano 544, 9. Stock. Jeden Di um 8 Uhr wird ein spanischsprachiger Stadtrundgang angeboten.
Touristeninformation der Provinz, ✆ 22150, Gallardo 121.
Post: Rivadavia 151.
Telefon: Ferngespräche in Mitre 531.

Seelöwen und Strandbäder
Die **Seelöwenkolonie La Lobería** befindet sich 60 km südlich von Viedma an der Atlantikküste. Im Dezember werden die Jungen der etwa 2000 hier lebenden Tiere geboren. Die Busse nach La Lobería passieren das schönere **El Cóndor,** das 30 km südlich von Viedma liegt. Am Strand dort gibt es zwei *Campingplätze* und ein Hotel namens *Casino,* 45 $.

Charakteristisch für die Orte am *Golfo San Matías* ist der ständige Ostwind. Er sorgt dafür, daß die Temperaturen auch im Winter nicht unter den Gefrierpunkt fallen.

Unterkunft in San Antonio Oeste:
Hotel Ozieri, ✆ 21923, Mitre/Victoria.
Hotel España, ✆ 21588, Sarmiento 147.
Residencial Rayen, ✆ 21474 9 de Julio 378.

Unterkunft in Las Grutas: *Hotel Torre Vado,* ✆ 97162, Av. Bariloche/Catriel.
Motel ACA, ✆ 97095, Av. Bariloche.
Residencial Choele Choel, ✆ 97242, P. Mahuida/Cipolletti, am Golf San Matías.
Beim Strandbad Las Grutas ist besonders für Tramper die neue Straße im Inland zu empfehlen, da es an der Küste kaum Verkehr und Verpflegungsmöglichkeiten gibt.

Weiter in Richtung Puerto Madryn können Sie auch in **Sierra Grande** einen Abstecher zur Bucht und den sogenannten *Playas Doradas* machen.
Unterkunft: *Hotel Los Pinos,* ✆ 81287, Calle 102/15.
Residencial City Bell, Calle 4.

PROVINZ CHUBUT

Die Provinz Chubut, in der 324.000 Menschen leben, ist 225.000 km² groß, fast so groß wie die frühere BRD. Die Zahlen lassen ahnen, wie dünn die Provinz besiedelt ist. Chubut war das bevorzugte Ziel walisischer Einwanderer, die sich ab 1865 vor allem an der Mündung des *Río Chubut* niederließen. Die Provinz entspricht landschaftlich dem Bild, das sich viele von Patagonien machen: trocken und wenig fruchtbar, von Winden zerklüftet und dünn besiedelt.

Die meisten Siedler ließen sich an der Atlantikküste nieder, was sich bis heute auch in der schlechten Infrastruktur außerhalb der Küstenregion zeigt. Eine Ausnahme bildet im Westen die Stadt *Esquel*.

Typisch für die Provinz sind neben den klimatischen Bedingungen ihre wichtigste ökonomische Grundlage: Schafe, Schafe, Schafe.

Esquel und der Nationalpark Los Alerces

250 km südlich von Bariloche bildet Esquel mit 20.000 Einwohnern den Abschluß der Seenregion. Die Straße führt von dort in südöstlicher Richtung zum Atlantik durch 700 km trockene Steppe.

Touristisch bekannt ist Esquel vor allem als Ausgangspunkt für einen Besuch im **Nationalpark Los Alerces**. Empfohlen sei auch eine Fahrt mit dem **Old Patagonia Express**.

In den vielen Flüssen Patagoniens schwimmen vor allem Lachse und Forellen. Von Esquel aus kann man das Fischerparadies erkunden.

Verbindungen & Infos

Bus: mehrere Busse pro Woche nach Bariloche, Comodoro Rivadavia, Trelew und Buenos Aires. Die Verbindungen in die nähere Umgebung sind gut, da Esquel regionaler Verkehrsknotenpunkt ist.

Flug: Flughafen, ✆ 2343, 15 km entfernt, mehrmals pro Woche Flüge in die größeren Städte Patagoniens und nach Buenos Aires.
Aerolíneas Argentinas/Austral, ✆ 3614, Av. Fontana 408.

Touristinformation: im Busbahnhof, Alvear/Fontana.

Unterkunft & Camping

Eine Liste der vielen Privatunterkünfte hat die Touristeninformation.
Hotel Tehuelche, ✆ 52420, 9 de Julio/Belgrano, 90 $.
Hotel Sol del Sur, ✆ 52189, 9 de Julio und Sarmiento, 80 $.
Hotel Angelina, ✆ 52763, Av. Alvear 758, 40 $.
Hotel Los Tulipanes, ✆ 52748, Fontana 365, 40 $.
Hotel Maika, ✆ 52457, 25 de Mayo und San Martín, 40 $.
Hotel Zacarías, ✆ 52270, Gral. Roca 634, 30 $.
Hotel Argentino, ✆ 52237, 25 de Mayo 862, 28 $.
Pensión Hammond, Antártida Argentina 522, die Señora spricht Deutsch.
Jugendherberge: Calle Volta 1081.
Residencial Lihuen, ✆ 0945/52589, San Martín 820, 12 $ pro Person.
Camping: der Platz *Quimei Mapu*, wo es auch günstige Mehrbettzim-

Lesen Sie bitte weiter auf Seite 378 ▶

Wer sich in die Frühzeiten der Eisenbahn versetzen lassen möchte, dem sei eine nostalgische Fahrt mit dem *Viejo Expreso Patagónico* empfohlen. Die einzige mit Dampf betriebene Schmalspureisenbahn der Welt. Lok und Waggons sind heute fast 80 Jahre alt. Zeit scheint hier keine Rolle zu spielen, denn an mancher Steigung kommt die ächzende Lok nur auf fünf Stundenkilometer.

Die 75 Zentimeter breite Spur windet sich 400 Kilometer und durch über 600 Kurven von dem am Fuße der Anden liegenden **Esquel** in der Provinz Chubut über **El Maitén** bis nach **Ingeniero Jacobacci** in Río Negro, benannt nach dem Mann, der den Gleisbau leitete. Daß die Gleise nicht schnurstracks durch die Landschaft führen, hängt neben den topographischen Gegebenheiten auch damit zusammen, daß beim Bau der Strecke viele Großgrundbesitzer einen eigenen Gleisanschluß wollten. Der alte Dieselzug mit seinen 50 Plätzen, der auch *Trencito »La Trochita«* (der kleine Zug »das Spürchen«) genannt wird, hält an 17 Bahnhöfen und außerdem alle 40 km an einem Wassertank.

Eine 75-cm-Legende: Der Patagonien-Expreß

Bis vor ein paar Jahren war es noch möglich, über 1500 Kilometer per Zug von Buenos Aires nach Ingeniero Jacobacci und dann weiter nach Esquel zu reisen, doch wurde die Strecke inzwischen stillgelegt. Unklar ist auch noch, wann der Streckenabschnitt Ingeniero Jacobacci – El Maitén wieder in Betrieb genommen wird.

Derzeit können Interessierte jeden Donnerstag von Esquel für 15 $ pro einfache Fahrt in der 2. Klasse ins 200 Kilometer entfernte El Maitén gelangen. Die Fahrt dauert 6 Stunden, es gibt einen Speisewagen mit Getränken und einfachem Essen. Von El Maitén fährt der Zug, der von der UN-Kulturorganisation UNESCO zum Weltkulturerbe erklärt wurde, mittwochs nach Esquel. Auf eine Rückfahrt sind sie nicht angewiesen, denn zwischen El Maitén und Esquel verkehren häufig Busse. In El Maitén (3500 Einwohner) gibt es einige einfache Hotels. Es werden auch Kurzfahrten von Esquel angeboten. Informationen im Touristenbüro in Esquel oder im Provinzbüro von Chubut in Buenos Aires (siehe Seite 168).

mer zu mieten gibt, liegt 5 km außerhalb der Stadt in Richtung Trevelin. Außerdem bestehen im Nationalpark Los Alerces von Frühling bis Herbst viele Zeltmöglichkeiten.

Essen & Trinken

Parrilla Yauquén, Rivadavia 740.
Parrilla La Estancia, 25 de Mayo 541.
Jockey Club, Alvear 949, wie die beiden Parillas gute Grillrestaurants.
Ahla Wasahla, Sarmiento/San Martín, preiswert.
Pizzería Don Pipo, Rivadavia 924, gute Pizza.
Red Fox, Sarmiento 795, gemütliche Kneipe.
Confitería Atelier, San Martín/25 de Mayo, empfehlenswert.
Confitería Las Tejas, 25 de Mayo 745, ebenfalls nett.

Zum Nationalpark Los Alerces

Etwa 25 km südlich von Esquel befindet sich **Trevelin,** dessen knapp 6000 Einwohner sehr viel von dem Erbe ihrer walisischen Vorfahren bewahrt haben. Der Name *tre* (Stadt) und *velin* (Mühle) ist walisischen Ursprungs, und in der alten Mühle befindet sich heute ein *Museum zur Geschichte der Einwanderung.*

Das **Schutzgebiet Los Alerces** umfaßt über 260.000 ha. Unter anderem wachsen dort über 2000 Jahre alte und bis zu 60 m hohe Lärchen, *Alerces.* Die rauhe andine Seen- und Flußlandschaft ist ein ideales Angelrevier.

Bus: Es besteht eine öffentliche Busverbindung pro Tag, etwa 3 Stunden, 15 $ hin- und zurück. Von Esquel zum Nationalpark und zurück fährt Mi und Sa um 10 Uhr ein Zug.

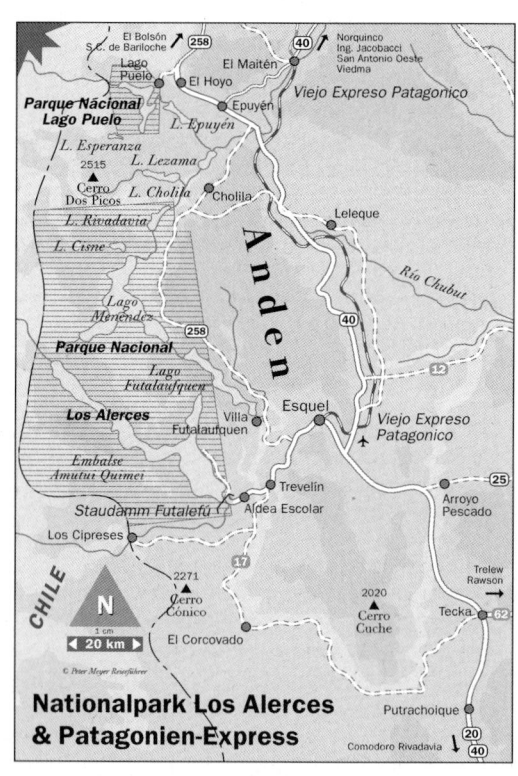

Nationalpark Los Alerces & Patagonien-Express

Organisierte Ausflüge in den Nationalpark werden von Reisebüros in Esquel angeboten, etwa von *Trekways*, ✆ 53380, Roca 687, Esquel. Zwei- bis sechstägige Wanderungen, Mountainbike- und Pferdetouren für vier bis acht Personen. *Naturatur*, ✆ 50458, Av. Alvear 1125, Esquel.

Puerto Madryn

Rund um die Städte *Trelew, Rawson,* und Puerto Madryn gibt es nicht viel außer staubiger Halbwüste. Die Architektur wurde hier den Bedingungen angepaßt: dicht gedrängt und in Gruppen stehend sollen die Häuser vor dem ständigen, sandigen Wind Schutz bieten.

Das am *Golfo Nuevo* gelegene Puerto Madryn wurde 1865 von Einwanderern aus Wales gegründet. In jüngster Zeit führte die 1974 gebaute Aluminiumfabrik zu einer stürmischen Entwicklung: Von wenigen Tausend hat sich die Zahl der Einwohner auf 40.000 erhöht. Die Stadt ist nicht sehr gemütlich, eher funktional. Die Fischerei und der nur wenige Wochen pro Jahr stattfindende Tourismus sind weitere ökonomische Standbeine. Mit Angeboten wie Segeln, Wasserski, Windsurfing und Tauchen lockt der Ort Reisende an.

Sehenswert sind das **Museo de Ciencias Naturales y Oceonográfico,** Domec García/Menéndez, Mo – Fr 9 – 11.30

Lärchen, Zedern, Bambus, Flechten – bis ins Detail ist die Flora des Seengebietes vielfältig

und 18 – 21 Uhr und das **Monumento a la Mujer Galesa** am Strand. Das Denkmal wurde 1965 zum hundertsten Jahrestag der Ankunft walisischer Einwanderinnen aufgestellt.

Von den langen **Stränden** ist die *Playa Acuario* zentrumsnah und im Sommer sehr belebt. 5 km südlich des Zentrums befindet sich das *Tehuelche-Monument* in Gedenken an die indigene Bevölkerung.

Verbindungen & Infos

Bus: Busbahnhof H. Yrigoyen/San Martín, häufig Busse nach Buenos Aires und in den Süden.

Mietwagen: *Localiza*, ✆ 71660, Belgrano 196.

Touristeninformation: Av. Roca 444. Im Sommer verschiedene Veranstaltungen im Ort.

Unterkunft & Camping

Hotel Península Valdés, ✆ 71292, Av. Roca 155, 125 $, das beste Haus im Ort.

Hotel La Posada de Madryn, ✆ 74087, A. Mathews 1951, 55 $.

Hotel Gran Madryn, ✆ 72205, Lugones 40, 40 $.

Hostal del Rey, ✆ 71156, Blv. Brown 681, 40 $.

Hotel Muelle Viejo, ✆ 71284, H. Yrigoyen 38, 39 $.

Hotel Yanco, ✆ 71581, Av. Roca 626, 39 $.

Residencial Petit, ✆ 71460, Alvear 845, 33 $.

Hotel Del Sol, ✆ 71712, Sarmiento 1290, 30 $.

Residencial Post, ✆ 72422, Av. Roca 33, 30 $.

Residencial Manolo, ✆ 72690, Av. Roca 763, 30 $.

Ein bißchen Strandbadflair ist schon da: Puerto Madryns Strandpromenade bei Nacht

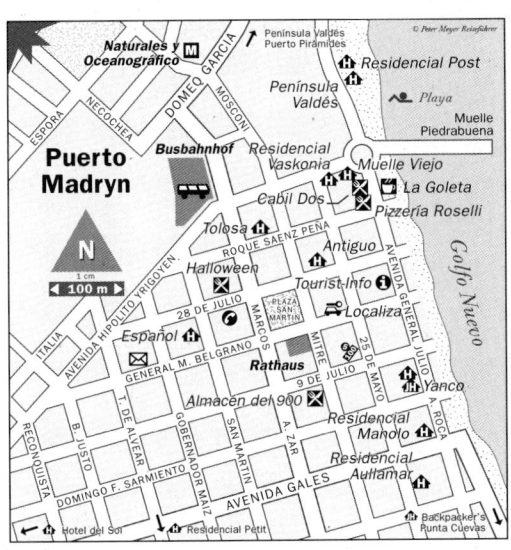

Baldomero, R.S. Peña 390, Parrillada.
De Matías, R.S. Peña 214, Parrillada.
La Tua Pasta, Belgrano 138, exzellentes italienisches Essen.
Cabil-Dos, H. Yrigoyen/Av. Roca, Spezialität hier ist Pizza.
Halloween, 28 de Julio 322, Pizza.
Almacén del 900, 9 de Julio 254, Pizza.
Teehäuser, walisisch und deswegen besonders empfehlenswert: *La Goleta,* Av. Roca 87;
Zenon, M.A. Zar 752;
Tamara, Av. Roca 1250.

Residencial Jo's, © 71433, Bolívar 75, 25 $.
Residencial Vaskonia, © 72581, 25 de Mayo 43, 24 $.
Residencial Anclamar, © 51509, 25 de Mayo 874, 15 $.
Jugendherberge: Teil des Hotels *Yanco,* Av. Roca 626, 12 $ pro Person.
Backpacker's, © 74426, 25 de Mayo 1136, 10 $ pro Person.
Camping: mehrere Plätze an der Küste, geöffnet von Mitte Dezember bis Mitte März.

Essen & Trinken

Las Aguilas, Zar 81, guter Fisch.
Cantina Náutico, Av. Roca/Lugones, frischer Fisch.
Parrillada Estela, R.S. Peña 28, serviert sehr leckere Mahlzeiten.

Insel der Tiere: Península Valdés

Zweifellos ist die Halbinsel Valdés eines der interessantesten zoologischen Reservate der Welt und zudem touristisch gut erschlossen. Der 60 km von Puerto Madryn entfernte Nationalpark wird in der Regel in Gruppen besucht, weshalb Sie sich einem organisierten Ausflug von Buenos Aires, Puerto Madryn, Trelew oder Rawson anschließen sollten. Auf die Halbinsel Valdés darf nur eine festgelegte Zahl von Touristen pro Tag. Individualreisende sollten sich vor Ort in Puerto Madryn über die Zugangsmöglichkeiten zum Park informieren.

Am Golfo Nuevo und am *Golfo San José* finden sich von Juli bis Anfang Dezember Wale zur Paarung ein.

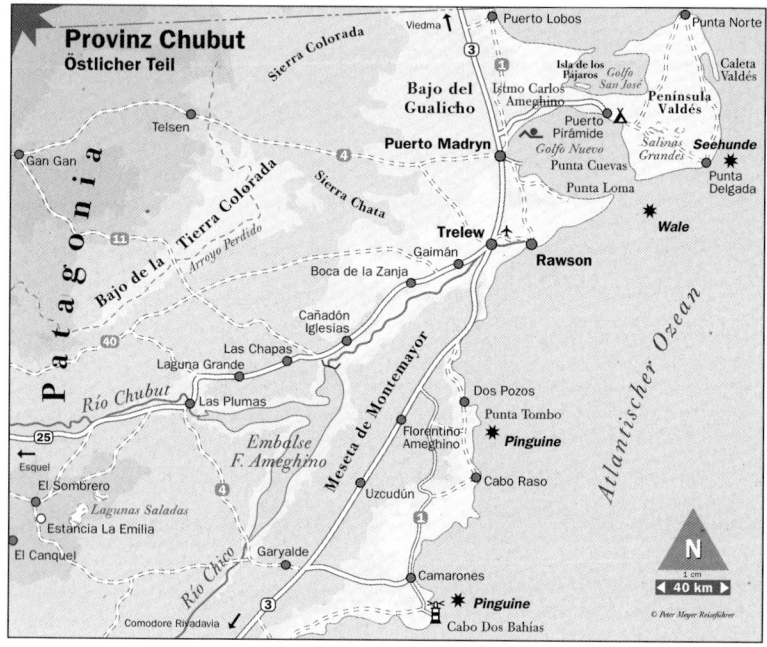

An der *Punta Loma* (punta bedeutet Landspitze) und *Punta Pirámide* leben Tausende von Seelöwen, an der *Punta Norte* zahlreiche See-Elefanten, die bis auf eine kurze Zeit im Dezember das ganze Jahr über hier bleiben.

Die erste Station eines Ausfluges ist normalerweise die **Isla de los Pájaros** (Vogelinsel), die dem *Istmo Carlos Ameghino* (Landenge) vorgelagert ist. Mit Fernrohren sind die schätzungsweise 30.000 Seevögel zu beobachten, die hier überwiegend von September bis März nisten.

Von dort geht es in der Regel weiter in den Ort **Puerto Pirámide,** wo Boote ausfahren, von denen die *Ballenas* (Wale) aus der Nähe betrachtet werden können. Auch etwa 3000 Exemplare einer seltenen Art des Bartenwals, die *Eubalaena australis* (Südkaper), kommen hierher. Bei der *Salina Grande* im Zentrum der Insel handelt es sich um den tiefsten Punkt Südamerikas, 40 m unter dem Meeresspiegel. Auf der Halbinsel sind auch *Guanakos* (wilde Lamas) und *Patagonienfüchse* unterwegs. Teilweise führen Touren weiter zur Kolonie der See-Elefanten oder Seelöwen (Januar bis Mai). Die dort lebenden Tiere sind übrigens eine bevorzugte Beute der *Orcas* (Killerwale), die teilweise beim Jagen vor der Küste zu sehen sind.

Die Preise für Exkursionen zum Waleschauen liegen bei etwa 25 – 35 $ (Juni – Dezember), zur Península Valdés bei 20 – 40 $.

Sporttauchen ist in dem Gebiet um die Halbinsel möglich und wird von Reisebüros in Puerto Madryn angeboten.

Praktische Informationen

Bus: täglich von Madryn nach Pirámides um 8.55 Uhr, Ankunft 10.20 Uhr, zurück von Pirámides 19 Uhr, Ankunft in Madryn 20.25 Uhr.

In Puerto Pirámide gibt es nur wenige, aber empfehlenswerte **Hotels:**
Hotel The Paradise, ✆ 95030, 63 $.
Hostería A.C.A., ✆ 95004, 52 $.
Residencial El Libanés, ✆ 95007, 23 $ pro Person.
Hospedaje El Turino, ✆ 72041, 20 $.
Camping: am Strand gibt es den Platz *El Golfito.*

Stadt der Dinos: Trelew

65 km von Puerto Madryn und 170 km von Puerto Pirámides entfernt befindet sich das 1886 gegründete Trelew. Die Stadt ist das traditionelle Wirtschaftszentrum im Tal des *Río Chubut,* in dem Landwirtschaft betrieben wird. Wie in anderen Städten Patagoniens und Feuerlands führte ein umfassendes Programm zur Wirtschaftsförderung auch in Trelew zu einem Anstieg der Bevölkerung von gut 20.000 auf 90.000 Einwohner innerhalb weniger Jahre. Das Ende dieser Förderung in den späten 80er Jahren stellt die Stadt bis heute vor erhebliche Probleme und bedeutete für viele Menschen Arbeitslosigkeit.

Ein Ziel für Touristen ist Trelew vor allem wegen des **Museo Paleontológico,** 9 de Julio 631, täglich 16 – 22 Uhr, das zu den wichtigsten der Welt gehört. Vor etwa zehn Millionen Jahren lebten hier Dinosaurier in tropischem Klima. Die beeindruckenden Knochenfunde (die Bruce Chatwin übrigens sein Fernweh nach ›Patagonien‹ verursachten, siehe Literaturtip Seite 119) sind hier ausgestellt. Eine Außenstelle des Paläontologischen Museums ist »Bryn Gwyn«. Auf dem etwa 20 Kilometer entfernten **Lehrpfad** sind Skelette und Nester mit Sauriereiern zu sehen. Führungen auch in deutscher Sprache bietet das Museum an; Infos vor Ort.

Traurige Berühmtheit erlangte die Stadt zu Beginn der 70er Jahre, als nach einem Gefängnisausbruch die Flüchtenden mehrere Stunden lang den Flughafen von Trelew besetzt hielten. Nach der Stürmung des Flughafens wurden fast alle geflohenen Häftlinge von der Armee erschossen.

Eine Besonderheit ist die **Plaza Independencia** aus botanischer Sicht, denn dort stehen 78 verschiedene Baumarten. Außerdem hat die Stadt ein **Museo Histórico Regional,** Av. Fontana/Av. 9 de Julio, täglich 9 – 12.30 und 16 – 20 Uhr.

Am dritten Samstag im Oktober findet hier ein traditionelles **walisisches Volksfest** statt.

Verbindungen & Infos

Bus: mehrmals täglich nach Rawson, Puerto Madryn und Puerto Pirámides. Täglich nach Buenos Aires und Bahía Blanca.

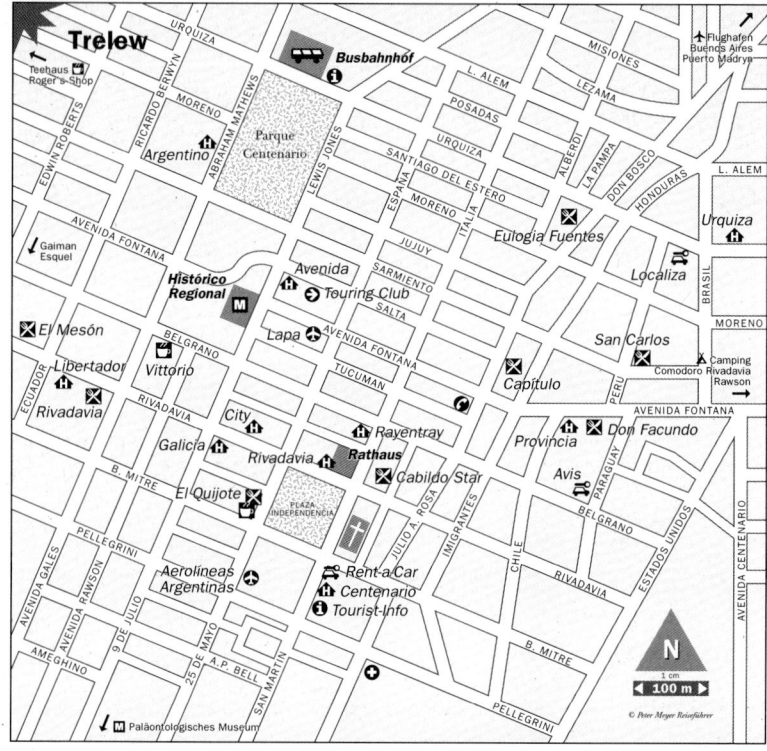

Flug: Flughafen, ✆ 20060, 7 km entfernt, mehrmals wöchentlich nach Buenos Aires, Bariloche, Comodoro Rivadavia und Ushuaia.
Aerolíneas Argentinas/Austral, ✆ 21344, 25 de Mayo 33.
Lapa, ✆ 23438, Fontana 285.
Mietwagen: *Rent-a-car,* ✆ 20898, San Martín 125.
Localiza, ✆ 35344, Urquiza 310.
Avis, ✆ & Fax 34634, Paraguay 105.
Touristeninformation: ✆ 20139, ist in San Martín 171.

Unterkunft & Camping

Hotel Rayentray, ✆ 34702, San Martín/Belgrano, 110 $.

Hotel Centenario, ✆ 20542, San Martín 150, 70 $.

Hotel Libertador, ✆ 35132, Rivadavia 31, 70 $.

Hotel Cheltum, ✆ 21384, Yrigoyen 1485, 42 $.

Hotel Galicia, ✆ 33803, 9 de Julio 214, 40 $.

Hotel Touring Club, ✆ 33998, Av. Fontana 240, 40 $.

Hotel Rivadavia, © 34472, Rivadavia 55, 30 $.
Hotel Argentino, © 36134, A. Mathews 186, 25 $.
Hotel San Carlos, © 21038, Sarmiento 758, 23 $.
Hotel Avenida, © 24172, L. Jones 49, 22 $.
Hotel Uriquiza, © 20949, Uriquiza 349, 18 $.
Camping: auf dem Platz an der Ruta 25 in Richtung Comodoro Rivadavia, am Ortsausgang.
Im Garten von *R.Lerma*, Don Bosco 109.

Essen & Trinken

El Quijote, 25 de Mayo 86. Empfehlenswert.
Eulogia Fuentes, Don Bosco 23. Empfehlenswert.
El Mesón, Rivadavia 588, gute Fischgerichte.
Cabildo Star, Roca 88, preiswerte Pizzeria.
Don Facundo, Fontana 213, Pizzeria.
Capítulo 2, Roca 393, Pizzeria.
Comedor Universitario, Fontana/9 de Julio, einfach und preiswert.
Walisische Teehäuser: *Roger's Shop*, Moreno 463.
El Quijote, 25 de Mayo 90.
Café: *Vittorio*, Belgrano 341.

Reiseziele in der Nähe

Die alte Bahnstation in **Gaimán**, einem kleinen Ort 17 km westlich von Trelew, ist ein *Siedlermuseum* mit besonderem Schwerpunkt auf den Bewässerungskanälen, die die Emigranten im letzten Jahrhundert in der Region anlegten. Überregional bekannt ist das Anfang August in Gaimán stattfindende *Folklorefestival Eisteddfodd*. Eine ganz köstliche und gemütliche Angelegenheit ist die viel zelebrierte Tradition des 5-Uhr-Tees, des *Té galés*.

Südlich der Punta Tombo liegt das Fischerdorf **Camarones** an der gleichnamigen Bucht, unweit des Tierschutzgebietes *Cabo Dos Bahías*.

Die Pinguine von Punta Tombo

Punta Tombo ist seit 1990 ein 3,5 km² großes Naturreservat, in dem von September bis März ungefähr zwei Millionen *Magellan-Pinguine* ihren Brutplatz haben. Erkennbar sind sie an einem doppelten schwarzen Ring um den Hals. Zu Beginn des Frühlings (September/Oktober) kommen die Tiere hierher, an dieselbe Stelle, an der sie geboren wurden. Sie bauen ein Nest, in das die Weibchen in der Regel zwei Eier legen, die 40 Tage lang abwechselnd von Vater und Mutter bebrütet werden. Im Herbst verlassen die Pinguine die Region und ziehen nach Norden in wärmere Gewässer. Aus Gründen des Naturschutzes ist nur eine begrenzte Besucherzahl zugelassen.

Neben den Pinguinen leben in dieser Region auch die schwarzglänzenden *Kormorane* und Tausende von *Möwen*.

Comodoro Rivadavia, die Öl-Metropole

Die Stadt hat 140.000 Einwohner und ist seit der Entdeckung von Erdöl in der Region untrennbar mit dem »schwarzen Gold« verbunden.

Die Hauptattraktion in dem argentinischen Ölzentrum ist für die meisten Besucher das **Museo del Petróleo** (Ölmuseum), wo Sie eine *Petroquímica* (Erdölförderanlage) besichtigen können. Das Museum gibt einen Einblick in alte und neue Förderverfahren und in die Auseinandersetzungen um die Verstaatlichung des Erdöls Mitte des Jahrhunderts. Das Museum befindet sich wenige Kilometer nördlich von Comodoro in dem Städtchen *Gen. Mosconi*, in der Straße Lavalle zwischen Viedma und C. Calvo. Auf dem Gelände befindet sich zudem ein kleines *Mineralien-Museum*, Mi 14 – 16 Uhr und Sa, So 14 – 17 Uhr. Von Comodoro fahren die Buslinien 7 oder 8 nach Gen. Mosconi. Ansonsten bietet Comodoro Rivadavia wenig für Touristen.

Volksfeste gibt es am 28. Juli, dem Gründungstag der Stadt, und am 13. Dezember, dem »Tag des Erdöl«.

Verbindungen

Bus: Verkehrsknoten zwischen Nord-Süd-Atlantikküste und in den andinen Westen. Mehrmals pro Woche in alle Richtungen, im Sommer fast täglich.

Stillgelegt: Die erste Ölförderanlage von 1910 wurde von einem Holzrad angetrieben

Flug: Flughafen, ℂ 464023, 10 km vom Stadtzentrum. Mehrere Flüge pro Woche nach Buenos Aires, Feuerland und in die größeren patagonischen Städte.
Aerolíneas Argentinas/Austral, ℂ 440050, 9 de Julio 870.
Lapa, ℂ 472400, Rivadavia 396.
Touristeninformation: im Rathaus, Moreno/Rivadavia.

Unterkunft & Camping
Hotel Austral, ℂ 472200, Rivadavia 19, 82 $.
Hotel Azul, ℂ 474628, Sarmiento 724, 56 $.
Hotel Español, ℂ 4602283, 9 de Julio 940, 40 $.
Hotel Las Torres, ℂ 479726, Rivadavia und Asturias, 40 $.
Hotel Comercio, ℂ 472341, Rivadavia 341, 35 $.
Hospedaje Belgrano, ℂ 478439, Belgrano 546, 22 $.
Hospedaje Cari-Hue, ℂ 468777, Belgrano 738, 25 $.
Hospedaje Derby, ℂ 462562, San Martín 1048, 8 $.
Hospedaje Diana, ℂ 460474, Rawson und Belgrano, 10 $.
Jugendherberge: ohne Namen, ℂ 463745, Alem 3, 12 $ pro Person.
Albergue Municipal, ℂ 550601, 5 $ pro Person, internationaler Treff.
Camping: In Rada Tilly, 15 km südlich auf der Ruta 3.

Essen & Trinken
Gut essen können Sie auch auf dem städtischen *Markt* in der Rivadavia, Höhe 400.
La Cabaña, Rivadavia/Güemes, und *La Rastra,* Rivadavia 1348, sind zwei empfehlenswerte Grillrestaurants.
Parrilla El Nazareño, San Martín/España, gut.
Club Británico, Roca 935, gut, Fleisch vom Grill.
Frente al Mar, H. Yrigoyen 1697, Fischspezialitäten.
El Nautico Y.P.F., Gral. Mosconi, natürlich Fisch.

Reiseziele in der Nähe
Der Badeort **Rada Tilly**, 15 km südlich von Comodoro, ist eines der wichtigsten Zentren Patagoniens für Wassersport. Der 3 km lange und 600 m breite Strand gilt wegen der starken Winde als eine der weltweit besten Pisten zum Strandsegeln.

Das **Nationalmonument der Bosques Petrificados**, der versteinerten Wälder, befindet sich 200 km südlich von Comodoro Rivadavia auf dem Weg nach *San Julián*. Die durch Lava und Asche versteinerten Araukarien, deren Stämme bis zu 30 m lang und 2 m dick sind, sind schätzungsweise 150 Millionen Jahre alt und liegen in einem 10.000 ha großen Naturschutzgebiet. Das Gebiet ist touristisch kaum erschlossen; es werden organisierte Ausflüge von Comodoro Rivadavia oder San Julián angeboten.

Ganz in der Nähe von *Puerto Deseado* liegt das **Naturschutzgebiet Río del Deseado**, Heimat von Magellan-Pinguinen, Kormoranen, Möwen, Antarktis-Tauben und Seehunden. Von Puerto Deseado werden Exkursionen in die Flußmündung und andere Naturschutzgebiete in der Region angeboten.

PROVINZ SANTA CRUZ

Erst im 18. Jahrhundert begannen Missionare in der Provinz Santa Cruz dauerhafte Siedlungen zu errichten.

Die Besiedlung durch europäische Einwanderer ging nur langsam voran, heute leben ungefähr 160.000 Menschen in der Provinz, die mit 243.000 km² etwa so groß ist wie die frühere BRD.

Neben der Schafzucht mit mehr als 7 Millionen Tieren sind die Kohleförderung und der Tourismus wichtige Wirtschaftszweige. Außerdem wird in der Provinz ein großer Teil des argentinischen Öls gefördert, weshalb der Benzinpreis hier nur halb so hoch liegt wie im Landesdurchschnitt.

Eine vierzehntägige **Tour** durch Santa Cruz organisiert:
Aventur, ✆ & Fax 3141537 (Kontakt in Buenos Aires ✆ 3029533).

Perito Moreno und die Cuevas de las Manos

Die Stadt ist ein Zentrum der Viehzucht, allerdings wird in den letzten Jahren der Obstanbau als zweites wirtschaftliches Standbein vorangetrieben. Dies ist im trockenen Patagonien nur möglich dank des besonderen Mikroklimas Perito Morenos in der Nähe des zweitgrößten Binnengewässers Argentiniens, des *Lago Buenos Aires*.

Verwechseln Sie den Namen des Ortes übrigens nicht mit dem Gletscher Perito Moreno bei Calafate oder dem gleichnamigen Nationalpark.

Perito Moreno liegt an der kleinen **Laguna de los Cisnes,** Schwanenlagune, in der verschiedene Seevögel leben. Im Sommer wird hier gebadet. Einen Besuch wert ist das Städtchen aber vor allem wegen der schönen **Wanderungen,** die in der Region möglich sind, und wegen der Nähe zu den *Cuevas de las Manos* (Höhlen der Hände).

Verbindungen

Bus: mehrere pro Woche nach Esquel im Norden, nach Comodoro Rivadavia im Osten und Santa Cruz im Südosten. Auch nach Caleta Olivia. Mehrere täglich Mo – Fr in den chilenischen Grenzort Chile Chico.
Flug: jeden Dienstag nach Comodoro Rivadavia, auch nach Río Gallegos.

Unterkunft & Camping

Hotel Belgrano, Av. San Martín 1001, ✆ 32019, 32 $.
Hotel Austral, Av. San Martín 1381, ✆ 320042, 45 $.
Hotel Americano, Av. San Martín 1327, ✆ 32074, 30 $.
Posada del Caminante, Rivadavia 937, ✆ 32203, 44 $.
Hotel Argentino, Belgrano/Buenos Aires, 25 $.
Camping: auf der anderen Seite der *Laguna de los Cisnes*.
Im Gegensatz zu den Übernachtungen sind **Restaurants** in Perito Moreno teurer als im Landesdurchschnitt.

Reiseziele in der Nähe

An der Südküste des Lago Buenos Aires, in der Nähe der Grenze zu Chile, ist inmitten einer Obstanbauregion das pittoreske Dorf **Los Antiguos** ein Geheimtip für Reisende, die Ruhe suchen. In der zweiten Januarwoche findet hier das *Nationale Kirschenfest* statt.

Bereits im nahen Chile befindet sich der **Hudson-Vulkan,** der 1991 zum letzten Mal aktiv wurde.

Cuevas de las Manos

Die »Höhlen der Hände« befinden sich in einem wunderschönen Cañon, durch den der *Río Pituras* fließt. Die Malereien in den Höhlen sind eines der ältesten Zeugnisse menschlichen Lebens in Amerika und eine der bekanntesten archäologischen Stätten des Landes. Sie werden zwischen 7370 Jahre v. Chr. und 1000 n. Chr. datiert.

Prähistorische Darstellungskraft: in den Cuevas de las Manos hinterließen Jäger wie zur Beschwörung ihrer Wiederkehr ihre Handabdrücke

Ihre Entstehung wird in drei Zeitabschnitte eingeteilt. Die meisten Malereien sind in einer 24 m tiefen und 15 m breiten Höhle. Die gleichbleibenden klimatischen Bedingungen, die in einer Höhle herrschen, ermöglichten, daß diese Zeugnisse menschlicher Kunst erhalten blieben. In rötlichen, orangenen, grünen, schwarzen und weißen Farben schmücken gemalte Handabdrücke sowie Jagdszenen und Tiere die Höhlenwände.

Die Höhlen liegen 44 km südlich von Perito Moreno und sind nicht mit öffentlichen Verkehrsmitteln zu erreichen. Einheimische bieten recht teure Fahrten, 80 bis 100 $, zu den Höhlen an. Organisierte Auflüge gibt es in Reisebüros in Perito Moreno und in Comodoro Rivadavia.

Nationalpark Perito Moreno

Etwa 300 km südlich von dem gleichnamigen Ort befindet sich der 115.000 ha große Nationalpark Perito Moreno, der touristisch kaum erschlossen ist. In schwer zugänglichem Gelände sind **Wanderungen** durch andine Wälder, vorbei an Wasserfällen und inmitten einer wilden Flora und Fauna möglich.

Am **San Lorenzo-Berg,** der 3700 m hoch ist, befinden sich Gletscher, auf denen man ebenfalls wandern kann. Sehenswert sind auch die alten Zeichnungen und Handabdrücke der *Tuhuelche* in **Höhlen** am *Lago Burmester.*

Infos: Es bestehen keine öffentlichen Busverbindungen jenseits des knapp 100 km entfernten Ortes *Las Horquetas,* der an der Ruta 40 von Perito

Moreno in Richtung Santa Cruz liegt. In dem Ort bieten auch Einheimische Fahrten zum Park an, die jedoch nicht billig sind. Busse fahren auch von *San Julián* in die Nähe des Parks. Campen ist im Park möglich, die Verpflegung muß jedoch mitgebracht werden.

San Julián

Puerto San Julián, das auf einer kleinen Halbinsel am Atlantik liegt, ist ein Zentrum der Schafzucht. Hier überwinterte 1520 die europäische Expedition unter dem Portugiesen *Magellan*. Das ungünstige Klima und der Widerstand der indigenen Bevölkerung verhinderten dauerhafte Siedlungsversuche bis zu Beginn des 20. Jahrhunderts.

In der Stadt leben ungefähr 5000 Menschen. Besuchenswert sind die Ruinen der **Befestigungsanlage Florida Blanca,** von der ab 1780 ein erfolgloser Besiedlungsversuch unternommen wurde.

Ein **Museo de Ciencias Naturales** mit ethnologischen und geologischen Exponaten aus der Region befindet sich in der Av. San Martín/Mitre.

Ausflüge in die Region zeigen, daß Patagoniens Flora nicht nur aus trockener Steppe und die Fauna nicht nur aus Schafen besteht. Im Sommer lohnt auch ein Besuch an einem der Atlantikstrände.

Verbindungen

Bus: täglich nach Río Gallegos, Comodoro Rivadavia und weiter nach Norden. Ein Bus pro Woche in Richtung Chile und in die Nähe des Nationalparks Perito Moreno.

Flug: Flughafen, ✆ 2106, 5 km entfernt. Einmal pro Woche nach Comodoro Rivadavia und Río Gallegos.

Unterkunft & Camping

Hotel Bahía, ✆ 53143, Av. San Martín 1075, 60 $.
Hotel Municipal, ✆ 52301, 25 de Mayo 917, 44 $.
Residencial Sada, ✆ 52013, Av. San Martín 1112, 43 $.
Residencial El Alamo, ✆ 52946, an der Ruta Nac. 3, 38 $.
Hotel Colón, Av. San Martín 301, 25 $.
Camping: an der Av. Costanera zwischen Roca und Rivadavia, direkt am Wasser, gut ausgestattet, sehr zu empfehlen.

Essen & Trinken

Restaurant Sportsman, Mitre 301, und *Rural*, Ameghino/Vieytes, sind beide für Fleisch- und Nudelgerichte empfehlenswert.
Dos Anclas, Berutti 1080, gute Fischgerichte.

Río Gallegos

Für die meisten Reisenden ist der Flughafen von Río Gallegos Durchgangsstation auf dem Weg in den Nationalpark *Los Glaciares*. Es lohnt sich aber durchaus, in der knapp 60.000 Einwohner zählenden Hafen- und Provinzhauptstadt, 1885 gegründet, zu verweilen. Tiefkühlindustrie für Schaffleisch und der Handel mit Kohle aus den Minen von Río Túrbio über den Hafen sind die wichtigsten Einkommensquellen der Bewohner. Auf der *Estancia La Anita* kam es

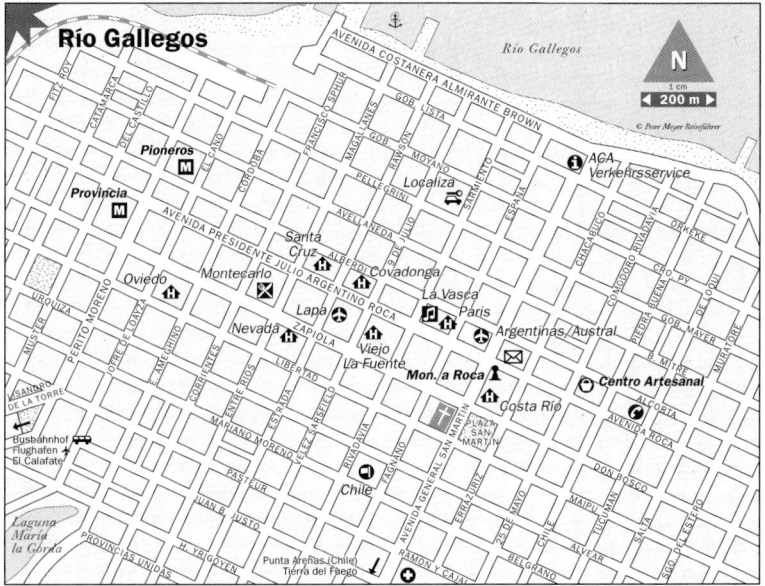

1921 zu einer Rebellion der Landarbeiter, die blutig niedergeschlagen wurde. Osvaldo Bayer schrieb ein mehrbändiges Werk darüber, das unter dem Titel »La Patagonia Rebelde« verfilmt wurde (siehe Seite 106). 60 Jahre später, 1982, war Río Gallegos der argentinische Flottenstützpunkt im Krieg um die Malwinen-Inseln gegen Großbritannien.

Das Zentrum bildet die *Plaza San Martín*. Einen Häuserblock entfernt ist Geschichtsklitterung vom Feinsten zu sehen, nämlich das **Monumento a Roca**, das dem Anführer des »Wüstenfeldzuges« huldigt.

Das **Pioniermuseum** befindet sich in El Cano/Alberdi, täglich 15 – 20 Uhr, das **Museo de la Provincia** mit einer archäologischen, einer ethnologischen und einer historischen Abteilung in Perito Moreno 45, Mo – Fr 9 – 19 Uhr, Sa, So 15 – 20 Uhr.

Im **Centro Artesanal**, Av. Roca/25 de Mayo, gibt es Produkte aus der Region zu kaufen.

Verbindungen

Bus: Busbahnhof etwas außerhalb an der Ruta 3 auf dem Weg zum Flughafen, zu erreichen mit lokalen Bussen. Nach Punta Arenas (Chile) im Südwesten an der Magellan-Straße, dort setzen Schiffe nach Porvenir (chilenisches Feuerland) über, dann ins argentinische San Sebastián, weiter nach Río Grande und schließlich nach Ushuaia.

Flug: Flughafen, ✆ 20235, 7 km außerhalb der Stadt. Flüge nach Feuerland müssen im Sommer vorher reserviert werden. Kurzfristig sind Flüge am ehesten direkt an Feiertagen zu ergattern, beispielsweise am 25.12. hin und am 1.1. zurück.
Aerolíneas Argentinas/Austral, ✆ 22020, Av. San Martín 545.
Lapa, ✆ 28382, Estrada 71.
Mietwagen: *Eduardo Riestra,* ✆ 21321, San Martín 1508.
Localiza, ✆ 24417, Sarmiento 237.

Unterkunft
Hotel Costa Río, Av. San Martín 673, ✆ 23412, 124 $, mit Abstand das beste Hotel in Río Gallegos.
Hotel Santa Cruz, ✆ 20601, Av. Roca 1302, 56 $.
Hotel Covadonga, ✆ 20190, Av. Roca 1244, 44 $, sehr gemütlich.
Hotel Paris, ✆ 20111, Av. Roca 1040, 42 $.
Hotel Oviedo, ✆ 20118, Libertad 746, 30 $.
Hotel Viejo La Fuente, ✆ 20304, Vélez Sarsfield 64, 25 $.

Essen & Trinken
Montecarlo, Zapiola 558, hauptsächlich Fischgerichte.
Díaz, Av. Roca 1157, Fisch und Fleisch.
La Casa de Miguel, Av. Roca 1284 gute Fisch- und Fleischgerichte.
Snack Bar Jardín, Av. Roca 1311; preiswert.
Café Carrera, Fagnano/Roca, gemütlich.
Musik: *Bifería La Vasca,* Av. Roca 1084, gut fürs Bier abends.

Reiseziele in der Nähe
Auf dem Landweg nach Süden kommt man auf der Ruta 3 nach 60 km an die **Laguna Azul,** einen wunderschönen Kratersee in einem erloschenen Vulkan. Nach weiteren 60 km gelangt man an den Übergang der Magellanstraße in den Atlantik, an dem sich eine **Pinguinkolonie** befindet, die zum Teil auf der *Isla Deseada* liegt. Diese Insel ist bei Ebbe mit dem Festland verbunden. Außerdem sehenswert ist der **Cabo Vírgenes** mit xerophiler (die Trockenheit liebender) Vegetation sowie der *Leuchtturm* an der **Punta Dungeness.**

Personenzüge verkehren von Río Gallegos nicht. Aber am Bahnhof kommt der **schwerste Güterzug Argentiniens** an, der 50 Tonnen Kohle auf 50 Waggons aus dem Kohlerevier *Río Turbio,* 240 km westlich von Río Gallegos, hierher transportiert. Die Fahrt dauert zwölf Stunden. Wenn der Güterzug auf dem Weg nach Río Turbio einen Gepäckwagen mitführt, können abenteuerlustige Reisende auf Nachfrage eventuell mitfahren. Das Büro der Eisenbahnverwaltung befindet sich in Mendoza/Pellegrini.

In **Río Turbio** können Sie auch **übernachten:**
Hotel Nazo, ✆ 21800, Gob. Moyano 100, 50 $.
Albergue Municipal, ✆ 21950, Mina 1, 10 $ pro Person.

El Calafate, Ausgangspunkt für Gletschertouren
Von dem 3200 Einwohner zählenden Ort starten Reisende zu Touren in den Nationalpark Los Glaciares.

Calafate befindet sich 310 km nordwestlich von Río Gallegos und nur wenige Kilometer Luftlinie von Chile entfernt. *Calafate* ist übrigens auch die Bezeichnung für einen 4 m hohen, stachligen Blaubeerstrauch.

Das Städtchen, dem man das stürmische touristische Wachstum der letzten Jahre anmerkt, liegt in einer trockenen Gegend. Lediglich die Hauptstraße *Av. San Martín* ist vollständig geteert. Ein **Mercado de Artesanías** (Kunsthandwerksmarkt) befindet sich in der Av. San Martín 1220.

Die **Touristeninformation** hat ihr Büro am Ende der Hauptstraße Av. San Martín am Fluß.

Verbindungen

Bus: mehrere Busse täglich nach Río Gallegos. Da es keinen zentralen Busbahnhof gibt, fahren die Busse an den Büros der Busgesellschaften ab.

Flug: neuer Flughafen, mehrere Flüge täglich nach Río Gallegos im Sommer, mehrmals pro Woche im Winter. Von dort können Sie in andere Städte weiterfliegen.

Unterkunft

Viele Hotels sind im Winter von Juni bis September geschlossen. Privatzimmer vermittelt die Touristeninformation.

Hotel Los Alamos, ✆ 91144, Gob. Moyano/Bustillo, 175 $.

Hotel Michelangelo, ✆ 91045, Gob. Moyano 1020, 100 $.

Hotel Kalkén, ✆ 91073, Tte. Feilberg 119, 90 $.

Residencial La Loma, ✆ 91016, Julio A. Roca 849, beim Bushof, 70 $.

In Wild-West-Manier werden Pferde durch El Calafate getrieben

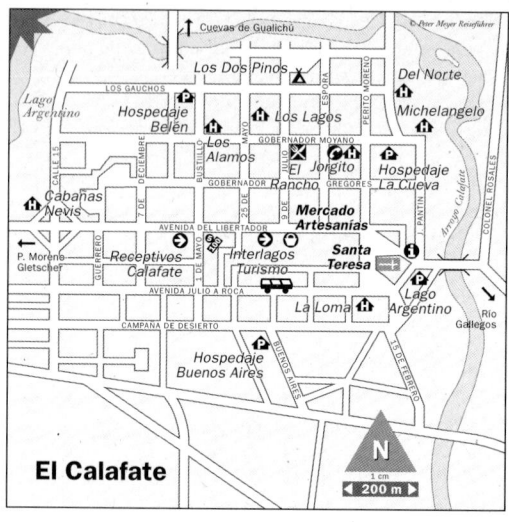

El Calafate

Cabañas Del Sol, ✆ 91439, Av. San Martín 1956, 44 $.

Hospedaje Las Cabañitas, ✆ 91118, V. Feilberg 218, 42 $.

Residencial Los Lagos, ✆ 91170, 25 de Mayo 220, 38 $.

Hospedaje Del Norte, ✆ 91044, Los Gauchos 813, 36 $.

Hospedaje Belén, ✆ 91028, Los Gauchos 300, 25 $, sehr gut.

Hospedaje Jorgito, ✆ 91323, Gob. Moyano 943, 24 $.

Hospedaje Alejandra, ✆ 91328, Espora 60, 15 $.

Hospedaje Echeverría, Av. San Martín 959, 15 $.

Apartamentos Lago Viedma, ✆ 91159, Paralelo 158, 10 $ pro Person.

Hotel Buenos Aires, ✆ 91147, Cdad. de Buenos Aires 296, 10 $ pro Person, sehr gut.

Hospedaje Lago Argentino, ✆ 91139, C. del Desierto 1050, 8 $ pro Person.

Hospedaje La Cueva, Gob. Moyano 839, 8 $ pro Person.

Jugendherberge: *Albergue & Hostal del Glaciar,* ✆ 91243, Los Pioneros, mit Ausweis 10 $.

Camping: *Los Dos Pinos,* ✆ 91271, 9 de Julio 358, auch Bungalows.

Essen & Trinken

Michelangelo, Gdor. Moyano,

La Loma, J.A. Roca 849, und

Mirador del Lago, San Martín 2047, sind eher exklusive Restaurants und bieten hervorragende Küche.

Tehuel Aike, Av. San Martín 992, gut und nicht so teuer.

Pizzería O'Nelli, San Martín 119.

El Rancho, 9 de Julio/Gob. Moyano, preiswert, sehr empfehlenswert. Hier werden auch Videos vom Durchbruch des Gletschers gezeigt

Teehaus: *Maktub,* Av. San Martín 905, gemütlich.

Mirador del Lago, gehört zum gleichnamigen Restaurant; gepflegt.

Reisebüros

Receptivos Calafate, Av. San Martín 945.

Interlagos Turismo, Av. San Martín 1175; Büro in Buenos Aires Suipacha 472, 3. Stock.

Nationalpark Los Glaciares

Das 1937 zum Nationalpark erklärte Gebiet ist mit 600.000 ha das zweitgrößte Naturschutzgebiet Argentiniens und wurde 1981 von der UNESCO zum »Erbe der Menschheit« erklärt.

In ihm gibt es dreizehn Gletscher, von denen der **Perito Moreno** weltweit bekannt ist. Der **Lago Argentino**, in den die Gletscher wachsen, ist 125 km lang, bis zu 20 km breit und damit das drittgrößte Binnengewässer Südamerikas.

Der etwa 30 km lange und 5 km breite Moreno-Gletscher erhebt sich 60 m über der Wasseroberfläche und zählt zu den wenigen noch wachsenden Gletschern der Welt. An seinem Ende brechen immer wieder, von der wärmenden Mittagssonne verursacht, riesige Eisstücke ins Wasser. Das Geräusch ist unbeschreiblich und kilometerweit zu hören.

Nach und nach bilden die abgebrochenen Eisstücke einen Damm, der Abfluß des Wassers aus dem Lago Argentino wird verhindert und der See staut sich langsam auf. Die Eisbarriere bricht alle paar Jahre unter dem Druck der Wassermassen durch, was zu einem der eindrucksvollsten Naturschauspiele dieser Erde gehört und schlicht *La ruptura* (der Bruch) genannt wird. In manchen Restaurants in Calafate laufen Videos, die solche Durchbrüche zeigen.

Wenn es diesen gigantischen Gletscher nicht schon seit Jahrtausenden gäbe, müßten Kodak, Agfa und Fuji ihn erfinden. Die Ansammlung von Spiegelreflex- und Videokameras auf

Ein Höhepunkt im Land der Extreme: Der Gletscher Perito Moreno

der Aussichtsplattform gegenüber dem Gletscher ist so berechtigt wie unglaublich.

Der **Glaciar Upsala** und der **Glaciar Onelli** sind mit Schiffen, die auf dem Lago Argentino verkehren, zu besichtigen. Die Ausflugsfahrten sind in der Regel ganztägig und daher kaum mit einem Besuch des Moreno-Gletschers am selben Tag zu kombinieren. Aber zwei Tage lohnen sich schließlich durchaus.

Ein Ausflug zum 3405 m hohen **Cerro Fitz Roy,** 230 km von Calafate entfernt, wird als organisierte Tour in Calafate von mehreren Reisebüros angeboten. Die Fahrt zu dem eindrucksvollen Berg führt vorbei am

Gletscher, 85 km. Tickets gibt's einen Tag vorher. Wer einige Tage im Nationalpark bleiben möchte, sollte das vorher mit der Busgesellschaft klären, um Platzprobleme zu vermeiden.

Belohnung nach stundenlanger Holperfahrt: Cerro Fitz Roy

Lago Argentino und am *Lago Viedma.* Hinter dem Hotel *Punta del Lago* haben Sie noch eine vierstündige Holperfahrt auf Schotterstraße bis *El Chaltén* vor sich. Empfehlenswert ist eine mehrtägige Tour am Cerro Fitz Roy nicht nur für Trekker sondern auch für Kletterer.

In den letzten Jahren wird das »Minitrekking« beliebter, was bedeutet, mit organisierten Touren über den Gletscher zu wandern. Über Reiten, Angeln, Trekking und andere Aktivitäten informieren die Reisebüros in Calafate.

Von *Bajo Caracoles* aus führt ein Weg in die Schlucht **El Cañadón del Río Pinturas**, wo sich über 9000 Jahre alte Höhlenmalereien befinden.

Praktische Informationen

Bus: täglich mehrere Busse in den Nationalpark, vor allem zum Moreno-Gletscher, 85 km. Tickets gibt's einen Tag vorher. Wer einige Tage im Nationalpark bleiben möchte, sollte das vorher mit der Busgesellschaft klären, um Platzprobleme zu vermeiden.

Unterkunft: Im Nationalpark gibt es am Lago Viedma einige Hotels wie die *Hostería Lago Viedma,* die *Posada Lago del Desierto* oder die *Hostería Estancia La Quinta.* Sie können in Calafate reserviert werden. Preise pro Person zwischen 15 und 25 $.

Jugendherberge: *Patagonia Hostel,* ⓒ 61564, San Martín, Ruta 23 a Lago del Desierto, in El Chaltén am Fuß des Fitz Roy.

Camping: An vielen Stellen kostenlose, unbewirtschaftete Campingplätze.

Camping: Direkt beim Morena-Gletscher, ungewöhnliche Lage, auch Cabañas (Blockhütten), 15 $.

Camping Río Mitre, 26 km vom Gletscher entfernt auf dem Weg.

Camping Bahía Escondida, 7 km entfernt.

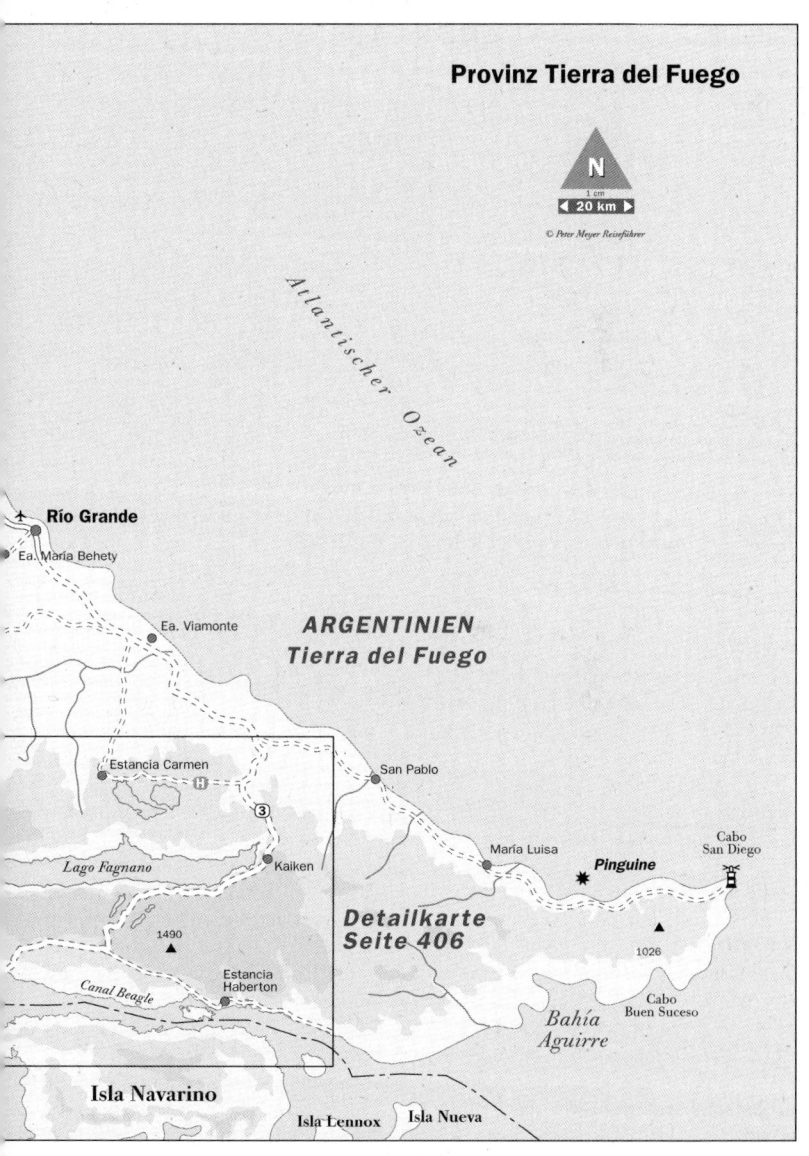

FEUERLAND

Tierra del Fuego, wie das Land am südlichen Ende der Welt klangvoll heißt, gehört im östlichen Teil zu Argentinien und im westlichen zu Chile. Die Insel wurde von Gletschern gebildet, die sich erst vor 10.000 Jahren zurückgezogen haben. Der Beagle-Kanal, an dem die Provinzhauptstadt Ushuaia liegt, wurde von einem der größten Gletscher geformt.

Aus europäischer Sicht wurde die Insel erst im Jahr 1520 »entdeckt«. Die *Selk'Nam*, auch *Ona* genannt, sowie die *Yámana* lebten jedoch seit der letzten großen Eiszeit vor 10.000 Jahren hier.

Im 16. und 17. Jahrhundert machten sich immer wieder Expeditionen aus Europa auf, um das andere Ende der Welt zu erforschen. Bis heute ist das an den Inselnamen in verschiedenen europäischen Sprachen zu erkennen. 1636 bereiste *Charles Darwin* am Ende seiner fünf Jahre dauernden Weltreise, auf der er die Grundlage für seine Selektionstheorie fand, die Region. Die vergletscherte Bergkette *Cordillera Darwin* auf chilenischem Gebiet trägt seinen Namen.

Von Beginn der dauerhaften Besiedlung durch europäische Einwanderer Mitte des 19. Jahrhunderts bis 1910 sank die Anzahl der Indígenas von etwa 10.000 auf 350.

Feuerland blieb aber auch nach der europäischen Besiedlung ein Randgebiet. Um dies zu ändern, wurde es von Mitte der 1970er Jahre bis 1989 zollfreie Zone und steuerlich begünstigt. Das ist schon beim Anflug auf Ushuaia in Form vieler moderner Fabrikanlagen sichtbar. Vor allem Unternehmen der Elektroindustrie errichteten hier Fabriken zur Endmontage. Auch staatliche Arbeitsplätze wurden überdurchschnittlich bezahlt, damit sich Menschen in der die meisten Monate des Jahres über unwirtlichen Region niederließen. Das Auslaufen dieser Vergünstigungen traf das frühere Nationalterritorium, das 1991 zusammen mit dem argentinischen Teil der Antarktis und den südatlantischen Inseln zur 23. Provinz des Landes erklärt wurde, hart.

Neben diesen neuen Industriebetrieben sind traditionell Schafzucht, Fischerei und Holzverarbeitung (30 % des Gebietes sind bewaldet) von wirtschaftlicher Bedeutung.

Ein großer Teil der Bevölkerung im argentinischen Teil besitzt die chilenische Staatsbürgerschaft, was immer wieder zu Ansprüchen Chiles auf den argentinischen Teil der Insel führt. Deshalb spielten bei der zeitweiligen Hochlohnpolitik, die mehr Argentinier nach Feuerland bringen sollte, auch strategische Überlegungen eine Rolle. In einem Konflikt um den Zugang zum Beagle-Kanal wäre es Mitte der 70er Jahre beinahe zum Krieg zwischen den beiden Ländern gekommen.

Das **Klima** ist in Feuerland sehr unterschiedlich. Im trockenen, kontinentalen Norden, zu dem auch Río Grande gehört, weht ein starker Wind und die Temperatur schwankt beträchtlich. Im südlich der Andenausläufer gelegenen Ushuaia hingegen ist es wegen der nahen Berge und dem Meer im Vergleich relativ mild; selten wird es kälter als -12 Grad Celsius.

In der gesamten Region kann mehrmals pro Tag das Wetter umschlagen. Blitze und Gewitter sind hier unbekannt, da die Temperaturunterschiede zwischen den aufeinandertreffenden Luftmassen in diesen Breitengraden nicht allzu groß sind.

Der **Tourismus** gewinnt immer mehr an Bedeutung, vor allem die Naturschönheiten im Süden und im Zentrum der Insel sind besonders attraktiv. Die touristische Infrastruktur in und um Ushuaia ist im Sommer sehr gut. Feuerland gehört aufgrund seiner Lage allerdings zu den teuersten Regionen Argentiniens.

Der Name Feuerland soll übrigens von dem portugiesischen »Entdecker« Magellan abstammen, der die Insel wegen der hellen Feuer der am Ufer lebenden Bewohner so nannte.

Buchtip
Tierra del Fuego, Lago Argentino ..., auf Spanisch, Deutsch und Englisch zu haben, gibt viele Hinweise zur Geschichte, Flora, Fauna, Sportmöglichkeiten und anderem in Feuerland, dem Nationalpark Los Glaciares und in Südchile. In Buenos Aires ist die 1989 erschienene Publikation unter anderem im Tourismusbüro Feuerlands, Av. Santa Fe 919, erhältlich, in Ushuaia in Las Lajas 1367.

Río Grande
Die Stadt wurde 1922 gegründet und hat ungefähr 35.000 Einwohner, noch 1975 waren es weniger als 10.000. Schon vor der Stadtgründung gab es hier an der Mündung des *Río Grande* eine Siedlung und einen Hafen; in den letzten Jahrzehnten wurde auch Erdöl gefunden.

Die Schafzucht und -verarbeitung ist der wichtigste Wirtschaftszweig im nördlichen Feuerland. 20 km westlich von Río Grande liegt die **Estancia María Behety**, eine der größten Schaffarmen der Welt. Im Frigorífico in Río Grande können über 2000 Schafe täglich verarbeitet werden.

Schafe, wohin man blickt – und diese blicken treu zurück

Historisch interessant ist die 1898 von dem Geistlichen *Fagnano* gegründete **Salesianermission**. Da die zu missionierenden Indígenas jedoch wenige Jahre später ausgestorben waren, wurde in dem Gebäude eine Schule untergebracht. Ein Teil der Mission beherbergt heute ein ethnologisches und naturwissenschaftliches *Museum*. Auskunft gibt die **Touristeninformation**, ✆ 22887, Av. Belgrano 319.

Verbindungen & Touren

Die Straße von Río Grande nach Ushuaia besteht fast nur aus Schotter.

Bus: im Sommer täglich nach Ushuaia. 4 Stunden, 20 $ mit *Los Carlos;* nach Punta Arenas 10 Stunden, 36 $ mit *Pacheco;* ins chilenische Porvenir, 7 Stunden, 25 $ mit *Senovic;* im Winter mehrmals pro Woche vom Busbahnhof Av. Belgrano und Güemes.

Ein Bus zum *Parque Nacional Tierra del Fuego* fährt täglich um 10, 13 und 17.30 Uhr, zurück 11, 14 und 18.30 Uhr für 7 $.

Zum Gletscher *Glaciar Martial* um 10.30, 12, 14 und 16 Uhr, zurück um 11, 12.30, 14.30, 16.30 und 18.30 Uhr für 5 $.

Flug: Flughafen, ✆ 22271, 5 km vor der Stadt.

Aerolíneas Argentinas/Austral, ✆ 30748, San Martín 607.

Lapa, ✆ 32620, 9 de Julio 747.

Mietwagen: *Rent-a-car,* ✆ 22657, Belgrano/Ameghino.

Localiza, ✆ 30482, am Flughafen.

Reisebüros: *Kami V y T,* ✆ 23770, San Martín 336.

Tecni Austral, ✆ 30610, Rivadavia 996.

Unterkunft & Camping

Hotel Atlántida, ✆ 31914, Av. Belgrano 582, 80 $.

Posada de los Sauces, ✆ 30868, El Cano 839, 78 $.

Hotel Los Yoganes, Av. Belgrano 319/ ACA, 61 $.

Hotel Isla del Mar, ✆ 33378, Güemes 963, 53 $.

Hospedaje Miramar Categoría »B«, ✆ 24052, Mackinlay 401, 36 $.

Hotel Villa Categoría »B«, ✆ 22312, San Martín 277, 35 $.

Hospedaje Avenida Categoría »A«, ✆ 22561, Belgrano 1001, 30 $.

Hospedaje Torre al Sur, Gdor. Paz 1437, 15 $, inklusive Küchenbenutzung.

Essen & Trinken

Das Restaurant *El Porteñito,* Lasserre 566, und die *Pizzería La Colonial,* Rosales 666, ragen aus dem kargen gastronomischen Angebot in Río Grande heraus.

Confitería Roca, Roca 629, und die gemütliche

Kneipe *Paris,* Rosales 448, sind ebenfalls gut.

Ushuaia

Die Hauptstadt der Provinz ist die südlichste Stadt der Welt, wenn das chilenische *Puerto Williams* auf der anderen Seite des Beagle-Kanals nicht als Stadt gerechnet wird. Außerdem ist Ushuaia, 180 km von Río Grande entfernt, die einzige argentinische Stadt auf der westlichen Seite der Anden.

In Ushuaia lebten 1975 ungefähr 16.000 und 1990 um die 40.000 Men-

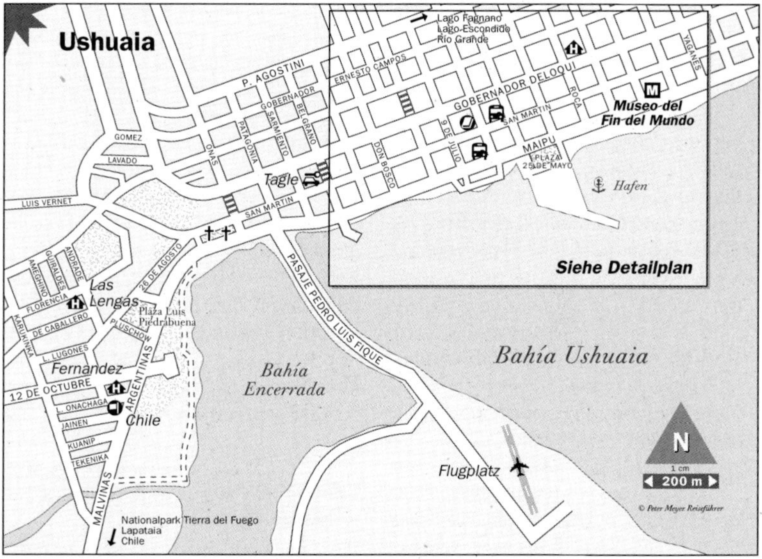
Ushuaia
Lago Fagnano
Lago Escondido
Río Grande
P. AGOSTINI
ERNESTO CAMPOS
GOBERNADOR DELOQUI
GOBERNADOR
SARMIENTO
BELGRANO
PATAGONIA
ONAS
GOMEZ
LAVADO
LUIS VERNET
Tagle
SAN MARTIN
9 DE JULIO
DON BOSCO
MAIPU
PLAZA 25 DE MAYO
ROCA
YAGANES
Museo del Fin del Mundo
Hafen
Siehe Detailplan
ANDRADE
GUIRALDES
AMEGHINO
FLORENCIA
Las Lengas
KARUKINKA
DE CABALLERO
26 DE AGOSTO
Plaza Luis Piedrabuena
PLUSCHOW
L. LUGONES
ARGENTINAS
Fernandez
12 DE OCTUBRE
L. ONACHAGA
Chile
JAINEN
KUANIP
TEKENIKA
MALVINAS
PASAJE PEDRO LUIS FIQUE
Bahía Encerrada
Bahía Ushuaia
Flugplatz
N
1 cm
200 m
© Peter Meyer Reiseführer
Nationalpark Tierra del Fuego
Lapataia
Chile

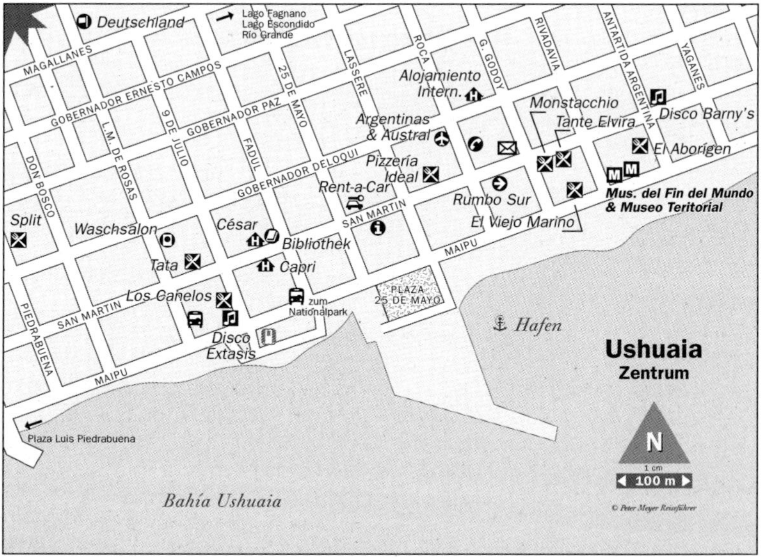
Deutschland
Lago Fagnano
Lago Escondido
Río Grande
MAGALLANES
GOBERNADOR ERNESTO CAMPOS
GOBERNADOR PAZ
GOBERNADOR DELOQUI
25 DE MAYO
LASSERE
ROCA
G. GODOY
RIVADAVIA
ANTARTIDA ARGENTINA
YAGANES
Alojamiento Intern.
Monstacchio
Tante Elvira
Disco Barny's
Argentinas & Austral
El Aborigen
Pizzería Ideal
Rent-a-Car
Rumbo Sur
Mus. del Fin del Mundo & Museo Teritorial
El Viejo Marino
DON BOSCO
L.M. DE ROSAS
9 DE JULIO
FADUL
Split
Waschsalon
César
Bibliothek
SAN MARTIN
MAIPU
Tata
Capri
Los Canelos
zum Nationalpark
PLAZA 25 DE MAYO
Hafen
PIEDRABUENA
Disco Extasis
Ushuaia
Zentrum
N
1 cm
100 m
© Peter Meyer Reiseführer
Plaza Luis Piedrabuena
Bahía Ushuaia

PATAGONIEN & FEUERLAND

schen. Trotz dieses Wachstums wirken die Holzhäuser mit ihren spitzen Wellblechdächern, die Schneeablagerungen vermeiden sollen, pittoresk.

Im **Museo del Fin del Mundo** (Museum am Ende der Welt), Av. Maipú/Rivadavia, Sa und So 16 – 20 Uhr, werden Geschichte und Natur der Insel verständlich erklärt. Ein Geschichtsmuseum ist das **Museo Territorial**, Maipú 173, Mi – So 15 – 20 Uhr.

Im Kino, Triunvirato 45, werden jeden Abend sehenswerte **Filme über Feuerland** gezeigt.

Verbindungen & Touren

Bus: Im Sommer täglich Busse nach Río Grande und weiter ins chilenische Porvenir; im Winter mehrmals pro Woche. Die Busse fahren in der Av. San Martín 657 oder in Juan Manuel de Rosas 85 ab.

Zum Nationalpark Tierra del Fuego fährt die Busgesellschaft *Pasala*, Maipú/Juana Fadul.

Flughafen: ℂ 22218, 4 km vom Zentrum. Bis zu zweimal täglich nach Buenos Aires. Beim Flug nach Río Gallegos hat man eine phantastische Aussicht.

Aerolíneas Argentinas/Austral, ℂ 21091, Roca 116.

Lapa, ℂ 22150, Av. Malvinas Argentinas 120.

Mietwagen: *Rent-a-Car*, ℂ 30663, Maipú 505, Kleinwagen ab 80 $ pro Tag.

Tagle, ℂ 22744, San Martín/Belgrano.

Reisebüro: *Rumbo Sur*, ℂ 21139, San Martín 342.

Blick nach Südosten über die Dächer Ushuaias auf den Beagle-Kanal

Unterkunft & Camping

Im Sommer sollten Sie Zimmer von Buenos Aires aus reservieren, im Provinzbüro Feuerland, ℭ 3228855, Av. Santa Fe 919.

Hotel Albatros, ℭ 30723, Av. Maipú 505, 132 $.

Hotel Las Lengas, ℭ 23366, G. Florencia, 88 $.

Hotel César, ℭ 21460, San Martín 753, 65 $.

Hotel América, ℭ 23358, Gob. Paz 1659, 50 $.

Hotel Mustapic, ℭ 21718, Piedrabuena 230, 50 $.

Hotel Fernandez Cat »C«, ℭ 21192, Onachaga und Fitz Roy, 45 $.

Hotel Torres al Sur, Gob. Paz 1437, 30 $ Doppel-, 13 $ Einzelzimmer.

Residencial Capri, ℭ 21833, Av. San Martín 720, 20 $.

Hotel Aldea Nevada, ℭ 22851, F. Martial 1430, vermietet Cabañas für mehrere Personen für 80 $, nur ab vier Nächten.

Alojamiento Internacional, ℭ 23483, Gob. Deloqui 395, 10 $ pro Person pro Übernachtung, nicht nur dem Namen nach ein internationaler Treff.

Hotel Casa Elvira, ℭ 23123, Fuegio Basquet 419, 10 $ pro Person.

Hotel Petrel, ℭ 0901/33569, außerhalb der Stadt am Lago Escondido, Ruta 3 km 60, 45 $.

Hotel Kaiken, ℭ 0901/92208, außerhalb am Lago Fagnano, Ruta 3 km 100, 35 $.

Camping: auf dem kostenlosen städtischen Platz am *Río Pipo,* knapp 5 km westlich von Ushuaia.

Campingplatz im Nationalpark in unvergleichlicher Lage am Lago Roca, mit dem Bus gut zu erreichen.

Essen, Trinken & Ausgehen

Ushuaia hat gastronomisch einiges zu bieten, wenn auch die Restaurants und Cafés nicht gerade billig sind.

Fisch: *Los Canelos,* Av. Maipú/9 de Julio.

Tante Elvira, Av. San Martín 234.

Moustacchio, Av. San Martín 298.

Fleisch: *Parrilla Tío Carlos,* Colón 758, exzellentes Angebot.

El Viejo Marino, Av. Maipú 229.

Tata, Av. San Martín 857.

Mi Viejo, Campos 758.

El Aborígen, Antártida Argentina 75, günstig und gut.

Restaurant Split, Piedrabuena 238, preiswert.

Pizzería Ideal, Av. San Martín 393.

Discos: *Extasis,* 9 de Julio/Maipú.

Barny's, Antártida Argentina/Av. San Martín.

Nützliche Adressen

Touristeninformation: ℭ 080031476, Av. San Martín 660, Mo – Fr 8.30 – 20.30 Uhr. Gehört zu den besten des Landes, auch Material in deutscher Sprache.

Post: San Martín/Godoy.

Telefon: Roca 154.

Bibliothek: San Martín/Juana Fadul.

Waschsalons: Juan Manuel de Rosas 140, Primer Argentino/Fuegia Basket, Güiraldes/Gobernador Paz.

Deutsches Konsulat: Rosas 516.

Chilenisches Konsulat: Malvinas Argentinas/Jainen.

Reiseziele in der Nähe

Der **Marcial-Gletscher** befindet sich im oberen Teil des gleichnamigen Berges, der sich nordwestlich hinter Ushuaia erhebt. Eine befahrbare Straße geht bis zu einer Skistation am Fuß eines Skilifts, von hier aus hat man einen schönen Blick über das Tal. Vom oberen Teil des Lifts führt eine zweistündige Wanderung zum Gletscher.

Der zwischen den Staaten zu Streit Anlaß gebende **Beagle-Kanal,** ein Teil der Grenze zwischen Argentinien und Chile, kann per Schiff oder mit dem Catamaran erkundet werden. Sehenswert sind die *Lapataia-Bucht* im Westen sowie die *Seelöwen-* und *Kor-*

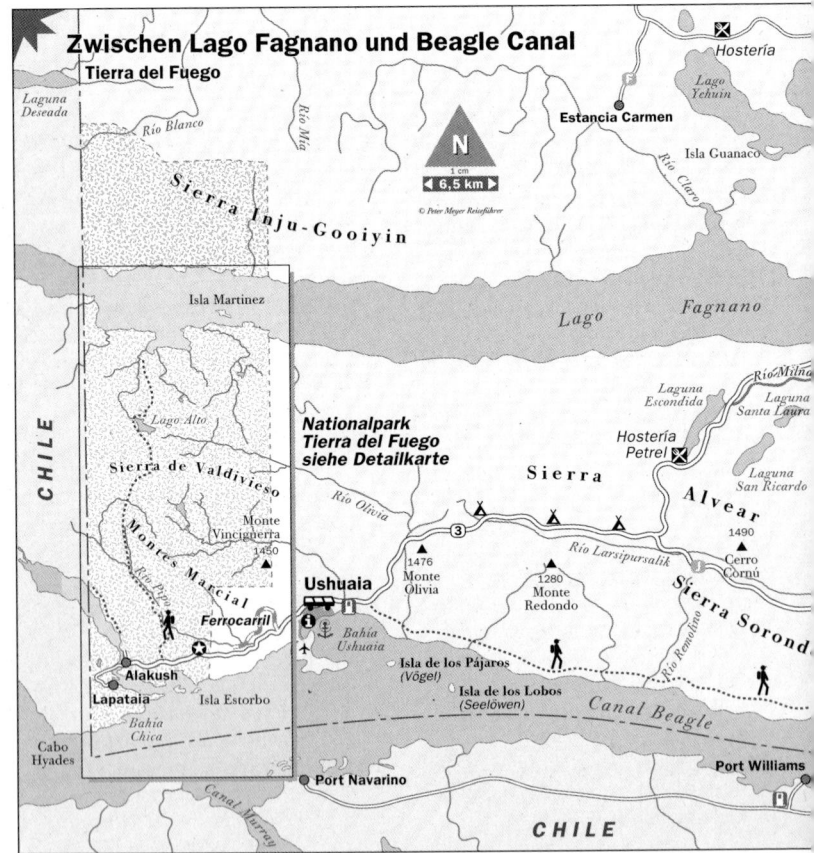

morankolonien im Osten des Beagle-Kanals.

Der kleine **Lago Escondido,** der verborgene See, liegt 55 km nördlich von Ushuaia. Der um ein Vielfaches größere **Lago Fagnano** mit einer Länge von 100 km und einer Breite von 10 km befindet sich im Norden des Escondido-Sees, und ist auch von Río Grande gut erreichbar. Vom **Garibaldi-Paß** auf 450 m Höhe sind die beiden Seen zu sehen. Im Winter ist in dieser Region **Skilanglauf** möglich. Bekannt sind die Flüsse hier für ihren Forellenreichtum. **Forellenangeln** (Forelle: *la trucha*) ist von November bis März möglich und wird auch von Reisebüros als organisierter Ausflug angeboten.

Touren in den Nationalpark Tierra del Fuego, anschließend per Schiff oder Catamaran durch die Lapataia-Bucht, entlang der Küste des Beagle-Kanals, vorbei an der *Isla de los Pájaros* und der *Isla de los Lobos* (Vogel- und Seelöwen-Insel), werden von Reiseveranstaltern in Ushuaia angeboten.

Eine Attraktion ist die Eisenbahn **Ferrocarril Austral Fueguino** mit einer Dampflokomotive. Sie fährt einen Teil des Weges des früheren *Trencito de los Presos* (Gefangenenzuges) in Richtung Nationalpark. Die Station dort nennt sich *Estación del Fin del Mundo* (Station des Endes der Welt). Der erste Zug fuhr 1904 und brachte Gefangene in die östlichen Wälder, wo sie Holzarbeiten verrichten mußten. Dieser Strafvollzug wurde erst 1947 aufgegeben und seitdem ist die Strecke stillgelegt.

Auf dem **Küstenwanderweg** am Beagle-Kanal können Sie auf 40 km ihre Fitness prüfen. 10 km östlich von Ushuaia biegen sie von der Straße nach Río Grande ab, um die windige Route zu meistern. Sie passieren zwar vier Estancias (Farmen) auf dem Weg nach Puerto Almte. Brown, hier können Sie aber nirgends einkehren.

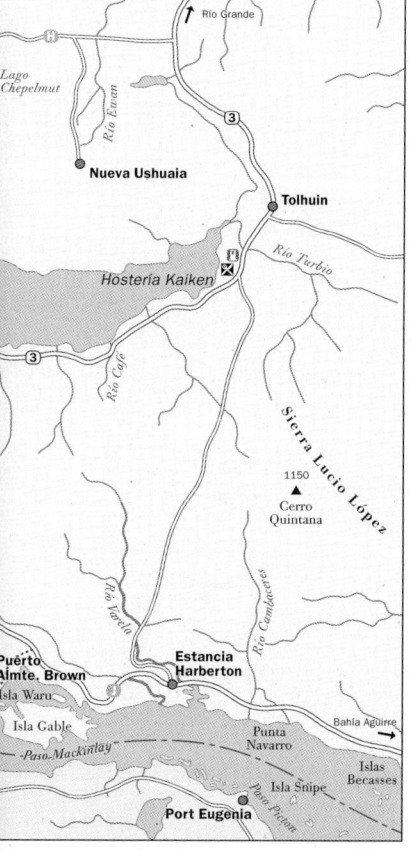

Nationalpark Feuerland

Der 1960 gegründete Nationalpark, der auch *Lapataia Nationalpark* heißt, ist bekannt für seine Vielfalt an Meerestieren und Bäumen. Das über 60.000 ha große Gebiet liegt unmittelbar – und nicht zufällig – an der chilenischen Grenze, der Parkeingang ist 12 km westlich von Ushuaia, das Zentrum des Parks am **Lago Roca** etwa 25 km entfernt. Auf dem Weg vom Parkeingang zum Roca-See zweigt ein **Wanderweg** nach Norden ab, der 40 km durch eine herrliche Landschaft, über drei Berge und vorbei am *Lago Alto* an den *Lago Fagnano* führt. Es gibt keine Campingplätze, Ausrüstung und Verpflegung muß auch für den Rückweg mitgenommen werden.

Ausgangspunkt für Wanderungen in die nähere Umgebung ist das Restaurant am Lago Roca, hier ist auch die Endhaltestelle für Busse. 2 km entfernt befindet sich die **Laguna Negra** (Schwarze Lagune).

Es besteht die Möglichkeit entlang dem Lago Roca nach Chile zu wandern. Auf jeden Fall ist es sinnvoll, beim chilenischen Konsulat in Ushuaia nachzufragen, ob das Wandern über die Grenze hinweg erlaubt ist, da es in diesem Grenzabschnitt zwischen den beiden Ländern immer wieder zu Spannungen kommt. Die Wege sind allerdings nicht gut ausgeschildert.

Die letzten 4 km der in Buenos Aires beginnenden Nationalstraße 3 führen bei Kilometer 3242 an das westliche Ende der *Lapataia-Bucht,* das »Ende der Welt«.

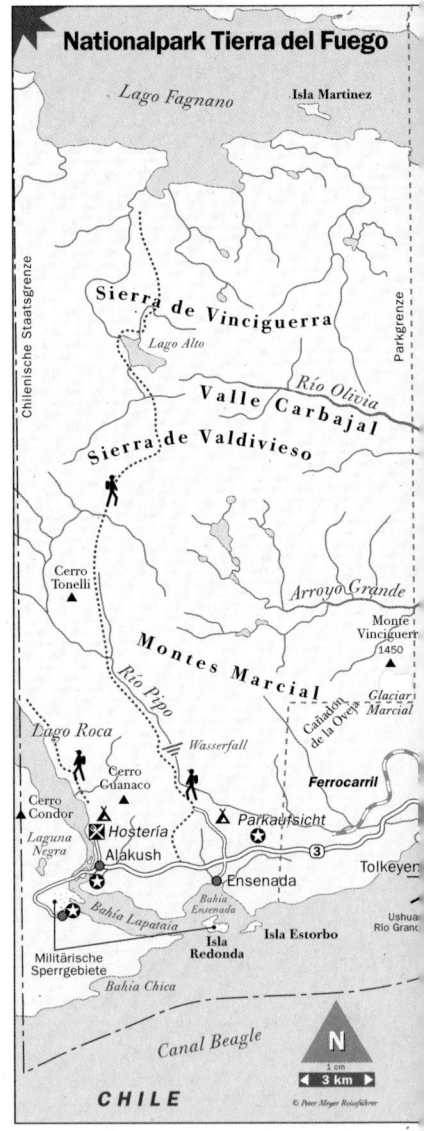

URUGUAY: MONTEVIDEO

NATUR & UMWELT

GESCHICHTE BIS HEUTE

POLITIK, SOZIALES, KULTUR

REISE-INFORMATIONEN

BUENOS AIRES & PROVINZ

NORDOSTEN & IGUAZU

WÜSTEN & WEINBERGE

PATAGONIEN & FEUERLAND

URUGUAY: MONTEVIDEO

ROUTEN DURCH URUGUAY

MONTEVIDEO, DIE CHARMANTE

Die Herkunft des Namens der uruguayischen Hauptstadt ist umstritten. Er soll von einem Ausruf des portugiesischen Seefahrers Magellan abgeleitet sein, der 1519 angesichts des etwa 120 m hohen Hügels, des Cerro, vom Schiff aus rief: »Monte vide eu« (Ich sehe einen Berg). Einer anderen Version zufolge soll der Name von den Bezeichnungen auf alten Seekarten stammen: Monte, VI (römisch sechs), D (wie »dirección«), E (wie »Este«, Osten) und O (wie »Oeste«, Westen). Weil nicht viel Platz auf den Karten war, ergab das eng zusammen geschrieben: Monte-VI-DEO.

Stadtgeschichte

Nach der Ankunft der Conquistadoren blieb das heutige Uruguay noch jahrhundertelang das Gebiet der indigenen *Charrúa*. Bis ins 17. Jahrhundert waren Versuche, Missionen am heutigen Standort Montevideos zu gründen, erfolglos.

Nach andauernden Streitigkeiten zwischen den portugiesischen und den spanischen Kolonialherren ließ der Gouverneur von Buenos Aires 1726 eine Siedlung gründen, die sich in den folgenden hundert Jahren zur heutigen *Ciudad Vieja,* der Altstadt, entwickelte. Die damals errichtete Altstadtmauer wurde erst 1829, nachdem das Land politisch unabhängig geworden war, bis auf das Stadttor niedergerissen. In dieser Zeit begann auch der Aufstieg der Hafenstadt zum wichtigen Handelszentrum, der sich zu Beginn des 20. Jahrhunderts, nach dem Ende der Bürgerkriege, noch beschleunigte.

Die Eröffnung des Hafens 1868, damals der modernste des Kontinents, war ein Meilenstein in der Stadtgeschichte. Montevideo wurde zum beherrschenden politischen, kulturellen und industriellen Zentrum Uruguays, war allerdings auf die landwirtschaftliche Produktion im übrigen Teil des Landes angewiesen. Das dynamische Wachstum der Stadt, fehlende städtebauliche Planung und zunehmende ökonomische und soziale Probleme hatten katastrophale Auswirkungen auf die Lebensbedingungen der meisten Montevideanos: das Verkehrswesen war völlig überlastet, das Versorgungsnetz veraltet, die Bausubstanz zahlreicher Gebäude marode. Vieles ist auch heute noch so. Daß die »goldenen Zeiten«, die Uruguay in der ersten Hälfte dieses Jahrhunderts zu einem der wohlhabendsten und sozialpolitisch progressivsten Länder der Welt machten, vorbei sind, zeigt sich heute in Montevideo auf Schritt und Tritt.

Montevideo heute

Die Stadt wird im Westen durch den *Río Santa Lucía* begrenzt, im Norden sind es die Flüsse *Las Piedras, Toledo* und *Carrasco.* Der Süden und der Osten grenzt an den *Río de la Plata.* Die Hälfte der uruguayischen Bevölkerung lebt heute in Montevideo. Weltweit ist dieses Verhältnis von Hauptstadt- zur Gesamtbevölkerung

Ein Überblick: Aus der Metropole sticht der Turm des Palacio Salvo markant hervor

einmalig. Wegen der schlechten Arbeits- und Lebensbedingungen auf dem Land zogen immer mehr Menschen in die Metropole. Erst in den vergangenen Jahren ebbte der Zustrom ab, denn nicht mehr durch interne Migration nach Montevideo, sondern durch Auswanderung versuchen viele Menschen, ihre Lebenssituation zu verbessern.

Die uruguayische Hauptstadt mit ihren heute über 1,6 Millionen Einwohnern stand immer im Schatten der großen Schwester Buenos Aires am anderen Ufer des Río de la Plata: als Zentrum der Einwanderung in der zweiten Hälfte des 19. und der ersten Hälfte dieses Jahrhunderts, als Hafenstadt und Industriezentrum sowie als kultureller Mittelpunkt. Montevideo gilt als konservativer. Beide Metropolen machen sich das Recht streitig, die Wiege des Tango zu sein.

Touristisch ist die argentinische 13-Millionen-Metropole zweifellos aufregender. Und dennoch ist gerade ein Vergleich der beiden Städte interessant. In Montevideo ist alles eine Nummer kleiner als in den Mega-Cities Südamerikas: Die Stadt ist überschaubar, es gibt ein sehr gut erhaltenes Zentrum und eine Altstadt mit abgeblättertem Charme, die Reichen sind nicht ganz so reich und die Armen nicht ganz so arm wie beispielsweise in Argentinien, es gibt Badestrände, die Straßen sind relativ sicher und eine frische Brise weht vom Río de la Plata kommend durch die Stadt. Und bis heute ist das Zentrum lebendig und bewohnt, das Leben findet auf den Straßen, in den Innenhöfen und an der *Rambla,* der Küstenpromenade, statt.

Seit Wiedererlangung der Demokratie versucht die Stadtregierung, Montevideo zu einem Banken- und Dienstleistungszentrum auszubauen. Ein wichtiger Erfolg war die Entscheidung der Mercosur-Staaten, den Sitz ihres Bündnisses in Montevideo einzurichten. Mit der Aufwertung zu einem der wichtigsten Finanzplätze Südamerikas geht aber die – nicht unberechtigte – Befürchtung einher, daß Montevideo auch zu einem bevorzugten Geldwäschezentrum der Region werden könnte.

Auf politischem Gebiet braucht sich Uruguay nicht hinter dem großen Nachbarn zu verstecken. Demokratische Traditionen und politisch progressive Strömungen sind in Uruguay ungleich stärker ausgeprägt. In Montevideo wird nach den langen Jahren der politischen und kulturellen Unterdrückung diese Aufbruchstimmung besonders deutlich, seit 1990 die Linkskoalition *Frente Amplio* erstmals die Wahlen gewann. Unter dem Bürgermeister *Tabaré Vázquez,* der 1994 sogar fast die Präsidentschaftswahlen gewonnen hätte, wurde die Finanznot der Stadt zwar nicht behoben, aber die vorhandenen Mittel umverteilt. Die Bürger wurden zu mehr Eigeninitiative aufgefordert und neue Freiräume für eine stärkere politische Mitsprache entstanden. Die Dezentralisierung ist das ehrgeizige politische Projekt der 90er Jahre. Die Stadtteilversammlungen in den Barrios und Zonen erhielten wesentliche Entscheidungsrechte. Wenn Korruption und Verschwendung unter dem neuen Bürgermeister, dem Architekten *Mariano Arana* weiterhin bekämpft werden, könnten öffentliche Gelder verstärkt in dringend notwendige Investitionen fließen.

Die lange etwas verschlafen wirkende Stadt am Río de la Plata ist in Bewegung geraten. Wenn es der Stadtregierung von Montevideo gelingen sollte, die Politik in der Stadt weiter zu dezentralisieren und die Bürger

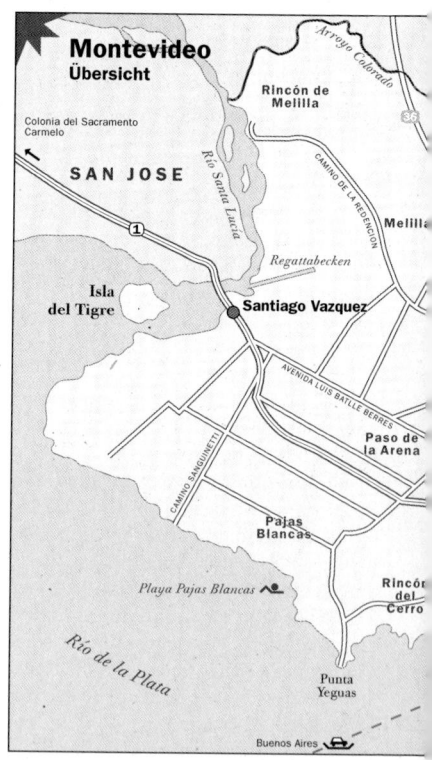

tatsächlich einzubeziehen, wie in Broschüren als Wunschbild veröffentlicht, dann könnte dies zum Vorbild für andere Städte werden.

STADTRUNDGÄNGE

Montevideo hat eine Ausdehnung von 532 km². Dazu gehören die weitläufigen Badestrände im Nordosten, die Industriegebiete nahe der Bucht von Montevideo und die ländlichen Zonen im Nordwesten der Stadt. Das Zentrum liegt auf einer Landzunge, die in den Río de la Plata ragt und die Bucht von Montevideo begrenzt. Die Orientierung ist aufgrund des weitgehend durchgehaltenen klassischen Schachbrettmusters mit den *Cuadras* der spanischen Kolonialplanung einfach. Die meisten Straßen sind, mit Ausnahme der verkehrsreichen Durchgangsstraßen, Einbahnstraßen. In letzter Zeit wird versucht, den Individualverkehr aus dem Zentrum herauszuhalten.

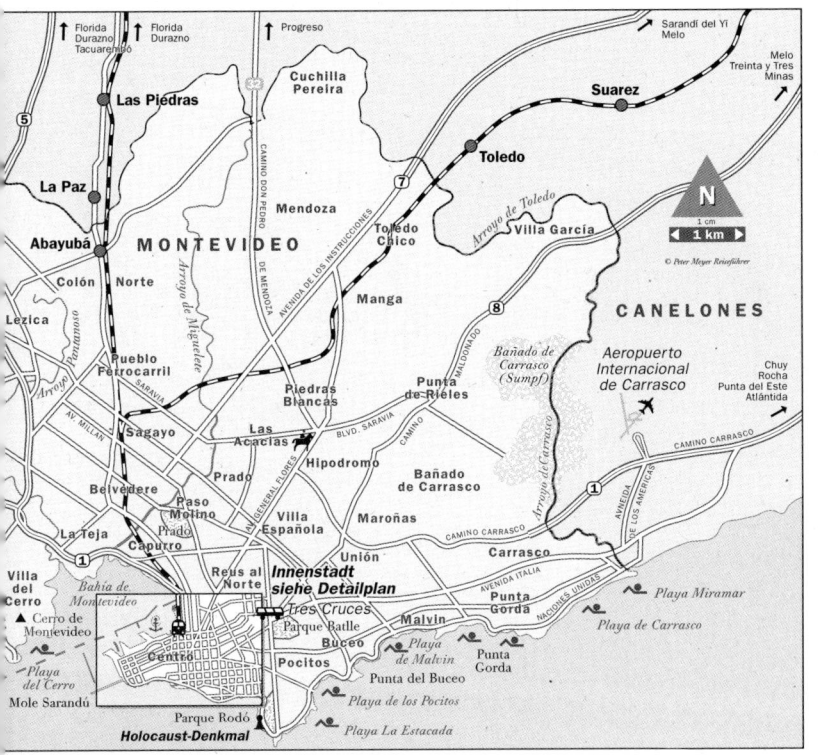

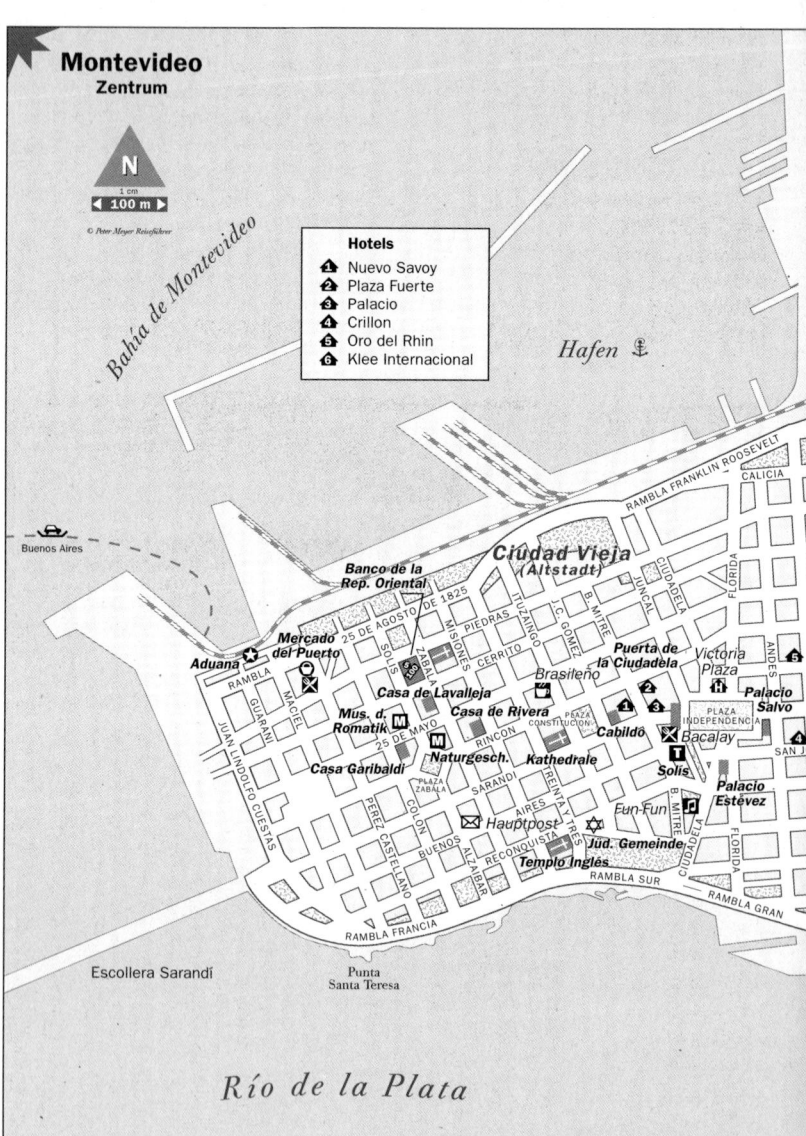

Die Ciudad Vieja

Die jüngste Hauptstadt der spanischsprachigen Welt hat einen alten Kern, die Ciudad Vieja, in der ein Rundgang beginnen kann. In der Altstadt sind die vielen Gesichter Montevideos am deutlichsten. Moderne Bankgebäude finden sich neben verfallenen, ehemals prunkvollen Bauten der Kolonialzeit, in Baulücken und verfallenen Herrschaftshäusern haben sich Wohnungslose eingerichtet, andere Gebäude sind aufwendig restauriert. Heute wohnen nur noch etwa 12.000 Menschen in der Altstadt.

Die **Puerta de la Ciudadela,** der Rest einer 1742 begonnenen und erst mehr als 40 Jahre später fertiggestellten militärischen Befestigungsanlage

Das Tor zur Altstadt:
Puerta de la Ciudadela

ist das Tor zur kolonialen Stadt. Daran schließt sich die *Peatonal Sarandí* an, eine 1992 eingerichtete **Fußgängerzone,** die zum ältesten Platz Montevideos, der **Plaza Constitución** (auch *Plaza Matriz* genannt) führt. Dort wird samstags ein kleiner, aber feiner **Antiquitätenmarkt** abgehalten, unter der Woche kann man die mediterrane Atmosphäre unter den großen schattigen Bäumen bei einem Kaffee genießen. Hier steht auch das frühere Rathaus, der **Cabildo,** 1808 fertiggestellt, in dem heute das *Historische Museum* untergebracht ist. Die **Kathedrale** oder auch *Iglesia Matriz,* 1790 vom portugiesischen Ingenieur *Custodio de Saá y Faría* geplant, danach vom Architekten *Tomás Toribio* fertiggestellt, liegt an der südwestlichen Seite der Plaza Matriz. Die Kirche war das erste öffentliche Gebäude der Stadt. Der heutige Sitz der Erzdiözese Montevideo mit Hauptschiff, zwei Seitenschiffen und dem Kreuzschiff ist auch letzte Ruhestätte der Nationalhelden *Rivera* und *Lavelleja.*

Folgt man der *Calle Rincón,* so erreicht man nach drei Cuadras die **Plaza Zabala,** die nach dem Gründer der Stadt, dem damaligen Gouverneur von Buenos Aires, *Bruno Mauricio de Zabala,* benannt ist. Ein mächtiges Reiterstandbild Zabalas beherrscht den 1890 in Geiste der Belle Epoque von einem französischen Landschaftsarchitekten geschaffenen schönen Platz. Aufgeteilt auf verschiedene Gebäude ist das **Nationale Geschichtsmuseum:** Am südwestlichen Ende der Plaza Zabala, in der Calle 25 de Mayo 314, befindet sich die *Casa*

aus der Zeit des Freiheitskampfes 1825–28 zu sehen. Das **Museum der Romantik** in der Straße 25 de Mayo 428 zeigt Bilder und Einrichtungsgegenstände aus der Zeit nach der politischen Unabhängigkeit. Alle Häuser sind So – Fr 14 – 19 Uhr geöffnet.

Der Hafen-Markt

Von der Plaza Zabala führt die Straße *Solís* in nordwestlicher Richtung zum nicht öffentlich zugänglichen **Hafen**. Vorbei am mächtigen Gebäude der 1938 fertiggestellten *Banco de la República Oriental del Uruguay*, das einen gesamten Straßenblock einnimmt, fällt der Blick auf das Zollgebäude, die 1923 fertiggestellte *Aduana* an der *Rambla 25 de Agosto* (zwischen den Straßen Maciel und Pérez Castellano). An der Straßenecke zwischen Piedras, Pérez Castellano und der Rambla 25 de Agosto liegt der **Mercado del Puerto**, dessen Besuch sich schon wegen der vielen guten Restaurants und Parilladas und des

Auf der Plaza Constitución/Matriz

Garibaldi (der italienische Freiheitskämpfer Guiseppe Garibaldi lebte dort von 1841– 48); in westlicher Richtung, in der Calle Rincón 437, steht die *Casa de Rivera*. Die herrschaftlichen Häuser aus der Kolonialzeit sind heute Museen und die teilweise aufwendig restaurierte Inneneinrichtung ist sehr sehenswert. Dasselbe gilt für die *Casa Lavalleja* in Zabala 1469. Dort sind auch Ausstellungsstücke

Typisch Montevideo: Beim Essen im Mercado sind alle gleich

Kunsthandwerkmarkts lohnt; insbesondere am Samstagnachmittag, wenn viele Montevideanos und fast alle Touristen, die in der Stadt sind, das Spektakel genießen. An meterlangen Tresen werden die auf den offenen Grills zubereiteten Fleisch- und Käsespezialitäten serviert, für Fleischliebhaber ein Paradies, für Vegetarier ein Graus. Die Eisenkonstruktion des Gebäudes wurde in den 60er Jahren des 19. Jahrhunderts komplett im englischen Liverpool entworfen und fertiggestellt, dann nach Montevideo verschifft und hier nur noch zusammengebaut. Trotz der relativ vielen Touristen gibt es um den Mercado herum noch typische Hafenkneipen, in denen sich die Arbeiter und die Bewohner des Viertels mit den Angestellten der umliegenden Banken ohne große Berührungsängste mischen.

Vom Mercado del Puerto kann man auf der erst vor zwei Jahren fertiggestellten neuen Verbindungsstraße die Landspitze umwandern und erreicht die **Escollera Sarandí**. Die über 800 m in den Río de la Plata hineingeführte Mole begrenzt quasi die Bucht von Montevideo. Sie ist ein beliebter Treffpunkt von Anglern, die sich hier die Zeit vertreiben oder um ihr Abendessen kümmern. Über die *Rambla Francia* erreicht man die *Rambla Sur*. Der Säulenbau des **Templo Inglés**, der ersten anglikanischen Kirche Montevideos liegt etwas oberhalb der *Plaza España*. Dort befindet sich auch das Zentrum der Jüdischen Gemeinde Montevideos.

Geht man von der Plaza die leicht ansteigende Straße *Bartolomé Mitre* zwei Cuadras hinauf, erreicht man das bekannteste Theater der Stadt, das **Teatro Solís**. Der neoklassizistische Bau wurde 1856 eingeweiht, mehr als 1600 Menschen passen in den der Mailänder Scala nachempfundenen Hauptsaal. Weltberühmte Sänger wie *Caruso* haben hier gesungen und *Arturo Toscanini* begann hier seine Karriere als Dirigent.

Das Teatro Solís verspricht glänzende Unterhaltung

Das moderne Zentrum

Das moderne Stadtzentrum beginnt an der **Plaza Independencia**. Im Zentrum des von Palmen begrenzten Platzes befindet sich das 1924 errichtete, 17 m hohe Reiterstandbild des Nationalhelden *José Gervasio Artigas* sowie das 1977 von den Militärs errichtete *Mausoleum* für Artigas mit unterirdischen Ausstellungsräumen. Der **Palacio Estévez**, der im 18. Jahrhundert erbaut wurde und an der Südseite des Platzes liegt, war bis 1985 Sitz der Regierung und wird heute für Staatsempfänge genutzt.

Der 26stöckige **Palacio Salvo**, 1922 errichtet, war viele Jahre das höchste Gebäude Südamerikas und ist bis heute eines der höchsten in Montevideo. Neben Büroräumen sind dort auch viele Wohnungen untergebracht. Leider ist es nicht mehr erlaubt, mit dem altertümlichen Fahrstuhl zum obersten Stockwerk zu fahren. Eine städtebauliche Sünde ist der überdimensionierte *Neubau des Justizministeriums* mit seiner verspiegelten Glasfassade. Seit mehr als acht Jahren wird hier gebaut, ein Ende ist nicht absehbar, und Mariano Arana, der Bürgermeister von Montevideo, würde den Bau am liebsten wieder abreißen lassen.

Die an der Plaza Independencia beginnende **Avenida 18 de Julio** ist die Hauptachse, die sich durch das moderne Zentrum Montevideos zieht. Starker Verkehr, vor allem die unzähligen Stadtbusse sowie die vielen Verkaufsstände und Geschäfte lassen zwar nicht auf den ersten Blick das Bild einer Prachtstraße entstehen, aber sie ist eindeutig das Herzstück der Innenstadt. Kurz vor der *Plaza Fabini*, in der Avenida 18 de Julio 998 befindet sich das **Gaucho- und Münzmuseum** im *Palacio Heber*, Di – Fr 9 – 12 Uhr und Di – So 15 – 19 Uhr. In dem Museum werden auf

Hochhausschlucht: Avenida 18 de Julio

vielfältige Weise Gauchotradition und die romantischen Seiten des Landlebens gezeigt, Silberschmuck und Münzsammlungen aus unterschiedlichen Epochen runden die Sammlung ab.

Weiter auf der Avenida 18 de Julio erreichen Sie die gemütliche **Plaza Fabini,** auch *Plaza Entrevero* genannt. Neben den Verkaufsständen fällt vor allem das *Entrevero-Monument* von *José Belloni* auf. Es wurde zum Gedenken an die Unabhängigkeitskämpfe zu Beginn des letzten Jahrhunderts errichtet und zeigt Gauchos verschlungen mit ihrer Lebensgrundlage, Rindern. Hier finden sich auch mit dem *Edificio Lapido,* 18 de Julio 948, und dem *Palacio Brasil,* 18 de Julio

Passend: Demonstrierende Gewerkschaftler (im Lkw) vorm reich verzierten Parlament

984, zwei architektonisch sehr interessante Gebäude aus den 20er und 30er Jahren. Fast jedes zweite Haus auf der Avenida 18 de Julio ist architektonisch wertvoll, und wer mit offenen Augen über den Boulevard geht, entdeckt trotz der Spuren des Bus- und Autoverkehrs viele interessante Formen.

Die in nordöstlicher Richtung von der Plaza Fabini wegführende *Avenida Lavalleja* führt zum 1,5 km entfernten Sitz des uruguayischen Parlaments. Schon von der Avenida 18 de Julio wird der nach mehr als 20 Jahren Bauzeit 1925 eingeweihte **Palacio Legislativo** sichtbar, in nordwestlicher Richtung führen viele Straßen auf ihn zu. Einen Besuch lohnt sowohl die *Bibliothek,* Mo – Fr 9 – 12 Uhr öffentlich zugänglich, als auch die während der Parlamentspause öffentlich zugänglichen *Säle,* die prunkvoll eingerichtet sind und in denen mehrere wertvolle Gemälde mit Darstellungen des uruguayischen Freiheitskampfes zu sehen sind.

Nur zwei Blocks weiter kommt man von der Plaza Fabini auf die hektische **Plaza Cagancha**, auch *Plaza Libertad* genannt. Im Zentrum der 1839 entworfenen und 1939 neu gestalteten Plaza erhebt sich die Freiheitsstatue, die *Columna de la Libertad.* Auf der Höhe 18 de Julio 1333 findet man den **Palacio Díaz.** Das 1929 im Art-Déco-Stil fertiggestellte hohe Gebäude verjüngt sich nach oben und ist ein imposantes Denkmal dieser Zeit.

Noch weiter östlich trifft man auf das mächtige Gebäude der Stadtverwaltung, den **Palacio Municipal.** Vom *Restaurant* im 24. Stock und der *Aussichtsplattform* ein Stockwerk tiefer hat man einen eindrucksvollen Blick über die Stadt. Zugang über einen Panorama-Aufzug an der Rückseite des Gebäudes. Im Eingangsbereich des 1936–68 errichteten Palacios steht eine Kopie von Michelangelos *David.* Im selben Gebäude ist ein *Kunstgeschichtliches Museum* untergebracht. Sehenswert ist vor dem Palacio auf der *Plazoleta Pérez* das 1927 aufgestellte **Gaucho-Monument.** Hier endet das *Barrio Centro* und es beginnt das *Barrio Cordón.*

Im Barrio Cordón

Folgt man der Avenida 18 de Julio für weitere 500 m findet man gegenüber der monströsen *Banco de la República* mit verglaster Fassade die **Plaza Treinta y Tres.** In der Mitte des Platzes ist ein Standbild des Generals *Juan Antonio Lavelleja,* einem Mitstreiter von Artigas.

Am Wochenende ist es empfehlenswert, die Avenida 18 de Julio weiter stadtauswärts zu gehen. In den Straßenzügen um *Dr. Tristán Narvaja* findet sonntagvormittags ein riesiger **Markt** statt, auf dem es neben Essen, Trinken, Gebrauchsgütern und Kitsch vor allem Antiquitäten und Besonderheiten gibt. Gegenüber von Tristán Narvaja befindet sich der Eingang zum Hauptgebäude der **Universidad de la República** sowie die **Biblioteca Nacional.** Nach über drei km Länge endet die Avenida 18 de Julio am **Obelisco Zorrilla de San Martín,** der in den 30er Jahren dieses Jahrhunderts aufgestellt wurde und an die erste Verfassung des Landes von 1830 erinnern soll.

Andere bemerkenswerte Viertel & schöne Parks

Montevideo hat so viele Kostbarkeiten, daß hier nicht alle aufgeführt werden können. Das **Barrio Sur,** das traditionelle Wohnviertel der Schwarzen, wurde 1990 zum *Patrimonio Cultural,* zum nationalen Kulturgut und damit unter Denkmalschutz gestellt. Während der Militärdiktatur wurden aber viele historische Bauten abgerissen, darunter auch das legendäre *Medio Mundo,* so genannt, weil der Conventillo so groß war, daß die »halbe Welt« dort unterkommen konnte. Heute organisieren sich die Bewohner und auch die *Intendencia* von Montevideo unterstützt sie durch die Förderung von Selbsthilfeprojekten und mit Finanzhilfen, damit sie in ihrem angestammten Wohngebiet bleiben können.

Das sehr reizvolle, architektonisch gut erhaltenen **Barrio Reus al Norte** nordöstlich des Palacio Legislativo ist auch unbedingt einen Besuch wert. In den letzten Jahren wurden viele der Fassaden des im letzten Jahrzehnt des 19. Jahrhunderts entstandenen Viertels aufwendig restauriert und kunstvoll bemalt. Weiterhin ist der Hauptbahnhof, die *Estación del Ferrocarril Central* in der Nähe der *Rambla Sud America* ein herrliches Bauwerk aus demselben Jahrzehnt.

Auch **Barrio Palermo,** das Eisenbahnerviertel **Peñarol** und vieles mehr gibt es noch zu entdecken. Und fehlende Hektik sowie die Herzlichkeit der Menschen machen dieses Entdecken leicht und angenehm.

Der Stadtteil **Pocitos** beginnt hinter dem Parque Rodó und erstreckt sich Richtung *Carrasco,* dem Viertel der wirklich Reichen. Pocitos ist bevorzugter Wohnort der Wohlhabenden. Hier sind viele gute Restaurants und die angesagten Discotheken der Stadt, die Strände liegen vor der Haustür, aus den Apartmenthochhäusern an der Rambla kann man den herrlichen Blick über die Bucht von Montevideo genießen. In den kleinen ruhigen Straßen des Viertels finden sich viele bedeutsame Baudenkmäler, so die **Casa Williman** in der *Avenida Brasil y José Ellauri* von 1907, eine der wenigen herrschaftlichen Residenzen aus dieser Zeit, die noch erhalten sind. Eines der teuersten und luxuriösesten **Shopping-Center** mit Geschäften, Restaurants und einem großen Kino ist in *Punta Caretas* in Pocitos. In Zeiten der Militärdiktatur war der riesige Gebäudekomplex übrigens das Staatsgefängnis, viele Tupamaros waren dort inhaftiert.

Im Stadtviertel **Carrasco**, nach dem der internationale Flughafen benannt ist, obwohl er außerhalb der Stadtgrenzen liegt, befinden sich die weitläufigen Villen und Landhäuser der Oberschicht. Architektonisch ist manche Monstrosität und sind auch viele sehenswerte Häuser zu finden. Ebenso wie in Pocitos kann man hier oft die Herkunft der Vorfahren der jetzigen Besitzer am Stil der Häuser wiedererkennen. Nachempfundene spanische und italienische Landsitze stehen neben Kopien von osteuropäischen Stadthäusern und man findet auch schon mal ein Schwarzwaldhaus oder ein Schweizer Chalet in der bunten Mischung. Vor allem hier und in Pocitos gibt es heute, wegen der günstigen Anlagemöglichkeiten der letzten Jahre und einer daraus folgenden regen Bautätigkeit, ein geschätztes Überangebot von etwa 35.000 teuren Wohnungen. Andererseits fehlen insgesamt aber über 100.000 Wohnungen, vor allem günstiger Wohnraum.

An der *Rambla República de México* steht das beeindruckende Gebäude des *Hotel Carrasco* von 1912, heute ein **Casino**.

Der Park der Fußballer

Der **Parque José Batlle y Ordóñez** liegt an der *Avenida Morquio,* der Verlängerung der Avenida 18 de Julio. Er ist vor allem dadurch bekannt, daß in ihm das größte **Fußballstadion** des Landes, das *Estadio Centenario* mit einem *Fußballmuseum* sowie vielen anderen Sportstätten liegt. Das am 18. Juli 1930 eingeweihte Stadion galt damals als das modernste der Welt und faßt bis zu 100.000 Zuschauer. Außerdem befinden sich dort die eindrucksvollen Skulpturen ›La Carreta‹ des Bildhauers *José Belloni* und ›Víctima de la Guerra Civil‹ (Die Opfer des Bürgerkrieges) von *Domingo Mora.* Zu erreichen ist der Park von der 18 de Julio aus mit dem Bus 177.

Der Park der Feste & Messen

Der **Parque Prado** im Nordwesten der Stadt umfaßt insgesamt über 60

Hektar. Ende des 19. Jahrhunderts angelegt, durchfließt ihn das Flüßchen *Miguelete* und neben unzähligen Baumarten sind im *Rosengarten* über 800 Rosenarten gepflanzt. Außerdem gibt es ein kleines *Botanisches Museum*. Von den verschiedenen Plastiken, die im Park ausgestellt sind, gehören ›La Diligencia‹ von *José Belloni* und ›Los Ultimos Charrúas‹ (Die letzten Charrúas, die letzte indigene Bevölkerungsgruppe Uruguays) von verschiedenen Künstlern zu den bedeutendsten. Zur Osterzeit, der *Semana Santa*, im ganzen Land auch *Semana de Turismo* genannt, gibt es hier ein großes **Gaucho-Festival**, die *Semana Criolla*. Viele Behörden, Geschäfte und die Post haben während dieser Zeit geschlossen. Wer kann, flieht zu Freunden und Bekannten an die Küste. Im August findet hier die *Feria Ganadería,* eine große **Viehmesse** statt. Wer sich über Weihnachten und Neujahr in Montevideo aufhält, sollte sich das jeweilige Spektakel im Prado nicht entgehen lassen. An Wochenenden gehört der Prado (zu erreichen mit der Buslinie 125) zu den beliebtesten Ausflugszielen der Montevideanos. Schließlich befindet sich hier auch das **Museo Municipal de Bellas Artes Juan Manuel Blanes**. Neben Werken des Malers Blanes werden auch andere bekannte Künstler wie *Pedro Figari* dort gezeigt.

Noch mehr Kunst & Zirkus

Der **Parque Rodó** liegt südöstlich des Centro und zieht sich bis zur Küste hin. Neben einem lauten, schönen Rummel mit Karussells gibt es einen kleinen See im Park. Am Ufer befindet sich ein **Markt für Kunsthandwerk** und im Park liegt das **Museo de Artes Plásticas y Visuales**. Im Sommer finden hier im sehr schönen **Teatro de Verano** Vorführungen und Rockkonzerte statt, und während des Karnevals treten Gruppen nicht nur in den Barrios der Altstadt, sondern auch im Parque Rodó auf. Wer romantische Sonnenuntergänge mag, dem sei der Hügel zwischen dem Teatro de Verano und der *Playa Ramírez* unbedingt empfohlen.

Ein weiterer Park ist der nahegelegene **Parque Zorrilla de San Martín**. Jeden Samstag findet dort ein großer **Flohmarkt**, die *Feria Villa Biarritz,* statt.

Cerro, der Hausberg

Auf der anderen Seite der Bucht von Montevideo erhebt sich in der flachen Küstenlandschaft der etwa 120 m hohe Hügel, der *Cerro,* bei dessen Anblick die ersten Seefahrer der Stadt den Namen gegeben haben sollen. Von dort hat man einen herrlichen Blick auf die Hochhaus-Silhouette der Altstadt, die Parks und die Strände, aber auch auf die nahegelegene Großraffinerie und die Hüttensiedlungen, die den Hügel langsam erobern. Auf dem Cerro befindet sich neben dem 1804 erbauten **Leuchtturm** und einem **Restaurant** auch die alte militärische Befestigungsanlage, das **Fortaleza de Cerro,** in dem heute das *Museo Militar José Artigas* untergebracht ist. Zu erreichen ist der Cerro am besten mit der Buslinie 125 vom Stadtzentrum aus. Von der Haltestelle unterhalb der Festung ist es nur ein kurzer Fußmarsch bis zum Gipfel.

Villa del Cerro und *Cerro Norte,* die den Hügel von Montevideo umgeben, sind zwei traditionelle Arbeiterviertel mit insgesamt über 100.000 Einwohnern. Prägend für die Bezirke waren die *Frigoríficos,* die riesigen Kühlhäuser, die über 20.000 Menschen Arbeit gaben. Seit Ende der 50er Jahre jedoch zwei der drei Fabriken schließen mußten, hat sich die Situation stark verändert. Eine mit 25 % doppelt so hohe Arbeitslosigkeit wie im Durchschnitt und zum Teil prekäre Wohn- und Lebensbedingungen sind charakteristisch für das Gebiet, in dem sich viele der innerstädtischen Hüttensiedlungen befinden. Beim Aufstieg auf den Cerro wird das deutlich. In den letzten Jahren haben sich dort viele Menschen illegal kleine Häuser gebaut, nach und nach wurden die Siedlungen von der Stadtverwaltung legalisiert und sind nun teilweise auch mit Infrastruktur versorgt. Aber die sozialen Probleme verschärfen sich. Der Cerro Norte ist mittlerweile einer der gefährlichsten Bezirke Montevideos. Es gibt Straßenbanden und die Art der Verbrechen hat sich verändert: »Heute wird das ungeschriebene Gesetz, nie im eigenen Stadtteil zu rauben und schon gar nicht Frauen auf dem Weg zum Einkaufen zu berauben, nicht mehr eingehalten.«, so ein Mitarbeiter des *Kulturzentrums Florencio Sánchez.*

Ramblas und Strände

Der auf Montevideos Stadtgebiet etwa 100 km lange Küstenstreifen des Río de la Plata hat neun ineinander übergehende *Playas* mit über 20 km Sandstrand. Viele behaupten, daß gerade die Kombination von Großstadt und Badeort den Reiz der Stadt ausmacht. Offiziell wird die Badesaison Anfang Dezember eröffnet. Der Stadtverwaltung Montevideos ist es in den letzten Jahren gelungen, die Verschmutzung der Strände zu bekämpfen, teils durch Tricks (indem die Abflußrohre mehrere hundert Meter unter Wasser ins Meer hinausgelegt wurden), teils aber auch durch neue Kanalisation und verbesserte Schutzmaßnahmen. Seit 1997 kann an fast allen

Am Sonntag gerammelt voll: die Playa Pocitos

Beeindruckend: das Holocaust-Denkmal an der Rambla Wilson

Stränden bedenkenlos gebadet werden. Nach starken Regenfällen sollte man allerdings für ein, zwei Tage die Strände meiden und abwarten, bis die angeschwemmten Abfälle ins Meer hinaus getragen worden sind. Die Rambla ist zu fast allen Jahreszeiten Treffpunkt von Jung und Alt, die Menschen vergnügen sich mit Ballspielen, viele versuchen ihr Glück als Angler, andere sitzen matetrinkend an der neu gestalteten Befestigungsmauer und beobachten den Sonnenuntergang oder die ein- und auslaufenden Schiffe, andere flanieren nur.

An der **Rambla Argentina**, hinter dem Friedhof und dem Parque Rodó, liegt die **Playa Ramírez**, am nächsten zur Innenstadt gelegen. Traditionell gilt die Playa Ramírez als »Arbeiterstrand«. Auch heute noch kommen viele Familien aus den Hüttensiedlungen am Stadtrand am Wochenende hierhin. Gegenüber liegt das imposante Gebäude des *Parque Hotel* aus dem Jahre 1908, heute der Verwaltungssitz des Mercosur.

Hinter der Landspitze *Punta Brava* beginnt die eigentliche Baderegion Montevideos. Die Strände liegen alle an der **Rambla Naciones Unidas**, die in bestimmten Abschnitten nach einzelnen Ländern benannt ist. Zu den bekanntesten gehören die *Playa de los Pocitos*, die *Playa del Buceo* und die *Playa de Malvin*, die in der Nähe des Yachthafens *Puerto del Buceo* liegen. Je weiter man nach Osten kommt, desto ruhiger werden die Strände. In der Nähe des Yachthafens befindet sich auch die *Avenida República Federal de Alemania*.

Aber nicht nur Freizeitvergnügen kann man an der Rambla finden. Im November 1994 wurde an der *Rambla Wilson*, gegenüber dem Golfplatz, ein Mahnmal für die Holocaust-Opfer eingeweiht, **El Memorial del Holocausto del Pueblo Judio**. Dorthin und zu den Stränden fahren Sie am besten mit den Bussen der Linie 104, die vom Gebäude der Aduana im Hafen oder von mehreren Haltepunkten auf der Avenida 18 de Julio abfahren.

PRAKTISCHE INFOS & NÜTZLICHE ADRESSEN

Viele Informationen allgemeiner Art sowie Adressen – besonders zu An- und Weiterreise finden Sie bereits im Kapitel *Reise-Informationen* ab der Seite 156 bzw. 162.

An- & Weiterreise
Flug

Knapp 20 km nordöstlich vom Stadtzentrum Montevideos liegt der internationale Flughafen Carrasco. Zwischen dem Flughafen und der Plaza Cagancha im Zentrum bestehen direkte Busverbindungen, der Bus Nr. 104 hält vor dem Büro der Fluggesellschaft PLUNA und kostet 2 $. Ein Taxi von der Stadt zum Flughafen, Alternative zum Bus, kostet um die 20 $. Es muß allerdings mit bis zu einer Stunde Fahrtzeit gerechnet werden. Billiger ist die Fahrt mit einer *Remis,* einem privaten Fahrdienst (etwa 15 $). Die Adressen der Stadtbüros der wichtigsten Fluggesellschaften sind im Kapitel An- und Weiterreise aufgeführt, Seite 185. Für internationale Flüge muß derzeit eine Gebühr von 12 $ am Flughafen gezahlt werden.

Inlandsflüge lohnen sich im relativ kleinen Uruguay kaum. Die größeren Städte sind von Montevideo aus aber auch mit dem Flugzeug erreichbar. (Adresse siehe Seite 184, An- und Weiterreise).

Fernbusse

Das ganze Land ist mit Überlandbuslinien sehr gut erschlossen. Mehrmals täglich gibt es Verbindungen in alle Städte. Seit 1994 gibt es den modernen zentralen Busbahnhof **Terminal Tres Cruces** ✆ 4021920 und 4088601, Bulevar Artigas y Avenida Italia, täglich 24 Stunden geöffnet. Dort sind auch Restaurants, Supermärkte und Banken sowie Büros und Schalter aller Busgesellschaften. Es empfiehlt sich, Tickets im voraus zu kaufen oder telefonisch zu bestellen. Neben den nationalen Linien befinden sich in Tres Cruces auch die Gesellschaften, die Ziele in den Nachbarstaaten ansteuern (mehrmals wöchentlich nach Asunción für etwa 80 $, São Paulo für etwa 50 $ oder Santiago de Chile für 80 $) sowie die Schalter der kombinierten Bus-/ Fährschiff-Gesellschaften nach Buenos Aires.

Der **Terminal Río Branco,** ✆ 9016415, der Busbahnhof für Fahrten an die Badeorte der Ostküste, befindet sich in der Nähe des Hafens, in der Straße Río Branco y Galícia.

Es gibt konkrete Pläne, im nächsten Jahr auch die Eisenbahn wieder für den Personenverkehr zu öffnen. Gedacht ist an eine Verbindung zwischen Montevideo und den Badeorten an der Ostküste.

Schiff

Die Schiffsverbindungen nach Buenos Aires sind im Kapitel An- und Abreise, Seite 188, ausführlich beschrieben. Der *Puerto de Montevideo,* ✆ 9160630, hat einen *Salón de Pasajeros,* wo man sich informieren kann.

Fortbewegen in Montevideo
Stadtbusse

Die normalen Busse, die alle paar Häuserblocks halten, erschließen regelmäßig die ganze Stadt (eine Fahrt kostet knapp 1 $), und sind auch für Touristen ohne Bedenken zu empfehlen. Allerdings sollte man in die Außenbezirke an der Stadtgrenze eher ein Taxi nehmen, da es in letzter Zeit in abgelegenen Barrios zu Raubüberfällen auf Busse kam. Das ist aber glücklicherweise immer noch die Ausnahme.

Expreßbusse halten nur an ausgewählten Punkten und sind wesentlich schneller als die normalen Stadtbusse, dafür aber auch teurer (2 $). Die beste Orientierung für alle Verbindungen bietet die Avenida 18 de Julio, da auf dieser die meisten Busse aus dem Zentrum abfahren und ankommen. Das Busfahren möglichst preisgünstig zu halten, ist ein vorrangiges Ziel der Stadtregierung. Auf Preiserhöhungen reagiert die Bevölkerung in Montevideo äußerst sensibel, weil sich nur wenige ein eigenes Auto leisten können.

Taxi

Obwohl Montevideo die Hauptstadt Südamerikas mit der geringsten Taxidichte ist, fällt es doch relativ leicht, auf der Straße ein Taxi zu finden. Die geeichten Taxameter zeigen die Einheiten, *Fichas,* an und die Fahrtkosten berechnen sich nach der Anzahl dieser Fichas auf einer Liste, die der Taxifahrer dem Gast vorzeigt. Es gibt tagsüber und nachts unterschiedliche Listen. Taxifahren ist sehr günstig, eine Fahrt vom Busbahnhof zur Altstadt kostet etwa 3 $. Viele Taxis kann man samt Fahrer auch stundenweise für eine Stadtrundfahrt mieten, wobei der Preis vorab ausgemacht wird. Für Gepäck wird eine geringe zusätzliche Gebühr erhoben.

Radfahren

In den letzten Jahren ist Radfahren populärer geworden, am Wochenende strampeln an der kilometerlangen Rambla immer mehr Radler. Sogar eine Fahrradspur wurde dort eingerichtet. Allerdings wird sie von den Autofahrern eher wenig beachtet. In einigen Fahrradgeschäften in der Nähe des Hafens kann man auch Räder ausleihen, vor der Fahrt sollte man sie aber auf ihre Fahrtüchtigkeit überprüfen.

Mietwagen

Viele Gesellschaften haben ihre Büros im Busbahnhof *Tres Cruces,* zudem sind die großen Autovermieter am Flughafen *Carrasco* und im *Zentrum* zwischen der Avenida 18 de Julio und der Straße Uruguay vertreten. Die Preise liegen etwas unter europäischem Niveau. Es reicht der nationale Führerschein. Vor der Übernahme sollte man den technischen Zustand des Wagens kontrollieren.

Auto Rent, ✆ 6014587, Aeropuerto Carrasco.

Avis Rent a Car, ✆ 4025207, Bulevar Artigas 1825.

Budget Rent a Car, ✆ 9025353, Mercedes 935.

Class Rent a Car, ✆ 9014055, Plaza Independencia 759.

Hertz, ✆ 9039338, Avenida Uruguay 839.

Inter Rent, ✆ 9016588, Andes 1363.

Rent a Car, ✆ 7073910, Avenida Brasil 2917.

Unterkunft & Camping

Obwohl die Hotelpreise in Montevideo etwas über denen im Inland liegen, ist Übernachten für westeuropäische Verhältnisse relativ günstig. Die hier empfohlenen Hotels unterschiedlicher Kategorien liegen im Stadtzentrum oder in den Stadtteilen Pocitos und Carrasco. Die Preise beziehen sich, wenn nicht anders angegeben, auf ein Doppelzimmer. Wie im Reiseteil »Argentinien« sind stets Dollarpreise angegeben, dort, weil der Peso fest an den Dollar gebunden ist, hier, um das System beizubehalten.

Hotels der Luxuskategorie

Lafayette, © 9022351, Fax 9021301, Soriano 1172, ab 120 $, ziemlich neu und sehr luxuriös.

Plaza Fuerte, © 9159563, Fax 9159569, Bartolomé Mitre 1361, ab 110 $.

Victoria Plaza, © 9014201, Fax 9021628, Plaza Independencia 759, ab 100 $, das größte Hotel der Stadt mit über 350 Zimmern.

Klee Internacional, © 9087365, San José 1303, ab 90 $, auch sehr luxuriös, aber gemütlich.

Hostería del Lago, © 6012210, Fax 6012880, Arizona 9637, ab 80 $, in Carrasco in der Nähe des Flughafens mit Blick auf einen See.

Mittelklasse-Hotels

Balmoral, © 9022393, Fax 9022288, Plaza Libertad 1126, ab 60 $.

Internacional, © 9020072, Fax 9021242, Colonia 823, ab 60 $.

Balfer, 9024118, Fax 9024228, Zelmar Michelini 1328, ab 50 $.

Alvear, © 9020244, Fax 9023728, Yí 1372, ab 60 $, großzügiges Hotel in der Nähe der Intendencia.

Crillon, © 9020195, Fax 9024849, Andes 1318, ab 40 $.

Mediterráneo, © 9005090, Paraguay 1486, ab 40 $, sehr gut.

Aramaya, © 9086192, 18 de Julio 1103, ab 35 $, gut, aber laut.

Reina, © 9159461, Bartolomé Mitre 1343, ab 30 $.

Royal, © 9083115, Soriano 1120, Zimmer ab 25 $.

Günstige Unterkünfte

Palacio, © 9063612, Bartolomé Mitre 1364, ab 30 $, meist schöner Blick, sehr freundlich.

Arapey, © 9007032, Uruguay 925, ab 25 $, gutes, einfaches Hotel.

Nueva Pensión Ideal, © 9082193, Soriano 1073, ab 20 $, ohne Frühstück.

Capri, © 9155970, Colón 1460, Zimmer ab 20 $.

Windsor, © 9015080, Zelmar Michelini 1260, ab 20 $.

Residencial Ituzaingo, © 9159233, Ituzaingo 1264, ab 20 $, 12 $ ohne eigenes Bad.

Hospedaje Nuevo Savoy, © 9057233, Bartolomé Mitre 1371, ab 15 $.

Lavalle, © 9162887, Bartolomé Mitre 1314, ab 15 $.

Alojamiento Piedras, Piedras 270, ab 10 $, sehr einfache Pension in der Nähe des Hafens, viele Seeleute.

Hotel Universal, Piedras 272, ab 8 $, nichts für Alleinreisende.

Jugendherberge

In der empfehlenswerten Jugendherberge von Montevideo, ✆ 9081324, Canelones 935, in der eine Übernachtung 4 $ für Kinder und 7 $ für Erwachsene kostet, ist ein entsprechender Ausweis erforderlich. Er ist in Deutschland oder vor Ort bei dem Jugendherbergsdachverband erhältlich:

Asociación de Alberguistas del Uruguay, ✆ 4094245, Fax 4001326, Pablo de María 1538, Büro Nr. 8, Mo – Fr 12 – 19 Uhr.

Camping

Auf beiden Plätzen kann man auch *Cabañas,* kleine Hütten mit Bad und Kochgelegenheit, für vier bis zwölf Personen (32 – 60 $ pro Tag) mieten. Wer mit dem Wohnwagen unterwegs ist, kann sich für maximal zwei Tage an der Rambla Argentina an die *Punta Ramírez* stellen.

Complejo Eco Turístico Casa Grande del Parque Lecocq, etwa 15 km vom Stadtzentrum entfernt, an der Ruta 1, bei Km 20. Gut ausgestatteter Campingplatz, der das ganze Jahr über geöffnet ist, ✆ 3121267, eMail: casgra@usanet.

Camping im *Parque Polivalente Punta Espinillo* im Westen der Stadt, ganzjährig geöffnet, ✆ 3120667.

Essen & Trinken

Von den zahlreichen Bars, Cafés, Restaurants, von den *Confiterías, Sandwicherías, Cervecerías, Coctelerías* und *Pizzerías* in Montevideo sind sehr viele einen Besuch wert. In der Ciudad Vieja findet man viele gemütliche Cafés und Bars, aber auch billige Hafenrestaurants.

Cafés & Bars

Oro del Rhin, Convención 1403, altehrwürdiges »deutsches« Café mit unzähligen verführerischen Süßigkeiten.

Hamburgo, Rivera 2081, gemütliches Café.

Café Bacacay, Bacacay y Buenos Aires, Treffpunkt der Künstlerszene und auch der Uruguay-Reisenden aus Deutschland. Hier kann schon mal Eduardo Galeano am Nebentisch sitzen.

Café Brasileño, Ituzaingo, Kleinod mitten im Bankenviertel, immer kühl, immer stilvollendet.

Café Sorocabaña, 18 de Julio y Yí, hat den Charme der fünfziger Jahre bewahrt. Es gibt Kaffeespezialitäten aus Brasilien und kleine Gerichte, tagsüber treffen sich ältere Herren und Damen zum Plausch. Am Wochenende abends Tango-Shows für das ältere Publikum. Nicht unbedingt zum Mittanzen, aber sehr empfehlenswert, um einen Eindruck zu erhalten, wie Montevideo (vielleicht) früher mal war.

Confitería Atlántico, Rambla Perú, sehr zu empfehlen.

La Pasiva, Cervecería-Kette hat in Av. 18 de Julio 1763 und Sarandí 600 zwei Standorte.

Universal Bar, Piedras y Gómez, typische Hafenkneipe.

Bar San Miguel, Buenos Aires y Zabala, Arbeiterkneipe am Hafen.

Papito, 18 de Julio 1060, gute Eisdiele.

Café de la Paix, Rambla Perú y Bulevar España, sehr zu empfehlen, schöner Blick auf den Río de la Plata.

La Cigale, Graseras 845, gute Eisdiele im Stadtteil Pocitos.

Las Delicias, Schroeder 6454, Eisdiele in Carrasco.

Restaurants

Fleisch: *Morini,* Ciudadela 1229, eines der besten Grillrestaurants der Stadt.

Parrillada David, Avenida Gral. Rivera y Arenal Grande, vielleicht das beste Grillrestaurant, sehr teuer.

Las Brasas, San José 909, empfehlenswerte Gerichte vom Grill.

El Fogón, San José 1080, empfehlenswert, aber hektisch.

Mercado del Puerto, unbedingt empfehlenswert. Besonders am Wochenende herrscht hier ein buntes Treiben, Bankangestellte, Touristen und Hafenarbeiter vermischen sich an den unzähligen Parrilladas und Restauranttischen. Hervorragend ist dort unter anderem die *Cabaña Verónica* im Local 38.

Pizza & Pasta: *Ruffino,* San José 1166, sehr gute Nudelgerichte im Land italienischer Einwanderer.

Viejo Pancho, Carlos Gardel y Curuguaty, leckere Pizza und *Faina,* eine sehr gut schmeckende Art Quiche aus Kichererbsen.

Peppone, Río Branco 1364, sehr gute Pizza.

Emporio de la Pizza, Río Negro 1311, reichhaltige Auswahl an Pizzen.

Fisch: *Mesón del Club Español,* 18 de Julio 1332, empfehlenswertes Fischrestaurant.

El Anzuelo, Carlos Berg 2550, gutes Fischrestaurant im Stadtteil Pocitos.

La Proa, Fußgängerzone Pérez Castellanos, exzellente, wenn auch nicht billige Fischgerichte.

Beti Jai, Paullier 1164, baskische Küche, bodenständig.

Gure Trainera, Charrúa 2388, ebenfalls baskisch, sehr empfehlenswerte Meeresfrüchte und Fischgerichte.

International: *Restaurante del Ferrocarril,* Río Negro 1746, Restaurant im Bahnhofsgebäude, aus architektonischen und gastronomischen Gründen lohnt ein Besuch.

Doña Flor, Artigas 1034, exzellente französische Küche, nur von April bis Dezember geöffnet.

Pantagruel, Obligado 1199, internationale Gerichte.

El Panorámico, Soriano 1375, international.

Tupí Nambá, L. Muller 2091, internationale Küche.

Club Alemán, Paysandú 935, gute deutsche Küche

Munich, J.B. Blanco y 21 de Septiembre, deutsche Küche.

Suizo, Cno. Carrasco 150, Gerichte nach Schweizer Rezept.

Vegetarisch: *La Vegetariana,* Yí 1334 und San José 1056, gutes vegetarisches Essen.

Vida Natural, San José 1184, abwechslungsreiche vegetarische Kost.

Cocina Vegetariana, Rivera 208, vegetarisch.

Billig: *Centro Residentes de Artigas*, San José 885, günstiges einfaches Essen.

Comedor Universitario, Mensa der Universität, einfache Schnellgerichte.

Cantina, Zelmar Michelini 1175, preiswertes Mittagessen für Arbeiter.

Tenedor libre, San José y Zelmar Michelini und Pablo de María y Brandzen, eine Neuheit in Montevideo, hauptsächlich von asiatischen Immigranten geführt. Zu einem festgesetzten Preis kann man sich dort an mehreren üppigen Buffets satt essen, so lange der Magen mitmacht.

Einkaufen

Empfehlenswert sind Lederprodukte, etwas günstiger als in Argentinien, und Schmuckwaren.

Antiquitäten: findet man in der *Ciudad Vieja* und in den vielen Läden in der Straße *Dr. Tristán Narvaja*. Eine Attraktion ist dort der riesige

Antiquitäten- und Flohmarkt in der Nähe der Uni, So bis 15 Uhr. Gebrauchsgegenstände, sehr günstige Lederwaren, Kleidung, Schmuck und manchmal auch kleine Schätze. Weiterhin empfehlenswert sind *Feria Parque Rodó*, ebenfalls So bis 15 Uhr, und die

Feria Villa Biarritz, Sa bis 15 Uhr.

Kunsthandwerk: wird auf der Plaza *Cagancha* und der Avenida 18 de Julio feilgeboten. *Mercado de Artesanos,* eine Verkaufskooperative von Künst-

X-mas im Shoppingcenter Punta Caretas

lern, hat neben Ständen auf der Plaza Cagancha auch in einer alten Markthalle in *San José y Yaguarón* eine reichhaltige Auswahl an Schmuck, Lederwaren, selbstbedruckten T-Shirts und originellem Kunsthandwerk zu bieten. Selbstgefertigter Schmuck wird auch an den Stränden angeboten.

Manos del Uruguay, Reconquista 616 und San José 1111, bietet neben Kunsthandwerk auch Wollkleidung an.

Taller Mariana Soler, © 3363932, Cubo del Norte. Schöne, sehr preiswerte Keramikartikel mit landestypischen Motiven.

Einkaufscenter: Groß und luxuriös sind:

Montevideo Shopping Center, Luis Alberto de Herrera 1380;
Shopping Punta Caretas im Stadtteil Pocitos.

Bücher & Zeitschriften

Bücher sind in Uruguay sehr teuer. Viele Uruguayer empfinden es als Skandal, daß Bücher mit einer Art Luxussteuer belegt wurden und so mit der langen literarischen Tradition teilweise gebrochen wurde. Nur wenige können sich noch Bücher leisten. Entsprechend stark ist der Verkauf zurückgegangen. Trotzdem haben sich viele Buchhandlungen mit einer großen nationalen und internationalen Auswahl halten können. Zu diesen gehören:

Plazalibros, 18 de Julio y Zelmar Michelini.

Librería Catalonia, Coronel Brandzen y Acevedo.

Rayuela, Tristán Narvaja y 18 de Julio.

Papacito, Av. 18 de Julio 1409 und Andes 1332.

Linardi y Risso, J. C. Gómez 1435, in einem sehr interessanten Gebäude.

Feria del Libro, Av. 18 de Julio 1308.

Die vielen großen **Zeitungs- und Zeitschriftenkioske** erklären sich dadurch, daß in Uruguay wie auch in Argentinien die meisten Publikationen wegen der Inflation nicht über Abonnements erhältlich sind. Empfehlenswerte **Wochenzeitschriften** sind die freitags erscheinende linksliberale *Brecha,* in der oft auch Artikel von Eduardo Galeano und anderen Schriftstellern zu lesen sind, die Magazine *Tres* und *Posdata* sowie die **Wochenzeitung** der ehemaligen Tupamaros *Mate amargo.*

Museen

Hier zusätzlich zu denen in den Rundgängen genannten eine Auswahl der wichtigsten:

Museo y Archivo Histórico Cabildo, Historisches Museum der Stadt, ℂ 9019685, Juan Carlos Gómez 362, Mo – Fr 14.30 – 19 Uhr.

Museo Pedagógico José Pedro Varela, Pädagogisches Museum, ℂ 9004744, Plaza Cagancha 1175, Mo – Fr 9 – 19 Uhr.

Museo Nacional de Antropología, Anthropologisches Museum, ℂ

Das Stadtmusum im alten Cabildo (Rathaus)

3093353, Instrucciones 948, täglich 13 – 19 Uhr.

Museo de Arte Contemporáneo, Museum der Zeitgenössischen Kunst, ✆ 9006662, 18 de Julio 965, täglich 12 – 18.30 Uhr.

Museo del Gaucho y de la Moneda, Gaucho- und Münzmuseum, ✆ 9008527, 18 de Julio 998, Di – So 16 – 19 Uhr.

Museo Municipal de Bellas Artes Juan Manuel Blanes, Museum der Schönen Künste, ✆ 3362248, Millán 4015, Di – So 13 – 19 Uhr.

Museo Zoológico Dámaso Larrañaga, Zoologisches Museum, ✆ 6220258, Rambla República de Chile 4225, Di – So 13 – 17 Uhr.

Museo Torres García, ✆ 9162663, Sarandí 683, Mo – Fr 15 – 19 Uhr.

Museo Nacional de Historia Natural, Naturgeschichtliches Museum, ✆ 9160908, Buenos Aires 652, Mo – Fr 14 – 18 Uhr.

Museo Marítimo-Ecológico Malvín, Museum für Meereskunde und Ökologie, ✆ 6193370, Amazonas 1525, Di – So 15 – 19 Uhr.

Museo y Jardín Botánico, Museum im Botanischen Garten, ✆ 3094422, 19 de Abril 1181, Mo – Fr 8 – 19 Uhr.

Museo Antártico, Antarktisches Museum, 8 de Octubre 2958, Mo – Fr 8 – 12 Uhr. Ausstellung von Objekten, Fotografien und Materialien aus der uruguayischen Antartisstation.

Museo de la Construcción Tomás Toribio, Architekturmuseum im ehemaligen Wohnhaus des ersten Stadtarchitekten, der Anfang des 19. Jahrhunderts etliche neoklassizistische Gebäude errichtete. ✆ 9054087, Piedras 528, Di – Fr 14 – 18 Uhr.

Museo del Holocausto, ✆ 9025750, Canelones 1084, Mo, Do 11 – 13 und 18 – 20 Uhr.

Museo Militar Gral. Artigas, Militärmuseum, ✆ 3111154, Cerro de Montevideo, Mi – So 13 – 18 Uhr.

Museo de la Asociación Uruguaya de Fútbol, Fußballmuseum, Estadio Centenario im Parque José Battle y Ordóñez, Di, Sa, So 12 – 17 Uhr.

Kultur & Ausgehen

An den Zeitungskiosken gibt es mit dem jeden Freitag erscheinenden Magazin »Tres« den **Veranstaltungskalender** *Visado.* In der Freitagsbeilage der Tageszeitung »El País« erscheint der wöchentliche Veranstaltungskalender *Guía del Ocio.*

Theater

Teatro Solís, ✆ 9059770, Buenos Aires 678, das bekannteste und schönste Theater der Stadt (eröffnet 1856), hier werden vor allem Klassiker und große Opern aufgeführt, aber auch Konzerte und politische Veranstaltungen finden hier statt.

Circular, ✆ 9015952, Rondeau 1388, Aufführungen von freien Theater- und Musikgruppen.

El Galpón, ✆ 4083366, 18 de Julio 1618, Sitz der bekannten, gleichnamigen Theatergruppe.

Teatro del Anglo, ✆ 9023773, San José 1426, Sitz der »Compañía Italia Fausta«.

Teatro Alianza, Paraguay 1217, ✆ 9081953; hier werden vor allem

Stücke US-amerikanischer Autoren aufgeführt.
Teatro Carlos Brussa, ℂ 9000766, Paysandú 767, Sitz der »Casa de las Comedias«.

Kulturzentren & Bibliotheken

Goethe-Institut, ℂ 4005813, Fax 4004432, Canelones 1524, Mo, Di 16 – 20 Uhr, Do, Fr 9.30 – 12.30 Uhr. Organisiert interessante Veranstaltungen, wie ein spektakuläres Techno-Konzert in einem riesigen stillgelegten Frigorífico im Januar '98. Das Goethe-Institut hat eine kleine *Bibliothek* mit deutschen Zeitungen. Es werden Deutsch-, Spanisch und Portugiesischkurse angeboten.

Casa Bertolt Brecht, ℂ 9003240, Andes 1274, das frühere Kulturinstitut der DDR, nach 1989 wurde es von ehemaligen DDR-Flüchtlingen übernommen und wird seitdem in Eigenregie weiter betrieben. Bietet Spanisch-Intensiv- und Deutsch-Kurse an und organisiert Lesungen, Seminare und Kulturveranstaltungen.

Uruguayisch-Brasilianische Kulturinstitut, Avenida 18 de Julio 994;
Alliance Française, Soriano 1180;
Uruguayisch-US-Amerikanische Kulturallianz, Paraguay 1217, organisieren ebenfalls Veranstaltungen.

Englischsprachige Bücher und Zeitungen gibt es in der *Biblioteca Artigas-Washington,* Paraguay 1217, und im *Anglo-uruguayischen Kulturzentrum* in San José 1426.

Tango zum Zuhören & Mitmachen

Das Tango-Leben beginnt in Montevideo spät in der Nacht ab etwa 24 Uhr. Reservierungen sind am Wochenende notwendig. Im Oktober und den ersten beiden Wochen im November organisiert *Joventango* ein internationales Tango-Festival, das von Jahr zu Jahr mehr Zuschauer und Aktive anzieht. In den letzten Jahren haben sich einige Tanzschulen etabliert, die auch Kurse anbieten. Aber vor allem bei den älteren Einwohnern der Stadt gehört Tango zum Alltag. Viele der legendären Liedtexte von Carlos Gardel (siehe Seite 98), kann man immer wieder auf den Straßen hören. In stilvollen Tango-Lokalen wie dem *Fun Fun,* wenn nachts die Tangosänger und -sängerinnen die alten Lieder singen, kann man ahnen, wie es in der Hochzeit des Tangos in den 30er Jahren einmal gewesen sein könnte. Im *Barrio Sur* gibt es eine Büste, die an Carlos Gardel erinnert, auch die neu gestaltete Plaza dort trägt seinen Namen.

Fun Fun, ℂ 9158005, Ciudadela 1229, Fr und Sa Tangoshows, unbedingt empfehlenswert, Tisch vorbestellen.

La Vieja Cumparsita, ℂ 9016245, Carlos Gardel 1181, täglich 24 – 5 Uhr, nur für Paare, Shows mit Eintritt, 10 $.

Tanguería del 40, ℂ 9060001, Rambla Francia 473 im Hotel Columbia, Mo – Fr 23 – 1 Uhr, Sa – 5 Uhr.

Joventango, im Mercado de la Abundancia, San José y Yaguarón.

Candombe, Musik der Schwarzen

Die Blütezeit des Candombe (siehe auch Seite 127) ist außerhalb des Karnevals das **Candombe-Festival** Anfang Mai, zu dem die Touristeninformation Hinweise gibt. Jeden Sonntagabend gibt es Candombe-Musik auf der Straße. Die Gruppen *La Dominguera,* im Barrio Sur, und *Tambores de Ansina,* im Barrio Palermo, ziehen dann stundenlang durch die Straßen und an schönen Abenden schließen sich Hunderte begeisterter Tänzer an.

Im Barrio Sur: Musik mit Mundo Afro

TK, Bulevar Artigas 1031, täglich ab 23 Uhr.
Palacio Sud América, Yatay 1429, Sa ab 23 Uhr, auf mehreren Stockwerken werden unterschiedliche Musikrichtungen gespielt, bekannte lateinamerikanische Gruppen treten auf, zu deren Konzerten mehrere hundert Tänzer kommen.

Discotheken & Casinos

Zum Zum, Rambla Arménia 1647, täglich ab 22 Uhr.
Big Bang, Laura Muller y Salteráin.
Open Park im Parque Rodó.
"xido, Pedro F. de Berro y Avenida Brasil.
El Bacilón, Pereira y Chucarro.
Rocafé, Bulevar España 2731, 24 – 5 Uhr, ehemaliges Hard-Rock-Café. Rock'n Roll Musik, sehr schöne Terrasse.
San Telmo, Maldonado 1194.
Chant Clair, Soriano 1338.
Casinos: *Hotel Casino Carrasco,* ✆ 6016501, Rambla República de México.
Victoria Plaza Hotel, ✆ 9020237, Plaza Independencia 7597.

Kinos

Einen guten Überblick über das aktuelle Filmangebot bieten die kostenlose Monatszeitung ›Cinemateca Uruguaya‹ sowie die Wochenzeitung ›Guía del Ocio‹, die es an den Kiosken zu kaufen gibt. Die *Cinemateca Uruguaya,* der größte nicht-kommerzielle Zusammenschluß von Kinos in Südamerika, hat mehrere Vorführsäle an verschiedenen Orten:
Cinemateca Sala 1 und Sala 2, ✆ 4082460, Lorenzo Carnelli 1311.

La Linterna Mágica, ✆ 9081511, Soriano 1227.
Pocitos, ✆ 7082957, Chucarro 1036.
Cine Universitario, Programmkino der Uni mit zwei Sälen, ✆ 9083904 und 9010768, Canelones 1280.

Wichtige & nützliche Adressen

Touristeninformation: *Palacio Municipal,* ✆ 9030649 (3.Stock) Tourismusbüro der Stadtverwaltung von Montevideo. Informationen über die Stadt, Organisation von Rundgängen und -fahrten, zum Teil mit Begleitprogramm.

Ministerio de Turismo, ✆ 9089105, Avenida del Libertador 1409, Informationsstelle des Tourismusministeriums.

Aeropuerto Carrasco, ✆ 6011757. Zweigstelle des Tourismusministeriums.

Tres Cruces, ✆ 4097399. Tourismusinformation des Ministeriums am zentralen Busbahnhof.

Info-Telefon: Unter ✆ 0900-2020 erhält man Informationen über Verbindungen mit Bus, Schiff und Flugzeug, das Wetter, Veranstaltungen und vieles mehr.

Stadtplan: Bei der Touristeninformation bekommt man kostenlos kleine Stadtpläne. Die Straßenhändler an der Plaza Intendencia verkaufen Stadtpläne sowie Straßen- und Busverzeichnisse. Der *Guía de Montevideo,* den man an vielen Kiosken erhält, gibt einen Überblick über die Stadt und über die Verkehrsverbindungen. Ein detailliertes Straßenverzeichnis von Montevideo findet man auf den ersten Seiten des Telefonbuches.

Reisebüros und **internationale Reiseveranstalter** befinden sich zwischen Plaza Independencia und Plaza Cagancha auf der Avenida 18 de Julio sowie in den Parallelstraßen Colonia, Mercedes und Uruguay. Viele Agenturen bieten sehr preisgünstige Mehr-Tagesfahrten mit dem Bus nach Brasilien, zu den Iguazú-Wasserfällen im Dreiländereck Argentinien-Paraguay-Brasilien oder in die Feriengebiete Argentiniens und Chiles an.

Organisierte Reisen im Land selbst gibt es selten, außer speziellen Angeboten für Aufenthalte auf Estancias oder in den Naturreservaten an der Ostküste.

Post & Telefon

Die **Hauptpost** befindet sich in Buenos Aires 451, in der Ciudad Vieja, Mo – Fr 8 – 18 Uhr. Ein weiteres großes Postamt ist im Gebäude der Intendencia, Ejido 1322. Post nach Europa können Sie auch in den Büros der privaten Gesellschaften abgeben, die überall in der Stadt zu finden sind. Die größte private Post ist *TIEMPOST* mit vielen Filialen.

Telefonieren kann man in den kleinen Telefonläden auf der Avenida 18 de Julio oder bei der staatlichen Gesellschaft *ANTEL,* so in Fernández Crespo 1534 oder in San José 1108. Die letztgenannte Filiale ist rund um die Uhr geöffnet. Für Telefonate in öffentlichen Telefonzellen braucht man *Fichas,* die an allen Kiosken erhältlich sind. Für nationale und internationale Telefonate am besten eine *Tarjeta magnética* besorgen, eine Telefonkarte, die es bei ANTEL gibt.

ROUTEN DURCHS URUGUAY

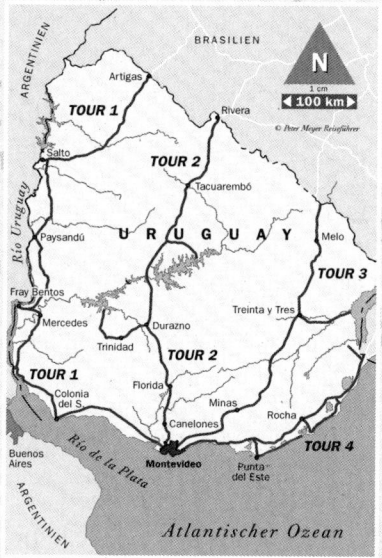

NATUR & UMWELT

GESCHICHTE BIS HEUTE

POLITIK, SOZIALES, KULTUR

REISE-INFORMATIONEN

BUENOS AIRES & PROVINZ

NORDOSTEN & IGUAZU

WÜSTEN & WEINBERGE

PATAGONIEN & FEUERLAND

URUGUAY: MONTEVIDEO

ROUTEN DURCH URUGUAY

4 ROUTEN DURCHS LAND

Noch stärker als in anderen lateinamerikanischen Ländern ist die Hauptstadt in Uruguay das unumschränkte Zentrum des Landes. Das spiegelt sich auch in den Transportwegen, die fast alle in Montevideo anfangen und enden. Denkt man sich das Land wie einen aufgeschlagenen Fächer mit Montevideo als Ausgangspunkt, bieten sich vier Touren ins Landesinnere an, die jede für sich eine schöne oder typische Facette berührt.

Tour 1 führt von der Hauptstadt aus nach Westen Richtung Colonia del Sacramento, den *Litoral* (Küstenstreifen) des Río Uruguay folgend nach Fray Bentos und Salto bis Artigas hinauf. Hier lernen Sie vor allem einige der prosperierenden Städte des Landes kennen. Karte Seite 440 und Seite 464 (Nordteil der Route).

Tour 2 bringt Sie durch Zentraluruguay mit dem großen Stausee Rincón del Bonete und einigen geheimnisvollen Höhlen nach Norden in die Fluß-Stadt Rivera. Karte Seite 440 und Seite 464 (Nordteil der Route).

Tour 3 durchquert – wieder ab Montevideo – das Land in nordöstlicher Richtung. Nicht nur Pampa und Viehweiden sind zu bestaunen, sondern auch ungewöhnliche Flora und Fauna im Nationalpark Quebrada de los Cuervos. Karte Seite 471 und Seite 464 (Nordteil der Route).

Tour 4 bedeutet sicher für viele Reisende ein Höhepunkt: An Uruguays Riviera locken etliche schöne Seebäder wie das bekannte Punta del Este, aber auch Naturschönheiten wie das Rocha-Sumpfgebiet, der Bosque de Ombúes nahe der brasilianischen Grenze sowie riesige Seelöwenkolonien vor der Küste. Karte Seite 471.

1 DEN RIO URUGUAY ENTLANG NACH ARTIGAS

Von Montevideo aus nach Westen reisend, lernt man die Gegend an der Küste des *Río de la Plata* und des *Río Uruguay* kennen. Im Vergleich zur Atlantikküste gibt es dort wenig Urlauber, trotzdem lohnt ein Besuch in der liebevoll restaurierten Kolonialstadt **Colonia del Sacramento**, dem Städtchen **Fray Bentos** mit seinem riesigen ehemaligen Frigorífico oder den Viehzuchtzentren und Industriestädten **Paysandú** und **Salto**.

Verläßt man Montevideo in nordwestlicher Richtung, erreicht man auf der Ruta Nr. 1 das Grenzflüßchen *Río Santa Lucía*, das die Hauptstadt vom *Departamento San José* trennt. Hier verbringen viele Einwohner Montevideos ihr Wochenende.

Die »Neue Schweiz«

Rund 120 km nordwestlich von Montevideo liegt die »Uruguayische Schweiz«. Hier wurde in der Mitte des vergangenen Jahrhunderts von Einwanderern aus der Schweiz der Ort **Nueva Helvecia**, auch *Colonia Suiza* genannt, gegründet, wo sich bis heute typische Schweizer Lebensart erhalten hat. Über die Hälfte des uruguayischen Käses wird in dieser Region produziert. Bekannt ist die Gegend außerdem für Ferien auf Estancias.

In Nueva Helvecia ist die **Plaza de los Fundadores**, in deren Mitte sich das Denkmal *El Surco* für die Gründer der Kolonie befindet, sehenswert sowie einige gut erhaltene historische Gebäude und die unter Denkmalschutz stehende Ruine der ersten hydraulischen Mühle im Land von 1875, die **Molino Quemado**. Das über hundert Jahre alte **Hotel del Prado**, in dem bis heute ein Hotel und die Jugendherberge untergebracht sind, gehört ebenfalls zu den Attraktionen des Städtchens. Informationen zu Ferien auf dem Bauernhof gibt es in den Reisebüros in Montevideo. In der Umgebung gibt es einige sehr schöne Strände.

Verbindungen

Bus: Nueva Helvecia liegt an der Hauptstrecke von Colonia nach Montevideo, allerdings halten nicht alle Busse. Es gibt keinen zentralen Busbahnhof. Mehrmals täglich Busse nach Montevideo von der Straße Treinta y Tres 1142 (6 $), ebenso Busse nach Colonia in der Avenida 25 de Agosto y Berna (3 $).

Unterkunft & Camping

Hotel Nirvana, ✆ 0554/5369, Avenida Batlle y Ordóñez, ab 100 $, sehr schönes, gut ausgestattetes Hotel mit Park, Schwimmbad und mehr.

Hotel del Prado, ✆ 0554/4169, Camino de los Hoteles, ehrwürdiges, aber etwas abgewohntes Hotel, gut erreichbar am Stadtrand, ab 50 $.

Granja Hotel Suizo, ✆ 0554/4002, Avenida Fischer, das erste Hotel im Interior des Landes, ab 60 $.

Britópolis, ✆ 0587/2215, Britópolis, etwas außerhalb, ab 30 $.

Jugendherberge: *Hotel del Prado*, ✆ 0554/4169, Camino de los Hoteles, ein Teil des Hotels ist als Jugendherberge ausgewiesen, 4 $ für Kinder und 7 $ für Erwachsene.

Camping: *Camping Concordia*, ✆ 0558/8330, etwas außerhalb, gute Busverbindung, gratis.

Essen & Trinken

Restaurants: *La Gondola*, Dreyer y 25 de Agosto, sehr zu empfehlen.

Don José, 18 de Julio 1214, gut und preiswert.

Hotel Suizo, exzellentes Essen, aber nicht billig.

Colonia del Sacramento

Colonia, 180 km westlich von Montevideo, ist wegen der Nähe zum nur 50 km entfernten Buenos Aires traditionell der wichtigste Fährhafen. Der etwa 20.000 Einwohner zählende Ort hat eine bewegte Geschichte hinter sich. 1680, also noch vor Montevideo gegründet, war die portugiesische Siedlung bis zur Unabhängigkeit von den portugiesischen und spanischen Kolonialmächten heftig umkämpft und diente auch als Umschlagplatz für britische Güter, die in die spanischen Kolonien am gegenüberliegenden Ufer des Río de la Plata geschmuggelt wurden.

Die Stadt hat ihr historisches Erbe bewahrt und ist wegen der gut erhaltenen Kolonialbauten ein Touristen-

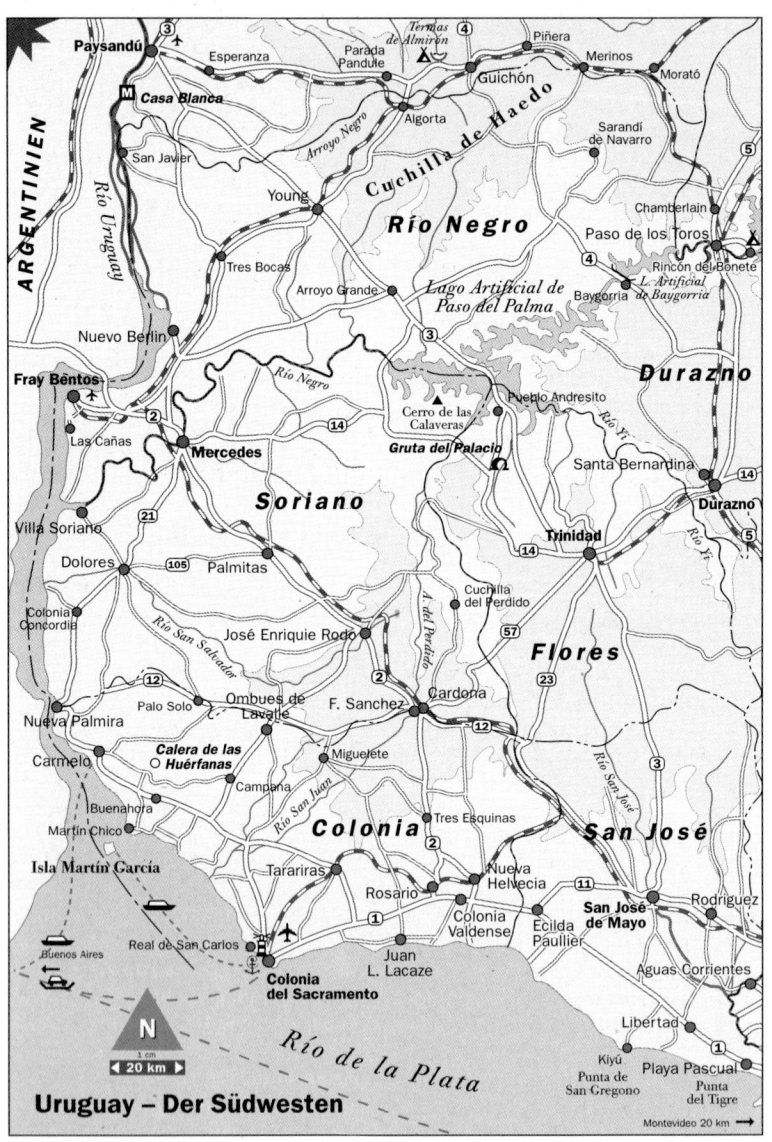

zentrum. Die Beschaulichkeit des Städtchens könnte aber bald dahin sein. Eine 50 km lange Brücke zwischen Colonia und der argentinischen Hauptstadt soll bis zum Jahr 2002 fertiggestellt werden. Viele Uruguayer haben allerdings wenig Interesse daran, ganz im Gegensatz zu argentinischen Spekulanten, die jetzt schon einen Großteil des Landes um die zukünftige Brücke herum eingekauft haben. Die uruguayische Stadt, befürchten viele, könnte zu einer Art Vorort von Buenos Aires werden.

Sehenswertes

In der Nähe des Hafens liegt das **Barrio Histórico,** der historische Kern, auf einer Landzunge. Ein Spaziergang durch die engen Gassen des verschlafenen Stadtteils, vorbei am *Faro,* dem Leuchtturm aus dem 19. Jahrhundert, und über den *Kunsthandwerksmarkt* auf der Plaza 25 de Mayo gleicht einem Museumsbesuch. Die schmiedeeisernen Fenstergitter der kleinen Kolonialhäuser, die üppigen Pflanzen an allen Ecken, die schlummernden Plätze, die kleinen Bars und Restaurants, das abgewetzte, grobe Kopfsteinpflaster – alles strahlt eine besondere Atmosphäre aus und der portugiesische Einfluß ist noch deutlich spürbar. Die wenigen Menschen, denen man hier begegnet, scheinen durch nichts aus der Ruhe zu bringen. Wer von Buenos Aires aus auf dem Weg nach Montevideo hier ankommt, sollte zumindest einige Stunden Station machen.

Die Altstadt wird vom Río de la Plata und im rückwärtigen Teil von der alten Stadtbefestigung begrenzt. Zu dieser gehört die **Puerta de Campo,** auch *Puerta de la Ciudadela* genannt, das alte Stadttor von 1754. Daran schließt sich die **Bastión de San Miguel** an, der gut erhaltene Teil der portugiesischen Verteidigungsmauer gegen Angriffe vom Land. Ein paar Meter weiter erreicht man die *Calle de los Suspiros,* die Gasse der Seufzer, die zur bereits erwähnten **Plaza 25 de Mayo,** dem Herz der Altstadt führt. Das **Museo del Periodo Histórico Portugués** zeigt alte Dokumente, historische Karten und Waffen aus der portugiesischen Zeit. Im **Museo Municipal,** dem Stadtmuseum, ist die Geschichte Colonias dargestellt.

Im **Museo de los Azulejos** wird Keramik aus den letzten Jahrhunderten gezeigt. Sehenswert ist das Haus am Hafenbecken aber vor allem, weil es vor über 300 Jahren errichtet wurde und eines der ältesten des Landes ist.

Der in der Nähe gelegene **Convento de San Fransisco Xavier,** der alte Franziskanerkonvent, wurde zwischen 1683 und 1702 errichtet. Noch älter ist die **Iglesia Matriz,** die Kathedrale, die noch ein STück weiter nördlich liegt. Mit ihrem Bau wurde 1680 begonnen. Sie ist die älteste Kirche Uruguays. Allerdings brannte die Iglesia Matriz zweimal ab, wurde durch *Tomás Toribio* 1810 wieder aufgebaut, ehe sie 1823 von einer Explosion – sie diente den brasilianischen Besatzungstruppen als Waffenlager – erneut schwer beschädigt wurde. Erst Mitte des 19. Jahrhunderts wurde sie in der heutigen Form rekonstruiert.

Die *Plaza de Armas Manuel Lobo,* an der die Kathedrale steht, trägt den Namen des Stadtgründers.

Das **Museo del Periodo Histórico Español,** das der spanischen Zeit gewidmete Museum am nördlichen Rand der Altstadt, ist in einem portugiesischen Gebäude vom Anfang des 18. Jahrhunderts untergebracht. Dokumente, alte Stiche, Waffen und Möbel werden in dem Haus, das selbst ein wertvolles Ausstellungsstück ist, gezeigt.

Entlang der Küstenstraße *Rambla Costanera* breiten sich die ruhigen **Strände** bis zum heutigen Stadtzentrum am anderen Ende der Bucht aus. Dort befindet sich in der Avenida General Artigas die **Casa de Cultura** mit einer kleinen, eher traurigen Ausstellung über Indígenas und Gauchos.

Die **Öffnungszeiten** aller Museen sind Di – So 12 – 18 Uhr.

Wer sich Anfang März in Colonia aufhält, sollte sich die **Fiesta Nacional de la Leche,** das nationale Milchfest nicht entgehen lassen.

Verbindungen

Bus: Wer die Busfahrt mit dem Schiffsticket gelöst hat, muß zur Weiterfahrt zum Hafen zurück. In der *Avenida General Flores* sind die Büros der Busgesellschaften, die häufig nach Montevideo (7 $) und in andere Städte, so weiter nach Salto (18 $) und Paysandú (22 $) fahren.

Unterkunft & Camping

Colonia ist als Touristenzentrum und wegen seiner Funktion als wichtigster Fährhafen nach Buenos Aires nicht gerade billig. In der Touristeninformation werden auch private Zimmer angeboten, die oft wesentlich günstiger als Hotels sind.

Posada del Gobernador, ✆ 23018, 18 de Julio 205, in der historischen Altstadt gelegen, ab 85 $.

Hotel Royal, ✆ 23139, Avenida Flores 340, 60 $.

Hotel Esperanza, ✆ 2922, Avenida Flores 237, ab 60 $.

Residencial, ✆ 24438, 18 de Julio 491, 30 $, freundlich, im Zentrum.

Hotel Italiano, ✆ 22103, Intendente Suárez y Lobo, günstiges Hotel mit gutem Restaurant, ab 55 $.

Hospedaje Colonial, ✆ 2906, Avenida Flores 436, ab 30 $, sehr freundliches, sauberes Hotel.

Posada Tita y Carlos, ✆ 24438, 18 de Julio, ab 30 $, einfach und sauber.

Posada San Gabriel, ✆ 23283, Del Comercio 127, 55 $.

Camping:

Real de San Carlos, ✆ 4444, sehr empfehlenswerter, gut ausgestatteter Platz, etwa 4 km vom historischen Kern. Ganzjährig geöffnet und gut mit dem Bus zu erreichen, der halbstündlich von der Avenida Flores y Méndez abfährt. Preis pro Nacht 4 $.

Cabañas del Camping Municipal, etwa 3 km vom Zentrum entfernt, Vermietung von kleinen Hütten mit und ohne Bad, Preis pro Hütte von 10 bis 15 $.

Essen & Trinken

In der Altstadt, hauptsächlich der Avenida Flores und 18 de Julio, gibt es viele schöne Restaurants, bei etli-

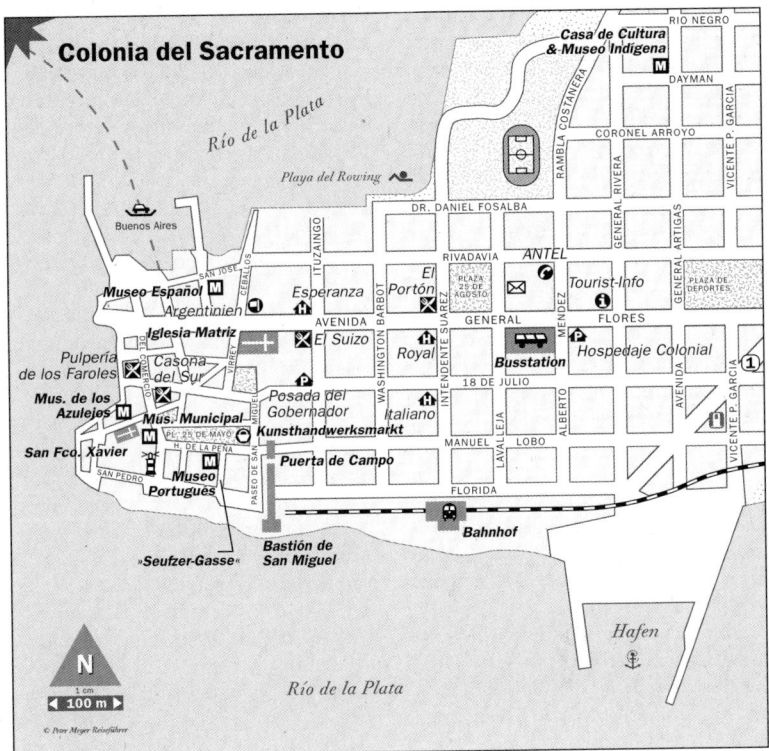

chen kann man auch draußen sitzen.
El Suizo, Avenida Flores y Ecke Ituzaingó. Gemütlich, nicht ganz billig.
El Portón, Flores 333, sehr gute Parrillada.
Pulpería de los Faroles, Comercio y Misiones, empfehlenswert.
Casona del Sur, Plaza Mayor, empfehlenswertes Café, in dem abends oft Live-Musik gespielt wird.
Ituzaingó 186, Geheimtip, der keiner mehr ist, weil in jedem Reiseführer empfohlen. Grillrestaurant, das auch von vielen Einheimischen aufgesucht wird.

Nützliche Adressen

Touristeninformation: Avenida General Flores 499, © 3700, Fax 6141, Mo – Fr 9 – 18 Uhr, Sa, So 9 – 22 Uhr. Man erhält dort Stadtpläne, auch organisierte Führungen durch die Altstadt und Ausflüge ins Umland werden angeboten.

Das Ministerium bietet Informationen unter ⌀ 4897 an.
Hauptpostamt: ⌀ 2116, Lavellaja 226.
Telefongesellschaft Antel: ⌀ 3101, Rivadavia 420.
Krankenhaus: ⌀ 2994, Avenida 18 de Julio 462.
Argentinisches Konsulat: ⌀ 2091, Flores 215, Mo – Fr 12 – 16 Uhr.

Reiseziele in der Nähe
Von Colonia werden Exkursionen zur **Isla Martín García**, einer kleinen Insel etwa 30 km stromaufwärts angeboten, außerdem kann man mit einem Boot eine Fahrt rund um Colonia machen. Wenn man nicht sowieso von hier aus nach Buenos Aires reist, ist es eine empfehlenswerte Tagestour, um die Küste des Río de la Plata zu sehen. Die Touren sind in der Touristeninformation zu buchen.

Der kleine, etwa 5 km hinter Colonia gelegene Ort **Real de San Carlos** hat touristisch einiges zu bieten, so die *Plaza de Toros,* die 1910 eingeweihte Stierkampfarena für 10.000 Besucher, die für den argentinischen Unternehmer allerdings zum Debakel wurde, weil der Staat zwei Jahre später den Stierkampf verbot. Die Pferderennbahn im *Complejo Turístico Nicolas Mihanovich,* benannt nach dem Gründer des Freizeitkomplexes, ist noch in Betrieb. Hier liegen auch die Campingplätze, die im Sommer sehr stark von den argentinischen Nachbarn frequentiert werden.

Carmelo
Das 1816 von *José Artigas* gegründete Carmelo hat heute etwa 15.000 Einwohner und liegt an der Mündung des *Arroyo de las Vacas,* der in den Río de la Plata fließt. Die *Plaza Artigas* ist der Hauptplatz des Städtchens. Es gibt eine Schiffsverbindung mit *Tigre* auf der argentinischen Seite, wohin es über den Río de la Plata und durch das Delta des Río Paraná geht. Am gegenüberliegenden Ufer des Arroyo liegen ein Campingplatz, ein **Casino** und ein sehr schöner **Uferpark**.

Verbindungen & Infos
Bus: nach Montevideo und Colonia oder nach Fray Bentos und Salto mehrmals täglich von der *Plaza 19 de Abril y 18 de Julio* ab.
Schiff nach Tigre: von Carmelo über den Río de la Plata nach Tigre in Argentinien. Tickets für die viermal täglich stattfindende, dreistündige Überfahrt, die an kleinen unbewohnten Inseln vorbeiführt, gibt es für 15 $ am Hafen, ⌀ 2536, Constituyentes.
Touristeninformation: 19 de Abril 250, ⌀ 2001.

Unterkunft & Restaurants
Hotel Casino Carmelo, ⌀ 2314, Avenida Rodó, 60 $ mit HP, das exklusivste Haus der Stadt.
Hotel Bertoletti, ⌀ 2030, Uruguay 171, ab 34 $ ohne Frühstück.
Hotel Rambla, ⌀ 2390, Uruguay y 12 de Febrero, 37 $.
Hotel San Fernando, ⌀ 2503, 19 de Abril 161, 20 $. Gemütliches kleines Hotel.

Camping: *Las Higueritas,* ✆ 2058, empfehlenswerter Platz, an der Südseite des Flusses gelegen, in der Nähe der Brücke.
Náutico Carmelo, ✆ 2058, an der Rambla, schöner Platz, auf dem nur Gebühren für Wasser verlangt werden.
Restaurants: empfehlenswert sind *El Vesubio,* 19 de Abril 451, sowie *Perrini,* 19 de Abril 440.

Reiseziele in der Nähe

Von Carmelo bieten sich Ausflüge auf nahegelegene **Estancias** an. Diese können auch in Montevideo gebucht werden. Die *Estancia de las Vacas,* etwa 50 km westlich von Colonia, an der Ruta 21 km 256 gelegen, wurde 1738 von Jesuiten gegründet. Auf der Farm wurden neue landwirtschaftliche Methoden getestet und zu Hochzeiten arbeiteten hier fast 300 Leute, die 30.000 Rinder züchteten, Wein anbauten und alles nötige, um als Selbstversorger leben zu können. Das Experiment endete schon 1767, als die Spanier, von Buenos Aires kommend, die Jesuiten vertrieben. Die riesige Farm wurde in **Calera de las Huérfanas** umbenannt. Heute steht die Estancia unter Denkmalschutz.

Auf der Ruta Nr. 21 gelangt man von Carmelo aus nach etwa 20 km nach **Nueva Palmira**. An dieser Stelle, wo der Río Uruguay an einer schmalen Stelle in den Río de la Plata übergeht, bevor dieser sich ganz öffnet, soll der Ausbau der *Hidrovía* enden (siehe Seite 21). Von dort erreicht man **Dolores** und hat damit die Grenze zum *Departamento Soriano* über-

Baden ebenso gerne im Fluß wie die Menschen: Pferde im erfrischenden Naß

schritten. Die 15.000 Einwohner zählende Stadt wurde 1750 gegründet und wirkt ein bißchen vergessen.

Zweigt man von der Hauptstraße nach *Mercedes* bei Km 354 ab und fährt die Ruta 95 nach Westen, erreicht man **Villa Soriano**. Die 1624 von Franziskanern gegründete *Reduktion* (Missionsstation, vergleiche San Ignacio Miní, Argentinien, Seite 281, 282) ist die älteste Stadtgründung des Landes. Fast direkt an der Mündung des *Río Negro*, abseits der Verbindungsstraße gelegen, wirkt die Siedlung wie von der Geschichte vergessen, ein Zeugnis aus einer anderen Epoche.

Mercedes, Herrin der Flüsse

Mercedes ist die Hauptstadt der *Provinz Soriano*, 275 km von Montevideo entfernt. Sie wird wegen ihrer Lage am Río Negro auch *Dama de los Ríos*, Herrin der Flüsse, genannt. Sehenswert ist Mercedes wegen der interessanten Architektur, wobei im **Stadtzentrum** die *Iglesia Nuestra Señora de las Mercedes* herausragt, deren feine Kuppelarchitektur beeindruckt. Bekannt ist auch die Gemäldesammlung im *Museo Eusebio Giménez*, Giménez y Sarandí. Die Hauptstraßen *Colón* und *Artigas* verlaufen parallel zum Hauptplatz, der *Plaza Independencia* durch die knapp 40.000 Einwohner zählende Stadt.

Im Westen liegt das *Museo Paleontologico Alejandro Berro*, Di – So 8 – 18 Uhr, in dem fossile Funde der Region ausgestellt sind. Das Museum ist gut mit dem Bus erreichbar, der von der Plaza Independencia abfährt.

Lohnend ist ein **Ausflug** auf die zahlreichen kleinen *Inseln im Río Negro*. Eine Tour die *Rambla Costanera* entlang ist ebenfalls sehr schön, man gelangt auch auf die *Isla Puerto*, die gegenüber dem Hafen liegt. Sie ist mit dem Festland durch die *Puente de la Confraternidad Argentina-Uruguaya*, die Freundschaftsbrücke verbunden. Im Río kann man sehr gut baden, es gibt schöne Sandstrände.

Verbindungen

Bus: täglich nach Montevideo, viele nach Fray Bentos, von wo man über die internationale Brücke nach Argentinien gelangt oder weiter in den Norden fahren kann. Es gibt keinen zentralen Busbahnhof, die einzelnen Büros liegen am Hauptplatz.

Flughafen: *Aeropuerto Ricardo Detomasi*, ✆ 2828, etwa 3 km vom Zentrum.

Unterkunft & Restaurants

Hotels der Mittelklasse gibt es in Mercedes nicht, alle anderen Zimmer kosten von 10 $ bis 20 $ pro Person.

Hotel Brisas del Hum, ✆ 2740, Fax 2471, Artigas 201. Exklusives Haus in einer Parkanlage, ab 70 $. Auch Cabañas für 40 $.

Hotel Marín, ✆ 2987, Rodó 668, empfehlenswertes günstiges Hotel mit einer Dependance in Roosevelt 627, ✆ 2115.

Jugendherberge: *Club Remeros*, ✆ 2534, ganzjährig geöffnet, direkt am Fluß.

Camping: *Camping del Hum*, auf der Isla del Puerto im Río Negro gelegen. Schöner Platz, etwa 500 m vom Stadtzentrum. Auf die Insel gelangt man über die Brücke der Freundschaft, die Verlängerung der Straße Sarandí. 9 $ pro Person.

Restaurants: *Comedor Municipal,* auf der Isla del Puerto. Hier kann man in schöner Umgebung gut und preiswert essen.

La Brasa, Artigas 426, empfehlenswertes kleines Lokal.

Nützliche Adressen
Touristeninformation: Stadtplan und viele Tips, Artigas 215.
Post: Rodó y 18 de Julio.
Telefon: *Antel* hat ein Büro in 18 de Julio y Careaga 268.

Fray Bentos
Ganz in der Nähe von Mercedes, direkt am Río Uruguay, liegt Fray Bentos, mit etwa 20.000 Einwohnern die Hauptstadt des *Departamento Río Negro.* Das **Stadtzentrum** bildet die *Plaza Constitución.* Dort befindet sich das *Museo Luis Alberto Solari Artes Plásticas,* das städtische Museum, in dem Kunstwerke und wechselnde Ausstellungen zu sehen sind.

Aufsehen erregte die Stadt 1979, als die 1865 gegründete Fleischextraktfabrik, die erste in Uruguay, der **Frigorífico Anglo** geschlossen wurde und Arbeiter sie daraufhin besetzten. Im *Parque Industrial* wird seit einigen Jahren erfolgreich versucht, auf dem Gelände der ehemaligen Fabrik Kleingewerbe anzusiedeln. Außerdem gibt es dort das **Museo de la Revolución Industrial,** Mo – So 13 – 19 Uhr und nach Vereinbarung im Stadtmuseum.

Könnte ein Sinnbild der Industriellen Revolution sein: Energiezentrale von Fray Bentos

Der Frigorífico Anglo wird übrigens auch *Liebig's* genannt nach dem Erfinder des Fleischextrakts, dem deutschen Chemiker *Justus von Liebig*, 1803 – 1873. Der Apothekerlehrling hatte in mehreren Städten studiert, bevor er mit nur 21 Jahren durch Förderung von Alexander von Humboldt Professor der Chemie in Gießen wurde. Ihm wird die Entdeckung vieler neuer Stoffe zuerkannt. Seine nachdrückliche Befürwortung der Mineraldüngung und seine Vorschläge zur Gewinnung von Fleischextrakt hatten damals eine enorme Ausweitung und Verbesserung der menschlichen Ernährung zur Folge. Heute freilich wird besonders die Mineraldüngung nicht nur von Ökologen negativ gesehen.

Das **Teatro Young** in 25 de Mayo y Zorilla wurde zu Beginn des Jahrhunderts von der einflußreichen Familie *Young* errichtet (das kleine Städtchen *Young*, ein Zentrum der Land- und Milchwirtschaft, etwa 70 km nordöstlich von Fray Bentos, trägt ebenfalls ihren Namen) und befindet sich heute in städtischem Besitz. In dem Theater mit 400 Plätzen finden regelmäßig Veranstaltungen statt.

Sehr malerisch liegt das 4000 Plätze bietende **Teatro de Verano** an der Rambla, der Küstenpromenade des *Litoral,* wie das Ufer des Río de la Plata und des Río Uruguay hier genannt wird.

Im *Gran Hotel Fray Bentos* ist ein **Casino**, das während der Ferienmonate von vielen Porteños besucht wird.

10 km nördlich von Fray Bentos überquert die 1983 fertiggestellte, 5,3 km lange **Puente Internacional Libertador San Martín** den Río Uruguay nach Argentinien. Die südlichste der insgesamt drei Verbindungsbrücken zwischen Argentinien und Uruguay ist mit einer Spannweite des Hauptbogens von über 220 Metern eine der größten Spannbetonbrücken Südamerikas.

Verbindungen
Bus: Es gehen jeweils mehrere Busse täglich nach Süden in Richtung Montevideo und nach Norden in Richtung Salto, die vom Busbahnhof, ✆ 2737, 18 de Julio y Blanes, oder vom Hauptplatz 18 de Julio y 25 de Mayo abfahren.

Unterkunft & Camping
Gran Hotel Fray Bentos, ✆ 2358, Paraguay 3272, ab 65 $. Topadresse der Stadt.

Hotel Casino, 18 de Julio y Paraguay, 50 $. In der Nähe des Freilufttheaters mit Blick auf den Río.

Hotel Plaza, ✆ 2363, 18 de Julio y 25 de Mayo, ab 30 $. Direkt am Hauptplatz.

Hotel Colonial, ✆ 2260, 25 de Mayo y Zorilla, ab 20 $. Einfaches, aber schönes kleines Hotel mit nettem Innenhof.

Camping: *Club de Remeros Fray Bentos,* ✆ 4426, Rambla Costanera im Parque Roosevelt. Schöne Anlage in einem kleinen Sportpark, 5 $ pro Person.

Lesen Sie bitte weiter auf Seite 452 ▶

Die Rambla Costanera schwingt sich den Hügel hinab zum Strand und geht dann in die Uferstraße über, die zum Gelände der *Liebig's Extract of Meat Company, Ld.*, LEMCO, führt. Hier begann der deutsch-brasilianische Ingenieur *Georg Giebert* erstmals im Auftrag des deutschen Chemikers *Justus von Liebig* 1862 mit der industriellen Massenproduktion von Fleischextrakt. Ein großes, neu angebrachtes Schild der Stadtregierung von Fray Bentos macht auf das **Primer Museo de la Revolución Industrial del Uruguay** und auf den **Parque Industrial** aufmerksam, die nach dem Sturz der Militärs 1985 eingerichtet wurden. Der 60 m hohe Schornstein aus dunkelroten Klinker überragt die Dachlandschaft der Fabrikgebäude, Arbeiterwohn- und Herrschaftshäuser. Die Geschichte der Fabrik ist an den Gebäuden abzulesen, so an der Herrschaftsfassade der klotzigen, fensterlosen *Cameras frías* aus den 20er Jahren dieses Jahrhunderts, die dem Río de la Plata zugewandt ist und vom Reichtum der Fabrik bis nach Argentinien künden sollte.

Von den 620 Menschen, die heute im **Barrio Anglo** wohnen, haben einige noch die Höhen und Tiefen der Fabrik miterlebt. Es gibt niemanden, der nicht eine Verbindung zur *Fábrica* hat. In den etwa 200 Häusern des Viertels, alle von Deutschen gegen Ende des 19. Jahrhunderts gebaut, entstand eine eigene multikulturelle Welt, Anfang des 20. Jahrhunderts arbeiteten Menschen aus 23 Nationen in der Fabrik.

Der Frigorífico Anglo

Die über 80 Schiffe pro Jahr, die schon 1890 über den Atlantik hierher kamen, beladen mit europäischem Eichenholz, Maschinen und Stahlprodukten, brachten auch eine einzigartige Vegetation mit. Blumen, Gräser und Bäume aus aller Welt wachsen noch heute wild durcheinander und verströmen im Frühling einen berauschenden Duft.

Waren es Ende des letzten Jahrhunderts über 1000 Menschen, die Arbeit im Frigorífico fanden, so stieg die Zahl bis 1924 auf über 4000 und 1979, als die Produktion stillgelegt wurde, waren hier immer noch 1900 Menschen beschäftigt.

Georg Giebert

Der *Anglo* ist in der Region, im ganzen Land und über Südamerika hinaus immer noch ein Mythos. 1924 ging die LEMCO in den Besitz des englischen Fleischtrusts *Frigorífico Anglo* über. Boomzeiten mit explosionsartigem Wachstum wechselten sich mit Phasen der Rezession ab. Der letzte Boom war in den Jahren des Koreakrieges 1950–53. Das Auf und Ab der Fabrik und des Wohlstands von Fray

Bentos war immer abhängig von weltweiten Konjunkturzyklen – eine Geschichte von Krieg und Frieden in der Welt.

Die Leute im Barrio reden noch immer von »den Deutschen« – *los Alemanes.* Zu deren Zeit wurden die Wohnungen für die Arbeiter gebaut, es gab im Viertel früher Elektrizität als in Montevideo, zusätzlich zum Lohn wurden mehrere Kilo Fleisch pro Familie und Tag verteilt, es wurden Schulen, ein Krankenhaus, ein Gemeinschaftszentrum, Sportanlagen und mehr gebaut. Alles zu Zeiten, als in Europa der Manchester-Kapitalismus sein häßlichstes Gesicht zeigte. Und das vielleicht Erstaunlichste: die Häuser für die Arbeiter entstanden zwischen Ort und Fabrik, neben den Badestränden der Herrschaften.

Als 1979 die Produktion endgültig stillgelegt wurde, plünderten zuerst die herrschenden Militärs die gesamte Anlage von den Biedermeier- und Jugendstilmöbeln der Herrschaftshäuser der Engländer bis zu den Pflanzen im Botanischen Garten. Die demokratisch gewählte Regierung stellte das ganze Gelände, Barrio und Fabrik, 1986 unter Denkmalschutz. Nach vergeblichen Versuchen die Fleischverarbeitung wieder aufleben zu lassen, entstand 1988 die Idee des Museums und des Industrieparks.

Viele Menschen in der Stadt und im Barrio wollten anfangs davon nichts wissen. Immer noch wird mit verklärtem Blick von den guten, alten Zeiten des Anglo geschwärmt. Die wenigen Jahre, die seit der Schließung vergangen sind, haben die Erinnerung an die

Abhängigkeiten verdrängt, an das alltägliche Elend der Arbeiter, speziell der vielen Frauen, die immer in der Fabrik beschäftigt waren, an den harten Kampf der Gewerkschaften für bessere Arbeitsbedingungen.

Was bleibt ist der Mythos. Die Scheiben der Maschinenhalle sind zersplittert. Der Regen trommelt auf den Blechdächern ein vielstimmiges Konzert, die Dampfmaschinen und Kompressoren für die Gefrieranlage der Kühlkammern rosten still vor sich hin, die beiden Holzkräne aus den 20er Jahren drehen sich ächzend im Wind bei heftigen Frühlingsgewittern, die aus dem kalten Süden in den subtropischen Norden ziehen. In den Schlachtsälen, den *Salas de matanzas*, sind an den weißgekachelten Wänden hier und dort noch verkrustete Blutspritzer zu sehen.

Man kann sich das alles noch vorstellen, kann die Arbeiter sehen zwischen Tausenden von brüllenden, verstörten Rindern, die von den Gauchos in ihrer martialischen Lederkluft in die Korrale getrieben wurden. Wie sie sich durch Wannen mit Wasser und Desinfektionsmitteln drängen, mit Prusten und tierischem Lärm. Dann geht es immer höher, tausend Hufe trampeln die breiten Holzstege hinauf zum höchsten Punkt der Fabrik, wo in mehreren Reihen die Schlächter stehen, die den Tieren von oben herab mit einem riesigen

Einst Massenproduktionsstätte, heute Museum

Totschläger den Schädel spalten. In Zeiten der Konjunktur wurden täglich bis zu 2000 Tiere abgeschlachtet und die Kadaver auf den Weg geschickt, bis sie als Fleischextrakt, Corned Beef oder in Form eines anderen der über 100 Produkte am Hafen in die Schiffe verladen wurden. Alles wurde verwertet, die Haut, das Fleisch, die Knochen, die Hufe, die Hörner, das Blut, es gab keine Abfälle.

Heute herrscht gespenstische Grabesstille in den riesigen Hallen, nur ab und zu bewegt der Wind einen der Haken, die wie vergessen immer noch an einer Rolle an der Decke baumeln.

Buchtip: *Uruguay. Schlacht-Opfer.* Unter diesem Titel hat die Zeitschrift »ila« im Oktober 1994 ein Schwerpunktheft über die Geschichte des Schlachthofes in Fray Bentos mit sehr schönen Fotos und informativen Texten und Interviews veröffentlicht. Für 7 DM zu beziehen über: *Informationsstelle Lateinamerika,* Oscar-Romero-Haus, Heerstraße 205, 53111 Bonn.

Camping C.A. Anglo, ⓣ 2787, im historischen Barrio an der Rambla gelegen, etwa 3 km zum Zentrum, 4 $ pro Person.

Camping Las Cañas, ⓣ 2224, schöne große Anlage mit vielen Plätzen und Cabañas, im Winter ausgestorben, in der Saison überfülltes Strandbad wegen der Nähe zu Argentinien. Etwa 8 km vom Zentrum entfernt, günstige Preise.

Essen & Trinken

Viele Restaurants befinden sich an der Hauptstraße 18 de Julio und in der Nähe der Plaza.

Restaurante Enramada, 25 de Agosto y España, etwas versteckt vier Blocks vom Hauptplatz, sehr gute Parrillada.

Wolves, ⓣ 2918, sehr schönes Restaurant im Parque Industrial im Anglo, nur in der Saison geöffnet.

Nützliche Adressen

Touristeninformation: an der Plaza Constitución, am zentralen Busbahnhof gibt es ebenfalls eine Information.

Argentinisches Konsulat: ⓣ 2638, Sarandí 3195.

Reiseziele in der Nähe

In der Nähe Fray Bentos' liegt **Nuevo Berlin,** ein Dorf, das einmal von deutschen Aussiedlern gegründet wurde. Außer dem Namensschild ist nicht mehr viel deutscher Einfluß zu spüren.

Anders in der **Colonia San Javier,** 1913 von 300 russischen Familien am Ufer des Río Uruguay gegründet. Sie kamen auf Initiative des Präsidenten Battle y Ordóñez ins Land, der sein Land stärker besiedeln wollte. Am 27. Juni wird hier das Gründungsfest gefeiert, eine ideale Gelegenheit, die Traditionen der Menschen kennenzulernen.

In allen Orten gibt es sehr einfache, aber schöne Campingplätze.

Paysandú, die Biermetropole

Die Hauptstadt der gleichnamigen Provinz ist mit über 80.000 Einwohnern die drittgrößte Stadt Uruguays, in der Dreiviertel der Provinzeinwohner leben. Sie ist nicht nur Verwaltungszentrum, sondern besitzt auch einen wichtigen Hafen am Río Uruguay. In der Stadt haben sich zudem Fabriken angesiedelt, was Paysandú nach Montevideo zur wichtigsten Industriestadt des Landes macht. Vor allem die Gefrierfleischfabriken sind untrennbar mit der Geschichte der Stadt verbunden (siehe Vorschläge für Betriebsbesichtigungen). Die 1750 gegründete Stadt macht zwar auf den ersten Blick einen verschlafenen Eindruck, hat aber einiges zu bieten.

In Paysandú gibt es ein **Historisches Museum** in Zorilla y Sarandí, 1989 eröffnet, und das **Museo Salesiano,** 18 de Julio y Montecaseros, das Museum Zeitgenössischer Kunst, sowie das **Museo de Artes Plásticas** in Leandro Gómez 852, in dem Bildhauerkunst ausgestellt wird. Sehenswert ist die **Plaza Constitución** mit der *Basilika,* die Mitte des 19. Jahrhunderts erbaut wurde.

Etwas außerhalb der Stadt an der *Costanera Norte* liegt das **Museo de la**

Die Landschaft um Paysandú spiegelt sich im Stadtpark

Tradición (1981 eröffnet), in dem vor allem die Lebensweise der Gauchos etwas romantisiert dargestellt wird. Die Museen sind in der Regel Mo – Fr 13 – 18 Uhr geöffnet, teilweise zusätzlich am Wochenende.

Anfang April (an Ostern) findet jedes Jahr eine **bayerische Bierwoche** statt: Ein riesiges Volksfest, sehr laut, ziemlich lebendig und sehr deutsch.

Am 8. Juni wird alljährlich mit einem großen **Folklorefest** der Gründung der Stadt im Jahr 1750 gedacht.

Im Río Uruguay gibt es mehrere kleine Inseln mit Stränden und die **Cascada del Queguay**, einen kleinen Wasserfall.

Sightseeing von innen: Betriebsbesichtigungen

Viele Industriebetriebe in Paysandú können besichtigt werden. Die Betriebe liegen übrigens alle mitten in der Stadt, da sich diese, wie so oft in Lateinamerika, an den Rändern extrem schnell ausbreitet.

Paysandú ist die Bier-Metropole des Landes schlechthin. Und das nicht nur an Ostern zur Bierwoche. Die **Norteña-Brauerei** veranstaltet wochentags Rundgänge um 9 und 16 Uhr durch ihre Fabrik, ✆ 23300, in Instrucciones y Batlle Barres.

Die **Lederverarbeitung Paycueros**, ✆ 25294, liegt in Batlle Barres y Avenida Salto, die Besichtigungszeiten müssen erfragt werden.

Dasselbe gilt für die **Früchteverarbeitung Azucitrus**, ✆ 26621, Avenida Rodín y Calle No. 80 Norte.

Wer nach den Besichtigungen Interesse an gewerkschaftlichen Standpunkten hat, kann sich an die *Gewerkschaftszentrale* wenden, ✆ 25841, 18 de Julio 1319. Außer bei Norteña sollte man sich überall einen Tag vorher anmelden.

Verbindungen
Bus: Stündlich Busse ab Busbahnhof *Artigas y Montecaseros* nach Montevideo, 12 $. Gute Verbindungen auch nach Salto und in das argentinische Colón.
Flughafen: *Aeropuerto Chakling,* ✆ 27421, 3 km vom Zentrum.
Mietwagen: *National Car Rent,* ✆ 23071, Florida 1249.

Unterkunft & Camping
An Karneval, zu Ostern und den Bier-Festen unbedingt reservieren.
Gran Hotel, ✆ 23400, 18 de Julio 984, 72 $, das komfortabelste Hotel der Stadt.
Bulevar, ✆ 28835, Bulevar Artigas 960, 60 $.
Rafaela, ✆ 24216, 18 de Julio 1181, 40 $ pro Nacht.
Plaza, ✆ 22022, Leandro Gómez 1121, 35 $.
Hotel Victoria, ✆ 24320, 18 de Julio 979, 20 $, angenehmes, einfaches Familienhotel.
Hotel Concordia, ✆ 22417, 18 de Julio 984, 20 $, empfehlenswert.
Hospedaje Artigas, ✆ 24343, Baltasar Brum 923, 10 $. Sehr einfache Pension.
Jugendherberge: im *Hotel La Posada,* ✆ 7879, Varela 566, ganzjährig geöffnet.
Camping: Campingplätze gibt es in Paysandú mehrere an der Costanera Norte, direkt am Zentrum liegt der Gratisplatz der Gemeinde, das *Balneario Municipal.* Es gibt dort aber keine sanitäre Anlagen.
Camping Club de Pescadores, 3 $ pro Tag, etwas weiter südlich vom Balneario Municipal, mit allen üblichen Serviceeinrichtungen.

Essen & Trinken
Restaurante Artemisio, sehr gutes Essen zu vernünftigen Preisen, direkt an der Plaza Constitución neben dem Tourismusbüro.
Don Diego, 19 de Abril 917, gute Parrillada.
Parillada de Asturias, Pereda 917, sehr gutes Restaurant mit äußerst günstigen Preisen.

Nützliche Adressen
Touristeninformation: ✆ 6221, Fax 5343, 18 de Julio 1226.
Postamt: 18 de Julio 1052.
Stadttheater: Herrera zwischen 18 de Julio und Leandro Gómez.
Argentinisches Konsulat: ✆ 22253, Leandro Gómez 1034.
Brasilianisches Konsulat: ✆ 22723, Herrera 932.

Reiseziele in der Nähe: Von Thermalbädern und Helden
Ein Ausflug lohnt sich in das pittoreske Museumsdorf **Saladero de Casa Blanca** am Río Uruguay, zudem ein Paradies für Angler.

Bekannt ist die Provinz Paysandú hauptsächlich durch ihre **Thermalbäder,** von denen **Almirón** 85 km östlich und **Guaviyú** 60 km nördlich von Paysandú die bedeutendsten sind. Es bestehen sehr gute Busverbindungen dorthin, die Fahrt dauert gut eine Stunde. Die Thermen haben eine Wassertemperatur von 38 Grad Celsius und sind wunderbar zum Entspannen. Im Sommer sind die Anlagen, in denen vom Hotel und Campingplatz über Freiluftkinos bis zum Casino alles geboten wird, gut besucht und manchmal ausgebucht.

Achtung: Die Zimmer der Thermalbäder sind während des Karnevals, zu Ostern und an vielen Wochenenden ausgebucht, also vorher anmelden. Informationen hierzu erteilt das Tourismusbüro in Paysandú.

90 km nördlich der Hauptstadt läßt sich offizielle uruguayische Geschichtsschreibung schnuppern. Auf dem Hügel **La Meseta de Artigas** steht eine 37 Meter hohe Büste des Nationalhelden *José Gervasio Artigas,* die an einen strategischen Stützpunkt im uruguayischen Befreiungskampf erinnern soll. Artigas, 1764 in Sauce nahe Montevideo geboren, war zwar zunächst Offizier in spanischen Diensten, verteidigte dann aber 1811 als Führer der Gauchos die Selbständigkeit Uruguays gegen die Spanier, Portugiesen und argentinischen Unitariern. Obwohl er das Land nicht in die Unabhängigkeit führen konnte, wird er als »Vater der Nation« verehrt. Er starb 1850 im Exil in Paraguay.

Zur Meseta de Artigas kann man mit dem öffentlichen Bus Richtung Salto fahren oder sich einer organisierten Tour anschließen, die Reisebüros im Zentrum Paysandús anbieten.

Salto, zweitgrößte Stadt des Landes

Etwa 500 km von Montevideo entfernt liegt die Stadt Salto, ein wichtiges Zentrum der *Ganadería,* der Viehzucht. In der gleichnamigen Provinz werden auch Orangen und Wein angebaut. Mit über 90.000 Einwohnern ist Salto die zweitgrößte Stadt Uruguays.

Die Stadt ist nicht sehr spektakulär, hat aber ein architektonisch interessantes Zentrum, in dem viele Bauten aus dem letzten Jahrhundert erhalten sind, wie der heutige Omnibusterminal oder die beiden Theater **Larrañaga** und **Palacio Córdoba.** Das **Museo de Bellas Artes,** das Kunstmuseum, Uruguay y 18 de Julio und das **Museum für Technologie**

Oldtimer: In Uruguay häufig zu sehen

und Mensch, Brasil y F. Sánchez, beide Di – So 10 – 17 Uhr geöffnet, befinden sich ebenfalls im Stadtzentrum.

Im **Parque Harriague** ist ein *Freilufttheater*, ein *Zoo* und das *Historische Museum*, das einen Einblick in die Stadtgeschichte bietet (Di – So 8 – 11 Uhr und 15 – 19 Uhr). Etwas Besonderes sind die *Costaneras Norte y Sur* am Ufer des gigantischen Río Uruguay. An den Wochenenden außerhalb der Wintermonate treffen sich hier die Bewohner zum Grillen, Baden und Feiern. Zahlreiche Kioske und Restaurants finden sich entlang des 10 km langen Küstenstreifens. Am Wochenende im Sommer und in den Ferien gibt es dort nach Mitternacht Freiluft-Discos.

Represa de Salto Grande

Einen Großteil des Stroms der Provinzen am Río Uruguay liefert das Kraftwerk Salto Grande. Der Río ist hier zu einem See von etwa 800 km² aufgestaut, die beiden urugayischen Kraftwerke können bis zu 1,9 Millionen MWh Strom erzeugen. Die Staumauer bildet auch die Verbindungsbrücke nach Argentinien, siehe Seite 259. In der Touristeninformation in der Stadt kann man eine Führung durch das Kraftwerk buchen.

Verbindungen & Infos

Bus: Nach Paysandú und Montevideo zweistündlich. Weiter in den Norden kommt man mit zwei Bussen pro Tag. Eine Busverbindung nach Argentinien über Concordia besteht ebenfalls zweimal täglich. Busbahnhof, ✆ 2909, Latorre y Larrañaga.

Touristeninformation: ✆ 25194, Fax 35740, Uruguay 1052.

Argentinisches Konsulat: ✆ 32931, Artigas 1112.

Unterkunft & Camping

Artigas Plaza, ✆ 34824, Artigas 1146, 100 $.

Gran Hotel, ✆ 33250, Brasil 891, 50 $.

Concordia, Uruguay 749, ab 30 $.

Blasetti, ✆ 32141, Zorrilla de San Martín 94, EZ 11 $, einfaches, empfehlenswertes Hotel.

Jugendherberge: ✆ 33418, an der Rambla Gutiérrez y Belén, empfehlenswerter ist für Inhaber eines Studentenausweises der *Club de Leones* in Uruguay 1626. Bei den *Termas de Daymán* gibt es eine Jugendherberge, ✆ 24361, an der Ruta 3 bei Km 490.

Camping: *Camping del Lago,* ✆ 25194, 12 km nördlich der Stadt, am hier als See aufgestauten Río liegend. Gratis.

Essen & Trinken

Viele Gartenrestaurants an der Rambla und in den Hauptstraßen der Stadt.

Pizzería Las Mil y Una, Uruguay 906, empfehlenswert.

Restaurante Chef, Uruguay, günstige Küche.

Club Bancario, Brasil 765, sehr günstiges Gartenrestaurant.

Thermalbäder in der Nähe

Auch Salto ist bekannt für seine Thermalbäder und es gibt gute Busverbindungen. Ganz in der Nähe der Provinz-Hauptstadt gibt es die **Termas** de Daymán, ✆ 0732/5711, mit einer Wassertemperatur von 42 Grad die wärmsten im Land. Dem sehr mineralhaltigen Wasser ist eine heilende Kraft bei Rheumaerkrankungen nachgewiesen. Es gibt mehrere Hotels aller Preiskategorien und Campingplätze.

Etwas weiter entfernt, 80 km nordöstlich, befinden sich die **Termas de Arapey**, ✆ 0732/1611. Sie sind sehr gut ausgestattet, mehrere Schwimmbäder, medizinische Anlagen, Kinos, Sportanlagen und anderes ist vorhanden. Unterkünfte bieten Hotels (ab 40 $), Hütten (ab 20 $) oder:
Camping Termas de Arapey, ✆ 0770/5001, 80 km von Salto. Sehr gut ausgestatteter Platz der Gemeinde, 5 $ pro Person.
Achtung: Wie in Paysandú sollten Zimmer bei den Thermalbädern während des Karnevals, zu Ostern und an vielen Wochenenden vorher gebucht werden, *Oficina de Turismo*, ✆ 073/34096.

Artigas, die Grenzstadt

Für Artigas, die Hauptstadt des gleichnamigen Departements, ist die Lage an der Grenze zu Brasilien prägend. Die 35.000 Einwohner zählende Hauptstadt der gleichnamigen Provinz ist weniger ein Durchgangsort für Reisende als vielmehr ein wichtiger Umschlagplatz für den Warenverkehr mit dem nördlichen Nachbarland. Ein Besuch im brasilianischen **Quaraí** auf der anderen Seite des *Río Cuaraim* lohnt sich.

Die beste Reisezeit für Artigas ist während des Karnevals.

Verbindungen & Infos
Bus: In die größeren Städte Uruguays zwei- bis dreimal pro Tag. Vom brasilianischen Quaraí fährt täglich ein Bus nach Porto Alegre.
Flughafen: *Aeropuerto Artigas*, ✆ 3971, 4 km westlich der Stadt.
Touristeninformation: ✆ 4125, Fax 4150, Avenida Lecueder 472, Hilfe bei der Unterkunftsuche und sonstigen Fragen.
Brasilianisches Konsulat: ✆ 2504, Avenida Lecueder 432.

Unterkunft & Restaurants
Hotel Municipal, ✆ 3832, Fax 3833, Straße Luis Alberto de Herrera 292, ab 30 $.
Hotel Ramón Carrea, ✆ 2736, Lavalleja 466, ab 20 $, empfehlenswert.
Jugendherberge: *Club Deportivo*, ✆ 3015, Berreta y Herrera, etwas außerhalb.
Camping: Paseo 7 de Septiembre, Platz am Río Cuareim, in dem man wunderbar schwimmen kann, gratis, etwa 2 km vom Zentrum.
Camping Club Juan Zorrilla de San Martín, ✆ 4341, sehr schöner Platz mit guten Einrichtungen, gratis.
Restaurants: *Mariacarmen*, Lecueder 302, gutes, günstiges Essen.
Café La Bohemia, Parada 86, guter Treffpunkt am Abend, manchmal Live-Musik.

2 DURCHS INTERIOR NACH RIVERA

Reist man von Montevideo nach Norden, findet man sich sehr schnell in einer Region, die auch heute noch absolut von der Viehzucht und der Agrarproduktion abhängt. Touristen trifft man nur sehr selten, das von den Hauptstadtbewohnern etwas abfällig *Interior* genannte ländliche Uruguay steht in starkem Kontrast zu Montevideo und war und ist dennoch eine Ergänzung.

Die Industriebetriebe sind unmittelbar mit Landwirtschaft und Viehzucht verbunden. Auf über 3 Millionen Uruguayer kommen mehr als 10 Millionen Rinder und weit über 20 Millionen Schafe. Die Viehzucht beansprucht 80 % der genutzten Fläche und wird sehr extensiv betrieben. Auch heute noch ist auf dem Land Fleisch meist billiger als Gemüse. Uruguay hat den höchsten Fleischkonsum pro Kopf in der Welt. Die besten Filets werden jedoch exportiert und landen in den Kühltruhen der Industrieländer. Das Stadt-Land-Gefälle spiegelt sich auch im Fleischkonsum: In den Städten wird hauptsächlich Rindfleisch gegessen, auf dem Land dagegen mehr Schaffleisch. Die Schafzucht ist natürlich weniger wegen des Fleisches, sondern aufgrund der Wolle interessant. An die 100.000 Tonnen werden von den Schafen jährlich abgeschoren.

Agrarprodukte werden auf ungefähr 10 % der Fläche Uruguays angebaut. Weizen, Reis und Zuckerrohr sind am wichtigsten, gefolgt von Gerste, Zuckerrüben, Hafer und Mais. So wie die Zahl der geschlachteten Tiere von Jahr zu Jahr stark schwankt, so verändert sich auch der Pflanzenanbau. Das extrem exportorientierte Land muß sich nach der Nachfrage auf dem Weltmarkt richten.

Während in Montevideo auf einem Quadratkilometer etwa 2800 Menschen leben, sind es in der nördlichen Nachbarprovinz *Canelones* im Durchschnitt 80 und in den noch weiter im Norden liegenden *Departamentos Florida* und *Durazno* 6 Personen oder noch weniger. Verläßt man **Canelones**, die etwa 20.000 Einwohner zählende Hauptstadt des Montevideo umgebenden Departamentos, in Richtung Norden, gelangt man zunächst nach Florida, dann nach Flores, Durazno, Tacuarembó und schließlich nach Rivera, Grenzprovinz zu Brasilien.

Florida

Florida ist eines der wichtigsten Departementes für Viehzucht und Milchproduktion. Die gleichnamige Hauptstadt hat knapp 30.000 Einwohner, liegt etwa 100 km nördlich von Montevideo und kann auch Ziel eines Tagesausfluges sein. Bekannt ist im **Park Prado de Piedra Alta** ein Granitblock, das Symbol der nationalen Unabhängigkeit, die am 25. August 1825 hier verkündet wurde. Wer an einem Wochenende in der warmen Jahreszeit hinfährt, wird an den Grillplätzen uruguayische Familien beim typischen Asado treffen.

Die Ende des 19. Jahrhunderts erbaute **Basílica Nuestra Señora de Luján** ist eine der größten Kirchen des Landes und mit sehr schönen Wandmalerien geschmückt. Interessant ist zudem der Besuch eines **Viehmarktes.**

Wer sich am 25. August in der Region aufhält, sollte sich das **Fest zum Unabhängigkeitstag** in Florida nicht entgehen lassen.

Verbindungen & Infos

Bus: Von und nach Montevideo alle drei Stunden, nach Durazno alle zwei Stunden.

Busbahnhof, ℃ 2929, Battle y Ordóñez y Luis Alberto de Herrera.

Touristeninformation: ℃ 5161, Fax 3253, Avenida Independencia 586.

Post: ℃ 2295, Plaza Independencia.

Unterkunft & Restaurants

Hotel Español, ℃ 2286, José Rodó 360, ab 30 $.

Hotel Giant, Avenida Rivera y Fernández, ab 20 $.

Camping: *Parque Robaina,* ℃ 5161, sehr gut ausgestatteter Platz am Stadteingang in einem Park, 5 $ pro Person.

Camping Paseo Juan Chazot, etwas außerhalb, Gemeindeplatz, sehr einfach, gratis.

Restaurants: *Piedra Alta,* Suárez y Pérez.

El Pajarito, Ituzaingó, gute Parrillada.

Durazno, die Folkloristische

Durazno, die Hauptstadt der gleichnamigen Provinz mit dem schönen Namen »Pfirsich« liegt fast 189 km nördlich von Montevideo und hat knapp 30.000 Einwohner. Die beste Zeit für einen Besuch sind die Tage um den 12. Oktober. An diesem Tag wurde 1821 die Stadt als wichtiger Stützpunkt der Armeen im Unabhän-

Richtung Norden durchs Interior: Plattes Weideland so weit das Auge reicht

gigkeitskampf gegründet. Deshalb findet dort alljährlich ein **internationales Folklorefestival** statt. Die seit 1973 so genannte »nationale Hauptstadt der Folklore« veranstaltet ein weiteres Festival im Februar.

Zwei km südlich der Stadt liegt der **Zoológico de Durazno**. Man findet dort einige wenige exotische Tiere wie Raubkatzen, interessant ist der Zoo aber vor allem für Vogelliebhaber, die hier manches seltene Exemplar zu sehen und zu hören bekommen. Der Zoo geht auf einen Privatmann zurück, der in den 50er Jahren, sehr zum Erstaunen seiner Nachbarn, Tiere, die er auf seinen Streifzügen durch die Wälder fand, in seinem Garten pflegte. Später wurde daraus ein ganzer Zoo.

Schöne und ruhige **Strände** gibt es am glasklaren *Río Yí*, etwas lebhafter ist es am Hauptstrand *El Sauzal.*

Verbindungen & Infos

Bus: Es gibt keinen zentralen Busbahnhof, aber die Busgesellschaften haben ihre Büros alle im Stadtzentrum an der 18 de Julio. Durazno liegt an der Ruta 5, auf der stündlich ein Bus nach Montevideo fährt. Weiter in den Norden geht es sechs- bis siebenmal täglich.

Touristeninformation: ✆ 2297, Luis A. de Herrera 916.

Unterkunft & Camping

Hotel Central, ✆ 2367, Manuel Oribe 699, 34 $, empfehlenswertes mittelgroßes Hotel.

Hotel Durazno, ✆ 2040, Luis A. de Herrera 937, ab 45 $.

Jugendherberge: *Campus Municipal,* ✆ 2835, das ganze Jahr über geöffnet.

Hostal El Nazareno, ✆ 2118, etwa 9 km südlich gelegen, sehr schönes Haus.

Camping: *Parque 33 Orientales,* ✆ 4500, am Fluß Yí gelegen, direkt neben dem Strand El Sauzal, ganz in der Nähe der Jugendherberge, sehr gute Einrichtungen, 4 $ pro Person.

Trinidad und die Gruta del Palacio

Verläßt man Durazno auf der Ruta 14 Richtung Westen, erreicht man nach etwa 40 km Trinidad, die Hauptstadt des *Departamento Flores,* das völlig vergessen zwischen Soriano und Florida liegt (siehe Karte Seie 440). Im ganzen Departamento gibt es außer der kleinen Siedlung *Pueblo Andresito* im Norden, in der Nähe des Stausees *Paso del Palma,* keine größeren Dörfer.

Trinidad hat etwa 20.000 Einwohner und außer typischer Kolonialarchitektur wenig zu bieten. Touristen fahren selten hierher. Eine Besonderheit ist die zweitürmige *Iglesia de la Santísima Trinidad* am Hauptplatz.

Zur Gruta del Palacio

Folgt man der Ruta 3 in Richtung Paysandú, kommt man nach etwa 30 km zur Gruta del Palacio. In der 15 m hohen **Höhle** findet man Granitsäulen, die vom Wasser über Jahrhunderte geformt wurden. Der Bus vón Trinidad nach Paysandú hält an den Grutas. Von Durazno aus ist es besser, einen organisierter Ausflug in einem Reisebüro zu buchen.

Verbindungen & Unterkunft

Bus: Nach Florida, Montevideo und Paysandú mehrmals täglich vom Hauptplatz, es gibt keinen Busbahnhof.

Hotels: *Trinidad*, ✆ 2307, Trinidad 663, 70 Zimmer, ab 25 $.
Gran Flores, ✆ 2307, Luis A. de Herrera.

Jugendherberge: *Estación El Silencio*, ✆ 0360/4000, etwa 10 km außerhalb der Stadt.

Zum Stausee Rincón del Bonete

Auf dem Weg von Durazno weiter nach Norden kommt man am *Lago Artificial de Rincón del Bonete* vorbei, der erste See im Land, der extra zur Elektrizitätsgewinnung künstlich angelegt wurde. Er hat eine Ausdehnung von 120.000 ha, mehrere Dörfer verschwanden für immer in den Fluten. Die herrlichen, teilweise umwaldeten Ufer, im Land eher eine Seltenheit, sind ein Paradies für Angler, und man kann wunderbar baden. Wer Natur pur sucht, die nicht exotisch sein muß, findet sie hier.

Ihren Namen hat die 1876 gegründete Kleinstadt **Paso de los Toros** von der nahegelegenen einzigen Brücke über den *Río Negro*, über die im 19. Jahrhundert das Vieh nach Montevideo getrieben wurde. Noch heute werden Tausende Tiere hier auf die Eisenbahn verladen.

In dem Städtchen wurde übrigens am 14. September 1920 *Mario Benedetti* geboren, Lyriker, politischer Schriftsteller und einer der wichtigsten Autoren des Landes (siehe Literaturkapitel). Am Stausee kann man fischen, baden, surfen und ein paar schöne ruhige Tage verbringen.

Unterkunft: Es gibt zwei *Hotels* und drei *Campingplätze*, die auch Zimmer in Cabañas für etwa 10 $ pro Person anbieten, ✆ 0664/3535 oder 3503.

Der kleine Ort **San Gregorio del Polanco** liegt am östlichen Ufer des Stausees und hatte früher wenig zu bieten. 1993 aber fanden sich für mehrere Wochen über 50 einheimische Künstler ein und bemalten die Wände der Häuser mit ihren Entwürfen. Das ganze Dorf wurde daraufhin zum **Primer Museo Abierto de Artes Visuales**, zum ersten Freiluftmuseum erklärt und unter Denkmalschutz gestellt. Im Frühjahr 1998 wurden die Werke aufwendig renoviert. Es gibt einige touristische Einrichtungen und sehr schöne Badestrände.

Verbindungen: Zweimal täglich fährt ein Bus über Paso de los Toros nach Montevideo und nach Tacuarembó.

Unterkunft: Es gibt zwei *Hotels*, ✆ 4013 und 4038, 30 – 40 $.
Campingplatz, ✆ 0369/4074.

Tacuarembó

150 km nördlich des Stausees und fast 400 km nördlich von Montevideo liegt Tacuarembó, ein weiteres Zentrum der Viehwirtschaft und eine der gemütlichsten Städte Uruguays. In der knapp 30.000 Einwohner zählenden Stadt ist das *Museo del Indio y del*

In San Gregorio leben wohl begabte Maler

Gaucho, Flores y Artigas, Mo – Sa 9 – 19 Uhr, zu besichtigen, das sehr romantisierend die Geschichte der indigenen Bevölkerung und der Gauchos und ihrer Kultur darstellt.

Jedes Jahr findet Ende März die **Fiesta de la Patria Gaucha**, ein großes Folklore- und Gauchofestival statt, es kommen dann auch »echte« Gauchos, die heute noch unter nicht gerade modernen Arbeitsbedingungen auf Estancias angestellt sind.

Verbindungen & Infos
Bus: nach Rivera an der Grenze zu Brasilien und nach Montevideo tagsüber etwa alle drei Stunden. Die Busgesellschaften haben ihre Büros an der 18 de Julio. Es gibt sogar eine kurze **Zug**verbindung, das fällt aber unter »Ausflüge«, siehe Cerro Cementerio.
Touristeninformation: ✆ 22911, Fax 22162, Juan A. Lavalleja. Informationen, Stadtplan und Hilfe bei der Unterkunftsuche.

Unterkunft & Restaurants
Hotel Central, ✆ 22841, Gral Flores 300, ab 37 $.
Hotel Tacuarembó, ✆ 22104, 18 de Julio 133, ab 40 $, organisiert Ausflüge zu den Grotten.
Camping: *Balneário Iporá*, ✆ 063/27144, sehr schönes Strandbad mit Campingplatz, etwas außerhalb, 5 km von der Stadt, sehr gute Einrichtungen, 2 $ pro Person.
Restaurant: *Parrilla La Rueda*, Beltrán 251, gutes Steakrestaurant.

Ausflug zu den Grotten & Fahrt mit dem Tren Histórico
In der Nähe der Stadt liegen die **Grutas de los Cuervos** und die **Grutas de los Helechos**. Weitere Grotten gibt es im Tal mit dem verheißungsvollen Namen **Valle Edén**, etwa 32 km westlich der Stadt zu sehen, dorthin führt ein eindrucksvoller Weg. Im Tal selbst wächst dank des geschützten Klimas eine ungewöhnliche Flora. Zu diesen Plätzen werden organisierte Touren von Tacuarembó aus angeboten.

Die Hängebrücke über das Flüßchen, das durch das Tal fließt, führt zum **Cerro Cementerio**. Die Indígenas sollen auf dem Hügel ihre Toten begraben haben. Im Februar 1993 wurde der *Zugverkehr* zwischen Tacuarembó und Rivera wieder aufgenommen (Mo – Sa), nachdem er wenige Jahre zuvor in ganz Uruguay stillgelegt wurde. Ein aus den 30er Jahren stammender Zug startet um 6 Uhr morgens und durchquert eine herrliche Landschaft bis nach *Rivera*. Am selben Tag geht es gegen 15.30 Uhr zurück.

An der Grenze: Rivera

An der brasilianischen Grenze liegt Rivera. Vor allem in der Haupteinkaufsstraße, die auch die Grenze zum brasilianischen *Santana do Livramento* bildet, gibt es daher ein buntes Angebot an zollfreien Waren. Die brasilianische Nachbarstadt darf ohne Paßformalitäten betreten werden, weiter nach Brasilien braucht man aber die nötigen Ausreisestempel.

Das über 60.000 Einwohner zählende Rivera hat außerdem ein **Casino**, typisch für die uruguayischen Grenzstädte, auf der brasilianischen Seite ist das Glücksspiel nämlich nicht erlaubt. Die Nähe zu Brasilien macht sich auch beim **Karneval** bemerkbar. Im Februar und März wird hier ausgelassen gefeiert.

Das Departamento Rivera hat durch seine Lage zwischen Hügeln und Flüssen im Sommer ein ausgesprochen angenehmes Klima. Rivera ist in Uruguay bekannt für Flußtourismus, Angeln und Jagen. Sehenswert ist auch die **Talsperre Cañapirú**.

Praktische Informationen

Bus: Fünf Verbindungen pro Tag nach Tacuarembó und Montevideo. Der Busbahnhof liegt in der Straße Uruguay, zwischen den Straßen M. Vera und Artigas.

Grenzverkehr: Ein Bus täglich von Santana do Livramento nach Porto Alegre. Wer auf der Durchreise nach Brasilien ist, sollte bedenken, daß die Busstationen von Rivera und Santana knapp 2 km auseinander liegen.

Flughafen: *Aeropuerto de Rivera,* ✆ 4921. Ein einfacher Flug nach Montevideo kostet 60 $. Tickets: Stadtbüro *PLUNA,* ✆ 3404, Paysandú 1079.

Unterkunft & Restaurants

Nuevo Hotel, ✆ 3056, Ituzaingó 411, ab 40 $.

Hotel Uruguay-Brasil, Sarandí 440, ab 30 $.

Casablanca, ✆ 3221, Sarandí 484, 30 DZ, einfaches, sauberes Hotel.

Jugendherberge: *Hotel Nuevo,* ✆ 3039, Ituzaingó 411, 6 $ pro Person.

Camping: *Parque Municipal Gran Bretaña,* ✆ 22122, 7 km südlich von Rivera an der Ruta 27, gratis, ganzjährig geöffnet.

Restaurant: *Don Servando,* Carámbula 1132, bietet gute und vielfältige Auswahl. Empfehlenswert ist auch ein Restaurantbesuch auf der brasilianischen Seite.

Nützliche Adressen

Touristeninformation: ✆ 062/31900, Agraciada 570, eine weitere Information ✆ 3808, Anollés 328.

Organisierte Touren werden von Reisebüros im Stadtzentrum angeboten.

Brasilianisches Konsulat: ✆ 3278, Ceballos 1159.

Post: Sarandí.

Telefongesellschaft: Agraciada 606.

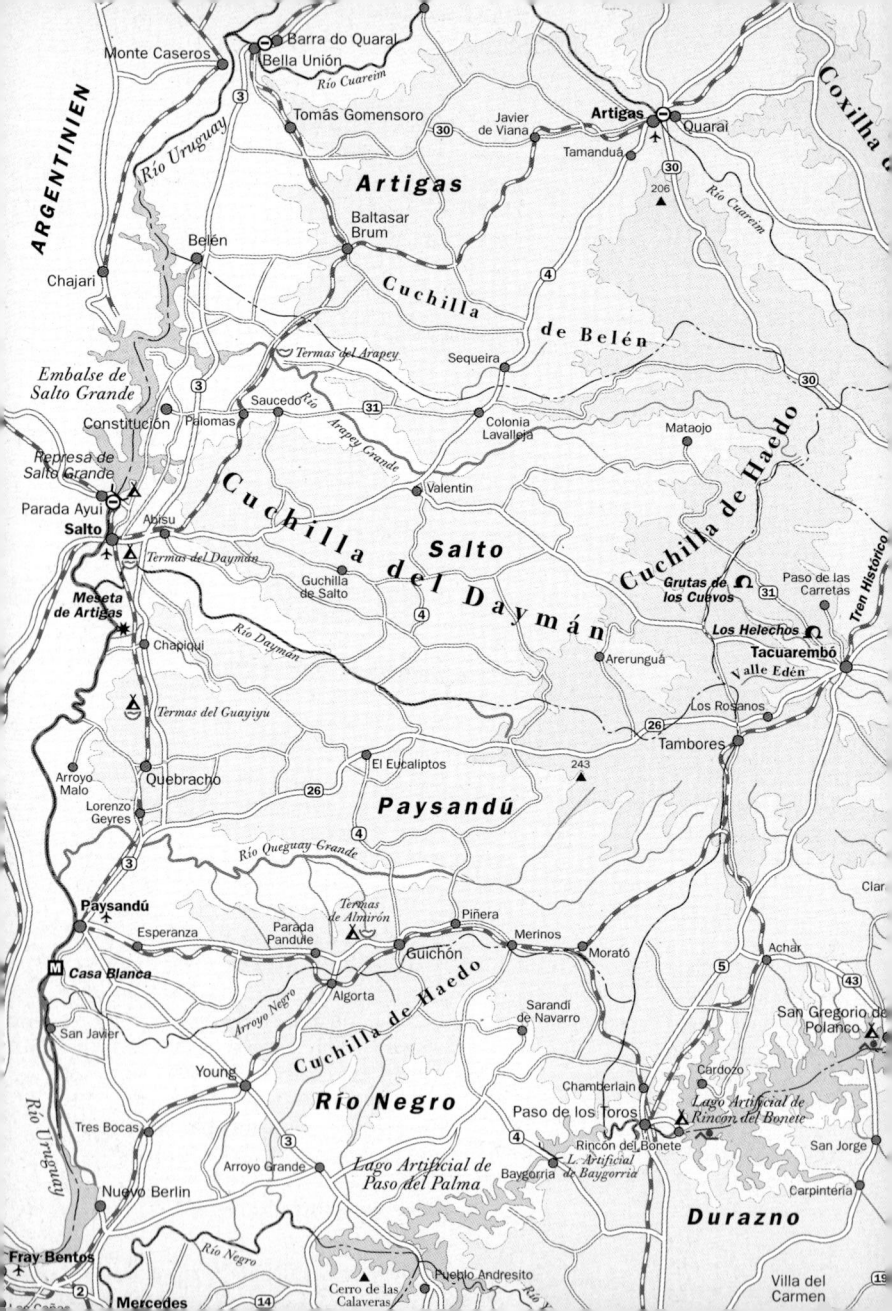

3 PAMPA & MEHR: NACH MELO

Auch auf dem Weg von Montevideo aus durch den Nordosten Uruguays kommt man in touristisch wenig erschlossene Provinzen, in denen viele Menschen von der Viehzucht leben. Wer auf einer Rundreise eine ruhige, aber dennoch abwechslungsreiche Gegend kennenlernen möchte, dem sei eine Reise durch die Departamentos *Lavalleja, Treinta y Tres* und *Cerro Largo* mit ihren Sierras und unberührten Landschaften empfohlen.

Minas, ein Wallfahrtsort

120 km nordöstlich von Montevideo liegt Minas mit über 35.000 Einwohnern. Nicht nur wegen seiner Lage mitten in der Hügellandschaft der *Cuchilla Grande*, dem Bergzug, der sich durch das Land zieht, ist die Stadt bekannt. Aus der Region, genauer aus dem **Salus-Park**, kommt auch das beste *Mineralwasser* des Landes.

Bekannt ist auch das Kulturzentrum **Casa de la Cultura,** das Geburtshaus von *Juan Antonio Lavalleja,* dem Anführer der »33 Orientalen«, in Lavalleja y Rodó, in dem Veranstaltungen und Ausstellungen stattfinden. Vor allem zwei riesige Reiterstandbilder machen den Ort zum Ausflugsziel von Schulklassen und symbolisieren das offizielle Geschichtsverständnis des Landes: Juan Antonio Lavalleja wird mit einem Denkmal geehrt und ebenso der Nationalheld Artigas, dessen Reiterstandbild hier zu den höchsten Artigas-Denkmälern überhaupt gehört.

Außerdem ist Minas jedes Jahr am 19. April **Wallfahrtszentrum:** dann wird die *Jungfrau von Verdún* geehrt, die Menschen pilgern zum 6 km westlich der Stadt gelegenen **Cerro Verdún,** auf dem das *Monumento a la Virgen del Verdún* steht. Eine Zeremonie, die im laizistisch geprägten Uruguay eher eine Ausnahme ist.

Der Wasserfall der Büßer

Ungefähr 10 km von Minas entfernt befindet sich der Wasserfall **Salto del**

Penitente, das »Büßerwasser«, den Sie von Minas aus mit einer organisierten Tour besuchen können. Auch wer nichts zu büßen hat, kann im herrlichen, kristallklaren Wasser wunderbar baden.

Östlich bzw. nördlich der Stadt erheben sich zwei Berge vulkanischen Ursprungs, der **Cerro Artigas** und der **Cerro Arequita,** ideale Orte zum Wandern.

Verbindungen & Infos

Bus: Wer von Minas mit dem Bus an die Küste zurück möchte, fährt nach Piriápolis, ansonsten täglich Verbindungen nach Montevideo und weiter in den Nordwesten nach Treinta y Tres.

Busbahnhof, © 49188-3073, Treinta y Tres, zwischen Williman und Sarandí.

Touristeninformation: © 3073, am Busbahnhof.

Panorama in der Provinz Treinta y Tres

Unterkunft & Camping

Hotel Plaza, © 25217, Roosevelt 639, 50 $.

Residencial 25, © 24272, 25 de Mayo 595, ab 25 $.

Ramos, 18 de Julio 833, ab 30 $.

Jugendherberge: *Villa Serrana,* an der Ruta 8 bei Km 145, kein Telefon. Sehr einfaches Haus, ganzjährig, Anmeldung über die *Zentrale der Herbergen* in Montevideo, © 02/4004245, Fax 4001326.

Camping: *Parque Arequita,* © 5779, 9 km nördlich der Stadt, im gleichnamigen Wald, mit dem Bus zu erreichen, sehr gut ausgestattet, 5 $ pro Person.

Treinta y Tres

Neben der Viehwirtschaft hat für Treinta y Tres mit seinen knapp 30.000 Einwohnern auch der Reishandel große Bedeutung. Hier macht sich die Nähe zur riesigen *Laguna Merín* bemerkbar, die einen Teil der Provinz ausmacht. Knapp 300 km von Montevideo entfernt, führt die Strecke in

den Norden in Richtung Melo bzw. Brasilien durch hügelige Landschaft, eine der schönsten des Landes. Das Departamento ist kaum besiedelt, es gibt außer der Hauptstadt nur kleine Dörfer, lediglich **Vergara** mit etwa 3000 Einwohnern, nordöstlich gelegen, ist erwähnenswert.

Treinta y Tres selbst hat nicht sehr viel zu bieten, außer dem Standbild für die »Treinta y Tres Orientales« auf der *Plaza 19 de Abril*.

Verbindungen & Infos
Bus: etwa im 2-Stunden-Takt nach Montevideo oder Melo. Auch die brasilianische Grenzstadt Jaguaran ist von hier aus zu erreichen. Die Busse fahren am Hauptplatz ab.

Touristeninformation: ✆ 2911, Fax 2162, Juan A. Lavalleja y Echeveste.

Unterkunft & Camping
Hotel Olimar, Lavalleja 564, am Hauptplatz gelegen, 20 $.

Treinta y Tres, Lavalleja 688, 35 $.

Camping: *Camping Municipal Río Olimar*, ✆ 22911, vor der Stadt gelegen, gut ausgestattet, sehr günstig.

Cabañas La Charqueda, bei der Quebrada de los Cuervos gelegen, Hütten mit Wasch- und Kochgelegenheit, 10 $ für eine Hütte für 2 Personen.

Wandern in der Quebrada de los Cuervos
Etwa 25 km nordwestlich von Treinta y Tres liegt die relativ kleine, aber landschaftlich sehr eindrucksvolle

Kolkraben gehören zu den größten Rabenvögeln

Quebrada de los Cuervos. Im Nationalpark im Tal gibt es ungewöhnliche Pflanzen und viele Vogelarten, unter anderem sehr viele Raben, die dem Tal seinen Namen gaben. Hier wachsen auch Matebäume.

Fahrten zum Tal sind mit dem Taxi oder über ein Reisebüro in der Stadt möglich, günstig ist auch ein Mietwagen.

Melo & die Laguna Merín
Melo, die Ende des 18. Jahrhunderts gegründete Hauptstadt des *Departamento Cerro Largo* hat etwa 40.000 Einwohner. Das Zentrum der umliegenden Vieh- und Agrarwirtschaft ist traditioneller Durchgangsort auf dem Weg nach Brasilien. Hier ist das Leben sehr ländlich und ruhig, außer zu den Zeiten der großen **Viehversteigerungen** im Frühjahr. Es gibt einige schöne alte Kolonialhäuser mit original aus jener Zeit erhaltenen Dachziegeln und Fenstern. Im **Museo Histórico Regional**, Gral Artigas y 18 de Julio, sind Dokumente aus der Kolonialzeit und Austellungsstücke über das Leben der Gauchos zu sehen.

Ebenso wie im Departamento Treinta y Tres gibt es auch in Cerro Largo keine anderen Städte, nur die Siedlung **Fraile Muerto** hat mehr als 1000 Einwohner.

Zur Laguna Merín

Zum 110 km von Melo entfernten **Balneario Lago Merín**, im äußersten Osten des Departementes zwischen den Flüssen *Yaguarón* und *Tacuarí* gelegen, kommt man nur mit dem Auto. Ein sehr schöner Sandstrand bildet hier das Ufer der Lagune. Man kann hier noch bis weit in den südamerikanischen Herbst hinein baden, wegen der nördlichen (!) Lage und dem geschützten Binnenklima.

Verbindungen & Infos

Melo ist der wichtigste Verkehrsknotenpunkt im Nordosten Uruguays.
Busse verkehren etwa alle zwei Stunden in Richtung Montevideo und, etwas seltener, über *Río Branco* oder *Aceguá* nach Brasilien, außerdem in westlicher Richtung nach Tacuarembó. Busbahnhof in Ramírez zwischen 18 de Julio y Treinta y Tres.
Touristeninformation: ✆ 6551, Fax 3983, Justino Muniz 591.
Brasilianisches Konsulat: ✆ 2084, Aparicio Saravia 711.
Post: Luis Alberto de Herrera 671.

Unterkunft & Camping

Español, ✆ 2064, Aparicio Saravia 729, 24 $.
Virrey, ✆ 2411, Justino Muniz 727, ab 38 $.
Crown, ✆ 2681, Battle y Ordóñez 609, ab 48 $.
Camping: Laguna Merín, *Camping Municipal*, ✆ 0679/8002, etwa 80 km von Melo, auch Cabañas für 4 $ pro Person.

Moderne Estancia an der Laguna Merín

4 DIE RIVIERA: SEEBÄDER & NATURPARKS

Verläßt man Montevideo Richtung Osten, geht die Stadt kurz nach dem internationalen Flughafen Carrasco in die Küstenregion im *Departamento Canelones* über. Schon dort beginnt die für Urlauber attraktivste Zone des Landes, die 300 km nach Osten führende Atlantikküste mit sehr schönen Sandstränden und einer gut entwickelten touristischen Infrastruktur. Wie an einer Perlenschnur aufgereiht liegen – meist in Pinienwäldern versteckt – kleine Badeorte, die im Winter verlassen wirken, im Sommer aber Feriendomizil vieler Uruguayer sind.

Bei Kilometer 32 beginnt die **Interbalneria**, die sich von dort parallel zum Río de la Plata bis zur brasilianischen Grenze zieht und von der alle Wege zu den *Balnearios,* den Strandbädern, abzweigen. In fast jedem Badeort, selbst in den kleinen, gibt es Campingplätze und überall werden *Cabañas,* kleine Hütten, vermietet. Viele zwar nur in der Saison, einige aber auch ganzjährig. Der Tourismus bringt Uruguay viele Devisen und schafft Arbeitsplätze, allerdings nur in der Saison von Anfang Dezember bis Anfang März. Über 80 % der ausländischen Touristen kommen aus Argentinien, weitere 10 % aus Brasilien.

Atlántida

Im *Departamento Canelones,* das die Landeshauptstadt umschließt, beginnt die uruguayische Riviera. Das während der Saison pulsierende, ansonsten verschlafene Atlántida, etwa 45 km von Montevideo, ist ein Seebad mit herrlichen Stränden und schmucken Häuschen. Die **Playa Brava,** was auch mit »wildem Strand« übersetzt werden kann, ist die Hauptattraktion der 4000 Einwohner zählenden Stadt, die im Sommer über 20.000 Personen beherbergt. Eine Attraktion im Ort ist die 1960 fertiggestellte Kirche **Nu-**

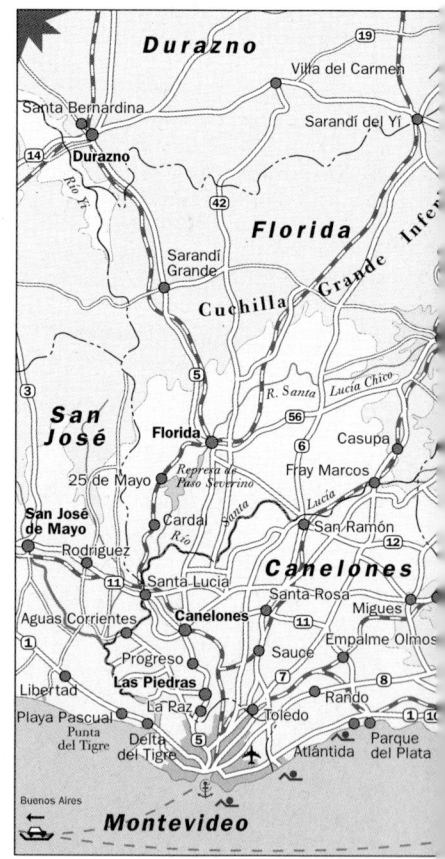

estra Señora de Lourdes von *Eladio Dieste* (siehe Seite 138).

Verbindungen

Bus: Gute Verbindungen nach Montevideo und in Richtung Osten, von Dezember bis Februar tagsüber stündlich in die Hauptstadt zur zentralen Busstation. Wie in allen Badeorten sind die Busverbindungen im Sommer wesentlich besser als außerhalb der Saison.

Busbahnhof an der Avenida Artigas y Calle 18.

Mietwagen: *Theotur,* ✆ 24351, Calle 11 y Montevideo.

Turismo del Este, ✆ 22132, Calle 11 y Montevideo.

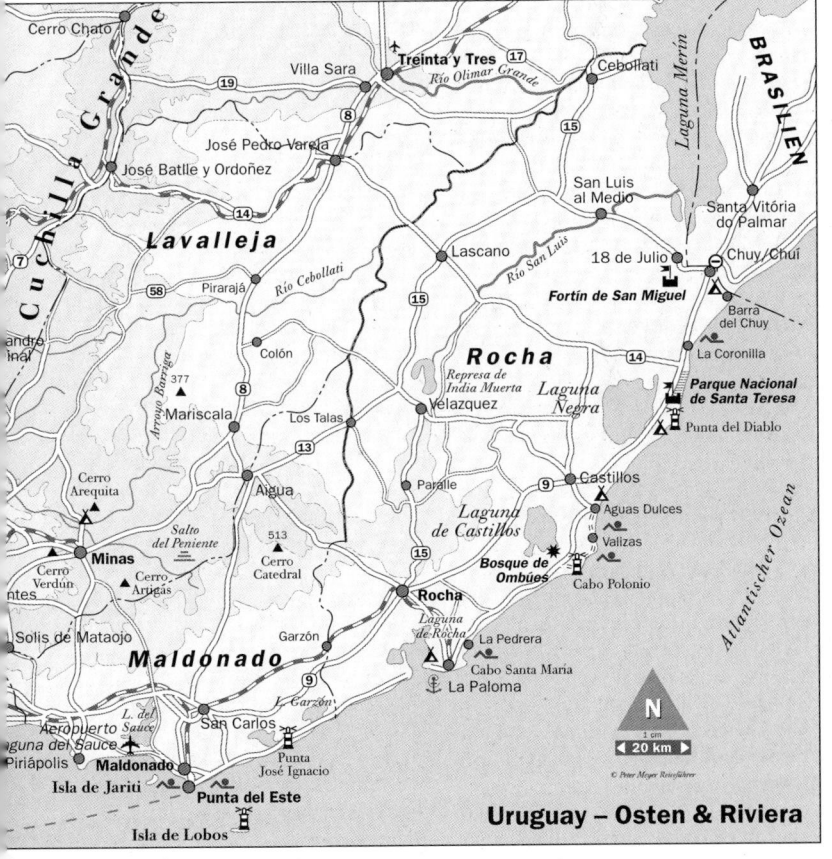

Uruguay – Osten & Riviera

Unterkunft & Restaurants

Es gibt große Preisunterschiede zwischen Vor- und Hauptsaison. Die angegebenen Preise beziehen sich auf die Hauptsaison.

Centenario, ✆ 22541, Calle 11 y Calle 24, ab 70 $.
Gardini, ✆ 22019, Calle 1 y Republica del Paraguay, ab 45 $.
Munday, ✆ 22300, Calle 24 y Calle 1, ab 40 $.
Argentina, ✆ 22412, Calle 11 y 24, ab 30 $.
Camping: *El Ensueño,* ✆ 037/23467, an der Ruta Interbalnearia bei Kilometer 47, in der Nähe der Playa Brava, sehr gut ausgestattet.
Restaurants: *La Casona,* Calle 3 y Roger Balet, gutes Fischrestaurant.
La Caracola, Calle 1 y Montevideo, empfehlenswerte Pizzeria.

Nützliche Adressen

Touristeninformation: Roger y Ballet, ✆ 22036.
Post: Calle 18, Ecke Calle 1.
Telefon: *Antel,* in der Calle 14, Ecke Calle 1.

Piriápolis, Montevideos Badestube

Auf der Interbalnearia weiter nach Osten erreicht man bei Km 98 das sehr schöne Piriápolis, außerhalb der Saison sehr gemütlich, im Sommer aber pulsierend und nach Punta del Este das bedeutendste Balneario im Land. Hier verbringen einheimische und ausländische Urlauber ihre Sommerferien, viele Kinder und Jugendliche sind in einer der zahlreichen Ferienkolonien untergebracht. Das sommerliche Strandleben ist sehr lebendig und der Ort wurde auch schon mit entsprechenden Dörfern auf Mallorca oder an der Costa Brava verglichen.

Die *Rambla de los Argentinos* ist die **Flaniermeile** von Piriápolis, ein Restaurant reiht sich an das andere. Viele Lokale engagieren im Sommer Live-Sänger, die voll Enthusiasmus die Gäste unterhalten. Je nach Geschmack eine Bereicherung oder zum Abstand halten. Die Preise der Restaurants und Hotels sind je nach Jahreszeit sehr unterschiedlich.

Der Name der Stadt stammt von dem Argentinier *Francisco Piria,* der in den 30er Jahren das Potential des Ortes als erster entdeckte und begann, den Tourismus zum wichtigsten Wirtschaftszweig zu machen. Das luxuriöse **Hotel Argentino,** für das 1920 Francisco Piria den Grundstein legen ließ, ist unbedingt einen Besuch wert, auch wenn es für viele Touristen als Unterkunft nicht in Frage kommen dürfte. Der wuchtige, mehrflügelige Bau bestimmt die Silhouette der Rambla und ist mit seiner prachtvollen Einrichtung ein beeindruckendes Zeugnis seiner Epoche. Trotz der hohen Preise ist es fast immer ausgebucht, auch außerhalb der Saison, die Gäste sind fast ausschließlich wohlhabende Argentinier. Es gibt ein sehr stilvolles *Restaurant,* ein *Casino, Schönheitssalon, Tennisplätze* – alles, was zu einem Luxus-Urlaub gehört. Das benachbarte **Hotel de Baños** stammt ebenfalls von Piria. Ein Gebäude mit einer bewegten Geschichte, die der uruguayische Schriftsteller *Juan Grompone* in seinem Krimi

›Asesinato en el Hotel de baños‹ eindrucksvoll beschreibt (siehe S. 115).

Verbindungen

Bus: Der neue Busbahnhof *Misiones y Niza* liegt am nördlichen Stadtrand, gegenüber dem Campingplatz. Mehrfach täglich fahren Busse nach Montevideo. Auch alle Linien weiter nach Osten halten hier.

Fähre: Seit Februar '98 hält im neuen Hafen auch das Schnellboot aus Buenos Aires/Argentinien, der *Avión de Buquebus,* so daß ein Ausflug ins Nachbarland leicht möglich ist, siehe Seite 187.

Mietwagen: *Multicar,* ✆ 3792, Rambla de los Argentinos y Sanabria.

Unterkunft & Camping

Es gibt unzählige Hotels in Piriápolis in fast allen Preislagen, günstige Zimmer unter 20 $ sind in der Saison allerdings kaum zu bekommen. Die folgenden Preise gelten für die Hauptsaison, vorher und nachher wird es bis zu 50 % günstiger.

Hotel Argentino, ✆ 2791, Rambla de los Argentinos, ab 150 $.
Colonial, ✆ 3366, Piria 790, ab 90 $.
Colón, ✆ 2508, Rambla y Piria, Zimmer ab 80 $.
Hotel Danae, ✆ 2594, Rambla y Freire, ab 54 $, sehr empfehlenswert.
Sierra del Mar, ✆ 2614, Sanabria 1051, ab 44 $.
Palace, ✆ 3040, Sanabria 990, ab 44 $.
Petit Pensión, ✆ 2471, Sanabria 1084, ab 40 $.
El Paso, ✆ 2632, Piria y Chacabuco, ab 40 $.

Jugendherberge: *Simón del Pino,* ✆ 22157, 4 $/Person, empfehlenswert.
Camping: *Camping Piriápolis F.C.,* ✆ 043/23275, Misiones y Niza, von Dezember bis März, sehr guter, weitläufiger Platz gegenüber dem Busbahnhof, 5 $ pro Person.
Complejo Turístico Cerro del Toro, ✆ 2531, Piedras y Zolezzi, auch Cabañas.
Camping Cerro Pan de Azúcar, ✆ 049/02053, in der Nähe des Castillo de Piria, etwa 4 km vom Strand, sehr schöner Platz.
Ecológico El Eden Las Flores, ✆ 043/80565, etwa 8 km vor Piriápolis bei Km 89 der Ruta 10. Sehr schöner ruhiger Platz, Autos müssen draußen bleiben, Zeltverleih, uruguayisch-deutsche Leitung, 4,5 $ pro Person.

Essen & Trinken

Die ganze Rambla ist voller Restaurants, Lokale und Eisdielen in allen Preisklassen. Ein Tip:
Restaurant La Langosta, Rambla 1212, ist ein sehr gutes Fischrestaurant, außerdem gibt es hier eine herrliche, riesige Paella.

Nützliche Adressen

Touristeninformation: ✆ 2560, Rambla de los Argentinos 1348, neben dem Hotel Argentino.
Post: Rambla de los Argentinos y Freire.
Telefon: *Antel,* Tucumán y Freire.

Reiseziele in der Nähe

In der Nähe von Piriápolis liegt der 493 m hohe **Pan de Azúcar,** Uruguays »Zuckerhut«, zu dem ein sehr schöner Wanderweg angelegt wurde. Auf seiner Spitze steht ein 35 m hohes Kreuz.

Das **Castillo de Piria** liegt an der alten Ruta 37 bei Km 4. Das Gebäude aus dem Jahr 1897 war der Wohnsitz von Don Francisco Piria und ist heute ein Museum mit Ausstellungsstücken und Möbeln aus seiner Zeit.

Der **Cerro San Antonio,** früher *Cerro del Inglés* genannt, liegt am östlichen Rand der Stadt. Sie können mit einem Sessellift hinauffahren und haben oben einen wunderbaren Blick über die Stadt und den Strand. Der kleine Tempel auf der Spitze des Cerros wurde von Piria aus Mailand importiert und hier oben aufgebaut.

Punta del Este, Strandbad par excellence

Das unumstrittene Urlaubszentrum Uruguays ist das 135 km von Montevideo entfernte Punta del Este. Es liegt an der *punta,* der Spitze einer kleinen Halbinsel, die den Übergang vom Río de la Plata zum Atlantik bildet. Im Westen gibt es Strände mit ruhigerem Gewässer, im Osten zum Meer hin wird es turbulenter. Kinder kommen genauso auf ihre Kosten wie Surfer und Segler.

1907 erhielt das luxuriöse Bad seinen heutigen Namen, zuvor hieß es *Ituzaigó* und war durch die Wanderdünen, die es vom Hinterland trennten, schwer zugänglich. »Punta«, wie es schlicht genannt wird, ist Uruguays Antwort auf das argentinische Seebad *Mar del Plata* und kann sich bezüglich Luxus, Glamour und High-Society mit Mar del Plata und den exklusivsten Seebädern weltweit messen. Die beiden südamerikanischen Urlaubszentren konkurrieren seit Jahren um Prestige und Prominente. Mar del Plata hat 500.000 Dauerbewohner, Punta del Este weniger als 10.000. Doch im Sommer kommen mehrere hunderttausend Urlauber nach Punta, das erst wichtig wurde, als die argentinische Upperclass Mar del Plata zu proletarisch fand, weil sich auch Arbeiter hier einen Urlaub leisten konnten. Den Wettbewerb um das exklusivste Urlaubsdomizil Lateinamerikas hat Punta längst für sich entschieden. Das macht sich bei den Preisen bemerkbar, viele Häuser sind über Jahre ausgebucht und Monatsmieten für eine größere *Casa* fangen bei 10.000 $ erst an.

Im Sommer senden Radio- und Fernsehsender aus dem Badeort, berichtet wird von den Aktivitäten des Jet-set. Die Extra-Sommerausgaben der Boulevardblätter zeigen Glück und Glanz, Dramen und Intrigen.

Am Abend verlagert sich das Leben von den Stränden in die unzähligen Restaurants, Kneipen und Discos; letztere liegen vor allem an der *Rambla Batlle.* Auch die *Avenida Gorlero* und die *Plaza Artigas* im **Stadtzentrum** sind abends das Ziel vieler Touristen. Es gibt vier Casinos, Sportmöglichkeiten wie Polo, Golf, Tennis, Rugby, das dem Tennis ähnliche Paddle, Eislauf und natürlich die bevorzugten Orte der uruguayisch-argentinischen Jugend: mit Videospielen vollgestopfte Spielhallen. Auf der *Plaza Artigas* gibt es einen **Kunst-**

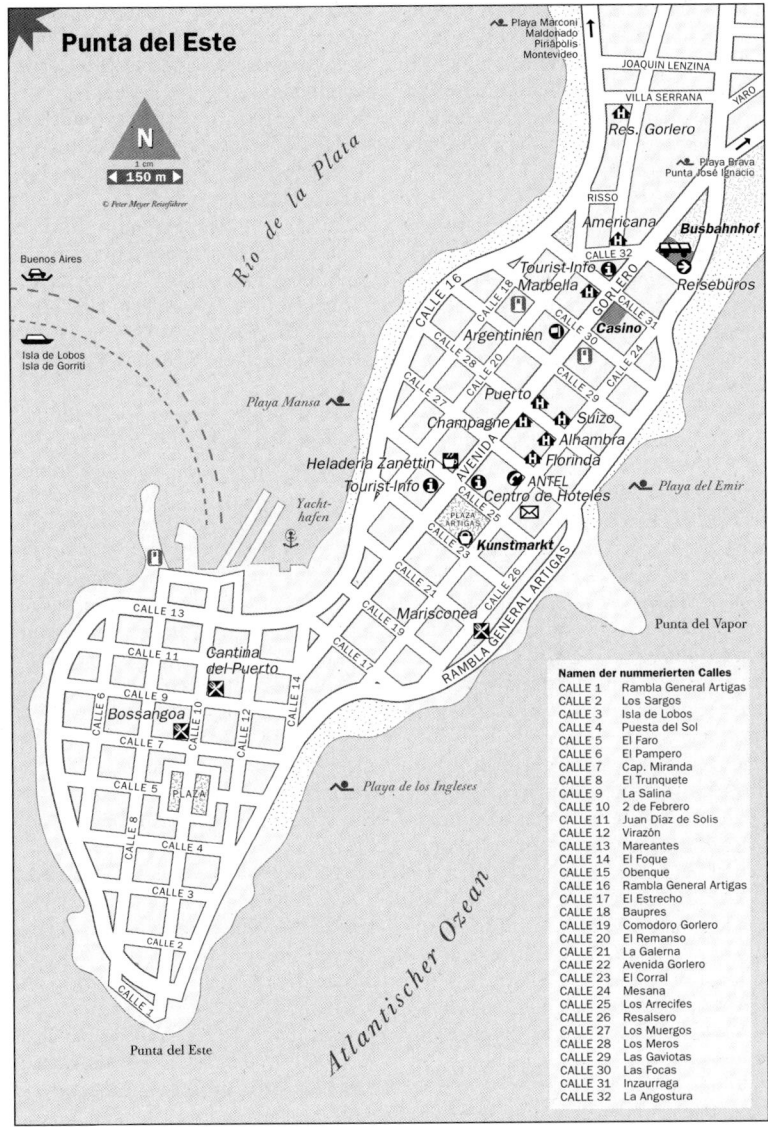

handwerksmarkt, der von 18 Uhr bis Mitternacht geöffnet ist. Etwas außerhalb liegt im Stadtteil *Beverly Hills* (!) ein **Museum für zeitgenössische lateinamerikanische Kunst,** ✆ 83476, nur von Dezember bis März geöffnet, Di – So 10 – 14 Uhr.

Die Hauptattraktion in den Sommermonaten sind die lebhaften **Strände,** wobei die *Playa Mansa* und die weiter westlich folgenden Strände, die an der *Rambla Williman* liegen, ruhigere Gewässer haben. Die dem Atlantik zugewandten *Playa El Emir* und *Playa Brava* sind ein beliebtes Gebiet für Windsurfer. Bei Punta del Este geht der Rió de la Plata endgültig in den Atlantik über, daher die sehr unterschiedlichen Bewegungen des Wassers, die Oststrände sind wesentlich unruhiger und rauher, für Wassersportler ideal.

Verbindungen

Bus: Nach Montevideo gibt es mehrmals täglich Verbindung, auch an die Badeorte bis zur brasilianischen Grenze. Maldonado, die Hauptstadt des gleichnamigen Departamento, das landeinwärts an der Strecke Montevideo – Brasilien liegt, ist mit fast stündlichen Verbindungen angebunden. Im Winter fahren die Busse seltener. Der Busterminal ist in der Nähe der Playa Brava an der *Rambla Artigas y Inzaurraga*.

Fähre: Verkaufsbüro für den *Avión de Buquebus,* ✆ 84995, Av. Gorlero 732, jedoch keine Schnellbootverbindung mit Buenos Aires.

Flug: Bei Punta del Este gibt es zwei Flughäfen: Der nähere und kleinere ist *El Jagüel,* ✆ 84378, vom völlig neu gestalteten Flughafen *Laguna del Sauce,* ✆ 78782, westlich der Stadt, gehen Flüge in die Nachbarländer. Busse zu den Flughäfen fahren vom Busbahnhof aus.

PLUNA, ✆ 41840, Avenida Gorlero 940 im Stadtzentrum.

Aerolíneas Argentinas, ✆ 43801, einen Straßenblock daneben auf der Avenida Gorlero.

Mietwagen: *Auto Rent,* ✆ 45018, Gorlero y Calle 30.

Avis, ✆ 42020, Gorlero y Calle 31, auch am Flughafen.

Hertz, ✆ 89775, Calle 28 y Gorlero.

Nacional, ✆ 46936, Busbahnhof.

Unterkunft & Camping

Insbesondere in der *Temporada Alta,* der Hochsaison von Mitte Dezember bis Mitte Februar, auf die sich die genannten Richtpreise beziehen, sollten Sie reservieren. Neben den Hotels gibt es Tausende von Apartments. Im Januar muß man für ein Zwei-Zimmer-Apartment aber schon mit mindestens 2000 $ rechnen. In der Vorsaison sind auch hier die Preise teilweise bis zu 50 % niedriger.

Hotel Champagne, Avenida Gorlero, ✆ 45276, ab 150 $.

Solana del Mar, ✆ 78888, etwas außerhalb, ab 150 $.

Hotel Alhambra, ✆ 40094, Calle 28, ab 100 $.

Americana, ✆ 80794, Calle 32, ab 80 $.

Florinda, ✆ 40002, Calle 27, ab 80 $.

Cervantes, ✆ 40346, Calle 20, ab 70 $.

Residencial Gorlero, ✆ 82648, Bulevar Artigas, ab 70 $.
Suizo, ✆ 43985, Calle 28, ab 70 $.
Marbella, ✆ 41814, Calle 27, ab 60 $.
Puerto, ✆ 40332, Calle 27, ab 50 $.
Jugendherberge: *Albergue Puebla Nueva,* ✆ 042/71427, in Manantiales bei Maldonado gelegen, 7 $ pro Person.
Camping: *Camping San Rafael,* etwas außerhalb von Punta del Este am Camino Aparacío Saravia, sehr gut ausgestattet, 8 $ pro Person. Busse hierher ab Busbahnhof.

Unterkunft in Maldonado

Wer in Punte del Este bei der Unterkunftsuche kein Glück hat oder die Preise überteuert findet, kann in das 7 km entfernte Maldonado, Hauptstadt der gleichnamigen Provinz, ausweichen. Die beiden Städte sind sowieso kaum noch voneinander zu trennen, weil sich Punta immer mehr ins Inland ausgedehnt hat.
Hotel Celta, ✆ 30139, Ituzaingó 839, ab 40 $, zu empfehlen.
Hospedaje Isla de Gorriti, Michelini y Florida, ab 30 $.
Camping: *Parque El Placer,* 41813, kostenlos, 12 km von Punta del Este.
Tourismusinformation: ✆ 21924, auch Auskunft zu Unterkünften.

Essen & Trinken

Das Angebot an Restaurants, Pizzerien, Cafés und Bars ist besonders im Sommer *abundante,* sehr reichhaltig.
Bossangoa, Miranda y 2 de Febrero, empfehlenswertes Fischrestaurant im Zentrum.
Cantina del Puerto, 2 de Febrero y La Salina, günstig für Punta und gut.
Punta Atlántic, Rambla.
Mariscónea, Calle 26 y 21, bietet gute Fischgerichte.
Heladería Zanettin, Avenida Gorlero y Arrecifes, für Eisliebhaber und solche, die es werden wollen, empfohlen.

Discotheken

Es gibt im Punta alles, was man sich vorstellen kann. Das Nachtleben fängt allerdings erst nach Mitternacht an, endet dann aber auch selten vor Sonnenaufgang. Jedes Jahr können internationale Stars gewonnen werden, die ihren »Urlaub« in Punta del Este verbringen, Star der Saison 97/98 war zum Beispiel der Latin Lover *Antonio Banderas.* Die »In-Discos« wechseln aber jedes Jahr. Hier einige aus der Saison 98.
Space, Parada 32, La Brava.
La Morocha, La Barra.
Cheetah, Disco für alle über 30.
La Dolce Vita und *La Plage,* Rambla Lorenzo Battle, für Jüngere.
Casinos in Inzaurraga y Gorlero und im 1998 eingeweihten riesigen Hotelkomplex *Conrads,* dem Luxustreffpunkt der Stadt.

Nützliche Adressen

Touristeninformation: im Stadtzentrum an der Plaza Artigas, ✆ 46510. Die Tourismusdirektion ist unter ✆ 20847 erreichbar. Am Busbahnhof gibt es ebenfalls eine Information.
Hauptpost in der Avenida Gorlero 633.

Telefon: *Antel,* © 23962 in Arrecifes y Mesana. Vorwahl von Punta del Este 042.

Reiseziele in der Nähe

Sehenswert ist das Hotel **Casa Pueblo,** ein im spanisch-maurischen Stil gebauter Komplex von Apartments, der an eine Burg erinnert und malerisch etwas außerhalb von Punta del Este liegt. Finanziert wurde der Bau des Künstlers *Carlos Paéz Vilaró* dadurch, daß die Investoren das Recht bekamen, einige Wochen im Jahr dort zu wohnen. Im *Museum* der Casa Pueblo ist eine *Dia-Show* zu sehen. Fahrten zur Casa del Pueblo werden von Reisebüros in Punta del Este angeboten, die sich vor allem am Busbahnhof und in der Avenida Gorlero befinden.

Ungefähr 10 km vor der Küste von Punta del Este liegt eine riesige **Seelöwenkolonie,** die *Isla de Lobos.* Der **Faro,** der Leuchtturm auf der Insel, ist der älteste in Südamerika und in seiner Reichweite unter den drei stärksten der Welt. Er navigiert immer noch den gesamten Schiffsverkehr im Río de la Plata. Fahrten von Punta del Este aus dorthin werden unter anderem von der *Unión de Lanchas,* © 42594, angeboten.

Zur **Isla de Gorriti,** einer 2 km vor der Halbinsel liegenden kleinen Insel mit schönen Stränden und einer Befestigungsanlage aus dem 18. Jahrhundert, starten Schiffe vom Hafen aus, 6 $ pro Person.

Weiter werden auch von Punta del Este Ausflüge zum **Cabo Polonio,** nach **José Ignacio** und in die **Sierras**

Reizvoll: Ausflug zu den Seelöwenkolonien auf der Isla de Lobos oder am Cabo Polonio

von Minas organisiert. Die Agenturen für diese Ausflüge befinden sich im Busbahnhof. Dort werden auch Stadtführungen angeboten.

Rocha

Weiter östlich an der uruguayischen Riviera, im *Departamento Rocha*, liegen einige Urlaubsorte an der Küste, in denen es ruhiger zugeht. Auch die Preise sind niedriger als in Punta del Este. Das Department Rocha ist außer wegen seiner einsamen Küsten vor allem unter ökologischen Gesichtspunkten interessant, da es dünn besiedelt ist und noch unerschlossene Wälder und Sümpfe besitzt. Touren in diese Gegend können von Montevideo, Punta del Este, oder Rocha aus organisiert werden.

Die Hauptstadt der gleichnamigen Provinz liegt 20 km landeinwärts und bildet mit ihren 25.000 Einwohnern das wirtschaftliche Zentrum der Region. Im Kern der 1793 gegründeten Stadt, um die *Plaza Independencia*, sind noch einige Bauten aus der Kolonialarchitektur zu sehen. Im *Museo Regional Municipal*, Di – So 9 – 18, gibt es archäologische Funde aus der Region und Dokumente zur Geschichte der Stadt zu sehen.

Wandern am Cerro Catedral

In der Nähe von Rocha, etwas weiter landeinwärts gelegen, liegt der Cerro Catedral, mit 513 m die höchste Erhebung Uruguays. Der nur mit einem Mietauto oder einem Taxi erreichbare Berg eignet sich gut zum Wandern und von dem Gipfel hat man eine herrliche Aussicht über die Sierra.

Verbindungen & Infos

Bus: Mehrmals täglich nach Montevideo und mindestens einmal täglich in die größeren Städte Uruguays sowie nach Porto Alegre im Süden Brasiliens. Rocha ist auch Verkehrsknoten für die Buslinien weiter die Ostküste entlang.
Touristeninformation: © 2995, Artigas 176.

Unterkunft

Hotel Trocadero, © 22267, 18 de Julio y 25 de Agosto, ab 35 $.
Hotel Municipal, © 22404, 19 de Abril, 20 $.

La Paloma, die Jugendliche

Etwa 30 km südöstlich von Rocha, 244 km von Montevideo entfernt, leben auf einer kleinen Landzunge 3000 Menschen in dem Städtchen La Paloma. Touristisch ist »die Taube« eher bekannt bei einem jungen Publikum, das hier an den sehr schönen Stränden den Urlaub verbringt. Mit gemieteten Fahr- oder Motorrädern und Autos werden Streifzüge am Strand unternommen und am Abend wird die *Avenida Solari*, die Hauptstraße, entlang flaniert. Die Region ist außerdem ein Paradies für Angler. Wenn Punta del Este dem argentinischen Mar del Plata entspricht, so hat La Paloma sein Pendant in *Villa Gesell* im Nachbarland.

In La Paloma kann man den schon 1874 gebauten **Leuchtturm**, der an der Südspitze des Ortes liegt, von 7 – 19 Uhr (im Sommer bis 20 Uhr) besichtigen. Ein **Casino** befindet sich im Stadtzentrum auf der Avenida Solari y Sirio. Der Ort zieht sich entlang der Strände, überall gibt es Pensionen oder Apartments.

Verbindungen & Infos
Bus: Verbindungen nach Rocha sind sehr gut. Von dort siehe Rocha.
Touristeninformation: ✆ 6088, in der Avenida Solari y Antares. Ausflüge nach Cabo Polonio, in den Ombú-Wald, in den Parque Nacional Santa Teresa und nach Punta del Este sind hier zu buchen.

Unterkunft & Camping
La Paloma hat für seine Größe ein breites Hotelangebot.
Viola, ✆ 6020, Avenida Solari, ab 60 $.
Hotel Bahía, ✆ 0479/6029, Avenida del Navío, ab 40 $, sehr zu empfehlen.
La Tuna, ✆ 6083, Calle Neptuno y Juno, ab 40 $.
Canopus, ✆ 6068, Avenida Nicolás, ab 40 $.
Jugendherberge: *Parque Andresito*, ✆ 6396, sehr schön gelegen im Park. Auch von Montevideo aus zu buchen.
Camping: *Parque Andresito*, ✆ 0473/6239 oder 6107, sehr schöner Platz am Ortseingang, ganzjährig geöffnet, 6 $ pro Person, auch Cabañas für 15 bis 30 $ pro Tag.

Essen & Trinken
La Marea, Avenida La Paloma, ausgezeichnetes Fischrestaurant.
La Caleta, Avenida Paloma, internationale Küche.

Fischerdörfer & Strandleben
Nordöstlich von Rocha und La Paloma werden die Busverbindungen an der Küste seltener. Alle hier erwähnten Balnearios sind aber an das Busnetz der Gesellschaft *Rutas del Sol* und anderer angeschlossen. Am besten ist es, bei Ankunft mögliche Abfahrtszeiten für die Weiterfahrt oder die Rückkehr zu erfragen. Im Sommer sollten die Tickets möglichst früh gekauft werden.

Kurz hinter La Paloma erreicht man **La Pedrera**, ein schönes, kleines Dorf mit 150 Einwohnern. Auch hier gibt es einige Zimmer und Hütten zu mieten. Je weiter man aber nach Osten kommt, desto weniger Ansprüche an Komfort darf man stellen. In La Pedrera gibt es auch einen schönen *Campingplatz*, der allerdings nur in der Saison geöffnet und nur über Montevideo ✆ 02/4014910 zu buchen ist.

Bei Km 250 liegt **Valizas**, die Endstation des Busses aus Montevideo. Das Dorf ist eine Ansammlung kleiner Häuser und Hütten auf feinem Sand, viele sind nur im Sommer bewohnt. Nicht in allen Häusern gibt es Strom, manche haben einen eigenen Generator. Nur in der Saison sind einige kleine Restaurants und Pubs geöffnet. Wer schöne Sandstrände sucht und nicht auf Nachtleben aus ist, kommt hier voll auf seine Kosten. In Valizas gibt es eine sehr empfehlenswerte *Jugendherberge* ohne Telefon (Informationen über die Zentrale der Herbergen in Montevideo), die nur von Anfang Dezember bis Ende März offen ist.

In Valizas laden Sand und Dünen zu meditativen Strandwanderungen ein

Die Dünen vom Cabo Polonio

Cabo Polonio wirkt wie ein Ort am Ende der Welt. Es gibt keine Elektrizität, nur der Leuchtturm schwenkt alle 40 Sekunden über die Felsen und den Strand. Man erreicht das Cabo von Valizas aus mit Pferden oder Kutschen. Bis vor zwei Jahren unterhielt *El Francés*, ein hier »gestrandeter« legendärer Franzose, einen Fahrdienst mit selbstgebauten Allradfahrzeugen. Das Cabo ist vom Festland durch einen kleinen Fluß und ein großes Gebiet von Wanderdünen getrennt. Die Fahrzeuge störten das empfindliche ökologische Gleichgewicht der Dünen, sie preßten den lockeren Sand fest, der durch den ständigen Wind sonst immer weiter geweht wird. Als die Dünen unter Naturschutz gestellt wurden, mußte El Francés seine Touren einstellen. Ein Jahr später verstarb der ehemalige Fremdenlegionär.

Auf Cabo Polonio trifft man im Sommer vor allem junge Menschen, die zelten oder in selbstgezimmerten Hütten leben. Nachdem in den letzten Jahren immer größere Häuser gebaut wurden, obwohl das ganze Gebiet unter Naturschutz steht, begann die Provinzregierung von Rocha, Bauten abzureißen. Es gibt keine Hotels, aber immer noch können von den wenigen ständigen Bewohnern des Cabos, neben Fischern vor allem »Aussteiger«, Hütten und kleine Häuser angemietet werden. Es gibt zwei Restaurants.

Von Cabo Polonio aus kann man an Exkursionen zu **Seelöwen- und Pinguinkolonien** teilnehmen. Für **Dünenwanderungen** ist die Gegend

Der Atlantik peitscht wie wild gegen die Felsen am Cabo Polonio

sehr geeignet; bedenken Sie aber, daß Wanderungen dieser Art sehr ermüdend sind. Immer ausreichend Wasser mitnehmen!

Der Wald der Pampabäume

Bei Km 264 überquert die Ruta 10 den *Arroyo Valizas*. Dort hält der Autobus und man kann auf dem Flüßchen in einem Boot zu dem Naturdenkmal **Bosque de Ombúes** fahren. Die Besonderheit des Naturschutzparks sind die Ombú-Bäume, die hier als Wald zu finden und mehr als 100 Jahre alt sind. Die mächtigen Bäume sind normalerweise Einzelgänger, nur hier stehen sie in einem Wäldchen.

Kurz danach erreicht man die **Laguna de Castillos**. Die Laguna im Biosphärenreservat hat eine Ausdehnung von mehr als 10.000 Hektar und beheimatet viele einzigartige Vogel- und Pflanzenarten, darunter auch den *Carpincho*, das nur hier lebende größte Nagetier der Welt. Das ökologische Gleichgewicht der Lagune und der ganzen Region ist durch den Reisanbau für den Export gefährdet, der immer mehr Flächen in Anspruch nimmt (siehe Seite 19 und 25).

Aguas Dulces

Bei Kilometer 260 gelegen, ist Aguas Dulces das nächste, etwas lebhaftere Balneario. Etwa 250 Einwohner leben hier ständig in den ohne ersichtliche Ordnung an den Strand und in die Pinienwälder gebauten Häusern und Hütten. Man kann hier in einigen

Hotels auch Zimmer mieten, außerdem gibt es einen *Campingplatz* mit Cabañas, pro Person 4 $.

Die Teufelsspitze und der Nationalpark der Hl. Teresa

Weiter entlang der Ruta 9, nordöstlich von **Castillos**, einem kleinen beschaulichen Städtchen ohne große Attraktionen, befindet sich einer der landschaftlich reizvollsten Teile Uruguays, die **Punta del Diablo**, an der sich der Massentourismus noch nicht breitgemacht hat. Genau bei Km 298 liegt die »Teufelsspitze« mit weiten schönen Sandstränden und einer imposanten Felsenlandschaft, die ins Meer hineinragt. Früher ein kleines Fischerdorf, vor allem der *Tiburón*, der Haifisch, wurde hier gefangen, ist es heute auch eine Kolonie von Kunsthandwerkern und jungen Leuten, 320 Menschen leben das ganze Jahr hier. Im Ort gibt es ein *Museo Oceanográfico*.

Infos & Adressen

Bus: direkte Verbindung nach Montevideo und nach Chuy.

Unterkunft: *Hostería del Pescador* (ab 40 $), in Apartments, auf dem Campingplatz, ✆ 0477/2060, oder in Cabañas, für 4 Personen 45 $.

Restaurants: einige Restaurants und eine Parrillada, im Sommer auch Strandkneipen.

Parque Nacional Santa Teresa

Kurz nach dem Ort beginnt der große Santa-Teresa-Nationalpark, in dem tropische Pflanzen wachsen und botanische Gärten angelegt wurden.

Heute ganz friedlich: Kanone im Fortín San Miguel in der Nähe des Nationalparks

Außerdem gibt es einen kleinen *Zoo* sowie die koloniale **Befestigungsanlage,** das *Fortalezza Santa Teresa.* 1762 von den Portugiesen angelegt, ist die auf einem Hügel errichtete Festung heute ein Museum mit Einrichtungsgegenständen aus den vergangenen Jahrhunderten. Im Nationalpark gibt es schöne Campinggelegenheiten und am Atlantik herrliche Strände.

In der Nähe des Nationalparks befindet sich die Befestigungsanlage **Fortín de San Miguel** aus dem 18. Jahrhundert, heute ein *Militärmuseum,* die ebenfalls zu besichtigen ist. Außerdem gibt es dort ein *Gaucho-Museum.*

Verbindung: Von Castillos fahren Busse zum Parkeingang. Zudem werden in La Paloma und Rocha organisierte Ausflüge nach Santa Teresa angeboten.

La Coronilla & Chuy

La Coronilla ist der vorletzte Badeort vor der Grenze, bei Km 314 der Ruta 9. Eines der ältesten Balnearios des Departamento Rocha, 600 Menschen leben ständig hier. Es gibt mehrere **Restaurants** und **Hotels,** so die empfehlenswerten

Hotel Oceania, ✆ 0476/2785, ab 20 $,
Costa del Mar, ✆ 0476/2781, ab 25 $,
Parque Oceánico, ✆ 2883, ab 50 $, dieser Hotelkomplex liegt etwas außerhalb.

Der Grenzort Chuy ...

... heißt auf brasilianischer Seite *Chuí.* In das etwa 9000 Einwohner zählende Dorf lockt das zollfreie Einkaufen viele Uruguayer, vor allem Elektro-Artikel sind in der Freihandelszone wesentlich billiger zu haben als in anderen Städten. Der Grenzübertritt ist für Fußgänger ohne Paß möglich, denn die »Grenze« ist ein und dieselbe Straße, die in Uruguay *Avenida Brasil* und in Brasilien *Avenida Uruguay* heißt. Wer weiter nach Brasilien reist, muß sich aber einen Ausreisestempel holen. Das *brasilianische Konsulat* befindet sich in Fernández 147 und ist wochentags am Vormittag geöffnet.

Unterkunft & Camping

Hotel Alerces, ✆ 2260, Laguna de Castillos, ab 25 $.
Internacional, ✆ 2055, Río San Luis 121, ab 25 $.
Hotel Nevo Plaza, ✆ 2309, Avenida Artigas, ab 30 $.
Camping: *Complejo Turístico Camping Chuy,* ✆ 0474/2425, schöner, gut ausgestatteter Platz in der Nähe von Chuy, 7 km zur Küste, 6 $ pro Person.
Camping de la Barra, Barra del Chuy, 6 $ pro Person.

ZU GUTER LETZT

IMPRESSUM
© 1999 Peter Meyer Reiseführer
Schopenhauerstraße 11,
60316 Frankfurt am Main
http://www.meyer-reisefuehrer.de
Umschlag- und Reihenkonzept, insbesondere
die Kombination von Griffmarken und Schlagwort-
System auf dem Umschlag, sowie Text, Gliederung
und Layout, Karten, Tabellen und Illustrationen
sind urheberrechtlich geschützt.
Druck & Bindung: Tiskarna Optima, Ljubljana
Umschlaggestaltung: Fuhr & Partner, Mainz
Karten: Silvio Imkemeyer, Peter Meyer
Zeichnungen: Silke Schmidt, Offenbach
Fotos: siehe Seite 488
Lektorat und Gestaltung: Annette Sievers
Bezug über GeoCenter IHL, Stuttgart
ISBN 3-922 057-69-1

Autorinnen und Autoren

RENATE ARNDT
Politologin, Forschungsschwerpunkt Lateinamerika, zuletzt zum Thema Medien, zur Zeit in der Marktforschung tätig, lebt in Heidelberg. Seite 132.

ALFREDO BAUER
Geboren in Wien, emigrierte 1939 nach Argentinien, arbeitet als Arzt und freier Autor, lebt in Buenos Aires. Seite 79, 179, 248, siehe auch Seite 117.

OSVALDO BAYER
Historiker und Filmemacher, zahlreiche Buchveröffentlichungen, mehrere deutsch-argentinische Film-Co-Produktionen, regelmäßiger Autor der Zeitung Página 12, lebt in Buenos Aires und Berlin. Seite 81, 106, siehe auch Seite 103, 117, 390.

JOACHIM BECKER
Assistent am Institut für Volkswirtschaftstheorie und -politik der Wirtschaftsuniversität Wien und Mitarbeiter eines FWF-Forschungsprojektes mit Mercosur-Bezug, lebt in Wien. Seite 67.

ULRICH BRAND
Studierte in Ravensburg Tourismuswirtschaft und in Frankfurt a.M. und Buenos Aires Politikwissenschaft, promoviert derzeit an der Universität Frankfurt a.M., lebt in Offenbach. Speziell Seite 35, 45, 52, 89, 96, 101, siehe auch Vorwort Seite 9.

CRISTINA CANOURA
Freie Journalistin, lebt in Montevideo. Seite 131.

HORACIO E. CARIDE
Stadtplaner und Stadtsoziologe, arbeitet im »Instituto Internacional de Medio Ambiente y Desarrollo«, lebt in Buenos Aires. Seite 194.

MARIA DEL CARMEN OJEA
Lehrerin, lebt in Temperley (Provinz Buenos Aires). Seite 76.

JORGE ALEJANDRO CATTENAZZI
Lehrer, lebt in Temperley (Provinz Buenos Aires). Seite 76.

ADRIANA DÍAZ
Schauspielerin und Tangotänzerin, lebt in Buenos Aires. Seite 98, 225.

MARLIS GENSLER
Studiert Ethnologie, lebt in Frankfurt a.M. und reist am liebsten in Lateinamerika. Speziell Reiseteil Argentinien, siehe auch Vorwort Seite 9.

MERCEDES GONZÁLEZ
Lehrerin, Kunsthandwerkerin und Moderatorin einer feministischen Radiosendung in Buenos Aires, lebt in Icho Cruz (Provinz Córdoba) und Buenos Aires. Seite 84, 86.

YAMANDÚ GONZÁLEZ
Historiker mit Schwerpunkt Geschichte der Arbeiterbewegung, arbeitet im *Instituto Cuesta-Duarte* des uruguayischen Gewerkschaftsdachverbandes CUT, lebt in Montevideo. Seite 129.

RICARDO HORVATH
Rundfunkjournalist, lebt in Buenos Aires. Seite 100.

WOLFRAM KLEIN
Lebte mehrere Jahr in Uruguay, arbeitet im Umweltreferat des Bundesministeriums für wirtschaftliche Zusammenarbeit, lebt in Bonn. Seite 24.

KARIN KÜBLBÖCK
Studierte Ökonomie in Wien und Buenos Aires, arbeitet bei der Österreichischen Forschungsstiftung für Entwicklungshilfe (ÖFSE), lebt in Wien. Seite 70.

MARIA LUJÁN LEIVA
Historikerin, lehrt an der Universität von Buenos Aires, lebt dort. Seite 74.

SERGIO A. MAZZUCCHELLI
Arbeitet am *Instituto Internacional de Medio Ambiente y Desarrollo*, lebt in Buenos Aires. Seite 20.

DANIEL MOLINA
Geisteswissenschaftler und Journalist, Abteilungsleiter des Kulturzentrums *Ricardo Rojas* der Universität von Buenos Aires, Literaturkritiker der Zeitungen *El Cronista* und *Página 12*, lebt in Buenos Aires. Seite 222.

RITA LAURA MOLINOS
Architektin, lehrt an der Universität von Buenos Aires, lebt dort. Seite 203.

MARGARITA SILVERA PAREJA
Die Journalistin lebt in Ciudad Evita (Provinz Buenos Aires). Seite 126.

MAIKE RADEMAKER
Diplom-Regionalwissenschaftlerin für Lateinamerika, koordinierte bis 1998 für die Umweltschutz- und Entwicklungsorganisation *Urgewald* die deutsche NGO-Zusam-

Roque Dalton
DIE WELT IST EIN HINKENDER TAUSENDFÜSSLER

Das Jahrhundert des Miguel Mármol. 424 Seiten, gebunden, ISBN 3-85869-072-4.
Fr./DM 47.–, ÖS 343,–

»Miguel Mármol, der viele Male starb und viele Male wieder auferstand, ist die vollkommene Metapher für Lateinamerika.« Eduardo Galeano

Rotpunktverlag

menarbeit mit *Ríos Vivos.* Seite 21.

BRIGITA RISI
Journalistin, freie Mitarbeiterin bei der *Deutschen Welle,* Redaktionsmitglied der Kultur- und Wissenschaftszeitschrift RM, Mexiko, lebt in Montevideo.

MATÍAS RISI
Aufgewachsen in der BRD, studiert Kommunikationswissenschaften in Montevideo, arbeitete am uruguayischen Spielfilm *El Dirigible* mit, lebt in Montevideo. Seite 143.

VALERIA RISI
Aufgewachsen in der BRD, Schauspielerin und freie Journalistin der Zeitung *La República,* lebt in Montevideo. Seite 135, 142.

MIGUEL ANGEL ROSSI
Dozent an der Philosophischen Fakultät der Universität von Buenos Aires, Mitarbeiter in der Organisation *Encuentro Cristiano,* lebt in Buenos Aires. Seite 92.

SUSANNE SCHINDLER
Studiert Architektur an der Hochschule der Künste in Berlin, war 1997 mit einem Stipendium der Carl-Duisberg-Gesellschaft mehrere Monate in Uruguay und hat dort mit Wohnungsbaukooperativen zusammengearbeitet, lebt in Berlin. Seite 138.

DIETER SCHONEBOHM
Historiker, lehrt an der Universität von Montevideo, lebt dort. Seite 56.

VERENA VON SCHÖNFELDT
Studierte Lateinamerikanistik, Altamerikanistik und Soziologie in Berlin und Buenos Aires, arbeitet als Co-Korrespondentin für das deutsche Fernsehen, lebt in Buenos Aires. Seite 94.

VIKTOR SUKUP
Volkswirt, arbeitet als freier Publizist, mehrere Buchveröffentlichungen, unter anderem zum Andenpakt, Peronismus, regelmäßiger Autor der Zeitschrift ILA, lebt in Buenos Aires. Seite 30, 45, siehe auch Seite 117.

STEFAN THIMMEL
Architekt und freier Journalist, arbeitet zu internationaler Stadtentwicklung und Wohnungsversorgung sowie zu entwicklungspolitischen Themen, mehrere Projektaufenthalte in Uruguay, lebt in Berlin. Speziell Seite 24, 133, 136, 449, siehe auch Vorwort Seite 9.

SONJA WEGNER
Historikerin, arbeitet als Studienreiseleiterin, lebt in Essen. Seite 124.

Fotos

Fotos und Abbildungen von den Autoren Ulrich Brand, Marlis Gensler und Stefan Thimmel sowie von Ulf Gwildis, Ulrich Rath, Sonja Wegner, Susanne Schindler, Cecilia Regules, Wolfram Klein, Agentur Azeite: Bri Newesely und Bert Schlegel, Colección Familia »Halliday«, Argentinisches Nationalarchiv sowie Verlagsarchiv.

¡adelante!

Adelante-Südamerika Reisen Berlin bietet Kulturreisen nach Montevideo an.

Im Angebot:

- **Tango y algo mas** – Tango-Reise nach Montevideo. Tanzkurse für Anfänger und Fortgeschrittene, Unterricht durch ausgebildete Tanzlehrer.
- **Land & Leute & Spanisch** – Sprachreisen mit Kulturangeboten und Gespräche über uruguayische Politik und Kultur.
- **Candombe & Carnaval**, eine Reise nach Montevideo zum traditionellen Karneval im Frühjahr.
- **Architektur & Stadtplanung & Ökologie** in Montevideo und Uruguay (mit Ausflug nach Buenos Aires).
- **Soziale Arbeit** (Kinder-, Jugend- und Frauenprojekte) in Uruguay.

Leistungen:

Hin- und Rückflug, Transfer Flughafen/Hotel, Hotelübernachtung in der Altstadt von Montevideo, Frühstücksbuffet, Reisebegleitung, Einführung in das kulturelle Leben der Stadt, Kursangebote nach Wahl.

Fordern Sie weitere Informationen an!

Adelante Reisen GmbH • Muskauer Straße 24 • 10997 Berlin
Tel. 030/617 97 430 • Fax 030/617 35 29
http://www.iq-consult.com/adelante

ANZEIGE

Deutsch – Castellano

Zum Thema Sprache wurde auf den Seiten 166 bereits einiges gesagt. Zusätzlich zu den dort genannten, weichen folgende Ausdrücke in Argentinien und Uruguay vom sonst üblichen Spanisch (hier in Klammern gesetzt) ab:

Banane: *la banana* (el plátano)
Erdbeere: *la frutilla* (la fresa)
Pfirsich: *el durazno* (el melocotón)
Schnitzel: *la milanesa* (el escalope)
Kellner: *el mozo* (el camarero)
U-Bahn: *el subte* (el metro)
Kleinbus: *el colectivo* (el micro)
T-Shirt: *la remera* (la camiseta)

Gesprächsbeginn

guten Morgen/guten Tag (bis 12 Uhr): *buenos días*
guten Tag (nach 12 Uhr): *buenas tardes*
gute Nacht: *buenas noches*
auf Wiedersehen/Tschüß: *adiós/chau*
Wie geht es dir?: *¿Qué tal?*
Wie geht es Ihnen?: *¿Cómo te/le va?*
sehr gut: *muy bien (rebien)*
schlecht: *mal*
es geht so: *más o menos/ahí andamos*
bitte: *por favor*
Danke (vielen Dank): *(muchas) gracias*
bitte sehr/gern geschehen: *de nada*
Wie spät ist es?: *¿Qué hora es?*
Wo ist …?: *¿Dónde está?*
Entschuldigung: *perdón*
Ich spreche wenig: *hablo poco*
Spanisch: *castellano*
ich verstehe: *entiendo*
ich verstehe nicht: *no entiendo*
Verwandtschaft: *parientes*
Mutter: *la madre*
Vater: *el padre*
Schwester/Schwestern: *la hermana, las hermanas*
Bruder/Brüder: *el hermano, los hermanos*
Freund/in: *el amigo, la amiga*
»die/der« Freund/in: *la novia, el novio*
Geliebte/r: *la amante, el amante*
Tochter/Töchter: *la hija, las hijas*
Sohn/Söhne: *el hijo, los hijos*
Kinder: *los niños*
Ehefrau/Ehemann: *la esposa, el esposo*

In der Stadt

Stadt: *la ciudad*
Touristeninformation: *la información turística*
Reisebüro: *la agencia de viajes*
öffentlicher Telefonladen: *el locutorio*
Straße: *la calle*
breite Hauptstraße: *Avenida*
Platz: *la plaza*
Hauptplatz: *la plaza principal*
Rathaus: *la municipalidad*
früheres Rathaus: *el cabildo*

REDEN & VERSTEHEN UNTERWEGS
ABRAXAS

ABRAXAS legt Wert auf eine alltagsgerechte Sprache. 450 verschiedene Sätze und 150 Antworten zum Draufdeuten helfen, sich in jeder Reisesituation zu verständigen. Freundlich und problemlos.

ABRAXAS stellt jede Reisesituation auf einer Doppelseite dar. 30 dazu passende Vokabeln verhindern einseitige Gespräche.

ABRAXAS enthält die wichtigsten Wendungen, Zeit- und Mengenangaben bereits in den Buchklappen.

ABRAXAS hat eine eigene Lautschrift, die für jede Sprache sofort anwendbar ist. Die ballastfreie Kurzgrammatik und das ausführliche Wörterverzeichnis machen den praktischen Sprachführer komplett.

Die **Sprachführer** aus dem Verlag **Peter Meyer Reiseführer** für Anfänger und Auffrischler: *Englisch, Italienisch, Französisch* und *Spanisch für die Reise*

LEICHTERE SPRACHEN GIBT ES NICHT!

Kathedrale: *la catedral*
Kirche: *la iglesia*
Denkmal: *el monumento*
Museum: *el museo*
Naturwissenschaftliches Museum: *el Museo de Ciencias Naturales*
Historisches Museum: *el Museo Histórico*
Anthropologisches Museum: *el Museo Antropológico*
Museum der Schönen Künste: *el Museo de Bellas Artes*
Theater: *el teatro*
Kino: *el cine*
Kulturzentrum: *el centro cultural*
Post: *el correo*
Laden: *el almacén*
Landkarte: *el mapa*
Stadtplan: *el plano de la ciudad*
Park: *el parque*
Rasen betreten verboten: *prohibido pisar el césped*
Markt: *el mercado*
Schwimmbad: *el balneario*
Einkauf: *las compras*
Kunsthandwerk: *la artesanía*

Verkehr & Fortbewegung

Zugstation: *la estación de tren*
Eisenbahn: *el ferrocaril*
Bushaltestelle: *la parada*
Fernbusstation: *el terminal de omnibus*
Auto: *el coche*
Dieselöl: *el gasoil*
la nafta: *Benzin*
lleno: *voll*
Bremse: *el freno*
Tankstelle: *la estación de servicio*
Öl(wechsel): *(el cambio de) aceite*
Geschwindigkeit: *la velocidad*
Reparaturwerkstatt: *el taller de reparaciones*
Reise: *el viaje*
(nach) links: *(a la) izquierda*
(nach) rechts: *(a la) derecha*
geradeaus: *derecho*

Geographisches

See: *el lago*
Fluß: *el río*
Flußmündung: *la boca*
Binnensee, Lagune: *la laguna*
Bucht: *la bahía*
Wasserfälle: *las cataratas*
Gletscher: *el glaciar*
Landspitze: *la punta*
Halbinsel: *la península*
Stausee: *el dique*
Saline: *la salina*
Tal: *el valle*
Canyon/Schlucht: *el cañón*
Schlucht: *la quebrada*
Berg: *la montaña/el monte/el cerro*
Hügel: *la colina*
Gipfel: *el pico*
Landenge: *el istmo*
Brücke: *el puente*
Provinz: *la provincia*
Hauptstadt: *la capital*

Zeit & Zahlen

der Tag: *el día*
die Woche: *la semana*
das Jahr: *el año*
Montag: *lunes*
Dienstag: *martes*
Mittwoch: *miércoles*
Donnerstag: *jueves*
Freitag: *viernes*
Samstag: *sábado*
Sonntag: *domingo*
der Monat: *el mes*
Januar: *enero*
Februar: *febrero*
März: *marzo*
April: *abril*
Mai: *mayo*
Juni: *junio*
Juli: *julio*
August: *agosto*
September: *se(p)tiembre*
Oktober: *octubre*
November: *noviembre*
Dezember: *diciembre*

Zahlen: *números*
1: *uno/a*
2: *dos*
3: *tres*
4: *cuatro*
5: *cinco*
6: *seis*
7: *siete*
8: *ocho*
9: *nueve*
10: *diez*
11: *onze*
12: *doce*
13: *trece*
14: *catorce*
15: *quince*
16: *dieciséis*
17: *diecisiete*
18: *dieciocho*
19: *diecinueve*
20: *veinte*
21: *veintiuno*
30: *treinta*
40: *cuarenta*
50: *cinquenta*
60: *sesenta*
70: *setenta*
80: *ochenta*
90: *noventa*
100: *cien*
200: *doscientos*
300: *trescientos*
500: *quinientos*
1000: *mil*
10.000: *diez mil*

Essen & trinken

Restaurant: *el restaurant(e)*
Grill/Rost: *parrilla*
gegrillte Würstchen: *el chorizo*
gegrillte Rindswurst in Brötchen: *el choripan*

Bierlokal: *la chopperia*
essen: *comer*
trinken: *tomar*
Frühstück: *el desayuno*
Mittagessen: *el almuerzo*
Abendessen: *la cena*
geöffnet: *abierto*
geschlossen: *cerrado*
Getränke: *las bebidas*
Zum Wohl!: *salud!*
Bier: *la cerveza*
Weiß-/Rotwein: *el vino blanco/tinto*
(Leitungs-)Wasser: *el agua*
Mineralwasser: *el agua con gas/agua mineral*
Kaffee: *el café*
kleiner schwarzer Kaffee: *el expreso*
Kaffee mit wenig Milch: *el cortado*
Milchkaffee: *el café con leche*
Tee: *el té*
Erfrischungsgetränk: *la gaseosa*
(Orangen-)Saft: *el jugo (de naranja)*
Zitrone: *el limón*
Zucker: *el azúcar*
Glas: *el vaso*
Flasche: *la botella*
kalt: *frío/fría*
Eiswürfel: *el hielo*
Speiseeis: *el helado*
Speisekarte: *la carta*
Guten Appetit!: *¡Buen provecho!*
Brot: *el pan*
kleine Hörnchen: *las medialunas*
Butter: *la manteca*
Salz: *la sal*
Pfeffer: *la pimienta*
Essig: *el vinagre*
Öl: *el aceite*
Fisch: *el pescado*

Seehecht: *la merluza*
Fleisch: *la carne*
gegrilltes Rindfleisch: *el asado*
(Brat-)Hähnchen: *el pollo (al horno)*
Nudeln: *los fideos*
Kartoffeln: *la papa*
Pommes Frites: *las papas fritas*
Teigwaren: *la pasta*
Suppe: *la sopa*
(gemischter) Salat: *la ensalada (mixta)*
Gemüse: *las verduras*
Früchte: *las frutas*
Käse: *el queso*
Schinken: *el jamón*
Dessert: *el postre*
Gebäck: *las facturas/masas*
Gabel: *el tenedor*
Messer: *el cuchillo*
Löffel: *la cuchara*
Kaffeelöffel: *la cucharita*
Teller: *el plato*
Tasse: *la taza*
Trinkgeld: *la propina*
Die Rechnung, bitte: *La cuenta, por favor*
bezahlen: *pagar*
teuer: *caro*
billig: *barato*

Unterkunft & Geld
Hotel: *el hotel*
einfaches Hotel: *el hospedaje/el residencial*
Doppelzimmer: *la habitación doble*
Einzelzimmer: *la habitación simple*
Bad/Dusche: *el baño/la ducha*
Handtuch: *la toalla*
(Doppel)Bett: *la cama (matrimonial)*

Bettlaken: *la sábana*
Bettdecke: *la manta*
frei: *libre*
belegt: *ocupado*
Preis: *el precio*

Preis für Barzahlung: *el precio de contado*
in bar: *al contado*
Kreditkarte: *la tarjeta de crédito*
Geld: *el dinero*, auch: *la plata, la guita*

Formalitäten & Notfall
Nachname: *el apellido*
Vorname: *el nombre*
Geburtsdatum: *la fecha de nacimiento*
Unterschrift: *la firma*
Herkunftsland: *el país de origen*
Deutschland: *Alemania*
Österreich: *Austria*
Schweiz: *Suiza*
Holland: *Holanda, Países Bajos*
Gesundheit: *la salud*
Krankheit: *la enfermedad*
Ich habe Schmerzen: *tengo dolor*
Kopfschmerzen: *el dolor de cabeza*
Magenschmerzen: *el dolor de estómago*
Zahnschmerzen: *el dolor de muelas*
Fieber: *la fiebre*
Sonnenbrand: *la quemadura de sol*
Verstauchung: *la torcedura*
Krankenhaus: *el hospital*
Arzt: *el médico*
Krankenversicherung: *el seguro de enfermedad*

Feste in Argentinien & Uruguay

Januar
Anfang oder Mitte Januar: großes Folklorefestival El Tilcareño in Tilcara
2. Januarwoche: Nationales Kirschenfest in Los Antiguos
2. Januarhälfte: Regata del Río Negro in Viedma
3. Januarwoche: Internationales Folklore-Festival in Cosquín
3. Januarwoche: Nationale Kunsthandwerksfest in Cosquín
Im Januar: Musik- und Kunsthandwerkfestival in Paraná
Januar/Februar: Fest der Pachamama in Quilmes
Januar/Februar: Folklorefestival in San Clemente del Tuyú

Februar/Karneval
4. Februar: Stadtgründungsfest von San Martín de los Andes
Zwischen 10. und 20. Februar: Folkloremusik- und Gaucho-Festival in Cafayate
1. zwei Februarwochen: Festival zeitgenössischer Musik in La Falda
1. drei Februarwochen: Bierfest in La Cumbre
2. Februarwoche: Fischerfest in Necochea
Ende Februar: Nationales Hopfenfest in El Bolsón
Im Februar: Festival de la Pachamama in Purmamarca
Im Februar: Schwimmwettbewerb La Marathon Aquático Internacional in Santa Fe
Karneval: (Januar/Februar) besonders schön in Gualeguaychú, Corrientes, Quilmes
Karneval in Uruguay: besonders schön in Montevideo und Rivera

März
Anfang März: Fiesta Nacional de la Leche, das nationale Milchfest in Colonia del Sacramento
1. Märzwochenende: Fiesta Nacional de la Vendimia, Argentiniens größtes Weinfest, in Mendoza
1. zwei Märzwochen: Internationales Filmfestival in Mar del Plata
2. Märzhälfte: Nationales Apfelfest bei Neuquén
Ende März: Fiesta de la Patria Gaucha in Tacuarembó

April/Ostern
Ostern: Semana Santa
Ostern: Bayerische Bierwoche in Paysandú
Ostern: La Fiesta de la Masa Vienesa in Villa General Belgrano
Ostern: Semana Criolla, großes Gaucho-Festival, in Montevideo

Mai
Anfang Mai: Candombe-Festival in Montevideo
8. Mai: Wallfahrt nach Luján

Juni
8. Juni: Folklorefest anläßlich der Gründung der Stadt Paysandú
16. Juni: Folklore-Musik-Festival in Salta
17. Juni: Gaucho-Parade in Salta
Im Juni: Woche der Fahne in Rosario

TURISMO RECEPTIVO
– *Viajar es vivir* –

Buenos Aires:
Suipacha 370-7° "B"
Fax: 326-0682
Fon: 394-0879

El Calafate:
25 de Mayo 23 Loc. 1-
Fax: 0902-91726
Fon: 869005 AFCAL

UNA ORGANIZACION INTEGRAL EN LA PATAGONIA
Lago Argentino – Ushuaia – Península Valdés

Juli

28. Juli: Fest zum Gründungstag von Comodoro Rivadavia

Im Juli: Fiesta del Chocolate Alpino (Alpenschokolade-Fest) in Villa General Belgrano

August

Anfang August: walisisches Folklorefestival Eisteddfod in Gaimán

15. August: Corrida de torres, Stierkampffest in Casabindo

25. August: Fest zum Unabhängigkeitstag in Florida

Im August: Dorado-Fest in Paso de la Patria

Im August: Feria Ganadería, große Viehmesse, in Montevideo

Im August: Nationale Viehausstellung in Resistencia

September

30. September: Fiesta de la Isla (Inselfest) in Tigre

Oktober

7. Oktober: Volksfest zur Stadtgründung von bzw. in Rosario

10. bis 12. Oktober: großes Fischerfest in San Clemente del Tuyú, Fiesta Nacional de la Corvina Negra

12. Oktober: internationales Folklorefestival in Durazno

1. Sonntag: Folklorefestival in Iruya

1. zwei Oktoberwochen: Fiesta Nacional de Cerveza (Nationales Bierfest) in Villa General Belgrano

1. zwei Oktoberwochen: Nationale Gauchotreffen in Río Cuarto

1. zwei Oktoberwochen: Fiesta del Alfajor in La Falda

3. oder 4. Sonntag im Oktober: Fiesta de las Ollas, Topffest der Colla in La Quiaca

3. Samstag im Oktober: walisisches Volksfest in Trelew

4./5. Oktober: Jugendwallfahrt nach Luján

Im Oktober: Fest zu Ehren der Einwanderer in Paraná

November

1. zwei Novemberwochen: Fiesta Nacional de Tradición (Nationales Traditionsfest) in Santa Rosa de Calamuchita

2. Novemberwochenende: Fiesta de la Tradición der Gauchos in San Antonio de Areco

Dezember

8. Dezember: Tag der Heiligen Jungfrau in Tigre

8. Dezember: Wallfahrt nach Luján

13. Dezember: Tag des Erdöl in Comodoro Rivadavia

Im Dezember: Jugendfestival in Necochea

Im Dezember: Nationales Zitrusfest in Concordia

Weihnachten: Weihnachtsmarkt in Villa General Belgrano

Zwischen Weihnachten und Neujahr: Volksfest in San Martín de los Andes

Siehe auch Seite 163.

---

iz3w ◀ **Themenschwerpunkte 1998:** **alle 6 Wochen neu**

▶ **Politik in Banden**
▶ **Moderne Medienwelten**
▶ **Sport ohne Grenzen**
▶ **Kindheit und Alter**
▶ **Arbeit für Gewerkschaften**
▶ **Ökonomie der Drogen**
▶ **Menschenrechte**

☐ ich bestelle ein Probeabo: 3 Ausgaben für DM 15,–

Name

PLZ/Ort

Einzelheft DM 8,– ▶ Abo DM 60,– erhältlich im linken Buchhandel, in Dritte-Welt-Läden oder direkt beim

Straße

iz3w ▶ Postfach 5328 · D-79020 Freiburg · Telefon (0761) 740 03 Telefax 70 98 66 · iz3w per E-Mail: iz3w@link-s.cl.sub.de Online: http://www.rolf.de/iz3w

Unterschrift

Datum

iz3w ▶ **Politik, Ökonomie und Kultur zwischen Nord und Süd**

PERSONEN- & SCHLAGWORTREGISTER

Schlagworte, Sachbegriffe normal
Personen, Völker, Volksgruppen kursiv

A

Abella, María 131
Abuelas de Plaza de Mayo 92
Agustina, Delmira 131
Alberdi, Juan Bautista 39
Alerces-Baum 28, 378
Alfajores 177, 268, 334
Alfonsín, Raúl 50, 84
Alpinismus 352
Altos Hornos 299
Alvárez, Carlos (Chacho) 55
Alvear, Marcelo T. de 44, 194
Amaru, Tupac 63
Angeln 182, 236, 260, 270, 274, 334, 408
ANTEL 66, 164, 438
Aparaín, Mario Delgado 115
Arana, Mariano 414
Aráoz, Bernabé 38
Araukaner 26, 31
Araukarien 365
Arbeiterbewegung 82, 129
Architektur 136
Areco, Jorge Pacheco 63
Argentinische Konföderation 40
Argentinischer Automobilclub (ACA) 173, 216
Arlt, Roberto 109, 113
Arrayan-Baum 28, 367
Artigas, José Gervasio 58, 418, 444, 455
Asado 175, 177, 254
Asentamientos 141
Asociación Madres de Plaza de Mayo 91
Atomkraftwerk 330
Auswanderung 126
Avantgarde 109

B

Baldomir, Alfredo 62
Banados 19
Banda Oriental 31, 56
Bandoneón 98

Batistuta, Gabriel 103
Batlle Berres, Luis 62
Batlle y Ordóñez, José 28, 131
Batllismo 43
Befreiungskrieg 37
Belgrano, Manuel 36, 37
Benedetti, Mario 108, 109, 114, 461
Benvenuto, Luis 59
Betriebsbesichtigungen 453
Bignone 49
Blancos 57
Blanes, Juan Manuel 142
Boedo-Gruppe 109
Boleadora 76, 248
Bolívar, Simón 37
Bombilla 179, 180
Bonafini, Hebe de 90
Bonos 164
Bordaberry, Juan María 64
Bordón, José Octavio 55
Borges, Jorge Luis 109, 111
Botschaft 150, 170
Bunge, Jorge 237
Bussi, Antonio 315

C

Cabildo 37
Calchaquí 312
Campaña del Desierto 42, 77, 360
Camping 154, 173
Cámpora, Héctor 48
Candombe 126, 135, 435
Cantegriles 141
Carpincho 19, 482
Casares, Adolfo Bioy 112
Castelli, Juan José 37
Caudillo 37, 57
CGT 84
Chaná 123
Charrúa 31, 56, 76, 77, 123, 410
Chiripá 248
Chocancharava 322
Cholera 151, 295

Christopher Street Day 95
Clarabolla 136
Clientelismo 62
CNT 129
Coca-Blätter 300
Código Rural 58
Colectivo 186, 213
Colla, Kolla 77
Colorados 57
Comechigóne 76
Comisión Nacional sobre la Desaparición de Personas 50
Comunidad Homosexual Argentina 95
CONADEP 50, 91
Confederación General del Trabajo 84
Confiterías 177
Congreso de Trabajadores Argentinos 84
Cono Sur 30, 67
Conquista 31, 76
Conquista del Desierto 42
Consejo de Seguridad Nacional 64
Consejo Nacional de Administración 61
Conti, Haroldo 113
Convención Nacional de Trabajadores 129
Conventillo 137, 194, 205
Cordobazo 48
Cortázar, Julio 111
COSENA 64
Costa-Gavras 63
Ctalamochita 322
Cuchilla 13
Cuyo 322

D

Darwin, Charles 400
Década Infama 45
Desanzo, Juan Carlos 88
Diaguita 30
Dienstleistungsgesellschaft 129

Dieste, Eladio 138, 471
Dinosaurier 310, 383
Discépolo, Enrique Santos 98, 100
Discographie 98
Duarte, Juan 86
Dujovne Ortíz, Alicia 88
Dünen, Ur. 481

E

Echeverría, Esteban 39
Económica, Soberanía 45
Einreisebestimmungen 149
Einwanderung 78, 124, 250, 260
Eisenbahn 185, 215, 311, 376, 408
Ejército Revolucionario del Pueblo 49
El Libertador 37, 38, 197, 339
Emigration, siehe Auswanderung
Encomienda 76, 281
Encuentro Progresista 66
Ende der Welt 302, 409
Ermäßigungen 148, 156, 184
Erosion 20, 24
ESMA 52
Esquivel, Adolfo Pérez 50, 53
Estancia 128, 175, 249, 361, 445
Evita, siehe Perón 86

F

Fähre 189, 212
Federación de Trabajadores de la Región Argentina 81
Federación Obrera Argentina 81
Feiertage 163
Fereira, María Eugenia Vaz 131
Fernández Mejide, Graciela 55
Fernsehen 104, 133
Figari, Pedro 142
Film, filmen 106, 144, 156, 172
Flamingo 302

Fleisch- und Wollieferant 129
Flug, Fluggesellschaften 147, 156, 185, 190
Flughafengebühr 160
Flußtourismus, (Schlauchboot, Floß) 345, 350, 371, 372, 463
Föderalisten 37
Frauenbewegung 84, 131
Frente Amplio 63, 412
Frente de Liberación Homosexual 94
Frente del País Solidario 55,72
Frente Grande 55
Frepaso 55,.72
Frigorífico 61, 447, 449
Fuerzas Armadas Peronistas 49
Fußball 102, 120

G

Galeano, Eduardo 66, 109, 115, 147
Galtieri, Leopoldo 49, 53
Ganadería 455
García Márquez, Gabriel 110
García, Charlie 96
Gardel, Carlos 99
Garzón, Baltasar 53
Gaucho 108, 175, 221, 248, 250, 252, 295
Geld 148
Geschäftsreisende 151
Gesell, Karl 238
Getränke 178
Gewerkschaft 82, 129, 453
Giebert, Georg 125, 449
Gieco, León 96, 97
Girán, Serú 96
Gorodischer, Angélica 113
Grillrestaurant 177
Gruppe Florida 109
Guaraní 30, 76, 281
Güemes, Martín 38
Guevara, Ernesto »Che« 263

H

Hauptsaison 148
Heredia, Victor 97
Hernández, José 249
Herrera, Luis Alberto 58

Hidrovía Paraguay y Paraná 21, 25, 445
Hotel 173
Hoz, Martínez de 50
Huarpe 76, 335, 352

I – J

Ibarbourou, Juana de 131
Ibarguren, Juana 86
Immigrantion, siehe Einwanderung
Impfungen 152
Inca 335
Interbalneria 470
Interior 458
Internationalen Arbeiterassoziation 81, 129
Internationalen Lesben- und Schwulenorganisation 95
Internationaler Währungsfond 72
Internet 147, 157
Jacob, Paul Walter 80
Jesuitenmissionen/-reduktionen 77, 254, 278, 281
Jewish Colonization Association 125
Jufre, Don Juan 352
Jugendherberge, JH-Ausweis 154, 173
Justo, Agustín 45

K

Karneval 127
Karten 156, 188
Kino 107, 143
Kirche 92, 124, 138
Klettern 180
Klima 15
Konsulat 150, 170, 228
Kormorane 385, 408
Kreditkarten 149
Krieger Vasena, Adalbert 48

L

La Florestal 82
La Selección 102
La-Plata-Staaten 31
Lacalle, Luis Alberto 65
Lallemant, Hermann 81
Landwirtschaft 129
Langsdorff, Hans 125

Lateinamerika 93
Latorre, Lorenzo 58
Lavardén, Manuel José 37
Le Corbusier 140
Leitungswasser 151
Liebig, Justus von 257, 448
Liga Industrial 58
Línea Fundadora 91
Literatur, Lyrik 108, 110, 115
Litoral 32
López, Antonio Carlos 41
López, Estanislao 38, 262
Luder, Italo 50
Luisi, Paulina 131
Luna, Rosa 127
Lunfardo 99, 167, 173

M

Madres de Plaza de Mayo 50, 89
Magellán 360, 390
Malaria 152
Malerei 142
Malokas 76
Malwinen-Krieg 50, 97
Mapuche 31, 76, 77, 365
Maradona, Diego Armando 103
Marcha de la Resistencia 92
Marechal, Leopoldo 111
Mariano Arana 66
Martínez, Tomás Eloy 88
Massaccesi, Horacio 55
Mataco 31
Mate 178, 179, 295
Mazorka 39
Medien 100, 132
Méndez, Aparicio 65
Mendoza, Pedro de 192
Menem, Carlos 46, 51, 70, 84
Menhire 317
Menschenrechtsgruppen 92, 147
Mensú 106
Mercosur 21, 67, 129
Mietwagen 187, 216
Mineralwasserquellen 346
Mirador 136
Mitre, Bartolomé 40
Modernismo 109
Modín 72

Montegebiet 20
Montoneros 49, 83
Moreno, José Manuel 103
Moreno, Mariano 37, 100
Moreno, Perito 26
Movimiento de la Liberación Nacional 63
Movimiento de Participacíon Popular 12
Movimiento de Sacerdotes para el Tercer Mundo 93
Movimiento de Trabajadores Argentinos 84
Movimiento por la Dignidad y la Independencia 72
Mundo Afro 127
Musik 96, 126, 135
Mütter der Plaza de Mayo 50, 89

N

Nandu 18, 19
Naturschutz 20, 24, 26
Neo-Batllismus 62
Neu-Spanien 31
Niederschlag 15
Notfall 169
Nuevo Espacio 65

O

Ocampo, Silvina 112
Ocampo, Victoria 88
Öffnungszeiten 162
Old Patagonia Express 185
Ombú-Baum 24, 482
Ona 31, 76, 77, 400
Onetti, Juan Carlos 109, 110, 113
Onganía, Juan Carlos 48
Operación Condor 64
Orcas 382
Ortega, Ariel 103
Ozonloch 152

P

Paddle 181, 356
Paéz Vilaró, Carlos 478
Palacios, Alfredo 85
pamperos 15
Paragliding 334
Parilla 177

Partido Autonomista Nacional 42
Partido Justicialista 70
Patiohaus 136
Pauschalreisen 158, 175, 229, 190
Paz, Octavio 110
Perón, Eva (Duarte) 47, 86, 235
Perón, Isabel 48
Perón, Juan Domingo 46, 47, 86, 354
Peronismus 45
Perú 31
Piazzolla, Astor 100
Pinguine 28, 385, 387, 392, 483
PIT/-CNT 129, 130
Plata dulce 50, 72
Plenario Intersindical de Trabajadores 129
Politik 116, 123
Polo 101, 181
Posse, Abel 88
Post 164
Preise 148, 156, 183, 187
Presse 104, 105, 120, 132, 147
Pucará 76, 316
Pueblos de Ratas 57
Pueyrredón, Juan Martín 38
Puig, Manuel 94, 113

Q – R

Quarracino, Monseñor 93
quebrada 300
Quilmes 76, 77
Quiroga, Horacio 109, 111
Radfahren 182
Radio 133
Reduktion, siehe auch Jesuiten 77, 448
Reiseapotheke 153
Reisebericht 111, 119
Reisedauer 146
Reisekosten 148
Reisemedizin 152
Reiserouten 146
Reiseschecks 149
Reisezeit 148
Reiten 284, 300, 345
Religion 92, 124
República Argentina 70

República Oriental del Uruguay 32, 56, 123
Rinderzucht 230
Río de la Plata 25, 32
Rivadavia, Comodore 38
Roca, Julio A. 41, 360
Rosas, Juan Manuel de 39, 57
Rosencof, Mauricio 115
Rossi Peri, Cristina 109, 114
Rúa, Fernando de la 70
Rugby 101

S

Saavedra, Cornelio de 37
Saavedra, Hernando Arías de 128
Sábato, Ernesto 47, 112, 123, 161
Salas 126
Salesianermission 402
San Martín, José de 37, 38, 197, 339
Sanguinetti, Julio María 65, 123
Sarmiento, Domingo Faustino 39, 354, 360
Schwulen- und Lesbenbewegung 94
Scilingo, Adolfo 52
Seal of Approval 72
Sebrelli, José 86
Seelöwen 375, 408, 478, 481
Selk'Nam 31, 76, 400
Semana Trágica 43, 82
Sendic, Raúl 63
Sepúlveda, Luis 115
Seregni, Liber 63
Sieben-Seen-Tour 367
Siemsen, August 80
Skifahren 181, 338, 345, 347, 351, 371, 408
Solari, Aldo 128
Soros, George 361
Sosa, Mercedes 97
Souvenirs 172
Sozialistengesetz 81

Spinetta, Luis Alberto 96
Sportfischen, siehe Angeln
Sprache, Sprachschule 166, 167, 328
Stefano, Alfredo di 102
Storni, Alfonsina 112, 354
Straßennamen 187
Strom 156
Suquía 322

T

Tango 98, 120, 225, 434
Tapes 123
Techuelche 360, 380, 389
Tehuelche 31, 76
Telefon, Vorwahlen 66, 164, 165, 436
Temperaturen 15
Terra, Gabriel 62
Theater 142
Toba 77
Todman, Terence 90
Toilettenartikel 156
Toribio, Tomás 136, 435, 441
Torres García, Joaquín 142, 161
Tourismus 24, 126, 147, 151, 171, 175, 181
Tourismusbüros 168
Treinta y Tres Orientales 56, 468
Trekking 180, 300, 303, 314, 329, 330, 334, 335, 348, 357, 366, 367, 371, 372, 388, 389, 408, 467, 479, 481
Trinkgeld 180
Triple Alianza 41
Tupamaros 63, 115
Turismo de Estancia 175, 230

U – V

Überlandbus 186, 190
Uhr 162
Umwelt, Umweltschutz 10, 20, 24, 89, 171, 181, 237, 290

Unión Cívica Radical 42, 70
Unitaristen 37
Uriburu 82
Urquiza, Justo José de 39, 57
valle 300
Vázquez, Tabaré 65, 123, 414
Vereinigten Provinzen von Süd-Amerika 38
Verschwundene 89, 92
Versicherung 152
Vicuña 16, 297, 302
Videla, Jorge Rafael 49, 53
Viehzucht 128
Villas miserias 78, 141, 195
Viola, General 49
Visum 149, 151
Viviendas de apartementos 137

W – X – Y – Z

Währung 149, 295
Wale (Ballenas) 381
Walsh, Rodolfo 113
Wandern, siehe Trekking
Wassersport, siehe auch Flußtourismus 181, 476
Wasserverschmutzung 25
Wechselkurse 164
Wein, Weinanbau 178, 335, 336
Wichí (Matacos) 77
Wind 15
Wirtschaft 21, 51, 67, 78, 128
Wohnungsbaukooperativen 141
Wüstenfeldzug 42, 77, 360
Xanaes 322
Yabrán, Alfredo 104
Yámana 400
Yankelevich, Jaime 104
Yrigoyen, Hipólito 43, 82
Zahlungsmittel 148, 164
Zoll 151

Entfernungstabelle Argentinien in km

Distanzen	Bahía Blanca	Buenos Aires	Comodoro Rivadavia	Córdoba	Mar del Plata	Mendoza
Bahía Blanca		685	1169	976	461	1126
Buenos Aires	685		1854	713	407	1099
Catamarca	1425	1189	2406	476	1596	764
Clorinda	2009	1324	3024	1191	1731	1776
Comodoro Rivadavia	1169	1854		1930	1630	2080
Córdoba	976	713	1930		1120	721
Corrientes	1726	1041	2741	908	1448	1493
Formosa	1889	1204	2904	1071	1611	1656
La Plata	678	57	1847	770	367	1156
La Quiaca	2208	1945	3126	1232	2352	1637
La Rioja	1431	1168	2385	455	1575	609
Mar del Plata	461	407	1630	1120		1506
Mendoza	1126	1099	2080	721	1506	
Neuquén	566	1156	1209	1181	1027	1142
Paraná	1189	504	2204	371	911	956
Paso de los Libres	1452	767	2621	835	1174	1420
Posadas	1789	1104	2958	1172	1511	1757
Rawson	775	1460	397	1536	1236	1686
Resistencia	1702	1017	2717	884	1424	1469
Río Gallegos	2114	2799	945	2875	2575	3025
Rosario	997	312	2012	401	719	883
Salta	1879	1616	2833	903	2023	1308
S.C. de Bariloche	1040	1630	958	1655	1501	1351
San Juan	1292	1265	2246	510	1672	166
San Luis	862	835	1816	457	1242	264
S.M. de Tucumán	1575	1312	2529	599	1719	1004
S.S. de Jujuy	1917	1654	2871	941	2061	1346
Santa Fe	1161	476	2176	343	883	928
Santa Rosa	332	619	1286	644	793	794
S. del Estero	1415	1152	2369	439	1559	975
Ushuaia	2895	3580	1726	3656	3356	3806
Viedma	275	960	894	1251	736	1401

MEINE REISEROUTE:

....

....

....

....

Posadas	Rosario	Salta	S.Cruz d. Bariloche	San Juan	San Miguel d.Tucumán	Santa Fe
1789	997	1879	1040	1292	1575	1161
1104	312	1616	1630	1265	1312	476
1289	877	544	2131	598	240	819
668	1012	1148	2629	1701	1190	848
2958	2012	2833	958	2246	2529	2176
1172	401	903	1655	510	599	343
331	729	865	2466	1418	907	565
548	892	1028	2629	1581	1070	728
1161	369	1673	1718	1322	1369	533
1525	1633	415	2887	1471	633	1575
1444	856	699	1990	443	395	798
1511	719	2023	1501	1672	1719	883
1757	883	1308	1381	166	1004	928
2256	1263	2084	474	1308	1780	1427
801	192	1274	1929	881	970	28
369	656	1329	2393	1345	1434	492
	993	1196	2730	1682	1238	829
2564	1618	2439	894	1852	2135	1702
355	705	841	2442	1394	883	541
3903	2957	3778	1667	3191	3474	3121
993		1304	1737	1049	1000	164
1196	1304		2558	1142	304	1246
2730	1737	2558		1547	2254	1901
1682	1049	1142	1547		838	853
1493	619	1380	1541	430	1056	664
1238	1000	304	2254	838		942
1234	1342	124	2596	1180	324	1284
829	164	1246	1901	853	942	
1719	726	1547	1011	960	1243	890
1078	840	464	2094	809	160	782
4684	3738	4559	2448	3972	4255	3902
2064	1272	2154	845	1587	1850	1436

Entfernungstabelle Uruguay in km

	Artigas	Canelones	Colónia	Durazno	Florida	Fray Bentos	Melo	Mercedes	Minas
Artigas		611	418	503	392	435	392	435	711
Canelones	555		145	137	52	268	373	237	131
Colónia	611	145		218	178	207	507	176	276
Durazno	418	137	218		85	201	418	170	273
Florida	503	52	178	85		286	329	255	184
Fray Bentos	435	266	207	201	286		622	31	395
Melo	392	378	507	418	329	622		590	276
Mercedes	435	237	176	170	255	31	590		363
Minas	711	131	276	273	184	395	276	363	
Montevideo	601	46	177	183	98	309	387	278	122
Paysandú	325	332	286	229	318	110	435	110	463
Punta d.Este	748	155	301	298	209	422	325	391	75
Rivera	183	455	549	318	403	452	262	452	604
Rocha	671	220	360	363	274	483	285	452	132
Salto	207	450	404	348	437	228	428	228	582
Tacuarembó	211	344	429	207	292	341	204	341	484
Treinta y Tres	503	282	427	424	335	546	113	514	164
Trinidad	459	151	176	41	126	160	460	129	276

MEINE REISEROUTE:

....

....

....

....

....

....

....

....

....

....

....

....

Montevideo	Paysandú	Punta d. Este	Rivera	Rocha	Salto	Tacuarembó	Treinta y Tres	Trinidad
601	325	748	183	671	207	211	503	459
46	332	155	455	220	450	344	282	151
177	286	301	549	360	404	429	427	176
183	229	298	318	363	348	207	424	41
98	318	209	403	274	437	292	335	126
309	110	422	452	483	228	341	546	160
387	435	325	262	285	428	204	113	460
278	110	391	452	452	228	341	514	129
122	463	75	604	132	582	484	164	276
	378	134	501	210	496	390	286	188
378		487	342	553	118	231	614	190
134	48		572	85	605	509	212	301
501	342	572		541	335	111	373	359
210	553	85	541		672	490	172	366
496	118	605	335	672		224	534	309
390	231	509	111	490	224		320	248
286	614	212	373	172	534	320		427
188	190	301	359	366	309	248	427	

Das ist keine Falle

Das Schnupperabo der

LATEINAMERIKA NACHRICHTEN

Die Monatszeitschrift zu Lateinamerika

Drei aktuelle Ausgaben; keine automatische Verlängerung; für nur DM 10,- (bitte beilegen).
LATEINAMERIKA NACHRICHTEN, Gneisenaustr. 2a, 10961 Berlin, Tel: 030 / 694 61 00, Fax: 692 65 90,
e-mail: la_nachricht@link-b36.berlinet.de

REGISTER DER ORTE UND SEHENSWÜRDIGKEITEN

Städte, (freistehende) Sehenswürdigkeiten, Bauten
Natur, Natursehenswürdigkeiten, Flüsse, Berge, Strände etc.
Haupteinträge **fett**, Plan = Stadtplan/Karte

A
Abra del Cóndor 302
Abra Pampa 302, 303
Aconcagua 12, 347, 348, Plan 349
Aeroparque Jorge Newberry 183
Aguas Dulces, Ur. 482
Alta Gracia 263, 330
Altiplano 296
Alto Verde 269
Amaichá de Valle 316
Anden 12, 18, 352, 357
Angastaco 304, 312, **313**
Antarktis 12
Arroyo de las Vacas, Ur. 444
Arroyo Valizas, Ur. 482
Artigas, Ur. 457
Atlántida, Ur. 138, **470**
Atlantikküste 13, 230, 236, 360

B
Bahía Blanca 246, 250
Bajo Caracoles 397
Balneario Lago Merín, Ur. 469
Balneario Molina Punta 273
Bariloche 146, 180, 361, **368**, Plan 369
Barreal 357
Beagle-Kanal 28, 408
Bermejo-Paß 347
Bodega Bragagnolo 356
Bodega Giol 335, 337
Bodega La Colina de Oro 337
Bodega La Rural 337
Bodega Peñaflor 336, 337
Bodega Resero 356
Bodega Santa Ana 337
Bosque de Ombúes, Ur. 482
Bosques Petrificados 28, 387
Brasilien 283, 288, 290, 457, 463, 484
Brauerei Norteña, Ur. 453

Buenos Aires 24, 89, 92, 95, 146, 185, 188, **192**, Plan 196, Plan 200/201
Buenos Aires: Avenida 9 de Julio 199
Avenida Corrientes 199
Caminito 206
Cementerio Chacarita 203, **207**
Centro Cultural San Martín 199, 223
Flughafen Ezeiza 211
Fußgängerzone Florida 198
La Boca **205**, 214, Plan 206
Luna Park 96, 224
Mercado de Hacienda de Matadéros 221
Obras Sanitarias 96
Palermo 195, 209, Plan 209
Palermo Chico 209, Plan 208
Parque Palermo 101
Plaza de Mayo 89
Puerto Dársena Norte 202
(La) Recoleta 88, 203, **207**, Plan 208
San Telmo **204**, 214, Plan 204
Teatro Alvear 100, 224
Teatro Colón 199, 224

C
Cabo Polonio, Ur. 19, 25, 478, **481**
Cabo Vírgenes 392
Cacciola 232
Cachi 12, 304, **310**
Cafayate 304, **313**
Calafate 392, **393**, Plan 394
Calchaquíes-Tal 296
Calera de las Huérfanas, Ur. 445

Calilegua 303
Camarones 385
Camino de la Historia 328
Canelones, Ur. 458
Cañon del Atuel 351
Capilla del Monte 334
Capitán Solari 277
Carmelo, Ur. 446
Carmen de Patagones 374
Casa Bertolt Brecht, Ur. 436
Casa Pueblo, Ur. 478
Casabindo 303
Cascada del Queguay, Ur. 455
Cascada Mallín Ahogado 373
Cascadas de Olaén 334
Castillo de Piria, Ur. 474
Cataratas de Iguazú 254
Cayastá 269
Cerro Aconcagua 12, 347, 348, Plan 349
Cerro Arequita, Ur. 467
Cerro Artigas, Ur. 467
Cerro Catedral 13, 371
Cerro Catedral, Ur. 479
Cerro Cementerio, Ur. 462
Cerro Champaqui 335
Cerro Chañi 300
Cerro Chapelcó 367
Cerro de los Siete Colores 300
Cerro Fitz Roy 28, **397**
Cerro La Cruz 334
Cerro Mercedario 357
Cerro Otto 371
Cerro San Antonio, Ur. 474
Cerro San Lorenzo 389
Cerro Uritorco 334
Cerro Verdún, Ur. 466
Cerro, Montevideo, 423
Cerros Colorados 357
Chaco (Gran) 12, 16, 275
Chile 33, 338, 345, 357, 372, 402
Chuí, Brasilien 484
Chuy, Ur. 484

Ciudad del Este, Paraguay 292
Claromecó 246
Colón 257
Colonia 19 de Abril, U. 125
Colonia Canada de Gómez 75
Colonia del Sacramento, Ur. 32, 34, 136, 438, **439**, Plan 443
Colonia Dos 250
Colonia Humboldt 75
Colonia Liebig 75
Colonia San Carlos 75
Colonia San Gerónimo 75
Colonia San Javier, Ur. 452
Colonia San José 257
Colonia Suiza 371, 372
Colonia Suiza, Ur. 438
Colonia Tercera 250
Colonia Uno 250
Colonia Valdense, U. 125
Comarca Andina 373
Comodoro Rivadavia 386
Concordia 258
Confluencia 348
Cordillera Darwin 400
Córdoba 75, 146, **322**, Plan 324
Coronda 267
Coronel Moldes 304
Coronel Suárez 250
Corrientes 269, Plan 271
Cosquín 333
Cruz Alta 230
Cruz del Paramillo 346
Cuchilla Grande, Ur. 13, 466
Cuesta del Obispo 312
Cuevas de las Manos 388, **389**

D
Delta des Paraná 230
Departamento Artigas 457
Departamento Canelones 458, 470
Departamento Cerro Largo 466, 468
Departamento Durazno 458
Departamento Flores 460
Departamento Florida 458
Departamento Lavalleja 466
Departamento Maldonado 20, 476
Departamento Río Negro 447
Departamento Rivera 463
Departamento Rocha 19, 479
Departamento San José 438
Departamento Soriano 445
Departamento Treinta y Tres 466
Departamentos Cerro Largo 468
Dique Celestino Gelsi 320
Dique La Angostura 317
Distrito Federal Buenos Aires 70
Distrito Federal Montevideo 123
Dolores, Ur. 445
Durazno, Ur. 139, 459

E
El Bolsón 372
El Cafayate 313
El Calafate 392, Plan 394
El Cañadón del Río Pinturas 397
El Chamical 309
El Cóndor 375
El Cristo Redentor 350
El Leoncito 357
El Maitén 377
El Memorial del Holocausto del Pueblo Judio, Ur. 425
El Mollar 258
El Nihuil 351
El Palmar 26, 254, 257, **258**
El Palque 357
El Sosneado 351
Embalsa, siehe Stausee, Dique
Encarnación, Paraguay 279
Esperanza 75
Esquel **376**, 377
Estación del Fin del Mundo 408
Estancia de las Vacas, Ur. 445
Estancia Funkenheim 250
Estancia La Anita 390
Estancia La Esmeralda 267
Estancia Lolen 250
Estancia María Behety 401
Estancia Nandereta 274
Estancia Refugio 250
Esteros del Iberá 273

F
Falkland Islands 50
Ferrocarril Austral Fueguino 408
Feuerland 12, 19, 28, 146, 180, **400**, Plan 398/399
Finca La Cruz 309
Florida Blanca 390
Florida, Ur. 458
Flughafen Ezeiza 49, 211
Formosa 195
Fortalezza Santa Teresa, Ur. 484
Fortín de San Miguel, Ur. 484
Fortín Vanguardia 246
Foz do Iguaçu, Brasilien 283, **288**
Fraile Muerto, Ur. 468
Fray Bentos, Ur. 125, 438, **447**
Frigorífico Anglo, Ur. 447, **449**

G
Gaimán 385
Garganta del Diablo 287, 310
Garibaldi-Paß 408
General Güemes 304
Glaciar Marcial 408
Glaciar Onelli 396
Glaciar Perito Moreno 28, 146, 361, **395**
Glaciar Upsala 396
Gletscher, siehe Glaciar
Godoy Cruz 346
Goethe-Institut 198, 224, 328, Ur. 434
Golfo Nuevo 379
Golfo San José 381
Gruta del Palacio, Ur. 460
Grutas de los Cuervos, Ur. 462
Grutas de los Helechos, Ur. 462
Gualeguaychú 256

H

Halbinsel Valdés 19, 28, 146, 361, **381**
Helvécia 269
Höhlen am Lago Burmester 389
Höhlen der Hände 389
Huacalera 296
Humahuaca 296, **301**

I – J

Iberá-Sümpfe 254
Icho Cruz 332
Iglesia 357
Ingeniero Jacobacci 377
Inkabrücke 347
Insel Sirgadero 269
Iruya 302
Ischia 230
Isla Chiloé 33
Isla de Gorriti, Ur. 478
Isla de Lobos, Ur. 478
Isla de los Lobos 408
Isla de los Pájaros 382, 408
Isla del Cerrito 277
Isla Deseada 392
Isla Martín García, Ur. 86, 444
Isla Victoria 371
Istmo Carlos Ameghino 382
Itaipú, Brasilien 284, 288, **290**
Itatí 274
Iturbe 302
José Ignacio, Ur. 478
Jujuy 296
Juncal 12
Junín de los Andes 365

K

Kinderrepublik 235
Kolonie, siehe Colonia
Kooperative Punha 301
Kraftwerk Itaipú, Brasilien 290
Kraftwerk Salto Grande (Ur.) 259, 456
Kraftwerk Yacyretá 291

L

La Angostura 317
La Coronilla, Ur. 484
La Cruz 314
La Cumbrecita 330
La Falda 333
La Glorieta 258
La Laja 356
La Lobería 375
La Manuelita 230
La Matanza 75
La Meseta de Artigas, Ur. 455
La Paloma, Ur. 479
La Pedrera, Ur. 480
La Plata 75, 213, 230, **235**
La Quiaca 296, 300, **303**
Lago Alto 409
Lago Argentino 395
Lago Correntoso 372
Lago Escondido 408
Lago Fagnano 408, 409
Lago Falkner 367
Lago Fonck 372
Lago Gutierrez 372
Lago Hess 372
Lago Huechulafquen 365
Lago Lacar 365
Lago Lolog 367
Lago Los Moscos 372
Lago Mascardi 372
Lago Nahuel-Huapi 367
Lago Puelo 28
Lago Roca 372, 408
Lago Traful 367
Lago Viedma 397
Laguna Azul 392
Laguna Blanca 28
Laguna de Castillos, Ur. 482
Laguna de los Cisnes 388
Laguna de los Pozuelos 26, 302
Laguna Merín, Ur. 19, 467, 469
Laguna Negra, Ur. 19, 409
Laguna Soto 273
Laguna Totora 273
Lagunas de Yala 300
Lapataia-Bucht 408, 409
Las Bóvedas 346
Las Cuevas 347
Las Grutas 375
Las Horquetas 389
Las Leñas 338, **351**
Las Pailas 312
Liebig 257
Liniers 221
Llao Llao 371
Lomas de Zamora 75
Los Antiguos 388
Los Horcones 348
Los Manantiales 246
Los Molles 352
Lozano 296
Luján 213, 230, **234**
Lules 320
Lumbrera 309

M

Malargüe 351
Maldonado, Ur. 477
Malwinen-Inseln 50
Mapuche-Reservate Atreuco und Auca Pan 365
Mar del Plata 181, 230, **239,** 251, 474, Plan 242
Melo, Ur. 470
Mendoza 75, 146, 337, **338,** Plan 340/341
Mercedes, Ur. 446
Mesopotamien 12, 16, 254
Metán 304
Mina Clavero 334
Minas. 19, 466
Mine Wanda 286
Miramar 244
Molino Forclaz 257
Molino Quemado, Ur. 439
Molinos 304, 312, **313**
Monte Hermoso 246
Montevideo, Ur. 25, 185, 188, 126, 136, 140, 146, **410,** Plan 413, 414/415
Montevideo:
 Barrio Carrasco 422
 Barrio Cordón 421
 Barrio Palermo 421
 Barrio Peñarol 421
 Barrio Pocitos 422
 Barrio Reus al Norte 421
 Barrio Sur 421, 434
 Cabildo 416, 432
 Ciudad Vieja 416
 Fortaleza de Cerro 423
 Fortsetzung nächste Spalte:

Montevideo Fortsetzung:
  Gaucho- und Münzmuseum 419, 433
  Holocaust-Mahnmal 425
  Kathedrale 416
  Mercado del Puerto 417
  Palacio Estévez 419
  Palacio Legislativo 420
  Palacio Salvo 140, **419**
  Parque José Batlle y Ordóñez 422
  Parque Prado 422
  Parque Rodó 423
  Rambla Argentina 425
  Rambla Naciones Unidas 425
  Stadtzentrum 418
  Teatro Solís 142, **418**, 433
  Terminal Río Branco 426
  Terminal Tres Cruces 426
  Universidad de la República 421
Monumento de la Bandera 262
Morillos-Höhlen 357
Morón 75

N

Nationalpark Barití 26, **303**, 310
Nationalpark Calilegua 26, **303**, 310
Nationalpark Chaco 26, 275, **277**
Nationalpark der Hl. Teresa, Ur. 483
Nationalpark El Palmar 26, 254, 257, **258**
Nationalpark El Rey 26, **309**
Nationalpark Halbinsel Valdés 19, 28, 146, 361, **381**
Nationalpark Iguazú 16, 26, **287**, Plan 289
Nationalpark Lago Puelo 28, **373**, Plan 370
Nationalpark Laguna Blanca 28, **365**
Nationalpark Laguna de los Pozuelos 26
Nationalpark Lanín 28, **365**, Plan 370
Nationalpark Lihué Calel 26
Nationalpark Los Alerces 28, **376**, 378, Plan 378
Nationalpark Los Arrayanes 28, **367**, 371
Nationalpark Los Cardones 26, **312**
Nationalpark Los Glaciares 28, 361, 390, **395**, Plan 396
Nationalpark Nahuel Huapi 28, 338, 367, 368, **371**, Plan 370
Nationalpark Perito Moreno 28, **389**
Nationalpark Pilcomayo 26
Nationalpark Punta Tombo 28, **385**
Nationalpark Tierra del Fuego 28, **408**, Plan 408
Naturmonument Bosques Petrificados 28, **387**
Naturpark Laguna de Mar Chiquita 328
Naturpark Sierra de la Ventana 250
Naturschutzgebiet Ischigualasto 358
Naturschutzgebiet Río del Deseado 387
Necochea 245
Neuquén 195, 363
Nevada de Cachi 12, 314
Nono 335
Nueva Helvecia, Ur. 125, **438**
Nueva Palmira, Ur. 21, **445**
Nuevo Berlin, Ur. 452

O – P

Old Patagonia Express 376, 377
Osorno, Chile 338
Palacio San José 258
Palpalá 299
Pampa (Húmeda/Seca) 12, 16, 75, 322
Pampa Linda 372
Pan de Azúcar 13, 333
Pan de Azúcar, Ur. 473
Pantanal 22
Paraguay 279, 292
Paraná 259
Parque Camet 244
Parque de Los Menhires 317
Parque de los Aves 288
Parque Nacional Santa Teresa, Ur. 483
Parque Santos Vega 237
Parque Urquiza 260
Paso de Aguas Negras 357
Paso de la Patria 274
Paso de los Toros, Ur. 461
Paso del Palma, Ur. 460
Patagonien 12, 18, 146, 180, **360**
Patagonien-Expreß 376, 377
Payogasta 310
Paysandú, Ur. 124, 257, 438, **452**
Península Valdés 381
Penitentes 347
Perito Moreno 388
Perito Moreno 395
Perito Moreno, siehe auch Nat.-Park u. Gletscher
Pico Alemán 329
Pinamar 237
Piriápolis, Ur. 19, **472**
Planetarium 357
Playa Acuario 380
Playa Brava, Ur. 470, 476
Playa Bristol 241
Playa Derqui 273
Playa El Emir, Ur. 476
Playa El Sauzal, Ur. 460
Playa Florida 267
Playa Grande 241
Playa Guadalupe 267
Playa La Perla 241
Playa Mansa, Ur. 476
Playa Ramírez, Ur. 425
Plaza de Mayo 89, 197
Plaza Francia 348
Posadas 278
Potrerillos 346
Pozo Verde 329
Primer Museo de la Revolución Industrial del Uruguay 447, 449
Provinz Buenos Aires 16, **230**, Plan 233
Provinz Catamarca 16
Provinz Chaco 26, **275**
Provinz Chubut 376, Plan 382

Provinz Córdoba 16, **322**
Provinz Corrientes 16, **269**, Plan 255
Provinz Entre Ríos 16, **254**, Plan 255
Provinz Feuerland 19, **398**
Provinz Jujuy 16, 164, **295**, Plan 294
Provinz La Pampa 16
Provinz La Rioja 18, **164**
Provinz Mendoza 18, **335**, Plan 346
Provinz Misiones 16, **278**, Plan 278
Provinz Neuquén 362
Provinz Río Negro 367
Provinz Salta 16, 164, **304**, Plan 294
Provinz San Juan 18, **352**. Plan 356
Provinz San Luis 16
Provinz Santa Cruz 388
Provinz Santa Fe 16, **262**
Provinz Tucumán 16, 164, **315**, Plan 315
Pueblo Andresito, Ur. 460
Puente de la Confraternidad Argentina-Uruguaya 446
Puente del Inca 347, 348
Puente Internacional Libertador San Martín, Ur. 448
Puerto de Montevideo 426
Puerto Iguazú 283, Plan 285
Puerto Madryn 361, **379**, Plan 381
Puerto Montt, Chile 33, 338
Puerto Pañuel 371
Puerto Pirámide 381
Puerto San Julián 390
Puerto Williams, Chile 402
Puna 16, 295
Punta Brava, Ur. 425
Punta del Diablo, Ur. 19, 483
Punta del Este, Ur. 19, 181, **474**, Plan 475
Punta Desnudez Orense 246
Punta Dungeness 392
Punta Rasa 237
Punta Tombo 28, **385**
Purmamarca 300

Q
Quaraí, Brasilien 457
Quebrada de Iruya 302
Quebrada de los Cuervos, Ur. 468
Quebrada de San Lorenzo 309
Quebrada del Toro 300
Quebrada von Humahuaca 296, **300**
Quilmes 316

R
Rada Tilly 387
Rafaela 269
Rancho Aguapé 274
Rancho Tacuru 274
Rawson 379
Real de San Carlos, Ur. 444
Reconquista 269
Reduktion Loreto 283
Reduktion San Ignacio Miní 77, 278, 280, **282**, Plan 282
Reduktion San Miguel 282
Reduktion Santa Ana 283
Reduktion Trinidad 282
Represa de Salto Grande, Ur. 456
República de los Niños 235
Reserva Ecológica, Buenos Aires 202
Reservas de Lobos, Ur. 19, **478**
Resistencia 275
Rincón del Bonete, Ur. 461
Río Atuel 351
Río Carrasco, Ur. 410
Río Chubut 360, 376
Río Colorado 12, 18, 360
Río Cuara, Ur. 457
Río Cuarto 330
Río de la Plata (Ur.) 12, 13, 108, 181, 410, 438
Río Gallegos 390, Plan 391
Río Grande 401
Río Gualeguaychú 256
Río Jachal 352
Río Las Cuevas 347
Río Las Piedras, Ur. 410
Río Limay 360, 367
Río Miriñay 273
Río Negro 13, 360, 367
Río Negro, Ur. 446
Río Neuquén 360
Río Paraguay 21
Río Paraná 13, 16, 21, 182, 230, 254
Río Pituras 389
Río Quequén 246
Río San Juan 352
Río Santa Cruz 360
Río Santa Lucía, Ur. 410
Río Tercero 330
Río Toledo, Ur. 410
Río Turbio 392
Río Uruguay. Ur. 13, 16, 19, 182, 254, 438
Río Yí, Ur. 460
Rivera, Ur. 463
Riviera, Ur. 470
Rocha, Ur. 479
Rosario 75, **262**, Plan 265
Rosario de la Frontera 304, 309
Ruinas de Quilmes 316

S
Saladero de Casa Blanca, Ur. 454
Salina Grande 382
Salinas Grande 300
Salta 304, Plan 306
Salto del Penitente, Ur. 466
Salto, Ur. 124, 138, 438, **455**
Salvador Mazza 310
San Agustín de Valle Fértil 358
San Antonio de Areco 230, 252
San Antonio de los Cobres 310, **311**
San Antonio Oeste 375
San Carlos 304, 312, **313**
San Clemente de Tuyu 236
San Gregorio del Polanco, Ur. 461
San Ignacio 280
San Ignacio Miní, siehe Reduktion
San Javier 320
San Javier, CO 335
San José 250

San Juan de la Frontera 352, Plan 353
San Julián 387, 390
San Lorenzo 304, 309
San Martín de los Andes 181, **365**
San Miguel de Tucumán 318, Plan 319
San Pedro de Jujuy 296
San Rafael 350
San Ramón de la Nueva Orán 304, 310
San Salvador de Jujuy 297, Plan 298
Santa Fe 75, 267
Santa María 250
Santa Rosa de Calamuchita 330
Santa Rosa de Tastil 310
Santana do Livramento, Brasilien 463
Santiago de Chile 338
Santiago del Estero 195
Schlucht von Talampaya 358
Seclantás 312
Sierra Chica 332
Sierra de la Ventana 230, **250**
Sierra Grande 332
Sierra Grande 375
Sierras de Córdoba 18, **330**, Plan 331
Sierras de Minas, Ur. 479
Sierras de Tandil 230, 251
Socompa 311
Stausee El Chocón 363
Stausee El Mollar 317
Stausee Los Molinos 329, **330**
Stausee Paso del Palma, Ur. 460
Stausee Rincón del Bonete, Ur. 461
Stausee Río Tercero 329, 330
Stausee Salto Grande 259, 456

Stausee San Roque 332
Stausee Ullum 356
Strandbad El Paranacito 277
Strandbad La Tortuga Alegre 259
Sümpfe von Iberá 16, **273**

T
Tacuarembó, Ur. 461
Tafí de Valle 316, 317
Tal des Mondes 357
Talsperre Cañapirú, Ur. 463
Tamengokanal 21
Tandil 244, **251**
Tartagal 304
Termas Almirón, Ur. 454
Termas de Arapey, Ur. 457
Termas de Daymán, Ur. 457
Termas de Reyes 296, 299
Termas de Villavicencio 346
Termas Guaviyú, Ur. 156
Teufelsspitze, Ur. 483
Thermalbad Copahue 365
Thermalbad, siehe Termas
Tierra del Fuego, siehe Feuerland
Tigre **230,** 444
Tilcara 296, 301
Tornquist 250
Traslasierras 335
Treinta y Tres, Ur. 467
Trelew 379, **383,** Plan 384
Tren a las Nubes 185, 296, 310, **311**
Tren Histórico 215
Tren Histórico, Ur. 462
Tres Arroyos 246
Tres Morros 300
Trevelin 378
Trinidad 250
Trinidad, Ur. 460
Tupungato 12

U – V
Uruguay 232, **409**
Ushuaia 402, Plan 403
Uspallata 346
Valdivia, Chile 33
Valizas, Ur. 480
Valle de Calamuchita 322, **329**
Valle de Calchaquíes 300, **312,** 316
Valle de la Luna 328, **358**
Valle de Punilla 322, **332**
Valle de Toncos 310
Valle Edén, Ur. 462
Valle Encantado 310
Valle Grande 303
Valle Grande 351
Valle Nuevo 372
Vergara, Ur. 468
Versteinerter Wald 28, 387
Vicuñera Miraflores 302
Viedma 75, **374**
Villa 25 de Mayo 350
Villa Carlos Paz 332
Villa General Belgrano 329
Villa Gesell 238
Villa La Angostura 367
Villa Nougués 320
Villa Paranacito 256
Villa Soriano, Ur. 446
Vulkan Copahue 365
Vulkan Hudson 389
Vulkan Lanín 365

W – X – Y – Z
Wasserfall der Büßer, Ur. 466
Wasserfall Iguazú 26, 146, 278, 284, **287**
Wasserfall, siehe auch Cascada
Yacanto 335
Zapala 364
Zapla 299
Zentralargentinien 146
Zoológico de Durazno, Ur. 460

Der kurze Weg zum Ticket.

titanic reisen

- günstige Flüge weltweit
- Internationale Jugend- und Studententarife
- Rundflüge, Airpässe, Anschlussflüge
- Round-The-World-Tarife

Tango in Montevideo

Infobroschüre anfordern!

Titanic Südstern
Südstern 14
Tel. 695 76 100
Fax 695 76 130
Mo–Fr 9–19
Sa 10.30–13.30

Zossener Str. 20
Tel. 690 40 522
Fax 694 21 95
Mo–Fr 10–18
Sa 10–13

Oppelner Str. 7
Tel. 611 29 70
Fax 618 80 40
Mo–Fr 10–18.30
Sa 10.30–13.30

Telefonbuchung 0180 367 12 00

Internet:
www.aer.de/titanic

RED ARGENTINA DE
ALOJAMIENTO PARA JOVENES R.A.A.J.

HOSTELLING INTERNATIONAL

We offer you a complete Hostel Network in Argentina
Low Airfares in national and international tickets.
Programs for young people in Patagonia,
Pampa, Mesopotamia, Ski Resorts,
Horse Back ridding in the Andes. Lodging
in Bs. As., sightseeing, City Tours,
Tango Shows, and everything
you may need to enjoy Argentina!

HOSTELLING
INTERNATIONAL
ACCREDITED AGENT

Florida 835 3º Floor Of. 309 Capital Federal. Zip Code 1005
Te / Fax: 312-2346   E-Mail: raaj@asatej.com.ar